Allemaal Winnen

Martin Bakker & Frank van Empel

ERASMUS UNIVERSITEIT ROTTERDAM

||

Allemaal Winnen

Duurzame regionale ontwikkeling (Ecolutie)

Only Winners

Sustainable regional development (Ecolution)

Proefschrift

ter verkrijging van de graad van doctor aan de
Erasmus Universiteit Rotterdam
op gezag van de rector magnificus

Prof.dr. H.G. Schmidt

en volgens besluit van het College voor Promoties.
De openbare verdediging zal plaatsvinden op

donderdag 26 april 2012 om 9.30 uur

door Franciscus Waltherus Andreas Maria van Empel

geboren te Tilburg

en op

donderdag 26 april 2012 om 10.45 uur

door Martin Johan Bakker

geboren te Laren (NH)

ERASMUS UNIVERSITEIT ROTTERDAM

Promotiecommissie

Promotoren:
Prof.dr. W.A. Hafkamp
Prof.dr. D. Huisingh

Overige leden:
Prof. dr. J.F.D.B. Wempe
Prof.dr. J.J. Bouma
Prof.dr.ir. W.F. Schaefer

Copromotor:
Prof. mag.arch.ing.dr.h.c. P. Schmid

ISBN: 978-94-90665-04-3
ISBN e-book: 978-94-90665-05-0

Copyright 2011 Martin Bakker en Frank van Empel

CIP gegevens Koninklijke Bibliotheek Den Haag

ALLEMAAL WINNEN
(*Only Winners*)

Bakker, M.J., Empel, F.W.A.M. van

Proefschrift – Doctoral Thesis

Trefwoorden: Allemaal Winnen / Ecolutie / regionale duurzame ontwikkeling/ beleid regionale overheid / Provincie Noord-Brabant

Omslag: het raadseltje, Joost Sicking, 1969, olieverf op doek, 80 x 170 cm

Ilustraties: Studio Van Elten en Stijn van Liefland
Vormgeving: Studio Van Elten 's-Hertogenbosch

Entree

Motto

Be the change you want to see in the world
Mahatma Gandhi

Op een steenworp afstand van de A2 schuift een hert in *slow motion* voor een boom langs. De schutkleur is perfect. Door de beweging herken je het dier. Anders zou je het niet zien. Het licht is scherp op deze zonnige lentedag, 22 april 2008. We hebben net voor de zoveelste keer de opzet van het proefschrift doorgenomen en een motto gekozen: '*Be the change you want to see in the world*' van Mahatma Gandhi. 'Even naar buiten, de natuur in,' besluiten we, zonder het met zoveel woorden te zeggen. Daar hangt verandering in de lucht. Het bos rechts van ons ademt lente. De paarden in het weiland links zijn onrustig. Even verderop ligt het riviertje de Dommel als een potloodstreep in het landschap. Bomen ruisen zacht in de wind. Aan de honden Zappa en Chico is het allemaal niet besteed. Terwijl zij vechten om een tak schuift het hert statig de rhododendron in. We lopen de poort van Kasteel Maurick uit, over de betonnen loopbrug, terug naar het Marktveld en ruilen het natuurlijke landschap in voor het wetenschappelijke. Ook hier is verandering aan de orde van de dag.

Het schrijven van een proefschrift is een Tantaluskwelling. Steeds als je denkt er te zijn, ben je er toch weer net niet. Nieuwe ontwikkelingen, een gesprek, een boek, een film, of zomaar een ingeving kunnen alles weer op z'n kop zetten. Wat Spinoza over de rede zegt, dat de laatste stap niet bestaat, dat geldt ook voor een proefschrift.

Het is dus nog niet af.

Een andere kwelling is de natuurlijke neiging om voortdurend bij te bouwen. De hoofdweg krijgt steeds meer zijtakken en de essentie is steeds moeilijker te vatten. Ook hier biedt een oude meester uitkomst. Charles Darwin: 'Het succes van *On the Origin of Species* is misschien grotendeels te danken aan het feit dat ik al veel eerder twee gecomprimeerde schetsen had geschreven, en tevens aan het inkorten van het veel langere manuscript, dat op zichzelf weer een samenvatting was. Door deze methode was ik in staat de meer opvallende feiten en conclusies te selecteren.'[1] 'Schrijven is schrappen,' zei een andere grootmeester van de compositie, Godfried Bomans. Dat is in de eindfase dan ook flink gebeurd. Sommige passages hebben de slachting overleefd en zijn als bijlagen opgenomen. Andere zijn afgedaald als voetnoot. Veel woorden zijn achtergebleven in de computer. En natuurlijk is er ook weer bijgeschreven.

---

1   Charles Darwin, autobiografie, oorspronkelijke versie, Uitgeverij Nieuwezijds, 2000, blz. 119 t/m 121.

Leggen we het manuscript en al de boeken die erin worden aangehaald, weg en kijken we uit onze eigen ogen, dan zien we een wereld met 7 miljard mensen, die gedurende hun leven – vaak onbewust - allemaal hun eigen waarden, normen, visies en kennis hebben opgebouwd. In deze Wereld van Verschil heeft iedereen zijn eigen identiteit, zijn eigen persoonlijke cultuur, die de basis vormt voor attitude, gedrag, besluitvorming, engagement, de wil om samen te werken, etc. In deze Wereld van Verschil is het moeilijk oriënteren. De grote verhalen uit het verleden, waarin alles een plaats heeft – de Bijbel, de Koran, de Thora – zijn gedateerd. Zonder het in volle omvang te beseffen, zijn we een nieuw groot verhaal aan het construeren, dat mensen in staat stelt om inhoud en betekenis te geven aan hun leven. Maar zo ver zijn we nog niet. We bevinden ons nog twee fasen daarvóór, die van de destructie. We plunderen de Aarde om aan onze energie te komen en verbouwen hem *en passant* tot broeikas.

Het besef dat het zó niet kan doorgaan, is al wel doorgedrongen, maar we hebben ons gedrag nog niet echt aangepast. We twijfelen. Als ik spring, springen alle anderen dan ook? En: als ze allemaal springen, maakt het dan wat uit als ik niét spring? Er zijn weinig vaste punten in deze Wereld vol Vertwijfeling. Onze beleving van de werkelijkheid raakt steeds meer ontwricht door doemverhalen over klimaatverandering, oplopende schulden, de kloof tussen arm en rijk - tussen op voorhand kansloos en van meet af aan geprivilegeerd. En dus volgen we het advies op van de Franse filosoof Jacques Derrida, die ons aanraadt om de wereld niet vanuit een abstract, algemeen punt, te benaderen, maar vanuit onszelf, vanuit onze eigen persoonlijke cultuur: de waarden, normen, visies en kennis, die ons maken tot wie we zijn. Derrida: 'Alleen via onszelf kunnen we zicht krijgen op de structuur van de werkelijkheid in het algemeen'.[2] We willen daar ook concreet wat mee doen. De wereld niet alleen begrijpen, maar ook veranderen. Veranderingen vinden sowieso plaats. Door engagement te tonen en daadwerkelijk actie te ondernemen, nemen we afstand van de vrijblijvendheid die zoveel ander onderzoek, analyses, commentaren en politieke stellingnamen tekent. Om met de bekende Duitse dichter Goethe te spreken:

'Es ist nicht genug zu wissen, man muß auch anwenden;
Es ist nicht genug zu wollen, man muß auch tun'[3]

'Alles zou anders kunnen zijn,' schrijft filosoof Karen Vintges in De terugkeer van het engagement.[4] De essentie van de duurzame ontwikkeling is niet wat ís, maar wat zóu kunnen zijn. De potentie, de power van wat nog moet komen, wat nog moet worden gecreëerd. De hunkering naar dat nieuwe, dat nog ontwikkeld moet worden, komt tot uiting in de voortdurende nieuwsgierigheid naar het onbekende waarmee ondernemende mensen behept zijn, het toelaten van het onverwachte, het open staan voor verandering, het aanpassen aan en creatief inspelen op zich wijzigende omstandigheden, het durven experimenteren met

---

2   Jacques Derrida, Marges van de filosofie, Gooi & Sticht, 1989, blz. 8.
3   Motto van de Intreerede van P.G.S. Rutten over Strategisch Bouwen, TUe, 31 mei 1996.
4   Karen Vintges, De terugkeer van het engagement, Boom, Amsterdam, blz. 35.

onbekende grootheden, het durven vertrouwen op intuïtie. Veel exacte wetenschappen zijn gebaseerd op axioma's. De veronderstellingen die in een model gaan, komen er in iets andere vorm als resultaat ook weer uit. Experimenteren en intuïtie laten wat dat betreft veel meer ruimte voor verrassing, voor speculatie en onconventionele wijsheid. De beste manier om grip op de toekomst te krijgen, is die zelf te creëren, samen met anderen die je gedurende je leven tegenkomt. Dit proefschrift volgt dit laatste, slingerende pad naar ons nog onbekende bestemmingen, vertrekkend vanuit de eigen woonstede en daar, ook weer terugkerend, als een Odysseus, rijk aan ervaringen en nieuwe inzichten. Dat anderen ons voorgingen, daarvan getuigen de vele voetnoten. Wij geven daar onze eigen betekenis aan en stellen die bij met elke nieuwe ervaring, met elk nieuw inzicht. Zo beschouwd is duurzame ontwikkeling precies wat het uitdrukt: jezelf blijven ontwikkelen, als persoon en als samenleving.

Dit proefschrift is het werk van een tweemanschap. Na tien jaar samenwerken aan een veelheid van provinciale projecten en programma's in Noord-Brabant leek het ons een goed moment om te reflecteren op het thema regionale duurzame ontwikkeling. Wat is er, kritisch beschouwd (en los van de waan van het politieke metier) eigenlijk gebeurd? Volgens Jeremy Rifkin[5] bevinden we ons in een tussenfase, op weg naar de Derde Industriële Revolutie en loopt de Europese Unie, die hij adviseert, voorop bij het duurzaam inrichten van de economie, de omgeving (het milieu) en de samenleving.[6]

Tijdens onze Werdegang in het interbellum tussen twee industriële revoluties werden wij begeleid door twee bereisde gidsen, de (emeritus) hoogleraren voor het leven Peter Schmid (Bouwkunde, TU/e) en Donald (Don) Huisingh, een duizendpoot uit Knoxville, Tennessee (VS), die de hele wereld bestrijkt en een onuitputtelijke bron van kennis en ervaring is[7]. Met Wim Hafkamp vormden zij een cordon om de Tempel der Wijsheid. Zij moesten opboksen tegen een flinke dosis eigenwijsheid aan onze kant. Dat vergde nogal wat energie, met name van Peter, die gelukkig meer verstand heeft van en gevoel heeft voor bouwen dan voor afbreken. Opbouwende kritiek kregen wij eveneens van de overige leden van de promotiecommissie. Wij danken al onze Musketiers vanuit het diepst van ons hart voor de moeite die zij zich hebben getroost om ons te begeleiden.

In de eerste plaats wilden wij orde brengen in de chaos van eerste, tweede en derde indrukken die wij kregen van de modebegrippen 'duurzaamheid' en 'duurzame ontwikkeling'. In het verlengde van onze eigen rijpende inzichten stelden wij ons vervolgens ten doel om regio's wereldwijd een beleidskader van concepten mee te geven, waarmee zij zelf een duurzame regionale ontwikkeling kunnen realiseren. Dat we de regio als insteek namen, heeft alles te maken met de dominante rol die regio's spelen binnen de EU. Dat we ook nog eens op dat

---

5   Jeremy Rifkin is oprichter en bestuursvoorzitter van de Foundation on Economic Trends. Zie: www.foet.org/JeremyRifkin.htm, mei 2008

6   Jeremy Rifkin, *Leading the Way to the Third Industrial Revolution: A New Energy Agenda for the European Union in the 21st Century*, januari 2008.

7   Officieel staat Don te boek als: Prof. Dr. Donald Huisingh, *Editor-in-Chief* van het door Elsevier uitgegeven *Journal of Cleaner Production*.

niveau actief waren, werkte in ons voordeel. We konden in de keuken kijken en zelf meekoken. Moeilijk was af en toe de onderlinge afstemming. Martin is een praktijkman. Volgens Frank de beste die ze bij de Provincie hebben. Maar niet waar het op schrijven aankomt. Martin praat duizend maal beter dan hij schrijft. Hij gooide zijn praktijkervaringen lukraak bij Frank over de schutting. Zo van: 'maak er maar wat van'. Af en toe nam Martin zelf de pen ter hand. Sommige residuen brandmerken nog steeds de tekst. Frank had ook een handicap: de ziekte van Parkinson. Trillende hand en depressieve stemmingen weerhielden hem er niet van om ver voor Martin, Peter en Don uit steeds weer andere verhalen te componeren, ontleend aan tientallen boeken en miljoenen gedachtespinsels. Het vergde veel geduld. Martin nam zich voor nooit meer kwaad te worden op Frank, wat Frank er niet van weerhield om bij tijd en wijlen wél kwaad op Martin te worden. Volgens mensen in onze buurt zijn we een gouden duo. Daar houden we het maar op.

Te veel mensen zijn wij dank verschuldigd. Daartoe behoren zeker onze levenspartners in voor- en tegenspoed, Caro en Margot, onze kids en onze inspiratiebronnen Wim Schaefer, Johan Wempe, Jan Jaap Bouma, Adriaan van Mierlo, etc, etc. Wij zullen onze dank persoonlijk overbrengen. Een *hug*, een kus, of een stevige handdruk houden niet op papier. Die behoren tot het echte leven. Het goede, Brabantse leven.

Vught/Woudrichem, 2 januari 2012

Inhoud

Deel I. Inleiding

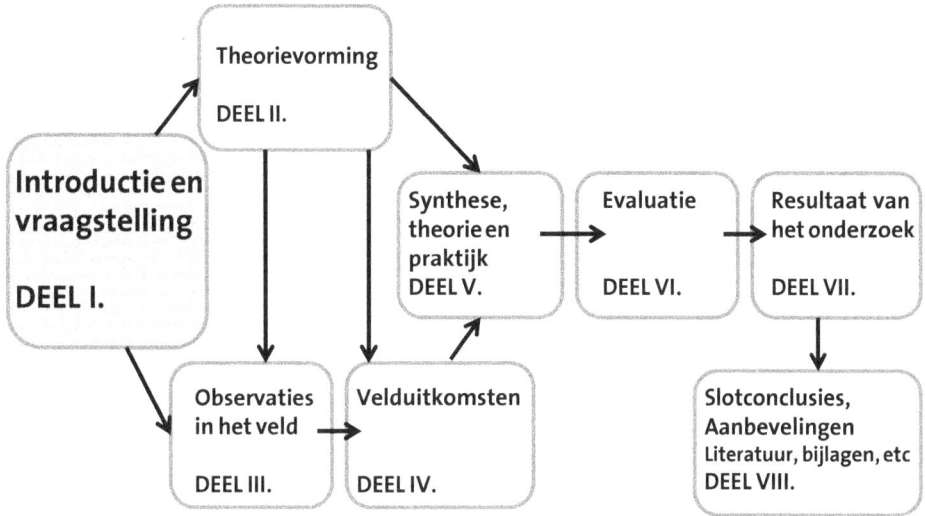

```
            ┌─────────────────┐
            │ Theorievorming  │
            │                 │
            │ DEEL II.        │
            └─────────────────┘
┌─────────────────┐        ┌───────────────┐  ┌────────────┐  ┌───────────────┐
│ Introductie en  │        │ Synthese,     │  │ Evaluatie  │  │ Resultaat van │
│ vraagstelling   │        │ theorie en    │  │            │  │ het onderzoek │
│                 │        │ praktijk      │  │            │  │               │
│ DEEL I.         │        │ DEEL V.       │  │ DEEL VI.   │  │ DEEL VII.     │
└─────────────────┘        └───────────────┘  └────────────┘  └───────────────┘
        ┌────────────────┐  ┌────────────────┐              ┌──────────────────────┐
        │ Observaties    │  │ Velduitkomsten │              │ Slotconclusies,      │
        │ in het veld    │  │                │              │ Aanbevelingen        │
        │                │  │                │              │ Literatuur, bijlagen, etc │
        │ DEEL III.      │  │ DEEL IV.       │              │ DEEL VIII.           │
        └────────────────┘  └────────────────┘              └──────────────────────┘
```

Allemaal Winnen
Introductie en Vraagstelling

'Maar doodslaan deed hij niet, want tussen droom en daad staan wetten in de weg en praktische bezwaren, en ook weemoedigheid, die niemand kan verklaren, en die des avonds komt, wanneer men slapen gaat'

Willem Elsschot (1882-1960)

Leeswijzer

Dit hoofdstuk bevat de ankerpunten van elk wetenschappelijk discours: de probleemstelling, de deelvragen, het doel, de toegepaste methoden van onderzoek, de wetenschappelijke relevantie en de maatschappelijke betekenis. Een uitgebreide leeswijzer toont de diverse routes door 'het gebouw'. Snelle, directe routes voor mensen met een specifiek doel en een speciaal, kronkelig parcours, met tal van *shortcuts*, voor avonturiers. Om het helemaal gemakkelijk te maken begint elk hoofdstuk met een beknopte leeswijzer, die aangeeft wat in het betreffende hoofdstuk zoal aan de orde komt. Elk hoofdstuk wordt afgesloten met 'tussenconclusies', rustpunten tussen twee hoofdstukken waarin nog even terug geblikt wordt. Het avontuur begint met een duik in de tijd.

De aanleiding

In theorie zijn theorie en praktijk hetzelfde, maar in de praktijk niet.[8] Dit ondervonden wij, Martin Bakker en Frank van Empel, aan den lijve, toen we tien jaar geleden gezamenlijk de eerste stappen zetten van een avontuurlijke expeditie naar een duurzame, regionale ontwikkeling in de provincie Noord-Brabant. Van meet af aan gingen conceptvorming en veldoefening hand in hand. Dit heeft alles te maken met onze eigen natuur: een ondernemende ambtenaar van de directie Ecologie en een door ideeën gedreven schrijver die beiden middels voorbeelden en een discours (groot verhaal) verandering te weeg willen brengen in de richting van een wereld van geluk, zonder haat en naijver. Hieraan ligt een simpele gedachte ten grondslag. In een wereld waarin de één de ander kapot concurreert, heb je winnaars en verliezers. Het is de vraag of de samenleving er per saldo wel zoveel mee opschiet. Als de gedoodverfde concurrenten samen werken aan een innovatief product, een nog niet bestaande dienst, of een procesvernieuwing, dan voegen ze samen waarschijnlijk meer waarde toe dan in een wereld waarin de één zijn dood de ander zijn brood is. De wereld waarin wij willen leven is een wereld met alleen maar winnaars. Dat is per definitie – als we de economie, de omgeving (het milieu) en de mens onder de winnaars scharen – een duurzame wereld. Vandaar de titel van dit proefschrift: Allemaal Winnen.

---

8   Hawken, Lovins & Lovins, Natural Capitalism, 1999, blz. 266.

Hoe bereiken we deze Wereld van Geluk? Door *trial and error, error, error*[9]. Een voortdurende confrontatie van theorie en praktijk. De Oostenrijkse natuurkundige en filosoof Ernst Mach definieerde wetenschap als: 'Aanpassen van de gedachten aan de feiten'. In die geest hebben wij steeds geopereerd. Dat was niet makkelijk.

Hoewel we steeds bij leerden en met onuitputtelijk enthousiasme ons pad vervolgden, bleef duurzame regionale ontwikkeling lijken op een nat stuk zeep dat uit onze handen gleed als we dachten er vat op te hebben. Het bleek met name moeilijk om tot een integraal beleid en daadwerkelijke verandering te komen. Het Provinciebestuur draait doel- en visieloos elke vier jaar weer een nieuwe ronde, met matig - zo niet slecht - opgeleid personeel en een gebrekkige navigatieapparatuur. Er wordt veel gepraat, nóg meer op papier gesteld. Kilometers tekst worden geproduceerd, gekopieerd, gescand en ge-e-maild. Liters koffie genuttigd. Er wordt vergaderd om het even. Programma na programma wordt gestart en vertaald in projecten, die na verloop van tijd aflopen. De programma's waar zij deel van uitmaakten, lopen niet zelden in enigerlei vorm gewoon door, ook al voegen ze niets meer toe. Wel houden ze mensen aan het werk, ze vragen aandacht van het management en kosten geld. Het zou allemaal anders moeten en kunnen, want alles bij elkaar verandert er bitter weinig aan de vraagstukken die er toe doen. Het weer gaat voortdurend meer te keer, het klimaat verandert ongestoord door, de bio-diversiteit neemt consequent af, evenals de hoeveelheid vis in de zee en olie in de grond. Potverteerders en ramptoeristen komen ruim aan hun trekken, terwijl wetenschappers zich zorgen maken over het gemis aan resultaat. Steeds weer, steeds meer. Zij berekenen hoeveel regenwoud verdwijnt en roepen in de woestijn. Ook hùn werk heeft geen baat zolang het problemen ongemoeid laat.

Probleemstelling en vijf deelvragen

Deze patstelling fascineerde ons en leidde tot de volgende **probleemstelling**: In de provincie Noord-Brabant zijn de afgelopen tien jaar veel plannen gemaakt voor een duurzame, regionale ontwikkeling, maar die zijn niet goed van de grond gekomen.

Dit roept de volgende **deelvragen** op:

1. Wat heeft de 'lagere' overheid Noord-Brabant in het kader van duurzame ontwikkeling gedaan en nagelaten?
2. Waarom is de visie van een duurzame, regionale ontwikkeling in Noord-Brabant nooit gerealiseerd?
3. Wat kunnen bestuur en stakeholders van de provincie Noord-Brabant doen om een evenwichtige economische, ecologische en sociaal-culturele ontwikkeling te realiseren, zonder dat dit ten koste gaat van anderen in ruimte en tijd?
4. Welke ideeën reikt de literatuur aan? Welke concepten adviseren de auteurs van dit proefschrift de Provincie verder uit te werken, door te voeren en op te schalen?

---

9   Een uitdrukking van de Amerikaanse uitvinder en filosoof Buckminster Fuller.

5.   Hoe kan meer lijn worden gebracht in de diverse deelaspecten van duurzame ontwikkeling? Valt er voor een regionale overheid een richtinggevend, conceptueel beleidskader te ontwikkelen, c.q. een integrale aanpak te ontwerpen, waarin alle denkbare maatregelen een plaats hebben, tot hun recht komen en resultaat opleveren?

De antwoorden hierop zijn te vinden in de lopende tekst en in de tussenconclusies na ieder hoofdstuk die eveneens een lopend verhaal vormen, dat kan worden gebruikt voor communicatieve en educatieve doeleinden. In hoofdstuk 17 worden de antwoorden op de deelvragen nog eens keurig op een rij gezet.

Doel

De probleemstelling raakt tal van wetenschappelijke disciplines: filosofie, economie, bedrijfskunde, psychologie, biologie, milieukunde, bestuurskunde, bouwkunde, social studies... Een opsomming die nog lang niet compleet is. Er is geen wetenschappelijk domein te noemen waar het thema duurzame ontwikkeling – en daarmee de probleemstelling – niet van belang is. We zouden de probleemstelling kunnen benaderen vanuit onze eigen disciplines, economie en milieukunde, maar daarmee zouden we het onderwerp van studie tekort doen. Daarom hebben wij ons op onbekend terrein (terra incognita) begeven, met name op dat van de Moeder van alle Wetenschappen, de filosofie. Er worden zoveel filosofen geciteerd en verbonden met het thema duurzame, regionale ontwikkeling, dat het proefschrift aangeduid kan worden als 'toegepaste filosofie'. Het is echter meer dan dat. De insteek is het best te duiden als trans-disciplinair. We hebben bestaande wetenschappelijke disciplines gecombineerd tot een integrale benadering van een onderzoeksveld waarin we zelf actief waren en nog zijn. We hebben ons opgesteld als explorerende wetenschappers, die zich systematisch, onbevangen en zonder pretenties op de terreinen van andere wetenschappers waagden, vanuit de veilige beslotenheid van de eigen wetenschappelijke bastions.

De voedingsbodem voor dit proefschrift is de praktijk. Om precies te zijn: het milieubeleid van de provincie Noord-Brabant in de periode 2002-2012. Martin en Frank maakten beide deel uit van de Werkgroep Absolute Ontkoppeling. Deze werkgroep werd in 2002 geformeerd in het kader van de Strategische Agenda Milieu, Economie en Ruimte om antwoord te geven op de vraag of economische groei samen kan gaan met een afnemende druk van de economie op het milieu. De rapportage van Bakker en Van Empel, die in januari 2003 als boek verscheen onder de titel 'Absolute Ontkoppeling, gewoon doen', bevat reeds een hoofdstuk over concepten en methoden.[10] De concepten Factor 4, 10 en 20 geven aan dat mensen en organisaties vier tot twintig maal efficiënter kunnen omgaan met materialen. Een thematiek die in 2012 nog steeds speelt. Andere concepten uit de koker van Martin Bakker: *'Materials matter'* van Ken Geiser, kringloopdenken, dematerialisatie en detoxificatie. In hetzelfde 'Absolute Ontkoppeling,

---

10   Absolute Ontkoppeling: Gewoon Dóen!, Werkgroep Absolute Ontkoppeling, Provincie Noord-Brabant, januari 2003.

Gewoon Dóen!' is een essay opgenomen van Frank van Empel waarin drie ontwikkelingsfasen voorkomen die de opmaat vormen voor de theorievorming.[11] Van Empel breidde het aantal concepten flink uit, paste ze met de eerder genoemde ontwikkelingsfasen in een matrix in en bouwde daar een theorie om heen met tal van nieuwe begrippen. Martin legde zich toe op de praktijk: de Strategische Agenda, Naar een Duurzaam Brabant, de Integrale Strategie Milieu, Grow, Geerpark, Frisse Scholen, De Brabant Woning. Frank was hier ook bij betrokken, maar minder direct, waardoor hij vrijer kan oordelen. In de geest van de *mutual gains approach* zijn vervolgens de nodige verbindingen gelegd tussen de twee werelden.

Om zicht en wellicht ook enige grip te krijgen op de krachten en tegenkrachten die zich in de praktijk voordoen en die onze gedachten prikkelen en aanzetten tot ideeën- en conceptvorming, is in de loop van dit proefschrift een denkraam ontwikkeld in de vorm van een matrix met 9 velden: de Allemaal Winnen Matrix. Het samenstellen en vullen van deze matrix loopt als een rode draad door de tekst. Zo'n integraal conceptueel beleidskader zou de provincie en haar partners kunnen helpen bij het realiseren van een duurzame ontwikkeling. Met name op het regionale niveau ontbreekt een dergelijk richtinggevend kader namelijk. Het vullen van dit hiaat in de vorm van te hanteren principes, een werkwijze en/of te nemen stappen, toegespitst op de regio in het algemeen en de provincie Noord-Brabant in het bijzonder, beschouwden wij van meet af aan als het doel van deze studie. Wij denken daarbij aan een al omvattend en overstijgend diagnose- en management instrumentarium voor de navigatie van een regio, met de Allemaal Winnen Matrix als regelpaneel. Een applicatie, die aangeeft op welk niveau van economische, ecologische en sociaal-culturele ontwikkeling een bepaalde regio zich op een bepaald ogenblik bevindt en die mogelijkheden schetst waarop de sprong (transitie) naar een hoger niveau (kwalitatief en kwantitatief) gestalte zou kunnen krijgen. De regionale overheid speelt daarbij een specifieke eigen rol. De focus van deze studie ligt daar, bij de regionale overheid, in casu de provincie Noord-Brabant.

Toegepaste methoden

Om er achter te komen waarom een duurzame, regionale ontwikkeling in Noord-Brabant niet van de grond komt, bestuderen we de tot stand koming, de uitvoering en de resultaten van het gedurende de voorbije tien jaren gevoerde beleid (historische analyse). We putten daarvoor uit eigen ervaringen, officiële publicaties, (niet gepubliceerde) notulen van vergaderingen, documenten, verslagen van achtergrondgesprekken met hoofdrolspelers, et cetera.
Voor de beantwoording van de instrumentele vraag 'hoe de beoogde duurzame ontwikkeling wél kan worden gerealiseerd', hebben we uitgebreid literatuuronderzoek verricht. Dat leidt tot een niet uitputtende opsomming van algemene, dynamische concepten voor het tot stand

---

11   Frank van Empel, Waar een Wil is, is een Weg, De Transformatie van een Vernietigende in een Herstellende Economie, essay, 's-Hertogenbosch, 2002.

brengen van duurzame regionale ontwikkeling. Met dynamisch bedoelen we dat de concepten een ontwikkeling doormaken. Per concept worden drie ontwikkelingsstadia onderscheiden en ook expliciet aangegeven (zie hoofdstuk 4).

Met de concepten is in de praktijk uitgebreid geëxperimenteerd. Sommige concepten vielen af, omdat ze niet voldeden. Er kwamen ook voortdurend nieuwe concepten bij. De concepten die overeind bleven, zijn ondergebracht in de Allemaal Winnen Matrix (§13.3).

Uitgangsstelling voor het onderscheiden van fases in de ontwikkeling naar een duurzame regionale samenleving is dat de vrije werking van het marktmechanisme weliswaar leidt tot veel goeds (economische groei, ondernemingswinsten, werkgelegenheid), maar ook vernietigende bijwerkingen heeft (luchtvervuiling, lawaai, inkomensongelijkheid, wantrouwen ten aanzien van instituties, afnemende sociale cohesie). Vanuit het perspectief duurzame ontwikkeling, duiden we deze fase aan als destructief. Om aan deze *dead lock* te ontkomen, moet er iets gebeuren. Het systeem moet als het ware worden ge-reset en voorzien van nieuwe software. Oude gewoonten, gebruiken en (voor)oordelen worden in deze deconstructie fase doorbroken, zodat er bij mensen en organisaties ruimte komt voor nieuwe impulsen (constructie).

We proberen meer lijn in de diverse deelaspecten van duurzame ontwikkeling te brengen door een eigen werkwijze te ontwikkelen. Deze werkwijze komt, zoals gezegd, voor een deel voort uit literatuurstudie en voor een ander deel uit *action research*: *learning by doing*.
 Het al doende en al lerende ontwikkelde diagnose- en management instrument (Allemaal Winnen Matrix) en een daarop gebaseerde werkwijze evalueren we vervolgens in de praktijk op basis van een *multiple embedded case study* (een term van methodoloog Robert K. Yin). Het betreft hier twee cases: de Brabant Woning en Brabantse Frisse Scholen. We hebben daarvoor geput uit de zes 'bewijsbronnen' voor wetenschappelijk onderzoek die Robert K. Yin opsomt in zijn boek over Case Study Research[12]. We lazen niet alleen veel boeken en wetenschappelijke *papers* (*documentation*), maar raadpleegden tevens archieven (*archival records*) en stonden zelf met onze laarzen in de modder. We interviewden betrokkenen (interviews), we keken goed om ons heen, met het oog van de waarnemer (direct observations) en met de blik van de deelnemer aan het proces (*participant-observation*). De interviews en waarnemingen hadden een praktisch doel: een beter inzicht in hoe het werkt. Dat leidde uiteindelijk tot een selectie van concepten en daarmee samenhangende analyses die hout snijden, hetgeen de conclusie rechtvaardigt dat de vragen en antwoorden kennelijk to the point waren. Het had ook anders gekund. Robert K. Yin: 'Als je vragen niet leiden tot een voorkeur van de ene (deel)analyse boven de andere, dan waren je vragen waarschijnlijk ofwel te vaag, ofwel te talrijk'[13].

---

12   Robert K. Yin, *Case Study Research, Design and Methods, Fourth Edition*, Sage Publications, 2009, blz. 101.
13   Robert K. Yin, blz. 30.

We onderzochten voorts op locatie de *ins and outs* van onder meer geïntegreerde afval
verwerking, duurzaam transport – inclusief elektrisch rijden – en energieneutraal bouwen
(*physical artifacts*). De uitkomsten van interviews, informele gesprekken en observaties zijn
in de loop der jaren verwerkt in tal van artikelen, boekjes, brochures en webteksten, die naar
believen opgediept kunnen worden uit een omvangrijke database. Alle artikelen en webteksten
zijn, zoals gebruikelijk, vóór publicatie door betrokkenen geautoriseerd.

Door meerdere bewijsbronnen te gebruiken, voldoen we aan de kwaliteitseisen voor
onderzoeksontwerp. Door de rapportages van de casestudies per case ook nog te laten
autoriseren door minstens twee belangrijke informanten, construeren we extra validiteit.[14]

De Matrix als denk- en doe-model

Een fundamentele vernieuwing, ofwel *reset*, van een complex, levend systeem dat
wordt beïnvloed en bepaald door tal van gebeurtenissen en actoren, vraagt om een
multidimensionele benadering. Om een dergelijke benadering in een beeld te vangen is de
3x3 matrix gekozen. Deze matrix is een hulpmiddel, een 'denkraam', bij het analyseren van
processen op verschillende niveaus en in opeenvolgende fasen.

Al vrij vroeg in het onderzoek ontwikkelden we een matrix met op de ene as drie fasen in
de ontwikkeling van economie, ecologie en samenleving (*People, Planet* and *Profit*) en op de
andere as drie clusters van concepten die de voorgestane duurzame regionale ontwikkeling
gestalte kunnen geven: gedragsverandering, technologische ontwikkeling en besluitvorming.
De matrix is ontstaan vanuit de gedachtegang dat om richting te bepalen er een filosofisch
kader ofwel een groot verhaal nodig is, zoals religies dat ook plachten te zijn en dat het
instrument om die richting te bepalen praktisch en toegankelijk moet zijn.

**Figuur 1. Matrix met drie fasen: constructie, deconstructie en destructie en drie clusters
van concepten: gedrag , technologie en besluitvorming als richtinggevend kader**

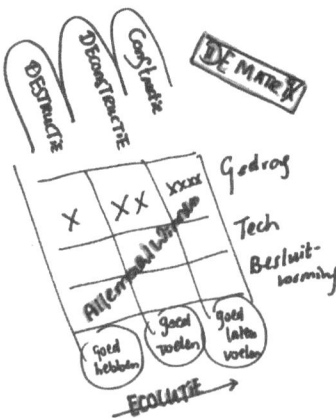

---

14 Idem, blz. 40/41.

Tijdens het onderzoek groeide de noodzaak om een nieuw begrippenkader te formuleren. De term 'duurzame ontwikkeling' raakt sleets door het vele gebruik ervan in reclames en polemieken. Wij volgen het advies van Jacques Derrida op en vernieuwen de begrippen opdat er weer betekenis aan gegeven kan worden. Dit begrippenkader volgt logisch uit de lopende tekst en krijgt haar volle betekenis in hoofdstuk 13.

We zochten naar methoden waarmee een regionale overheid daadwerkelijk duurzame ontwikkeling kan realiseren en opschalen, waarmee kleinschalige experimenten kunnen uitgroeien tot grote gemene delers. Al doende, ontwikkelden we zo een geheel eigen werkwijze, die we testten bij twee casussen – de Brabant Woning (hoofdstuk 15) en Brabantse Frisse Scholen (hoofdstuk 16).

Wetenschappelijke relevantie

De uitvinder Buckminster Fuller merkte herhaaldelijk op 'dat wij allemaal wetenschappers zijn'. Voor hem was wetenschap: 'het ordenen van je levenservaringen'. De reguliere wetenschap kan niets met dergelijke filosofische bespiegelingen. Die gaat uit van besluitvormingsstructuren, systemen en processen die aangestuurd worden door een redelijke, verstandige mens, dat wil zeggen: iemand die alle beschikbare informatie in zich opneemt die nodig is voor het vormen van een besluit, die daar overtuigend bewijsmateriaal voor weet te verzamelen, die dat vervolgens met andere verstandige personen bespreekt, om ten slotte een rationeel besluit te nemen en zich daar ook aan te houden. Dit prototype rationele mens ontstond eind 18de eeuw, tijdens de Verlichting. De representatieve democratie en het marktkapitalisme met zijn 'onzichtbare hand' en zijn uitwassen van hebzucht en bittere armoede dateren beide uit diezelfde tijd en zijn ruim twee eeuwen later aan herziening en aanvulling toe, zodat ze in de huidige complexe en dynamische context weer een tijd meekunnen.

Sinds de 18de eeuw is er wel een en ander veranderd. Informatie die vroeger alleen voor de elite beschikbaar was, wordt nu via het internet in steeds rapper tempo steeds wijder verspreid. Door deze revolutie in informatie & communicatie technologie en sociale netwerken zouden individuele burgers in beginsel zelfstandige beslissingen moeten kunnen nemen die beter uitpakken voor economie, ecologie en samenleving dan de dictaten van gekozen volksvertegenwoordigers, zo stellen psychologen, neuro wetenschappers en economen. Dit onderzoek naar de creatie van duurzame ontwikkeling ligt in het verlengde hiervan, waarbij de nadruk in de besluitvorming en de beleidsontwikkeling steeds meer komt te liggen op governance capacity[15]: het vermogen van stakeholders om te zoeken naar gezamenlijk

---

15 De definitie is van Hans Jeekel, De Auto-afhankelijke Samenleving, blz 434. In dit proefschrift wordt daar naar verwezen in de Inleiding van hoofdstuk 17. Het begrip kwam in de slotfase van dit onderzoek naar boven en is nog niet helemaal geïntegreerd in de eigen werkwijze. Het ligt echter zodanig in het verlengde van al het andere, dat de lezer het zelf kan invullen waar dat verhelderend werkt. In wezen is *governance capacity* hetzelfde als de *mutual gains approach*. Het voegt iets toe doordat je er een index van kunt maken. De ene gemeenschap heeft een hogere *governance capacity* dan de andere. Dit meetbaar maken van *governance capacity* is een van de aanbevelingen voor verder onderzoek. Zie hoofdstuk 18.

geaccepteerde oplossingen voor problemen of vraagstukken en er ook samen voor te zorgen dat die worden uitgevoerd. Deze werkwijze kan op elk niveau worden toegepast: de Europese Unie, Nederland, Noord-Brabant, de gemeente, de wijk, de buurt.

Het nieuwe sturingsmodel, waarmee in deze studie wordt geëxperimenteerd, gaat uit van de individuele mens, van zelforganisatie, participatieve democratie, hoogwaardige technologie en mutual gains. Personaliseren, aanspreken, verbinden en betrekken zijn de wachtwoorden van dit nieuwe sturingsmodel. Wat we meemaken is de omkering van de hiërarchie, zoals beschreven door Wendell Berry[16]. Het kleine gaat in toenemende mate het grote controleren, de intuïtie overmeestert de ratio en de exacte wetenschap verliest terrein aan de sociale en gedragsstudies.

Benjamin Franklin was daar in 1749 al bang voor, toen hij schreef: 'Als de passie voortstormt, laat het verstand dan de teugels vasthouden'.[17]

Deze studie verschaft bestuurders op regionaal en lokaal niveau een dynamische, toekomstgerichte, menselijke systeembenadering, die hen helpt om regionale duurzame ontwikkeling te realiseren, te monitoren, te evalueren, uit de marge te halen en richting gemeengoed te duwen.

Maatschappelijke relevantie

Heeft de samenleving behoefte aan een dergelijke systeembenadering? Zijn toekomstige generaties daar beter mee af? Het antwoord op deze retorische vraag luidt bevestigend. Een integraal beleidskader geeft regionale beleidsmakers, experts en bestuurders houvast bij het maken van keuzes met betrekking tot duurzame ontwikkeling en betrekt individuele burgers en organisaties bij dit proces, dat in staccato als volgt is te typeren.

Een regionale overheid verkent een bepaald vraagstuk en experimenteert samen met partners en experts met mogelijke oplossingen in proeftuinen. Door proeftuinen over de regio te spreiden en succesverhalen door te vertellen, vindt navolging en dus opschaling plaats. Lokaal zijn het de beste praktijkvoorbeelden die aantonen dat een bepaalde aanpak of methode werkt. In de regio komen kennis, ervaring en vernieuwing samen, ze worden er gedeeld en verbeterd. Uiteindelijk vinden de innovaties (geheel of in delen) hun weg vanuit de marge (de koplopers) naar de hoofdstroom van het regionale duurzame ontwikkelingsbeleid. Bij innovatie wordt het succes in toenemende mate bepaald door samenwerking in plaats van concurrentie. Open innovatie, waarbij verschillende partners samen werken aan product- of dienstontwikkeling, leidt tot een hoger rendement, snellere introductie op de markt en lagere ontwikkelingskosten, zo blijkt uit onderzoek. Open innovatie vergt ook andere competenties, attitudes en persoonskenmerken dan traditionele innovatie. Hetgeen in lijn is met de eerder geschetste 'reframing' van ratio naar gevoel[18].

16 Wendell Berry, *Standing by Words*, Essays, Counterpoint, Berkeley, 1983, blz. 46/47.
17 '*If Passion drives, let Reason hold the Reins*'. Geciteerd in *Our Choice* van Al Gore, hoofdstuk 14: *Changing The Way We Think*, iPhone applicatie.
18 Frans Stel, *Improving the performance of co-innovation alliances*, proefschrift Universiteit Tilburg, juli 2011.

Leeswijzer

Dit proefschrift heeft meerdere ingangen. De hoofdstukken zijn los te lezen, zodat eenieder door de tekst kan dwalen op zijn of haar eigen manier. Het een oppakken en het ander laten liggen.

Voor wie vooral geboeid wordt door filosofische benaderingen, concepten en ideeën die bijdragen aan duurzame ontwikkeling kunnen Deel II en V voldoen. Degenen die willen weten hoe Noord-Brabant duurzame ontwikkeling in praktijk probeerde te brengen, vinden hun traktatie wellicht in Deel III en IV.

De tussenconclusies achter ieder hoofdstuk vormen tezamen het extract ofwel de rode draad waarin kort het voorgaande hoofdstuk samengevat staat en verbanden worden gelegd met andere delen uit het proefschrift. De tussenconclusies laten zich lezen als één verhaal over hoe duurzame regionale ontwikkeling in Noord-Brabant werd nagestreefd, wat er mis ging, welke successen werden geboekt, welke ideeën er aan ten grondslag lagen en welk begrippenkader, welke werkwijze en gereedschapskist uit dit proefschrift omhoog rijzen om duurzame ontwikkeling te realiseren.

Duurzame ontwikkeling van alle drie de P's (*People, Planet & Profit*) zonder afwenteling op anderen in tijd of ruimte, is een complexe aangelegenheid. Om geen ongewenste neveneffecten te krijgen, zijn een integrale aanpak, wijsheid en een bepaalde levensvisie vereist. Complexe systemen integraal benaderen, dat kunnen alleen de dansers onder ons, zoals Donella Meadows het uitdrukt. Om regionale overheden, maar ook andere bestuurders en individuen handvatten te geven waarmee de complexe werkelijkheid begrepen en de gewenste ontwikkeling ingezet kunnen worden, is de Allemaal Winnen Matrix ontworpen, een nieuw begrippenkader om duurzame ontwikkeling mee te duiden, een *toolbox* met concepten en een werkwijze. Die staan beschreven in deel V van dit proefschrift en worden aan de hand van twee casussen uit de Brabantse praktijk getoetst in deel VI.

De matrix dient als kompas omdat in één oogopslag duidelijk is waar een samenleving, natiestaat, regio, gemeente, organisatie, individu et cetera zich bevindt in de veranderclusters gedrag, technologie en besluitvorming. Tevens kan de richting bepaald worden om van destructie via deconstructie naar een constructieve fase te bewegen. De concepten die hiervoor gebruikt worden en de gereedschapskist vullen, zijn inwisselbaar voor andere concepten, mits zij voldoen aan zeven criteria. Zie de inleiding bij hoofdstuk 4.

Een nieuw begrippenkader is gegroeid uit de behoefte om opnieuw betekenis te kunnen geven aan een ontwikkeling die inmiddels door veelvuldig en tevens slordig gebruik als een cliché kan worden gezien. 'Iedereen doet aan duurzaamheid', te vaak als *windowdressing*, waardoor de term sleets is geraakt. Dat maakt nieuwe begrippen noodzakelijk.

Voor pragmatische lezers die zoeken naar een methode om te *doen*, vormen deze vier componenten (werkwijze, matrix, gereedschapskist en begrippenkader) de kern van dit proefschrift.

De rijkdom die wij tegen kwamen in de provincie Noord-Brabant, in de literatuur en in
de samenwerking met elkaar en vele anderen heeft ons meer dan tien jaren geboeid en
gekluisterd. Daarvan is dit proefschrift een verslag. Wij hopen dat anderen even veel plezier als
wij beleven aan deze avontuurlijke expeditie en geïnspireerd raken om de tocht samen voort te
zetten.
Mogelijke bestemmingen staan in de eindconclusies: aanbevelingen voor nader onderzoek en
– waar het allemaal om begonnen is – aanbevelingen voor regionale overheden, waaronder met
name de provincie Noord-Brabant.
De eerste aanbeveling geven we weg in het motto van deze studie ontleend aan Mahatma
Gandhi: '*Be the change you want to see in the world*'.

1. Kader van het onderzoek

Leeswijzer

Dit hoofdstuk schetst een beeld van de omgeving waarin het onderzoek plaatsvindt. Groei van de bevolking en de economische bedrijvigheid op wereldschaal leiden tot meer welvaart, maar hebben ook een keerzijde. Sociale netwerken zorgen voor spreiding van kennis, macht en inkomen en hebben decentralisatie van beslissingsbevoegdheden tot gevolg. Dat leidt er weer toe dat het primaat van de beleidsvorming met het oog op een duurzame ontwikkeling van *people, planet & profit* steeds meer bij de regio komt te liggen. Al deze ontwikkelingen samen leveren een Wereld van Verschil op, waar intuïtie en niet ratio de meest betrouwbare bron van kennis is.

Inleiding

Beleidsvorming met het oog op een duurzame regionale ontwikkeling is geen exacte wetenschap zoals scheikunde. Waar scheikundige proeven steevast plaatsvinden in de beslotenheid van een laboratorium, daar hebben *social sciences* te maken met de wispelturigheid van de samenleving. In dit kader worden enkele *cross-border* verbanden belicht. De bevolkingsgroei en daarmee de toenemende druk op natuurlijke voorraden worden hier besproken. Alsmede de invloed van de sociale media op het gedrag van mensen en de wijze van besluitvorming. Onvermoede krachten die in de wereld van verschil coalities sluiten over grenzen heen, tussen individuen die elkaar zonder twitter of facebook nooit zouden leren kennen, kunnen een vergaande invloed hebben op de wijze waarop mensen met elkaar en met hun omgeving (natuur en milieu) omgaan. De emancipatie van de burger heeft invloed op het belang van de regio, waar burgers en bestuurders dicht bij elkaar zitten. Tevens neemt het belang van de gezamenlijke identiteit van bewoners van een regio toe. Want hoewel iemand geestverwanten kan ontdekken – expanding self – via Internet, de lokale traditie/cultuur/identiteit geeft zekerheid in het reële bestaan. Europa speelt in op deze regionalisering. In feite vormt hoofdstuk 1 de kiem die de bloem die eruit voortkomt al kent, want deze is haar voorbestemming, al is ze nog gecomprimeerd tot zaadje. Daarmee wordt het kader afgepaald waarbinnen dit onderzoek plaats vindt. De bloem is veelkleurig, een wereld van verschil, diversiteit in de natuur van de mens en in de natuur die de Aarde begroeit, overvliegt, door oceanen zwemt en die over gebaande en ongebaande paden rondloopt of kruipt. We leren van Baruch Spinoza dat intuïtie de hoogste vorm van kennis is, dat er meerdere waarheden zijn om de wereld mee te verklaren, waarna een korte introductie van de schrijvers van dit proefschrift op zijn plaats lijkt. Dit omdat zij zowel in theorie als in praktijk reeds tien jaar samen op zoek zijn naar manieren om regionale duurzame ontwikkeling te stimuleren. *Learning by doing & doing & doing.* Oftewel: *trial, error, error, error* en uiteindelijk: resultaat. Ook voor hen geldt dat intuïtie, gebaseerd op ervaring, een belangrijke rol speelt in het weten.

1.1 De Keerzijde van de groei

In het jaar nul van de Westerse jaartelling waren er nog geen 100 miljoen mensen op de planeet Aarde, in het jaar 1800 bijna een miljard en ruim een eeuw later, in 1927, 2 miljard. Op 15 januari 2012 staat de snel oplopende teller op 7.017.306.000, ofwel: ruim 7 miljard.[19] De spectaculaire groei van de afgelopen 85 jaar en de verwachte 'doorgroei' in de komende decennia, is dé belangrijkste verandering in de geschiedenis van de mensheid ooit! De consequenties van 5.000.000.000 mensen erbij in nog geen eeuw tijd zijn gigantisch. Al die mensen hebben behoefte aan schoon drinkwater, voedsel, kleding, onderwijs, een dak boven het hoofd en aan allerlei producten en diensten die het levensgeluk vergroten. Om een toenemend aantal mensen in staat te stellen het leven te leiden dat ze willen leiden en gelukkig te zijn, moet een wassende stroom van goederen en diensten geproduceerd worden. Daarvoor is energie nodig. Veel Energie. En: materialen. De vraag naar onder meer olie, aardgas, ijzer, koper en hout neemt dan ook navenant toe. Al deze 'natuurlijke hulpbronnen' onttrekken we aan de Aarde. Eens houdt het op. Dan zijn de voorraden uitgeput. Niemand weet wanneer dat zal zijn. Niemand kán dat weten, omdat er nog steeds verborgen reserves worden gevonden in de plooien van de Aarde, omdat er efficiënter wordt omgesprongen met bestaande voorraden en omdat er geheel nieuwe technieken worden ontwikkeld en toegepast, zoals het omzetten van steenkool en aardgas in vloeibare brandstof. Die duwen de tijdshorizon wat verder de toekomst in, zodat we wat extra tijd krijgen om fundamentele oplossingen te zoeken, te vinden en toe te passen, die de huidige destructieve tendensen neutraliseren en ombuigen in een groei die wél vol te houden is en die voor een groot deel, zo niet geheel, van niet-materiële aard zal zijn.

Een andere bijwerking van bevolkingsgroei (naast uitputting van grondstoffen) is de verontreiniging van het milieu, met name van lucht, water en bodem. In de jaren zeventig en tachtig van de vorige eeuw waren dat nog de hoofdonderwerpen van het milieubeleid. Op dit punt zijn sindsdien echter indrukwekkende resultaten geboekt. Iets soortgelijks geldt voor de afvalproblematiek en de zure regen. Op al deze terreinen is het signaal 'Brand meester!' gegeven. Vrijwel niemand heeft het er meer over. Er kwamen echter andere thema's voor in de plaats, zoals: CO2-uitstoot, broeikaseffect, teruglopende biodiversiteit, vervuiling van oceanen en fijnstof. Vraagstukken die een andere aanpak vereisen, alsmede creativiteit en probleem oplossend vermogen. In veel gevallen gaat het om systemen die de landsgrenzen overstijgen. In het verleden is daar ervaring mee opgedaan. Midden jaren zestig was één van de langste rivieren van Europa, de Rijn, als gevolg van talrijke lozingen zo vervuild, dat nagenoeg al het leven eruit verdwenen was. Strenge regelgeving maakte aan deze misstand een einde. Dat ging niet zonder slag of stoot. Met name de kalimijnen in Frankrijk zorgden voor ophef. Het zout dat zij in de Rijn loosden, was er moeilijk weer uit te halen. Dus waren er maatregelen aan de bron nodig. Dat vergde het nodige overleg tussen de landen in het stroomgebied van de Rijn: Zwitserland, Frankrijk, Duitsland, Luxemburg en Nederland. Het water van de Rijn

---

19 *Deutsche Stiftung Weltbevölkerung*, www.weltbevoelkerung.de, 15 februari 2008

is inmiddels zo zuiver, dat overwogen wordt om er zalm in uit te zetten. Het 'Brand Meester-signaal' zorgde ook hier voor verflauwing van de aandacht met als gevolg de introductie van een nieuw milieuprobleem: thermische verontreiniging door de lozing van koelwater.

De bijwerkingen van bevolkingstoename en economische groei werden in 1972 reeds onderkend in Grenzen aan de groei van Donella en Dennis Meadows, Jørgen Randers en William B. Behrens III, vier jonge onderzoekers bij het Massachusetts Institute of Technology (MIT), die twee datareeksen in hun wereldomvattende World 3 model invoerden: een reeks betreffende bewezen reserves natuurlijke hulpstoffen en een reeks betreffende de consumptie. De computer correleerde beide reeksen en spuwde de meest verschrikkelijke conclusies uit. Onder meer dat de olie binnen afzienbare tijd 'op' zou zijn. Vlak daarna brak de Eerste Oliecrisis uit. De Wereld was hardhandig wakker geschud. Dat het gebruikte model nogal statisch was en bijvoorbeeld geen rekening hield met de vondst van steeds maar weer meer olievoorraden, deed niets af aan de boodschap: plunder niet de hele Aarde; laat het Erfgoed niet berooid achter voor komende generaties.

Het thema van de roofbouw is opgeborgen in de 'map' Duurzame Ontwikkeling, een vergaarbak van met name milieuvraagstukken. De term 'duurzaam' is in 1987 gekozen als vertaling van 'sustainable', een begrip dat een prominente rol speelt in Our Common Future, ook wel 'het Brundtland-rapport' genoemd. Iets dat lang meegaat noemt de Dikke Van Dale 'duurzaam'. Maar dat is niet wat met 'sustainable' wordt bedoeld, namelijk: behoudbaar. A sustainable world is een wereld die er over enkele eeuwen in materieel opzicht nog hetzelfde uitziet. Dat is strijdig met onze veronderstelling van een voortdurend veranderende wereld. Om misverstanden te voorkomen, gebruiken wij een eigen term – Ecolutie – om de transitie naar een hoger niveau van sociale, economische en ecologische ontwikkeling aan te duiden. Ecolutie, zou je ook kunnen zeggen, is het bijstere spoor (the lost track) naar Allemaal Winnen. Een expeditie is uitgerukt naar de toekomst om het bijstere spoor te zoeken. Vergeefs. De expeditie komt er, net als de Spaanse schrijver en dichter Antonio Machado (1875-1939), achter dat er geen pad is. Om Machado te citeren:

'Walker, there is no path
The path is made by walking'

Het gaat er om al doende een combinatie van gedrag, technologie en bestuur/beheer (*governance*) te construeren die de planeet Aarde leefbaar houdt. Wonderen zijn hier overbodig. De status van duurzaamheid kunnen we volgens ontwikkelaar van het Natural Capitalism het Rocky Mountain Institute in San Francisco, zonder hulp van boven, ook zelf bereiken, door onze aandacht te focussen op drie simpele principes:

1. Verminder het gebruik;
2. 'Moduleer' de vraag: sla in de koelte van de nacht energie op en laat die op het heetst van de dag weer los, gebruik nieuwe technologieën en slimme controles om de vraag naar energie zo voordelig mogelijk aan te passen aan het aanbod, gebruik elektriciteit wanneer die het goedkoopst is;
3. Optimaliseer het aanbod.[20]

In de transport sector bijvoorbeeld kan het energieverbruik drastisch worden verlaagd door massaal over te stappen op lichtere materialen. Twee absurde feiten tonen de onnodige verspilling aan en roepen de vraag op waarom er niet eerder actie is ondernomen:
Minder dan 0.5% van de energie in de brandstof voor een typische moderne auto wordt gebruikt om de bestuurder te verplaatsen.
Het gewicht van een auto is verantwoordelijk voor meer dan twee-derde van de energie die nodig is om diezelfde auto in beweging te krijgen.[21]

1.2 Sociale Netwerk (R)evolutie

Niet zo'n ingrijpende verandering als de toename van de wereldbevolking, maar wél één die onvermoede krachten in zich heeft, is die van de sociale netwerken: *facebook, hyves, linkedin, twitter*, e.d. Netwerken die extra tot hun recht komen met behulp van moderne communicatiemiddelen als *iPhone, iPad, Wifi*, sms, MSN, *Skype*.

Wat sociale netwerk sites uniek maakt, is niet dat ze individuen in de gelegenheid brengen om vreemden te ontmoeten, maar eerder dat ze het mogelijk maken voor gebruikers om hun sociale netwerken te articuleren, zichtbaar te maken en – in voorkomende gevallen – te mobiliseren.[22]

De kracht van sociale netwerken kwam op 27 januari 2011 tot uiting in Egypte. Een aantal jongeren – de meesten nog geen dertig jaar oud – organiseerden een protest manifestatie tegen President Hosni Mubarak en de regering via *Facebook*. Ze waren blij verrast toen ruim 90.000 jongeren *online* aantekenden dat ze mee zouden doen, hetgeen voor anderen (ouderen, oppositie) aanleiding was om zich eveneens aan te sluiten, waaronder de verboden Moslim Broederschap, de Beweging voor Verandering (een liberale protestgroep, bekend van de slogan

---

20 Amory B. Lovins en het Rocky Mountain Institute, *Reinventing Fire, Bold Business Solutions For The New Energy Era*, Chelsea Green Publishing, Vermont, 2011, blz. 11.
21 Reinventing Fire, blz. 18.
22 Danah M. Boyd en Nicole B. Ellison, *Social Network Sites: Definition*, History and Scholarship, blz. 2.

'Genoeg!') en een groep mensen rondom diplomaat en winnaar van de Nobelprijs voor de Vrede, Mohamed ElBaradei. De jongeren bleven echter de toon aangeven. Ze stelden een lijst op van moskees, in en om Cairo. Daar zouden ze verzamelen en vervolgens oprukken naar het symbolische Plein van de Vrijheid. De lijst werd verspreid per e-mail en sms. Uiteindelijk deden er meer dan 100.000 mensen mee. In Iran werd een soortgelijke strategie gevolgd, maar daar stuitten de jongeren op een regiem dat van geen wijken wist en vreedzame demonstranten liet oppakken en verdwijnen.

Kader 1. Sociale netwerken in actie[23]

> The Lede continues to provide updates on Saturday on the street protests and related developments in Egypt. Our updates mix breaking news alerts with reports from bloggers and journalists posted on other news sites and social networks. A stream of live Twitter updates appears in the Lede's right column. Readers can share information in the comment thread below or send photographs or video from Egypt to pix@nyt.com.

De sociale netwerken groeien niet alleen als kool, ze worden ook nog eens voor van alles en nog wat gebruikt. Er ontstaat bijvoorbeeld een hele nieuwe vorm van verslaggeving, waarbij de journalist als een DJ *remixes* maakt van reeds gepubliceerde verhalen, informatie die hij van het Net plukt, eigen reportagewerk, twitter updates en bijdragen van lezers. De lezer wordt ingezet als hulpverslaggever. Extra ogen en oren voor de deejay, die voortdurend verse perspectieven kan tonen van de betreffende gebeurtenis.

Sociale Netwerk Sites stellen 'vrienden' in staat om zichzelf te profileren en zelf ook weer nieuwe vrienden te maken en oude vriendschappen te onderhouden. Zodoende groeien persoonlijke netwerken – daartoe in staat gesteld door hoogwaardige netwerktechnologie - aan elkaar tot één oneindig groot platform, dat gebruikers uitnodigt om met andere gebruikers op bepaalde terreinen samen te werken. Voor zo'n platform kan de rechtsvorm van de coöperatieve vereniging goede diensten bewijzen.

Elke persoon heeft zijn eigen persoonlijke cultuur, een kwaliteit die hij of zij gedurende vele jaren heeft opgebouwd. Een bonte verzameling waarden, normen, vooroordelen, visies, opvattingen en kennis die grotendeels onbewust voort komt uit onderzoek, ervaring, experimenten, relaties. De persoonlijke cultuur is de afspiegeling van een continue stroom van kleine, cumulatieve investeringen in je 'zelf', die begon op de basisschool en die steevast ver uitstijgt boven de positie die je inneemt in een organisatie of netwerk. Iemands persoonlijke cultuur is: álles wat hij of zij meebrengt naar sociale netwerken.[24] Dat iedereen zijn hele persoon inbrengt, maakt sociale netwerken sterker dan organisaties waar mensen maar een deel van zichzelf inbrengen, bijvoorbeeld hun arbeidskracht.

---

23 NYT, 5 februari 2011
24 zie ook Roberto Verganti, *Design-Driven Innovation*, Harvard Business Press, 2009, blz. 228.

Op zich zijn sociale netwerken niet nieuw. Als individu maak je er automatisch – vaak zonder het te beseffen - deel van uit: gezin, familie, collega's op het werk, vriendenkring, buurt- en wijkgenoten. De samenleving is van onder af opgebouwd uit dergelijke, informele, zich zelf organiserende systemen, met hun eigen sociale normen, gewoonten en gebruiken. Door de uitgebreide technische mogelijkheden en de toegang tot onbeperkt veel informatie, kennis en contacten zijn de modieuze sociale netwerken echter dieper geworteld en verder vertakt dan hun klassieke voorgangers. Door *website, twitteraccount* en *facebook* aan elkaar te linken en via speciale applicaties te laden in hun 3G mobiele telefoon, krijgen mensen de beschikking over een krachtig, persoonlijk informatie- en communicatiewapen, dat *anytime, anywhere, anyhow* te gebruiken is. Een *expanded self*.

Kader 2. Tweet van 'ecolutie'[25]

@Ecolutie
#Individuals use a #relationship to accumulate #knowledge and #experience. Call it SELF EXPANSION. Check www.ecolutie.nl & Xpand your self.
10 hours ago via web Favorite Reply Delete

Dwars op de vrij basale, horizontale netwerken, waaraan een onmiskenbare nestgeur kleeft, staan de ouderwetse, formele verbanden, die van boven af ingegeven zijn en aangestuurd worden. Het openbaar bestuur en het bedrijfsleven zijn sinds jaar en dag georganiseerd in de vorm van dergelijke topdown hiërarchieën, waar anciënniteit (zitvlees) steevast hoger wordt aangeslagen dan veranderingsgezindheid en waar managers voortdurend op weg zijn naar de volgende vergadering. Nieuwe sociale netwerken zorgen ervoor dat het zwaartepunt van de beslissingsmacht lager in de organisatie komt te liggen. Daar waar de toegang tot onmetelijke kennis- en informatiebronnen, contactenlijsten en communicatiemiddelen leidt tot *self expansion* van individuele medewerkers devalueert het eindeloos vergaderen tot nutteloos tijdverdrijf waardoor de macht van de typische lijnmanager uitholt.

Hoe het toekomstige stuurmodel eruit komt te zien, daar kunnen we nu nog niet veel over zeggen. Dat model moet zich nog vormen. Maar één ding is zeker: mensen nemen geen genoegen meer met zinloos vergaderen en doelloos dwalen. Ze willen resultaten zien. Ook – of misschien wel: juist - op milieugebied, waar de vaststelling van *targets* (Kyoto, Countdown 2010) steevast wordt gevierd als zouden zij al zijn gerealiseerd. In de politiek is het claimen van maatregelen vrijwel altijd belangrijker dan het implementeren. Dat is begrijpelijk. Tegen de tijd dat er werkelijk wat gaat gebeuren, is de ambtstermijn al weer verstreken, of hebben verkiezingen alle bordjes al weer verhangen. Dat neemt niet weg dat er iets zal moeten gebeuren op het vlak van daadkracht. Om te beginnen, moet er een goed zicht zijn op de vorderingen die gemaakt worden. Daarvoor bestaan technieken. Zo ontwikkelde de Britse

---

lobby organisatie CBI een 'klimaat verandering beleid *tracker*'. De *tracker* brengt de progressie in beeld op vier terreinen waar door de Britse overheid gewerkt wordt aan de vermindering van koolstof in de economie (*de-carbonising*): elektriciteit centrales, gebouwde omgeving, transport en industrie. Wat blijkt? Van de 13 indicatoren is er één groen gekleurd, als teken dat er vooruitgang wordt geboekt: kernenergie. Drie zijn er rood: huizen, gebouwen en industrie. Daar is amper sprake van progressie. Negen hebben de kleur amber meegekregen. Daarmee wordt uitgedragen dat 'de ambitie goed is, maar dat er onvoldoende geleverd wordt'.[26]

In de andere EU-landen, inclusief Nederland, is het niet veel beter gesteld met de slagvaardigheid van de (centrale) overheid. Beleidsmakers lijken niet goed te weten wat ze aanmoeten met zo'n glibberig thema als 'duurzame ontwikkeling'. Het ontbreekt hen aan een integraal, conceptueel beleidskader waarmee ze alle denkbare vraagstukken op en aan kunnen pakken. Met hun oude, vertrouwde, directieve aanpak dringen hoogwaardigheidsbekleders en overheidsfunctionarissen niet meer door tot de burger. Hun gezag is uitgehold, door jaren van wanpresteren. Dus moeten bestuurders en beleidsvoorbereiders het over een andere boeg gooien. De boeg van het verleiden, uitnodigend organiseren, stimuleren, informeren en enthousiasmeren. Dat begint met de deconstructie van oude machtsstructuren, de onttakeling van hiërarchieën, de ontregeling van gewoonten en vaste gebruiken, de decentralisatie van bevoegdheden. Na de deconstructie komt de constructie van het nieuwe: datgene wat nog niet is, maar nog moet worden, de ontwikkeling. De ontwikkelingen gaan in de richting *van joint movement* en *collaborative action*, Engelstalige begrippen die de dynamiek van samenwerking in zich dragen. Het betreft hier samenwerkingsverbanden in allerlei soorten en maten, veelal voortkomend uit sociale netwerken, of daar een overlapping van. Als we de structuren waarbinnen dit soort ontwikkelingen plaatsvinden minder star maken en als we meer open staan voor verandering, dan slagen wij mensen op Aarde er misschien zelfs nog eens in om een ontwikkeling van economie, mens en omgeving (milieu) te creëren die, met een beetje fantasie, kan doorgaan voor 'duurzaam'.

1.3   Het Primaat van de Regio

De Europese Unie (EU) groeide in zestig jaar tijd uit van een Wederopbouwteam van zes tot een Wereldmacht van 27 landen met in totaal 499 miljoen inwoners. Binnen de Europese Unie wordt gestreefd naar economische, sociale en territoriale cohesie van beleid. Daar is veel voor te zeggen. Als alle neuzen dezelfde kant uit staan, is het makkelijker om een effectief beleid te voeren, dan wanneer iedereen ongericht door elkaar loopt. En de neuzen zijn makkelijker dezelfde kant uit te krijgen als de belangen niet tegenstrijdig zijn. Het economische belang speelt daarbij een hoofdrol. Om Bertolt Brecht nog maar eens aan te halen: '*Erst kommt das Fressen, dann die Moral*'[27].

---

26   *The Sustainable Business Blog,The Guardian, Posted by Neil Bentley for the Guardian Professional Network 11.14 GMT,* 19 januari 2011.
27   Bertolt Brecht, *Dreigroschenoper.*

Het cohesiebeleid is bedoeld om de welvaartskloof tussen verschillende EU-regio's te verkleinen. Het is een vorm van financiële solidariteit die moet leiden tot verdere economische integratie. De *Assembly of European Regions* (AER) is er van overtuigd dat het cohesiebeleid een Europese aangelegenheid moet blijven en dat er 'geen re-nationalisatie, van welke aard dan ook, mag plaatsvinden'. Bovendien bepleit de AER 'een grotere betrokkenheid van de regio's gedurende alle stadia van het besluitvormingsproces'. 'Lidstaten moeten hun regio's vertrouwen,' meent de organisatie van Europese regio's, want die zijn 'het best gepositioneerd om de beoogde territoriale cohesie daadwerkelijk te realiseren'.[28]

De Assemblee van Europese Regio's in Straatsburg pleit voor *multi-level governance*, waarbij regio's ieder voor zich 'drie partijen overeenkomsten' sluiten met hun lidstaat en de EU. Er zou ook een Raad voor Cohesiebeleid moeten komen, aldus de AER. Of de Europe 2020 strategie een succes wordt, dat hangt volgens de vertegenwoordiger van die regio's af van de mate waarin de EU-regio's betrokken worden bij het maken van beleid en een excessieve *top-down* benadering van de integratie vermeden kan worden.

Het primaire doel van de Europese regionale politiek is alle Europese burgers, waar ze ook leven, gelijke kansen te geven. De EU streeft daarom naar convergentie – het naar elkaar toe groeien – van regio's. Maar die regio's moeten er wél wat voor doen. Europa stelt fondsen beschikbaar, waar de regio's dan op in kunnen schrijven, met de benodigde argumentatie, formulieren en handtekeningen. Aanvankelijk ging het louter om financiële steun aan achtergebleven gebieden via de zogeheten Europese structuurfondsen. Inmiddels komen ook reeds ontwikkelde regio's binnen de EU, zoals Noord-Brabant, in aanmerking. De EU richt zich daarbij op het versterken van de regionale concurrentiekracht en het vergroten van de werkgelegenheid. Termen die getuigen van strijdlust.

Het werkt ruwweg als volgt. Nederland benutte de mogelijkheid om in de periode 2007-2013 ruim 830 miljoen euro van de EU te gebruiken voor EFRO-activiteiten. EFRO staat voor Europees Fonds voor Regionale Ontwikkeling, een onderdeel van de structuurfondsen. Voorwaarde voor gebruik was (en is nog steeds) dat de subsidie door de Nederlandse overheid of bedrijven wordt verdubbeld. Bij aanvang van de programmaperiode 2007-2013 heeft de Nederlandse overheid direct 255 miljoen euro beschikbaar gesteld. Dit bedrag werd door provincies, gemeenten en private partijen aangevuld tot 415 miljoen euro. Een slimme constructie, die als bijkomend voordeel heeft dat de EU zich op deze wijze verzekert van het commitment van overheden.

Als het aan de AER ligt, dan krijgt de Provincie een grotere en beter afgeschermde rol in dit krachtenveld. Hoewel dat niet met zoveel woorden in de officiële stukken staat, kan worden gesteld dat de EU heel bewust aanstuurt op een Europa van de Regio's. Tussen natiestaten onderling bestaat meer spanning, animositeit en beeldvorming dan tussen regio's. Wil je als

---

28 *Cohesion in Europe: Regions take up the challenge.* AER Whitepaper, December 2010, www.aer.eu, blz.3.

beleidsmaker op Europees niveau concrete resultaten boeken, dan doe je er dus verstandig aan om het te ontwikkelen beleid te focussen op dát niveau waar belangengroepen nog niet zodanig tegenover elkaar staan dat er niets meer te regelen valt.

Het kabinet Rutte bevestigt de trend in de richting van een Europa van de Regio's in de visienota over 'Bestuur en bestuurlijke inrichting', die de toenmalige minister Donner van Binnenlandse Zaken op 10 oktober 2011 aanbood aan de Tweede Kamer.[29] Het kabinet beoogt een compacte overheid, zo blijkt. Daarmee wordt bedoeld: een krachtige, kleine en dienstverlenende overheid die slagvaardig kan opereren. Citaat: 'Het bestuur zal met minder belastinggeld, minder ambtenaren, minder regels en minder bestuurders moeten functioneren, op basis van de uitgangspunten "je gaat erover of niet" en "je levert tijdig". Niet door terugtred, niet door alles maar aan de markt over te laten, maar door een doelmatiger organisatie en een werkwijze die veel meer steunt op maatschappelijke kracht en dynamiek. Niet voor, maar door mensen, denken en doen.'

In de praktijk betekent dit: een grotere rol voor regio's en gemeenten. 'De Europese Unie heeft het bestuurlijke krachtenveld veranderd,' aldus het Kabinet. 'Europese richtlijnen op terreinen als luchtkwaliteit, milieu, rampenbestrijding, diensten, staatssteun, aanbesteding, inrichting sociale woningmarkt en van de e-overheid moeten (mede) door provincies en gemeenten worden uitgevoerd.[30] Het is daarom van belang dat al bij het opstellen van de EU-regelgeving de betekenis daarvan voor de medeoverheden wordt onderkend.'
Het kabinet maakt zich wel zorgen over mogelijke uitvoeringsproblemen en het gebrek aan 'doorzettingsmacht' dat dan, zoals zo vaak in het verleden, de kop zal opsteken.

De provincie krijgt in de visienota de rollen toebedeeld van gebiedsregisseur, binnenhuisarchitect en toezichthouder.
- Als gebiedsregisseur houdt de provincie zich bezig met het maken van ontwikkelingsvisies, het uitruilen van belangen en er voor te zorgen dat steden en regio's binnen de provincie elkaar aanvullen. De provincie moet zonodig komen met oplossingen voor bestuurlijke en financiële problemen van gemeenten. Hoewel ook provincies orgaan van algemeen bestuur zijn, ligt de nadruk op het domein van het omgevingsbeleid (ruimtelijke ontwikkeling en fysieke omgeving) en op economische ontwikkeling. Ook cultuur kan tot de kerntaken van de provincies worden gerekend, waar dit de lokale belangen overstijgt.
- In de rol van binnenhuisarchitect krijgen de provincies vanaf 2014 te maken met het feit dat ze verantwoordelijk zijn voor de inrichting van het landelijk gebied en voor het regionale beleid met betrekking tot natuur, recreatie en toerisme, land-

---

29 Visienota 'Bestuur en bestuurlijke inrichting: tegenstellingen met elkaar verbinden', Den Haag,10 oktober 2011. Surf naar: Visienota Bestuur
30 *EIPA Impact EU legislation on local and regional authorities* (2009); Comité van de Regio's, Een nieuw verdrag, een nieuwe rol voor decentrale en regionale overheden (2010); Comité van de Regio's, witboek *multi level governance* (2010).

schap, structuurversterking van de landbouw en leefbaarheid. Verantwoordelijkheden en/of middelen die nu nog bij het Rijk liggen op het gebied van ruimtelijke
ordening van (boven)regionaal belang, regionale economie, natuur & landelijk
gebied en verkeer & vervoer, worden in het vervolg bij de provincies gelegd.

- Daarnaast houden provincies toezicht op de gemeenten en waterschappen in hun
gebied.

De provincie krijgt opvallend veel werkzaamheden toegeschoven, maar wordt tegelijkertijd
beknot in financieel opzicht. Meer doen met minder, is hier het devies. Ofwel: een hogere
arbeidsproductiviteit. De provincies tekenen verzet aan tegen het financieel uitknijpen van
het Middenbestuur. Als een trouwe hond gaan ze vervolgens echter weer braaf in hun mand
liggen. Zouden ze wèl volharden in hun verzet en op eigen houtje middelen gaan verzamelen,
dan trekt de rijksoverheid steevast toch aan het langste eind. De Grondwet kent aan het Rijk
namelijk bovenmatig veel verantwoordelijkheden en bevoegdheden toe. 'Het Rijk,' zo meldt
het kabinet op 10 oktober 2011, 'heeft eindverantwoordelijkheid en restverantwoordelijkheid
voor het binnenlands bestuur en daarbinnen de rol van "spelverdeler", grensrechter en
scheidsrechter.'

Er is ook een ander scenario denkbaar. Een scenario waarbij de rijksoverheid niet alleen
verantwoordelijkheden afschuift op lagere overheden, maar ook bevoegdheden. Bevoegdheden
om eigen middelen te vergaren bijvoorbeeld, door middel van provinciale heffingen en/of
indirecte belastingen, à la de btw.
Of een scenario waarbij ondernemingen uit zichzelf bijdragen aan de oplossing van
maatschappelijke vraagstukken. Laatst genoemde benadering behelst een nieuwe ethiek.
Lector Governance aan de Saxion Hogescholen, Johan Wempe, schreef over dit onderwerp een
essay, getiteld: Duurzaam ondernemen en bedrijfsethiek. 'De traditionele manier van denken,'
schrijft Wempe, 'steunt sterk op een negatief verantwoordelijkheidsbegrip. Welke misstand
kan het bedrijf aangerekend worden, waar kan de onderneming op aangesproken worden?
De bedrijfseconomische visie die hiermee samenhangt is dat maatschappelijke vraagstukken
als een kostenpost worden gezien, dan wel een risico betekenen. Kosten moeten voorkomen
worden of zoveel mogelijk verminderd en risico's moeten beheerst worden.' Deze visie werd in
de vroege jaren tachtig van de vorige eeuw uitgedragen door de monetarist Milton Friedman,
die geen ruimte voor moraliteit binnen de bedrijfsmuren zag. De publicatie van Peter French's
Individual and Collective Responsibility (1983) en het afzinken van het olieplatform Brent Spar
(1995) keerden de trend. Ondernemingen worden sindsdien ook in eigen kring geacht mede
verantwoordelijk te zijn voor maatschappelijke vraagstukken. *Corporate Social Responsibility*
wordt dat genoemd. Het gaat er echter niet om hoe het beestje heet, maar wat het doet.

Het nieuwe profiel van de provincie zou er logischerwijze toe moeten leiden dat het
'Middenbestuur' z'n minderwaardigheidscomplex van zich afschudt en het blazoen
oppoetst. Er is genoeg te doen. Niet alleen voor de provincie als overheid, maar ook voor

de stakeholders: ondernemingen die met de provincie verankerd zijn, waterschappen, woningbouwcorporaties, landbouworganisaties, milieuverenigingen, culturele instellingen, vakbonden, etc. Maar in plaats van zon hebben we regen. Bij de Provincie zien ze vooral de bezuinigingen, de afdelingen die gesloten worden, de mensen die door een zijdeur worden afgevoerd. Nog niet de kansen die de nieuwe groeimarkt van de duurzame ontwikkeling biedt.

1.4   Wereld van Verschil

Van ver af lijken alle mensen op elkaar. *Zoom* je in, dan beland je al gauw in een wereld van verschil. Op het niveau van de chromosomen en genen zijn alleen eeneiïge tweelingen nog hetzelfde. De verschillen in psychologische beleving van de werkelijkheid en in veranderingsgezindheid variëren eveneens per individu. Met als gevolg dat elk individu anders reageert op beleidsmaatregelen. Wil je elk individu meekrijgen, dan vergt dat een persoonlijke benadering, waarbij je als uitvoerder empathie toont. Dat wil zeggen dat je je verplaatst in de betreffende persoon en dat je in staat bent om elk individu op gepaste wijze te dienen. Een dergelijke benadering is echter veel te omslachtig, tijdrovend en bewerkelijk. Daarom hebben beleidsmakers en beleidsadviseurs al gauw de neiging om de menigte in te delen in gemakkelijk te hanteren categorieën. Zo onderscheidt de Amsterdamse opinie-onderzoeker Motivaction vier soorten burgers:

1.   de plichtsgetrouwen die gehoorzaam zijn aan het gezag. Zij laten zich vooral leiden door plichtsgevoel dat grotendeels terug te voeren is op hun opvoeding en dat zich uit in nauw afgepaste opvattingen over hoe iedereen zich heeft te gedragen. 'Dat hoort zo,' is bij deze burgerschapsstijl een veelvuldig gebruikte rationalisatie van gedrag.

2.   de verantwoordelijken die zich actief inzetten voor een betere samenleving. Zij wijzen plicht af als leidraad voor gedrag. Ze geloven in hun recht en in hun vermogen om morele kwesties zelfstandig te beoordelen en daar naar te handelen, zonder zich te beroepen op allerlei sjablonen uit een grijs verleden. De individuen die dit label krijgen opgeplakt, voelen zich verantwoordelijk voor de hele wereld en voor immense problemen als de armoede en klimaatverandering.

3.   de buitenstaanders, ofwel: degenen die zich buitengesloten voelen. Het gaat hier in het algemeen om relatief lager opgeleide personen, die een bijrol spelen in de economie waar het gaat om het toevoegen van waarde en die gefocust zijn op directe behoeftenbevrediging. De personen die tot deze groep gerekend worden, koesteren vaak een wrok tegen alles en iedereen. Ze vinden dat ze met opzet uitgesloten worden van het rijke leven dat ze zien in films en soapseries op tv.

4.   de pragmatici. Onbekommerd en gedreven. Met volle teugen genietend van het leven. Hun belangrijkste doel is: plezier maken. Ze hebben weinig interesse in politiek en wereldproblemen. Spanning en sensatie is wat zij zoeken.

De eerste twee groepen zijn gemiddeld wat ouder en nemen snel in omvang af.

Van diegenen die tussen 1931 en 1940 werden geboren, heeft 41% een plichtsgetrouwe burgerschapsstijl. Bij degenen die na 1986 geboren zijn, heeft nog maar 3% een dergelijke programmering. Onder deze jongste generatie Nederlanders komen vrijwel alleen nog buitenstaanders en op hun eigen leefwereld gerichte individuen voor, bij elkaar tachtig procent van de populatie. In de toekomst, zo verwacht Motivaction, zal de balans nog verder verschuiven, door het uitsterven van de plichtsgetrouwe groep.[31] Motivaction beroept zich op 'duizenden diepte-interviews' die gedurende de afgelopen 25 jaar door sociaal wetenschapper, tevens oprichter, Frits Spangenberg en onderzoeker Martijn Lampert zouden zijn gehouden. Beide onderzoekers schrijven gemakkelijk en houden van populaire uitdrukkingen als 'de onstuitbare opmars van zelfingenomenheid', die regelrecht uit de oude doos van het voormalige opinieweekblad Haagse Post lijken te komen. Hoewel hun onderzoek met zuivere wetenschap weinig gemeen lijkt te hebben, is het maatschappelijk en beleidsmatig wel degelijk van belang. Het maakt namelijk nogal veel verschil of je als beleidsmaker in een context werkt waar de 'middenklasse' in overwegende mate bestaat uit plichtsgetrouwe, volgzame burgers, of uit meer zelfgerichte *what's in it for me*-types.

Wil een wetenschappelijk avontuur slagen, dan valt aan enig natte vinger werk niet te ontkomen. Dat ondervond Superbrein Einstein. De man met de wijd uitstaande grijze piekharen slaagde er niet in alles wat hij intuïtief aanvoelde in één formule samen te vatten. In tien jaar tijd ontwikkelde Einstein twee theorieën die ieder voor zich aanspraak maken op geldigheid: de algemene relativiteitstheorie en de kwantumtheorie, maar die elkaar niettemin uitsluiten. Dertig jaar lang probeerde Einstein deze twee theorieën op wetenschappelijke wijze met elkaar te verzoenen. Hij faalde en stierf gedesillusioneerd. Had hij zich maar wat meer verdiept in Spinoza (zie §1.5), dan was hij in die dertig jaar waarschijnlijk gelukkiger geweest en was hij tot de slotsom gekomen die filosofen al eeuwen geleden hebben gemaakt: dat er mogelijk meerdere waarheden naast elkaar bestaan. Of, zoals Stephen Hawking en Leonard Mlodinow het stellen: het zou wel eens zo kunnen zijn, dat de traditionele verwachting van de natuurkundige dat er één enkele theorie voor de natuur is, dat die verwachting niet houdbaar is. Hawking en Mlodinow: 'Het zou wel eens kunnen zijn, dat we om het heelal te beschrijven, verschillende theorieën in verschillende situaties moeten toepassen'. [32]
Als al deze theorieën valide zijn, dan betekent dat in feite dat er op hetzelfde moment meerdere waarheden voor verschillende situaties (lees: context) kunnen zijn.

Einstein maakte met zijn algemene relativiteitstheorie duidelijk dat alle natuurverschijnselen géén passief gevolg zijn van andere natuurkundige verschijnselen, maar dat alle natuurverschijnselen door elkaar veroorzaakt worden. Er is géén duidelijk gevolg van ´oorzaak en gevolg´. Alle verschijnselen zijn dus een gevolg van de andere verschijnselen én ze doen zelf mee aan hun eigen gedrag; ze zijn ook zelf verantwoordelijk voor hun eigen verschijnsel.

---

31 zie boek-over-de-aankomende-generatie-werknemers
32 Stephen Hawking & Leonard Mlodinow, *The Grand Design, New aswers to the ultimate questions of life*, Bantam Press, 2010, blz. 117.

Wetenschappers proberen deze onderlinge wisselwerking in modellen te vangen, maar die zijn steevast lineair en daarom per definitie ongeschikt. Een niet-lineair model wordt echter al gauw zo gecompiceerd dat er niet mee te werken is. 'De grenzen van een exacte economiebeoefening worden hiermee bereikt,' aldus Prof. Dr. D.B.J. Schouten in zijn boek Macht en Wanorde.[33]

1.5   Vanzelfsprekende Waarheden

Volgens de zeventiende eeuwse Nederlandse denker Baruch Spinoza is de rede niet zaligmakend. Er zijn in zijn ogen drie soorten kennis, die tot diverse 'werkelijkheden' kunnen leiden: verbeelding, rede en intuïtie. Verbeelding leert ons volgens Spinoza niet het wezen van de dingen kennen, maar levert ons inadequate kennis. Simpel gezegd: het voorgestelde komt niet overeen met de voorstelling.

De rede verschaft ons wél adequate kennis. Ze leert ons het wezen van de dingen te kennen. Echter: 'de weg die de rede ter verovering van de volle waarheid aflegt, blijkt heel lang en ten slotte eindeloos te zijn. Elke stap die de rede doet, blijkt altijd slechts de voorbereiding te zijn voor een volgende nieuwe stap, zodat op de voorlaatste nooit een laatste kan volgen. Elk opgelost probleem brengt tal van nieuwe problemen naar voren, die op hun beurt ook weer om een oplossing vragen[34].

De beste en meest betrouwbare bron van kennis is volgens Spinoza de derde: intuïtie. Hij bedoelt daarmee 'dat we waarheden kennen zonder dat we daarvoor eerst hoeven te redeneren, rekenen of argumenteren'. We zien deze waarheden onmiddellijk in[35].

Wetenschapsfilosoof Paul Feyerabend deelt Spinoza's cynisme ten aanzien van de ratio. Volgens hem kan geen enkele methode van onderzoek aanspraak maken op het predicaat 'enige echte wetenschappelijke methode'.

Als er al een regel te vinden is voor wetenschappelijk onderzoek, dan is dat volgens Feyerabend de regel dat er geen vaststaande regels voor wetenschappelijk onderzoek zijn. 'Anything goes'.[36] Dat is een extreme stellingname. Het merendeel van de wetenschappers onderscheidt drie zogeheten 'nested concepts' voor het begrijpen van menselijk gedrag: raamwerken, theorieën en modellen. Een raamwerk is een theoretische constructie die helpt een onderzoeksproces te organiseren. Het geeft onderzoekers te kennen welke vragen ze zoal kunnen stellen. Binnen een raamwerk spelen meestal meerdere concepten, theorieën en/of modellen een rol. Theorieën berusten op vooronderstellingen, bijvoorbeeld met betrekking tot de vraag wat een bepaalde groep mensen (bijvoorbeeld huizenbezitters) in een bepaald geval

---

33 D.B.J. Schouten, Macht en Wanorde, Een vergelijking van economische stelsels, Stenfert Kroese, Leiden/ Antwerpen, 1980.
34 Jan Knol, En je zult spinazie eten, Wereldbibliotheek, Amsterdam, 2005, blz. 78.
35 Idem, blz. 79.
36 Paul Feyerabend, Outline of an anarchistic theory of knowledge, Analytische Index, zijnde een schets van het hoofdargument, alsmede het slothoofdstuk van Against Method, 1975, Humanities Press, Philosophy Archive@marxists.org

(bijvoorbeeld bij afschaffing van de aftrekbaarheid van hypotheekrente) zal doen. Zal ze het verlies nemen en opvangen door middel van besparingen op luxe uitgaven, of zal ze het verlies afwentelen op de werkgevers, waaronder overheden, door het stellen en effectueren van hoge looneisen. Bij het bouwen en gebruiken van modellen worden precieze vooronderstellingen gemaakt en gebruikt ten aanzien van een beperkt aantal variabelen, waardoor duidelijk wordt wat de eventuele consequenties zijn voor de overige variabelen.

Technische wetenschappers formuleren aan de hand van enkele ideeën doorgaans al tamelijk vroeg in het proces een theorie en gaan vervolgens uitgebreid onderzoeken of die theorie klopt. Bij een typische Sociaal Wetenschappelijke aanpak gaat het onderzoek vooraf aan de theorie. Met name wordt er gespeurd naar patronen in gegevensbestanden en het gedrag van mensen. Die brengen de onderzoeker op ideeën en zo wordt er toegewerkt naar een theorie.[37] Dat is voor menig onderzoeker meteen het eindpunt. Niet voor ons.

1.6   Samen Onderzoeken

Wij gaan er in dit proefschrift, in navolging van Stephen Hawkings' *Grand Design*, vanuit dat er niet één theorie is, maar dat er verschillende theorieën zijn voor diverse situaties en momenten. Wij beginnen ons onderzoek dan ook met een literatuurstudie naar concepten die de provincie Noord-Brabant verder zouden kunnen helpen met het verwezenlijken van een duurzame ontwikkeling. Deze concepten vormen de bouwstenen voor theorieën en modellen. Er zijn ook kant-en-klare theorieën, afkomstig van andere wetenschappelijke disciplines, die ons in staat stellen om anders te kijken naar de werkelijkheid zoals die zich aan ons voordoet. In weer andere gevallen biedt een mix of *remix* van bestaande disciplines het meeste inzicht in de werking van systemen en/of processen. Hoe dan ook, het gaat ons als explorerende wetenschappers er in dit specifieke geval om te begrijpen, waarom de Nederlandse provincie Noord-Brabant als lagere overheid èn als samenwerkingsverband van stakeholders (overheid, bedrijfsleven, milieuverenigingen) wél aan de lopende band beleidsplannen opstelt en die vervolgens niet, of maar zeer ten dele uitvoert, waarom het ene concept wél aanslaat en het andere totaal niet. Op een inventariserende, explorerende wijze willen wij toewerken naar een eigen raamwerk van concepten, theorieën en modellen, afkomstig van diverse wetenschappelijke disciplines, dat ons in staat stelt om beter te begrijpen wat wij in de praktijk waarnemen en dat ook anderen verder helpt.

Achteraf gezien past de wordingsgeschiedenis van Allemaal Winnen wonderwel binnen het Algemene Raamwerk voor het Analyseren van Duurzaamheid van Sociaal-Ecologische Systemen van Nobelprijswinnaar Economie 2009, Elinor Ostrom. Volgens Ostrom maken alle door mensen gebruikte grond- en hulpstoffen deel uit van complexe, sociaal-ecologische systemen (SES). Deze systemen zijn samengesteld uit meerdere subsystemen, die ieder ook weer variabelen op meerdere niveaus bevatten, analoog aan levende organismen, die bestaan uit organen, organen die zijn opgebouwd uit weefsels, weefsels uit cellen, cellen uit proteïnen,

---

37 Berg, blz. 25.

etc.[38] Al die subsystemen werken op elkaar in, zodat zelfs de intelligentste wetenschapper al gauw het spoor bijster is. Sociaal-Ecologische Systemen behelzen de interactie tussen mensen en de bio-fysische wereld. Voorbeelden: landbouw, visserij, klimaatverandering, exploitatie van natuurlijke hulpbronnen (natural resources), de nationale economie, de werking van de maatschappij. Om dergelijke complexe, gelaagde systemen te kunnen behouden, is volgens Ostrom wetenschappelijke kennis nodig, maar die is versnipperd over verschillende wetenschappelijke disciplines die zich onafhankelijk van elkaar hebben ontwikkeld en die zich niet makkelijk laten combineren, vanwege afwijkend taalgebruik, verschillen in definities en vooronderstellingen (wetenschappelijke aannames). Ostrom wil de in boeken en papers gevatte multidisciplinaire inzichten, analyses, theorieën en modellen samen brengen in een open, toegankelijke databank, waar iedereen vrij uit kan putten, op grond waarvan crossovers tussen disciplines worden gemaakt, waarmee transdisciplinair onderzoek[39] wordt verricht, maar waarbij auteursrechten en licenties niettemin goed zijn geregeld. Een contradictio in terminus, althans in februari 2012, maar ook de juridische wetenschap is in beweging en zoekt hard naar wegen om ideeën, verhalen en muziek te delen, op zo'n manier dat de makers tevens beloond worden.

Ostrom is niet de eerste die mensen en ideeën wil verbinden. Een aloude wijsheid luidt: Met z'n tweeën weet en kun je meer dan alleen. Ook de schrijvers van dit proefschrift vormen een duo. Martin Bakker was als beleidsadviseur van de afdeling Milieu bij de provincie Noord-Brabant nauw bij de in dit proefschrift voorkomende praktijkvoorbeelden betrokken. Frank van Empel nam kijkjes in de keuken en schreef er over. Een eerste boekwerkje, dat reeds de vruchten draagt van dit proefschrift, verscheen in september 2002 op initiatief van de werkgroep 'Absolute Ontkoppeling', die deel uitmaakte van de Strategische Agenda Milieu, Economie en Ruimte. In de tien jaar waarin we (Martin en Frank) samen werkten aan provinciale projecten en programma's in Noord-Brabant, ontstond een toenemende behoefte aan reflectie op het thema regionale duurzame ontwikkeling. Dit proefschrift is het resultaat daarvan.

De benadering van het onderzoeksobject (de provincie Noord-Brabant) was van meet af aan multidisciplinair. Martin vertrok vanuit de Milieukunde en bracht concepten in als ecologische modernisering (§4.7), aanpak aan de bron (§4.8), biomimicry (§4.9), cyclisch denken (§4.10), ontkoppeling (§6.1), de *mutual gains approach* (§5.10) en *materials matter* (§4.10). Frank vertrok vanuit de economische wetenschappen (Algemene leer en geschiedenis der economie, Organisatie arbeid en bedrijfsleven) en bracht benaderingswijzen, begrippen

---

38 Elinor Ostrom, *A General Framework for Analyzing Sustainability of Social-Ecological Systems, Science,* VOL 325, 24 July 2009, blz. 419, www.sciencemag.org.

39 Bij transdisciplinair onderzoek gaat het om het creëren van een omgeving waarin mensen uit verschillende – ook niet-academische – werelden vormgeven aan wederzijdse relaties en betekenisgeving. Het gaat om een gezamenlijke zoektocht, waarbij de partners aan elkaar gelijkwaardig zijn. Zij hebben allemaal de rol van co-innovator en co-onderzoeker en integreren de inhoud van hun verschillende disciplines en professionele achtergronden.

en concepten in als *storylines* (§2.3), deconstructie (§2.6), zelforganisatie (§4.1), vrijwillige eenvoud (§4.11), Allemaal Winnen (§4.12), zelfsturing (§4.15), de Matrixbenadering (§5.4) en ecolutie (§5.2).

Gaandeweg raakten beide disciplines en de vele concepten zo met elkaar vervlochten, dat ze niet meer te scheiden waren. Er ontstonden dwarsverbindingen, die leidden tot nieuwe inzichten en concepten. Frank voegde de moeder van alle wetenschappelijke disciplines toe: de filosofie, plus zijn ervaring als journalist en schrijver. En Martin bracht uit het Provinciehuis de proeftuinen en werkateliers mee, die in de praktijk een belangrijke rol spelen bij de opschaling van acties in het kader van een duurzame, regionale ontwikkeling. Voor Noord-Brabant brachten wij de acties en pogingen tot opschaling in kaart (zie deel III + IV van dit Proefschrift) en spiegelden die experimenten aan bruikbare concepten en theorieën (deel V).

Wat is er, kritisch beschouwd (en los van de waan van de dag) zoal aan beleid ontworpen en ontwikkeld? Wat is er van de beschikbare en ontwikkelde concepten en theorieën in de praktijk gerealiseerd en wat kunnen we daarvan leren? Dat zijn drie onderzoeksvragen die spontaan te binnen schieten. Ze komen in iets andere vorm terug in de probleemstelling en de deelvragen van Deel I, de Inleiding. We willen echter méér... We willen een raamwerk van concepten, theorieën en modellen 'ontwerpen', waarmee mensen (*in casu* regionale bestuurders) zelf hun problemen en vraagstukken op economisch, ecologisch en sociaal terrein kunnen oplossen.

Het begrip 'ontwerpen'[40] gebruiken wij hier in de zin van *design-driven innovation*. Dat wil zeggen dat we een radicaal andere 'betekenis' willen geven aan de begrippen duurzaam, duurzaamheid en duurzame ontwikkeling, om zo bij te dragen aan een beter begrip, een groter draagvlak en de daadwerkelijke constructie – met z'n allen - van een Wereld waarin wij allemaal willen leven (Allemaal Winnen).

Het proefschrift vormt een raamwerk om beter te begrijpen waar het bij duurzame, regionale ontwikkeling om draait. Daarbij wordt gebruik gemaakt van allerlei ideeën, concepten en theorieën. Onze ambitie is, zoals we eerder al constateerden, niet zozeer analyseren, verklaren en voorspellen, alswel begrijpen waarom de dingen gaan zoals ze gaan. Om uit het gebruikelijke, routineuze denken los te breken, introduceren wij nieuwe begrippen en geven daar een betekenis aan, die niet voor eens en altijd vast staat, maar ook weer kan veranderen, zoals de lading van het door ons geïntroduceerde begrip ecolutie[41] (zie: www.ecolutie. nl) demonstreert. Het draait allemaal om kennis, waaronder wij in navolging van Ostrom

---

40 Roberto Verganti, *Design-driven Innovation, Changing the Rules of Competition by Radically Innovating What Things Mean,* Harvard Business Press, 2009, blz. 4
41 Ecolutie, hier in de betekenis van de geleidelijke aanpassing, gedurende vele decennia (zo niet eeuwen) van sociaal-ecologische systemen (SES) aan veranderingen die door de natuur en in toenemende mate ook door de mens zijn ingegeven, zoals de bovenmatige uitstoot van broeikasgassen en het kappen van regenwouden.

verstaan: 'alle mogelijke vormen van begrijpen door ervaring of studie, of die nu overgeleverd zijn, wetenschappelijk onderbouwd zijn, of niet. 'Kennis' omvat ook creatieve werken, zoals muziek, beeldende kunst en theater'.[42]

In de jaren die we aan het proefschrift werkten, keken wij niet alleen terug. De blik ging steeds vaker vooruit. Ook daarbij begon de ontwikkeling met het stellen van simpele, praktische vragen. Hoe kunnen regio's innovatie en duurzame ontwikkeling uitlokken? Kunnen de provincie Noord-Brabant en andere regio's iets doen met onze leerervaringen bij het creëren van hun eigen duurzame toekomst? De antwoorden op dergelijke vragen en de conclusies die we daaruit trekken, hebben we gerangschikt in een matrix die bruikbaar is als kompas, als wegwijzer en als gereedschapskist voor duurzame ontwikkeling. Uiteindelijk moet deze exercitie bruikbare conclusies en aanbevelingen opleveren voor de constructie van een gezonde, veilige (vredelievende), leefbare en diverse wereld. Een samenleving waarin iedereen wil leven, waar alle belangen tot hun recht komen en iedereen gelukkig is. Een wereld kortom met alleen maar winnaars.

1.7 Tussenconclusie

De afgelopen tachtig jaar kwamen er vijf miljard mensen bij, die allemaal een plaats onder de zon willen en een aanslag doen op de voorraden fossiele brandstoffen, materialen, voedingsmiddelen, zuiver drinkwater, etc. De bevolkingsgroei, die onverminderd doorgaat, bedreigt de welvaart, maar zorgt ook voor kansen, al is het maar op meer afzet. Een andere baanbrekende ontwikkeling is de razendsnelle groei van de sociale netwerken. Deze netwerken stimuleren deling van informatie, kennis en contacten. Door er aan deel te nemen, verbreden en verdiepen individuen zich. Het 'expanded self' maakt het individu sterker, zelfverzekerder en vrijer. Als netwerk hebben individuen het vermogen om regeringen ten val te brengen en bedrijven te ruïneren. Individuen kunnen in diverse netwerken tegelijk actief zijn. Zelf vormen ze ook weer knooppunten, waar allerlei lijnen samenkomen. Al die verbindingslijnen kunnen gebruikt worden voor het verzenden van boodschappen, documenten, foto's, video's, meningen, plannen, tekeningen. En dat ook nog eens naar meerdere personen en organisaties tegelijk. Dit zorgt voor ongekende dynamiek, creativiteit, flexibiliteit en weerbaarheid in de samenleving.

Neem *Twitter*. Dat begon als een instrument voor *lifecasting*. Dat wil zeggen: mensen zonden elkaar de meest truttige berichten van maximaal 140 tekens over wat zij op dát moment aan het doen waren. Al gauw echter sloeg de verveling toe. Mensen en organisaties gingen het medium gebruiken voor mindcasting: het verspreiden en binnenhalen van nieuwsfeiten, andersoortige informatie, opinies, inzichten, ideeën, het organiseren van verzet (*acts of resistance*), het mobiliseren van mensen en nog veel meer. De sociale netwerken zorgen voor vriendschap, saamhorigheid, verbondenheid en solidariteit over de landsgrenzen heen. Ze realiseren spelenderwijs precies datgene waar de klassieke econoom Karl Marx van

---

42 Charlotte Hess en Elinor Ostrom, *Understanding Knowledge as a Commons, From Theory to Practice,* the MIT Press, 2011, blz 8.

droomde. En dat ook nog eens van onderen af en niet van boven af opgelegd, zoals bij het Marxisme-Leninisme. Tegenover deze digitale vrienden, volgers en virtuele organisaties staan de mensen van vlees en bloed die dingen voor elkaar moeten zien te krijgen, in bedrijven en andere organisaties, op pleinen en in straten (in het geval van revolutie), op de grond, te water en in de lucht. Deze organisatie van reële activiteiten vindt eveneens in toenemende mate plaats van onderen af. Vanuit individuen, huishoudens, afzonderlijke organisaties en instellingen, via straten, wijken en gemeenten naar het regionale niveau: een overzienbare grootheid, waar individuen nog herkenbaar zijn en nog niet verworden zijn tot postcodes, pincodes, wachtwoorden en andere geheimtaal. Brabanders, Friezen, Limburgers, Zeeuwen, Amsterdammers, Hagenezen en Rotterdammers zijn menigten van 1 à 2,5 miljoen mensen met een eigen identiteit, die gebruikt kan worden als bindmiddel, communicatiekanaal en organisatie-eenheid. Je kunt daarbij denken aan de uitvoering van EU-richtlijnen, maar ook aan het realiseren van een duurzame(re) ontwikkeling door middel van gedragsverandering, technologische vernieuwing en andere methoden van besluitvorming. In het Europa van de regio's heeft de provincie veel meer ruimte voor beleidsontwikkeling, beleidsuitvoering en politiek-maatschappelijke profilering dan de bestuurders beseffen. Dit proefschrift reikt vooruit naar wat nog komt: het primaat van de regio. Iets soortgelijks geldt voor de Wereld van Verschil.

Per definitie kijken individuen verschillend naar wat zich aan hen openbaart als 'de werkelijkheid'. Dé werkelijkheid bestaat niet. Iedereen heeft zijn eigen werkelijkheid in zakformaat en grootbeeld. Vanuit ons zelf proberen we, met anderen, grip te krijgen op die werkelijkheid. Als er geen verschil meer is, dan moeten we verschil maken, of toelaten. Doen we dat niet, dan stolt de werkelijkheid. Zonder tegenstelling is er geen beweging en op de lange duur ook geen leven meer. Dat geldt ook voor dit proefschrift. Het barst uit elkaar van de tegenstellingen. Het is daar zelfs op gebaseerd. Om destructieve ontwikkelingen om te vormen naar constructieve, duurzame ontwikkelingen moeten wij de werkelijkheid zoals die door ons wordt beleefd eerst demonteren, om hem vervolgens op een andere wijze, met toevoeging van additionele elementen, weer te reconstrueren. Meer dan ooit tevoren spelen daarbij ecologische ontwikkelingen een hoofdrol. Hoe gaan levende wezens met elkaar en met hun omgeving om? Dat is de wezensvraag van de ecologie. 'Uitnodiging voor de Dialoog' en het Integraal Strategisch Milieubeleid van de provincie Noord-Brabant, interne uitgave, september 2005).

2.   Historische en nieuwe paradigma's

'If we knew what it was we were doing, it would not be called research, would it!?'

Albert Einstein

Leeswijzer

In dit hoofdstuk wordt afscheid genomen van het paradigma van onbesuisde groei, waardoor ruimte vrijkomt voor intuïtie, verhalen (*storylines*), nieuwe tegenstellingen, anders denken, anders doen en dat alles ten faveure van meer vrijheid voor het individu ten koste van de macht die gevestigde autoriteiten menen te moeten uitoefenen. Afgesloten wordt wederom met een tussenconclusie.

Inleiding

Dit hoofdstuk is een *tour de horizon* langs enkele voorgangers op wiens schouders wij staan en die steeds van invloed zijn geweest op ons en ons onderzoek. Don Huisingh voorspelde jaren geleden al waar een thesis als de onze op uit zou draaien: 'Wanneer je op jullie leeftijd aan een proefschrift begint, verzamel je alles wat je geleerd hebt, je pakt al je ervaringen, kennis, liefdes, verliezen en inzichten bijeen en schrijft daar een boek over.' Don kreeg gelijk. Oude liefdes, waaronder Michel Foucault en John Stuart Mill kwamen onder het stof vandaan en werden herlezen, wat leidde tot nieuwe inzichten en doorkijkjes, totdat de uiteindelijke thesis een eclectisch geheel is geworden, een organisme wat groeide en uitdijde, afslankte en aanscherpte, waar steeds nieuwe inzichten leidden tot een weelderige tuin, die zoals iedere ervaren tuinier weet, veel aandacht nodig heeft ondanks de op het oog chaotische beplanting. Veel tekst is in de loop van de jaren verdwenen. De lessen die de auteurs er uit trokken, zitten in hun hoofden en harten, in hun systeem, achter en onder de woorden, zinnen en alinea's die deze thesis vormen.

Een van de belangrijkste voorwaarden, van meet af aan, was dat dit een leesbare thesis moest worden, een slinger van gewone woorden. Zij beschrijven in gewone mensentaal, maar wel nauwgezet, het thema dat niets minder is dan 'de overlevingsstrategie van mensen', ook wel aangeduid als 'duurzame ontwikkeling'. De Franse filosoof Michel Foucault achtte, in navolging van de zeventiende eeuwse Nederlandse denker Baruch Spinoza, de gewone woorden en de intuïtie hoger dan de wetenschappelijke benadering. Volgens Foucault kan het begrip der dingen niet ontleend worden aan de wetenschappen, want die zijn steeds onvolledig en kiezen steeds een andere versimpeling. Volgens hem rest ons niets dan de taal – gewone woorden. Dáár krijgt de werkelijkheid volgens Foucault structuur, ze wordt er letterlijk geconstrueerd. Met als gevolg: De mens is zelf een uitvinding, een constructie (en o zo vergankelijk).[43]

---

43 C.D. Andriesse, Energieonderzoek Centrum Nederland, Hoofdstuk 'Beschouwing' over 'de constructie van duurzaamheid in het Energie Verslag Nederland 1994.

'Samenlevingen die van binnen uit geordend zijn en waar de orde gehandhaafd wordt door de kracht van consensus en gewoonte in plaats van expliciete regelgeving,' luiden de woorden van Gary Snyder in *The Practice of the Wild*, 'die samenlevingen ontwikkelen zich meer duurzaam dan de hiërarchisch gestructureerde tegenhangers.'[44] Om duurzame ontwikkeling te realiseren, zijn nieuwe paradigma's nodig, die opborrelen uit de samenleving, met in het kielzog de verhalen – waar of niet waar – die deze samenleving karakteriseren.

'Het paradigma is de bemiddelaar tussen Mythos en Logos,' schrijven Rüdiger Lutz, Fritjof Capra, Ernest Callenbach en Sandra Marburg,[45] 'de twee polen van onze mogelijkheden om tot inzicht te komen.' Logos staat voor theorieën en modellen. Mythos voor mythen en collectief onderbewustzijn. Als tussenschakel fungeren paradigma's, symbolen en metaforen. Eén van de paradigma's is: 'groei is goed'. Een alternatief paradigma, dat meer kans geeft op een duurzame ontwikkeling, is: 'vrijwillige eenvoud verrijkt je'.

Figuur 1. De metafoor van een ijsberg. Tussen mythen (onder water) en logica (voor een deel boven het oppervlak) ligt in plaats van het 'oude' paradigma 'groei is goed' mogelijk een nieuw paradigma het 'vrijwillige eenvoud verrijkt je'[46].

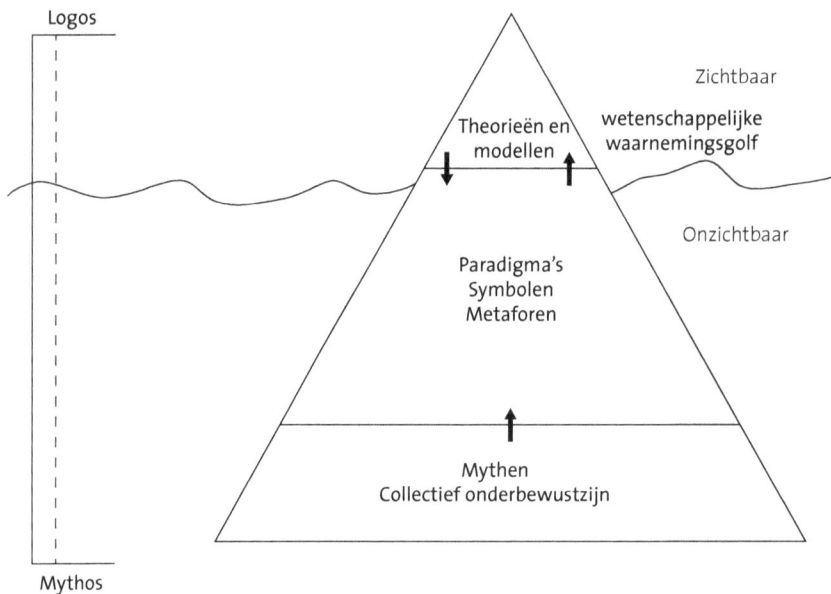

---

44 Gary Snyder, *The Practice of the Wild*, Uitgeverij Counterpoint, Berkeley, 1990, blz 10.
45 Rüdiger Lutz e.a., *Innovations–ökologie*, Verlag Bonn-Aktuell, 1992, blz 16.
46 Figuur uit *Innovations-ökologie*, Rüdiger Lutz e.a., blz. 16 vertaling uit het Duits van auteurs

2.1   Ondergang van het oude denken

De verandering van paradigma is een proces van 'creatieve vernietiging'[47]. Door afscheid te nemen van het groeidenken, wordt ruimte gemaakt voor een kwalitatieve sprong naar nieuwe kennis en inzichten. Een totaal andere manier van waarnemen, die niet zonder ondergang van het oude denken kan floreren. Volgens Rüdiger Lutz c.s. ontbreken de concepten en modellen voor de overgang van industriële- naar postindustriële, ecologische productie- en organisatiestructuren.[48]

Een nieuw paradigma moet een duurzame ontwikkeling van alle eerder genoemde systemen mogelijk maken. Dat lukt alleen als alle betrokkenen naar vermogen meewerken. Politieke partijen over de volle breedte van het politieke spectrum, werkgevers- en werknemersorganisaties, de milieubeweging, etc. Dat stelt hoge eisen aan de communicatie, omdat er over de oude demarcatielijnen heen toenadering moet worden gezocht tot de traditionele vijand. 'Eén van de belangrijkste problemen waarmee democratische landen kampen,' schrijft Anthony Giddens in een paper voor het *Policy Network* te Londen, 'is om plannen te construeren die successievelijke regeringswisselingen overleven.'[49]

Communicatie is voor een belangrijk deel een kwestie van 'informatie verschaffen'. Bijvoorbeeld over de context waar binnen een en ander zijn beslag moet krijgen. Voor een ander deel is het een kwestie van empathie: het vermogen om je in anderen te kunnen verplaatsen. Begrip voor elkaars positie is één van de manieren om tegenstellingen te overbruggen. Een andere optie is het kiezen van een hoger doel, waarin alle betrokkenen zich kunnen vinden.

Een doel dat iedereen aanspreekt is bijvoorbeeld 'lekker gezond leven', of – nog breder en abstracter - geluk. Sinds de bestudering van geluk officieel erkend is als wetenschap, toont een wassende hoeveelheid bewijsmateriaal aan dat de bevordering van geluk wel eens de belangrijkste strategie kan zijn voor duurzame ontwikkeling. Streven naar geluk in plaats van streven naar welvaart, is de paradigma verandering die de individuele mens ertoe kan bewegen om constructief gedrag te vertonen, in plaats van destructief.

Heel belangrijk ook is het enthousiasmeren van mensen en organisaties. Hier is wellicht een nieuwe taak weggelegd voor de regionale overheid: mensen betrekken en warm maken voor verandering. Onder het motto: 'Wij maken de wereld zoals wij denken dat hij moet zijn', of 'Bent u bereid anders te denken? Wacht niet op Den Haag, maar begin vandaag'[50].

---

47 De term 'creatieve destructie' is afkomstig van de Amerikaans-Oosenrijkse econoom Joseph Schumpeter.
48 Rüdiger Lutz c.s., *Innovations-Ökologie*, blz. 11.
49 Anthony Giddens, *The politics of climate change*, blz.17.
50 'Verbeeldend onderzoeker' en architect Noud te Riele tijdens de informatiebijeenkomst met betrekking tot de ontwikkeling van de duurzame wijk Geerpark in de gemeente Heusden, d.d. 25 februari 2010. Te Riele definieerde duurzame ontwikkeling bij diezelfde gelegenheid als 'je lekker voelen in de wijk' en riep de mensen in de zaal op om 'de ruimte voor avontuur zelf in te vullen'.

2.2   Intuïtie

De inspirator van Foucault en andere filosofen, Baruch Spinoza, onderscheidt drie soorten kennis: verbeelding, rede en intuïtie. Laatst genoemde vorm is volgens de 17e eeuwse denker superieur. Verbeelding leert ons namelijk niet het wezen van de dingen kennen, maar verschaft ons voor het doel ongeschikte kennis. Kort gezegd: het voorgestelde komt niet overeen met de voorstelling. We verbeelden ons bijvoorbeeld dat de zon een gloeiende bol is op zo'n 200 meter boven ons hoofd. De werkelijkheid is anders.

De rede geeft weliswaar adequate kennis, maar de weg die de rede aflegt blijkt eindeloos te zijn. Elke stap die de rede doet, blijkt altijd slechts de voorbereiding te zijn voor een volgende nieuwe stap, zodat op de voorlaatste stap nooit een laatste kan volgen. Elk opgelost probleem brengt tal van nieuwe problemen naar voren, die op hun beurt ook weer om een oplossing vragen. Zo kom je door louter te redeneren nooit bij een eindpunt. Je blijft altijd onderweg. Met intuïtie bedoelt Spinoza dat we waarheden kennen zonder dat we daarvoor eerst hoeven te redeneren, rekenen of argumenteren. We zien deze waarheden onmiddellijk in.[51] De woorden (hier en daar in de traditie van de klassieke Grieken verweven tot betekenisvolle verhalen) en de intuïtie vullen ons wetenschappelijk onderzoek aan, zodat het geheel nog completer is dan de wetenschap in haar eentje voor elkaar gekregen zou hebben.

2.3   Storylines

Het op een bepaald niveau (politiek, wetenschappelijk, alledaags), in samenhangende begrippen, metaforen en verhaallijnen met elkaar van gedachten wisselen, schept een band – ongeacht het onderwerp van gesprek – en geeft betekenis aan de wereld om ons heen. Filosofen noemen mensen die een dergelijke communicatieve band met elkaar hebben een 'discours coalitie'. Discours coalities zijn losse, in elkaar over vloeiende netwerken van mensen met hun eigen, typerende vertogen, die maken dat deelnemers aan het netwerk die verder niks met elkaar gemeen hebben, elkaar toch begrijpen. Verandert de insteek van een vraagstuk, dan wordt ook het jargon aangepast. Een bolide die in de jaren 70 werd aangeduid als 'grote benzineslurper', omdat ruwe olie toen als gevolg van een boycot door olie producerende landen schaars en dus duur was, die krijgen nu het predicaat 'high carbon', omdat ze relatief veel kooldioxyde (CO_2) uitstoten, wat in de atmosfeer een broeikaseffect teweeg brengt. De oude Grieken hadden meer dan twee millennia geleden al door dat je om belangrijke boodschappen bij mensen tussen de oren te krijgen verhalen nodig hebt. Hoe groter de boodschap hoe groter het verhaal. De Bijbel, de Thora en de Koran bevatten veel van die in verhalen, fabels en parabels verpakte boodschappen. Maar er zijn ook minder verheven, alledaagse manieren om via verhalen met anderen te communiceren. Kinderen krijgen bepaalde levenslessen al op vrij jonge leeftijd via sprookjes toegediend. Later leren ze van Harry Potter hun fantasie te gebruiken. Ze krijgen zelfvertrouwen van Robin Hood en Frodo. Alle films, toneelstukken, schilderijen, gedichten, romans en essays bevatten metaforen, verhaallijnen, lessen. Sommige zijn expliciet, andere liggen impliciet verborgen tussen de

---

51   Jan Knol, En je zult spinazie eten, Wereldbibliotheek, Amsterdam, april 2008, blz. 75 t/m 79.

woorden en de dingen. Schrijvers, tekenaars, kunstschilders, toneelspelers en prekers verstaan de kunst – de één beter dan de ander – om langs deze indirecte weg boodschappen over te brengen.

Voormalig vicepresident van de Verenigde Staten, Al Gore, gebruikte een soortgelijke methode om de milieuproblematiek onder de aandacht van een groot publiek te brengen. Complexe problemen, grote verhalen, ingenieuze techniek en het nodige kabaal om op te vallen.

De DVD-boxen met BBC documentaires over het leven op Aarde en de Natuur, die in de slipstream van het door Al Gore gestarte discours gretig aftrek vonden, moeten in hetzelfde licht worden bezien. Ze vormen als het ware een vertaling van Gore's door *beamers* uitvergrote grafieken in dure congrescentra naar de vertrouwde tv en *Play Station* bij de mensen thuis, waar Gore moet concurreren met al die andere kijkbuis helden.

Verhaallijnen (*storylines*) brengen en houden mensen met verschillende, elkaar overlappende percepties, belangen, drijfveren, dromen, ambities, achtergronden en verstandhouding bij elkaar. Ze vormen het cement tussen de bouwstenen (woorden, zinnen, alinea's) van het discours.

Schrijvers en andere kunstenaars zetten accolades bij ontwikkelingen, gedachten en gebeurtenissen. Ze selecteren, organiseren en interpreteren, ze geven er betekenis aan. Door op het oog irrelevante issues, technologieën en ideeën uit te filteren of te simplificeren, creëren ze een effectieve, begrijpelijke boodschap. Kunstenaars accentueren door middel van overdrijving, vormgeving, stijl en *framing*. *Framing* is de inkadering van een *issue*. Een *frame* is 'een perspectief van waaruit een amorfe, slecht gedefinieerde, problematische situatie betekenis krijgt en aangepakt kan worden'[52]. Doorlopend *framen* en *reframen* helpt mensen om het niet-lineaire karakter van ontwikkelingen, gedachten en gebeurtenissen te herkennen en te erkennen.

In een samenleving die bol staat van de informatie, waar mensen via skype, facebook en twitter op elk uur van de dag en de nacht overal ter wereld bereikbaar zijn, waar wetenschappelijke artikelen vrij beschikbaar zijn voor iedereen en mensen dreigen te bezwijken onder de impulsen die overal vandaan komen, in die samenleving doen wellicht ook wetenschappers er verstandig aan om niet alleen onderzoeksresultaten te produceren, maar zich ook te verdiepen in hoe je mensen bereikt en raakt.

2.4 Duurzame ontwikkeling

Wetenschap en technologie hebben de mens misschien wel te arrogant gemaakt. Hij (enkele ecologen en milieufreaks uitgezonderd) denkt dat hij boven de natuur staat en zonder die natuur kan leven. Sterker: dat hij die natuur mag gebruiken, of beter: misbruiken. Er een ding van maken, dat exclusief en eindeloos geëxploiteerd mag worden ten behoeve van die ene soort, de mens. Daarmee zitten we meteen bij de kern van het probleem: dit kan niet eindeloos zo doorgaan. Zo'n wereld is niet duurzaam. Als we de aarde blijven gebruiken zoals we nu met 7 miljard mensen doen, dan hebben we in 2050 drie aardbollen nodig

---

52 Rein and Schon, *Reframing policy discourse,* eds. F. Fischer and J. Forester, 1993, blz. 146, London UCL Press.

om 10 miljard mensen te voorzien van eerste levensbehoeften en comfort. Die hebben we niet. En daarom is het hoofdthema van dit proefschrift: duurzame ontwikkeling. Een begrip waar veel definities voor zijn. Een aantal daarvan komt verderop terug. Wij kiezen hier voor de omschrijving van de *International Union for Conservation of Nature* (IUCN). '*Sustainable development*,' stelt de IUCN in 1991, '*is a commitment to improving the quality of human life while living within the carrying capacity of supporting ecosystems.*' Simpel gezegd: duurzame ontwikkeling staat voor een manier van leven, werken en ontspannen die lang volgehouden kan worden en waar iedereen bij wint..

De volgende criteria om te beoordelen of een bepaalde ontwikkeling duurzaam (letterlijk: 'voortdurend') is of niet, ontlenen wij aan onze eigen ervaring en inzichten:
- een gedeelde ambitie, c.q. een gezamenlijk doel;
- een breed draagvlak. Dat wil zeggen: commitment van en participatie door zoveel mogelijk belanghebbenden bij een ontwikkeling, een vraagstuk of een probleem (niet alleen het management, maar ook de werkvloer, arm & rijk, links & rechts, oud & jong, natuur & cultuur);
- rekening houden met de belangen van alle betrokkenen, zodat de oppositie tegen plannen en maatregelen op voorhand zo klein mogelijk is;
- gelijktijdig ontwikkelen van de drie P's (*People, Planet Profit*), voor nu en voor de lange termijn, hier en daar, zodat er sprake is van een evenwichtige ontwikkeling;
- geen afwenteling: niet op anderen en niet op de toekomst;
- bij twijfel niet doen: toepassing van het voorzorgprincipe op innovaties;
- geen incidentele, maar een structurele tendens richting duurzame ontwikkeling.

De werkelijkheid is echter weerbarstig. Economen proberen er grip op te krijgen door die werkelijkheid te stileren. Dat doen ze met behulp van modellen. Hoe realistisch de veronderstellingen ook zijn die je aan zo'n model meegeeft, het blijft een constructie van de werkelijkheid. Bestuurders komen daar niet mee weg. Zij worden afgerekend op harde resultaten, die ze moeten behalen in een complexe, onoverzichtelijke wereld. Een wereld die het resultaat is van op elkaar inwerkende en elkaar beïnvloedende krachten. Een confrontatie die zich naar het gevoel van velen buiten ons bereik afspeelt en die nogal wat problemen veroorzaakt van economische, ecologische en sociale aard. De kredietcrisis van 2007/2008 zit bij veel mensen nog vers in het geheugen. Sociaal gezien kampt de wereld sinds mensenheugenis met het probleem van de inkomensongelijkheid en dat van de armoede. Op milieugebied hebben we wereldwijd te maken met wel zeven immense problemen, althans volgens het meest recente Nationaal Milieu Beleidsplan, *Een wereld en een wil: werken aan duurzame ontwikkeling*, te weten: verlies aan biodiversiteit, klimaatverandering, overexploitatie van natuurlijke hulpbronnen, bedreiging van gezondheid en externe veiligheid, aantasting van de leefomgeving en, *last but not least*, 'mogelijk onbeheersbare risico's'.[53] Wat betreft het laatst genoemde punt: 'De oplossingen van vandaag zijn mogelijk de problemen van morgen,' aldus

---

53 NMP4, kabinetsnota, juni 2001, samenvatting, blz 6.

het NMP4. De hoop is, zoals altijd, gevestigd op God en de ingenieurs. Dat geldt ook voor het NMP4. 'Maar nieuwe technologie kan ook tot nieuwe milieuproblemen leiden,' aldus de regering, die het NMP4 heeft uitgebracht.

Volgens het NMP4 bestaat de wereld uit twee systemen: een systeem gedreven door mensen (de wereldeconomie) en een systeem gedreven door de rest van de natuur (het zogeheten *life support system*). Forse veranderingen in het ene systeem leiden vrijwel onherroepelijk tot instabiliteit van het andere. Volgens de Amerikaanse dichter/schrijver Gary Snyder is de mens onlosmakelijk verbonden met het *life support system*. Snyder: *'This life support system is not just a mutual food factory, it is mysteriously beautiful. It is what we are.'*[54]

Het woord is gevallen: systemen. De wereld bestaat uit elkaar omvattende en overstijgende systemen. Systemen die stuk voor stuk bestaan uit met elkaar verweven elementen, die ook weer – kris kras door elkaar – relaties onderhouden. Komt er een impuls van buiten, dan is het net alsof je een bal in een flipperkast met duizend of meer bumpers schiet.
Centrale sturing is een illusie in zo'n wereld vol veerkrachtige bumpers en korte flippers, waar systemen bij de minste of geringste turbulentie op tilt springen. Een alternatief dat de laatste jaren erg in opkomst is, is (be)sturing op lager niveau, dicht bij de mensen, lokaal of regionaal, kleinschalig, direct, persoonlijk, *bottom up*, herkenbaar, met veel ruimte voor eigen invulling door belanghebbenden. Maar ook op microniveau is (be)sturen een hachelijke onderneming geworden, zo blijkt steeds vaker. De vraagstukken zijn op elk niveau even ingewikkeld.

2.5   Tegenstellingen

Het eerste ruwe idee voor dit proefschrift is terug te voeren op Joseph Schumpeters' concept 'creatieve destructie' en Georg Wilhelm Friedrich Hegels' 'Aufheben', een woord met tegenstrijdige betekenissen als vernietigen, afschaffen, ophef maken, verheffen en 'op een hoger plan brengen'. Laatst genoemde betekenis had Hegel voor ogen. Anders dan Schumpeter wilde Hegel het oude namelijk niet vernietigen, maar juist een stap verder brengen door het te confronteren met z'n tegendeel, het nieuwe, waardoor een natuurlijke spanning ontstaat die leidt tot verandering en vernieuwing van het oude. De drie ontwikkelingsstadia zijn door denker/filosoof Hegel in de volgende woorden gegoten:

Behouden ➜ Veranderen ➜ Vooruitgang

De Franse filosoof Gilles Deleuze heeft op deze stam een eigen variant geënt:

Zijn ➜ Niet Zijn ➜ Worden

---

54   Gary Snyder, *A Place in Space*, blz 98.

Gilles Deleuze staat voor een holistische en procesgeoriënteerde conceptie van de wereld waarin wij leven. Met holisme wordt hier elke doctrine bedoeld die prioriteit geeft aan het geheel boven de delen. De betekenis van een individueel woord of een individuele zin bijvoorbeeld kan volgens Deleuze alleen maar begrepen worden in termen van hun relatie tot een groter geheel, zoals een groot verhaal of een taal. Bij een individueel woord is niet zozeer van belang wat het betekent alswel om wat het in een verhaal dat nog moet worden geschreven, kan gaan betekenen. Het gaat om de mogelijkheden die een woord in zich draagt. Om het Worden, niet om het Zijn. In het Worden schuilt de dynamiek, de ontwikkeling, de transformatie. Dit geldt ook voor de individuele mens. In de dialectische benadering gaat het er eerst om iets te zijn, dat te spiegelen aan het niet zijn, waardoor het zijn op een hoger plan wordt gebracht. In Hegeliaanse termen:

Hypothese →Antithese → Synthese

Dezelfde drieslag zien we terug in 'De transformatie van een vernietigende in een herstellende economie', een zakformaat boekje uit 2002 met een essay dat een der promovendi Frank van Empel voor de provincie Noord Brabant schreef.[55] Daarin komt de volgende reeks voor:

Vernietigen → Herstellen → Creëren

Het essay moest de discussie prikkelen in de werkgroep 'Absolute Ontkoppeling'. Deze werkgroep maakte destijds deel uit van de Strategische Agenda Milieu, Economie en Ruimte, een gezamenlijk initiatief van de provincie Noord-Brabant en negen maatschappelijke organisaties (de Brabantse Milieufederatie plus de partijen in het Sociaal Economisch Overleg Brabant). Het begint met de signalering van een probleem: 'De wereldbevolking zal de komende generatie toenemen van bijna zes (cijfers 1982, inmiddels 7 miljard) tot tenminste tien miljard mensen, terwijl de beschikbare grondstoffen per persoon met de helft tot driekwart zullen verminderen. Dat kan niet goed gaan.' Bevolkingsgroei en economische groei dreigen de bron van het leven – de Aarde, de Natuur – te vernietigen. Deze probleemanalyse vormt het decor voor dit proefschrift. De insteek is echter veel praktischer. Er worden veel goede analyses gemaakt met betrekking tot het milieu in brede en enge zin. Tot drie cijfers achter de komma wordt de stijging van de zeespiegel becijferd en wordt de hoeveelheid CO_2 in de atmosfeer geregistreerd. Oorzaken worden benoemd, oplossingen worden aangedragen, ambtenaren gaan ermee aan de gang. Beleidsmakers maken zich meester van de problemen en de oplossingen. Van de beleidsvoorbereiding rollen problemen en oplossingen door naar de beleidsbepaling en vervolgens naar de beleidsuitvoering. Gedurende dit proces treedt een vertraging op. Tegen de tijd dat de uitvoering z'n beslag moet krijgen, ligt het proces stil. Inmiddels hebben verkiezingen plaats gevonden, machtsverhoudingen zijn verschoven, nieuwe machthebbers willen hun eigen stempel drukken op het beleid, nieuw beleid wordt

---

55 Frank van Empel, Waar een wil is, is een weg. De transformatie van een vernietigende in een herstellende economie, Provincie Noord-Brabant, september 2002.

voorbereid, oud beleid sterft een langzame, roemloze dood. Dat is min of meer eigen aan de representatieve democratie, zoals we verderop zullen zien. Die voorziet in periodieke verkiezingen en in het primaat van de meerderheid: de helft van de stemmen plus minimaal één stem.

Het beleid blijft dus steken. Niet alleen bij de overheid, maar ook bij bedrijven en maatschappelijke organisaties. Aan het begin van de beleidscyclus is nog van alles mogelijk en zijn de budgetten nog ruim bemeten, maar naarmate het einde nadert, neemt de oppositie tegen pijnlijke maatregelen toe. De politiek verantwoordelijke wethouders, gedeputeerden en andere volksvertegenwoordigers in het bestuur van de diverse overheids- en semi-overheidslichamen worden bang. Ze willen niet afgerekend worden op pijnlijke maatregelen waarvan het effect nog onduidelijk is. Een goed voorbeeld van zo'n meerdere keren voorgenomen maar nooit uitgevoerde maatregel is het rekeningrijden.

Op deze manier krijg je als overheid nooit resultaten van beleid te zien. Verbreding en opschaling van beleid is nodig wil dit beleid zoden aan de dijk zetten. Maar zo ver komt het zelden. Beleidsvoornemens worden in de kiem gesmoord. Aan monitoring van beleidsuitvoering komen overheden al helemaal niet toe. Vanuit deze probleemanalyse is in het kader van dit proefschrift onderzoek gedaan naar mogelijkheden om de impotente overheid weer potent te maken, met een focus op de regio. Vertrekpunt van de probleemanalyse is de 'Vernietigende Economie', die in september 2002 doordrong in ons vocabulaire. In dit proefschrift gebruiken we hiervoor een ander geladen woord, namelijk 'destructie'.

2.6   De structuur van ons denken

Tijdens het onderzoek voor dit proefschrift is bovengenoemde trias dialectica uitgekristalliseerd in de trojka:

Destructie ➜ Deconstructie ➜ Constructie

Met de woorden is ook de lading van de daar achter liggende begrippen geëvolueerd. Het concept 'deconstructie' dook voor het eerst op in 1962 in een vertaling van Husserl's Origin of Geometry door de controversiële Franse postmodernist Jacques Derrida. Derrida analyseert wát en hoe mensen denken, hoe zij welke begrippen gebruiken. Hij stelt vast dat mensen in hiërarchisch gestructureerde binaire opposities denken. In simpel Nederlands: wij denken in tegenstellingen, door begrippen tegenover en onder elkaar te plaatsen. Daarbij wordt het onderste begrip in de Westerse cultuur onbewust geassocieerd met zwak, vrouwelijk en minderwaardig. Derrida vraagt zich af of wij ook anders kunnen denken. Hij stelt voor om de structuur/constructie van ons denken te veranderen. Hoe? Door twee stappen, namelijk: (1) herwaarderende omkering en (2) voortdurende verschuiving. Twee stappen om het denken (in begrippen) in beweging te brengen.

Net als Meadows wil Derrida 'dansen met systemen'. De eerste 'dansstap', herwaarderende omkering, gaat als volgt:

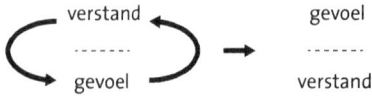

De (begrippen)structuur wordt omgekeerd. Deze omkering houdt ook een herwaardering van het beneden geplaatste begrip in. De tweede 'dansstap', voortdurende verplaatsing (displacement), houdt dan het volgende in:

Waarom denken wij in binaire opposities, in hiërarchische structuren? Waarom denken wij: òf (verstand) òf (gevoel) en niet: én (gevoel) én (verstand)? Een 'dansende' manier van denken maakt het volgens Derrida mogelijk om de werkelijkheid als proces te begrijpen. Het 'scheppende' denken maakt het mogelijk om wat wij 'werkelijkheid' noemen op een andere wijze te denken. Deconstructie is, aldus beschreven, een beschrijving van de manier waarop wij (zijn gaan) denken en een voorstel om op een andere wijze te gaan denken. Het biedt ons het gereedschap voor conceptuele analyse en voor creatie van nieuwe conceptualiteit. Deconstructie is ook een beschrijving van de weg van het denken. Het is een voorstel om een destructieve manier van denken, die werkelijkheid vernietigt, eerst te ontregelen, om vervolgens op de puinhoop van het oude een nieuwe manier van denken te construeren en een nieuwe werkelijkheid te scheppen.

Jacques Derrida, meester van de deconstructie en een van de bronnen waarop dit onderzoek steunt, wijst er op dat ook begrippen aan entropie lijden. Het concept 'duurzame ontwikkeling' heeft hier duidelijk last van. Nieuwe termen geven een frisse kijk op hetzelfde fenomeen. Gedurende dit onderzoek ontstond een nieuw begrippenkader rondom het doel dat voortkomt uit de vraagstelling: een samenleving zonder verliezers, waarin economische, ecologische en sociaal-culturele aspecten even zwaar wegen. Door het ontregelen van bestaande systemen, het omverwerpen van verkalkte regimes en het maken van nieuwe combinaties komt er weer beweging in oude, verroeste scharnieren en gaan deuren open die lang gesloten waren.

2.7 Anders doen

Politici doen vaak het tegenovergestelde van wat ze beloven. Zo bekrachtigde de Britse regering een paar jaar geleden voorstellen om een derde landingsbaan op het Londense vliegveld Heathrow aan te leggen. Een eerdere toezegging, dat het aantal vluchten naar en van het vliegveld zou worden beperkt tot 480.000 per jaar, werd ingetrokken. Met de derde baan erbij neemt het aantal vluchten nu toe tot 700.000 per jaar. Het aantal passagiers dat zich verplaatst via de Britse luchthavens stijgt volgens de regering van 230 miljoen in 2006 naar 465 miljoen in 2030. Voor de uitbreiding van het vliegverkeer worden economische redenen aangevoerd. Niet alleen de Britse regering wordt erop betrapt lippenservice te bewijzen aan het milieu, terwijl in feite louter economische belangen worden gediend. Toenmalig oppositieleider David Cameron van de *Conservative Party* bleek gewoonweg hypocriet[56]. Hij reisde naar de Noordpool om met Husky's gefotografeerd te worden, hij bevestigde een windturbine aan zijn huis die hij later weer weg moest halen omdat hij geen toestemming had en hij fietste voor de camera's uit naar zijn werk, gevolgd door een grote auto die zijn schoenen en zijn aktetas vervoerde.[57] PR en Vorm gaan bij Cameron duidelijk vóór Inhoud.

Het is kenmerkend voor de meeste politici. Hun doel is stemmen trekken en dat doel heiligt veel, zo niet alle, middelen. Zoals een adviseur van de toenmalige Amerikaanse president Ronald Reagan begin jaren tachtig stelde: 'Politiek ingestelde mensen trekken zich niets aan van het milieu. Maar ze zijn er niet tegen. Ze willen als politicus gewoon winnen. En dus moet je hen duidelijk maken dat zij door de kiezers afgerekend worden op hun houding tegenover het milieu.'[58]

Politici zien de werkelijkheid steevast als een verzameling beleidsterreinen – Economische Zaken, Justitie, Financiën, Sociale Zaken.. – die zij namens het volk tijdelijk mogen bestieren. Als ze tenminste voldoende stemmen halen en handig formeren. Diezelfde werkelijkheid kan ook beschouwd worden als een zelf organiserend systeem, waarop de mens in het algemeen en politici in het bijzonder weinig of geen invloed hebben. Politici en bestuurders van bedrijven en andere organisaties worden keihard met hun eigen onvermogen geconfronteerd. Hun geijkte '*tell and sell* formule' biedt geen soelaas meer. Directieven zijn volstrekt zinloos. Ze voelen zich keizers zonder kleren. Al weten ze beter, ze koesteren zo lang als mogelijk is hun illusies van maakbaarheid en stuurbaarheid. Voor een experimentele *bottom-up* benadering zijn zij nog niet klaar. Zij ontlenen hun status aan centrale besluitvorming en sturing en ervaren een faciliterende, dienende rol als degradatie. Schrijver/filosoof Alain de Botton heeft daar een mooi woord voor: statusangst.' Statusangst, schrijft hij, is de 'kwellende gedachte, waarvan de funeste invloed zich over grote delen van ons leven kan uitbreiden, dat we mogelijk niet in staat zijn om te voldoen aan het succesideaal, zoals geformuleerd door onze samenleving, en dat we dientengevolge het risico lopen gespeend te blijven van waardigheid en respect'. Statusangst is ook 'de angst dat we ons op een te lage sport van de maatschappelijke ladder bevinden of op het punt staan nog dieper te zinken'.[59] Cruciaal is hier dat de samenleving verandert en dus andere eisen stelt. Burgers, consumenten en kiezers zijn niet meer zo

---

56 In mei 2010 vormen de conservatieven o.l.v. Cameron samen met de liberalen een nieuwe Engelse regering. David Cameron is de nieuwe premier.
57 Anthony Giddens, *The politics of climate change, National responses to the challenge of global warming*, policy network paper, September 2008, blz. 17/18.
58 David Bornstein, *How to Change the World*, Oxford University Press, 2007 blz 59.
59 Alain de Botton, Statusangst, Uitgeverij Atlas, Amsterdam/Antwerpen 2004.

volgzaam als in de vier, vijf decennia na de Tweede Wereldoorlog. Ze zijn over het algemeen beter opgeleid en slikken niet alles meer voor zoete koek. Zijn ze het ergens mee oneens, dan komen ze daartegen in het geweer.

De klassieke, hiërarchische aansturing van economie en samenleving door gekozen volksvertegenwoordigers en ambtenaren doet denken aan een woud vol knoestige bomen, die niet gauw omwaaien, maar zich ook niet meer vernieuwen. Om de oude stammen schieten her en der wilde rizomen uit de grond: zevenblad, brandnetel, kweek. De wortels woekeren onder het aardoppervlak en raken verknoopt tot netwerken. Dit netwerk, wat van onderop ontstaat door individuen, is een organisatievorm die Gilles Deleuze en Felipe Guattari uitgebreid beschrijven in hun boek 'Duizend hoogvlaktes', en wat zich heden ten dage meer en meer manifesteert met behulp van de genoemde sociale media. Hierdoor vergemakkelijken contacten en kennisuitwisseling tussen mensen ongeacht geografische afstanden en tijd, ongeacht leeftijd, cultuur, geloven, overtuigingen en meningen over andere onderwerpen dan datgene waarop ze elkaar vinden. Ze emanciperen machtlozen en veranderen manieren van besluitvorming.

De boom en het kruid staan model voor twee soorten benaderingen. Een klassieke, statische benadering, met een duidelijke hiërarchie en een moderne, dynamische systeembenadering, met een netwerkstructuur. Beide benaderingen komen in de praktijk voor. Het kruid verspreidt zich echter razendsnel, terwijl de bomen stil staan.

2.8   Over vrijheid

In de huidige context blijkt de Engelse filosoof en econoom John Stuart Mill (1806-1873) wederom actueel. Mill concentreert zich in het modern getoonzette essay *On Liberty* op de rechten van het individu tegenover die van de natie-staat. Om precies te zijn: 'de grenzen aan de macht die legitiem door de samenleving over het individu kan worden uitgeoefend'. De strijd tussen Vrijheid en Autoriteit was volgens Mill al het meest in het oog springende discoursthema bij de Grieken, de Romeinen en de Oude Engelsen. Toen ging de strijd tussen subjecten en de Regering. Met Vrijheid bedoelden ze toen bescherming tegen de tirannie van de politieke heersers. Volgens Mill ligt het primaat bij het individu. Dat mag niets in de weg worden gelegd zolang de vrijheid van het ene individu maar niet ten koste gaat van die van één of meer andere individuen. Mill looft de vrijheid van het individu en hekelt de conformiteit van de menigte. Ideeën over zelfsturing, zelforganisatie, nonfiXe en authenticiteit (zie hoofdstuk 4 en 5) sluiten hierbij aan.

De vraag waaraan dit proefschrift haar bestaan dankt, luidt: 'Hoe kan een (regionale) overheid evenwichtige ecologische, economische en sociaal-culturele ontwikkeling realiseren, zonder dat deze ten koste gaat van een ander in tijd en ruimte?'

Een evenwichtige samenleving, zonder grote, niet te rechtvaardigen inkomens- en vermogensverschillen is ook wat de Nederlandse winnaar van de Nobelprijs voor Economie (1969) Jan Tinbergen voor ogen heeft. In *Een Leefbare Aarde* uit 1970 keert hij zich tegen de onverschilligheidcultuur, die hij aanduidt als een 'verwordingverschijnsel'[60].

Volgens Tinbergen staat de dominante rol van de overheid gemeenschappelijke verantwoordelijkheid voor het welzijn van allen in de weg. Deze dominantie hebben wij te danken aan de twee wereldoorlogen, toen de touwtjes van bovenaf werden strak getrokken. Tinbergen: 'De staat leerde allerlei methoden om het productieproces te controleren. Na de oorlog heeft men veel daarvan weer opgegeven; maar niet alles.'[61] Besluitvorming die leidt tot consent[62], is een van de peilers waarmee de transitie kan worden vormgegeven. Een andere is gedrag. Tinbergen: 'We moeten ons bezinnen op zowel nieuwe taken voor de gemeenschap als op een nieuwe levenshouding, waarbij wij uit de roes van de jacht naar meer en steeds weer iets nieuws ontwaken en beseffen wat ons wezenlijk geluk eigenlijk vereist.'

Hoe je duurzaam ook definieert, een jacht naar méér (méér mensen, méér energie, méér economische groei), is het in elk geval niet. Er is een radicale systeemvernieuwing nodig, die de gesignaleerde problemen en oplossingen weer dichter bij elkaar en bij de mensen brengt. Alles kan anders. Maar iets of iemand zal de aanzet tot verandering moeten geven. Een totaal andere manier van denken en doen ontstaat meestal niet spontaan. Evenmin als een andere levenshouding, andere concepten, andere technieken, technologieën en processen om weer grip te krijgen op ons leven. Zonder paradigmawisseling komt de noodzakelijke transitie van een destructieve economische groei naar een constructieve, duurzame ontwikkeling niet tot stand.

2.9   Tussenconclusie

Er is sprake van druk op het leefmilieu, een van de twee systemen die het Nationaal Milieu Beleidsplan 4 onderscheidde. Dit leidt tot problemen die onze kwaliteit van leven aantasten en dus dringend opgelost moeten worden. Het oude groei paradigma is daarvoor niet geschikt. Volgens Rudiger Lutz ontbreken de concepten en modellen voor de overgang van industriële- naar postindustriële, ecologische productie- en organisatiestructuren. De huidige manier van centrale besluitvorming en aansturing door politici en bestuurders leidt tot te weinig betrokkenheid vanuit de samenleving en biedt geen echte oplossingen. Duurzame ontwikkeling is een mogelijk kader waarbinnen een nieuw denken en doen zich kan ontwikkelen. Niet ten koste van elkaar, maar met voordeel voor iedereen.

Over duurzaamheid en duurzame ontwikkeling zijn ontelbaar veel artikelen en boeken geschreven, maar de pretenties blijven steevast hangen in woorden. Het zoeken naar voorbeelden waar duurzaamheid en/of duurzame ontwikkeling succesvol in praktijk is

---

60   Tinbergen, Jan, Een Leefbare Aarde, Agon/Elsevier, 1970, blz. 78, 79.
61   Idem, blz 117.
62   Van consent wordt gesproken als toegewerkt wordt naar een oplossing voor een probleem of vraagstuk waar geen van de betrokken partijen tegen is.

gebracht, is als het zoeken naar een speld in een hooiberg. Dat komt onder meer omdat echte duurzame ontwikkeling pas na verloop van vele jaren is aan te tonen. En zelfs dat vooruitzicht is ons niet beschoren. Op de lange duur valt namelijk alles uit elkaar. Materialen, mensen, liefdes, alles verslijt, versplintert, verroest, vergaat. Niets is bestendig tegen de gesel van de tijd. Natuurkundigen hebben daarvoor een naam bedacht: entropie. Echte duurzame ontwikkeling bestaat niet. Alles is tijdelijk in een mensenleven en over generaties heen. Een tot in lengte van dagen duurzame ontwikkeling bestaat net zo min als een perpetuum mobile. Het enige wat een mens – een organisatie, overheid of samenleving - kan doen is leren om te gaan met verandering. Grote verhalen, discoursen en filosofische kaders (hoe leef ik en bezie ik de wereld om me heen?) helpen daarbij.

Een duurzame ontwikkeling ligt lui in de tijd en graaft zich een weg in de amorfe toekomst. Zo kun je het je voorstellen. Maar zelfs dat beeld is wankel. Er zijn immers wetenschappers die beweren dat er meer dan drie dimensies – lengte, breedte, hoogte – zijn. Deze extra dimensies zijn gebogen, krom, gekruld, hoe je het ook wilt noemen en zo klein dat ze niet waar te nemen zijn. Maar ze zijn er wel en maken dat er verschillende theorieën in verschillende situaties nodig zijn om bepaalde verschijnselen, zoals de uitdijing van het heelal, het ontstaan van leven, het (voort)bestaan van geest en ziel, entropie, dementie, Ziekte van Parkinson en (beleving van) de tijd te verklaren. De overkoepelende, fundamentele theorie die het onverenigbare verenigt en het onbegrijpelijke begrijpelijk maakt, wordt aangeduid als de M-theorie. Waar de letter M voor staat is niet bekend. Het is de M van Mirakel, Mysterie en Meester (in de zin van: de zaak meester zijn).[63]

Dit is een onderzoek naar de mogelijkheden van een regionale overheid om gedrag van mensen, technologieën, technieken, processen en besluitvorming zó te beïnvloeden dat economie, ecologie en samenleving op een hoger ontwikkelingspad belanden. In dit hoofdstuk laten we de toekomst nog even in sluiers en concentreren we ons op het verleden. Welke denkers en discoursen hebben het wereldbeeld van de auteurs beïnvloed? En hoe dragen zij bij aan de oplossing van de centrale vraagstelling: 'Hoe kan een regionale overheid evenwichtige economische, ecologische en sociaal culturele ontwikkeling realiseren, zonder dat deze ten koste gaat van anderen in tijd en ruimte?'

Hiermee vormt hoofdstuk 2 een aanvulling op de methodologie die beschreven staat in de introductie. Een van de redenen hiervoor is dat Participatieve Observatie onderdeel van de onderzoeksmethode is. Zoals bekend mag worden verondersteld, is de blik van de observator nooit objectief en wordt deze mede bepaald door de plaats waarvan hij of zij observeert. De wijze waarop in deze studie framing plaatsvindt, accenten worden gelegd en feiten gerangschikt, is daarom deel van de verantwoording aan lezers.

---

63 Stephen Hawking & Leonard Mlodinow, *The Grand Design, New answers to the ultimate questions of life*, Bantam Press, 2010, blz. 116 en 117.

De steigers waaraan dit proefschrift is opgetrokken, worden bevolkt door enkele denkers die als gemene deler hebben dat zij uitgaan van dynamiek die voortkomt uit tegenstellingen. Tegenstellingen brengen spanningen die een uitweg zoeken en zonodig forceren.

Ook zij staan weer op de schouders van hun voorgangers, waaronder Baruch Spinoza, die intuïtie als hoogste vorm van kennis duidt. Intuïtie echter wordt nog steeds onderschat in de 'harde' wetenschap, waar veelal de ratio prevaleert. Toch blijkt wanneer het onderzoek naar levende systemen betreft, dat de onvoorspelbaarheid der wezens modellen om beurten naar de prullenbak verwijst. Het credo 'meten is weten' gaat vele malen niet op. Al was het maar omdat het meten zelf een complexe vaardigheid is en omdat de werkelijkheid nu eenmaal niet lineair en logisch verloopt. Het eerste college Algemene Economie dat Frank volgde bij professor Schouten, is hiertoe een waardevolle les. Hogere lonen kunnen zowel positief als negatief uitvallen voor de economische ontwikkeling, afhankelijk van de mate waarin de bestaande productiecapaciteit reeds wordt benut, plus een aantal onvoorspelbare variabelen en wispelturig gedrag (*animal spirits*). Daarmee willen we de ratio en het meten niet afserveren, maar combineren met intuïtie.

Mensen ontwikkelen hun intuïtie door eigen ervaringen en die van anderen. Middels verhalen wordt kennis overgedragen die niet in tabellen of grafieken terug te vinden is. Het gaat hierbij vaak over ethiek: Hoe gedraag je je onder bepaalde omstandigheden? Deze sociaal culturele lessen vormen een band tussen degenen die de verhalen met elkaar delen. Een dergelijk discours is meer dan een maatschappelijk debat, het bevat alle aspecten, de taal, beelden en lichaamshouding, die tezamen het gesprek vormen waarmee mensen hun samenleving ontwerpen, in stand houden en veranderen. De discours coalities zijn veranderd in wijdte, breedte en snelheid door de opkomst van de sociale media. Sinds een jaar of tien is het voor individuen mogelijk geworden om wereldwijd met elkaar in gesprek te gaan. Deze communicatie revolutie heeft een grote impact op de wijze van organiseren en besluitvorming. De structuur is als die van een rizoom, wortelstok die ondergronds voortwoekert met een groeiend aantal knooppunten, zoals die wordt beschreven door Gilles Deleuze en Felipe Guattari. De Nederlandse winnaar van de Nobelprijs, Jan Tinbergen, riep het al: Er is een nieuwe levenshouding nodig, een ander paradigma waarmee we onze maatschappij inrichten. De jacht naar meer, groter, sneller leidt tot destructie. Een paradigmashift kan niet van boven worden opgelegd in een maatschappij van mondige individuen die bovendien allemaal met elkaar in verbinding staan. Om duurzame ontwikkeling te stimuleren, dien je mensen mee te krijgen, middels een discours coalitie die richting biedt.

Om een dergelijk discours vorm te geven, is in deze studie gekozen voor de weg der tegenstellingen, die terug te voeren is op de dialectiek van Friedrich Hegel en de creatieve destructie waarmee Joseph Schumpeter historische processen analyseerde.

Creatieve destructie is een tegenstelling in zichzelf, die facetten gemeen heeft met wat Jacques Derrida deconstructie noemt. Derrida betoogt dat het denken van de mens geënt is op tegenstellingen. Door omkering en ontregeling kunnen paradigma's veranderen. Ook pleit

Derrida ervoor om begrippen te ontregelen, nieuwe kaders en termen te bedenken, waarmee de woorden – geheel volgens de gedachtegang van Michel Foucault – het denken kunnen herstructureren en paradigmaveranderingen vorm krijgen.

In de context van veranderende besluitvorming en ontregeld rakende systemen – klimaat, financiële crises, voedselvoorzieningen en dergelijke – is een discours over vrijheid van het individu versus autoriteit ten behoeve van het algemeen belang van niet te onderschatten waarde. Duurzame ontwikkeling floreert uit de aard van het begrip (*People, Planet & Profit*) het best in zelfsturende groepen, waarbij de organisatie van onderaf plaatsvindt. Echter, wie heeft dan overzicht? John Stuart Mill geeft ammunitie om hierop door te denken en sluit aan op de eerder genoemde Jan Tinbergen, waarbij de staat slechts negatieve macht bezit, namelijk alleen daar ingrijpen waar het mis gaat en de vrijheid van het ene individu die van de ander beperkt. Door beslissingsmacht over te hevelen van de Staat naar de Lagere Overheden (provincies, gemeenten) komt de macht om over gemeenschappelijke aangelegenheden te beslissen weer te liggen in de buurt van waar hij hoort te liggen: bij de mensen zelf, als individu of als groep, en niet bij professionele politici die pretenderen het volk te vertegenwoordigen, maar in werkelijkheid alleen maar oog hebben voor hun eigen belangen.

Deel II. Theorievorming

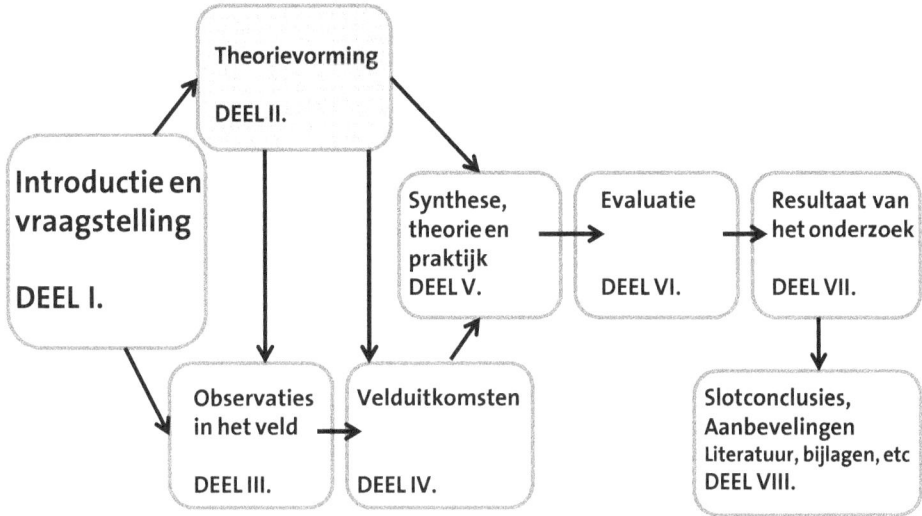

In deel II verdiepen wij ons in de literatuur over duurzame ontwikkeling. Parallel aan ons werk in de afgelopen jaren zijn wij nogal wat schrijvers, leraren en onderzoekers tegengekomen die ons stimuleerden in ons denken en doen. Zoals: Jay Forrestor, Donnela Meadows, Ken Geiser, Peter Senge, Jane Jacobs, Paul Feyerabend, Hans Jeekel, Richard Florida, Wim Hafkamp, Larry Susskind, Don Huisingh, Peter Schmid, Frans Evers, Janine Benyus, Gro Brundtland en Amory Lovins. Avant-gardisten die nadenken over transities, de overgang van een niet duurzame naar een meer duurzame samenleving. Een andere overeenkomst tussen de genoemde personen is, voor zo ver wij dat kunnen overzien, dat zij als individu allemaal:

- geloven dat er oplossingen zijn voor urgente problemen.
- kiezen voor een pro-actieve benadering, waarbij natuur en milieu kansen bieden en niet gezien worden als een belemmering van ons menselijk handelen.
- concepten ontwikkelden die gebaseerd zijn op: leren van de natuur, c.q. handelen zoals de natuur het doet (met de concepten 'industriële ecologie', het 'kringloop-model', *Cradle to Cradle* (C2C) en *Biomimicry* als lichtend voorbeeld), andere organisatievormen, het voorkomen van problemen (preventie, milieubewust ontwerpen) in plaats van het achteraf oplossen van die problemen met behulp van *end-of-pipe* maatregelen.
- kiezen voor een combinatie van theorie en praktijk. Niet alleen theorieën aandragen, maar die ook uitwerken in de vorm van initiatieven gericht op transities. Het Rocky Mountains Institute is daarvan een prima voorbeeld, zo ook VIBA Expo in 's-Hertogenbosch, wat een initiatief van Peter Schmid is.

- breder kijken dan alleen de economie, of het behoud van de natuur en het milieu. Het gaat hen juist om de combinaties. Een keuze voor economische ontwikkeling maar tegelijkertijd ook voor het verlagen van de milieudruk (zoals in de Nota milieu en economie) of het toepassen van niet toxische materialen (goed voor de gezondheid van werknemers en samenleving).

Dit deel onderstreept het belang van context (hoofdstuk 3), concept (hoofdstuk 4) en content (hoofdstuk 5) voor het streven naar duurzame ontwikkeling. Elementair is de lange reeks concepten in hoofdstuk 4. Concepten die inspireren, richting geven en die passen bij een integrale benadering van duurzame ontwikkeling. Hoofdstuk 5 heeft betrekking op de vraag hoe een regionale overheid betekenis kan geven aan deze concepten in de eigen regio. Dit mondt uit in de introductie van een Allemaal Winnen Matrix en een Allemaal Winnen Diagnose & Management Model.

3.   Context van regionale duurzame ontwikkeling

'It is common sense to take a method and try it. If it fails, admit it frankly and try another, but above all try something'

Franklin Roosevelt

Leeswijzer

De prangende vraag van dit hoofdstuk luidt: Is de werkelijkheid te sturen? Deze oeroude ambitie van de mens blijkt grotendeels illusie te zijn. Duurzame ontwikkeling vindt steevast plaats in een bepaalde setting, de context. Een mengeling van systemen en andere omgeving bepalende factoren, zoals de energievoorziening, de bevolkingsgroei, de natuur, de politiek, de economie en de aandrijving van dit alles door over en langs elkaar heen schuivende sturingsmechanismen: marktwerking, democratie, dictatuur, oligarchie, anarchie. De (regionale) overheid neemt in dit krachtenveld een bescheiden positie in (zie § 3.8). Extra aandacht is er voor de democratie (§ 3.9), omdat dit sturingsmechanisme het fundament vormt waarop de Westerse beschaving al meer dan tweehonderd jaar is gegrondvest.

Inleiding

Het eerste hoofdstuk van de theoretische onderbouwing gaat over de context. Er is geen duurzame ontwikkeling zonder context. Duurzame ontwikkeling vindt altijd plaats in een bepaalde *setting*. Deze *setting* verschilt per situatie. Hij bepaalt in belangrijke mate hoe wij de betreffende ontwikkeling ervaren en waarderen en wat we denken daaraan te kunnen doen. Elk individu heeft daar z'n eigen gedachten over, ingegeven door eerdere ervaringen, vooroordelen, of *'hear say'*. Dat de mens zelf tot op heden een modelvoorbeeld is van duurzame ontwikkeling, dat komt niet omdat het individu superieur is aan al die andere diersoorten. Dat komt omdat mensen elkaar aanvullen en versterken. We excelleren bijvoorbeeld in het nemen van besluiten. Over die besluitvorming komen we uitgebreid te spreken. Dat geldt ook voor de systeembenadering. Systeemdenken is een poging om de werkelijkheid in kaart te brengen en te begrijpen. Daarbij ligt de nadruk op de relaties tussen de delen waaruit het systeem is samengesteld. De delen op zich spelen een ondergeschikte rol.

De context van duurzame ontwikkeling heeft vele gezichten. Wij beperken ons hier – met nadruk op de regio Noord Brabant - tot een zestal invalshoeken:

- de energie;
- de bevolkingsgroei;
- de natuur;
- de politiek;
- de economie;
- de aansturing/democratie

Het verhaal over een doodlopende straat bevat een systeemanalyse die tekenend is voor de wijze waarop wij tegen ontwikkelingen aankijken. De context is een systeem, dat zelf ook weer uit (sub) systemen bestaat. Al deze systemen gaan hun eigen gang. Ze geven wel signalen, die aanleiding kunnen geven om in te grijpen.

Met elkaar vormt deze context de omlijsting van de concepten die in het volgende hoofdstuk aan de orde komen. De context in al zijn verscheidenheid verandert voortdurend. Het is een open systeem, met input in de vorm van miljarden individuele en collectieve beslissingen op elk moment van de dag en een output in de vorm van de effecten die al die besluiten hebben op de werkelijkheid zoals wij die waarnemen.

Uit de beschrijving van de context en de geraadpleegde literatuur groeit het inzicht dat een regionale overheid reeds in gang gezette ontwikkelingen slechts in beperkte mate kan (bij)sturen. Bij nieuwe ontwikkelingen heeft de Provincie een stevige vinger in de pap. Europese subsidiestromen lopen vanuit Brussel via de Provincie naar diegenen in de regio's die willen innoveren en investeren. Met name het middelgrote en kleine bedrijf profiteren van de subsidies voor onder meer samenwerking op regionale schaal, in het kader van innovatiestimulering.

3.1   Systemen

Speciale aandacht is er voor systemen. Systemen vind je overal. Bijna alle concepten in het volgende hoofdstuk 4 zijn systemen. De context, onderwerp van dit hoofdstuk, bestaat eveneens uit systemen. Het zijn steevast veelkoppige monsters. Een reisadvies voor systeem avonturiers: grijp je ergens in zo'n systeem in, dan kan dat allerlei onverwachte neveneffecten hebben. Bezint eer ge begint. Bereid je goed voor, bijvoorbeeld door jezelf een paar vragen te stellen. Hoe werkt het betreffende systeem? Wat is het doel? Waar zitten de plaatsen in het systeem waar een kleine ingreep kan leiden tot een grote verandering in (systeem)gedrag, zogenaamde *Leverage Points*. Maar ook al weet je 'hefboom plaatsen' intuïtief te vinden, dan ben je er nóg niet, want het komt vaak voor dat mensen dan nóg het veranderingsproces precies de verkeerde kant op sturen. '*Counterintuitive*,' noemt Jay Forrester, een bouwer van systeemmodellen, dit tegendraadse gevoel.[64]

Het gebruik van hefbomen is een vorm van 'anders denken', de opmaat tot 'anders doen', ook wel innovatie[65] genoemd. 'Anders denken' houdt onder meer in:

- leren om structuren te zien in plaats van gebeurtenissen;
- denken in termen van veranderprocessen in plaats van '*snapshots*'.[66]

Menselijke systemen nemen een aparte plaats in het geheel in. Ze veranderen doordat de kijk op de wereld, de opvattingen en de overtuigingen van de beslissers in bedrijven, bij de overheid en in de politiek veranderen, bijvoorbeeld als gevolg van de overtuigingskracht die autoriteiten als het *International Panel of Climate Change* (IPCC) en Al Gore in hun verhalen leggen. Zij komen met nieuwe paradigma's, die oude overtuigingen verdringen.

'Mensen die erin geslaagd zijn om in systemen te interveniëren op het paradigma niveau hebben een *leverage point* gebruikt dat systemen totaal transformeert,' schrijft Donella Meadows – hoofdauteur van *Limits to Growth* uit 1972 – in haar laatste boek (ze overleed in 2001): *Thinking in Systems*. Met *Limits to Growth* stond zij aan de wieg van een geheel nieuwe beweging die een 'duurzame ontwikkeling' voorstaat. *Limits to Growth* maakte de hele wereld in één klap bewust van het feit dat er grenzen zijn aan de draagkracht van de aarde en dus aan economische groei. Een jaar na publicatie werd de wereldeconomie getroffen door de eerste oliecrisis en sprak de toenmalige Nederlandse premier Joop den Uyl de historische woorden: 'Die tijd (van overvloedige, goedkope energie, red) komt nooit meer terug[67]'. Alsof het in scene was gezet.

Voor het eerst werd er op grote schaal gesproken over de uitputting van oliebronnen en het overstappen op alternatieve brandstoffen en energiebronnen. Bijna veertig jaar later hebben we het er nog steeds over, maar is er wezenlijk niet zo héél veel veranderd, al draaien her en der al wel windmolens.

'Als we de relatie tussen structuur en gedrag eenmaal zien, dan beginnen we te begrijpen hoe systemen werken,' heeft Donella Meadows ondervonden.[68] Zij omschrijft een systeem als 'een stel dingen – mensen, cellen, moleculen, of wat dan ook – die op zo'n manier met elkaar verbonden zijn, dat ze na enige tijd hun eigen gedragspatroon gaan vertonen'.

Een systeem bestaat in elk geval uit de volgende drie factoren:

---

64 Donella H. Meadows, *Thinking in Systems*, Earthscan, London, 2009, blz 146.
65 "Het woord innovatie is afgeleid van het Latijnse *novare*, nieuw maken. In de 16e en 17e eeuw kwam het woord onze taal binnen. Vanaf het begin betekende innovatie niet zozeer het creëren van nieuwe dingen alswel het vernieuwen van manieren van tradities van binnenuit. Aanvankelijk gebruikte men het woord vooral voor politieke en religieuze zaken. Het woord had een opvallend negatieve, zelfs ketterse lading. Met de Verlichting kwam hier verandering in. In die periode werden fundamentele concepten van de relatie tussen de mens en de wereld opnieuw tegen het licht te houden; zowel binnen de wetenschap, de politiek als de religie. Het woord innovatie kreeg meer en meer de positieve betekenis die we er ook nu aan toekennen", Lucas Dietrich (red.), *Shaping our creative future*, Lannoo, Nederlandse editie, 2009, blz 10 en 11.
66 *A Systems Thinking Primer*, Three Sigma, Inc. www.threesigma.com, 20 oktober 2009
67 Paul de Beer, Minder groei, minder welzijn?, blz 2, www.pauldebeer.nl, 2 november 2011
68 *Thinking in Systems*, blz 1.

- Elementen
- Verbindingen (inter-connecties)
- Een functie of doel

Het valt niet mee om het gedrag van een heel systeem te doorgronden. Dat kun je namelijk niet afleiden uit de werking van de deelsystemen waaruit het is opgebouwd. Het geheel is meer dan de som der delen, en het gedrag van het geheel is anders dan de som der gedragingen van de delen.

Als je eenmaal geleerd hebt om in systemen te denken, dan ziet alles er ineens anders uit. Je denkt niet meer statisch, maar dynamisch. Je stopt met het zoeken van zondebokken en informeert hoe het systeem werkt. 'Een systeem dat zich kan ontwikkelen,' schrijft Meadows, 'overleeft vrijwel elke verandering, door zichzelf te veranderen'.[69] Op grond van een paar simpele spelregels ontstaan soms de meest complexe patronen. Meadows: 'De genetische code in het DNA, die de basis vormt voor elke biologische evolutie, telt slechts vier letters die worden gecombineerd tot woorden van elk drie letters. Dat patroon, en de spelregels voor kopiëren en anders samenstellen, is al drie miljard jaar hetzelfde gedurende welke het een onvoorstelbare variëteit aan falende en succesvolle, zelf-ontwikkelende schepsels heeft uitgespuugd.[70]
(...) 'Elk systeem (biologisch, economisch, of sociaal) dat zo onder de korsten zit dat het zichzelf niet meer kan ontwikkelen, dat systematisch experimenteren veracht en het ruwe materiaal voor innovatie uitwist, is op de lange termijn ten dode opgeschreven op deze in hoge mate veranderlijke planeet.'

3.2   Energie

'Het Wereld Energie Systeem staat op een kruispunt,' schrijft het Internationaal Energie Agentschap in haar World Economic Outlook 2008. De huidige wereldtrends met betrekking tot energie aanbod en consumptie zijn voor alle drie de P's (People, Planet, Profit) onmiskenbaar 'niet duurzaam'. 'Maar dat kan – en moet – veranderen,' aldus het IEA. 'Er is nog steeds tijd om een andere weg te kiezen.' Het is volgens het Energie Agentschap niet overdreven om te stellen dat het toekomstige welbevinden van de mens afhangt van de vraag of we erin slagen om de twee centrale energie uitdagingen van dit moment te tackelen: het aanbod van betrouwbare en betaalbare energie veilig stellen; een snelle transformatie van het energiesysteem effectueren in de richting van een CO_2-arm, efficiënt en ecologisch verantwoord energie aanbod. 'Er is niets minder dan een energie revolutie nodig,' concludeert het IEA.

---

69 Thinking in Systems, blz 18
70 Thinking in Systems, blz 159 en 160.

Er is nog tijd om te schakelen, maar dan moeten we dat wél doen. De bepleite omschakeling heeft alles met olie te maken. Olie is de meest vitale energiebron ter wereld en blijft dat nog vele jaren, zelfs als de meest optimistische veronderstellingen met betrekking tot de ontwikkeling en toepassing van alternatieve technologie uitkomen. Het aanbod is echter wel gevarieerd en onzeker. Dat geldt zowel voor de soorten olie, als voor de daarmee gepaard gaande productiekosten, als voor de prijs die de eindconsument in rekening wordt gebracht. De prijsstijging van olie in de afgelopen jaren, culminerend in een piek van $140 in 2008, plus de toegenomen prijsschommelingen op korte termijn, illustreren hoe gevoelig de prijs van ruwe olie is geworden voor onevenwichtigheden in vraag en aanbod.

Figuur 1. Er is nog voldoende olie, maar wel in meerdere soorten, met verschillende productiekosten[71].

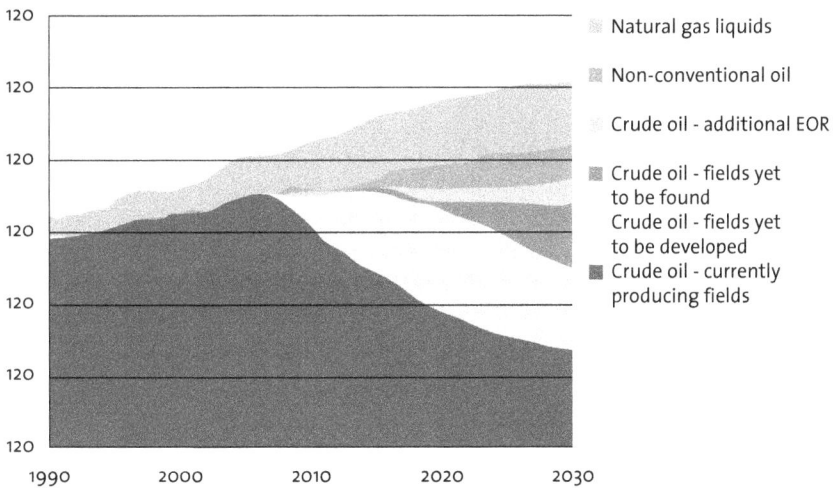

3.3 Bevolkingsgroei

In alle rijke industrielanden, op de VS na, stagneert de bevolkingsgroei. In Afrika, het Midden-Oosten en op het Indische continent groeit de bevolking echter onophoudelijk door. Al die mensen ademen niet alleen zuurstof in en koolstofdioxide uit, ze verbruiken energie, materialen en mineralen, kappen bossen, vervuilen grond, water en lucht. En dan laten ze als residu ook nog eens immense hoeveelheden afval achter.
Het leeuwendeel van de 70 miljoen mensen die er elk jaar bijkomen (211.000 per dag), wordt geboren in landen waar de natuurlijke systemen al in het ongerede zijn geraakt. Dat wordt er niet beter op, hoewel... , het is niet één en al kommernis. Op de lange termijn is er uitzicht op

---

71 *World Energy Outlook 2008*, hoofdstuk 11, blz. 250.

verbetering. Procentueel gezien is de groei van de wereldbevolking namelijk over z'n top heen. Bedroeg die groei in 1963 nog 2,19%, momenteel is dat percentage gedaald tot 1,15% per jaar. Maar ook in dat lagere tempo komen we in 2050 uit op zo'n 9 miljard wereldbewoners[72] .

Tabel 1. Bevolkingsgroei wereld tot 2050 volgens vier scenario's. Gemiddeld is de verwachting dat er in dat jaar 9 mrd mensen op de aarde leven.[73]

Jaar	Gemiddelde	Hoge variant	Lage variant	Variant met een constante vruchtbaarheid
2005	6.514.751	6.514.751	6.514.751	6.514.751
2010	6.906.558	6.967.407	6.843.645	6.944.634
2015	7.295.135	7.459.289	7.127.009	7.416.822
2020	7.667.090	7.966.382	7.363.824	7.919.765
2025	8.010.509	8.450.822	7.568.539	8.443.704
2030	8.317.707	8.913.727	7.727.192	8.996.239
2035	8.587.050	9.368.004	7.828.666	9.597.117
2040	8.823.546	9.829.962	7.871.770	10.265.189
2045	9.025.982	10.297.036	7.857.864	11.014.053
2050	9.191.287	10.756.366	7.791.945	11.857.786

Het absolute aantal hoofden mag dan op termijn wel gaan afnemen, maar dat zegt niks over de consumptie per hoofd. Van de huidige 6,6 miljard wereldbewoners geeft 60% te kennen hun nu nog bescheiden levenspeil te willen opkrikken tot het niveau van de rijkste 20%.[74] Het systeem creëert ook hier z'n eigen vliegwielen. En, net als in de vorige paragraaf, draaien die de verkeerde kant op. Die rijkste 20% (ruim 1,3 miljard mensen) is namelijk verantwoordelijk voor 80% van de milieudruk! Nemen 4 miljard mensen extra een zelfde uitbundige levensstijl over, dan is dat een ramp voor het milieu. En dan zijn we er nog niet. De 'nieuwe rijken' veranderen hun voedingspatroon van hoofdzakelijk vegetarisch naar vlees. Volgens internationaal expert in duurzame ontwikkeling Donald Huisingh[75] moeten er miljoenen dieren meer geslacht worden om in deze behoefte te voorzien. Voor het zover is, verbruiken die dieren tien maal zoveel energie van planten (gras, veevoeder). Donald Huisingh tijdens één van de gesprekken die ten grondslag liggen aan dit proefschrift: 'De meeste van deze dieren, zoals koeien en schapen, zijn herkauwers. Ze stoten tonnen methaan uit, een broeikasgas, dat 21 keer zo sterk is als CO_2.'

---

72 www.census.gov/ipc/www/idb/worldpop.html, mei 2008
73 World Population Prospects 2006, Verenigde Naties
74 www.census.gov/ipc/www/idb/worldpop.html, juni 2008. Opmerking auteurs; in oktober 2011 verwelkomde de kranten de 7 miljardste wereldburger.
75 Donald Huisingh *is amongst other editor-in- chief of the Elsevier scientific Journal of Cleaner Production.*

De ontbrekende 20% van de wereldbevolking – zo'n 1 miljard mensen, verspreid over 58 landen – ziet sowieso geen kans om aan te haken. Integendeel. De allerarmsten raken juist nòg verder achterop. In het kader van een duurzame ontwikkeling is dit één van de allergrootste en moeilijkst oplosbare vraagstukken. Zeventig procent van deze 'hopelozen' bevindt zich in Afrika.[76] Een tijdbom, die in de toekomst nog veel turbulentie kan veroorzaken, met name aan deze kant van de Middellandse Zee, in Europa.

In wetenschappelijke kring vallen ook tegendraadse geluiden te beluisteren. Zo waarschuwt de Russische Professor Serguei P. Kapitza voor het lukraak extrapoleren van trends. Systeemanalyse van tijdreeksen brengt hem in elk geval tot een geheel andere conclusie over bevolkingsgroei. De groei van de wereldbevolking is volgens Kapitza niet exponentieel, maar heeft - grafisch weergegeven - de vorm van een kerkklok. De omvang van de wereldbevolking groeit nog wel, maar – zoals we eerder constateerden - minder hard. Aan de hand van de klokvormige hyperbool voorziet Kapitza een einde aan de groei en vervolgens een daling van de wereldbevolking.[77]

De hier behandelde problematiek stijgt ver uit boven het regionale niveau. Toch is het goed om er even bij stil te staan, omdat het een illustratie is van de gecompliceerde relatie tussen de economie, het milieu en sociale omstandigheden.

Eén van de eersten die een goed onderbouwde analyse gaf van deze relatie was Thomas Robert Malthus. In 1798 verscheen het door hem geschreven, maar anoniem uitgebrachte, vijfduizend woorden tellende boekje *An Essay on the Principle of Populations as It Affects the Future Improvement of Society*, waarin de optimistische toekomstbeelden van nogal wat economen en industriëlen aan diggelen geslagen worden. De samenleving zit volgens de dan nog jonge Malthus in de val. Elk uitzicht op economische groei en welvaartsverbetering wordt namelijk op voorhand ondergraven door de voortplantingsdrift van de mens. Voor eeuwig is de mensheid volgens Malthus veroordeeld tot het voeren van een bij voorbaat verloren strijd tussen een groeiend aantal vraatzuchtige monden en de altijd ontoereikende voorraadschuur der natuur[78].

76   Paul Collier, *The bottom billion*, Oxford University Press, 2007, blz. 7.
77   Serguei P. Kapitza, Holslezing 1996, blz 8.
78   Robert L. Heilbroner, De filosofen van het dagelijks brood, Simon & Schuster, 1986.

Kader 1. Thomas Malthus poneert twee stellingen over een onvermijdelijke toename van de wereldbevolking[79]

Thomas Malthus: 'Ik poneer twee stellingen. Ten eerste, dat voedsel noodzakelijk is voor het bestaan van de mens. Ten tweede, dat de passie tussen de seksen noodzakelijk is en dus zal blijven bestaan. Dit zijn de wetten van de natuur.

De passie tussen de seksen heeft nog dezelfde kracht als twee of vier duizend jaar geleden. Er zijn individuele uitzonderingen, maar die nemen in verhouding niet toe. Aannemende dat mijn stellingen juist zijn, concludeer ik dat de aandrang van de mens om zich voort te planten beslist groter is dan het vermogen van de aarde om het bestaansminimum voor de mens te produceren. De omvang van de bevolking neemt toe in een geometrische reeks. Voor de toename van de noodzakelijke middelen van bestaan geldt een rekenkundige reeks. Er is maar weinig cijferkennis voor nodig om de overweldigende groeipotentie van de eerste in vergelijking met de tweede reeks te zien.'

Hoewel Malthus zich volledig verkeek op de enorme productiviteitsstijging in de landbouw, is de problematiek ruim twee eeuwen later in absolute getallen alleen maar verergerd. Eén vijfde deel van de wereldbevolking (meer dan één miljard mensen) heeft nauwelijks te eten en raakt, zoals we eerder al constateerden, steeds verder achterop bij de rest. Behalve aan voedsel is er een gebrek aan schoon drinkwater. Daarnaast dreigt een tekort aan energie te ontstaan. De dagelijkse behoefte aan olie, zo voorziet Shell, zal in 2050 wereldwijd 38 miljoen vaten olie hoger zijn dan nu, terwijl er dan per dag maximaal 25 miljoen vaten extra geproduceerd zullen worden[80].

3.4 De natuur

Het meest in het oog springende en bediscussieerde milieuprobleem is al een tijd: klimaatverandering. De getallen die wetenschappers naar het politieke en maatschappelijke podium brengen, zijn zorgwekkend. Volgens het *Climate Change Report 2007 (Synthesis Report) van* het *Intergovernmental Panel on Climate Change* (IPCC) van de Verenigde Naties behoorden elf van de laatste twaalf jaren (1995-2006) tot de twaalf warmste jaren sinds de oppervlakte temperaturen worden gemeten (1850). De temperatuurstijging doet zich in de hele wereld voor, zij het in sommige gebieden meer dan in andere. Zo was de temperatuurstijging op de Noordpool de afgelopen honderd jaar dubbel zo groot als gemiddeld over de hele wereld. Op het land was de temperatuurstijging groter dan boven de oceanen. Het is wel zo dat de oceanen tot op een diepte van 3.000 meter warmer zijn geworden. In feite hebben de oceanen 80% van de extra warmte als gevolg van het broeikaseffect geabsorbeerd. Het gemiddelde

79 Thomas Malthus, *An Essay on the principle of population,* 1798, hoofdstuk 1. www.ac.wwu.edu/~stephan/malthus/malthus.0.html, februari 2010

80 Jeremy Bentham, vice-president *Global Business Environment* van Shell International in het Financiële Dagblad, 12 februari 2008.

niveau van de zeespiegel nam als gevolg van smeltend ijs in de periode 1961-2003 met gemiddeld 1,8 mm per jaar toe. In de periode 1993-2003 was dat gemiddeld 3,1 mm per jaar. Dit wijst op een versnelling.

Er zijn ook wetenschappers, politici en wetenschapjournalisten die vraagtekens zetten bij de in hun ogen overdreven pessimistische voorstelling van zaken. Ian Plimer van de *School of Earth and Environmental Sciences* (Universiteit van Adelaide, Australië) - een gevierd wetenschapper in eigen land - fulmineert in het ruim 500 pagina's tellende *Heaven and Earth* tegen het *International Panel on Climate Change* (IPCC). Volgens Plimer verlaten de onderzoekers van het IPCC zich te veel op hun modellen. Ze zijn zo overtuigd van het nut van allerlei computerberekeningen, dat ze uitkomsten van modelmatige simulaties aanzien voor feiten. 'Feiten' die niet kloppen. Anders dan het IPCC ons wil doen geloven, is er sinds 1998 namelijk sprake van *global cooling*. Daarvoor was wel even sprake van een opwarming van de Aarde, maar die is ruimschoots gecompenseerd door de recente afkoeling. De laatste twee jaren van *global cooling* – 2007 en 2008 – vaagden bijna dertig jaren met temperatuurstijging weg. Vooral het jaar 2008 was bijzonder koud.[81]

Geologen hebben een ruime tijdsbeleving. Zij rekenen in miljoenen jaren. Volgens Plimer bevinden we ons momenteel in een ijstijd die 37 miljoen jaren geleden begon.[82] Binnen die tijdspanne komen perioden van relatieve warmte en koelte voor. In zijn ogen maken we ons druk om niks.

Ten eerste is er momenteel zowel op korte als lange termijn sprake van afkoeling van het aardoppervlak en de oceanen. Ten tweede: zelfs al zou er sprake zijn van opwarming, dan is dat eerder iets om blij van te worden dan iets om over te treuren. 'Wij zijn de enige generatie mensen die warme tijden vrezen,' aldus Plimer. *Global warming* maakt mensen rijker en gezonder.'

Plimer onderbouwt zijn stellingname met veel cijfers en grafieken, die één ding heel duidelijk maken: de mens wikt, de natuur beschikt. De mens overschat zijn eigen positie in de natuur en zijn vermogen om daar verandering in te brengen. Neem CO_2, het gas waarvan politici, milieuactivisten, journalisten en veel wetenschappers de mond vol hebben, omdat ze de vermeende opwarming van de Aarde daaraan toeschrijven. Volgens Plimer weten ze niet waarover ze het hebben. 'Koolstofdioxide in de atmosfeer werkt als een gordijn voor een raam,' schrijft hij. 'Een tweede gordijn maakt weinig verschil, een derde gordijn nóg minder en een vierde is totaal ineffectief. CO_2 werkt op soortgelijke wijze. Als er eenmaal zo'n 400 ppm CO_2 in de atmosfeer is, dan heeft een verdubbeling of verdrievoudiging van het CO_2-gehalte in de lucht, nog maar weinig effect op de temperatuur. CO_2 heeft immers reeds alle infrarood energie van de zon geabsorbeerd.'[83]

---

81 Ian Plimer, *Heaven and Earth, global warming, the missing science,* Taylor Trade Publishing, 2009, blz 26/26.
82 Idem, blz 9.
83 Idem, blz 374

Het broeikaseffect bestaat dus wel, maar is lang niet zo sterk als Al Gore, het IPCC en andere klimaatpessimisten veronderstellen. De invloed van de mens op de atmosfeer is uitermate beperkt. Als we alle fossiele brandstoffen in de wereld in één keer zouden verbranden, dan nog verdubbelt het CO_2 gehalte in de lucht niet eens[84]. De invloed op de zeespiegel is eveneens beperkt.

Plimer: 'De laatste 6000 jaren zijn toenames en afnames van de zeespiegel van 2 tot 4 meter in de loop van enkele decennia gebruikelijk'. 'De zeespiegel verandert voortdurend,' aldus Plimer. Iets soortgelijks geldt voor het land. Sommige delen van de wereld dalen (bijvoorbeeld Nederland en Oost-Engeland), andere stijgen (bijvoorbeeld Scandinavië en Schotland) en andere blijven gelijk (bijvoorbeeld Noordwest Alaska). Ook hier ging het IPCC in de fout. In ons kikkerlandje stijgt de zee al duizend jaar of langer ongeveer 18 cm per eeuw, weten geologen. Van deze stijging is 17 cm het resultaat van de daling van de bodem, als gevolg van inklinking van aarde door wateronttrekking voor landbouw, frisdrankfabrikanten, bierbrouwerijen en (drink)waterbedrijven. Eén centimeter per eeuw is het gevolg van smeltend ijs. Eén centimeter per eeuw (1,1 cm om precies te zijn) is ook het wereldgemiddelde. Het IPCC vat alles voor het gemak onder één noemer samen: stijging van de zeespiegel.

Kader 2. CO_2, wat is dat?

Koolstofdioxide, ook wel kooldioxide of koolzuurgas, (chemische formule CO_2) is een kleurloos en reukloos gas dat van nature in de atmosfeer voorkomt. De atmosfeer van de aarde bevat tegenwoordig ongeveer 390 ppm koolstofdioxide. Deze concentratie neemt jaarlijks toe. Dit wordt voornamelijk toegeschreven aan het grootschalige gebruik van fossiele brandstoffen, maar ook ontbossing speelt een rol. Voor het begin van de Industriële Revolutie was de concentratie ongeveer 280 ppm. Of, en in welke mate, de toename van koolstofdioxide in de atmosfeer een rol speelt in de opwarming van de aarde, is sinds enkele tientallen jaren onderwerp van wetenschappelijk onderzoek en verhitte discussie.

Plimer is niet de enige wetenschapper die tegen de stroom in durft te gaan. Hij krijgt steun van de Zweedse geoloog en zeespiegel expert Nils-Axel Mörner, voormalig president van de INQUA *Commission on Sea Level Changes and Coastal Evolution* (1999-2003). Mörner verdiepte zich 35 jaar lang in dit thema. De Zweedse emeritus hoogleraar was de 'expert *reviewer*' van de IPCC-rapporten van 2000 en 2007. Hij weet dus waarover hij praat. Het maakt hem bepaald niet meegaand.

Integendeel. De eerste keer dat hij het IPCC-rapport las, zegt hij in juni 2007 in een interview, was hij 'buitengewoon verbaasd' dat zich onder de 22 auteurs van het IPCC-rapport geen enkele zeespiegel expert bevond. Mörner, gepikeerd: 'Zij kregen deze missie omdat ze beloofden op te schrijven wat van hen verlangd werd. Dat was een kwestie van computers.

---

84 Idem, blz 293

Typisch: meteorologen werken met computers. Simpele computers. Geologen doen dat niet. Wij gaan het veld in en observeren. Pas daarna kijken we of we door middel van computerisering een model kunnen maken. Maar dat is niet onze eerste zorg.'[85]
Overigens: zou de zeespiegel wél dramatisch stijgen, dan zijn daar niet alleen maar nadelen aan verbonden. Hoog water creëert biodiversiteit. Overstromingen bijvoorbeeld hebben een grotere invloed op de biodiversiteit langs de rivier dan vervuiling, zo berekende milieukundige Aafke Schipper. Zij promoveerde op vrijdag 18 februari 2011 op dit onderwerp aan de Radboud Universiteit Nijmegen.

Drie kanttekeningen zijn hier op hun plaats:
1. Het IPCC is een aantal gevallen gevoed met verkeerde of onvolledige data. Die zijn vervolgens in de computer ingevoerd om er simulaties mee uit te voeren. Geen wonder dat die niet sporen met de werkelijkheid[86].
2. Over de opwarming van de Aarde wordt veel retoriek bedreven. De belangen zijn groot. De risico's groter. Nogal wat overheden zijn bereid tot stevige ingrepen in hun regelgeving en economie. Daar waar het doel is om minder afhankelijk van fossiele brandstoffen te geraken, is dat een goede zaak. De olie, het gas en zelfs de kolen zijn immers ooit 'op' en schone energiebronnen zijn gezonder voor mens en natuur. Maar we belanden van de regen in de drup, als nieuwe machtsconcerns ontstaan door emissiehandel en geforceerd ingrijpen leidt tot opslag van CO_2 in de grond. Bovendien helt de controverse over CO_2 langzaam maar zeker over van *global warming* en stevig ingrijpen naar *global cooling* en niet ingrijpen. Als meer mensen ervan overtuigd raken dat CO_2 een nonprobleem is, is de kans groot dat er niets gedaan wordt, geen energie transitie naar schoon en hernieuwbaar plaats vindt en duurzame ontwikkeling in z'n geheel in de kast verdwijnt. Dat is ook niet goed. Dan zet de vernietigende economie door.
3. Het IPCC wil onafhankelijk zijn en neemt daarom veiligheidshalve een slag om de arm. Het gaat niet uit van absolute waarheden, maar van waarschijnlijkheden. De waarschijnlijkheid dat de uitstoot van broeikasgassen leidt tot klimaatverandering wordt in de 2 jaar oude rapporten hoog ingeschat. Toch houdt het IPCC er ook daarin al rekening mee dat deze klimaatverandering zich niet, of in tegenovergestelde richting, voordoet. Dat kan bijvoorbeeld doordat wetenschappers sommige 'balancerende *feedback*processen' over het hoofd zien of nog niet kennen. Balancerende *feedback*processen zijn overal en liggen ten grondslag aan een stabiel systeem. Het menselijk lichaam heeft duizenden van dergelijke evenwicht herstellende processen. Zo blijft ons lichaam op een constante temperatuur. De balancerende *loop* is hier dat de verbranding toeneemt als het verschil tussen de gevoelde en de gewenste

---

85 *"Claim that sea level is rising is a total fraud*, interview met Axel Mörner in *Executive Intelligence Review* (EIR), 22 juni 2007 vertaling auteurs. www.larouchepub.com/eiw/public/2007/2007_20-29/2007_20-29/2007-25/pdf/eirv34n25.pdf, blz 34
86 Ian Plimer, *Heaven and Earth, global warming, the missing science*, Taylor Trade Publishing 2009, blz. 15/16 en 438-440.

lichaamstemperatuur toeneemt en dat het verschil kleiner wordt als de verbranding toeneemt. Dit proces verloopt automatisch. We hoeven er alleen maar voor te
zorgen dat er wat te verbranden valt. Balancerende *feedback loops* zijn de basis van
stabiliteit in onze (sociale) omgeving, in de natuur en in de economie[87].

Gaan we er van uit dat de klimaatverandering wereldwijd versneld doorzet, met alle
consequenties van dien (smeltend ijs, stijgende zeespiegel, uitstervende diersoorten), dan
luidt de vraag: waarom verandert het klimaat ondanks allerlei balancerende mechanismen
en processen en wat kunnen wij daar aan doen? Het *Synthesis* rapport van het IPCC
vermeldt twee opties: ofwel we passen ons aan (adaptatie), ofwel we matigen de uitstoot
van broeikasgassen (mitigatie) . 'Het vermogen van de samenleving om zich aan te passen
of te matigen hangt af van sociaal-economische en ecologische omstandigheden en de
beschikbaarheid van informatie en technologie,' aldus het rapport. 'Er is echter minder
informatie beschikbaar over de kosten en effectiviteit van aanpassing dan van matiging.'[88]

3.5   Politiek

Politici besloten in 1997 in het Japanse Kyoto dat de uitstoot van broeikasgassen in 2050
wereldwijd met de helft moet zijn teruggebracht ten opzichte van het niveau in 1990 om de
opwarming van de aarde een halt toe te roepen[89]. Hoe dat dient te gebeuren en wie daarvoor
de rekening betaalt, die vraag werd als een hete aardappel vooruit geschoven. Opvallend is
verder dat olie producerende landen als Venezuela, Nigeria, Algerije en de oliestaten in het
Midden Oosten het verdrag niet hebben ondertekend. De VS ondertekenden evenmin, omdat
de toenmalige president George W. Bush en zijn partijgenoten vreesden voor de gevolgen voor
de economie.
In de twintig jaar na Kyoto blijken goede voornemens alleen, zeker wanneer die betrekking
hebben op de verre toekomst, onvoldoende resultaat op te leveren. Politici zijn echter
hardleers. Twintig jaar na dato maken ze nog steeds afspraken voor de hele lange termijn en
laten de invulling en de uitvoering op hun beloop.

Voor de invulling en uitvoering van afspraken hebben politici onder meer de steun nodig
van consumenten, bedrijven, instellingen, universiteiten en burgers. Die dienen op bevel
van regering en parlement immers maatregelen te nemen die door ambtenaren zijn bedacht.
Maatregelen waarvan zij vaak het nut niet inzien, zoals opslag van CO_2 in de bodem en
de uitgifte en verhandeling van emissierechten. Ze draaien ook nog op voor de kosten en
werken dan ook meer tegen dan mee. Dat er niettemin een beweging richting duurzame

---

87 Idem blz 438/439 + Roy W. Spencer, *Climate Confusion*, Encounter Books, 2008, blz. 174: '*The models (of the IPCC, red.) still do not contain all of the negative feedbacks that exist in nature*'
88 *Synthesis Report*, www.ipcc.ch/pdf/assessment-report/ar4/syr/ar4_syr.pdf, augustus 2008, blz. 30.
89 Milieu en Natuur Planbureau, Milieu en duurzaamheid in regeerakkoord 2007, MNP rapport 500085003, Bilthoven, 2007: 'De Nederlandse regering zet in het regeerakkoord in op een broeikasreductie 2020 ten opzichte van 1990 van minus 30%. Voorstellen van de EU-commissie zijn: minus 20% unilateraal, minus 30% als andere ontwikkelde landen meedoen'.

ontwikkeling is waar te nemen in de samenleving komt door initiatieven van onderop. Een goed voorbeeld hiervan is het **Earth Charter**, een wereldwijd verbond van burgers, begonnen als een idee van een kleine groep gelijkgezinde individuen en uitgegroeid tot een zichzelf ordenende, organiserende en aansturende massabeweging van miljoenen mensen wereldwijd. Wat hen bindt, zijn zestien principes, verpakt als Manifest, die door iedereen zijn aanvaard als richtlijnen voor eigen acties. De eerste presentatie van het *Earth Charter* vond in juni 2000 plaats in Den Haag. Het *Earth Charter* grijpt aan bij de wereldproblemen die worden opgesomd in de *United Nations Millennium Declaration*.[90]

Kader 3. De 16 principes van het Earth Charter[91]

I.	Respect en zorg voor de wereldgemeenschap
	• Respecteer de Aarde en het leven in al zijn verscheidenheid.
	• Draag zorg voor alle levensvormen, met begrip, compassie en liefde.
	• Bouw democratische samenlevingen op die rechtvaardig zijn, waaraan iedereen kan deelnemen, en die duurzaam en vreedzaam zijn.
	• Stel de rijke schatten en de schoonheid van de Aarde veilig voor de huidige en toekomstige generaties.
II.	Ecologische Integriteit
	• Bescherm en herstel de ongeschonden staat van de ecologische systemen op Aarde, met speciale aandacht voor de biologische diversiteit en de natuurlijke processen die het leven in stand houden.
	• Voorkom schade – de beste vorm van milieubescherming – en hanteer een preventieve benadering wanneer de kennis beperkt is.
	• Pas patronen toe van productie, consumptie en reproductie, die de regenererende capaciteiten van de Aarde, de mensenrechten en het welzijn van gemeenschappen beschermen.
	• Bevorder de studie van duurzame ontwikkeling en bevorder de vrije uitwisseling en brede toepassing van verworven kennis.

---

90 In 2000 tekenden de 189 leden van de Verenigde Naties de Millenniumverklaring. In deze verklaring stelden de landen 8 concrete, meetbare Millenniumdoelen om armoede de wereld uit te helpen. Onder meer gelijke kansen voor meisjes en jongens in het onderwijs, meer middelen voor de strijd tegen hiv/aids, minder kinder- en moedersterfte en samen werken aan een duurzaam milieu werden als doelstellingen vooropgesteld.

91 www.earthcharter.nl, maart 2011

III. Sociale en economische rechtvaardigheid
- Maak een einde aan armoede. Het is een ethische, sociale en milieuverplichting.
- Zorg ervoor dat economische activiteiten en instellingen op ieder niveau op recht-vaardige en duurzame wijze menselijke ontwikkeling bevorderen.
- Bevestig dat gelijkheid en gelijkwaardigheid van vrouwen en mannen de eerste vereisten zijn voor duurzame ontwikkeling en zorg voor universele toegang tot onderwijs, gezondheidszorg en economische kansen. Houd het recht hoog van allen, zonder discriminatie, op een normale en sociale omgeving die steun geeft aan menselijke waardigheid, lichamelijke gezondheid en geestelijk welzijn, met speciale aandacht voor de rechten van inheemse volkeren en minderheden.

IV. Democratie, geweldloosheid en vrede
- Versterk democratische instellingen op alle niveaus, zorg voor transparant en verantwoordelijk bestuur, volledige deelname aan besluitvorming en toegang tot het recht.
- Integreer de kennis, waarden en vaardigheden die nodig zijn voor een duurzaam bestaan in het formele onderwijs en levenslange leerproces.
- Behandel alle levende wezens met respect en voorkomendheid.
- Bevorder een cultuur van tolerantie, geweldloosheid en vrede.

Op 5 september 2009 vergaderen de ministers van Financiën van de G20 – de Groep van rijkste landen – in Londen over twee totaal andere wereldproblemen: de kredietcrisis en klimaatverandering (zie ook bijlage 2. Wat één persoon kan doen). De schatkistbewaarders krijgen bij die gelegenheid een briefing, opgesteld door officials van prominente landen (welke, dat is onduidelijk), waarin de rijke landen te verstaan wordt gegeven dat ze tegen 2030 – twintig jaar vanaf nu – 'bereid moeten zijn om zo'n 100 miljard dollar per jaar beschikbaar te stellen voor de zich ontwikkelende landen, zodat die maatregelen kunnen treffen om klimaatverandering tegen te gaan'. Een internationale markt voor CO_2 emissierechten moet er aanvullend voor zorgen dat ook de private sector een steen bijdraagt.

De briefing wordt voor kennisgeving aangenomen. Erg enthousiast zijn de ministers niet. Ze hebben geen zin om goed geld naar kwaad geld te smijten. Anders gezegd: om de Chinese staatskas te spekken met geld van Amerikaanse en Europese belastingbetalers. In de Amerikaanse Senaat groeit het verzet.

Een paar weken later vindt in New York de UN *Climate Change Summit* plaats, ter voorbereiding van de belangrijke klimaatconferentie in Kopenhagen, december 2009. De Amerikaanse president Barack Obama zet op zijn wijze de toon: '*No nation, however large or small, wealthy or poor, can escape the impact of climate change. Rising sea levels threaten every coastline. More powerful storms and floods threaten every continent. More frequent drought and crop failures breed hunger and conflict in places where hunger and conflict already thrive. On shrinking islands, families are already being forced to flee their homes as climate refugees. The security and stability of each nation and all peoples – our profit, our health, our safety – are in jeopardy. And the time we have to reverse this tide is running out. And yet, we can reverse it. John F. Kennedy once observed that "Our problems are man-made, therefore they may be solved by man".'* [92]

Zijn zinnen dansen. Maar de muziek wordt gemaakt door conservatieve belangengroepen in zijn land. Verzetten zij zich eerst met als argument dat China niet bereid was om mee te doen. Nu China wél mee wil werken, zijn het de kredietcrisis en de opgebouwde schulden die de VS beletten om extra geld uit te trekken voor de strijd tegen klimaatverandering. De eigenlijke reden voor de politieke inertie ligt dieper. Consumenten, bedrijven en overheden in de VS vrezen voor hun in tientallen jaren zorgvuldig opgebouwde politieke systeem, waarbij verschillen in status en inkomen een belangrijke rol vervullen. De Amerikaanse econoom Paul Krugman stelt zijn conservatieve landgenoten gerust. 'Als we de klimaatverandering tegengaan met de daadkracht die deze bedreiging nodig heeft,' schrijft hij op 28 september 2009 in de New York Times, 'dan zal dat – in tegenstelling tot wat de meeste denken – niet destructief uitpakken voor de economie.' Maar het zal de economie wél anders ordenen, geeft hij toe, waardoor gevestigde belangen worden geschaad, zelfs al komt er nieuwe bedrijvigheid voor terug. De oppositie tegen Obama's plannen verklaart Krugman zo: 'Oude bedrijfstakken hebben legers lobbyisten in dienst. Nieuwe bedrijfstakken hebben die niet.'

Een andere gerespecteerde krant, de Financial Times, trekt het breder: mensen veranderen hun gedrag alleen als ze ervan overtuigd zijn dat de levensstijl van de 20% meest welvarende wereldburgers ook voor hen binnen handbereik blijft liggen.

Hoe dan ook, als de regeringsleiders van de G20 op 26 september 2009 in Pittsburgh de balans opmaken, valt er niets te vieren. De belangrijkste CO_2 uitstotende naties, China en de VS, staan als kemphanen tegenover elkaar en lijken niet erg bereid elkaar te ontzien. Drie maanden voor de Conferentie van Kopenhagen, die een opvolger voor het in 2012 aflopende Kyoto Verdrag moet opleveren, zit het internationale klimaatbeleid in het slop.

Het is de vraag of bedrijven, consumenten en overheden op regionaal niveau wél bereid zijn om offers te brengen voor het milieu[93]. Daar is immers sprake van een soortgelijke politieke constellatie, met beleidsmakers en beslissers die hun oren laten hangen naar de (vermeende) belangen van groepen kiezers en pressiegroepen louter oog hebben voor hun eigen kleine Wereld.

---

92 President Obama's *Remarks at U.N. Climate Change Summit, transcript, office of the press secretary*, The White House, Sept 22 2009.

93 In de VS zijn rechtzaken gestart tegen bedrijven. Analoog aan de strijd tegen de tabaksindustrie verwachten advocaten in de nabije toekomst miljardenclaims neer te kunnen leggen bij bedrijven. Bijvoorbeeld verzekeringsmaatschappijen (schade uitkeringen bij de orkaan Katrina was 40 mrd dollar) dienen claims in bij oliemaatschappijen, autofabrikanten en nutsbedrijven. Verzekeringsmaatschappijen luiden immers al meer dan 15 jaar de alarmbel inzake klimaatverandering. Artikel in het blad Ode, Jurriaan Kamp, Advocaten pakken het broeikasprobleem aan, nr 87, juni 2006, blz 26 t/m 33

3.6   Economie

Een duidelijk snelle stijging van de economische groei startte in 1820 met de Industriële Revolutie. In 180 jaar tijd verachtvoudigde het wereldinkomen per hoofd van de bevolking.[94] Zo'n welvaartsgroei kon slechts omdat economische bedrijvigheid op grote schaal fossiele brandstoffen (olie, aardgas, steenkool) en andere materialen (ijzererts, hout) aan de aarde onttrekt zonder deze te vernieuwen. Met andere woorden: de economie groeit ten koste van de ecologie en de samenleving. Bodemschatten worden geplunderd[95]. Niet alleen worden bodem, lucht en water verontreinigd maar ook onze gezondheid en ecosystemen worden aangetast. Mensen worden geëxploiteerd. Vanwege de negatieve effecten op de omgeving (het milieu) duiden we dit industriële systeem aan als 'destructief'[96]. De economie creëert welvaart, ten koste van het milieu, de gezondheid van mensen, leefbaarheid (kwaliteit van leven), veiligheid en (bio)diversiteit. Ten behoeve van de economie kan de mens echter niet eindeloos bodemschatten plunderen, het milieu vervuilen en winsten boven lonen laten gaan. Dat merken ook de *masters of the universe* – presidenten, leiders van grote ondernemingen en popsterren - die in januari 2008 traditiegetrouw naar het Zwitserse Davos afreizen voor het bijwonen van het *World Economic Forum*. De wereldelite is in 2008 minder zelfverzekerd dan in andere jaren. De bijeenkomst vindt plaats tegen de achtergrond van een dreigende economische crisis in de VS, kelderende beurskoersen, paniekerige ingrepen van centrale banken en een massale bankfraude. Het financieel-economische systeem lijkt eens te meer onbeheersbaar, alleen al vanwege de omvang en de wispelturigheid van de geldstromen. Dagelijks schuiven geld- en grondstoffenhandelaren miljarden euro's en dollars van hot naar her over de wereld. Ze kopen grondstoffen en valuta in die pas over een tijd geleverd worden, of die nu geleverd en pas later betaald worden. In de tussentijd lopen ze een prijsrisico waar ze zich op diezelfde *futures*markten tegen indekken (*hedging*), of dat ze bewust lopen om er winst mee te maken (speculatie). Technisch is het allemaal knap ingewikkeld, maar de essentie is simpel. De omvang en de richting van de geldstromen worden in belangrijke mate bepaald door psychologische factoren, met name: angst en hebzucht. De reële (echte) economie blijft niet onberoerd door al dat geschuif met financiële middelen. Als de angst domineert, krijgen ondernemers en consumenten moeilijker krediet van de bank, of ze moeten daar meer voor betalen. Dat kan leiden tot substantieel minder kredieten. Zo'n *credit crunch* leidt gauw tot het inzakken van de hele economie, een stijging van de werkloosheid, een neerwaartse druk op de inkomens, et cetera.

En dat is niet alles. In de bijzalen van het *World Economic Forum* ziet de wereldelite zich geconfronteerd met nog veel meer onheil.[97] Voedsel en energie kosten steeds meer en concurreren met elkaar. Als je graan als biomassa verkoopt aan elektriciteitsboeren kun je

---

94   Charles van Marrewijk, oratie Economische groei en Agglomeratie, Erasmus Universiteit Rotterdam, 31 oktober 2003, blz. 6.

95   Ray Anderson, CEO van Interface, filmpje *"the way of the plunderer*, zie www.youtube.com, mei 2008

96   Lester Brown, Plan B 3.0, Norton & company, New York, 2007, blz. 14, '*The western economic model – the fossil fuel based, automobile-centered, throwaway economy – is not going to work for China…. it will not work for industrial countries either*'.

97   Gideon Rachman, *The battle for food, oil and water*, Financial Times 29 januari 2008.

het niet ook nog eens verkopen aan de voedingsmiddelenindustrie. Omdat biomassa door de hoge olieprijs (80% stijging in 2007) meer oplevert dan meel, dreigen er begin 2008 voedseltekorten. Het verminderde aanbod van graan veroorzaakt wereldwijd – alleen al in januari 2008! - 50% hogere prijzen. Met als gevolg rellen, ondermeer in Mexico. Voor het milieu is het ook slecht. Het stimuleert boeren op het Zuidelijk Halfrond bijvoorbeeld om nog meer regenwoud te kappen voor landbouwgrond, met alle gevolgen van dien.

Voorlopig wordt het er niet beter op. China alleen al is sinds 2001 goed voor 40% van de extra vraag naar olie. En de groeiverwachtingen voor de sterk opkomende landen China en India zijn van dien aard, dat dit percentage eerder hoger dan lager wordt.

En dan zijn er nog de dreigende tekorten aan water in grote delen van de wereld als gevolg van urbanisatie en industrialisatie. Het waterpeil in sommige rivieren daalt, terwijl het elders (West-Europa) door steeds intensere regenbuien juist stijgt. Volgens de topman van Dow Chemical, Andrew Liveris, 'is water de olie van de 21ste eeuw'[98]. De dreigende tekorten aan voedsel, olie en water hebben, zoals gezegd, ook weer invloed op elkaar. Dat maakt het beeld van de toekomst nogal grimmig.

Tekorten aan voedsel, olie en water zijn vrij primair. In het verleden hebben mensen elkaar voor minder de hersenen ingeslagen. Doemverhalen over te veel CO_2 in de lucht en andere milieuproblemen maken weinig indruk op mensen die honger en dorst lijden. Tekorten om in primaire levensbehoeften te voorzien, veroorzaakten conflicten in Dafur, massaprotesten in Indonesië (veroorzaakt door hogere prijzen voor sojabonen), West-China (een run op olijfolie), rantsoenen voor gas en benzine in Iran, stroomuitval in Argentinië, Zuid-Afrika en China. President Hugo Chávez van Venezuela verhoogde de melkprijs januari 2008 met 37% en dreigde met militaire interventie en nationalisatie van voedselproducenten als die niet meer landbouwproducten en voedingsmiddelen aan de overheid verkopen. De toenemende onvrede onder de bevolking blijft begin 2008 nog binnen de landsgrenzen, maar kan makkelijk leiden tot conflicten tussen landen.

Tekorten aan grondstoffen waren in de geschiedenis van de mensheid vaker een reden voor oorlog, uitbuiting en volkerenmoord. Als dergelijke *resource wars* het politieke toneel gaan bepalen, blijft van het streven naar een meer duurzame ontwikkeling van economie, ecologie en samenleving in internationaal verband weinig over. De *masters of the universe* zien vanuit hun fauteuils machteloos toe. Al dat overleg op topniveau haalt vooralsnog weinig uit. Tussen juli 2007, toen de eerste hedgefondsen omvielen, en juli 2008 zagen de grootste tien Europese banken € 400 mrd (400.000.000.000 euro) ofwel bijna de helft van hun waarde verdampen. De grootste tien banken in de VS werden € 636 mrd lichter. De Amsterdamse Effectenbeurs (AEX) leverde € 166 mrd in en de grootste honderd aandelenfondsen in Londen kelderden met € 822 mrd in waarde.

---

98 The Economist, august 30, 2008 www.seattlepi.com/local/opinion/article/ Industry-s-next-fear-Water-is-the-oil-of-the-1283591.php#ixzz1c3tQ7Urn

Getallen die met een gewoon hoofd nauwelijks te vatten zijn. Als iemand al ooit de regie had in de financiële wereld, dan heeft het er veel van weg dat hij die nu kwijt is.

Ruim een jaar later is de situatie al weer totaal anders. Banken kunnen goedkoop geld lenen bij de *lenders of last resort*, de centrale banken. Ze beschikken bovendien over relatief veel eigen vermogen. Het is dat bedrijven nog bezig zijn de door de kredietcrisis veroorzaakte wonden te likken, terwijl consumenten nog in een mineurstemming verkeren en nogal wat woningen en bedrijfspanden te koop staan.

De beurs vertrouwt erop dat het herstel nakend is. Eind september 2009 is 60% van de koersdaling sinds het dieptepunt in maart 2009 al weer goedgemaakt. Frankrijk en Duitsland hebben hun economieën weer op het groeipad getrokken, de VS en het UK nog niet. Helemaal teruggekeerd is de rust nog niet. Er wordt al weer gespeculeerd op de volgende crisis, ditmaal als gevolg van inflatie, veroorzaakt door de gigantische kredietruimte bij banken.

3.7   De aansturing

Veranderingen in de economie, het milieu en de maatschappij zijn het gevolg van op elkaar inwerkende krachten en individuele beslissingen. Een snelkookpan vol zelfrijzend bakmeel. Veranderingen zijn zelden of nooit éénduidig en lineair. Bijna altijd vinden ze, onder invloed van krachten en tegenkrachten, plaats in golfbewegingen. Geen mooie, afgeronde golven, maar brekende golven. De Franse filosoof Michel Foucault spreekt in dit verband van discontinuïteiten. Daar kun je als waarnemer achteraf een patroon of een trend in proberen te herkennen. Dat is dan de verandering op lange termijn, zoals geconstateerd door meneer of mevrouw X. Een subjectieve beleving.

Niemand weet hoe het ècht zit. 'Samenhang tussen alle optredende verschijnselen is zo complex dat je ervaart en weet dat je niet alle verschijnselen kunt waarnemen, laat staan verklaren,' schrijft Wim van Dinten in *Met gevoel voor realiteit*. We kunnen alleen maar proberen om patronen te herkennen, om vervolgens mee te buigen. *Go with the flow*. Van Dinten: 'Als je probeert ze te beëindigen en een andere toestand schept om zo'n ordening ongedaan te maken, zul je voortdurend moeten blijven interveniëren. Anders komt het verschijnsel of het patroon gewoon terug. Je ervaart dat heel duidelijk als je bijvoorbeeld een tuin aanlegt en die moet onderhouden om het door jou gewenste model na te streven. Want dat willen we graag: de omgeving inrichten naar onze eigen ideeën, die we als concept of model al construerend willen opleggen.'[99]

Managers worden geacht wél grip te hebben op hun omgeving. Daar worden ze immers voor betaald. In de praktijk hebben ze echter nauwelijks vat op de werkelijkheid. Maar in plaats van te erkennen dat ze het ook niet weten, houden de meeste managers de schijn op door vooral héél veel te vergaderen. Zóveel, dat menig manager geen tijd en energie meer over

---

99   Wim van Dinten, Met gevoel voor realiteit, Eburon Delft, 2006, blz. 621 en 622.

heeft voor daadkrachtige besluiten. 'Daarom zijn de bijbehorende veranderingsprocessen vaak rommelvertoningen, bricolages, *patchwork*, surrealistische taferelen,' concludeert Mathieu Weggeman in *Leiding geven aan professionals? Niet doen!*.[100] Zijn analyse heeft betrekking op bedrijven, maar is met een beetje fantasie ook van toepassing op de politiek en de overheidsbureaucratie. Weggeman: 'De manager doet maar wat. Hij rotzooit maar wat aan alsof hij Karel Appel is. Veranderingsmotieven worden er met de haren bijgesleept, rationele argumenten zijn ver te zoeken en medewerkers kunnen er dus geen touw aan vastknopen. Dat leidt bijgevolg tot veel onproductief gepraat, vooral onder de juniorprofessionals die nog niet geleerd hebben hoe je, ongeacht de toevallige structuur boven je, op de vloer gewoon je werk kunt blijven doen.'

Is de werkelijkheid te sturen?
Niet ingrijpen is geen optie voor managers en evenmin voor politici. Politici (bestuurders) willen scoren. Ze morrelen aan systemen en hopen dat er een ontwikkeling uit de bus komt die zij als hún verdienste kunnen claimen. Ze focussen zich zo op hun eigen politieke activiteiten dat ze geen oog hebben voor spontane niet-politieke processen: de door niemand georganiseerde activiteit van miljoenen mensen, bedrijven en instellingen.

Ontwikkelingen worden voor een deel gepland en ontstaan voor een deel spontaan. Hoe die verhouding precies is, weet niemand. Het maakt ook niet uit. Waar het hier om gaat, is dat actie reactie uitlokt. Alles is dynamisch verbonden met alles. Verander je iets aan of in een systeem, dan veroorzaak je al gauw een kettingreactie, waarvan je een groot deel niet ziet en niet kunt voorzien, omdat de werkelijkheid te complex is om alle verbanden te kunnen vatten. Tussen de diverse (delen van) (sub)systemen bestaan op hetzelfde moment tal van wederkerige relaties, die allemaal op hetzelfde moment een gigantische hoeveelheid informatie opleveren. Grijp je ergens in, dan werkt dat door in de overige delen van het systeem. Maar hoe en waar precies, dat weet op voorhand niemand. Als je eenmaal begint met interveniëren, dan blijf je interveniëren.

Uit geraadpleegde literatuur en ervaren praktijk blijkt steeds hoe moeilijk systemen in een politiek, economisch en/of maatschappelijk gewenste richting te veranderen zijn. Vrijwel altijd roept interventie in systemen onverwachte effecten en reacties op, waardoor niet zelden het tegendeel wordt bereikt van wat politici en andere beleidsmakers beogen. Volgens Donella Meadows kunnen we op z'n hoogst wat dansen met systemen. 'Zelforganiserende, niet-lineaire feedback systemen zijn inherent onvoorspelbaar,' aldus Meadows in een op Internet gepubliceerde tekst.[101]

---

100 Mathieu Weggeman, Leidinggeven aan professionals? Niet doen!, Scriptum Management, 2007, blz. 68 / 69.
101 Donella Meadows, *Dancing with Sysyems*. Versies van dit artikel verschenen in *Whole Earth* (winter 2001) en *The Systems Thinker*, deel 13, nr. 2, maart 2002.

Alles is bezig zich te ontwikkelen, te worden. Mensen, dieren, planten, alles is in beweging. Niets blijft voor altijd hetzelfde. Alles kan anders zijn. Dát is de natuurlijke dynamiek. Levende organismen passen zich voortdurend aan zodra de omstandigheden zich wijzigen. Wijze mensen zijn zich ervan bewust dat alles van twee of meer kanten kan worden bekeken en waken voor absolute uitspraken. In de economie bijvoorbeeld heeft álles twee kanten. Een stijging van de lonen is aan de ene kant een kostenstijging voor de werkgevers die het extra loon moeten uitbetalen, maar leidt aan de andere kant ook tot extra vraag naar goederen en diensten. Op soortgelijke wijze kun je niet zeggen dat een toename van de hoeveelheid CO_2 in de atmosfeer per definitie slecht is. Het hangt er maar vanaf hoe je hier tegenaan kijkt. Voor de plantengroei is het bijvoorbeeld juist erg goed. Die wordt erdoor gestimuleerd. Méér groen neemt méér CO_2 op. De natuur (inclusief de mens) corrigeert op die manier z'n eigen handelen. Meer CO_2 leidt tot meer groen en dat leidt weer tot meer O_2 (Oxygenium, ofwel zuurstof), waardoor de scheve verhouding tussen CO_2 en O_2 weer wordt rechtgetrokken. In de ecologie, de economie, de energievoorziening en de ethiek is voortdurend sprake van evenwichtige situaties die verstoord zijn of worden, van spanning, aanpassing of escalatie, van aantrekken, afstoten en weer aantrekken.

Planten passen zich ook aan. Elke individuele plant heeft een eigen, unieke genenset. Door deze genetische variatie binnen een populatie kan een soort zich aanpassen aan de veranderende omstandigheden. Dit gaat overeenkomstig het aloude, door Darwin beschreven, mechanisme van de 'survival of the fittest'. Sommige individuen produceren door hun genetische programmering in de nieuwe omstandigheden meer nakomelingen, andere individuen juist minder. De planten die zich het best aanpassen, overleven. Dit aanpassen aan zich wijzigende omstandigheden wordt aangeduid als 'adaptatie'.

Adaptatie houdt in dat na een aantal generaties de genetische opmaak van de populatie is veranderd. Voor beheerders van bossen, landerijen en natuurgebieden zou het natuurlijk mooi zijn als zij de genetische samenstelling van planten en bomen kunnen sturen. Beheerders hebben daar echter nog te weinig handvatten voor. Het klimaat kunnen ze immers niet sturen en ook de genetische samenstelling is moeilijk te beïnvloeden. Wél zouden ze nieuwe, aangepaste individuen in de populatie kunnen brengen, maar voor beheerders is het ondoenlijk om tevoren vast te stellen welke individuen dan ingebracht moeten worden.[102]

Wat voor planten geldt, gaat waarschijnlijk ook op voor dieren en mensen. En zelfs voor de systemen die voortvloeien uit menselijk gedrag. Wendbaarheid, aanpassingsvermogen en flexibiliteit zijn de belangrijkste ingrediënten voor een duurzame ontwikkeling van de op planeet Aarde samenlevende mensen, dieren en planten. Dezelfde vaardigheden hebben mensen ook nodig om het in de markteconomie te rooien. De natuur leert ons hoe wij ons als mens moeten aanpassen aan zich wijzigende omstandigheden. En de economie

---

102 Koen Kramer, Goed beheer kan kan aanpassingsvermogen van bossen beïnvloeden, Vakblad Natuur Bos Landschap, december 2004.

heeft soortgelijke lessen voor ons in petto. Wat voor de economie geldt, geldt ook voor de andere terreinen van duurzame ontwikkeling. De vele endogene en exogene variabelen, de voortdurend veranderende omgeving (context), de diversiteit aan oorspronkelijke en aangepaste intenties, van hoopvolle verwachtingen, dromen en angsten, leiden tot een systeem waar we nauwelijks invloed op hebben. Dat er tussen economie, natuur en samenleving ook nog vele wederzijdse dwarsverbanden bestaan, maakt het geheel nog ingewikkelder.

Behalve systemen zijn er netwerken. Het verschil tussen deze twee begrippen is, dat netwerken open zijn en systemen gesloten. Voor het overige lijken ze sterk op elkaar, met hun knooppunten en verbindingen. Als metafoor voor complexe open systemen (netwerken) beschrijven we de eigenschappen van de wortelstok ofwel het 'rizoom': een ondergronds wortelsysteem met complexe vertakkingen en verscheidene ingangen. Het rizoom, dat in alle richtingen wortel schiet, is een metafoor voor een opvatting van de werkelijkheid die niet of nauwelijks gestructureerd is. In deze ongestructureerde werkelijkheid blijf je alleen maar overeind als je snel reageert en wendbaar bent. Decentrale besluitvorming en ontwikkeling van onderop vervangen in deze 'Wereld van Verschil' in toenemende mate de oude *planning & control* cyclus bij overheden, bedrijven en instellingen.

Wortelstokken als metafoor
In hun boek 'Duizend Hoogvlakten' beschrijven de postmoderne filosofen Gilles Deleuze en Felix Guattari de wereld als een veelheid van systemen. Vanaf 'duizend' hoogvlakten krijgt de mens steeds een volkomen andere blik op de werkelijkheid. Duizend staat hier voor: een onbeperkt aantal. De diverse perspectieven zijn niet hiërarchisch geordend. Veelheid en veranderlijkheid zijn hier de kernbegrippen. Deleuze en Guattari vergelijken hun opvatting van de werkelijkheid met een 'wortelstok' ofwel 'rizoom': een ondergronds wortelsysteem met complexe vertakkingen en verscheidene ingangen. Het rizoom, dat in alle richtingen wortel schiet, is een metafoor voor een opvatting van de werkelijkheid die niet of nauwelijks gestructureerd is. Een mierenkolonie, de Amsterdamse grachten, niet hiërarchisch gestructureerde informatienetwerken, guerrilla acties, sociale bewegingen als beatniks en hippies zijn voorbeelden van rizomen. Zo'n rizoom kan verder aangroeien, vertakken en uitbreiden aan de oppervlakte, maar evengoed kunnen er ondergrondse samengroeiingen tot knollen en knoopjes ontstaan. Een ander kenmerk is dat elk willekeurig punt van een rizoom met een ander punt verbonden kan worden. Dit noemen Deleuze en Guattari 'het principe van verbinding en heterogeniteit'.[103]
De Europese Gedachte is een voorbeeld van een rizoom dat in het verlengde ligt van de regionale en de nationale vormgeving van politiek, openbaar bestuur en regionaal beleid. In de loop van een halve eeuw is de droom van vrede in een Verenigd Europa gefundeerd in internationale verdragen, de grondwetten van 27 landen en in de praktijk van richtlijnen en uitvoering van beleid door de Europese Commissie in Brussel. De essentie van de Europese

---

103 Roger Boonen, Irina, Jos, Ali en Mies, Interculturaliteit in maatschappij en school, Uitgeverij Garant, Antwerpen/ Apeldoorn, 2003, blz. 111.

Gedachte is dat landen en volken die een gemeenschappelijk economisch belang hebben, geen oorlog voeren met elkaar. Burgers, ondernemers en politici beseffen namelijk dat ze bij samenwerking allemaal meer te winnen hebben dan bij het beconcurreren van de naaste buren. In regio's, steden, dorpen, wijken en buurten speelt dit een zeker zo grote rol.

Deleuze, Guattari, Foucault en Derrida zijn niet meer onder ons en maken dus niet meer mee hoe het Internet het principe van verbinding en heterogeniteit op heel andere wijze nieuw leven heeft ingeblazen. Individuen creëren een gestileerde, verbeterde versie van zichzelf om vriendschappen uit te lokken. Een teken van succes.[104] In de 3 D games wereld leiden met name jongeren een tweede leven dat hen meer boeit dan hun offline leven. Gamers geven hun tweede leven zelf vorm en inhoud in de hoedanigheid van een 'avatar', een wezen dat je met een bedieningspaneel aanstuurt. Een technologisch hoogwaardige variant op de speelgoed cowboys en indianen, op Barbie en Ken en alle andere figuren die kinderen vijftig jaar geleden al tot avatar verhieven. Wél nieuw zijn de online games die jongeren uit de hele wereld *real time* tegen elkaar spelen. De afstand Nederland-China wordt verkleind tot de lengte en breedte van een beeldscherm. *Online gamers* gaan vaak zo sterk op in het spel, dat hun eerste en hun tweede leven samenvallen. Door de voortgang van de technische mogelijkheden begint de gesimuleerde wereld steeds meer te lijken op de echte wereld. Wie niet gelukkig is in de eerste wereld, kan z'n geluk zoeken in één van de vele gesimuleerde werelden. Nep voetbal is het zien vaak meer waard dan echt voetbal.

Euro Disney en de Efteling lijken ineens hopeloos ouderwets. Deze themaparken leveren hun bezoekers nog kant-en-klare concepten. Ze hoeven zich zelf niks te verbeelden, ze hoeven niet behendig te zijn, of snel. Jarenlang krijgen ze hetzelfde, sterk gereguleerde, nogal brave vermaak voorgeschoteld. Eens in de zoveel jaar komt er een attractie bij en die wordt vervolgens op soortgelijke wijze 'geconsumeerd'.
De razendsnelle opkomst van *online games* onderstreept eens te meer de constatering dat individuen niet meer klakkeloos alles pikken wat bedrijven en overheden hen voorschotelen, opdragen of afdwingen. Individuen willen zelf *in charge* zijn. Zij willen zelf kiezen met wie ze informatie uitwisselen, wie ze toegang verschaffen tot hun muziekbibliotheek en andere data, met wie ze online of offline zaken doen, tot welke *communities* ze willen behoren en welke games zij met wie spelen. Van hieruit kan een trend de toekomst in getrokken worden. Verbinding en heterogeniteit zijn, zoals gezegd twee basisprincipes voor deze nieuwe wereld, die vergeleken wordt met een rizoom (wortelstok).
Gilles Deleuze en Félix Guattari gebruikten de term 'rizoom' aanvankelijk om een theorie te formuleren over en onderzoek te doen naar de voorstelling en interpretatie van data. Maar gaandeweg kreeg de metafoor van de wortelstok steeds meer betekenissen. Zo associëren Deleuze en Guattari het rizoom met verscheidenheid (*multiplicity*), dat weer een hele filosofische wereld op zich is. Wat in elk geval duidelijk uit hun boek *Duizend hoogvlaktes*

---

104 Wagner James Au, *The Making of Second Life, Notes from the New World*, HarperCollins, New York, 2008, Preface, blz. X t/m XXII.

naar voren komt, is dat het rizoom een totaal andere structuur heeft dan de wortels van een boom. Het rizoom is op het eerste oog chaotisch, de boom heel gestructureerd. Maar het rizoom is flexibel en veerkrachtig. Je kunt een veld met zevenblad een paar keer omspitten en er flink wat onkruidverdelgers op loslaten. Vergeefse moeite. Als het er eenmaal is, krijg je het nooit meer weg. Er blijven altijd – zelfs na de meest intensieve spit- en schoffel sessies wortelresten in de grond achter, die zich onder de grond weer met elkaar verbinden en in de *rebound* scoren. Verbinding, heterogeniteit, verscheidenheid, hardnekkigheid (volhouden, steeds weer uit verloren positie terugkomen), onhandelbaarheid (ongrijpbaar, niet te vangen in modellen en organisatiestructuren). Dat zijn niet alleen de principes die terreurgroepen en guerillastrijders hanteren. Het zijn tegelijkertijd ook de principes die tot duurzame ontwikkeling leiden.

Dezelfde principes vormen de grondslag voor sociale websites als Facebook, Hyves, YouTube en LinkedIn. Dergelijke populaire websites stellen individuen in staat om een opgepimpte versie van zichzelf te presenteren en contact te zoeken met andere *imagebuilders*. Elke verbinding die een individu legt, elke blog waarop gereageerd wordt, opent een nieuw netwerk. Hoe meer verbindingen iemand weet te leggen, hoe meer netwerken voor hem of haar toegankelijk worden. Je moet er wel wat voor doen, maar in principe zijn de contacten van jouw contacten ook toegankelijk voor jou en jouw contacten voor die van de ander. Met elk nieuw contact groeit jouw potentiële netwerk met een veelvoud. De voedingsbodem voor deze personificatie van het internet ligt in de jaren tachtig van de vorige eeuw. Een opvallende, al wat oudere presentatiesite is TED.com.
TED is een kleine, niet commerciële organisatie die ideeën voor het voetlicht brengt die het volgens de redactie van TED waard zijn om verspreid te worden. TED startte in 1984 als een conferentie waar mensen uit drie werelden werden samengebracht: *Technology, Entertainment & Design*. Sindsdien is de *scope* steeds breder geworden. Surf maar eens rond op *www.ted.com*. Je komt bijna om in de namen. Namen van mensen – beroemdheden, anonymi, professionals, amateurs, alles en iedereen door elkaar – die druk doende zijn om zichzelf te promoten[105]. Iedereen die zich etaleert is een potentiële relatie. Iemand waarmee je iets op kunt zetten. Iemand dichtbij, of ver weg.

De individuele *citizen* is de enige, resterende tegenkracht voor de grote bedrijven en organisaties die een substantieel deel van de wereld controleren en manipuleren. Het individu lijkt klein, maar heeft de potentie om zich te verbinden met anderen en met hen een rizoom te vormen. Het individu, als onderdeel van een menigte (veel mensen), bepaalt wat en hoeveel er geconsumeerd en geïnvesteerd wordt. Het individu, als onderdeel van een menigte, bepaalt hoe het land wordt bebouwd. Het individu bepaalt tot welke organisatie het zichzelf rekent, of een aangeboden kans of herkansing wordt aangegrepen of niet. Het individu bepaalt met andere individuen welke spelregels er gehanteerd worden en welke besluitvormingsprocedures

---

105 In relatie met dit proefschrift zie Sir Ken Robinson over creativiteit, Amory Lovins over *"Winning the oil endgame"* en Janine Benyus over *Biomimicry* op de genoemde site van www.ted.com, augustus 2009

er toegepast worden. Het individu bepaalt met andere individuen hoe de samenleving zich ontwikkelt, hoeveel ruimte er overblijft voor de vrije natuur en hoeveel natuur gecultiveerd is. Dit laatste wil overigens níet zeggen dat de natuur aan kracht ingeboet heeft en nu ook aan de leiband van de mens loopt. Natuurverschijnselen als vulkaanuitbarstingen, tornado's, aardbevingen en overstromingen gaan de kracht van het individu en de groep ver te boven. De natuur compenseert tot op zekere hoogte zelfs destructief menselijk gedrag. Of dergelijk compenserend gedrag van dode materie volstaat om nijpende problemen tegen te gaan, dat is zeer de vraag. Het ligt er ook aan welke tijdshorizon en maatstaven je neemt. Uitgesloten is het in elk geval niet.

In dit proefschrift gaan wij er, net als Deleuze en Guattari, vanuit dat er niet één alles omvattende (totalitaire) visie op de werkelijkheid is. Iedereen heeft z'n eigen kijk op de werkelijkheid en helpt, vanuit dat persoonlijke perspectief, mee die werkelijkheid vorm te geven. De toekomst is de resultante van al die individuele acties.

3.8   Overheidsbeleid en duurzame ontwikkeling

De keuze voor duurzame ontwikkeling als kader voor beleid betekent dat een vraagstuk op meerdere dimensie geanalyseerd wordt. De drie P's van *people, profit* en *planet* bieden bijvoorbeeld een bepaalde structuur om dit te doen. Het overheersende perspectief is echter dat de economie, de samenleving en natuur / milieu gescheiden domeinen zijn. Ieder domein kan onbeperkt groeien onafhankelijk van de andere twee domeinen. Alleen het beperkter aangehangen perspectief waarbij de economie functioneert binnen de samenleving en die weer binnen de ecologie leidt echter tot een duurzame ontwikkeling.

Figuur 2. Twee beelden. Beeld 1 toont een oneindige economische groei. Beeld 2 laat zien dat groei kan, mits deze dienstbaar is aan de samenleving en passend bij de beschikbare voorraden, de snelheid van de kringlopen en de eindige draagcapaciteit van de aarde.

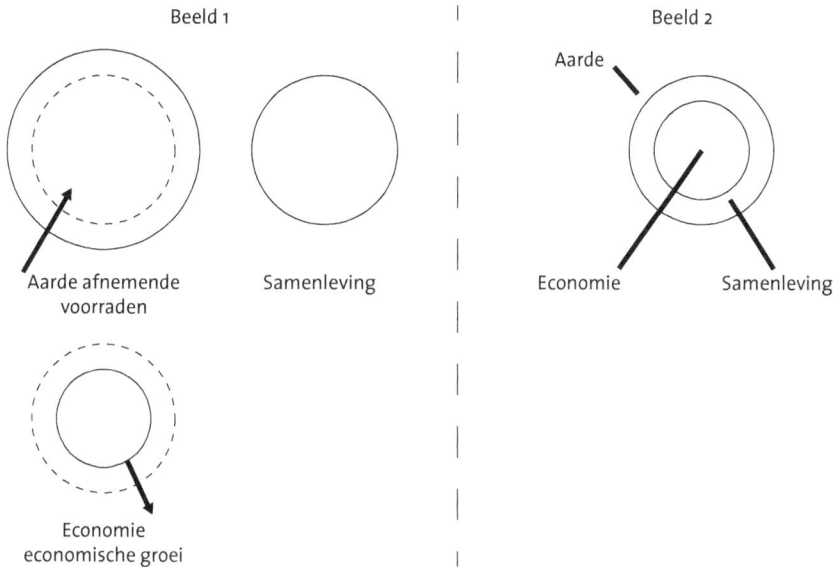

Het meeste overheidsbeleid gaat overwegend over één sector. Als er een analyse van de context gemaakt wordt dan is dat meestal van één soms twee dimensies. Er is daarbij een primaat van de economie en economische analyses overheersen. Eenzijdige analyses leiden vaak tot beleid en een wijze van uitvoering die ten koste gaat van één of meerdere niet onderzochte dimensies.

Als gevolg van de kredietcrisis stokt de economische ontwikkeling en verliezen miljoenen mensen hun baan. De wereldbevolking groeit en komt in 2050 uit op meer dan negen miljard bewoners. De verdeling van welvaart is daarbij nog steeds stevig uit balans. 80% van de bevolking kan slechts over 20% van de middelen beschikken. Een grote groep mensen leeft (ver) onder het bestaansminimum. Tegelijkertijd laat de aarde zien dat er grenzen bereikt zijn en zelfs worden overschreden. Het leveren van (gratis) ecosysteemdiensten[106] zoals schone

---

106 Wikipedia over ecosysteemdiensten *"Humankind benefits from a multitude of resources and processes that are supplied by natural ecosystems. Collectively, these benefits are known as ecosystem services and include products like clean drinking water and processes such as the decomposition of wastes. While scientists and environmentalists have discussed ecosystem services for decades, these services were popularized and their definitions formalized by the United Nations 2004 Millennium Ecosystem Assessment (MA), a four-year study involving more than 1,300 scientists worldwide. This grouped ecosystem services into four broad categories: provisioning, such as the production of food and water; regulating, such as the control of climate and disease; supporting, such as nutrient cycles and crop pollination; and cultural, such as spiritual and recreational benefits*, Wikipedia, Internet, maart 2010

lucht, goede kwaliteit drinkwater is niet meer vanzelfsprekend. Onze huidige manier van leven, werken, recreëren is niet duurzaam. Een aantal van onze economische activiteiten lijkt zelfs tot een steeds sterkere niet duurzame handelwijze te leiden en tot onherstelbare vernietiging van bepaalde ecosystemen.

De ruimte voor een regionale overheid om een bepaalde richting op te gaan, lijkt beperkt en sterk afhankelijk van de context. Veranderingen hebben draagvlak nodig. Maar zoals we zullen zien in dit werkstuk, er zijn legio mogelijkheden voor regionale overheden om draagvlak te creëren, mensen en organisaties te mobiliseren en te stimuleren om de gewenste richting in te bewegen.

Kader 4. Ruimte voor de rivieren en Win-win

In de uiterwaarden van de Waal bij Nijmegen ligt de Millingerwaard, een gebied van 700 ha. Machines graven er rivierklei af tot op het niveau van de oorspronkelijke zanderige rivierbedding. Van deze klei worden bakstenen gebakken in een nabij gelegen fabriek. Galloway runderen, Konik paarden, bevers, herten bevolken het gebied en voorkomen op natuurlijke wijze dat er een ondoordringbaar woud groeit in de vruchtbare aarde. Het WNF heeft het gebied, dat jaarlijks 150.000 bezoekers trekt, uitgeroepen tot natuurontwikkelingsgebied 'par excellence'. De rivier bergt overtollig water bij extreme regenval en zo worden overstromingen voorkomen.

Dat is niet altijd zo geweest. Het gebied tussen dijk en rivierbedding, de uiterwaarde, was landbouwterrein. De boeren hadden veel last van overstromingen, ondanks het steeds weer verhogen van de dijk.

In de jaren negentig van de vorige eeuw veranderde de visie op watermanagement. *Ruimte voor rivieren* is de noemer waaronder Nederland besloot mee te buigen met de natuur, in plaats van haar in een keurslijf te drukken. Een keurslijf van strakke, steeds hoger wordende dijken in dit geval, die toch steeds weer braken of overspoeld werden. Water moet kunnen stromen, bloemen bloeien, paarden rennen en mensen willen droog wonen en werken.

In Millingerwaard kocht de fabrikant in bakstenen het land van de boeren. Hij verwijdert het aangeslibte klei en verwerkt het. Nadat het hele terrein is afgegraven, zal hij het voor een zachte prijs verkopen aan een natuurorganisatie.

Millingerwaard is een voorbeeld van duurzame ontwikkeling: de natuur heeft ruimte zich te ontwikkelen en soorten komen terug. De boeren zijn gecompenseerd voor het verlies van hun land. De bakstenenfabrikant heeft grondstof. De natuurliefhebber kan zijn hart ophalen. We hebben berging voor overtollig water bij zware regenval. Deze oplossing, waarbij alle partijen gebaat zijn, is geïnitieerd en gefaciliteerd door de overheid. Het kan dus. Andere gebieden, zoals Slot Loevestijn, ook aan de Waal, volgen het voorbeeld.

3.9 Democratie

Op 17 december 2010 stak de 26-jarige Tunesische fruitverkoper Mohammed Bouazizi zichzelf in brand nadat een politieagente zijn weegschaal vorderde en hem, toen hij protesteerde, ook nog in het gezicht sloeg. Zijn protest bij een hogere autoriteit haalde niets uit. Hij voelde zich zo vernederd, dat hij de hand aan zichzelf sloeg. Het ultieme machtsmiddel van de machtloze. Een verzetsdaad die grote gevolgen had. Bouazizi drukte met zijn actie uit dat hij er niet meer tegen kon om als oud vuil behandeld te worden. Hij verlangde respect en waardigheid, maar kreeg in plaats daarvan slaag. 'Als niemand naar mij luistert, dan steek ik mezelf in brand,' waren zijn laatste woorden. En hij voegde de daad bij het woord. Omstanders balden hun vuisten. Ze voelden zich even machteloos als hij. Als individu wel te verstaan, want als menigte kneedden de Tunesiërs alle opgekropte woede tot een machtig wapen: openlijk protest en verzet. Militairen sloegen het bevel in de wind om op hun landgenoten te schieten en kozen de zijde van het verzet, waarop de nationale potentaat Ben Ali ijlings de wijk nam naar Saoedie Arabië.

Van Tunesië sloeg de vlam van het verzet over naar Egypte, Libië, Bahrein, Jemen, Syrië. De hele regio stond binnen de kortste keren in vuur en vlam. Tot in Zimbabwe waren de politieke aardschokken merkbaar. Studenten die via het internet het Arabische persbureau Al Jazeera raadpleegden voor het laatste nieuws over het Noord-Afrikaanse oproer werden stante pede gearresteerd. Het verhaal van Mohammed Bouazizi toont eens te meer aan dat zelfs de meest nietige, bescheiden burger verschil kan maken in de geschiedenis van de mensheid. Bouazizi veranderde niet alleen zijn geboorteland Tunesië. Hij veranderde de hele wereld. De houding van Amerikanen en Europeanen ten opzichte van moslims kantelde 180 graden. Plotseling bleken zij niet alleen het kwade in de mens te vertegenwoordigen, maar ook het goede. Ook Moslims bleken te verlangen naar vrijheid en democratie.

Democratie als bestuursvorm
Democratie. Een woord dat geworteld is in de klassieke oudheid en een dubbele betekenis heeft. Aan de ene kant is het een bestuursvorm die gebaseerd is op bepaalde waarden, regels en principes. Aan de andere kant is het veel méér dan dat: een manier van leven. Democratie als bestuursvorm is een proces dat op verschillende niveaus in de samenleving is terug te vinden en dat zich voltrekt langs dezelfde herkenbare lijnen. Op landelijk niveau is het een proces waarbij de volwassen burgers in een land het recht krijgen om een volksvertegenwoordiging te kiezen, die op haar beurt een regering samenstelt en controleert, regel- en wetgeving autoriseert en entameert, dit alles ingewachteld in procedures en gebruiken die verankerd zijn in de Grondwet van het betreffende land. Een heel belangrijk kenmerk van zo'n representatieve democratie is, dat besluiten pas rechtsgeldig zijn als die kunnen rekenen op minimaal de helft van het aantal aanwezige volksvertegenwoordigers plus één. Er moet, met andere woorden, sprake zijn van een parlementaire meerderheid. Om te voorkomen dat het systeem wordt misbruikt door subversieve bewegingen en kwaadwillende potentaten in de dop, zijn waarborgen ingebouwd. Zo is voor bepaalde belangrijke besluiten, zoals een verandering van de Grondwet in Nederland ondermeer, een twee derde meerderheid

vereist en dient ook de Senaat - een college van wijze, ervaren politici – z'n goedkeuring te geven. De opvatting van democratie als bestuursvorm heeft een ontwikkeling doorgemaakt die zo'n 2.600 jaar geleden begon in het gebied waar nu de landen Iran, Syrië en Irak liggen, met een vertegenwoordiging van mannen met aanzien en inkomen in een 'Assemblee' (samenkomst, vergadering), waar door middel van het opsteken van handen bij meerderheid over gemeenschappelijke zaken werd beslist. Deze methode van besluitvorming werd door de klassieke Grieken aangeduid als democratie, een samenvoeging van de woorden δῆμος (dèmos), 'volk' en κρατέω (krateo), 'heersen, regeren'. Letterlijk gaat het hier om een 'volksheerschappij', ook al was een groot deel van het volk (vrouwen, slaven) aanvankelijk verstoken van de drie rechten die de democratie als bestuursvorm funderen: Initiatiefrecht. Elke deelnemer moet vrij zijn om een initiatief te kunnen nemen en een wetsvoorstel of wetswijziging in te dienen.
Recht op spreken. Elke deelnemer moet in gelijke mate de kans hebben de andere deelnemers te informeren en met hen van gedachten te wisselen over het voorstel dat ter tafel ligt. Stemrecht. Elke deelnemer moet de gelegenheid hebben een stem over het voorstel te kunnen uitbrengen. Een overeengekomen meerderheid van de stemmen bepaalt of het voorstel al dan niet aangenomen wordt.

Na de val van het Romeinse Rijk dook de geschiedenis in een zwart gat van duizend jaar – de Middeleeuwen - waarin het recht van de sterkste gold en niet de democratie. Rond 1500 duiken de democratische beginselen weer op in Europa. Ze worden echter in een andere vorm gegoten, namelijk die van de eerder genoemde 'Representatieve Democratie'. Deze blijkt niet 100% *shock proof* te zijn. De representatieve democratie is vaak misbruikt door kwaadwillende lieden, die het zagen als een middel om macht te vergaren. Adolf Hitler was een schoolvoorbeeld van hoe je het ongenoegen en de opgebouwde woede (bijvoorbeeld als gevolg van slechte economische omstandigheden) van het volk kunt aanwenden voor eigen doeleinden. Ook na de Tweede Wereldoorlog duiken er in vrijwel elke democratie van tijd tot tijd individuele avonturiers op die – vaak onder het mom van vrijheid en zich afzettend tegen vreemdelingen – proberen om, al dan niet in coalitieverband met geestverwanten, de meerderheid in het parlement te verwerven. Een andere, wat minder fijnzinnige wijze om macht te verwerven is die van een staatsgreep. Beide vormen zijn op grote schaal toegepast. Lange tijd was de dictatuur meer regel dan uitzondering. Met als dieptepunt 1945, toen er wereldwijd maar twaalf functionerende democratieën werden geteld. In 1958 was dat aantal weer opgelopen tot 32. De terreur van de Nazi's had menige democratie lam gelegd. Die moesten als het ware opnieuw worden opgestart. Behalve voortgang was er, met name in de periode 1958-1975 ook veel terugval. Eén van Engelands' toonaangevende politieke schrijvers, John Keane, heeft tien jaar gewerkt aan een monumentaal werk over democratie: *The Life and Death of Democracy*. John Keane tekent daarin aan dat eenderde van de landen die in 1958 nog te boek stonden als functionerende democratie, midden jaren zeventig waren teruggevallen tot autoritaire staat. In 1962 werden volgens Keane – onder meer hoogleraar politicologie aan de

Universiteit van Sydney - 13 regeringen geteld die voortkwamen uit een staatsgreep. Midden jaren zeventig was het aantal dictaturen verdrievoudigd tot 38. Daar zaten landen bij, waarvan we ons niet meer kunnen voorstellen dat het nog niet zo lang geleden dictaturen waren. In november 1973 bijvoorbeeld werd Griekenland nog bestierd door een militaire junta onder leiding van Kolonel Papadopoulos. Portugal had in dat zelfde tijdsgewricht Marcello Caetano als dictator, Spanje had Generaal Franco en het toenmalige Joegoslavië had Tito. Midden jaren zeventig kwam er een einde aan hun heerschappij.[107] Je kunt zeggen dat dit de weg vrij maakte voor een Democratisch Europa en voor een duurzame ontwikkeling aldaar van de drie P's: *People, Planet* en *Profit*. Maar veel plausibeler is het omgekeerde: de kloof tussen Zuid-Europa en Noord-West Europa werd te groot. We doelen hierbij zowel op de economische als de culturele kloof.

In 1958 trad de Europese Economische Gemeenschap (EEG) in werking. Een voorloper van de EU. Eén van de zes oprichters, Italië, is het enige Zuid-Europese land dat in de periode 1958-1975 geen dictatuur had[108]. De EU en z'n voorganger, de EEG, streven naar het uitvlakken van inkomensverschillen door overheveling van inkomen van relatief rijke regio's (het toenmalige West-Duitsland en Nederland) naar relatief arme regio's (Zuid-Italië). Daar zit een filosofie achter. Naarmate de inkomensverschillen tussen naburige landen en regio's minder groot zijn, is er minder reden voor jaloezie, ruzie en oorlog. Bovendien werkt de overheveling van inkomens als een deeltjesversneller. Naarmate geld sneller van hand tot hand gaat, worden er ook sneller goederen en diensten geproduceerd en geleverd. De arme regio's besteden het door hen ontvangen geld ook weer grotendeels bij hun Europese broers en zusters. In zo'n relatief gesloten economie als die van de Europese Unie (EEG) zorgen bestedingsimpulsen voor meer werkgelegenheid en groei. Met als gevolg dat steeds meer landen zich aan wilden/willen sluiten bij de EU/EEG.

Behalve de economische factor was er, zoals gezegd, ook een culturele. De Jaren Zestig hadden als een tsunami de gevestigde orde in Noord-West Europa opgetild en weer neergesmeten. Vrijheid was het devies van krakers, bezetters van Maagdenhuizen, protestzangers en hippie's. Muziek was het communicatiemiddel bij uitstek voor jongeren. Muziek verbroederde. Als je de vakantie doorbracht in één van de zuidelijke Europese landen, dan had je aan een gitaar meer dan aan een volle portemonnee. De gitaar bracht autochtonen en allochtonen bij elkaar en bouwde gevarieerde netwerken. De plaatselijke jeugd leerde een andere wereld kennen. Een wereld waar zij ook meer en meer naar gingen verlangen. De Wereld van Vrijheid & Vertier.

Onder hetzelfde banier van de Vrijheid begonnen de VS een oorlog in Vietnam en een Koude Oorlog tegen dezelfde vijand: het Communisme in zijn vele gedaanten, met als gemeenschappelijk kenmerk de uniformering van de mens. Tegenover deze 'eendimensionale mens' plaatste het Westen vrijheid en de *Power to Differ*, de Wereld van Verschil & Variatie,

---

107 John Keane, The Life and Death of Democracy, blz. 654.
108 Frankrijk rekenen wij tot Noord-West Europa.

van Onderscheid & Authenticiteit. De vrijheid drong ook door in de economie. Tegenover de Planeconomie kwam het vrije marktmechanisme te staan. Tegenover de lange rijen voor levensmiddelenzaken in het Oostblok stelden de markteconomieën van Engeland, Frankrijk, Nederland, Duitsland en Zweden de *freedom to choose*, de vrijheid om te kiezen uit een gevarieerd en overvloedig aanbod, waarbij overigens wél enkele maatschappelijke randvoorwaarden in acht worden genomen. De besteedbare inkomens van huishoudens mogen bijvoorbeeld niet te ver uiteenlopen. Die mogen er wel zijn, maar ze moeten sporen met het rechtvaardigheidsgevoel van de fictieve doorsnee burger. Het laatst genoemde economische model had en heeft nog steeds het meeste succes. De P van *Profit* komt hier beter tot zijn recht en iets soortgelijks geldt voor de P's van *People* en *Planet*.

Democratie als way of life
Het kan niet dik genoeg onderstreept worden hoezeer een op vrijheid en gelijkwaardigheid steunende democratie een voorwaarde is voor duurzame ontwikkeling. De verdienste van Keane's Life and Death of Democracy is, dat het de dynamiek bloot legt, die maakt dat dit concept 2600 jaar na z'n ontstaan weer een nieuwe fase in gaat, althans volgens Keane. De fase van de *Monitory Democracy* noemt hij deze derde fase na de 'Assemblee Democratie' en de 'Representatieve Democratie'. Het bijvoeglijk naamwoord '*monitory*' is afgeleid van het Engelstalige zelfstandig naamwoord 'monitor', een controleapparaat, en het werkwoord 'to monitor': controleren, meekijken (meeluisteren) met, afluisteren, toezicht houden op. Stuk voor stuk woorden met een negatieve connotatie, die eerder refereren aan 1984 van George Orwell, binnenlandse veiligheidsdiensten en James Bond, dan aan democratie. Keane doelt op iets anders, namelijk op mensenrechten organisaties, *summits*, forums, de Autoriteit Financiële Markten, integriteit commissies, *citizenship*, parlementaire enquêtes, klokkenluiders, zwartboeken, blogs. Stuk voor stuk 'vinger-aan-de-pols bewegingen' en activiteiten die als doel of gevolg hebben: meer transparantie. Om die reden prefereren wij het begrip 'Transparante Democratie'. We zijn daarmee aangeland bij de tweede betekenis van Democratie, die van *A Way of Life*, een manier van leven die diametraal staat op de *Way of Life* die tirannen en dictators voor hun 'onderdanen' in petto hebben.
In 1978 verspreidde de Tsjechische schrijver Václav Havel een essay over wat gewone mensen kunnen bereiken als ze massaal in opstand komen tegen de leugens van een repressieve regering. '*Power of the powerless*' noemde hij die onvermoede kracht. Elf jaar later, in november 1989, was hij zelf de grote gangmaker van de Fluwelen Revolutie. Met zijn woorden, op schrift en in de lucht, toonde Havel aan dat ook hij de Kracht van de Machtlozen in zich had en wist te gebruiken. Het 'bastion van leugens' stortte in, het IJzeren Gordijn ging open.
'Vandaag de dag,' schrijft Havel in het voorwoord van *Small Acts of Resistance*, 'leven over de hele wereld miljoenen mensen in omstandigheden waar je niet van vermoedt dat er ooit iets in zal veranderen. Maar die mensen moeten eens terugdenken aan de opstanden die in 1989 in heel Oost-Europa plaatsvonden en die het resultaat waren van een serie individuele acties door gewone mensen die, bij elkaar opgeteld, verandering onvermijdelijk maakte.'

De voormalige satellietstaten van Rusland maken nu deel uit van de Europese Unie. Aan de Zuid-grens van Europa vinden anno 2011 soortgelijke opstanden plaats. Het Europese model van open grenzen, grootschalige overheveling van koopkracht, keuzevrijheid en *permissive consent* (besturen met een ruim mandaat om te handelen in de geest van alle burgers in de aangesloten landen) oefent een ongekende aantrekkingskracht uit op iedereen die er enigszins mee in aanraking komt.

Toch is het moeilijk om de charmes van de democratie te benoemen. Democratie overstijgt ons denkvermogen. Het overstijgt en omvat het leven. Mensen, dieren en planten gaan dood, de democratie als *Way of Life* is volgens de schatting van Keane al 2600 jaar oud en misschien nog wel meer. Het concept democratie is te vatten in de volgende zinnen, die als bloesembladeren uit *The Life and Death of Democracy* vallen:

1. Niet de baas spelen over anderen die niet over de middelen beschikken om tegenwicht te bieden;
2. Dictaturen dienen omver geworpen te worden;
3. Geen concentratie van ongecontroleerde macht;
4. Leven naar de regel dat niemand ergens de dienst uitmaakt;
5. De machtlozen kracht geven;
6. Zelfbestuur onder gelijkwaardigen;
7. De zwakken beschermen en de mensen sterker maken, overal en altijd, opdat ze het leven kunnen leiden dat ze willen en kunnen leiden;
8. Winnaars controleren en aan banden leggen, bijvoorbeeld door een tijdslimiet te stellen aan de ambtstermijn van een bestuurder. Verliezers prikkelen om terug te vechten en zichzelf te verbeteren, zodat de kloof tussen hen en de Winnaars wordt gedicht en in feite iedereen een winnaar wordt.

Dictatuur op de loer

Na een toename van het aantal functionerende democratieën van 12 naar 32 in de jaren 1945-1958 en een terugval in de periode 1958-1975 is de Democratie sinds 1989 weer bezig aan een indrukwekkende opmars. Toch moeten wij te allen tijde bedacht zijn op een come back van de firma Listen, Leugens en Bedrog, waarschuwt Naomi Wolf in *The End of America, A Citizen's Call to Action*. Hierin ontrafelt Wolf de ontwikkeling in de richting van een totalitaire staat en onderscheidt ze tien stappen, die dictators of *would be dictators* vrijwel altijd nemen als ze een open gemeenschap willen sluiten. Dat laatste wordt overigens steeds moeilijker. Nieuwe communicatiemiddelen als e-mail, Skype, Facebook en Twitter maken dat iedereen steeds sneller van alles op de hoogte is. Het Internet is een onuitputtelijke kennisbron. Die draagt er ook toe bij dat de machtlozen steeds krachtiger worden.

Dit neemt niet weg dat we op onze hoede moeten blijven voor patronen die wijzen op een ontwikkeling in de verkeerde richting. Naomi Wolf, maakt aannemelijk dat zo'n beweging in de richting van een dictatuur overal kan plaatsvinden. De tien stappen die dictators vrijwel altijd nemen op de weg naar de macht zijn:

1. mensen angst aanjagen door zich te beroepen op een externe en een interne bedreiging;
2. geheime gevangenissen inrichten;
3. een paramilitaire organisatie installeren;
4. gewone burgers in de gaten houden en zich laten legitimeren;
5. infiltreren in clubs en verenigingen;
6. arbitrair opsluiten en weer vrijlaten van burgers;
7. gericht mensen aanhouden en opsluiten;
8. de persvrijheid aan banden leggen;
9. kritiek aanmerken als spionage en verschil van mening als verraad;
10. de wet buiten werking stellen.

Duurzaam Milieu en Vrede

Een nieuwe uitdaging voor de democratie vormen de ecologische vraagstukken en problemen, zoals klimaatverandering, afnemende biodiversiteit, armoede in de wereld en de uitputting van voorraden fossiele brandstoffen. Wie behartigt in een democratie de belangen van de natuur, de mensheid en het nageslacht? Het gaat hier in het algemeen om grens- en generatie-overschrijdende vraagstukken, die een supra-nationale of globale aanpak vereisen. Het Europese model kan hier uitkomst bieden. De Europese Commissie kan namens de burgers met de vertegenwoordigers van andere landenblokken onderhandelen over te nemen maatregelen, streefcijfers en einddoelen, om die vervolgens door te vertalen naar regio's. De EU kan ook vormen van *monitoring* en *measurement* voorschrijven, zodat prestaties van regio's vergelijkbaar worden en *best practices* beschreven kunnen worden. De uitwerking hiervan is onderwerp voor verdere studie.

Voor representatieve democratie is *een frame* zoals de natiestaat vereist. Een begrip uit een grijs verleden. De grenzen van natiestaten kwamen steevast na oorlogen tot stand. Ze werden dwars door volken en leefgebieden getrokken en zorgen her en der voor rare uitstulpingen, zoals de provincie Limburg. De zee vormt een natuurlijke grens, maar over land zijn de grenzen tamelijk willekeurig geconstrueerd en daarmee onnatuurlijk. Net als op andere duurzame ontwikkelingsfronten gaat de trend ook hier in de richting van 'natuurlijk'. Het is misschien saai, maar ook hier hebben de architecten van de EU een huzarenstuk geleverd. Door de overkapping van Europa (exclusief buitenbeentjes als Noorwegen en Zwitserland) zijn volken en landschappen weer gerestaureerd. De Europese Commissie – het dagelijkse bestuur van de EU - is ook aanspreekbaar voor de richtlijnen die ze geeft en andere beleidsdaden, zij het achteraf. Ze is, zoals dat in jargon heet 'accountable' richting burgers en hun verkozen vertegenwoordigers. 'Democratie is geen synoniem voor staatsvorming,' schrijft John Keane in een essay getiteld: *Democracy in the 21st Century: Global Questions*. Wat het dan wel is, volgt twee A4'tjes verderop: 'Democratie, ondanks z'n vele vormen, is in essentie een politiek verschijnsel dat gebaseerd is op het principe dat "de mensen" de fundering vormen van de politieke autoriteit'. Wat dat betreft gaan we terug naar het diepste wezen van democratische sturing: de "echte", "diepe"of "participatieve" variant. Zelf direct deelnemen aan de besluitvorming, zoals de de Grieken 2.500 jaar geleden deden.

Hierom vragen de mensen in het Midden Oosten; zij willen zelf de fundering vormen van de politieke autoriteit. Mocht het de volkeren in het Midden Oosten lukken om een democratie te vestigen, dan is dat een belangrijke stap in de richting van duurzame vrede. Een fenomeen dat de wereld niet eerder kende. De Franse president Nicolas Sarkozy beseft dat wij op een kruispunt in de geschiedenis van de mensheid staan, als hij op 18 maart 2011militaire acties tegen de Libische dictator Kadhafi en diens volgelingen aankondigt die door de Arabische nieuwsdienst Al Jazeera woordelijk wordt weergegeven. Staande naast een immense Franse vlag breit het Franse staatshoofd op plechtstatige toon de volgende historische verklaring:

(...) 'Arabische landen besloten zichzelf te bevrijden uit de slavernij waarin zij te lang gevangen zaten. Deze revoluties hebben een enorme hoop gecreëerd in de harten van al diegenen die de Waarden van de Democratie en de Rechten van de Mens met elkaar delen. Maar het is niet zonder risico. De toekomst van deze Arabische mensen is van hen. Geconfronteerd met zoveel moeilijkheden en uitdagingen als zij zijn, verdienen zij onze hulp en steun. Sterker: het is onze plicht om hen te helpen.
'In Libië is een burgerbevolking in levensgevaar die berustend afwacht en die eigenlijk maar één ding nodig heeft: het recht om het lot in eigen hand te nemen. Het is onze plicht om hun van angst doortrokken roep om hulp te beantwoorden.
'De toekomst van Libië behoort toe aan de Libiërs. Wij willen niets vóór hén beslissen. Het gevecht dat zij voeren is hún gevecht. Als wij ingrijpen in Arabische landen, dan is dat niet om ons op te dringen aan het Libische Volk, maar om te appelleren aan een universeel, alles overstijgend, geweten dat wij zulke misdaden als daar begaan worden, niet kunnen en niet mogen tolereren.
'Vandaag grijpen wij, met een mandaat van de Veiligheidsraad van de Verenigde Naties, in Libië in, samen met onze Arabische partners. We doen dat om de Libische bevolking te beschermen tegen de dodelijke waanzin van een regime dat door het vermoorden en doden van eigen mensen elke legitimatie kwijt is. Wij grijpen in om het Libische volk in staat te stellen om het lot in eigen hand te nemen. Deze rechten kunnen het Volk niet onthouden worden door middel van terreur en geweldadigheid.
'Kolonel Kadhafi heeft nog tijd om het ergste te vermijden door alle eisen van de internationale gemeenschap zonder meer in te willigen. De deur van de diplomatie gaat pas weer open als de gevechten stoppen. We zijn volledig zeker van onze zaak, en ik zeg dat plechtstatig. Iedereen heeft zo zijn verantwoordelijkheden. Wij zagen ons gedwongen om een serieus besluit te nemen. Samen met onze Arabische partners, onze Europese partners en onze Noord-Amerikaanse partners heeft Frankrijk besloten om zijn rol in de geschiedenis te vervullen.'

3.10   Tussenconclusie

De context is niet alleen voor architectuur een bepalende factor. Als je de context niet kent, begrijp je niet wat er om je heen gebeurt, laat staan dat je een verandering kunt bewerkstelligen die meer dan per ongeluk in de gewenste richting is. Zelfs voor wie de context kent en begrijpt, is het niet eenvoudig om op de goede plaats en het goede moment in te grijpen. De context waarin we ons bevinden bestaat uit in elkaar grijpende en op elkaar reagerende systemen. De omgeving waarin we ons bevinden benaderen als een complex geheel van systemen, kan wel leiden tot inzichten, indien we zoals Jay Forrester aanbeveelt, 'Anders denken'. Dat houdt onder meer in:

1.   leren om structuren te zien in plaats van gebeurtenissen;
2.   denken in termen van veranderprocessen in plaats van '*snapshots*'.

Een van de benaderingen die in het huidige tijdsgewricht van toepassing is, is de wortelstok of rizoom metafoor van Gilles Deleuze en Felipe Guattari. Zij gaan uit van een netwerk – een open en *bottom-up* systeem - met ontelbare knopen, verbindingen en relaties dat onuitroeibaar steeds de kop boven de grond steekt. De mobiele telefoon, Internet en de sociale media zijn technieken die het rizoom versterken en in staat stellen nog meer verbindingen te leggen. Geestverwanten die geografisch mijlen van elkaar verwijderd zijn, vinden elkaar via de ether en kunnen veranderingen afdwingen, zoals begin 2011 overduidelijk bleek toen de bevolking van een groot aantal Arabische en Noord-Afrikaanse landen besloot dat ze genoeg had van haar autocratische heersers en verandering eiste.

Wie wil ingrijpen in dergelijke netwerken, zal zelf moeten participeren en voldoende 'klout' genereren om invloed te kunnen uitoefenen. De EU is hier een voorbeeld van: alle landen die voldoen aan bepaalde voorwaarden, zoals een democratisch bestel, kunnen toetreden, blijven een hoge mate van onafhankelijkheid behouden, maar committeren zich aan het gedachtengoed en daaraan gekoppelde richtlijnen. Het wortelstok systeem is niet het enige in de context die we pogen te begrijpen.

De huidige samenleving is een junk: verslaafd aan een vernietigende en dure drug genaamd fossiele brandstof, met alle gevolgen vandien. De maatschappij is gebouwd rondom de illusie van nooit oprakende energie. Zo zijn natuurlijke voorraden niet op de balans zijn gezet, terwijl de inkomsten in pecunia wel tellen. Voedsel en energie kosten steeds meer en concurreren met elkaar.

Het financiële systeem, gebaseerd op de gedachte *live now pay later,* dwingt bovendien tot economische groei, alleen al om aan renteverplichtingen te voldoen. Het systeem heeft een vliegwiel gecreëerd, dat niet meer te stoppen lijkt. Het leidde in 2008 tot de kredietcrisis en het zal tot nog meer crises aanleiding geven.

Dit alles begon in het Westen met de Industriële Revolutie en de ziekte breidt zich uit, naar landen in ontwikkeling. Het primaat van de economie, boven mens en natuur, heeft ertoe geleid dat ontwikkelingen ten koste gaan van natuur, de gezondheid van mensen, leefbaarheid, veiligheid en (bio)diversiteit.

De groei van de wereldbevolking en toenemende welvaart in andere delen van de wereld dan het Westen, leggen een nog grotere druk op het hele *life support system*, genaamd natuur. Tekorten aan voedsel, olie en water zijn vrij primair. In het verleden hebben mensen elkaar voor minder de hersenen ingeslagen.

De mens die in toenemend aantal, sneller, beter en meer wil, racet recht op de eigen ondergang af, zo lijkt het. De crises van de afgelopen jaren zijn dan slechts voorboden voor een apocalyps. De systemen zijn dusdanig complex en met elkaar verweven, dat topdown ingrijpen leidt tot een serie onvoorziene gebeurtenissen. De politiek heeft geen antwoord. Het geheel is onstuurbaar. Om met Donella Meadows te spreken: 'We kunnen enkel dansen met systemen.' De context, met andere woorden, levert zo bezien nogal destructieve impulsen, krachten die weg bewegen van duurzame ontwikkeling.

Zoals altijd het geval is, liggen de kansen ook daar waar de risico's zijn. Steeds meer mensen worden zich bewust van het vernietigende gedrag van de soort. Zij vinden elkaar over grote afstanden via het Internet. Ze vormen *communities*, zowel virtueel als fysiek en bouwen aan nieuwe allianties. Deze, open, netwerken verspreiden zich als de rizomen van Deleuze en Guattari over de wereld van verschil. Kernbegrippen voor deze ontwikkeling zijn: wendbaar, mobiel, slim. Decentrale besluitvorming, waarbij alle belanghebbenden betrokken zijn, decentrale energie opwek uit hernieuwbare en schone bronnen, ontwikkeling van onderop, zijn enkele antwoorden op weg naar een gezonde, veilige wereld. Want, *as a matter of fact*: energie is gratis!

De zon levert dagelijks vele malen meer kilowattuur dan de mens kan opmaken, iedere dag opnieuw. De energievoorziening kan zich analoog aan het Internet ontwikkelen. *Du moment* dat zonnepanelen of andere energietransformatoren, net zo goedkoop –of goedkoper- en goed worden als een pc op dit moment is, wordt het zelf opwekken (en terugleveren) van energie voor iedereen bereikbaar. Wanneer energieverbruik niets meer kost (ook niet in termen van vervuiling), kunnen de opkomende landen, maar ook de nu nog hele arme landen, veel gemakkelijker naar welvaart reiken en de Westerse wereld kan haar welvaartspeil behouden. Hier biedt technologie dus een uitkomst. Een technologie die tevens gedragsverandering teweeg brengt. Internet heeft ertoe geleid dat het gezegde 'Kennis is macht' niet langer opgaat en vervangen wordt door 'Kennis delen is macht.' De mens leert dat samenwerken en delen in ieders belang zijn.

4.   Concepten voor regionale duurzame ontwikkeling

'As a starting point, it is useful to look at three basic ways in which concept and context may relate:

1. *Indifference, whereby the idea and its siting are superbly ignorant of one another – a kind of accidental collage in which both coexist but do not interact. Poetic juxtapositions or irresponsible impositions may result.*
2. *Reciprocity, whereby the architectural concept and its context interact closely with one another, in a complimentary way, so that they seem to merge seamlessly into a single continuous entity.*
3. *Conflict, whereby the architectural concept is strategically made to clash with its context, in a battle of opposites in which both protagonists may need to negotiate their own survival.*

These three strategies – indifference, reciprocity, and conflict – are all valid architectural approaches. Selecting the appropriate strategy for a given project is part of the concept.

Bernard Tschumi, Event-cities 3

Leeswijzer

In dit hoofdstuk passeren tal van concepten de revue die ingezet kunnen worden om duurzame ontwikkeling te realiseren. Concepten gericht op verandering van gedrag, van technologie en van besluitvorming. Concepten die in de afgelopen jaren mensen hebben geïnspireerd en hebben bijgedragen aan succesvolle veranderingen. Het zijn er zestien, maar het hadden er ook meer of minder kunnen zijn. In feite is het aantal concepten onbeperkt. Voortdurend borrelen er nieuwe, met elkaar samenhangende ideeën op in economie en gemeenschap die in elkaar gevlochten worden tot concepten. Deze nieuwe concepten zijn een verrijking voor dit hoofdstuk en maken deel uit van de kist met gereedschap voor het creëren van duurzame ontwikkeling.

Inleiding

Theorieën zijn meestal opgebouwd uit kleinere eenheden, die worden aangeduid als concepten. Een concept definiëren wij als 'de mentale voorstelling van een abstract, algemeen idee, of van een cluster van samenhangende ideeën'. Met behulp van concepten kunnen complexe verbanden worden gecommuniceerd. Duurzame ontwikkeling is een voorbeeld van zo'n concept. In dit hoofdstuk worden concepten genoemd en nader uitgewerkt die door regionale overheden kunnen worden gebruikt om een duurzame ontwikkeling te bevorderen. De concepten worden door ons ingedeeld in een drietal clusters:

1. gedragsverandering
2. verandering in technieken, technologieën en processen

3.   verandering in de wijze waarop besluiten worden genomen

Deze clusters vormen samen één dimensie van de tweedimensionale Allemaal Winnen Matrix. De andere dimensie wordt gevormd door de drie krachten die op de concepten inwerken en een transitie teweeg brengen: destructie, deconstructie en constructie. De drie krachten zorgen voor energie en dynamiek.

Criteria
Vooraf stellen we een zevental voorwaarden waaraan concepten moeten voldoen willen zij en de handelingen die eruit voortkomen bijdragen aan duurzame ontwikkeling[109]:

1.   Een concept mag niet leiden tot een groter verbruik van niet hernieuwbare energie-bronnen, zoals kolen, aardgas, aardolie of kernenergie, of van zware metalen, dan wel andere schaarse hulpstoffen die aan de aarde worden onttrokken en dus de aarde uitputten.

2.   Natuurlijke hulpmiddelen als schoon water, zuivere lucht en vruchtbare aarde mogen alleen maar worden gebruikt voor zo ver de natuur in staat is ze te reprodu-ceren;

3.   Concepten mogen niet leiden tot een hogere productie en/of verbruik van onna-tuurlijke materialen, zoals niet afbreekbare chemicaliën;

4.   Een concept leidt tot een integrale verbetering van de economische, ecologische, energetische en sociaal-culturele positie waarin een regio verkeert en mag niet ten koste gaan van een of meer van deze factoren;

5.   Concepten zoals hier bedoeld, inspireren mensen, bedrijven, instellingen en over-heden tot gedragsverandering die bijdraagt aan een meer duurzame ontwikkeling;

6.   Er zijn wetenschappelijke bewijzen of resultaten van experimenten die de promotie en toepassing van een bepaald concept rechtvaardigen;

7.   De concepten bevorderen dat mensen open en eerlijk met elkaar omgaan, kennis en kunde met elkaar delen en samenwerken.

Deze lijst met voorwaarden kan niet dogmatisch worden gebruikt. Duurzame ontwikkeling is en blijft een leerproces, het is een weg en geen doel. Af en toe zal een situatie ertoe leiden dat er concessies worden gedaan om volledige stagnatie van een proces te voorkomen of op om een later moment verder voortgang te kunnen maken. Het kan bijvoorbeeld op dit moment niet zo zijn dat windmolens en zonnepanelen niet langer worden toegestaan omdat ze nog materialen bevatten die aan de aarde zijn onttrokken. De zeven voorwaarden vormen een toetsingskader voor concepten die bijdragen aan het streven naar duurzame ontwikkeling. Niet méér en ook niet minder.

---

109 De vier systeemvoorwaarden voor duurzame ontwikkeling van De Natuurlijke Stap zijn in deze lijst opgenomen en aangevuld met additionele voorwaarden.

Fasen: destructie, deconstructie en constructie

Dit hoofdstuk bevat concepten, waarvan een regionale overheid, samen met andere betrokken partijen gebruik kan maken om systemisch (volgens de methode van het systeemdenken) toe te werken naar een duurzame ontwikkeling. Het doel is: van een economie die het milieu vernietigt (destructie) weer een economie te maken die over de hele linie waarde toevoegt, ook voor het milieu (constructie) en in sociaal menselijk opzicht. Systemen verander je niet zomaar in een gewenste richting. Elke interventie werkt namelijk door in tal van deelsystemen, hetgeen uiteindelijk vaak een ander resultaat oplevert dan aanvankelijk werd gedacht. Het hangt van de concrete situatie op een bepaald moment en in een bepaald krachtenveld (context) af, welk concept of welke combinatie van concepten het best gedijt. De in dit hoofdstuk behandelde concepten doorstaan toetsing aan de zeven voorwaarden. De meesten zijn in de afgelopen jaren door de auteurs bestudeerd en gebruikt in hun werk voor de provincie Noord-Brabant en andere opdrachtgevers. De belangstelling voor concepten verandert door de tijd. De meesten verdwijnen en worden opgevolgd door nieuwe. De concepten worden gebruikt om destructieve ontwikkelingen, gedragingen en gebeurtenissen in de economie, het milieu, de samenleving en de energievoorziening om te buigen in een meer constructieve, duurzame richting. De overgang van destructief naar constructief kan abrupt zijn, of geleidelijk plaatsvinden. In elk geval is er iets nodig om de gebeurtenissen van het ene spoor (dat van de destructie, de afbraak, de vernietiging) op het andere spoor (dat van de constructie, het bouwen, het creëren) te krijgen. Een wissel. Deze wissel duiden we aan als deconstructie. Deconstructie is zelf één van de vele concepten in dit hoofdstuk.

Systemen, structuren, processen en culturen hebben de natuurlijke neiging om te stabiliseren. Dat is de dood in de pot. Duurzame ontwikkeling is een proces van continue verandering, van continue aanpassing aan veranderende omstandigheden, technologische mogelijkheden, kansen, gedrag. Veel mensen zijn bang om te veranderen, bang voor de onzekerheden en de risico's. Ze kiezen voor veiligheid en zekerheid en sluiten zich af van de veranderingen om hen heen. Gebeurt dat op grote schaal, dan ontstaat een geordende maar inerte, conservatieve samenleving, die oude, destructieve gewoonten en gebruiken in stand houdt en onvoldoende oog heeft voor de eigen noden en die van de omringende wereld. Dit type samenleving is gedoemd te imploderen en ten onder te gaan aan de eigen vernietigingsdrang. Het tegendeel van duurzame ontwikkeling. Deconstructie gaat deze spontane tendens naar stabilisering tegen door hiërarchische verhoudingen open te breken en om te keren, door wanorde in ordeningen te brengen en op tal van andere manieren (zie § 4.3).

Elk concept doorloopt de drie fasen: destructie, deconstructie en constructie. Elk concept behoort bovendien tot één van de drie onderscheiden oplossingsclusters:
- gedragsverandering,
- nieuwe technieken, technologieën en processen,
- besluitvorming.

Zo ontstaat de volgende, nog lege matrix:

Figuur 1. Deze matrix laat horizontaal drie fasen zien waarin onze samenleving zich kan bevinden en verticaal drie clusters die van belang zijn om te komen tot oplossingen.

	Destructie	Deconstructie	Constructie
Gedrag			
Techniek			
Besluitvorming			

Deze matrix wordt successievelijk opgevuld met termen die de ontwikkeling van de diverse concepten typeren. Ontwikkelingen die de fases van destructie, deconstructie en constructie doorlopen. Bij elk concept worden ze meteen getypeerd. Is de matrix volledig ingevuld, dan kan met behulp van die matrix een taxatie worden gemaakt van de fase waarin een hele regionale samenleving zich op een bepaald moment bevindt, wat er moet gebeuren om diezelfde samenleving naar een hoger niveau van ontwikkeling te brengen en welke instrumenten daar het best voor kunnen worden ingezet. De *keywords*, die aan het begin van elke paragraaf van hoofdstuk 4 en 5 staan, komen terug in de Matrix.

De Matrix geeft weer hoe wij er tegen aan kijken. Het staat een ieder vrij om z'n eigen favoriete concepten te selecteren en z'n eigen matrix te construeren. Wij reiken slechts een methode aan om de diverse concepten met betrekking tot duurzame ontwikkeling te selecteren, te structureren en te activeren.

Steeds meer mensen voelen zich aangesproken door nieuwe ideeën – inspirerende concepten - over hoe de wereld in elkaar zit. Concepten die een groter verhaal vormen waarnaar je kunt leven, zoals het bestaan van God en hemel en hel, trekken hele volkstammen in een bepaald wereldbeeld. Op het moment dat het geloof wankelt, komt er een ander concept, een andere levensvisie. Paradigma's vormen de fundamenten van de systemen. Of meer beeldend: systemen zijn gefundeerd in paradigma's. Paradigma *shifts* kunnen snel plaatsvinden. 'Bij individuen kan het in een micro seconde gepiept zijn,' aldus Donella Meadows. 'Een click in het hoofd, meer is er niet nodig. Schellen die van ogen vallen, een nieuwe kijk op de werkelijkheid. En daar ga je!'[110] Voor een hele samenleving ligt dat een stuk moeilijker. De weerstand tegen verandering is daar diep ingebakken.

Duurzame ontwikkeling houdt meer in dan nieuwe denkwijzen, ook nieuwe bestuurlijke ideologieën, werkwijzen, methoden en technieken, waaronder Deconstructie (zie § 4.3) en concrete acties, zijn nodig.

---

110 Donella Meadows, *Thinking in Systems*, vertaling van de auteurs, blz 163/164.

De in dit hoofdstuk uitgewerkte concepten (zie overzicht 1) stellen personen èn organisaties in staat om (meer) structuur aan te brengen in activiteiten die moeten leiden tot een duurzame ontwikkeling. De Britse socioloog Anthony Giddens weet dit gelijk oplopen van individu en collectief als volgt te verbeelden: 'De samenleving heeft alleen maar vorm. Maar als er structuur zit of komt in wat individuele mensen doen, dan krijgt die samenleving ook inhoud.'[111]

Figuur 2.16 Concepten die bijdragen aan duurzame ontwikkeling met paragraaf nummering waar bespreking plaatsvindt

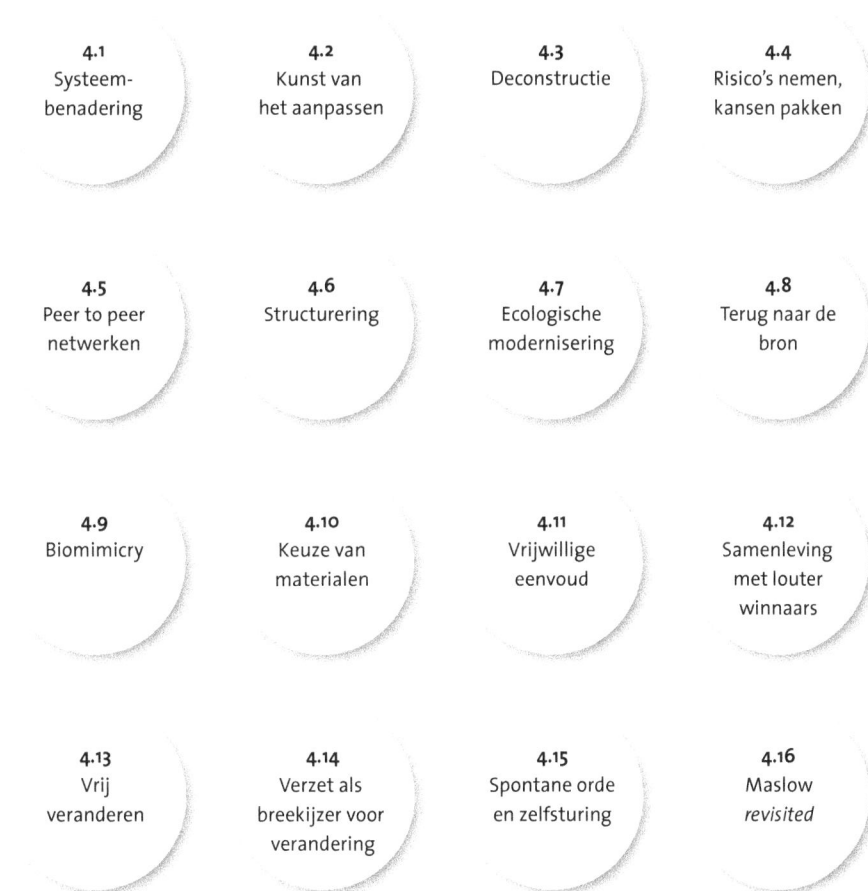

4.1 Systeem- benadering	4.2 Kunst van het aanpassen	4.3 Deconstructie	4.4 Risico's nemen, kansen pakken
4.5 Peer to peer netwerken	4.6 Structurering	4.7 Ecologische modernisering	4.8 Terug naar de bron
4.9 Biomimicry	4.10 Keuze van materialen	4.11 Vrijwillige eenvoud	4.12 Samenleving met louter winnaars
4.13 Vrij veranderen	4.14 Verzet als breekijzer voor verandering	4.15 Spontane orde en zelfsturing	4.16 Maslow *revisited*

---

111 Christopher Pierson, *Conversation with Anthony Giddens: making sense of modernity,* Stanford, California, 1998, blz. 77.

4.1   Systeembenadering

Berusting ➔ *Reframing*[112] ➔ Zelforganisatie[113]

Het woord systeem is via het Latijn ontleend aan het Griekse woord *sustèma*, dat 'organisch geheel' betekent. 'Een systeem,' aldus Bryan, Goodman en Schaveling in hun boek Systeemdenken, 'zet dingen samen neer, het brengt ze met elkaar in verband, het is de relatie en de onderlinge wisselwerking.'[114] In het vorige hoofdstuk, paragraaf 3.1. is de systeembenadering uitgebreid besproken. Juist omdat systemen zich zo moeilijk laten sturen, en de context waarin we ons bevinden bol staat van de systemen, die onderling ook nog relaties met elkaar aangaan, zoals economie en democratie, of energie en bevolkingsgroei en andersom en vice versa en gekruisd, over en weer, door elkaar heen, continue voortdurende interacties, beïnvloeding ook tussen macro, meso en micro niveau. Hoofdstuk 4 begint wederom met de systeembenadering, omdat het eerste concept in de matrix ontleend is aan die benadering: berusting > reframing (nieuw paradigma) > zelforganisatie.
Dit concept is van belang omdat, als we eenmaal door hebben dat verandering en aanpassing noodzakelijk zijn voor een duurzame ontwikkeling, we ook zien dat starheid, onverzettelijkheid en berusting er toe leiden dat mensen en organisaties steeds losser van de werkelijkheid komen te staan en uiteindelijk in een isolement belanden, volstrekt vervreemd van de omgeving. Wij merken dit aan als een ernstige vorm van sociale en/of economische destructie. De betreffende personen en/of organisaties moeten op de een of andere manier weer aansluiting zien te krijgen. Ze moeten een ander denkraam/inzicht/paradigma vinden of aangereikt krijgen om de werkelijkheid door te bekijken en ze moeten leren 'systeemdenken'. Van daaruit kan dan weer actief worden geparticipeerd, geëxperimenteerd en veranderingen als kansen worden geduid.

Als we dan toch gaan experimenteren, zorg dan ook voor diversiteit, zodat er iets te combineren valt. 'Laat duizend bloemen bloeien en alles kan gebeuren!' schampert Donella Meadows[115]. Meadows koppelt het concept van de duurzame ontwikkeling in feite aan het concept van de evolutie. Bij het tot stand brengen van een duurzame ontwikkeling gaat het er niet om dat iets eeuwig houdbaar (*sustainable*) en onveranderlijk moet zijn. Integendeel! Bij duurzame ontwikkeling draait alles om veranderbaar, flexibel en weerbaar zijn, om de kracht van het verschil, het maken van wonderlijke nieuwe combinaties, gedurfd experimenteren, innovatie, het bewandelen van schijnbaar ontoegankelijke wegen, zelf-organisatie van onderop, zonder ingewikkelde procedures en een woud aan formele regels, die alleen maar tot doel

---

112 *Reframing* = een nieuw framework maken, waarbinnen de omslag van statisch denken en jezelf overleveren aan
    systemen (berusting) naar dynamisch denken en zelforganisatie kan plaatsvinden. De omslag wordt als het ware
    uitgelokt door de nieuwe constellatie waarbinnen belanghebbenden geacht worden te opereren. Reframing is het
    aanmoedigen en stimuleren van veranderlijkheid, experimenten en diversiteit. Het is: Anders denken, de overgang
    naar een ander paradigma. Het kan de vorm aannemen van deconstructie, maar het is méér.
113 Paragraaf 3.1 en verder beginnen met een drietal opeenvolgende begrippen. Deze begrippen komen terug in de
    "Allemaal winnen matrix in paragraaf 5.5.
114 Bryan, Goodman & Schaveling, Systeemdenken, blz. 15.
115 Idem, blz 159 t/m 161.

hebben: zekerheid en controle. Er is geen zekerheid. Morgen kunnen we dood zijn. De onveranderlijke essentie van de duurzame ontwikkeling ligt besloten in de veranderbaarheid van alles. De vergankelijkheid nemen we op de koop toe. We moeten wel.

Dat klinkt mooi, maar wat doen we er in de praktijk mee? Bryan, Goodman en Schaveling hebben een zeven stappenplan ontwikkeld voor de toepassing van het systeemdenken in de praktijk. Dat ziet er als volgt uit[116]:

1. Vertel het verhaal en preciseer het vraagstuk. Wat is er écht gebeurd? Wat zijn de feiten? Verzamel verifieerbare gegevens die door de belanghebbenden worden geaccepteerd. Vermijd de schuldvraag.

2. Beschrijf het gedrag van het systeem in de loop der tijd in grafieken. Het in kaart brengen van het verloop van een variabele in de loop van de tijd dwingt je om naar veranderingen in de waarden van die variabele te kijken. Grafieken werken hier beter en sneller dan woorden. Je kunt alle delen in één oogopslag zien. Systemen werken ook zo. Diverse verbindingen worden op hetzelfde moment en ook nog vaak in verscheidene richtingen tegelijk gelegd en gebruikt. De kunst is om de werking van het geheel te doorzien.

3. Formuleer een 'richtinggevende vraag'. Een richtinggevende vraag beschrijft in één of twee zinnen het betreffende vraagstuk en geeft aan wat de ambitie van de oplossing is, zonder die oplossing zelf te geven. Goede vragen hebben vaak de volgende vorm: waarom doet zich probleem X of trend Y voor, ondanks onze inspanningen om het probleem op te lossen of de trend te keren, met Z als doel?

4. Identificeer structurele verklaringen. Deze stap behelst het opbouwen van causale *loops*. Een visualisering van de gedachtegang met behulp van grafieken.

5. Verdiep het inzicht met de volgende reflectievragen:
    a. Gedeelde visie: Welke resultaten willen we echt? Wat is het doel van deze organisatie?
    b. Persoonlijk meesterschap: Wat is mijn/onze persoonlijke verantwoordelijkheid? In hoeverre ben ik verantwoordelijk voor de manier waarop het systeem nu functioneert?
    c. Mentale modellen: Wat zijn de dominante mentale modellen die de huidige situatie hebben gevormd? Bekende mentale modellen zijn: 'Dat kan anderen misschien gebeuren, maar ons niet', 'Laten we ons op vandaag richten, morgen zien we wel weer'.
    d. Systeemscope: Moeten we ons beeld verbreden? Met welke beelden moeten we ons huidige repertoire uitbreiden?
    e. Teamleren: Welke groepsdynamiek speelt er[117]?

---

116 Bill Bryan, Michael Goodman & Jaap Schaveling, Systeemdenken, Academic Service, Den Haag, 5e oplage 2009, blz. 73 t/m 99.

117 Deze vragen lopen parallel met de vijf leerdisciplines zoals die in 1992 door Peter Senge geformuleerd zijn.

6. Plan een interventie. Concentreren we ons op de relaties tussen de variabelen, dan zijn er drie typen interventies mogelijk:
   a. het verbreken of verzwakken van een bestaande causale relatie;
   b. het versterken van een bestaande causale relatie, bijvoorbeeld door het verminderen van de tijdsvertraging (*delay*)[118];
   c. het leggen van een nieuwe causale relatie.
7. *Review* de resultaten van het proces. Deze laatste stap heeft betrekking op:
   a. taakwerk en teamwerk;
   b. terugblik en engagement voor de toekomst;
   c. gedeelde en niet gedeelde belevingen.

De stappen kunnen worden gevisualiseerd door middel van een ijsberg. De gebeurtenissen die we kunnen waarnemen, worden voorgesteld door het zichtbare deel van de ijsberg. Mensen besteden daar 80 à 90% van hun tijd aan, zo concluderen de auteurs van Systeemdenken uit eigen enquêtes.[119] Wil je als (regionale) overheid blijvende veranderingen teweeg brengen, dan zul je echter vooral onder in de ijsberg moeten bikken en jezelf niet beperken tot het op je in laten werken van de gebeurtenissen om je heen en het reageren daarop.

Zit je bovenop de dagelijkse gebeurtenissen, dan zie je alleen maar dàt en kun je daar alleen maar op reageren. Zet je een stapje terug, dan zie je dat gebeurtenissen zich aaneenrijgen tot trends en patronen. Je kunt dan nog steeds reageren, maar je kunt ook plannen maken en anticiperen.
Systeemdenken vergt een moment voor reflectie. Je moet enige tijd nemen om naar het systeem als geheel te kijken. Dan kom je er wellicht achter dat het tijd is voor *reframing*. Een verandering in het mentale model van waaruit jij de wereld benadert. Het kan namelijk best zo zijn, dat je denkbeelden hebt die op een achterhaalde werkelijkheid gebaseerd zijn. Is dat het geval, dan moet je leren om met een andere bril (mentaal model of paradigma) naar de werkelijkheid te kijken.

---

118 Een vertragingsfactor in een *balancing feedback loop* laat een systeem 'schommelen'. Door de duur van de vertraging te veranderen kan een grote verandering in het gedrag van het betreffende systeem tot stand worden gebracht.
119 Systeemdenken, blz. 24.

Figuur 3. De ijsberg als metafoor om de niveaus, deels te weinig zichtbaar, van interventie aan te geven[120]

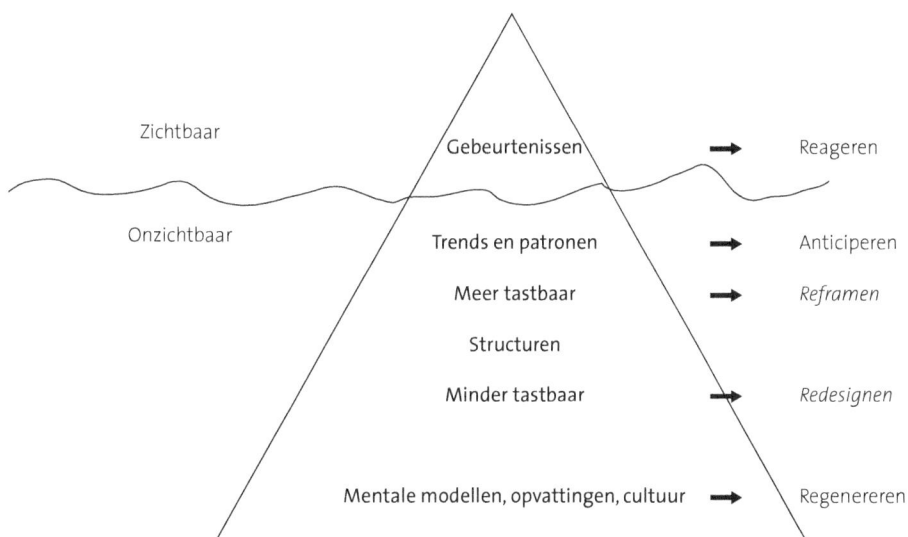

Begrijpen we de structuur, kennen we de basis van waaruit zich bepaald gedrag, een bepaalde technologie, of besluitvorming ontwikkelt, dan zien we de tekortkomingen en de plekken waar je kunt proberen bij te sturen. Slaag je erin om een wezenlijke verandering teweeg te brengen in het systeem, dan heeft dat een enorme doorwerking. *Redesigning* van werkstructuren en werkprocessen is zo'n diepgaande stap. We reageren hierbij niet direct, maar zoeken naar de oorzaken van een probleem, of de diepere gronden voor een bepaalde ontwikkeling. Helemaal onder in de ijsberg heb je kans dat het hele concept verandert en dat je totaal anders tegen de situatie gaat aankijken. Je vraagt je af waar je eigenlijk mee bezig bent, wat je business is in het huidige tijdsgewricht. Je vraagt je af of de organisatie niet moet 'regenereren'. Dit kan weer leiden tot nieuwe concepten.

Uiteindelijk moet systeemdenken leiden tot een wijsheid in denken en handelen die ver uitstijgt boven de *quick fix*, de snelle, goedkope oplossing, die zelden leidt tot blijvende verbetering.

Door in systemen te denken, breng je – vaak voordat je het zelf in de gaten hebt – een verschuiving teweeg:

- van reageren naar co-creëren;
- van symptomen naar structuren;
- van korte naar lange termijn;
- van ik naar wij;

---

120 Idem blz 24.

- van delen naar geheel;
- van kennis & weten naar leren & ontwikkelen.[121]

De algemene ontwikkelingslijn bij systemen, zo kunnen we het voorgaande samenvatten, loopt langs de volgende stations:

1. Berusten, je neerleggen bij de constatering dat je toch geen invloed hebt op systemen;
2. *Reframing*, het betreffende systeem vanuit verschillende invalshoeken bekijken om patronen te ontwaren en te analyseren hoe het werkt, boven het systeem uitstijgen, het in de vingers krijgen;
3. zelforganisatie, het uiteindelijke doel van de systeembenadering. Alles loopt vanzelf goed. Het ideaal van elke coach.

Een voorbeeld: oplossing voor de 'Tragedy of the Commons', het grootste economische probleem dat de mensheid bedreigt. Kort gezegd: vissers vissen de zee leeg en dan is er dus geen vis meer. Dat wil zeggen: niet in het wild. Iedereen weet dat, maar iedereen beseft óók dat de eerste die ermee ophoudt ook het eerst de klos is. Dus vist iedereen door tot de vis op is. Het lukt maar zelden om de belanghebbenden zo te organiseren dat iedereen tegelijk ophoudt met vissen te vangen. De vraag is: berusten we hierin, of verzamelen we de benodigde kennis en kunde om het vraagstuk op te lossen?

In een artikel in Science (24 juli 2009) laat Nobelprijswinnaar (Economie 2009) Elinor Ostrom zien welke tien kenmerken doorslaggevend zijn voor het overwinnen van de 'tragedie'[122]. Die kenmerken hebben betrekking op de vissen, de vissers, de vijver en de vissersvereniging. Ostrom begint simpel, met de grootte van het visgebied. Hoe groter dat is, des te moeilijker is het om met collega's af te stemmen (coördineren). Iets soortgelijks geldt voor het aantal vissers (hoe meer, des te lastiger) en de gevoelde schaarste aan vis. Doordat veel van de kenmerken elkaar beïnvloeden (minder vis leidt tot minder vissers) is het moeilijk om voorspellingen te doen. De vraag is hoe je de stukjes kennis en theorie bij elkaar kunt brengen. Anders gezegd: hoe deling van kennis en contacten (netwerken, social media) kan bijdragen aan de oplossing van sociaal-ecologische dilemma's.

Door het raamwerk dat Ostrom heeft geschetst (in haar woorden 'a multilevel nested framework for analyzing outcomes achieved in Social-Ecological Systems'), kunnen verschillende wetenschappelijke disciplines hun onderzoeksresultaten met elkaar vergelijken. Het doel is om voor elke kustlijn, elk oerbos en elk waterreservoir zoveel mogelijk kenmerken in een gezamenlijke database te verzamelen. Vervolgens wil Ostrom bestuderen of er patronen te destilleren zijn uit de veelzijdige input. Door verbanden te leggen en die onder te brengen in modellen, wil ze kunnen voorspellen of de locale gebruikers de tragedie door zelforganisatie te boven kunnen komen, of niet.

---

121 Bryan, Goodman & Schaveling, Systeemdenken, blz. 23 t/m 27.
122 Elinor Ostrom, A General Framework for Analyzing Sustainability of Social-Ecological Systems, Science 24 juli 2009, Vol. 325 no. 5939, blz 419-422.

In het voorbeeld van de *Tragedy of the Commons* is niet duidelijk wat nu precies de rolbezettng is. Ostrom pleit voor een transdisciplinaire aanpak, maar laat in het midden wie waarvoor verantwoordelijk is en wie verondersteld wordt daadwerkelijk actie te ondernemen en resultaten te boeken.

Gedeputeerde en Provinciale Staten van Noord-Brabant zijn ervan overtuigd dat de overheid alléén niet in staat is om een meer duurzame ontwikkeling te construeren. Daarvoor is de steun en de daadwerkelijke inzet van alle stakeholders nodig. 'De provincie wil een betrokken bestuurslaag zijn,' zo valt te lezen in het Bestuursakkoord 2007-2011, Vertrouwen in Brabant, 'maar wel één, die ziet dat het vaak vooral gemeenten, bedrijven en maatschappelijke organisaties zijn, die op de werkvloer van de samenleving het beslissende verschil moeten maken.'[123]

Duurzame ontwikkeling op regionale schaal, daar gaat dit proefschrift over. Een thema dat twee componenten bevat: 'duurzame ontwikkeling' en 'regionale schaal'. Om met het eerste te beginnen: duurzame ontwikkeling wordt vaak gedefinieerd als een ontwikkeling waarbij de behoeftebevrediging van huidige generaties niet ten koste gaat van die van toekomstige generaties. Een definitie die niet makkelijk te operationaliseren is. De filosofen Gilles Deleuze en Felix Guattari hebben daarvoor een verklaring. Volgens hen bestaat de wereld uit een veelheid van systemen, die zich tamelijk willekeurig ontwikkelen. Deleuze en Guattari vergelijken het in hun boek 'Duizend Hoogvlakten' (Mille Plateaux) met een wortelstok (rizoom), een ondergronds wortelsysteem met complexe vertakkingen. Wortels van bijvoorbeeld grassen, maar ook van diverse boomsoorten, schieten alle kanten op. Het rizoom, dat in alle richtingen wortel schiet, is een metafoor van een werkelijkheid zonder al te veel structuur.

Een mierenkolonie, de Amsterdamse grachten, niet hiërarchisch gestructureerde informatienetwerken, guerrilla acties, sociale bewegingen als *beatniks* en hippies zijn voorbeelden van rizomen. Zo'n rizoom kan verder aangroeien, vertakken en uitbreiden aan de oppervlakte, maar evengoed kunnen er ondergrondse samenklonteringen tot knollen en knoopjes optreden. Elk willekeurig punt van een rizoom kan met een ander verbonden worden. Een duurzame of natuurlijke ontwikkeling is soortgelijk. Dat maakt het moeilijk om er grip op te krijgen. Het wachtwoord in deze is 'natuurlijk'. Begrijp je de diepere betekenis daarvan, dan valt alles op z'n plaats. Een duurzame ontwikkeling is een natuurlijke ontwikkeling die ervoor zorgt dat toekomstige generaties in staat zijn om in hun behoeften te voorzien en niet lijden onder het ongerief (uitputting van voorraden fossiele brandstoffen, CO_2-uitstoot) dat de huidige, nu levende generaties veroorzaken.[124]

---

123 Bestuursakkoord 2007-2011, Vertrouwen in Brabant, Provincie Noord-Brabant, 2007, blz. 4.
124 Voor de interpretatie van het werk van Deleuze en Guattari is geput uit, Irina, Jos, Ali en Mies, Interculturaliteit in maatschappij en school van Roger Boonen, uitgeverij Garant, Antwerpen-Apeldoorn, 2003, blz 111.

Het is makkelijker gezegd dan gedaan. Ondanks enorme inspanningen in de voorbije dertig jaar, is de mens er bij lange na niet in geslaagd om een duurzame ontwikkeling tot stand te brengen. Volgens systeemdenker Jack Harich is dat niet zozeer te wijten aan de onwil van individuen, als wel aan de in systemen ingebakken (gesystemiseerde) weerzin tegen verandering.[125] Die zorgt er volgens hem en andere systeemdenkers voor dat wat iedereen zegt te willen – een duurzame ontwikkeling – toch niet geschiedt.

Zichzelf organiserende, niet-lineaire, feedback systemen zijn inherent onbegrijpelijk, onvoorspelbaar en onbeheersbaar. Het heeft geen zin om dat dan toch nog eens te proberen. Wat niet wil zeggen dat je met je armen over elkaar moet gaan wachten tot het systeem iets uitspuwt. 'We kunnen systemen niet beheersen en we kunnen ze niet doorgronden,' schrijft Donella Meadows in *The Systems Thinker*. 'Maar we kunnen er wel mee dansen!' Succesvol overleven in een wereld vol systemen, vereist meer dan rekenvaardigheid, aldus Meadows. Je moet er je hele 'mens zijn' voor aanspreken: je ratio, je vermogen om onderscheid te maken tussen waarheid en leugen, je intuïtie, je compassie, je visie en je moraliteit.[126] We komen hier later op terug.

Als er gedanst wordt, dan is het op drie niveaus:
1. het persoonlijke niveau (micro)
2. het regionale niveau (meso)
3. het pan-Europese of Wereldniveau (macro)

Bij 1. gaat het om de directe betrokkenheid (engagement) van het individu, bij 2. om de indirecte betrokkenheid van individuen, via allerlei partijen en belangengroepen, bij 3. om de 'ver-van-mijn-bed-show' van regeringsleiders, captains of industry en overige hoogwaardigheidsbekleders. Dit laatste niveau staat ver af van de werkelijkheid zoals die wordt beleefd of wordt geconstrueerd door individuen. Het regionale niveau neemt een tussenpositie in. Overheden, NGO's, bedrijven, onderwijsinstellingen en kennisinstellingen die op dit niveau actief zijn, binden en vertegenwoordigen mensen. Ze staan over het algemeen dicht genoeg bij het individu om te weten wat er in de achterban leeft en zijn daardoor prima in staat om die achterban in tal van gremia te vertegenwoordigen.

Over de regio is de laatste jaren veel te doen. Het Rijk decentraliseert steeds meer taken naar dit middenbestuur. Brussel erkent de regio eveneens als aanspreekpunt voor beleid en als een doorgeefluik voor gemeenten. De regio's zelf manifesteren zich meer en meer. In Nederland hebben de provincies een beperkt takenpakket. Het 'maatschappelijk middenveld' (werkgevers- en werknemersorganisaties, milieu-organisaties, scholen, ziekenhuizen, zorginstellingen) neemt al zo'n eeuw de honneurs waar op diverse terreinen van sociaal-maatschappelijke beleid. Dit 'Poldermodel' heeft echter z'n langste tijd gehad. Langzaam maar zeker winnen de provincies terrein op zowel het Rijk, het middenveld, als de gemeenten. 'We

---

125 Jack Harich, *Change resistance as the crux of the environmental sustainability problem,* www.thwink.org/sustain/general/ChangeResistance.htm, 20 oktober 2009.
126 Donella Meadows, *Dancing With Systems, The Systems Thinker,* Vol. 13, No. 2, maart 2002.

moeten naar een nieuw modern provincialisme,' zegt het boegbeeld van het Poldermodel, de voorzitter van de Sociaal-Economische Raad (SER) Alexander Rinnooy Kan op 25 oktober 2008 in NRC Handelsblad. 'De directe omgeving, de provincie: waar mensen wonen bepaalt voor hen in belangrijke mate de kwaliteit van het dagelijks leven. Gelukkig is Europa zo georganiseerd dat in belangrijke mate op dat lokale niveau bepaald wordt wat er gebeurt. De kracht van 'het nieuwe provincialisme' is dat we ons tezelfdertijd onderdeel maken van een groter geheel, op basis van spelregels die vastleggen hoe onze inspanningen uiteindelijk ten goede kunnen komen aan dat grote geheel'[127].

4.2   De Kunst van het Aanpassen

Meer van hetzelfde ➜ Anders ➜ Systeemverbetering

'Wij mensen hebben de gewoonte om dingen te classificeren, om ze in vakjes in te delen,' schrijft de Amerikaanse systeemontwerper Derek K. Hitchins in *Putting systems to work*. 'Daarin gaan we zó ver dat we soms de essentiële overeenkomsten niet meer zien.'[128] Hitchins ziet overal verbanden bestaan en ontstaan. Hij was jarenlang op zoek naar het ultieme boek over systemen dat hij wil lezen en toen hij het almaar niet vond, schreef hij het zelf maar. Zijn doel: systemen nuttig maken voor het alledaagse leven. Een definitie geeft hij niet, maar je krijgt er bij het lezen van het boek wel gevoel voor. Volgens Van Dale is een systeem een 'doelmatig geordend, samenhangend geheel van bij elkaar horende dingen en hun onderdelen'[129]. Systemen zijn dynamisch. Ze veranderen voortdurend. Daar vergisten de klassieke systeembouwers zich in. Die faalden volgens Hitchins omdat zij zich concentreerden op het maken van 'gefixeerde technologische oplossingen voor continu bewegende problemen'[130]. Zij gingen uit van 'gesloten' systemen, terwijl volgens hem in werkelijkheid alle systemen, op het universum na, open zijn.

Figuur 4. Open systemen zijn dynamisch en passen zich voortdurend aan

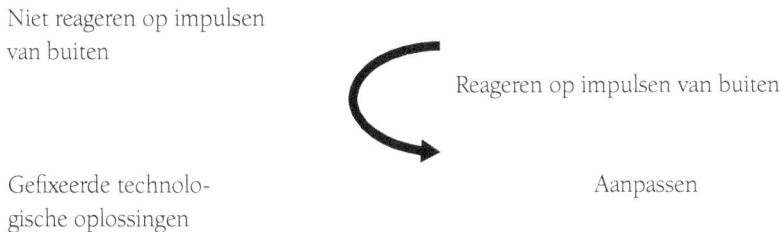

Niet reageren op impulsen
van buiten

Reageren op impulsen van buiten

Gefixeerde technolo-
gische oplossingen

Aanpassen

---

127 De wereld is niet plat en Europa niet stuurloos, NRC Handelsblad, 25 en 26 oktober 2008, Opinie & Debat.
128 Derek K. Hitchins, *Putting systems to work*, Chichester, UK, Wiley, 1992, blz ix.
129 Internet van Dale woordenboek, www.vandale.nl, 26 maart 2009
130 Derek K. Hitchins, *Putting systems to work*, Chichester, UK, Wiley, 1992, blz 268.

Open systemen wisselen voortdurend energie, stoffen en informatie uit met andere systemen. Ze passen zich aan. Dit concept van aanpassing is fundamenteel voor alle levende systemen. Het Darwinisme is hierop gebaseerd: levende wezens die zich het best aanpassen aan veranderende omstandigheden overleven, andere wezens sterven uit. Ook als de omgeving sneller verandert dan het aanpassingsvermogen van levende wezens, dan worden ze weggevaagd. De dinosaurussen bijvoorbeeld stierven 64 miljoen jaar geleden uit omdat de omgeving zó snel veranderde dat ze eenvoudigweg niet de tijd hadden om zich aan te passen. Op soortgelijke wijze zou de mensheid op kunnen houden te bestaan. Dat heeft de mensheid volgens veel wetenschappers, politici en milieuactivisten dan wel aan zichzelf te wijten.

Maar ook hier geldt dat de werkelijkheid steevast dynamischer is dan betrokkenen voor mogelijk houden. Systemen zijn open. Ze reageren op impulsen van buiten. Onder normale omstandigheden passen levende wezens zich aan, beaamt Hitchins. Iets soortgelijks moet volgens hem gelden voor de systemen die door mensen zijn ontworpen of die spontaan ontstonden. Tegenover het statische, klassieke systeem plaatst Hitchins een dynamische 'New Systems Engineering Method', die uitgaat van drie ontwerprichtlijnen[131]:
1. het te ontwerpen nieuwe systeem moet een helder doel dienen;
2. het moet passen binnen de kaders die voor het betreffende systeem van belang zijn;
3. het moet bijdragen aan de doelen van de eenheden die deel uitmaken van het betreffende systeem (de samenstellende bestanddelen).[132]

De opdracht luidt: ontwerp robuuste systemen die maximaal bijdragen aan de welvaart en het welzijn in de regio. Robuuste systemen, zo wordt verderop in dit proefschrift duidelijk gemaakt, leveren meerwaarde op voor de economie, het milieu, het energiesysteem en sociale omstandigheden. Volgens Hitchins zijn vier aspecten van belang:[133]
1. De (regionale) economie;
2. De (regionale) samenleving;
3. De (regionale) ecologie en
4. Het (regionale) energiesysteem.

---

131 idem blz. 272.
132 idem blz. 272.
133 idem blz. 282.

4.3   Deconstructie

Vernietigen ➜ Hervormen ➜ Creëren

Het is niet alleen zo dat alles continu verandert. Alles moét ook veranderen, willen we op de lange termijn voorzien in de primaire behoeften van een toenemend aantal wereldburgers. Jeremy Rifkin duidt de noodzakelijke verandering aan als 'de Derde Industriële Revolutie' en Peter Senge spreekt van 'Noodzakelijke Revolutie'. In dit proefschrift onderscheiden we drie ontwikkelingsfases (krachten): (1) destructie, (2) deconstructie en (3) constructie

De drie begrippen stammen uit de filosofie. In *Sein und Zeit* van de Duitse filosoof Martin Heidegger komt de term '*Destruktion*' meerdere malen voor. Heidegger gebruikt de term niet negatief als eliminatie, vernietiging of slopen, maar positief als het aangeven van mogelijkheden en grenzen.
Voortbordurend op dit idee stellen wij dat het vooruitzicht op duurzame ontwikkeling in de afgelopen tweehonderd jaar is afgenomen, doordat voorraden fossiele brandstoffen en materialen slonken, de kwaliteit van ecosysteemdiensten als schoon (drink)water, zuivere lucht e.d. terugliep en het verbruik daarvan dienovereenkomstig steeg. Tekenen we dit uit in een grafiek, dan krijgen we een funnel.

Anno 2011 is bijvoorbeeld het vooruitzicht op een duurzame energievoorziening beperkt. Ook wordt er meer CO_2 uitgestoten, hetgeen volgens veel wetenschappers leidt tot klimaatverandering. We zijn beland in een periode waarin iedereen intuïtief aanvoelt dat er iets dient te veranderen. Als wij het niet zelf doen, bijvoorbeeld door aanpassing van ons gedrag, de technologie die we gebruiken (op aardolie gebaseerd) en de wijze waarop wij besluiten nemen, dan keert de wal het schip. Bijvoorbeeld doordat de voorraden aardolie écht zijn uitgeput. We moeten de ontstane systemen, structuren, processen en culturen 'ontbinden' en herzien om weer uitzicht te krijgen op een duurzame ontwikkeling van de economie, de energievoorziening, de materiaalvoorziening, etc. Dit 'ontbinden' wordt ook wel aangeduid als demonteren of deconstrueren. Demontage, omvorming of vervorming is volgens de Franse filosoof Jacques Derrida een 'zoektocht naar de oorsprong'. Door flink aan systemen te morrelen blijkt wat de onveranderlijke essentie is, die uitzicht geeft op een duurzame ontwikkeling. Dit morrelen kan tal van vormen aannemen en omvat veel meer dan alleen bewuste, rationele handelingen. We noemen een aantal vormen, om een gevoel te geven van wat Derrida met het begrip deconstructie bedoelt:
- constructies en hiërarchieën onvast maken, aan het wankelen brengen, omkeren;
- protesteren tegen onderdrukkende en verdrukkende autoriteiten;
- vragen stellen die gevestigde posities ondermijnen;
- provoceren, axioma's destabiliseren;
- in de war brengen;
- de systematiciteit van het systeem verstoren en ontregelen;

- wanorde in ordeningen brengen, ontwrichten, doen scheuren van categorieën die gebeurtenissen tot nu toe hebben afgegrensd en afgegrendeld.

Derrida is niet tegen instituties, maar wil koste wat kost de spontane tendens naar stabilisering tegengaan. In zijn boeken is vooral te lezen wat deconstructie niet is.
Het is niet:
- het bewandelen van toegankelijke wegen;
- het mechanisch afwikkelen van de een of andere vaste procedure;
- het stereotiep toepassen van formele regels.

Kader 2. Deconstructie is volgens Derrida geen negatieve beweging.

> \+ en – in 1
> Critici beschuldigden Derrida ervan dat hij elk verhaal afbrandde om het afbranden zelf, ongeacht de inhoud. Zij hebben geen goed woord over voor de zogenaamde 'deconstructie', de vlag waarmee Derrida zijn schimpscheuten in hun ogen afdekt. Volgens Derrida is 'deconstructie' géén negatieve beweging. Dat wil zeggen: deconstructie is een negatieve (destructie) én een positieve (constructie) beweging in één. Deconstructie betekent dat ieder argument zichzelf ondergraaft en daarmee een nieuw argument uitlokt.[135]

Steeds is er de noodzaak om zich aan de veranderende situatie (context) aan te passen. Deconstructie of ontbinding is noodzakelijk om nieuwe composities tot stand te brengen. Het verstoren van de constructie is onontbeerlijk voor innovatie. Dat geldt voor de economie en de ecologie, voor sociale verhoudingen, liefdesrelaties, de kunst en het vooruitzicht op een duurzame ontwikkeling van dit alles en nog veel meer. Deconstructie is een radicale transformatie op lange termijn door middel van omkering, het van de weg afwijken, slippen. Wat na alle omkering, ter discussie stellen, experimenteren, proberen, mislukken en opnieuw proberen overeind blijft is de essentie. Alleen die essentie draagt bij aan het streven naar duurzame ontwikkeling.[135]

Om dit proces te verbeelden, ontwerpen wij een variant op de 'funnel' van *The Natural Step*, die in figuur 5 wordt weergegeven.

---

134 Rick Dolphijn, docent cultuurfilosofie aan de Erasmus Universiteit Rotterdam, in kwartaalblad voor linkse politiek 'de Helling', www.dehelling.net/artikel/264/, augustus 2010
135 Zie: Erik Oger, Derrida, een inleiding, Uitgeverij Pelckmans/Klement, 2005, blz. 59 t/m 61.

Figuur 5. *The Natural Step* funnel visualiseert de toenemende economische, sociale en milieudruk op de samenleving als natuurlijke hulpbronnen (olie, gas, mineralen) en ecosysteem diensten (CO_2 opname bossen) afnemen, terwijl de bevolking en het aantal consumenten hand over hand toenemen[136]

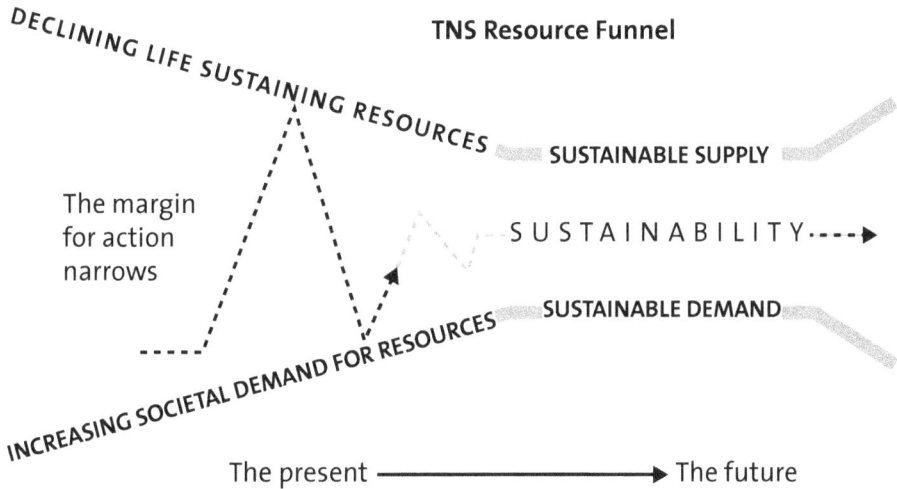

De vraag naar olie, gas, kolen en andere natuurlijke hulpbronnen (*resources*) neemt sinds pakweg 1800 exponentieel toe, maar vlakt nu (2008-2011) af, mede als gevolg van de steeds moeilijkere winbaarheid van olie- en gasvoorraden en de prijsstijgingen die daaruit voort vloeien. Energiebedrijven zoeken naarstig naar alternatieve energiebronnen, maar het tempo waarin die energie opleveren weegt niet op tegen de snelheid waarmee de olievoorraden afnemen.

Kernfusie of een waterstofeconomie kunnen uitkomst bieden, maar zijn binnen afzienbare tijd niet te verwachten. De waterstofeconomie waar Rifkin over schrijft[137] is toekomstmuziek, maar het is wel een goed voorbeeld van wat deconstructie inhoudt: een fundamenteel andere manier van denken en doen. Voor de wat kortere termijn liggen minder vergaande hervormingen, zoals recycling van materialen en energiebesparing, meer binnen het bereik van bestuurders en beleidsmakers. In deze tussenfase worden in een grijs verleden gevormde systemen, structuren, processen en culturen gedeformeerd en vervolgens opnieuw gevormd. Het creëren ofwel construeren van iets nieuws is geen makkelijke opgave. Zeker niet als die

---

136 *The Natural Step* is niet alleen een concept, maar ook de naam van een internationale non-profit organisatie die zich bezighoudt met onderwijs, onderzoek en advisering met betrekking tot duurzame ontwikkeling.www.thenaturalstep.org, 20 november 2009
137 Jeremy Rifkin, De waterstofeconomie, schone en duurzame energie voor iedereen, Lemniscaat, Rotterdam, 2004.

een team, afdeling of nog grotere eenheid betreft. Daarvoor is de zintuiglijke beleving van een gedeelde visie (*a sense of vision*) nodig. Daarmee bedoelen we de gezamenlijke bestemming van een groep mensen, een organisatie, een regio of een hele samenleving.

De transitie van Destructie naar Constructie komt vooral tot uitdrukking in een andere benadering van economie, milieu en samenleving. Een benadering die niet blind uitgaat van 'steeds sneller, verder en meer', maar de nadruk legt op 'met mate, slim en mooi'. De overgangen van Destructie naar Deconstructie naar Constructie zijn noodzakelijk, willen we op de langere termijn blijven ontwikkelen en tegelijkertijd voorzien in de toenemende behoeften aan grondstoffen, energie, frisse lucht, drinkwater en voedsel.

Een mix van ondernemerschap, technologische vernieuwingen (stoommachine, nieuwe druktechnologie die massacommunicatie mogelijk maakte) en politiek organisatorische veranderingen zorgde in de 19de eeuw voor een hogere arbeidsproductiviteit en meer materiële welvaart in een groot deel van de wereld. Mensen verhuisden massaal van het platteland naar de steden, die groeiden als kool. Dat riep weer behoeften aan allerlei diensten op. Een kettingreactie van elkaar versterkende ontwikkelingen, die we aanduiden als Constructie. Deze Eerste Industriële Revolutie had echter behalve voordelen ook nadelen. Mijnwerkers offerden hun longen voor meer materiële welvaart. Kinderen leverden hun spel in voor een leven achter weefgetouwen. Schoorstenen spuugden gitzwarte rook. De destructie beslaat het linkerdeel van figuur 5, voor de vernauwing (funnel). Deze destructie werd toen nog gepikt. Iedereen ging er immers in materieel opzicht op vooruit, zij het niet in dezelfde mate. Fabrikanten en vrije beroepsbeoefenaars voegden zich bij de elite van adel en grootgrondbezitters in de top van de inkomens- en vermogenspiramide. Daaronder kwam een uitdijende middenstand van bakkers, slagers, kruideniers en tal van dienstverleners. En helemaal onderin het droesem: arbeiders en klerken. De opkomst van de vakbonden en de toenemende politisering van maatschappelijke vraagstukken leidden vanaf begin 20ste eeuw tot een nivellering van inkomens en toenemende ontwikkelingskansen.

Parallel daaraan zorgde een Tweede Industriële Revolutie met andere ingrediënten (olie, verbrandingsmotor, telefoon, televisie, Internet) in de 20ste eeuw voor een soortgelijke kettingreactie en een economische groei-impuls als de Eerste. Maar nu begonnen de nadelen wel te bijten. In 1973/74 en 1979 kwamen de eerste alarmsignalen. Olieproducenten, verenigd in de organisatie van olieproducerende landen (OPEC), wezen de olieconsumerende landen met forse prijsverhogingen op het feit dat voorraden fossiele brandstoffen eindig zijn. De milieubeweging, die in dezelfde tijd opkwam, voegde daar nog een inzicht aan toe: het absorptievermogen van lucht, water en grond is evenmin onbeperkt groot. De economie die waarde creëert verviel tot een economie die per saldo waarde vernietigt, een economie waar de particuliere consumptie hoogtij viert ten koste van het milieu.

4.4 Risico's nemen, kansen pakken

Veiligheid & Zekerheid ➔ Risico nemen ➔ Innovatie

Risico heeft een positieve en een negatieve kant. Het eerste duidt op de kansen (*opportunities*) die ontstaan door meer risico te nemen, het tweede op de gevaren waar je aan bloot komt te staan. Risico's komen vaak van buiten, ongevraagd en onverwacht. Het milieu zit er vol mee. Ulrike Beck[138] duidt hardnekkige milieuproblemen in dit verband aan als risico's die worden veroorzaakt door industriële en technologische innovatie in de moderne maatschappij. Deze innovatie leidt weliswaar tot meer economische groei en extra welvaart, maar vormt meestal ook een belasting voor het milieu. Om reputatieschade te voorkomen of een gedeukt imago te herstellen gaan bedrijven dan over tot maatschappelijk verantwoord ondernemen. Vaak ook doen bedrijven daaraan mee, omdat ze vinden dat het hoort. Anderen doen het immers ook. Aan goede voornemens geen gebrek. Bedrijven, instellingen en overheden ondertekenen protocollen, intentieverklaringen en verdragen bij de vleet. Daarmee is voor hen echter vaak de kous af. Ze hebben indruk gemaakt. Of het milieu, of de samenleving er ook daadwerkelijk beter van worden, dat vernemen we niet of pas veel later. In het laatste geval is het antwoord vaak ontkennend.

Ondertekende verdragen als dat van Kyoto (Klimaatverdrag) of Sevilla (*Countdown 2010*) verschaffen de politicus glans en de burger hoop. Het bloed, het zweet en de tranen komen echter later, bij de uitvoering. Dan blijkt steevast dat ingrepen pijn doen. Bedrijven worden recalcitrant en dreigen het land te verlaten als gevolg van bepaalde maatregelen. Politici schrikken terug, uit angst voor stemverlies. En voor we het weten zijn we terug bij AF. 'De samenleving is een laboratorium geworden waar absoluut niemand de leiding neemt,' aldus Beck. Dat tikt extra aan omdat de risico's waarmee een provincie als Noord-Brabant anno 2011 te maken heeft, groter zijn dan de risico's waartegen eerdere generaties zich moesten indekken. Van sommige risico's hebben we zelfs geen flauw benul, zoals die met betrekking tot gif in materialen. Hoe is het mogelijk dat wij besluiten nemen over risico's waar wij niets van weten? Dat is volgens Beck in de huidige tijd de centrale vraag. Risico's die we in de industriële samenleving nog konden berekenen, worden volgens Beck ineens onberekenbaar en onvoorspelbaar in de risicosamenleving.[139]

Een andere prominente aanhanger van het concept van de risicomaatschappij, de Britse socioloog Athony Giddens, stelt dat de huidige problemen om een andere rol en taakopvatting van overheden vragen. Hij introduceert hiervoor een risicomatrix.

---

138 Ulrich Beck, *Risk Society: Towards a New Modernity*. London: Sage, 1992
139 Ulrike Beck, *The Politics of Risk Society*, hoofdstuk 1, vertaling door auteurs.

Matrix 1. Overheden zouden meer risico moeten nemen omdat wij in een risicomaatschappij leven volgens Giddens[140]

Veiligheid	Risico
Innovatie	Zekerheid

Overheden moeten volgens Giddens pro-actiever handelen en op zoek gaan naar nieuwe bestuurlijke en politieke ideologieën, concepten, werkwijzen en instrumenten. Innovatie die leidt tot meer risico en minder zekerheden. Maar ook tot mogelijke antwoorden en oplossingen die nu achterwege blijven, omdat niemand ze wil zien, of daar z'n nek voor wil uitsteken.

Jane Franklin[141] stelt in *The Politices of the Risk Society* dat er behoefte is aan nieuw en ander beleid. 'Om de risicosamenleving te begrijpen,' schrijft zij, 'moeten we op een andere manier gaan denken over de wereld waarin wij leven, een nieuwe taal zoeken die beschrijft wat er met ons gebeurt. Wij moeten geen oude zekerheden reconstrueren. We hebben juist politieke initiatieven nodig die ruimte vrijmaken voor vernieuwing.' Of, zoals Gareth Morgan en Asaf Zohar het formuleren in *Imaginization: The Art of Creative Management*: 'De dagen zijn voorbij waarin leiders een mandaat kregen om op eigen houtje veranderingen door te voeren. De uitdaging in turbulente tijden is inzien dat gecontroleerde, planmatige verandering een illusie is. Hoe langer we daaraan vasthouden, des te groter is de kans op mislukking. Leiders moeten zich concentreren op de creatie van een context, die mensen op traditionele wijze richtinggevoel geeft voor de toekomst en tegelijkertijd een gevoel van ruimte en mogelijkheden (*a sense of space and possibility*) waarbinnen zinvolle innovatie kan plaatsvinden.'[142]

---

140 Anthony Giddens, *The Third Way, The Renewal of Social Democracy*, Polity Press, 1998, blz. 63.
141 Jane Franklin (editor) *The Politics of Risk Society*. Polity, London 1998 citaat uit de inleiding.
142 Gareth Morgan, Asaf Zohar, *The Art of Creative Management*.

4.5 'Peer-to-Peer' netwerken

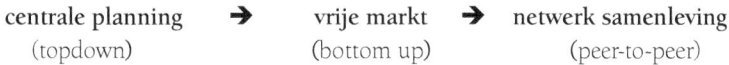

centrale planning	➜	vrije markt	➜	netwerk samenleving
(topdown)		(bottom up)		(peer-to-peer)

Een tijd lang was vrije marktwerking het alternatief voor centrale planning. De Verenigde Staten van Amerika en de U.S.S.R., de Unie van Socialistische Sovjet Republieken, stonden model voor beide tegengestelde organisatiewijzen van de volkshuishouding (economie), Sinds 1989 (de val van de Berlijnse Muur) is één systeem dominant: de vrije markteconomie. Maar hoe vrij zijn de spelers in een vrije markteconomie? En, hoe efficiënt is de besluitvorming? Hoe rechtvaardig zijn de uitkomsten van het vrije marktmodel en in welke mate behoeven ze correctie door de overheid? Wat vermag die overheid in het spel der vrije krachten, aangezien die krachten de neiging hebben zich te bundelen tot marktmachten die de economie bestieren. Theoretisch oogt het marktmechanisme simpel. Als de vraag naar olie groter is dan het aanbod, stijgt de prijs. Die hogere prijs moedigt aanbieders aan om meer olie te produceren, om harder naar nog niet ontdekte bronnen te speuren, of om duurzame energiebronnen te ontwikkelen. Aan de andere kant: door hogere prijzen haken vragers af. Zo ontstaat een nieuw evenwicht met een daarbij horende prijs. Van lange duur zal zo'n evenwichtssituatie niet zijn. Daarvoor zijn er te veel evenwicht verstorende factoren in deze markt.

In de praktijk proberen aanbieders en vragers de markt naar hun hand te zetten door middel van kartelvorming, concentratie (fusies & acquisities), inkoopcombinaties, coöperaties, monopolies, oligopolies, machtsvorming (vakbonden, werkgeversverbonden, pressiegroepen), lobby's, et cetera.
Door middel van Deconstructie (zie § 4.3.), ofwel Creatieve Destructie (een begrip van Joseph Schumpeter), ontstaan nieuwe verbanden. Zo wordt er via isoHunt, BitTorrent, Limewire, Kazaa en andere *sites* 'peer-to-peer' – dat wil zeggen: zonder tussenkomst van traditionele instanties, zoals platenmaatschappijen & uitgeverijen - muziek uitgewisseld. Marktplaats.nl brengt vragers naar en aanbieders van tweedehands spullen bij elkaar, zodat die rechtstreeks – *peer-to-peer* (P2P) – met elkaar zaken kunnen doen.
De economische orde verandert hierdoor radicaal. Neem de muziekwereld. Platenzaken (cd-winkels) gaan failliet, doordat iedereen muziek download. Platenmaatschappijen, componisten en tekstschrijvers krijgen geen royalties meer binnen. Bands treden vaker op omdat dit hun enige resterende bron van inkomsten is en omdat er vraag naar is. Downloaders willen de bands van hun keuze ook wel eens live zien spelen. De *peer-to-peer* economie wordt niet directief van boven af opgelegd, maar komt van onderop opzetten en breidt zich als een inktvlek uit over de hele economie.

Terwijl banken fuseren en elkaar opkopen om nog meer marktmacht te krijgen en Rabobank z'n hegemonie etaleert door in Utrecht een nieuw hoofdkantoor van 27 verdiepingen te bouwen, wordt er van onderop geknaagd aan de fundamenten van de 'geldschuivers'[143]. *Peer-to-peer* lenen heet het virus dat het voortbestaan van de banken bedreigt. Leners en uitleners voeren daarbij geldtransacties uit zonder tussenkomst van traditionele financiële instanties, zoals banken. Zowel leners als uitleners zijn individuele particulieren. Het Internet heeft *peer-to-peer* lenen mogelijk gemaakt door het samenbrengen van leners en uitleners. Een typisch *Peer-to-peer* leencontract behelst meerdere uitleners en één lener (*many-to-one*), zodat een eventueel risico op niet-terugbetalen wordt verkleind. In het Verenigd Koninkrijk is Zopa een voorbeeld van een *Peer-to-peer* lenen *website*, evenals Prosper in de VS. In Nederland is er Boober.

Als individuele huishoudens en bedrijven op niet al te lange termijn in hun eigen energiebehoefte voorzien en overschotten *peer-to-peer* verhandelen via een virtuele marktplaats voor energie, dan loopt ook de continuïteit van de gevestigde orde in de energiesector gevaar. Uitgevers van boeken en kranten worden belaagd vanuit het world wide web. De New York Times en The Guardian verdringen NRC Handelsblad en Volkskrant. *eBooks* bijten hun gedrukte spiegelbeeld.

Het *peer-to-peer* netwerken is in de afgelopen vijf tot zes jaar een verzamelterm geworden voor een groep van technieken voor het mondiaal organiseren van de distributie van digitale informatie onder gebruikers; 'gelijken', oftewel '*peers*'. Geen sector is veilig voor de *peer-to-peer* netwerken. De aantrekkingskracht is groot. Aan de ene kant is het een stap terug in de tijd, richting ruilhandel, aan de andere kant is het een gigantische sprong voorwaarts, omdat *peer-to-peer* netwerken gebruik maken van de nieuwste technieken. Het is geen vorm van 'ons kent ons' handel. Een neef die een karweitje opknapt voor een tante. Nee, *peer-to-peer* netwerken zijn *tribes* van gelijkgezinden. Zodra iemand toetreedt tot een netwerk, krijgt hij/zij er enorm veel maatjes bij, met wie hij/zij van alles kan delen. Voor ieder is er veel wils op het *world wide web*, dat zich uitbreidt met de snelheid van het licht.

De charme van een P2P systeem is dat het een (1) gedeelde (en daardoor dynamische), (2) gedecentraliseerde en (3) autonome architectuur heeft. En dat is precies het tegenovergestelde van wat grote banken en uitgeverijen typeert. Die worden centraal aangestuurd, zijn alles behalve dynamisch en concurreren met andere banken en uitgeverijen die precies hetzelfde doen, op dezelfde wijze, met dezelfde middelen en dezelfde arrogantie ten aanzien van klanten. Iets soortgelijks geldt voor verzekeraars, aannemers, accountants en energiebedrijven zodra die uitgroeien tot bureaucratische concerns, waar de menselijke maat uit verdwenen is en over elke beslissing immens veel vergaderd moet worden.

---

143 Een term die Frank van Empel begin jaren tachtig in de Haagse Post lanceerde en die door cineast Johan van der Keuken als concept werd genomen voor zijn film '*I love dollars*'.

In een creërende economie worden dergelijke dinosaurussen binnen de kortste keren vermorzeld, zoals het oppermachtige IBM in de jaren tachtig/negentig vermorzeld werd door een teenager die in 1984 z'n postzegelverzameling voor $1000 verkocht en op bestelling via de post computers ging leveren: Michael Dell . De *peer-to-peer* netwerkeconomie drukt op soortgelijke wijze de elites van de vrije markteconomie en de centrale planeconomie van de weg.

Wat het effect hiervan is op het milieu, dat is onduidelijk. Computers verbruiken relatief veel elektriciteit en bevatten nogal wat materialen. Gooi je alle gebrande cd's op een hoop, dan word je ook niet vrolijk. Toch biedt ook hier de techniek uitkomst, iPods en telefoons en e-readers zijn de nieuwe dragers van muziek en teksten geworden en bestormen de wereld. Nu al beschouwen jongeren boekenkasten en bibliotheken, cd-collecties en stapels dvd's als hopeloos ouderwets. Maatschappelijk-cultureel gezien vormen *peer-to-peer networks* de overgang naar een nieuwe tijd, een nieuwe economische orde, waarin mensen het heft in eigen hand nemen, in plaats van nog langer te wachten op politici, zakenlui en andere 'vergadertijgers', die meer met zichzelf en elkaar bezig zijn dan met de behoeften van burgers, klanten en medewerkers. Een beproefde werkwijze voor doe-het-zelf'ers: aftasten, voelen, denken, handelen en relaties aangaan, in plaats van praten en wachten tot anderen iets doen.

4.6 Structurering

Vorm ➔ Structuur ➔ Inhoud

Veranderingen worden meestal in gang gezet door individuen. Volgens Anthony Giddens leidt de herhaling van individuele acties tot een sociale structuur (tradities, instituties, morele codes en gewoonten). Alledaagse activiteiten van individuen wekken en versterken bij anderen verwachtingen. Al die verwachtingen vormen met elkaar sociale krachten en structuren. Of, zoals Giddens stelt: 'de samenleving heeft alleen maar vorm. Maar als er structuur zit of komt in wat individuele mensen doen, dan krijgt die samenleving ook inhoud'[144]. Dat geldt ook voor het milieu. Als genoeg individuen het motto '*Be the change*' van Gandhi in praktijk brengen, slaat Destructie op een bepaald moment vanzelf om in Constructie. Wat 'genoeg' is, daarover hebben Gareth Morgan en Asaf Zohar een theorie ontwikkeld. Zij introduceren '*the art of 15% change*'. 'Eén persoon kan nooit revolutie maken,' aldus de beide Canadezen. 'Hij of zij kan wel een aanzet geven. Maar je hebt de energie, de acties en het commitment van veel anderen nodig om een revolutie daadwerkelijk te laten slagen.' Welnu, elk individu is in staat om door middel van persoonlijk initiatief of contact anderen te beïnvloeden. Die hebben ook weer hun eigen invloedssfeer. Morgan en Zohar stellen ieders persoonlijke invloed op 15%. Te weinig om echt machtig en te veel om echt machteloos te zijn. Organisaties zijn binnen dit denkraam 'domeinen van elkaar wederzijds beïnvloedende 15%-sferen'. Individueel hebben de afzonderlijke leden van een organisatie weinig in de melk te brokkelen, maar samen zijn zij in

---

144 Christopher Pierson, *Conversation with Anthony Giddens: making sense of modernity,* Stanford, California, 1998, blz 77

staat om de werelden van anderen – binnen en buiten de organisatie - te hervormen. Morgan en Zohar: 'Door met en via anderen te werken in de richting van gedeelde visies en waarden, kunnen we de collectieve 85% transformeren.'[145] Hoe zoiets in z'n werk gaat, daarvan was de wereld getuige toen op 17 december 2010 Mohamed Bouazizi, groentenverkoper in Tunesië, zichzelf in brand stak. Koud een maand later stond de gehele Arabische wereld in lichterlaaie. Gelijkgezinden die genoeg hadden van dictators en zakkenvullende autocraten sloegen over de grenzen heen de handen in elkaar. Mohamed Bouazizi bleek het lont in een kruidvat te zijn. Hetgeen verstrekkende gevolgen kan hebben voor de algehele wereldorde, olieprijzen, vluchtelingenstromen.

4.7   Ecologische modernisering

Gelimiteerde groei ➔ Ombouw Industriële Systeem ➔ Ontkoppeling

Aan het einde van de vorige eeuw ontwikkelden de Duitsers Joseph Huber en Martin Jänicke de theorie van de Ecologische Modernisering. Ze nemen afstand van de in de jaren zeventig populaire 'grenzen aan de groei benadering' van de Club van Rome. Het industriële systeem was toen nog in opbouw, stellen zij. Nu is het tijd voor een ombouw. De technologie vormt geen belemmering. Dat blijkt uit het werk van Von Weiszäcker, Lovins en Lovins. Die tonen aan dat de milieudruk en het energiegebruik met een factor vier kunnen worden verminderd, zonder aan de technologie te sleutelen of een belemmering te vormen voor verdere groei van welvaart en welzijn[146]. Economische groei aan de ene kant en milieudruk plus energiegebruik aan de andere kant, worden volledig ontkoppeld. De economie groeit door, terwijl het milieu steeds schoner wordt en het energiegebruik – in elk geval het gebruik van fossiele brandstoffen – afneemt. Grotere besparingen met een (vermenigvuldigings) factor 10 of zelfs 20[147], vereisen wel transities[148].

De markt lost een deel van het probleem op. Milieuproblemen zijn in de ogen van de beide Duitsers Huber en Jäneke niet het onvermijdelijke gevolg van industrialisatie en economische groei, maar zetten marktpartijen juist aan tot sociale, technologische en economische hervormingen[149].

---

145 Gareth Morgan, Asaf Zohar, *The Art of Creative Management*. Asaf Zohar.
146 Ernst von Weiszäcker, Amory Lovins,. L. Hunter Lovins, *Factor Four: Doubling Wealth –Halving Resource Use*, The Club of Rome., Earthscan, London, 1995
147 De Factor 10 club , een initiatief van Friedrich Schmidt-Bleek, stelt dat dit wereldwijd nodig is om duurzame ontwikkeling na te streven. Factor 20 was het gestelde doel vanuit het programma Duurzame Technologische Ontwikkeling. Via zogenaamde sleutels werd gezocht naar de nieuwste (te ontwikkelen) technologie, zie www. dto-kov.nl/dto-aanpak/main-probleem.htm, mei 2008
148 Een transitie is een structurele maatschappelijke verandering als gevolg van op elkaar inwerkende en elkaar versterkende ontwikkelingen op het gebied van economie, cultuur, technologie, instituties en natuur & milieu. Het duurt één of meer generaties voordat een omslag in denken en doen heeft plaats gevonden, www.drift.eur.nl/ files/articles/interview_Rotmans_P+_21.pdf, mei 2008
149 *Environmental Politics 9(1):3-16, Spring 2000 "Ecological Modernization Around the World: An introduction"* Arthur P.J. Mol and David A. Sonnenfeld © Frank Cass/ Routledge, 2000

Naast deze hervormingen speelt de ontkoppeling van economie en milieu een belangrijke rol, met name bij 'koplopers' op milieugebied zoals Duitsland, Japan, Nederland, Zweden en Denemarken·. De onderzoekers Mol en Sonneveld[150] menen in enkele landen en sectoren zelfs 'absolute ontkoppeling' waargenomen te hebben. Van absolute ontkoppeling is sprake als de economie onbelemmerd doorgroeit, terwijl de druk van de economie op het milieu (als gevolg van minder materiaalgebruik, efficiëntere energiehuishouding en afname van emissies) juist daalt.

Er wordt al jaren stevig gedebatteerd over de vraag of de waargenomen absolute ontkoppeling structureel of incidenteel is. Is hij structureel, dan is dat een aanwijzing dat de omslag van een Vernietigende Economie[151] (Destructie) naar een Creërende Economie (Constructie) in de genoemde landen – via het smalle gangpad van de Deconstructie – reeds heeft plaatsgevonden. Eén belangrijk verschijnsel hebben Mol en Sonneveld echter over het hoofd gezien, namelijk dat van de uitbesteding. Veel vuil productiewerk is uitbesteed aan producenten in landen met lage loonkosten, zoals China en India. Met de simpele productie zijn ook de vervuiling en het materiaalgebruik geëxporteerd. Op wereldschaal wordt het milieu er eerder slechter dan beter van, omdat de producenten in zich ontwikkelende landen het nog niet zo nauw nemen met het milieu en de arbeidsomstandigheden als hun concurrenten in de westerse industrielanden.

John Dryzek zoekt het in politiek-ecologische coalities. 'Ecologische modernisering,' zo schrijft de auteur van *The Politics of the Earth*, 'impliceert een samenwerkingsverband van regering, bedrijfsleven, gematigde milieudeskundigen en wetenschappers ten behoeve van de herstructurering van de kapitalistische politieke economie langs milieuvriendelijke, defensieve lijnen'. De overheid kan daarbij de rol spelen van initiatiefnemer, regisseur en procesbewaker[152]. Maar ook voor individuele ondernemers is een taak weggelegd, zodra zij zich bewust zijn van de schade die zij zelf aanrichten.

'Je hoeft niet te kiezen tussen geld verdienen en zingeving,' zo luidt de ondertitel op het omslag van Gil Friend's *The Truth About Green Business*. Binnenin somt hij 52 Waarheden met betrekking tot milieubewust ondernemen op. Waarheid nr. 9 gaat over '*Secrets hiding in plain sight*'. Dat wekt de nieuwsgierigheid. 'Het wordt tijd dat zakenmensen de wetten van de natuur begrijpen,' lezen we. 'Je rijdt geen auto als je de verkeersregels niet kent. Dat doe je niet. Denk dan ook eens na over de natuur voordat je er iets uithaalt of er iets instopt. Er is veel in de natuur waar we nog geen flauw benul van hebben, maar de *basics* zijn bekend.

---

150 Idem
151 Deze term stond in het essay "de transformatie van een vernietigende in een herstellende economie" door Frank van Empel in opdracht van de Provincie Noord-Brabant. In dit essay werd de term vernietigende economie geïntroduceerd.
152 John Dryzek, *The Politics of the Earth: En vironmental Discourses*, New York: Oxford University Press, 1997

Of het nu een weide of een woud is, een vijver of een woestijn, een bedrijf of een nationale economie, willen ze zich duurzaam ontwikkelen, dan moeten systemen zichzelf kunnen vernieuwen, ze moeten cyclisch zijn, divers ook en ze moeten gevoed kunnen worden.[153]'

Het *Natural Step* (TNS) management raamwerk is volgens Friend[154] 'één van de beste en meest praktische benaderingen om de hiervoor genoemde principes in praktijk te brengen, door middel van een viertal systeem condities voor een duurzame ontwikkeling, die werken als een simpel kompas (een stuk gereedschap dat je zegt welke kant je op gaat).'

Volgens TNS moet een zich duurzaam ontwikkelende onderneming of samenleving:

- Stoppen met de systematische opbouw in de biosfeer van concentraties stoffen die uit de aardkorst worden gehaald (bijvoorbeeld zware metalen en fossiele brandstof-fen);
- Stoppen met de systematische opbouw in de biosfeer van chemicaliën, chemische verbindingen en andere concentraties van stoffen die door de samenleving geprodu-ceerd worden (bijvoorbeeld dioxines);
- Stoppen met de progressieve fysieke achteruitgang en vernietiging van de natuur en van natuurlijke processen (bijvoorbeeld uitputting van agrarische grond door te veel willen oogsten, het kappen van te veel bossen en uitroeiing van diersoorten door oprukkend beton en plaveisel);
- Stoppen met praktijken die het vermogen ondermijnen van mensen om zelf in hun basisbehoeften te voorzien (bijvoorbeeld onveilige arbeidsomstandigheden en te lage lonen om van te kunnen leven).[155]

Stuk voor stuk zaken die iedereen op z'n klompen aanvoelt. Als je deze basiscondities begrijpt en er naar handelt, dan gaan de volgende stappen in de richting van een 'groene' onderneming en samenleving je gemakkelijk af:

- Ontwerpen met natuur – producten, diensten en processen ontwerpen die in over-eenstemming zijn met de ontwerp principes in de natuur;
- Duurzaam inkopen – hoe je inkoopt bepaalt hoeveel afval je produceert;
- Gebruik het *Natural Step* raamwerk om een duurzame ontwikkelingsstrategie voor je onderneming te formuleren en je huidige activiteiten tegen het licht te houden.
- Deze benadering helpt managers en ondernemers volgens Friend om de operatio-nele kosten én de milieurisico's te verminderen, voor te lopen op regelgeving die er onherroepelijk komt, het aanzien bij *stakeholders* te vergroten, zorgen over het milieu te incorporeren binnen het bedrijf, je producten en dienstenpakket te dif-ferentiëren.

---

153 Open systemen, zoals een stuwmeer, een bos of de mens, hebben een bepaalde input en output.
154 Gil Friend, *The Truth About Green Business*, FT Press, May 2009, blz. 36/37.
155 Friend plus Brian Nattrass & Mary Altomare, De Natuurlijke Stap in zaken, Academic Service, Schoonhoven, 2002,blz 37/38

Ervoor zorgen dat alle medewerkers, in welke functie dan ook, zich bewust zijn van deze natuurlijke principes, dat is volgens Friend een van de grootste uitdagingen voor het management en de staf bij elk bedrijf voor de komende tientallen jaren. Een geschikte sector om voorgaande principes toe te passen is ongetwijfeld de bouw.

4.8 Terug naar de bron

Einde van de pijp ➜ aanpak aan de bron ➜ milieubewust ontwerpen ontwikkelen & produceren

Paul Hawken begint z'n boek *Ecology of Commerce*[156] met een anekdote. Een groot bedrijf loost afvalwater in een prachtige baai. In de directiekamer hangt een luchtfoto waarop de afvalstroom duidelijk waarneembaar is. De directeur wordt er door een klant op gewezen. De klant eist dat er iets aan gedaan wordt. En ja hoor, de volgende dag hangt er een luchtfoto achter het bureau waarop de afvalstroom geretoucheerd is. Een anekdote die volgens Paul Hawken duidelijk maakt hoe veel bedrijven in jaren zestig en zeventig van de vorige eeuw milieuproblemen maskeerden. Wat niet weet, dat niet deert.

In Nederland is de *end-of-pipe* aanpak nog steeds populair, ook al beseft iedereen dat het hier vooral symptoombestrijding betreft. Om emissie van kooldioxidegas (CO_2) naar de atmosfeer te voorkomen, werken energiebedrijven bijvoorbeeld aan het afvangen en opslaan daarvan. Een typische noodgreep. Ander voorbeeld: de Wet Verontreiniging Oppervlaktewateren (WVO), die in 1970 van kracht werd. Deze wet zet het bedrijfsleven aan tot het bouwen van zuiveringsinstallaties of het betalen van zuiveringslasten aan zuiveringsschappen. Aan de verontreiniging zelf wordt weinig gedaan. (Rest)stoffen worden verplaatst van het water naar de bodem (storten) of de lucht (verbranden). Bij de aankoop zijn dergelijke zuiveringsinstallaties vaak al verouderd. Bovendien zijn ze duur in aanschaf en onderhoud. Kortom: effectief is het niet. Dat is wél het geval bij preventie, een concept dat is ontwikkeld door Joseph Ling, een milieupionier, die in de vroege jaren zeventig als ingenieur bij 3M werkte. Hij kwam met een verbluffend eenvoudige oplossing voor de vervuiling: pak de vervuilers aan bij de bron, vóór ze het milieu aantasten. Deze nieuwe benadering, in combinatie met Ling's idee dat succesvol milieubeheer betrekking moet hebben op alle lucht, water en grond vervuilende stoffen, leidde tot een revolutie in het milieubeleid. Beide ideeën hielpen de overheden wereldwijd met de vormgeving van hun milieufilosofie en de daaruit voort vloeiende wet- en regelgeving.

Anno 2008 staat Ling bekend als de 'vader van de preventie'. De Amerikaanse milieudeskundige Donald Huisingh bracht het concept midden jaren tachtig van Zweden naar Nederland. In Zweden was hij één van de initiatiefnemers van het Landskrona project: afvalpreventie met een sterke bedrijfseconomische insteek. Bij experts bekend als PRISMA.

---

156 Paul Hawken, *Ecology of Commerce*, Harper Collins, 1994, hoofdstuk 1.

Huisingh zette PRISMA projecten op in ruim twintig landen, waaronder Nederland.[157] Met de PRISMA-methode kunnen bedrijven betrekkelijk eenvoudig het rendement van hun milieu-investeringen (andere grondstoffen, andere technologie, hergebruik) bepalen. Productie processen worden grondig geanalyseerd. Kosten en (verwachte) baten van milieu-investeringen worden geïnventariseerd en tegen elkaar afgezet.

Anders dan een programma, dat doorgaans een langere adem heeft, is een project eenmalig. Is het afgerond, dan verslapt de aandacht voor het milieu weer. Zo verging het ook het PRISMA project. Hoe het ook zij, de bevindingen van het PRISMA-project corresponderen met een oude volkswijsheid: voorkomen is beter dan genezen. In die zin is het niks nieuws en komt het op de meeste mensen over als een vanzelfsprekendheid.

Aanpak bij de bron (preventie) is efficiënter en effectiever dan maatregelen bij het 'einde van de pijp'. Beide methoden hebben met elkaar gemeen dat ze mechanisch van boven af worden opgelegd. De behoefte om bewust goed met het milieu om te gaan komt niet op organische wijze uit de mensen zelf voort, maar is opgelegd door de overheid en afgedwongen met sancties. Aanpak bij de bron is niettemin een verbetering. Dat geldt nog sterker voor het milieubewust ontwerpen, dat halverwege de jaren negentig opkwam.

In de jaren negentig werden milieuzorgsystemen (onder andere EMAS en ISO 14001) geïntroduceerd. Beide certificeringen beogen continue verbetering. Inmiddels zijn honderden bedrijven ISO 14001 gecertificeerd.

De toegenomen aandacht voor het milieu leidt echter vooralsnog niet tot een substantiële afname van de milieudruk. Het vierde Milieubeleidsplan maakt melding van successen, maar ook van resterende, relatief complexe milieuproblemen. Die hebben vrijwel allemaal dezelfde achtergrond. Nederland is een klein, dichtbevolkt, welvarend land. Een logistiek knooppunt met veel industriële activiteiten, ingeklemd tussen het Ruhrgebied, Antwerpen en Hamburg. De omgeving versteent. Er wordt veel gebouwd en bestraat, ten koste van grondwater en groen. De kwaliteit van het drinkwater wordt bedreigd door emissies van landbouw en verkeer. Zo'n zes miljoen personenwagens vormen de aanblik van de stad, veroorzaken fijnstof, leiden tot ongelukken en torsen een flinke ecologische rugzak vol materialen en energie met zich mee. Olie vormt de grondstof voor teveel producten. Nogal wat producten bevatten bovendien toxische, moeilijk afbreekbare stoffen, die zich in ons lichaam ophopen en soms onze hormoonhuishouding verstoren[158]. Niet bepaald een rustgevend beeld.

Onze welvaart maakt het mogelijk veel consumptiegoederen aan te schaffen, waaronder nogal wat elektronica. Met name computers verbruiken veel energie (en materialen). Efficiëntere technologie wordt meer dan gecompenseerd door toenemende aantallen apparaten en een toenemend gebruik. De distributie van voedingsmiddelen gaat gepaard met groeiende hoeveelheden verpakkingsmateriaal. Het leven speelt zich voor een groot deel af tussen muren. Wat niet goed is voor de gezondheid. Het binnenklimaat is namelijk nog slechter van kwaliteit

---

157 Prisma staat voor Project Industriële Successen met Afvalpreventie, 1992
158 Lees het indringende werk over *hormone disruption* van Theo Colborn e.o., *Our Stolen Future*

dan het buitenklimaat, onder meer door ronddwarrelend fijnstof en een te veel aan CO_2 in de lucht. Stofzuigers slokken het stof niet alleen op, maar brengen het vooral in beweging. Dat is contraproductief. De ramen zouden vaker open moeten, maar ook daarvan zijn de meeste mensen zich niet bewust. Op dit vlak is nog veel zendingswerk te verrichten. Een uitdaging voor communicatie deskundigen.

De technologie om een volgende stap te zetten, wordt in beperkte mate al wel toegepast. In de gemeente Boxtel wordt vanaf het einde van de vorige eeuw aan de wijk *In Goede Aarde* gebouwd. Een duurzame woonwijk met een hoog wooncomfort. In totaal zijn 240 woningen gepland. Hiervan hebben er twintig een energie prestatie coëfficiënt (epc) van 0.0, terwijl een epc van 0.72 volgens het Bouwbesluit meer dan goed zou zijn. In 2007 kregen de bewoners gemiddeld zeshonderd euro terug van hun energieleverancier. Het gevolg is een wachtlijst met potentiële kopers voor de woningen waaraan nog gebouwd wordt. De opzet, gericht op duurzame ontwikkeling, blijkt ook commercieel een succes. Nog nooit heeft de gemeente Boxtel zo'n succesvol bouwproject gehad. Onder aan de streep heeft de gemeente € 3.5 miljoen euro aan het project verdiend.[159] Milieu-ambities, winststreven en innovatiekracht kunnen prima samengaan, zo blijkt.
Er is nog een wereld te winnen. Veel bestaande woningen zijn onvoldoende geïsoleerd. In de provincie Noord-Brabant bijvoorbeeld is van de 1 miljoen woningen ruwweg een derde niet voorzien van vloerisolatie. Een derde ontbeert dakisolatie en nog eens een derde heeft geen dubbel glas[160].

Het populaire *Cradle to Cradle* (C2C) concept van de Duitse chemicus Michael Braungart en de Amerikaanse architect William McDonough is een vorm van milieubewust ontwerpen. Braungart en McDonough openen hun artikel *The Next Industrial Revolution*[161] met een gedachte-experiment. Ontwerp een productiesysteem, zo luidt de opdracht, dat:

- miljoenen giftige stoffen in lucht, water en bodem brengt;
- welvaart meet via activiteiten en niet via bezit;
- duizenden complexe wetten nodig heeft om te voorkomen dat mens en natuur worden vergiftigd;
- stoffen produceert waar toekomstige generaties nog steeds mee in hun maag zitten;
- gigantische hoeveelheden afval oplevert;
- overal op aarde waardevolle materialen verstopt, op plaatsen waar zij nooit meer gebruikt kunnen worden;
- een aanslag doet op de verscheidenheid aan biologische soorten en culturele gebruiken.

Geen verstandig mens zou een dergelijk systeem ontwerpen, plagen beide auteurs hun lezers. Toch zitten we daar nu wel mee opgescheept.

---

159 Mededeling van Vincent Snels, lezing café de Republiek Heusden 28 april 2008.
160 Geert Verlind, Duurzaam beheer van de bestaande woningvoorraad in de provincie Noord-Brabant, achtergrondstudie, Geert Verlind, interne uitgave Provincie Noord-Brabant, 2005, blz. 16
161 William Mc Donough, Michael Braungart, *The Next Industrial Revolution*, Green Leaf Publishing, 2001, blz 1

Michael Braungart en William McDonough introduceerden in 1996 het concept 'van wieg tot wieg'.[162] Het duurde echter nog tien jaar voor VPRO Tegenlicht er in Nederland een hype van maakte. Beide auteurs stellen in een documentaire dat het industriële systeem - door hen de technosfeer genoemd - restmaterialen oplevert die voedsel vormen voor de biosfeer (het natuurlijke systeem). Wordt de C2C filosofie consequent doorgevoerd, dan levert afval meer toegevoegde waarde op dan via de verbrandingsoven. Van wieg tot wieg, *Cradle to Cradle*, of kortweg C2C, is geen nieuw inzicht. De Duitser en de Amerikaan borduren voort op het eerder door Hardin Tibbs geïntroduceerde concept Industriële Ecologie[163]. Wat afval is voor de één, is input (grondstof, voedingsstof) voor de ander. Zo'n ecologische estafette kan alleen slagen als producten zo worden ontworpen, dat ze aan het einde van hun levenscyclus opnieuw kunnen worden gebruikt. Reststromen van de ene fabriek vormen dan de grondstof voor andere bedrijven. De oude ketenbenadering in een nieuw jasje. In Denemarken al jaren te bewonderen op het bedrijventerrein Kalundburg. In Nederland is het INES project in de Botlek op dit vlak het grote voorbeeld[164].

Braungart en McDonough gaan echter verder. Volgens enkele criticasters té ver. Al het afval moet volgens de beide C2C-profeten worden omgezet in voedsel. Als dat niet kan moet het dienen als grondstof voor producten van minimaal dezelfde kwaliteit als het oorspronkelijke product. Volgens opponenten van de C2C-benadering leidt dit al gauw tot een vernauwing van het blikveld tot louter afvalvermijding. Eén van de criticasters, Friso de Zeeuw, stelt dat de lucht die bij de nieuwe generatie verbrandingsinstallaties uit de schoorsteen komt gezonder is dan de lucht die kinderen op school inademen.[165]
Een andere kritiek luidt dat Cradle to Cradle zich concentreert op de *technological-fix*. Er wordt eenzijdig naar oplossingen gezocht in de techniek en niet in bijvoorbeeld de sociologie, de economie, of in de maatschappelijk-culturele hoek. De gevolgen van *Cradle to Cradle* systemen voor transport (demontage en hergebruik van producten leiden tot meer vervoer) en energiegebruik (recycling kost veel energie) blijven daarbij doorgaans onderbelicht."[166] We noemen het concept hier, omdat het op veel mensen indruk heeft gemaakt en een paradigma verandering heeft veroorzaakt, maar we doen er vooralsnog niets mee.

162 William McDonough & Michael Braungart, *Cradle to Cradle*, North Point Press, 2002.
163 Hardin Tibbs, *Industrial Ecology*, www.altruists.org/static/files/IndustrialEcologyHardinTibbs.pdf, mei 2008
164 zie voor korte beschrijving www.peopleplanetprofit.be/beelden/natuurimitatie.pdf, mei 2008
165 Duurzaam, tweemaandelijkse uitgave van buildingbusiness, no. 3, juni 2008, blz. 8.
166 Pim Martens en Bas Amelung , Hoogleraar en docent aan het instituut ICIS van Universiteit Maastricht, Trouw, de Verdieping, 07 12 2007

4.9   Nabootsing van de natuur (Biomimicry)

Materiële verrijking ➔ Overleven met minder ➔ Natuur als inspiratie

Planten, dieren en mensen zijn in de loop van miljoenen jaren geëvolueerd tot complexe organismen, waar we veel van kunnen leren en die we na kunnen bootsen. Dat is althans de mening van Janine Benyus[167]. In 1997 publiceerde zij *Biomimicry: Innovation inspired by Nature* en legde het fundament voor een andere, meer organische manier van ontwerpen en ontwikkelen. Helemaal nieuw is het niet, want de oude Grieken en Egyptenaren lieten zich ook al graag inspireren door de natuur, maar het is op z'n minst een veelbelovende, hernieuwde kennismaking.

Bio-mim-ic-ry gebruikt de natuur als inspiratiebron voor allerlei producten[168]. Nauwkeurige bestudering van een boomblad kan bijvoorbeeld een beter werkende en goedkopere zonnecel opleveren. De voorbije 3,8 miljard jaar hebben volgens Benyus uitgewezen wat werkt en wat niet, wat duurzaam is en wat gedoemd is weer te verdwijnen. Volgens Benyus is *Biomimicry* een radicaal andere manier van denken. Niet gericht op het domineren of verbeteren van de natuur maar op het met respect imiteren daarvan[169].

Aan de universiteit van Delft doceert Hein van Bohemen *Ecological Engineering*[170], in Brabant aangeduid als 'innovatief groen'. Een uitgebalanceerde combinatie van ecologische en technische maatregelen, gericht op het behoud en de bescherming van natuurlijke systemen en op het schadeloze gebruik daarvan door mensen[171]. Het gaat hier in hoofdzaak om maatregelen in het stedelijk gebied en bij weg- en waterbouw die zowel de natuur als de mens voordeel opleveren. Voorbeelden te over: grasdaken op gebouwen voor de verbetering van het binnenklimaat, energie besparen (door betere isolatie), opvoering van het waterbergend vermogen van de natuur, verbetering van de esthetische kwaliteit van de betreffende gebouwen. Of, meer specifiek: groene gevels, zoals Patrick Blanc[172] uit Frankrijk die toepast, de inzet van wadi's in woonwijken om regenwater af te voeren, de ecologische waterzuiveringsinstallaties (*Living machine*) van James Todd[173], die ervoor zorgen dat kinderen veilig kunnen zwemmen, ecoducten en bloemenweiden in plaats van 'kaal' gras.

---

167 Zie haar presentatie op *You Tube* bij TED, google op Janine Benyus, TED, oktober 2009
168 Eerdere auteurs als Lebedew (Bionik), Hardin Tibbs (*Industrial Ecology*) zijn Benyus voorgegaan met vergelijkbare ideeën.
169 Janine Benyus., Biomimicry, 1997, blz 2.
170 Hein van Bohemen, *Ecological Engineering: bridging between ecology and civil . engineering*,Aenas, 2005 Boxtel
171 Hein van Bohemen, in gesprek met Martin Bakker, maart 2008
172 www.verticalgardenpatrickblanc.com, mei 2008
173 zie www.oceanarks.org voor meer gedetailleerde informatie over *Living machines* en de achterliggende principes, september 2008.

In de provincie Noord-Brabant is er wat dit betreft bij overheden, universiteiten en bedrijfsleven nog veel te weinig sprake van een concrete agenda. Men beschikt evenmin over voldoende kennis, inzichten[174] en ervaring om *Ecological Engineering* op grote schaal te kunnen toepassen. De potentie is enorm groot en de extra kosten zijn te overzien. De proeftuin Geerpark – duurzame wijk in Heusden – komt weliswaar in de buurt van deze benadering. De eerste paal moet echter nog de grond in tijdens het afronden van dit proefschrift. Geerpark wordt uitgebreider belicht in Deel III als een van de experimenten van Brabant op het gebied van duurzame ontwikkeling.

4.10   Keuze van materialen

Niet hernieuwbare ➜ Cyclisch[175] ➜ Minder, geen of
materialen   denken   hernieuwbare materialen

In een economie waar de vraag naar woningen, auto's en koelkasten het aanbod ver overtreft, nemen producenten het door de bank genomen niet zo nauw met de materiaalkeuze. Er moet geleverd worden. Gezinnen die al twee jaar wachten op een huurwoning, hoeven geen energieneutrale woning te hebben. Zeker niet wanneer ze daarvoor een hogere huur betalen. Zij willen simpelweg een woning. Dat is alles. Als gevolg van dergelijke mechanismen zijn veel consumptiegoederen, voertuigen, woningen en fabrieken gemaakt van materialen die worden onttrokken aan de bodem, zoals metalen (zink, ijzer, zilver), of die speciaal door de mens worden gemaakt, maar niet of moeilijk afbreekbaar zijn, zoals plastics en andere kunststoffen. Tot voor kort kwamen deze materialen terecht op vuilnisbelten of in de natuur. In de meeste ontwikkelingslanden is dat nog steeds het geval. In een volgend ontwikkelingsstadium werden deze materialen door geïntegreerde afval verwerkende installaties (GAVI's) afgescheiden van het overige afval en klaargemaakt voor hergebruik. Lukt dat niet, dan worden ze verbrand, zodat het in elk geval nog wat elektriciteit oplevert.

Recycling en milieubewust ontwerpen zijn voorbeelden van cyclisch denken, die in belangrijke mate voldoen aan de voorwaarden die in de inleiding aan concepten worden gesteld. Ze zorgen er in elk geval voor dat de aarde minder (snel) uitgeput wordt dan anders het geval zou zijn geweest. Dat neemt niet weg dat het gebruik van niet hernieuwbare materialen in absolute zin best kan toenemen, bijvoorbeeld als gevolg van economische groei. Er is een fundamenteel andere manier van denken en doen nodig om het gebruik van niet hernieuwbare, vaak ook nog

---

174 Bijvoorbeeld in de kosten van een grasdak waarbij men te maken heeft met een 1.5 tot 2 keer zo hoge aanvangsinvestering, maar met de verlenging van de levensduur van een dak met een factor 2. Over het hele leven van een dak bezien zijn de kosten dan ongeveer gelijk. Samen met de onbekendheid (o.a. angst voor lekkages) en een conservatieve bouwwereld die kiest voor 'zekere' oplossingen werkt dit belemmerend voor de introductie. Stef Janssen van Dakconsolidated (marktleider in Nederland renovatie van platte daken) berekende voor een groen dak van 5000 m2 eenzelfde prijs als een 'normaal' dak.

175 kringloop van Winning van grondstoffen – Gebruik – Verwijdering – Productie – Hergebruik – Opnieuw gebruik grondstoffen.

giftige, materialen in absolute zin terug te dringen. Een dergelijke benadering bestaat, maar is onvoldoende bekend en wordt daarom nog niet op grote schaal gebruikt. De eerste stap naar een meer duurzaam materiaalgebruik is dan ook: verbreiding van het gedachtengoed.

Economische groei belast doorgaans het milieu, tenzij maatregelen worden genomen om de extra milieudruk te compenseren. De belangrijkste factor voor succes is daarbij volgens Prof. Kenneth Geiser van het *Lowell Center for Sustainable Production of the University of Massachusetts* in Lowell (VS) de keuze en het gebruik van materialen. 'Ligt het dan niet voor de hand om de analyse en het beleid daarop te richten,' vraagt hij zich in zijn boek *Materials Matter* af. Als we van meet af aan meer aandacht geven aan de keuze van materialen, zo redeneert hij, dan hoeven wij in een later stadium minder te letten op eventueel nadelige gevolgen, zoals de giftigheid van stoffen[176].
Het materiaalgebruik in Westerse economieën is in de vorige eeuw sterk veranderd. Hernieuwbare grondstoffen zijn door niet hernieuwbare vervangen. Binnen de categorie hernieuwbare materialen werden mineralen ingewisseld voor op olie gebaseerde grondstoffen. Van katoen ging het naar nylon en van nylon naar polyester. Dat was (en is) de trend. Waar bij komt dat de meeste materialen ook nog eens te snel in ons leefmilieu terecht komen. Op twee manieren. Eén: tijdens het gebruik verspreidt zo'n 30% van de materialen zich[177]. Twee: door sneller verbruik krijgen we eerder afval. De helft tot driekwart van alle materialen in de industrie komt zo binnen een jaar aan z'n einde.

De Brabantse economie vormt daarop geen uitzondering. Er worden niet alleen steeds meer en andere (vooral synthetische) materialen gebruikt. De doorloopsnelheid van deze materialen in de economie is ook nog eens een keer enorm versneld. Het gaat daarbij dus niet alleen om de materialen die uiteindelijk in een product terecht komen, maar ook om alle stoffen, waaronder (fossiele) brandstoffen, die nodig zijn om de betreffende materialen van 'wieg tot graf' te maken.

Behalve het enorm toegenomen gebruik van niet hernieuwbare materialen is volgens Ken Geiser ook de aard van de materialen van belang. In de wetenschappelijke literatuur worden meer dan 700.000 chemische stoffen onderscheiden. Daarvan worden er iets minder dan 70.000 in de industrie gebruikt.[178] Van veel chemische stoffen is de acute giftigheid bekend. Maar wat de invloed is op de gezondheid van de medewerkers die eraan worden bloot gesteld, daar weten we bitter weinig van.

---

176 Materials matter, '*the premises of this book is quite simple. If we paid closer attention to the materials that we produce, we could pay less attention to the impacts of those materials once they are released to the environment and people are exposed to them.*', blz 2
177 Idem, blz. 80.
178 *Materials Matter*, blz. 4

Laat staan van de lange termijn effecten op de gezondheid van werknemers. En wat gebeurt er als stoffen met elkaar in het leefmilieu in een cocktail bij elkaar komen? Ook dat blijft gissen[179].

Bij het ontwikkelen van stoffen en het gebruik daarvan in de samenleving speelt de giftigheid een geringe rol. Met uitzondering dan van die stoffen die met opzet toxisch zijn, zoals, pesticiden en ontsmettingsmiddelen. Het is volgens Geiser dan ook een uitdaging om te zoeken naar alternatieven die minder toxisch zijn dan de bestaande stoffen. De Amerikaanse onderzoeker doet een poging om de gegroeide situatie modelmatig weer te geven.

Bij een lineair model gaan aan de ene kant grondstoffen en hulpstoffen de economie in en komen er aan de andere kant emissies en afval uit. De aanname bij dit model is dat de menselijke samenleving een geïsoleerd maar open systeem is, enigszins separaat en afgeschermd van de omgeving (het milieu). Materialen komen van 'ergens daarbuiten' en worden na gebruik ook weer 'ergens daarbuiten' gedumpt. Het milieu (de omgeving) is in deze benadering een ongelimiteerde bank met een oneindige voorraad aan grondstoffen en tegelijkertijd ook een bodemloze put met een oneindige capaciteit om afval en emissies op te nemen.

De werkelijkheid zit anders in elkaar. De voorraden grondstoffen en fossiele brandstoffen zijn niet onuitputtelijk en de opnamecapaciteit van bodem, lucht en water is beperkt. Veel ecologen beschouwen de economie daarom als een subsysteem dat is ingebed in een breder natuurlijk ecosysteem. Tegenover het lineaire model van de economen stellen zij een cyclisch model. Een model dus dat rondloopt: van de winning van materialen naar het gebruik en de verwijdering daarvan en vervolgens terug naar de productie en het hergebruik. Zoals bij de continue stroom van nutriënten en afval in gezonde ecosystemen. Deze cyclische benadering wordt ook wel aangeduid als 'kringloopeconomie' of 'levenscycluseconomie'.

---

179 *Materials Matter*, blz. 13, 14: *Most of today's industrial materials are used with an incomplete understanding of their health and environmental effects.. Even if we had the data, the task of writing regulations for thousands of chemicals and monitoring and enforcing those regulations would be well beyond the means of any government. Instead we rely on a lot of good will among chemical users, a lot of concern over liability for chemical damage, a lot of professional denial, and a lot of just plain ignorance".*

Figuur 6. Een kringloopeconomie of levenscycluseconomie, een manier van handelen en een manier van levenscyclusdenken volgens Ken Geiser, Materials Matter[180].

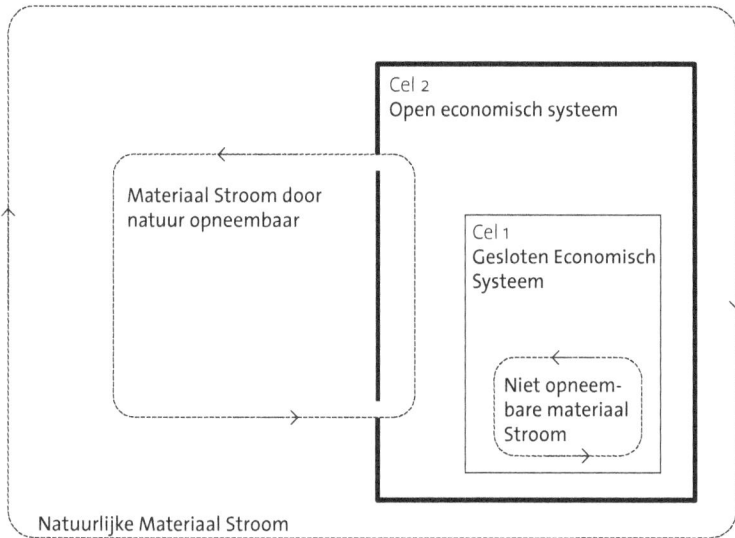

Materialen stromen in deze benadering via een spiraal van 'cirkels' door het milieu en door de economie. Volgens Ken Geiser is het meer dan een model. Het is een manier van denken. Levenscyclus denken. Materialen, producten en afval zijn daarin fundamenteel hetzelfde (zie figuur 3). Vanuit het perspectief van een levenscyclus is het voor de gezondheid van het milieu of de mens nauwelijks interessant of een materiaal een voorraad, een product of afval is. Er zijn stromen die van wieg tot graf en stromen die van wieg tot wieg gaan. Producten zijn in dit model synoniem voor 'hergebruikt of gerecycled afval'. Of om Loesje[181] aan te halen: 'Afval is een grondstof waar nog geen koper voor gevonden is'.

In dit denken is afval opnieuw gedefinieerd. Materialen worden in principe steeds weer omgezet in andere vormen. Ze worden gebruikt en weer hergebruikt. Alleen als materialen te verspreid zijn in het milieu om nog terug te kunnen winnen, is er sprake van verspilling. Of als ze zijn opgebruikt. Uit de praktijk blijkt bijvoorbeeld dat de vezels in papier ca. zeven keer kunnen worden hergebruikt voordat ze versleten zijn[182].

---

180 *Materials Matter*, Ken Geiser, vertaling auteurs
181 Loesje is in 1983 opgericht als een vereniging die door middel van het verspreiden van affiches de wereld op z'n kop wil zetten. Zie www.loesje.nl, 21 maart 2009
182 www.vangansewinkel.nl/sitecore/content/Merksites/officepaper/Home/Officepaper/Recycling.aspx, 10 juli 2011

In figuur 6 staan drie cellen met kringlopen aangegeven. Een eerste kringloop wordt gevormd door natuurlijke materialen die we, vanuit het oogpunt van duurzame ontwikkeling, koste wat kost willen beschermen en behouden. Als we deze kringloop met rust laten en niet te zwaar belasten, levert de aarde ons vitale materialen en diensten, zoals schoon water, zuivere lucht en weersystemen (zon, verdamping, wolken, regen). Cel 2 is een open systeem, met natuurlijke materialen zoals hout, kolen, olie en mineralen, maar ook leem en andere composteerbare materialen. Deze worden gebruikt en dus krijgen we afval. Dat wordt geloosd of gestort in Cel 1. Dat kan zo blijven doorgaan zolang deze materialen geen al te grote schade aanrichten aan de ecosystemen. Methoden om dat te bereiken zijn recycling en hergebruik. Volgens Ken Geiser is Cel 2 te groot geworden en is Cel 1 te zwaar belast. Kringloop 3 heeft betrekking op materialen die niet opgenomen kunnen worden in het ecologische systeem, zoals medicijnen.

Dit brengt hem tot de formulering van twee strategieën om de materialenstromen meer in evenwicht te brengen met de natuur: dematerialisatie en detoxificatie. Detoxificatie van materialen maakt continue recycling mogelijk, zonder dat we ons zorgen hoeven te maken over onze gezondheid. Het brengt grote hoeveelheden materialen terug in kringloop 2. Dematerialisatie beperkt het volume van materialen in kringloop 2, bijvoorbeeld door ze te vervangen door diensten, zoals: huren in plaats van kopen, door sneller te recyclen en door materiaalgebruik te intensiveren.

Dematerialisatie staat onder meer voor minder materiaalgebruik, levensduurverlenging van producten ('slimmer ontwerpen') en het sluiten van kringlopen. Een onderneming kan op materialen besparen door (een deel een deel van) de productie uit te besteden, bijvoorbeeld aan toeleveranciers in het Verre Oosten of Oost-Europa. In wezen wordt het probleem daarmee verschoven. Een andere optie, die wel past binnen het raamwerk van de Creërende Economie, is om materialen te vervangen door diensten. Een koploper hier is de Amerikaanse multinational Interface, met ongeveer 7.500 werknemers 's wereld grootste tapijtenfabrikant. Interface levert volgens eigenaar Ray Anderson geen tapijten maar diensten: comfort, warmte en kleur. Het bedrijf blijft eigenaar van de tapijten en onderhoudt, repareert en vervangt als dat nodig is. In 2006 was 20% van de grondstoffen voor de fabricage van tapijten hergebruikt of van natuurlijke oorsprong. In 1995 was dat 0,5%[183]. Kopieerfabrikant Xerox met 58.000 medewerkers en een omzet in 2006 van $ 16 miljard werkt volgens een vergelijkbaar concept. De klant wil fotokopieën maken, geen apparaat. Het apparaat blijft dus van de fabrikant, die de onderdelen steeds weer opnieuw gebruikt.

---

183 Interface profileert zich sinds 1995 als een bedrijf dat zich, via concepten *Natural Capitalism, Cradle-to-cradle en Natural step*, wil ontwikkelen tot het eerste echt duurzame bedrijf in de wereld. Interface publiceert gegevens over voortgang maar die worden niet door onafhankelijke derden gecontroleerd. Zie www.interfacesustainability.com/metrics.html, mei 2008

In het Global Citizens report van 2007 schrijft Xerox dat hergebruik, behalve materialen ook energie bespaart, en fiks: 1 miljoen Amerikaanse huizen kunnen een jaar verlicht worden van de besparing in het jaar 2006. Daarnaast is de emissie van CO_2 met 500.000 ton afgenomen[184]. Van detoxificatie is sprake als overheden, bedrijven of wetenschappers materialen ontwikkelen (of manieren om grondstoffen te winnen en te verwerken) die niet toxisch zijn en zich evenmin verspreiden in ons leefmilieu. Een goed voorbeeld is hier de nylon kam. Nylon is een kunststof die in 1932 is ontwikkeld door het bedrijf Dupont. De makers - Carothers en Hill – hadden geen flauw benul van de gevolgen. Die waren namelijk gigantisch. In 1993 werd meer dan 2 miljard kilo aan nylon geproduceerd uit de fossiele grondstof aardolie om onder meer kammen van te maken. Ze konden evenmin vermoeden dat het tussenproduct benzeen geclassificeerd zou worden als kankerverwekkend en als stof die in menige bodemvervuiling een hoofdrol speelt. Gelukkig voor mens en milieu werd er door wetenschap en bedrijfsleven een alternatief ontwikkeld: nylon uit maïs. Hierbij wordt geen uitputbare bron als grondstof gebruikt en ontstaat nauwelijks schade. Jammer voor het milieu, maar dit alternatieve proces wordt – zoals zo veel andere milieuvriendelijke productiewijzen – (nog) niet toegepast[185].

Bij dematerialisatie en detoxificatie gaat het niet om een korte termijn beleid van een jaar of vijf, maar om een termijn van minimaal vijftig jaar. Het gaat hier, zoals gezegd, om fundamenteel andere benaderingen, om veranderingen in ons gedrag (cultuur) en in productiestructuren. Technologische aanpassingen zijn eveneens van belang, maar spelen een bijrol.
Net als materie heeft energie de neiging om te transformeren in voor de mens minder bruikbare vormen, dat wil zeggen: te verliezen aan concentratie, zuiverheid en structuur. Dat de aarde niet vervalt tot alleen maar laagwaardige materie (afval), maar juist steeds complexere biologische structuren oplevert, komt door de zon. Die verschaft een voortdurende stroom nieuwe energie. Groene plantencellen vangen de stralen van de zon op om vervlogen materie te concentreren en te structureren. Het vermogen van planten om energie uit de zon te halen en deze om te zetten in chemische energie is het principe waar alle leven op is gebaseerd. Zo'n 3,5 miljard jaar was op deze manier sprake van evolutionaire groei. Mensen en dieren pasten zich aan de evenwichtige, cyclische patronen van de natuur aan. Zeer recent, in evolutietermen, veranderde de mens van richting. Materie werd gedumpt als zichtbaar of moleculair afval en niet meer (zoals in de 3,5 miljard jaar daarvoor) omgezet in grondstoffen. De cyclus werd doorbroken. De ontwikkeling was niet langer duurzaam. Willen we naar een meer duurzame ontwikkeling, dan moeten we de diverse kringlopen en levenscycli weer sluiten en nieuwe vormen.

---

184 www.xerox.com/downloads/usa/en/x/Xerox_Global_Citizenship_Report_2007.pdf, blz 41, . *"Since 1991, remanufacturing and recycling have given new life to more then 2.8 million copiers, printers and multifunctional system, while diverting nearly two billion pounds of potential waste from landfills... 111 million pounds (50.000 metric tons) in 2006 alone". Page 43 equipment returned to Xerox at end-of-life can be rebuilt to as-new performance specifications, reusing 70 – 90% of machine components (by weight). "we estimated that in 2006 energy savings from reused parts totaled six millions therms (170.000 megawatt hours) – enough energy to light more than 136.000 US homes for a year,* mei 2008
185 David Wann, *Deep Design: pathways to a livable future,* Island press, 1996, blz. 68

Het is gemakzuchtig om er van uit te gaan dat dit sluiten van allerlei cycli iets is wat zich buiten ons zelf afspeelt. Een labyrint van ondoorzichtige, elkaar beïnvloedende systemen, ver buiten onze persoonlijke en collectieve invloedssferen. Als dat je overtuiging of instelling is, dan geloof je dus niet in de vrije wil van individuen en in het vermogen van mensen om samen met anderen veranderingen door te voeren. In het verleden is veelvuldig bewezen dat mensen wel degelijk in staat zijn om ontwikkelingen naar hun hand te zetten. Dat begint vaak op kleine schaal met experimenten van *avant gardisten* en groeit na veel proberen, mislukken en weer proberen uit tot een organische beweging in de gewenste richting. Over de gewenste richting is een communis opinio ontstaan, een gemeenschappelijk gevoel – *common sense* - dat niet van bovenaf wordt opgelegd door regeringshoofden, burgemeesters en andere hoogwaardigheidsbekleders, maar dat van binnen uit groeit.

Waarom zouden de grote economische, energetische, ecologische en sociale problemen van deze tijd een uitzondering vormen?

4.11   Vrijwillige Eenvoud

Goed hebben ➜ Goed voelen ➜ Goed laten voelen

Aan het begin van de negentiende eeuw dook in West-Europa en de VS een nieuwe groepering op. De mensen die zich erdoor aangetrokken voelden, droegen eenvoudige kleding, woonden in de goedkopere buurten van de stad, lazen veel, leken weinig belangstelling te hebben voor geld, waren veelal melancholiek van aard, hadden meer op met kunst en emotie dan met handel en materieel succes en konden een onconventioneel seksleven leiden; de vrouwen droegen hun haar soms kort, nog voor dit in de mode kwam. Men noemde hen bohémiens, het tegendeel van de met juwelen en dure kleren behangen fotomodellen in de weekend bijlage van de Financial Times *How to spend it*. Eén van de aanhangers, Arthur Ransome merkte destijds op: 'De bohémien kan overal zijn. Het is geen plaats maar een geestesgesteldheid'.[186]

Een soortgelijke geestesgesteldheid zie je begin 21ste eeuw weer opduiken. Met name goed opgeleide ouderen, maar ook veel jongeren, streven naar zelfontplooiing, een goede gezondheid, levensvreugde, een diverse (spannende) samenleving en een schoon milieu. Ze bekommeren zich minder om de zekerheid van een baan, inkomen en bezit. Ook niet om bedrijven en reclamebureau's die hen een life-style van '*we want it all and we want it now*' proberen voor te schrijven. Ze gaan hun eigen gang en doen wat ze leuk vinden. 'Je goed voelen' wint het bij hen van 'het goed hebben'. De Bohémien anno 2010 wil gezond en duurzaam leven, zonder de natuur te plunderen, met veel oog voor de noden van anderen. Hij hoeft niet zonodig succes te hebben. Grote T-bone steaks zijn aan hem niet besteed. De

---

186 Arthur Ransome, *Bohemia in London*, 1907. Zie ook: Statusangst van Alain de Botton.

Bohémien is een sla-eter, maar heeft wel degelijk een goed gevoel voor eigenwaarde. William James heeft hiervoor een wiskundige vergelijking opgesteld: Gevoel voor eigenwaarde = Succes : Ambities

Het opgeven van ambities is volgens James 'net zo'n grote opluchting als het verwezenlijken ervan'. Als mensen beter geïnformeerd zouden zijn, dan zou deze groep avant gardisten waarschijnlijk al uitgegroeid zijn tot de *mainstream*. Wat te denken bijvoorbeeld van dit simpele onderzoeksgegeven van het Wuppertal Instituut: 20% van het totale materiaal- en energiegebruik heeft betrekking op het in huis krijgen van voedsel. Een optelsom van: dieselolie voor tractoren, de productie van veevoeder, energie voor de voedingsmiddelenindustrie, brandstof voor het transport, stroom voor de koelinstallaties in supermarkten, et cetera. Voor sla gelden lagere kosten.

'De *bottom line* is dat we moeten leren om meer met minder te doen,' schrijft Gil Friend in *The Truth About Green Business*, 'minder materialen en minder impact op het milieu'[187].

4.12 Samenleving met louter winnaars

competitie/ parasitisme ➔ commensalisme ➔ Allemaal Winnen

De geschiedenis van de mensheid is bezaaid met geweld, terreur, moord en doodslag. Destructie ligt de mens kennelijk beter dan constructie. Maar er is iets fundamenteel aan het veranderen. De Europese Unie en het Internet zijn voorboden van een nieuwe tijd waar samenwerken en delen de plaats innemen van 'ieder voor zich en God voor ons allen'. Er groeit een andere houding ten opzichte van 'bezit'. Langzaam ontstaat het besef bij de Avant garde in welvarende landen dat 'meer' niet nodig is en zij gaan rijkdom delen (Vrijwillige Eenvoud). Een dergelijke houding kunnen we (nog) niet verwachten van mensen die moeten vechten om te overleven, voor wie de strijd om brood hun bestaan bepaalt. Op het gebied van kennis zijn we al veel verder. Waar eerst gold: Kennis is macht, geldt nu: Kennis delen is macht. Samen weten we meer. Het nieuwe paradigma verspreidt zich als een virus door de economie, de ecologie, de energievoorziening en de samenleving. Vanuit de harde realiteit van de competitie, met winnaars én verliezers (of alleen maar verliezers, bij een prijzenslag), bewegen we ons in de richting van een maatschappij waarin samenwerking en het delen van kennis, contacten, middelen en ideeën leiden tot een beter leven voor iedereen. Een maatschappij met allemaal winnaars is te prefereren boven een maatschappij waarin de welvaart en het welzijn van de één ten koste gaat van de welvaart en het welzijn van de ander. Daar ligt namelijk de kiem van geweld, terreur, moord en doodslag. Wij bewandelen het smalle bergpad van de constructie, beseffende dat er aan weerszijden diepe afgronden zijn. Het smalle bergpad is betegeld met de kern van ons engagement: *To Create the World We Want*

---

187 Gil Friend, *The Truth About Green Business*, FT Press, 2009, blz. 14.

to Live In. Niet afwachten wat anderen doen, maar zelf handelen. Om Martin Luther King te citeren: *'The biggest threat to humanity, is not the evil of the bad persons. It is the passivity of the good ones!'*

Het openen van de binnengrenzen van de Europese Unie voor goederen, diensten, mensen en kapitaal en het delen van kennis, muziek, beelden, contacten en ideeën via het Internet (*YouTube, Facebook, Hyves, Twitter, Wikipedia, LinkedIn*) zijn belangrijke mijlpalen op een weg naar de toekomst die gekenmerkt wordt door vrede, vrijheid, empathie en eenheid in verscheidenheid. Een wereld van verschil, waarin Europa de deuren naar buiten open zet en Internet van de wereld een dorp maakt.

In de biologie worden vier verschillende typen samenwerking onderscheiden:

- Commensalisme: een relatie tussen twee organismen, waaruit het ene organisme voordeel haalt, maar het andere onaangeroerd blijft;[188]
- Allemaal Winnen (wederkerigheid, mutualism): beide organismen profiteren;
- Competitie: beide organismen lijden schade (bijvoorbeeld bij een prijsoorlog);
- Parasitisme: de één profiteert, de ander lijdt schade.

Competitie en parasitisme zijn echo's uit het verleden. Commensalisme en Allemaal Winnen zijn de herauten van een organisch en duurzaam ontwikkelend samen leven van mensen, dieren en planten in de toekomst. De verandering van paradigma doet zich namelijk niet alleen voor bij de mens. Ook dieren ontdekken in toenemende mate de voordelen van samenwerken en delen. In *Life*, een 600 minuten durende documentaire van *BBC EARTH* over dieren en de kunst van het overleven, komen drie jachtluipaarden voor die samen een struisvogel vellen en is te zien hoe tuimelaars in de Baai van Florida samen vissen vangen. Eén dolfijn trekt met z'n staart een cirkel van modder om een school vissen heen. Die vissen raken in paniek en zoeken springend een uitweg uit het troebele water. De overige dolfijnen hoeven alleen maar hun bek open te doen om hun lunch te nuttigen.

Bij evolutie passen planten, dieren en mensen zich aan veranderende omstandigheden aan. Ze bedenken bijvoorbeeld nieuwe manieren om vis te vangen, of wapenen zich tegen klimaatverandering. De overlevingstactieken worden opgeslagen in de genen van de betreffende planten, dieren en mensen en worden vervolgens doorgegeven aan hun nakomelingen. De soorten die zich het beste aanpassen, overleven. De evolutietheorie beschrijft hoe kennis en kunde door opeenvolgende generaties worden gedeeld.

---

188 Commensalisme is afgeleid van de Latijnse uitdrukking 'cum mensa', hetgeen staat voor:'een tafel delen'.

Bijzondere aandacht is er voor het (productie)middel energie. A.J. Lotka en H.T. (Howard) Odum schrijven in een blog over Evolutie door Natuurlijke Selectie189, dat in de strijd om het bestaan dié organismen overleven die er het best in slagen om energie naar zich toe te trekken. Door samen te werken en te delen kan er efficiënter worden gewerkt. '*Although survival of the fittest in nature does involve a lot of confrontation, competition, predation, and other kinds of violent behavior*,' schrijft Howard's broer, Eugene Pleasants Odum, in Ecological Vignettes (1998, §5.1), '*there is also a lot of peaceful cooperation, not only between individuals, but between species as well, for mutual benefit.*' Ecologen gebruiken de term '*mutualism*' als de samenwerking van twee niet gerelateerde soortgenoten zo intens is, dat de één niet zonder de ander kan. *Mutualism* ontwikkelt zich vaak tussen twee organismen die hebben wat de ander niet heeft, zodat ze allebei voordeel putten uit samenwerking. Opeenvolgende generaties hebben daar profijt van en kunnen er op voortborduren. Wij duiden deze vorm van samenwerking aan als 'Allemaal Winnen'.

Dit hele proces verloopt niet lineair, maar nogal chaotisch. Er doen zich namelijk 'mutaties' voor. In de biologie worden daarmee veranderingen in het DNA bedoeld als gevolg van straling, virussen, chemicaliën of fouten. Biologen zien in mutatie het mechanisme dat de wegbereider is voor het hele proces van natuurlijke selectie. Mutaties kunnen een soort zowel voordelen als nadelen opleveren. In het eerste geval overleven de nakomelingen, in het tweede geval sterven ze uit. In het DNA van planten, dieren en mensen komen 'hotspots' voor waar mutaties honderd maal vaker opduiken dan bij een normale mutatiegraad het geval is.

4.13   Vrij Veranderen

Ego-centrisme ➔ open communicatie ➔ empathie

Iedereen kijkt op eigen wijze naar de wereld om zich heen en vormt op die manier een eigen kijk op de werkelijkheid. Deze wordt mede gevoed door opvoeding, eerdere ervaringen, kennis, geloof, aannamen, angsten, et cetera. Het zijn als het ware brillen waardoor de werkelijkheid bekeken kan worden. De aspecten horen bij elkaar. Samen vormen ze een eenheid. Het ene aspect kan niet zonder het andere.

Vertalen we dit naar organisaties, dan dringt het onderscheid tussen onderstroom en bovenstroom zich op. We kunnen dit ook aanduiden met de termen 'informele' en 'formele' organisatie. Het begrip 'stroom' drukt uit dat we het hier hebben over dynamische processen, over verandering dus. In de psychologie wordt de term 'onderstroom' gebruikt om 'de loop van iemands diepere gevoelens' aan te duiden. In de economie wordt, met name door de

---

189 Fishsnorkel.com, //fishsnorkel.wordpress.com/2010/05/07/a-j-lotka-and-h-t-odum-on-the-maximum-power-principle-a-possible-biological-explanation-for-humanities-escalating-appetite-for-energy-at-the-expense-of-the-environment/, 7 mei 2010

klassieke econoom Karl Marx, onderscheid gemaakt tussen 'onderbouw' (de wijze waarop de economie is georganiseerd en allerlei belangen – bijvoorbeeld die van kapitaaleigenaren en werknemers - zich tot elkaar verhouden) en 'bovenbouw' (ideeën, cultuur).
De onzichtbare onderstroom en onderbouw bepalen in belangrijke mate de zichtbare bovenstroom en bovenbouw. Veel problemen lossen zichzelf op zodra we zichtbaar maken wat onzichtbaar is en de onzichtbare aspecten omvormen tot variabelen waarop gestuurd kan worden.

Hoe zorgen we er nu voor dat mensen open staan voor verandering?
Heel belangrijk is daarbij dat de leden van de groep elkaar vragen stellen en informeren naar de mening van anderen, dat ze oog hebben voor elkaars capaciteiten, ideeën, doelen & achtergronden en dat ze proberen om van één plus één drie te maken. Dat kan ertoe leiden dat mensen heel andere rollen krijgen dan ze op papier (de klassieke hiërarchie) hebben. Het is belangrijk om hier vrij en onbevangen mee om te gaan, zonder meteen in vaste patronen te vervallen. Eerst observeren, dan analyseren, concluderen, terugkoppelen (feed back) en naar binnen en buiten communiceren. Daarna pas handelen, vanuit de verkregen inzichten en patronen.

Het gaat erom dat mensen en organisaties zelf inzien wat er gebeurt, wat er goed gaat, wat er mis is, hoe het anders kan en welke rol iedereen daarbij kan spelen. Organisaties bestaan uit mensen. Heel belangrijk is dat mensen (binnen, tussen en buiten organisaties) elkaar aanvoelen, zich in elkaar kunnen verplaatsen, open communiceren en samenwerken. Er zijn nogal wat werkvormen voor het naar boven halen van de onderstroom. Een hele simpele methode is: samen met de bus ergens naar toe gaan. Naar een inspirerende plek bijvoorbeeld. In de bus kunnen de mensen elkaar beter leren kennen en kunnen ze ideeën uitwisselen. Stop mensen in één ruimte en het gaat vanzelf gisten. Een andere methode is die met de praatstok. Eén van de deelnemers krijgt de praatstok in handen en geeft z'n kijk op een vraagstuk. De andere deelnemers luisteren tot hij/zij is uitgesproken. Vervolgens verwoordt de volgende deelnemer het standpunt van z'n voorganger op zodanige wijze dat deze zich begrepen voelt. Pas als hij zich inderdaad begrepen voelt, mag de volgende deelnemer de praatstok overnemen en z'n eigen standpunt geven. Deze werkvorm is bedoeld om mensen te leren luisteren naar anderen. Eerst proberen te begrijpen wat een ander zegt, dan pas zelf begrepen worden.[190]

Er zijn ook werkvormen om elkaar beter te leren kennen. Veel van die werkvormen zijn nogal confronterend. Ze leggen de diepere zielenroerselen van mensen bloot. Niet iedereen gaat daar gemakkelijk mee om. Deze methode werkt dan ook alleen als de gespreksleider(s) het vertrouwen krijgen/hebben van alle deelnemers aan de workshop en meerdere sessies kunnen inplannen. Bewustwording en gedragsverandering zijn langdurige, taaie processen. Niet alleen als het individuen betreft, maar ook als het om organisaties gaat.

---

190 Rozemarijn Dols & Josine Gouwens, 50 werkvormen voor creatieve sessies, Van Duuren Management, Culemborg, 2009, blz. 36.

Een 4.500 jaar oude, veelvuldig beproefde methode om jezelf en anderen (beter) te leren kennen is het Enneagram. Elk individu heeft in essentie een bepaalde persoonlijkheid, die zich tussen de vijfde en twaalfde maand van iemand's leven ontwikkelt. 'Het gaat er om,' aldus Enneagram 'goeroe' Willem Jan van de Wetering, 'hoe jij de scheiding van de moeder destijds aan jezelf hebt weergegeven. Tot de vijfde maand had je de indruk dat de verzorgende ouder er altijd was. Wanneer je je oogjes open deed, leek ze aanwezig. Na de vijfde maand komt de moeder wel eens niet op je gehuil of op je kreetjes af. Je ligt enige tijd alleen en voelt dat er niemand is. Hoe je dat moment aan jezelf weergeeft, bepaalt voor het grootste deel je Enneatype. De baby die aan zichzelf weergeeft dat hij niet goed genoeg is, wordt een perfectionist, degene die denkt dat hij niet gewaardeerd wordt om wie hij is maar om wat hij doet, wordt een winnaar.'[191]

Het basale type dat je in je eerste jaar bij jezelf ontwikkelt, wordt in de jaren die volgen, aangevuld met eigenschappen van andere typen, maar je oertype blijft overal doorheen spelen. Er zijn veel boeken over het Enneagram als persoonlijkheidstypologie en als procesmodel. Ze kunnen individuen en organisaties bewust maken van de krachten die iemand of iets vormen.

Bewustwording begint bij het individu en verspreidt zich van daaruit alle richtingen in. Op een gegeven moment krijgt een bepaald idee, of een bepaalde oplossing voor een probleem, zoveel steun (kritische massa) dat er een omslagpunt (*tipping point*) wordt bereikt. Een andere metafoor is die van de wortelstok. Ideeën en oplossingen verspreiden zich als de wortels van gras: ongecoördineerd, alle kanten opschietend. Een individueel initiatief kan hierdoor zoveel kritieke massa krijgen dat het op een gegeven moment leidt tot een kanteling van structuren en systemen in de samenleving. De overheid heeft via haar beleid invloed op het individu en kan op talloos veel manieren proberen om groepen mensen een bepaalde kant op te leiden. Directief, of door middel van *tell & sell*, door met hen te onderhandelen (voor wat hoort wat), of door van onderaf te ontwikkelen[192].

4.14   Verzet als breekijzer voor verandering

Normen ➜ Burgerlijke ongehoorzaamheid ➜ Citizenship

De overheid speelt een belangrijke rol op vrijwel alle terreinen van het maatschappelijke leven. Regering en parlement bepalen met wet- en regelgeving wat er op nationale schaal mag en niet mag, wat moet en wat kan. Op regionale en lokale schaal zijn het soortgelijke instituties die de 'onder'danen in een zo mogelijk nòg strakker keurslijf persen. De rechtelijke en uitvoerende macht, die als tegenwicht zouden moeten functioneren - althans volgens de leer van de trias politica, de scheiding van de drie machten binnen de staat - zijn in Nederland en ook elders volledig ondergeschikt aan de wetgevende macht. De legitimiteit van deze

---

191 Willem Jan van de Wetering, Het Enneagram als weg naar verandering, negende druk, blz. 14.
192 Reitsma Elsbeth, Empel van, Frank, De vier 'aanpakken' worden verder uitgewerkt in Wegen naar verandering, een praktische handleiding voor het tot stand brengen van veranderingen in organisaties, , Academic Service, 2004, § 4.3.

overweldigende dominantie ontlenen regering en parlement aan het vermogen om mensen en organisaties, met het Wetboek van Strafrecht in de hand, ergens toe te dwingen. Die macht is zo groot dat hij vanzelfsprekend is geworden en niet meer ter discussie wordt gesteld. Dat is echter niet altijd zo geweest. Tot diep in de vorige eeuw hadden de meeste overheden juist erg beperkte opdrachten en bevoegdheden. De politieke processen waren nog niet zo sterk geïnstitutionaliseerd als nu. Er was sprake van 'discursieve' politiek. Dat wil zeggen: de besluitvormers bepaalden zelf volgens welke spelregels en procedures ze tot een besluit wilden komen[193]. Zo'n decentrale besluitvorming gaat goed zolang de vraagstukken waarover besloten wordt, een beperkt bereik hebben. Wordt het bereik groter, dan ontstaan er geheid conflicten. Het ene ministerie wil de nationale luchthaven uitbreiden vanwege de extra arbeidsplaatsen die dat oplevert. Een ander ministerie wil juist minder vliegverkeer om de overlast voor omwonenden te beperken. De ene gemeente wil een bos verkavelen. Een aanpalende gemeente wil hetzelfde bos juist behouden als recreatiegebied.

Belangenconflicten, chaos, inconsistentie en incoherentie verlammen de decentrale, discursieve politiek. Dit leidt vanzelf tot de vraag of het niet beter is de gefragmenteerde discursieve politiek te vervangen door één enkel overkoepelend besluitvormingsproces voor de hele samenleving, onder regie van een gekozen volksvertegenwoordiging. De discursieve politiek wordt ingepakt in een 'integraal' systeem, waar de overheid de dienst uitmaakt. 'Integraal' wil hier zeggen dat de vele discursieve processen in de samenleving worden overkoepeld, gecontroleerd en geïntegreerd in één en hetzelfde systeem.[194] Een systeem dat zich niet alleen weet te handhaven in de 'turbulente' omgeving van discursieve processen, maar sterker uit de strijd komt.[195] Gevolg: een vrijwel onaantastbare machtspositie voor de staat met zijn vele instituties.
'De hedendaagse integrale systemen,' schrijft Dierickx, 'zijn erin geslaagd veel meer machtsmiddelen te verzamelen dan de oudere. De nieuwe communicatiemedia, de grotere financiële middelen, de moderne organisatievormen dragen het hunne bij tot een grotere beleidskracht van de overheid.'[196]

---

193 Politicologen noemen politieke processen 'discursief' als de besluitvormers zelf bepalen volgens welke spelregels en procedures ze tot een besluit zullen komen. Guido Dierickx, De logica van de politiek, uitgeverij Garant, 2005, blz. 89.
194 Guido Dierickx, De logica van de politiek, Uitgeverij Garant, Antwerpen/Apeldoorn, 4e druk 2005, blz. 102.
195 idem, blz. 102.
196 idem, blz. 122-123.

Uit het 'integraal systeem' kwam de rechtsstaat voort. En daar weer bovenuit torent, als heer en meester, de democratie. De democratie kent een aantal spelregels:

1. het begin van het besluitvormingsproces – de selectie van de problemen (agendasetting) wordt volledig vrij gelaten;
2. het conflict wordt beslecht wanneer een voorstel gesteund wordt door een meerderheid van de individuele deelnemers;
3. er mag geen vooropgezette, vaststaande doelstelling zijn die kan dienen als maatstaf om de waarde van het te voeren en van het gevoerde beleid te beoordelen[197].

De democratie werkt als de debatten in het Kabinet en het Parlement een goede afspiegeling vormen van het maatschappelijke debat, waarna de gezanten van het volk in de Tweede Kamer de kroon op het werk zetten door de wet- en regelgeving zo bij te buigen dat ze weer *up to date* zijn.

'Discussies en democratische besluitvorming moeten op elkaar aansluiten,' schrijft A.F.A. Korsten in een artikel over discourse analyse. 'Deze afstemming is in het recente verleden niet steeds goed geweest. Of het nu gaat om de HSL, de Betuwelijn, de onderwijsproblematiek of de plattelandsinrichting, de consensus van het poldermodel, halstarrigheid van bestuurders en een parlement met te weinig eigenstandige analyse produceerde suboptimale oplossingen'[198].

Verkalkend systeem? Deconstructie nodig?

Het integraal systeem, de rechtsstaat en de haperende democratie hebben de onderdanen in een wurggreep. Zelfs het allerlaatste machtsmiddel dat gepassioneerde minderheden nog hebben om hun afwijkende ideeën en opvattingen kenbaar te maken aan een groter publiek, het activisme, wordt in oktober 2009 onder vuur genomen door de rijksoverheid, in casu minister Ter Horst van Binnenlandse Zaken. Hoewel activisten, anders dan extremisten, binnen de grenzen van de wet blijven, dreigt ook deze vrijhaven onder de lange arm der wet gebracht te worden.

NRC-Handelsblad, 12 oktober 2009: 'Inlichtingendienst AIVD waarschuwt voor de toename van extremistisch geweld door tegenstanders van het opsluiten en uitzetten van vreemdelingen. Deze kleine groep mensen verzet zich op radicale wijze tegen het asiel- en vreemdelingenbeleid van de Nederlandse regering.'

'Een van de groepen die het illegale verzet bepaalt,' vult de Volkskrant een dag later aan, 'is volgens de dienst de Anarchistische Anti-deportatie Groep Utrecht (AAGU). Dat is "complete onzin," zo laat een AAGU-woordvoerder per mail weten. "Wij gebruiken al jaren dezelfde soort actiemethoden. Directe actie is daar – naast bijvoorbeeld informatie geven, een belangrijk onderdeel van – en dat is soms wetsovertredend (volgens de overheid), maar onze acties zijn

---

197 Idem, blz. 154-156.
198 A.F.A. Korsten, bijzonder hoogleraar bestuurskunde van de lagere overheden te Maastricht, in 'Deliberatieve beleidsanalyse en politiek als vorming van discourscoalities', over het ontrafelen van discussies over identiteitsgevoelige beleidsvraagstukken, Maastricht, blz 1., 11 maart 2005, www.arnokorsten.nl.

altijd geweldloos en openlijk." De AAGU vindt dat de overheid "zich beter zorgen kan maken over de slachtoffers van het door haar gevoerde vreemdelingenbeleid dan activisme hiertegen criminaliseren".'

Het systeem houdt zichzelf in stand en elimineert elke oppositie. Sterker: het systeem versterkt zichzelf. Mensen en organisaties met gevestigde belangen bouwen hun machtsbasis uit, of trachten die op z'n minst te consolideren. Zij beschikken over de financiële middelen, communicatieafdelingen en lobbyisten om veranderingen te blokkeren. Voor een duurzame ontwikkeling van economie, milieu en sociaal-culturele omgeving is echter juist innovatie (in de zin van creatieve destructie) noodzakelijk. Immers, bij de huidige stand van zaken is nog geen sprake van een duurzame ontwikkeling. Het nieuwe beschikt nog niet over belangenbehartigers, lobbyisten, communicatiedeskundigen en spin doctors om gevestigde belangen te beschermen. Het nieuwe heeft wél de energie en de aantrekkingskracht van de jeugd (ruim gedefinieerd, inclusief 'jong van geest') achter zich staan. Die steekt scherp af tegen het conservatisme van de economische, ecologische, maatschappelijke en politieke elites van het land en in de Provincie. De geschiedenis toont aan dat alle centralistische regimes uiteindelijk het onderspit delven. De Romeinen, de USSR, Hitler Duitsland. Hoe groter de onderdrukking, des te feller en overtuigender het verzet. Mensen kiezen voor conservatisme, voor houden wat je hebt, in angstige tijden. Als ze vrezen voor hun inkomen, hun baan, hun leven. Maar ze leven op zodra het tij keert, de kleuren oranje en geel het modebeeld bepalen in plaats van het sombere bruin en grijs. Zoals in het vorige hoofdstuk (Context) te lezen is, is democratie een beginsel dat al 2600 jaar over de aardbol waart en zich steeds zodanig weet te vernieuwen dat het blijft bestaan. Democratie is behalve een staatsvorm waarin de meerderheid plus een via representatie beslist ook een levenswijze, die voorkomt dat de macht geconcentreerd bij 1 persoon of groep geraakt. Een ware democraat lijkt wel wat op degene die kiest voor Vrijwillige Eenvoud. Die wil niet meer macht en al helemaal geen absolute macht, zoals de Vrijwillig Eenvoudige geen vijf televisies of drie auto's ambieert. Een democraat beheerst de kunst van zelfdiscipline of beter nog, heeft het verlangen naar macht gedood, zoals Ghandi het zou stellen. Als het verlangen dood is, is de verslaving of ambitie voorbij. Democratie wordt wel de minst slechte aller staatsvormen genoemd, maar wanneer we het beschouwen als een visie op samen leven waarbij oprecht rekening wordt gehouden met minderheden en/of zwakkeren, kunnen we niet anders dan concluderen dat democratie een voorwaarde is voor duurzame ontwikkeling. Totdat er een betere staatsvorm bedacht wordt. John Keane echter gaat ervan uit dat de democratie zich alweer in een transitie bevindt, een overgang naar de wijze van besluitvorming die relevant en noodzakelijk is in de huidige en nabije tijd. Democratie is een fraai gevormde vaas: zonder bloemen is ze hol en leeg, met verse tulpen brengt ze kleur en lente in huis, wanneer rottende uitgebloeide takken blijven staan, stinkt het. Kortom: We kunnen het begrip invullen zoals we zelf willen.

Flexibiliteit, snelheid, ambitie, authenticiteit, identiteit, creativiteit, bezieling, verbeelding, chaos, bandeloosheid, anarchisme en jeugdig élan winnen het uiteindelijk van stroperigheid, traagheid, inertie, lusteloosheid, gemaaktheid, nietszeggendheid, dodelijke saaiheid, arrogantie, conformering aan wat anderen doen en vinden, na-aperij, fantasieloosheid, orde en gezag. De spanning tussen uitersten geeft de vonken die nodig zijn voor verandering. Op weg naar een duurzame (regionale) ontwikkeling moeten we, of we willen of niet, door de *funnel* van de innovatie en de vernieuwing om het volgende *level* van de constructie te bereiken. Daarvoor staan ons diverse *tools* ter beschikking. Een aantal daarvan komt in dit hoofdstuk ter sprake.

Verzet tegen de bemoeizucht van de rijksoverheid steekt van tijd tot tijd de kop op, als onweer na een zwoele zomerdag. Er zijn ook denkers die zich principieel verzetten. John Stuart Mill bijvoorbeeld. Die begint zijn filosofische meesterwerk On Liberty in 1859 met het in twijfel trekken van de legitimiteit van de macht die de gemeenschap uitoefent over het individu. De strijd tussen Vrijheid en Autoriteit.

4.15   Spontane orde en Zelfsturing

Dictatuur van de meerderheid ➜ Spontane orde ➜ Zelfsturing

Spontane orde wordt in complexiteitstheorieën 'zelforganisatie' genoemd. Dit begrip komt eveneens voor in het eerste concept: Systeembenadering, waar het de constructieve variant is op het destructieve Berusting en deconstructieve *Reframing*. Waar zelforganisatie in het concept Systeembenadering veelal duidt op paradigma's die een systeem in stand houden of scheppen, gaat het in dit concept voornamelijk over hoe een systeem georganiseerd is. Van zelforganisatie in dit verband is bijvoorbeeld sprake als medewerkers of teams spontaan gaan samenwerken. Deze samenwerking wordt niet opgelegd. Betrokkenen handelen op basis van eigen motieven. Als iets al vanzelf gaat, waarom zou je het dan gaan organiseren? 'Ga niet onnodig in systemen ingrijpen als die systemen daardoor niet meer in staat zijn zichzelf te onderhouden,' waarschuwt Donella Meadows.[199]

In een uitnodiging voor een themabijeenkomst Zelforganisatie en Coördinatie van de *Royal Academy of Arts and Sciences* in september 2009 wordt het concept als volgt omschreven: 'Zelforganisatie is een universeel proces waarbij in een chaotisch systeem spontaan structuren ontstaan. Deze structuren kunnen nieuwe, eigen kenmerken verwerven (*emergence*). Spontaan betekent dat niets doelbewust deze structuren aanbrengt. Organisatie, inclusief zelforganisatie, vraagt energie waardoor de entropie van een georganiseerd systeem kleiner is dan dat van een ongeorganiseerd systeem. Zelforganisatie is een belangrijk begrip in de biologie, wiskunde, fysica, ecologie, sociologie en economie. Zelforganisatie verklaart de oorsprong van het leven, de doelmatige werking van de vrije markt en het functioneren van democratische staten.

---

199 Idem, blz. 178.

'Kenmerkend aan zelforganisatie zijn vaak de zeer eenvoudige basisregels van actie en reactie die aanleiding kunnen geven tot complexe en toch stabiele systemen. Het is een buitengewoon vruchtbaar interdisciplinair onderzoeksgebied.'

Eén van de sprekers bij de themabijeenkomst was Herman van Gunsteren, emeritus hoogleraar politieke theorieën aan de Universiteit van Leiden.
Van Gunsteren komt tot vier 'principes' van zelforganisatie[200]:

1. Diversiteit is in alle varianten van zelforganisatie essentieel. Voorwaarde voor diversiteit is vrijheid van meningsuiting, van beweging, van vereniging en vergadering en van onderneming;
2. *Multiple mapping*: denkbeeldige mappen, waarin sporen van eerdere reactie op gebeurtenissen bewaard worden, zodat je meteen weet of gebeurtenissen werkelijk nieuw zijn;
3. Selectie. Diversiteit is mooi, maar als met die verscheidenheid verder niks gebeurt, is het nog niets. Selectie geeft richting aan het gedrag van individuen;
4. Indirecte controle. Het minst slechte alternatief. Directe controle over het hele proces van zelforganisatie is onmogelijk.

Zelfsturing definiëren we als 'de mate waarin iemand – een individu of collectief – zich gebonden acht aan de wensen, verlangens, geboden en verboden van een hogere regelkring'.

We onderscheiden acht regelkringen:

1. het individu
2. de groep
3. de buurt
4. de wijk
5. de (deel)gemeente
6. de regio/provincie
7. het land
8. de vereniging of unie van landen

Edward Goldsmith en de rest van de redactie van *The Ecologist magazine*, die in 1972 met 34 biologen, economen en medici van naam en faam *A Blueprint for Survival* opstelden, vonden destijds al dat regelkringen aan een bepaalde maximale omvang gebonden zijn. Zij gaven de voorkeur aan *face-to-face communities* omdat die volgens hen een gevoel van sociale verantwoordelijkheid aanmoedigen, dat ontbreekt in 'de anonimiteit van het grootschalige industriële en stadsleven'. Goldsmith c.s. gaven destijds aan 'geen harde en vaste getallen' over de omvang van de door hen voorgestelde *communities* te hebben, maar dachten aan buurten van 500 mensen, die worden vertegenwoordigd in lokale gemeenschappen van 5.000, die

---

200 Herman van Gunsteren, Vertrouwen in democratie, Over de principes van zelforganisatie, vangennep Amsterdam, 2006.

weer ondergebracht zijn in regio's van 500.000 inwoners. Het doel staat hen helder voor ogen. Goldsmith c.s. willen 'gemeenschapsgevoel' en *global awareness* creëren, in plaats van, wat zij aanduiden als, 'de gevaarlijke en steriele compromissen van het nationalisme'.[201]

Decentralisatie van beslissingsbevoegdheden en besluitvorming is de spil waarom alles draait in het Overlevingsplan van Goldsmith c.s. Het hogere doel dat ze daarmee denken te bereiken is 'zelfvoorziening'. Goldsmith: 'Grof gesteld kunnen we alleen door middel van decentralisatie bereiken dat gemeenschappen meer zelfvoorzienend worden – en zelf-voorziening is noodzakelijk als we de druk die sociale systemen op de eco-systemen leggen, willen minimaliseren.' Goldsmith c.s. zijn er van overtuigd dat de kleine gemeenschap de basiseenheid van elke samenleving moet zijn en dat elke gemeenschap zo zelfvoorzienend en zelfregulerend moet zijn als maar enigszins mogelijk is. Dat moet er echter niet toe leiden dat de betreffende *communities* naar binnen gericht raken, obsessief met zichzelf bezig zijn, of anderszins afgesloten van de buitenwereld. De ecologie, opgevat als een verwevenheid van alles, de effecten van ecologische processen op economie en samenleving en de verstoring van dergelijke processen, dat alles zouden gemeenschappen mee moeten nemen in hun besluitvorming. Om tot een goed afgewogen besluitvorming te komen is een efficiënt en sensitief communicatienetwerk tussen alle gemeenschappen vereist. Er moeten procedures komen voor externe effecten die uitstijgen boven het niveau van de regio en voor interne controle.

Zolang zelforganisatie in een bepaalde regelkring geen negatieve implicaties heeft voor een omvattende en overstijgende regelkring kan er weinig tegenin gebracht worden. De wil om macht uit te oefenen is niet valide in een cultuur die veel waarde hecht aan individualisme, eigen verantwoordelijkheid en vrijheid. *'Aid and encourage the forces and structures that help the system run itself,' raadt Donella Meadows beleidsmakers, politici en ondernemers aan. 'Notice how many of those forces and structures are at the bottom of the hierarchy. Don't be an unthinking intervenor and destroy the system's own self-maintenance capacities. Before you charge in to make things better, pay attention to the value of what's already there.'*[202]

Opkomst van de geprogrammeerde burger

In de achttiende en negentiende eeuw werd een burger nog beschouwd als een autonoom individu dat in staat is om zelfstandig een oordeel te vellen over maatschappelijke problemen.[203] In de twintigste en 21ste eeuw worden dergelijke oordelen namens diezelfde burger geveld door professionele volksvertegenwoordigers. Die reageren al lang niet meer alleen op ontwikkelingen die van buiten naar binnen komen, maar hebben zelf opvattingen over hoe de ideale samenleving eruit ziet. Daarvoor hebben ze een meerderheid aan stemmen (de helft plus 1) nodig en in de race om de kiezer wordt 'democratie als levenswijze' waarover

---

201 Andrew Dobson (ed.), *The Green Reader*, blz 73 t/m 76.
202 *Thinking in Systems*, blz. 178.
203 Zie o.a. Meindert Fennema, De moderne democratie, blz. 10.

John Keane schrijft[204], nogal eens uit het oog verloren. Met wetten en regels proberen dergelijke beroepspolitici die samenleving vervolgens in de gewenste vorm te kneden zonder daarbij rekening te houden met de belangen van minderheden. De autonome burger van weleer is verworden tot een Geprogrammeerde Burger. De Geprogrammeerde Burger heeft een beperkte bewegingsvrijheid binnen de vangrails die politici in de loop der jaren hebben aangebracht om hem tegen zichzelf te beschermen en te dwingen solidair te zijn met anderen. Met landgenoten wel te verstaan. In de jaren vijftig en zestig van de vorige eeuw was dit meer voor de hand liggend dan heden tendage. De nationale cultuur was uniformer, verdeeld in zuilen die hun politieke posten in Den Haag bezetten: socialisten, christenen, liberalen om de grootste drie te noemen. De landsgrenzen waren harder en als je al een buitenlander zag was dat een Spaanse of Italiaanse gastarbeider en soms een Surinamer. Tegenwoordig zijn de grenzen amorf, niet alleen vanwege de Europese Unie, ook vanwege het gemak waarmee mensen reizen en niet in de laatste plaats vanwege het Internet. Geestverwanten, gelijkgestemden vinden elkaar over duizenden kilometers afstand, ze leren van elkaar en de cultuur van een volk, van elk volk raakt doordrongen met andere ideeën, woorden en gebruiken. Het Nederlandse volk in zichzelf is daardoor (en door de tweede en derde generatie migranten) diverser geworden. Sommigen voelen zich meer verwant met iemand uit New York of Tripoli dan met de buurman. Solidariteit met de buurman is daarom niet meer zo vanzelfsprekend als het was. De veelheid en verschillen in de nationale bevolking maken solidariteit tussen de leden van die bevolking minder vanzelfsprekend en individuen verzetten zich ertegen.

Het automatisme en aannames zoals die van onderlinge solidariteit waarmee van alles namens en voor de burger geregeld wordt, staat op gespannen voet met de eigen verantwoordelijkheid en het recht op zelfbeschikking die diezelfde burger voor een heleboel zaken voelt. Zodra individuele burgers of organisaties daar inhoud aan willen geven – bijvoorbeeld door windmolens te plaatsen – deelt de uitvoerende macht, die met de wetgevende macht onder één hoedje speelt, mede dat dit vanwege de één of andere regel of bepaling niet is toegestaan. In de meeste gevallen heeft het geen zin dit oordeel aan te vechten bij de rechter. De rechtsprekende macht bevindt zich namelijk onder dezelfde hoed van de *trias politica*.

Mag een 'lagere' regelkring zich onttrekken aan de machtsuitoefening door een hogere regelkring, of aan de daarboven uit torenende wetgevende, uitvoerende en rechtsprekende macht van de Staat der Nederlanden? Mag De Geprogrammeerde Burger een deel van z'n lineaire programmering wissen en zich zelf verantwoordelijk verklaren voor bepaalde handelingen? Biedt de parlementaire democratie ruimte voor burgerlijke ongehoorzaamheid en activisme? Alleen al het stellen van dergelijke vragen leidt tot vernieuwend denken.

204 John Keane, *Life and death of Democracy*

In 2009 deed dit vraagstuk zich voor toen café-eigenaren de inrichting van hun etablissement veranderden om zo het rookverbod van de Nederlandse regering te omzeilen. Maar wat gebeurt er als individuele burgers, groepen, buurten, wijken, (deel)gemeenten en provincies oekazes van hogerhand simpelweg naast zich neerleggen, met een beroep op de eigen verantwoordelijkheid of de soevereiniteit in eigen kring? Wat doet de overheid als een individu, groep, buurt, wijk, gemeente of regio meent dat je uiteindelijk zelf verantwoordelijk bent voor je daden en dat je die verantwoordelijkheid niet kunt uitbesteden aan beroepsbeslissers die zelf de effecten van hun besluiten niet ondervinden? Wat doet de overheid als burgers, bedrijven en instellingen massaal weigeren om nog langer belasting te betalen, omdat het hen niet zint wat er met hún geld gebeurt, of uit protest omdat een ultra-rechtse, racistische partij in de regering van het land komt?

'THE subject of this Essay,' zo begint John Stuart Mill zijn in 1859 gepubliceerde en nog altijd actuele On Liberty, , 'is not the so-called Liberty of the Will, so unfortunately opposed to the misnamed doctrine of Philosophical Necessity; but Civil, or Social Liberty: the nature and limits of the power which can be legitimately exercised by society over the individual. A question seldom stated, and hardly ever discussed, in general terms, but which profoundly influences the practical controversies of the age by its latent presence, and is likely soon to make itself recognized as the vital question of the future. It is so far from being new, that, in a certain sense, it has divided mankind, almost from the remotest ages, but in the stage of progress into which the more civilized portions of the species have now entered, it presents itself under new conditions, and requires a different and more fundamental treatment.'
Het essay levert een aantal eisen op voor de ideale samenleving in liberale zin, zoals: een zo groot mogelijke vrijheid voor iedereen. Als iemands vrijheid wordt beperkt, kan daar volgens Mill maar één reden voor zijn: belemmering van iemand anders z'n vrijheid. De overheid mag z'n macht alleen in negatieve en niet in positieve zin gebruiken. Het goede komt volgens John Stuart Mill vanzelf als daar de ruimte en de vrijheid voor is.

Als alle eisen van Mill aan de samenleving worden ingewilligd, betekent dat niet het einde van de machtsuitoefening. Die zal in meer of mindere mate altijd blijven bestaan. Machtsuitoefening van cultuur en rede ten opzichte van natuur, van man over vrouw, van verstand over lichaam, van publiek over privaat... Plumwood[205] gaat zelfs zo ver dat hij de hele geschiedenis van de westerse filosofie in dergelijke dualistische termen giet, altijd met het mannetje voorop en het vrouwtje ondergeschikt, volgend. De vrouwelijke natuur is volgens Plumwood in de loop der tijd systematisch gedegradeerd, gedomineerd en geëxploiteerd. Dit doemscenario heeft als apotheose de destructie van de planeet Aarde door de dominante mannelijke helft van alle duo's.[206] In naam van de rationele economie en de

---

205 Val Plumwood, *Feminism and the Mastery of Nature*, Routledge, London/New York, 1993.
206 Laurence Coupe (ed.), *The Green Studies Reader, From Romanticism to Ecocriticism*, Routledge, London/New York, 2000, blz 120.

winstmaximalisatie zijn de macho's bereid zichzelf en alle anderen op te offeren. Er is echter hoop. De holistische, integrale, systematische benadering van de werkelijkheid die de laatste jaren sterk in opkomst is, leidt tot het overstijgen en omvatten van alle tegenstellingen.

Maar ook als die overkapping niet goed uit de verf komt, is de underdog niet helemaal machteloos. Hij of zij kan zich bijvoorbeeld onttrekken aan de machtsuitoefening door zich simpelweg om te draaien en weg te gaan (emigratie), of kan samen met anderen tegendruk uitoefenen door een coup plegen (revolutie) of – de milde variant - door de steun van de meerderheid te vergaren. In dat geval opereren de opposanten binnen hetzelfde systeem van de (parlementaire) democratie. Er zijn echter ook geheel andere besluitvormingsmethodieken mogelijk, zoals de *mutual gains* methode, consultatie en de methode holistische participatie. Bij deze methoden, die verderop ter sprake komen, proberen partijen in een lagere regelkring er samen uit te komen, waardoor een hogere regelkring geen reden heeft om in te grijpen. Tenzij nog weer anderen, of de hele samenleving, daar last van hebben natuurlijk.

Zelforganisatie en zelfsturing zijn vormen van decentralisatie. De decentralisatie van het bedrijfsleven is op een bepaald moment noodzakelijk, omdat de bevels- en uitvoeringsstructuren te ingewikkeld worden en het managen van een middelgrote of grote organisatie te veel kennis en vaardigheden vereist om nog van een slagvaardig bestuur te kunnen spreken. In deze paragraaf concentreren wij ons echter niet dáárop, maar op het sociale en politieke leven. Decentralisatie daarvan is fundamenteel in elke 'groene' visie op duurzame ontwikkeling. Daar zijn nogal wat argumenten voor aan te voeren:

1. Gemeenschappen waar mensen face-to-face communiceren, bevorderen, zoals we al eerder constateerden, een gevoel van sociale verantwoordelijkheid dat ontbreekt in de anonimiteit van grote concerns en het stadsleven;
2. Lokale productie voor lokaal gebruik, met minder handel en transport, vermindert de impact die een gemeenschap heeft op de omgeving (het milieu);
3. Binnen systemen die de neiging hebben om groter en onpersoonlijker te worden, komt de menselijke maat vanzelf meer centraal te staan;
4. Decentrale vormen van productie en ruil spelen in op de menselijke behoefte om de kwaliteit van leven te verbeteren, in plaats van te streven naar steeds maar meer, meer, meer;
5. Decentralisatie is een nieuw sociaal systeem, waarbij mannen en vrouwen niet meer opgesloten zitten in grote agglomeraties, maar zich kunnen profileren als individu.

4.16 Maslow Revisited

| Biologische & fysiologische behoeften | → | Cognitieve Behoeften | → | Transcedente Behoeften |

Zelfsturing, ondernemerschap aan de basis en eigen verantwoordelijkheid zijn begrippen die met name mensen aanspreken die makkelijk kunnen voorzien in hun basisbehoeften, maar hunkeren naar erkenning, status, kennis en andere 'hogere' doeleinden. Ze bevinden zich boven in de piramide van Maslow, die in de jaren negentig van de vorige eeuw gereviseerd is door navolgers van Abraham Maslow (1908-1970) en successievelijk is uitgebreid tot acht lagen. Van beneden naar boven:

1. biologische en fysiologische behoeften: slaap, lucht, voedsel, drinken, onderdak, warmte, sex;
2. veiligheid;
3. ergens bij willen horen / behoefte aan liefde en affectie;
4. waardering, status, prestige;
5. cognitieve behoeften: kennis & betekenis;
6. esthetische behoeften: schoonheid, evenwicht, vorm;
7. jezelf waarmaken: je persoonlijke potentieel verwerkelijken, persoonlijke groei realiseren, topprestaties leveren;
8. jezelf overstijgende (transcendente) behoeften: anderen helpen om zichzelf waar te maken.

Hoewel Maslow refereerde aan cognitieve, esthetische en transcendente motivatie-aspecten, heeft hij daar nooit extra ruimte voor gemaakt in zijn piramide. De kernredenering achter deze begrippen is, dat mensen op het allerhoogste spirituele niveau de behoefte hebben om zichzelf te overstijgen. De Zwitserse psychiater en psycholoog Carl Gustav Jung noemde dit het 'individuatieproces': jezelf als uniek individu steeds beter leren kennen en inzien wat je daarmee voor anderen in je omgeving kunt betekenen. Er is één groot nadeel verbonden aan deze verbetering van de wereld langs de weg van de zelfreflectie. Het vergt veel tijd. Wellicht is dit één van de redenen waarom de realisering van een duurzame ontwikkeling zo'n traag proces is. De voorvechters van een duurzame ontwikkeling zijn niet zelden alternatieve, spirituele types met een holistische benadering van de werkelijkheid. Zij zijn zo met zichzelf en met hun directe leefomgeving bezig dat ze aan het grotere werk (zoals uitputting van voorraden fossiele brandstoffen) niet toekomen. Van de andere kant bekeken: je kunt ook zeggen dat duurzame ontwikkeling begint bij jezelf, de keuzes die je maakt met betrekking tot levensstijl en gedrag, de betekenis die je aan iets geeft en de mate waarin je een milieubewuste, duurzame levensstijl op anderen weet over te brengen.

4.17   Tussenconclusie

In dit hoofdstuk passeren concepten de revue. Het gaat hier om concepten die regionale bestuurders, burgers en ondernemers helpen om samen patronen en relaties te zien die ze anders misschien niet zouden opmerken. Het zijn als het ware 16 brillen waardoor de werkelijkheid op 16 manieren wordt belicht en waarmee patronen en structuren duidelijk worden. Regionale overheden kunnen een keuze maken uit deze, en vele andere concepten – zolang ze maar aan de gestelde criteria uit de inleiding van dit hoofdstuk voldoen – om een vraagstuk te benaderen. Per situatie, per issue, per persoon, organisatie of regio zal de keuze verschillen.

De vrijheid die in dit systeem van concepten is ingebakken, is gelegen in de overtuiging dat duurzame ontwikkeling een voortdurend veranderend streven is waarvoor geen vaste kuur bestaat. Tevens blijkt uit de literatuur over systemen dat ingrijpen in een systeem met aandacht, ratio, emotie, intuïtie, met heel je 'mens zijn', zoals Donella Meadows formuleert dient te gebeuren. Aangezien alles, van mierennest tot aardbol, van huishouden tot nationale economie, van cel tot lichaam, van religie tot politiek stelsel, van gezin tot samenleving, van keuken tot koekfabriek, werkelijk alles een systeem is dat bestaat uit kleinere systemen enzovoort, en al die systemen elkaar weer beïnvloeden, is het gevaarlijk om uit te gaan van één enkele oplossing, één concept of visie voor de vraagstukken die opdoemen.

De as destructie – deconstructie – constructie fungeert als een meetlat om naast een situatie en concept gelegd te worden: waar staat de regio in de ontwikkeling en hoe beweegt zij de goede kant op?

De hierboven genoemde concepten helpen om de systemen te leren zien en kennen. Zo is er veel te leren uit de natuur, waar eveneens systemen de dienst uitmaken: biomimicry. Sommigen overleven of gedijen zelfs, anderen verdwijnen. Systemen die al miljarden jaren zonlicht omzetten in energie en daarmee groei, dragen de belofte van schone, decentrale, goedkope energiebron in zich. Dit concept kan op dat punt geesten losmaken en inspireren tot onderzoek en innovatie.

Een regionale overheid kan, en moet zelfs, samen met anderen, betrokkenen, de richting bepalen waarin een samenleving zich wil bewegen. Deze richting wordt doorgaans gevormd door een 'groot verhaal', *shared sense*, of zo men wil de cultuur, wat in zich ook weer een systeem is.

Duurzame ontwikkeling is zo'n richting, groot verhaal en voor sommigen zelfs een religie, die een regionale overheid kan kiezen als de gewenste. Gezien de uitkomsten uit hoofdstuk 3, Context, waaruit we kunnen opmaken dat de huidige samenleving op veel punten in de destructieve fase zit, is het een voor de hand liggende richting met een aansprekend doel, Allemaal Winnen (hierover later meer). De provincie Noord-Brabant koos voor die richting toen de regio aanving met de eerste verkenning, Absolute Ontkoppeling, in een poging om de ecologische achteruitgang en de economische groei die daarvoor als oorzaak werd gevoeld om te keren in een win-win situatie voor beide terreinen. Hoe dat verhaal verder verlopen is en nog steeds hoofdstukken bij krijgt, staat in Deel III van dit proefschrift. In ieder geval koos de regio Brabant voor duurzame ontwikkeling en kreeg aldus te maken met in elkaar grijpende en elkaar overstijgende systemen. Een belangrijke les die Donella Meadows leert is: grijp niet in wanneer een systeem zichzelf op de goede manier organiseert. Kortom: politici, bestuurders en managers doen er wijs aan om goed op de hoogte te zijn van wat zich afspeelt en als burgers, wijken, gemeentes, bedrijven of teamleden zelf en samen in staat blijken om problemen op te lossen, bemoei je er dan niet mee. Blijf wel in contact, systemen hebben immers de neiging om dicht te slibben en te verstarren, waardoor ze op een gegeven moment destructief worden. Dat is het moment om actie te ondernemen.

John Stuart Mill in On Liberty beschrijft dat overheden hun macht alleen in de negatieve zin mogen gebruiken, namelijk als er iets mis gaat. De vrijheid van het individu eindigt daar waar die van een ander begint en tot die grens is geen autoriteit gelegitimeerd om die vrijheid op welke wijze dan ook te beperken.

De taak van (regionale) overheden valt zodoende te beschrijven als het verbinden, stimuleren en coachen van de burgers, bedrijven en organisaties. Kennis ontsluiten, vaardigheden verspreiden die mensen helpen zich aan te passen in veranderende omstandigheden en hen weerbaar maken, vallen onder een dergelijke taakomschrijving. Innovatie aanjagen, ruimte geven voor experimenten, maar ook dissidenten en verzet openlijk toelaten, zodat deconstructie verkalking voorkomt en risico's omgebogen worden tot kansen. Accepteer wat Buckminster Fuller stelde: *trial and error, error, error.* Innovatie gedijt het best in een diverse samenleving, een wereld van verschil. Voor verschil is vrijheid nodig.

Bij duurzame ontwikkeling draait alles om veranderbaar, flexibel en weerbaar zijn, om de kracht van het verschil, het maken van wonderlijke nieuwe combinaties, gedurfd experimenteren, innovatie, het bewandelen van schijnbaar ontoegankelijke wegen, zelf-organisatie van onderop, zonder ingewikkelde procedures en een woud aan formele regels, die alleen maar tot doel hebben: zekerheid en controle. De onveranderlijke essentie van de duurzame ontwikkeling ligt besloten in de veranderbaarheid van alles.

Zoals gezegd is duurzame ontwikkeling niet gebaat bij onveranderlijkheid en dogma's. 'Alles kan anders zijn,' roept Karen Vintges. Wij willen ervan maken: 'Alles is - steeds - anders.' Vandaar ook dat we met concepten werken, ideeën die richting geven en tevens de opening houden dat ook de concepten kunnen variëren. Welke ideeën wie aanspreken, hangt af van de persoon, het moment, de vraag en de gewenste oplossing. Context en Concept hebben nu een plaats in dit proefschrift. We gaan verder met de Content.

5. Content van regionale duurzame ontwikkeling

'Do not worry if you have built your castles in the air. They are where they should be. Now put the foundations under them.'

Henry David Thoreau

Leeswijzer

Dit hoofdstuk gaat over het geven van betekenis aan concepten als 'duurzame ontwikkeling', 'duurzaam veranderen', 'duurzaam financieren', 'duurzaam bouwen', 'systems management', 'matrix benadering', 'Allemaal Winnen Matrix', 'dialectische benadering', 'deconstructie', 'principe-benadering' en 'Hollywood-benadering, waardoor die concepten uitgroeien tot méér dan een mentale voorstelling van een abstract idee. Het idee is concreet gemaakt. Het heeft betekenis gekregen, waardoor het content (inhoud) is geworden. Speciale aandacht is er voor de Mutual Gains Approach, de Methode Holistische Participatie, voor 'de kunst van het (niet) beslissen', 'innovatie & entrepreneurship', de 'lerende organisatie', 'regiogemeenten', ethiek en authenticiteit.

Inleiding

De werkelijkheid bestaat uit onnoemelijk veel systemen die elkaar beïnvloeden en samen weer grotere systemen vormen die aangrijpen bij andere systemen. Voeg daar de processen, structuren, verwachtingen en culturen van 7 miljard mensen bij en je hebt een afspiegeling van de complexe werkelijkheid. Een werkelijkheid die voortdurend verandert en die iedereen op z'n eigen wijze waarneemt en beleeft. Het is volstrekt onmogelijk voor één persoon – en zélfs voor de hele wetenschap – om zo'n ingewikkeld iets volledig te doorgronden. Je kunt proberen bepaalde patronen te ontwaren die voor jou als individu betekenis hebben. Of je kunt er op je eigen wijze, persoonlijk of als groep (wetenschappers, mensen met eenzelfde lifestyle), betekenis aan geven. De concepten uit het vorige hoofdstuk brengen verbanden aan, die delen van het mysterie verhelderen. Ze lichten allemaal een ander deel van de sluier op die over de werkelijkheid hangt. 'Duurzame ontwikkeling' is zo'n concept. Of beter: wás zo'n concept. Heel veel mensen hebben er een persoonlijke betekenis aan gegeven. Groepen hebben zich het begrip toegeëigend. Er zijn verhalen bedacht, wetenschappelijke artikelen geschreven, theorieën ontwikkeld. Daardoor is het concept 'duurzame ontwikkeling' uitgegroeid tot content. Het is méér geworden dan een mentale voorstelling van een abstract idee. Het idee is concreet gemaakt. Het heeft betekenis.

Met onze zintuigen nemen wij ontwikkelingen en gebeurtenissen waar, die wij benoemen met woorden. Woorden die deel uitmaken van een systeem dat 'taal' heet. In feite her-creëren we de betreffende ontwikkelingen en gebeurtenissen in belangrijke mate met woorden. Daarmee gaat veel verloren.

Volgens de vermaarde psycholoog Ian Robertson 'is een natuurlijke eigenschap van woorden dat ze er toe neigen om ervaringen te transformeren in een nogal bloedeloze code'. Beelden zijn volgens Robertson veel rijker aan zintuigelijke prikkels en aan informatie. Westerse samenlevingen hebben volgens hem echter het vermogen verloren om in beelden te denken. Als we dat vermogen weer opbouwen om mentale beelden te vormen van dingen of gebeurtenissen, dan gaat er volgens Robertson een wereld voor ons open. Bij het geven van betekenis aan woorden gebeurt iets soortgelijks. Die twee inzichten kunnen ook worden gekoppeld. Beelden kunnen betekenis geven aan woorden. Verbeelding is ook: patronen herkennen in een mêlée aan feiten, cijfers en gebeurtenissen. Ontwikkelingen en gebeurtenissen kunnen een gevoel van onvrede met de gegroeide situatie veroorzaken, alsmede de wil om daar verandering in te brengen. Dat kan bijvoorbeeld door de gewenste ontwikkeling of de ideale oplossing in gedachten te visualiseren. Een 'krachtenveldanalyse' kan uitsluitsel geven inzake de machtsvraag: kan de gewenste ontwikkeling in het huidige krachtenveld daadwerkelijk worden gerealiseerd? Gedurende het proces stuiten de uitvoerders op onverwachte barrières en veranderingen in zowel de context als de gehanteerde concepten. De kunst is om daar patronen in te zien en actie op te ondernemen, eventueel door een ander concept uit te proberen of een geheel nieuw concept te bedenken.

Figuur 1. Patronen herkennen in bepaalde gebeurtenissen

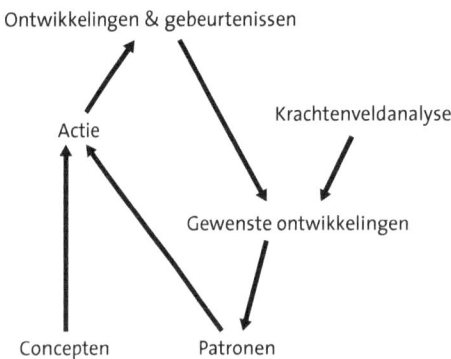

De patronen zoals geschetst in figuur 1, die betrekking hebben op waargenomen ontwikkelingen en gebeurtenissen, hebben een drieledige functie:
1. ze geven een indicatie van het ontwikkelingsstadium – de fase - waarin duurzame ontwikkeling zich bevindt: destructie, deconstructie of constructie;

2. ze verschaffen beleidsmakers, bestuurders en politici op diverse niveaus (lokaal, regionaal, landelijk, Europees) indicaties over hoe te handelen en wanneer. Of er ook werkelijk iets gebeurt, is een kwestie van daadkracht en timing;

3. ze geven richting aan individuele en collectieve veranderingsprocessen en helpen beslissers bij het stellen van prioriteiten.

'Waarheen je kijkt, daarheen ga je,' sprak een wijze skileraar op de witte toppen van Le Verdon in Courchevel, Frankrijk. De leerling keek naar de ene boom op de afdaling en skiede prompt tegen de stam op. Deze anekdote is exemplarisch voor duurzame ontwikkeling: waar we naar kijken, daarheen gaan we.

Om tot een duurzame samenleving te komen, zijn vrijheid en verschil voorwaarden, staat in dit proefschrift. De wijze waarop in een samenleving beslissingen worden genomen, krijgt daarom veel aandacht. Het is een van de drie terreinen – gedrag, techniek en besluitvorming – van de matrix die in dit hoofdstuk in beeld komt. De wijze waarop de regio Noord-Brabant bestuurd wordt, is democratie (zie bijlage . Reeds in hoofdstuk 3 halen we John Keane (*Life and Death of Democracy*) en Naomi Wolf (*The End of America*) aan. Zij leiden ons naar het inzicht dat democratie een levenswijze is die met alertheid en waakzaamheid beschermd dient te worden. John Keane spreekt over een *Monitory Democracy*. Later in de tekst komt gigant John Stuart Mill hen vergezellen met *On Liberty* en voegen argumenten die de vrijheid van de burger tegenover die van de staat zetten, zich bij het denken over volksheerschappij. Hoe het echt falikant mis is gegaan, beschrijft de Oostenrijker Eugen Kogon in zijn aangrijpende boek *Der SS-Staat*. Hij heeft zijn boek zelf uitgegeven om generaties na hem te waarschuwen voor de terreur en gruwelen waarmee dictatoriale populisten een volk knechten en *dissent* neersabelen, als ze eenmaal aan de macht zijn. Dictatuur van de meerderheid zonder de belangen van minderheden in acht te nemen, is niet de duurzame staatsvorm waarmee we in de richting van een Allemaal Winnen samenleving komen.

De Europese Unie voegt het begrip *Permissive Consent* toe aan transparante democratie, vrije vertaling van *Monitory Democracy*. Regio's zoals de provincie Noord-Brabant worden met richtlijnen en subsidies door die EU de kant van een duurzame ontwikkeling op geduwd. De Provincie zit dichter bij de burger dan de EU en het Rijk. Daarom hebben we in dit proefschrift de begrippen zelforganisatie en zelfsturing verkend. In kleine regelkring kun je gebiedsgericht vraagstukken met elkaar oplossen en is representatieve democratie niet nodig.

In hoofdstuk 5 worden twee manieren uitgewerkt om als regionale overheid in samenwerkingsverbanden tot besluiten te komen: de *Mutual Gains Approach* en de Methode Holistische Participatie. Voor de weifelaars is een paragraaf toegevoegd over de kunst van het niet beslissen. Afgesloten wordt met drie belangrijke drijvende krachten die besluitvorming koppelen aan techniek en gedrag, namelijk innovatie en ondernemerschap, leren en ethisch handelen.

5.1   Betekenis Creëren

Symptomen bestrijden ➜ Twijfelen ➜ Betekenis geven

Als woorden geen betekenis hebben, dan moet je die volgens de Franse filosoof Jacques Derrida construeren door middel van een voortdurende beweging tussen tegenstellingen. In de taal krijgt een woord betekenis op grond van het verschil met andere woorden, niet op basis van een eigen kenmerk, zoals klank. Zo is het ook met het begrip 'duurzame ontwikkeling'. Wij zullen die ontwikkeling in de praktijk inderdaad betekenis geven in de vorm van tegenstellingen. Dat maakt duurzame ontwikkeling voelbaar. Niemand hoeft uit te leggen wat het is, dat weet je gewoon.

Daarmee voorkomen we een discussie met veel gemeenplaatsen en vage toezeggingen die tot niets verplichten. Een fenomeen dat deel uitmaakt van een veel bredere ontwikkeling. Althans, volgens Wendell Berry, een schrijver/dichter/boer uit Kentucky U.S.A. met meer dan veertig boeken op z'n naam. Berry, in *Standing by Words* (1983): [207] 'We zien al wel 150 jaar een geleidelijke toename van taalgebruik dat ofwel betekenisloos is, of betekenis vernietigt. En ik meen dat die toenemende onbetrouwbaarheid van de taal parallel loopt aan de toenemende desintegratie, in dezelfde periode, van personen en gemeenschappen....'

Als je niet weet wat iets precies inhoudt en dat ook niet kunt weten, omdat het bijbehorende taalgebruik mistig en multi-interpretabel is, dan ben je er ook niet echt aan gehouden, ook al heb je jezelf erop vastgelegd. Dan kun je er ook niet echt naar handelen, betoogt Berry.

Met Derrida, Deleuze, Guattari, Hegel en Berry in gedachten en stuitend op een veelheid van uitleg over wat duurzame ontwikkeling nu eigenlijk is, is een nieuw begrippenkader geformuleerd, dat als korrels Venz door de alinea's heen hagelt. De begrippen krijgen pas écht betekenis in het feitelijke gebruik. Zo werd de door ons ontwikkelde Matrix aangewend in een Europees interregionaal programma (POWER) om mensen kennis te laten maken met de drie onderscheiden dimensies in de ontwikkeling van hun gedrag, de toegepaste technologie en de besluitvormingsmethode: destructie, deconstructie, constructie. Waar mensen, bedrijven, overheden en instellingen allemaal harmonie nastreven, is het de spanning tussen conflicterende visies, benaderingen, aanpakken en methoden die zorgt voor dynamiek, verandering en groei. Deze spanning komt bijvoorbeeld goed tot z'n recht in het onderscheid tussen twee manieren om economische, ecologische en maatschappelijke ontwikkelingen (bij) te sturen: door middel van transitie management of netwerksturing. Transitie management heeft betrekking op grote systeemwijzigingen waarvan je maar moet afwachten wat er uiteindelijk van terecht komt. Op het eerste gezicht is deze methode meer doelgericht dan netwerksturing, maar de organisaties en instituties die zorg zouden moeten dragen voor de omverwerping van het heersende regime, die ontbreken steevast. Het transitiebeleid hangt als

---

207 *Thinking in Systems*, blz. 174/175.

het ware in de lucht. Het is niet of onvoldoende geworteld in de realiteit. Het is bovendien nogal *top-down* vormgegeven. Door middel van directieven of *tell and sell* probeert het management de menigte in beweging te krijgen. Maar een menigte is net een kudde olifanten. Die beweegt niet zo gauw en als hij wél beweegt, dan is hij niet te stoppen en trapt alles plat, alle goede bedoelingen ten spijt. Er zitten wel waardevolle elementen in deze theorie, zoals het idee om van de vrije marktwerking afgeschermde omgevingen (niches) te creëren, waar geëxperimenteerd kan worden en waar innovaties aan kunnen sterken voor ze worden bloot gesteld aan de meedogenloze concurrentie in de vrije markt. Op meso-niveau moeten socio-technische 'regimes' voor stabiliteit in grootschalige systemen als verkeer & vervoer en energie zorgen, maar de praktijk is hier volgens Hans Jeekel – werkzaam bij Rijkswaterstaat die op het thema automobiliteit is gepromoveerd – bitter weinig van te merken.[208]

Bij Netwerksturing ligt het doel niet vast, maar beweegt mee met het proces. Het is de aangewezen manier van sturen in een niet-lineaire wereld, waarin alle maatregelen toch steeds weer anders uitwerken dan gedacht, omdat het betreffende systeem onverwachte bijwerkingen heeft, of omdat een autonome factor van buiten roet in het eten gooit. Netwerksturing is in feite erg simpel en door iedereen uit te voeren. Het is namelijk een kwestie van: afgaan op je zintuigen en kiezen op gevoel. Het is de kunst om je even in te houden als je niet zo zeker bent over de te volgen richting, teneinde de dialoog te voeden tussen tegengestelde inzichten en die je gevoel scherpen. Netwerksturing is avontuurlijk als het rijden in onbekend gebied. Je hoort aan de motor of je moet schakelen of niet. Natuurlijk Sturen is een vlag die de lading dekt. Een voorbeeld van *biomimicry* (letterlijk: leven nabootsen). De menselijke hersenen, zo blijkt uit onderzoek, kennen onmiddellijk positieve of negatieve gevoelswaarde toe aan gebeurtenissen of richtingen waarin iets zich beweegt of keuzemogelijkheden zich voordoen. Vlak daarna komt de twijfel. We zoeken naar aanwijzingen en ondersteunende informatie die het oorspronkelijke instinctieve gevoel bevestigen. Nutteloos tijdverlies.

Kenmerkend voor deze manier van besluitvorming is het experimenteren in de diverse ontwikkelingsfasen. Na elke ronde (bijvoorbeeld de looptijd van een programma) of elke fase worden de resultaten tegen het licht gehouden (monitoring), geëvalueerd en beoordeeld en wordt er hier en daar wat gesleuteld, zonder al te veel pretenties. Het gaat hier behalve het resultaat ook om de leereffecten. Bij netwerksturing hoef je als gewone burger of als medewerker niet bang te zijn dat er van hogerhand geprobeerd wordt om mensen snel rijp te maken voor min of meer gedefinieerde veranderingen. De motivatie van mensen wordt er niet groter op als bepaalde normen simpelweg worden opgelegd. Mensen veroorzaken zelf hun eigen gedrag. Hun motivatie speelt daarbij een veel belangrijkere rol dan welke wet of regel van de overheid dan ook. Van de vier sturingsperspectieven die Hans Jeekel in zijn proefschrift

---

208 Hans Jeekel, De Auto-Afhankelijke Samenleving, Eburon 2011.

onderscheidt, sluit de netwerksturing verreweg het best aan bij het denken & doen dat ten grondslag ligt aan de onderhavige studie.[209] De twee concepten die hier tegen aan schurken zijn zelfsturing en zelforganisatie.

Waarachtig betekenis geven aan (noodzakelijke of gewenste) veranderingen door ideeën, begrippen en concepten onder te brengen in een bruikbaar theoretisch en praktisch kader, dat is de intentie van wetenschappers. Daarin wijken zij af van ideologen en politici. Duurzame ontwikkeling is niet gebaat bij absolutisme, ook de begrippen hier ontwikkeld, zullen nieuwe betekenissen krijgen in het gebruik, sleets raken, opnieuw opgerakeld worden of in onbruik raken. Maar zover is het nu nog niet. Nu kunnen ze helpen om richting te vinden en handen en voeten te geven aan de ambities van een regio.

5.2 Duurzaam Ontwikkelen

Conventioneel ➜ post-conventioneel ➜ NonfiXe

De morele ontwikkeling van de mens kent volgens de Amerikaanse filosoof Ken Wilber ten minste drie algemene stadia. Bij z'n geboorte is de mens nog niet gesocialiseerd in het een of andere morele systeem, schrijft hij in *Een Beknopte Geschiedenis van Alles*. 'Hij is "preconventioneel",' aldus Wilber. 'Vervolgens leert hij een algemeen moreel schema dat de fundamentele waarden weergeeft van de maatschappij waarin hij opgroeit – hij wordt "conventioneel". En als hij nog verder groeit, kan hij nadenken over zijn of haar maatschappij, en er zo enige afstand van nemen, het vermogen verwerven deze te bekritiseren of te hervormen – hij is tot op zekere hoogte "postconventioneel".'

De postconventionele mens zit nog steeds vast aan een maatschappij die is gevormd en in stand wordt gehouden door een ruime conventionele meerderheid in de samenleving. Hij vormt een reactie daarop. In dialectische termen is het de synthese. Na de synthese volgt in een opklimmende reeks ontwikkelingen een nieuwe these. Na de creatie, de vernietiging en de hervorming volgt een nieuwe fase van creëren.
Na de constructie, de destructie en de deconstructie volgt – op een hoger niveau – een nieuwe constructie.

Op soortgelijke wijze is de mens momenteel zowel individueel als collectief bezig met de omslag van conventioneel naar postconventioneel, de synthese. Welk stadium, welke fase volgt daarna? Omdat de postconventionele mens geëvolueerd is uit de conventionele, redeneren wij, is hij nog niet helemaal vrij. Hij hervormt, maar is nog niet toe aan creëren. Doordenkend langs deze lijn, komen wij tot de conclusie dat de mens zich individueel én collectief van postconventioneel verder ontwikkelt tot vrij, ongebonden, niet gefixeerd. Resumerend: met betrekking tot duurzame ontwikkeling onderscheiden we vier stadia. Zie tabel 1.

---

209 Zie bijlage: *Steering in a world of uncertainty, complexity and chaos.*

Tabel 1. Vier stadia van duurzame (regionale) ontwikkeling

1	Preconventioneel	Constructie	These
2	Conventioneel	Destructie	Antithese
3	Postconventioneel	Deconstructie	Synthese
4	Nonfixe	Constructie	These

Wat voor de individuele mens opgaat, is tevens toe te passen op een groep, gemeenschap of regio. Paragraaf 4.16 bevat het concept: Maslow Revisited waarin de condities staan waardoor de vier stadia van preconventioneel naar nonfixe zich kunnen voltrekken. Maslow beschreef de context waarbinnen de mens omhoog kan klimmen tot aan de top van de piramide. Met name aan de zware, brede voet waarop het bouwwerk zich verheft, zijn primaire levensomstandigheden (context) cruciaal. Voor duurzame ontwikkeling horen hier de behoeften aan schone lucht en drinkwater zeker bij. De Earth Charter en Milenniumdoelen zetten daar op in. Naast veiligheid komt vrijheid van meningsuiting en beweging te staan. De samenleving in het nonfixe stadium realiseert zichzelf door anderen in andere gemeenschappen te helpen de piramide te beklimmen: solidariteit in vrijheid leidt tot stevige verbondenheid.

Duurzame gemeenschap

Ecologisch ongeletterd ➔ Ecolutie ➔ Duurzame Gemeenschap (Allemaal Winnen)

Het is overigens niet voldoende om alleen maar economisch en ecologisch geletterd te zijn. Voor een duurzame gemeenschap is ook een flinke dosis politiek en maatschappelijk vernuft nodig. En vooral ook waakzaamheid. De grootste vijand van de duurzame gemeenschap is de terreur die wordt uitgeoefend door dictators en *would-be*-dictators als de extreem rechtse politici die in vrijwel elke democratie opduiken. Dat vrijwel heel Afrika kampt met armoede, honger, ziekte, gebrek aan zuiver drinkwater en nog veel meer rampspoed, heeft zeker ook te maken met de aansturing van de diverse landen door dictators, die er alleen maar in slagen om in het zadel te blijven, doordat ze een privé-leger om zich heen hebben verzameld. Een paramilitaire organisatie, die bevoegd is om zonder opgave van redenen mensen aan te houden en, zonder enige aanklacht, voor jaren op te sluiten. Dit is een van de kenmerken van een dictatuur, zoals Naomi Wolf deze beschrijft.[210]

Hoe snel en hard het kan gaan, staat beschreven in het huiveringwekkende Der SS-Staat van Eugen Kogon,[211] een Oostenrijkse socioloog en schrijver, die op 12 maart 1938, de eerste dag van Hitler's machtsovername in Oostenrijk, werd gearresteerd, anderhalf jaar door de Gestapo

---

210 Naomi Wolf, *The End of America, Letter of warning to a young patriot, A citizen's call to action*, Chelsea Green Publishing Company, 2007. Voor de tien stappen van democratie naar dictatuur uit The End of America, zie hoofdstuk 3 van dit proefschrift, blz. 76

211 Eugen Kogon, Der SS-Staat, *Das System der deutschen Konzentrationslager*, Wilhelm Heyne Verlag, München, 1974.

werd verhoord en september 1939 in het concentratiekamp Buchenwald werd opgesloten, waar hij op 16 april 1945 werd bevrijd door de Amerikanen. De Amerikaanse Geheime Dienst zette hem meteen aan het werk. Hij dicteerde zijn ervaringen, die – samen met die van enkele andere gevangenen – richting VS gingen. Vierhonderd volgetikte vellen papier vol met afgrijselijke beschrijvingen van waar de mens allemaal toe in staat is.

Het relaas van Kogon was zo nauwgezet en informatief dat de Psychologische Oorlogsvoeringsdienst van het Amerikaanse leger vroeg het verder uit te werken. In drie weken tijd schreef hij het halve boek. Zijn ervaringen bevestigen de analyse van Wolf, met dat verschil, dat Kogon's boek de angst ademt die de gevangenen – waaronder de schrijver zelf – gevoeld hebben. Der SS-Staat is veel meer dan een verslag van belevenissen. Het is een sociologische studie over terreur. Het boek is lange tijd – tot 1977 – verboden geweest, omdat de Inlichtingen Dienst van de VS en die van Israël het als een handleiding voor terroristen en dictators zagen. In zekere zin is het dat ook, omdat Kogon – net als Wolf 60 jaar na hem – stap voor stap het ontstaan van systematische terreur blootlegt.

Kogon heeft het boek uiteindelijk in 1977 zelf uitgebracht. Hij vindt dat de jeugd kennis moet nemen van deze letterlijk zwarte bladzijden uit de Duitse geschiedenis. De uitgave staat vol met dicht op elkaar gepakte letters, nagenoeg zonder kantlijn en zonder plaatjes, op een plattegrond van Buchenwald – helemaal aan het einde – na. De vorm benadrukt de inhoud, samen zijn ze expressie. De uitdrukking van onderdrukking.

Dit is niet de plaats om hier verder over uit te wijden, maar net als Wolf waarschuwt Kogon voor herhaling. Volgens beide komt het er vooral op aan tendenzen in de richting van terreur tijdig te signaleren en te corrigeren. Kogon: '*Man muß den Terror in seinen Anfängen, in seinen Erscheinungsformen, in seinen Praktiken und in seinen Folgen entlarven. Denn wir wurden Zeugen davon, und werden es noch immer, wie es sich inmitten heutiger Demokratien entwickelt, wie er zur Macht kommt und sich als Democratie selbst ausgibt, geradezu als eine Regierungsform von Freiheiten.*'

Naomi Wolf beschrijft hoe ver de VS al waren opgerukt. Alles in Amerika veranderde volgens Wolf in september 2006, toen het Amerikaanse Congres de *Military Commissions Act* aannam, een wet die de president – elke president – machtigt om een afgescheiden en op zichzelf staand rechtssysteem in werking te stellen om vijandige, buitenlandse 'strijders' te berechten. Deze wet definieert het begrip marteling breed en voorziet niet in de rechtsbescherming die verdachten in andere wetten toegezegd krijgen. De wet maakt het mogelijk om iedereen, zonder opgave van reden, op straat op te pakken en maandenlang geïsoleerd op te sluiten en te verhoren. De VS waren bovendien al geheime gevangenissen aan het bouwen en in gebruik nemen. Guantánamo werd hiervoor het symbool.

Nederland heeft zijn eigen *Miltary Commissions Act* in de vorm van een wettelijke legitimatieplicht voor iedereen vanaf 14 jaar, die is ingegaan op 1 januari 2005 en die de politie machtigt om mensen naar hun identiteitsbewijs te vragen. Heb je dat niet bij je, dan kun je dus opgepakt en vastgezet worden. Heb je een anders dan blanke huidskleur, dan heeft Nederland ook een speciale opbergplaats voor je: een container. Uitzetcentra (uc's) wordt de Nederlandse variant van Guantánamo genoemd. Een soort voorverzamelbajes voor meer en snellere uitzetting: in Rotterdam een grote loods, een soort bedrijfshal, waarin op elkaar gestapelde containers als cellen fungeren. Kleinere voor een of twee gedetineerden en grotere voor gezinnen met kinderen. Daglicht valt er nauwelijks binnen, het ene uurtje luchten per dag vindt plaats in kale kooien achter geblindeerde hekken, sporten behoort niet tot de mogelijkheden, er is evenmin een ander programma en slechts een klein deel van de dag zit men niet op cel.

UC Schiphol staat naast het Justitieel Complex (luchthavengevangenis met een afdeling vreemdelingencellen en een eigen rechtbank). Het werd eind 2003 als een tijdelijke voorziening in gebruik genomen. Vanaf het voorjaar 2004 is uitzetcentrum Schiphol in haar definitieve voorziening operationeel. Dit is een voorbeeld van ecologische ongeletterdheid. De levens van mensen die een bijdrage kunnen leveren aan de samenleving worden *on hold* gezet. Als je geen andere misdaad begaan hebt, dan te vluchten voor repressie, of zelfs de zoektocht naar verbetering, zonder hiervoor de juiste papieren in je hand te hebben, word je opgesloten (ook kinderen) totdat er een vliegtuig vertrekt waar de autoriteiten je in kunnen proppen. De gevolgen van de vrijheidsberoving dreunen nog lang na in de levens van onschuldige mensen. Een dergelijke opstelling, in naam der Koningin, is het tegendeel van wat wij verstaan onder de creatie van een duurzame gemeenschap. Hier laat de Staat haar destructieve gezicht zien.

Duurzaam veranderen
Zelfsturende burgers kunnen autonoom besluiten om hun huizen te isoleren. Ze kunnen de thermostaat wat lager zetten en een dikke trui aantrekken. Ze kunnen hun verwarmingsketel vervangen door een broertje met een hoger rendement. Een windmolen in de tuin, zonnepanelen op het dak, een elektrische auto in de garage. Zelfsturende burgers hebben tal van mogelijkheden om een bijdrage te leveren aan de oplossing van het dreigende tekort aan energiebronnen, schoon drinkwater, voedsel, et cetera. De individuele burger heeft relatief gezien de grootste *masse de manoeuvre*. Hij hoeft op veel punten aan niemand anders verantwoording af te leggen dan aan zichzelf. Hoe hoger de regelkring, hoe moeilijker het wordt om een autonome positie in te nemen. Anders gezegd: hoe meer er door andere kringen geregeld wordt, hoe minder er zelf te sturen valt.

Zelfsturing door individuele burgers en organisaties is één manier om een meer duurzame ontwikkeling dichterbij te brengen. De meest vernieuwende manier. In totaal vallen er, volgens Frank van Empel en Elsbeth Reitsma in hun boek 'Wegen naar verandering', vier elementaire vormen van sturing te onderscheiden:

1. Directieve aansturing (*topdown*): degene die aangestuurd wordt, krijgt een opdracht en voert die blind uit, zonder de achtergrond en motivatie te kennen. Vertrouwen speelt hier geen rol. Mensen worden behandeld als radertjes in een grote machine. Als ze al aandacht krijgen, dan is dat uit berekening, bijvoorbeeld om hen aan te zetten tot hogere productiviteit.

2. Communicatieve aansturing (van binnen naar buiten): degene die aanstuurt, legt uit waarvoor een en ander bedoeld is, wat de achtergronden zijn en waarom het belangrijk is (*tell & sell*). Er wordt geen beslissingsbevoegdheid overgedragen. Wel is er sprake van enig vertrouwen: het vertrouwen dat de betreffende mensen de boodschap begrijpen en daarnaar handelen. Mensen krijgen persoonlijke aandacht met het oog op het te bereiken doel.

3. Interactieve aansturing (van buiten naar binnen): degene, die aanstuurt, staat open voor wat degene, die aangestuurd wordt, inbrengt aan suggesties en tegenargumenten en is te allen tijde bereid plannen en voornemens bij te stellen. Hier wordt degene die aangestuurd wordt voor vol aangezien. Hij of zij krijgt oprechte aandacht, maar nog niet zoveel vertrouwen dat hij/zij zelfstandig mag opereren.

4. Zelfsturing (bottom up): individuen en groepen (teams, afdelingen, business units) nemen zelfstandig besluiten en voeren die uit, waarbij ze wel rekening houden met het grotere geheel waarvan ze deel uitmaken. In het optimale geval denken en handelen ze in de geest (*sense of vision*) van de organisatie waarvan ze deel uitmaken. Leidinggevenden treden op als coaches die sturen op aandacht & vertrouwen. Hierbij past één kanttekening. Als doelen opgelegd worden en tegelijkertijd ruimte voor zelfsturing wordt gegeven, gaan mensen minimaal gedrag vertonen. Ze proberen het doel met zo weinig mogelijk moeite te bereiken. Managers denken dan al gauw aan motivatiegebrek, maar in werkelijkheid gedragen de betreffende medewerkers zich overeenkomstig het economisch principe: zoveel mogelijk bereiken met zo weinig mogelijk moeite. Als het te bereiken doel – de target, in jargon – wordt vastgepind, richten mensen zich op het tweede: zo weinig mogelijk moeite doen. Het is daarom aan te bevelen om ook de targets decentraal vast te laten stellen door teams of andere zelfsturende eenheden.

De psychologische begrippen 'aandacht' en 'vertrouwen' spelen een belangrijke rol bij het gemaakte onderscheid. Dit brengt ons tot de volgende vier manieren om te sturen, in de vorm van een matrix.

Tabel 2. Vier manieren om te sturen in een organisatie

	Van buiten naar binnen	Van binnen naar buiten
Topdown	Directieve aansturing	Communicatieve aansturing
Bottom-up	Interactieve aansturing	Zelfsturing

Duurzaam financieren

Rekening courant ➜ Overheidsgaranties ➜ Voorfinanciering

Duurzame ontwikkeling vraagt om hogere investeringen. Als je een huis bouwt en je wilt extra isolatie, een vegetatiedak, zonnecellen, verwarming via Warmte Koude Opslag en dergelijke, dan vraagt dat om extra investering. Veel mensen beschikken niet over voldoende cash of kredietruimte om een dergelijk bedrag te kunnen voldoen. Dat is jammer, want het is in feite een voorfinanciering die ze later terugverdienen. Over de hele levenscyclus van de woning gemeten, houden de bewoners er, zoals het er anno 2011 uitziet, zelfs geld aan over. Na oplevering hebben ze weinig of geen energielasten. De waarde bij verkoop is eveneens hoger dan die van een gelijksoortig huis zonder extra isolatie, zonnepanelen et cetera. De bank zou een overbruggingskrediet kunnen verstrekken, met de woning als onderpand, maar doet dat alleen als de bewoners beschikken over genoeg inkomsten om te voldoen aan de rente- en aflossingsverplichtingen. De (regionale) overheid zou de helpende hand kunnen bieden door een financieringsmaatschappij in het leven te roepen, die dergelijke overbruggingskredieten wél verstrekt, of door borg te staan. Als blijkt dat de beloofde besparingen inderdaad optreden en de overheid zelden of nooit met deconfitures te maken krijgt, dan zijn de banken wellicht ook bereid om komende besparingen op stookkosten in de tijd naar voren te halen.

Woningbouwcorporaties die duurzaam bouwen, kampen met soortgelijke problemen. De extra kosten die zij maken voor energiesystemen zijn pas op lange termijn rendabel. De voordelen van een lagere energierekening komen bij de huurders. De corporaties kunnen deze niet verrekenen in de huur, aangezien de wet een maximum huursom stelt. Dit ongeacht het bedrag dat bewoners besparen op hun energierekening, die zelfs tot nul kan dalen, waardoor de totale woonlasten lager uitvallen dan bij een conventionele vergelijkbare woning.

Bij de bouw van niet-commerciële gebouwen, zoals een ziekenhuis is een bank niet direct bereid om extra geld te verstrekken op basis van berekende voordelen in de exploitatie[212]. Ondanks het feit dat een dergelijk gebouw lagere lasten krijgt en zelfs geld zou kunnen verdienen door bijvoorbeeld energie aan een lokale woonwijk te leveren. Het is zelfs niet ondenkbaar dat een duurzaam ziekenhuis leidt tot lager ziekteverzuim bij personeel en een gemiddeld kortere verblijfsduur van patiënten. Aan de banken is het allemaal niet besteed.

---

212 Martin Bakker is kort bij het al dan niet plaatsen van een vegetatie dak en een groene gevel van een nieuw te bouwen ziekenhuis in Brabant betrokken geweest.

Niettegenstaande al de lippendienst aan maatschappelijk verantwoord ondernemen, zijn die vooral geïnteresseerd in aanvangsinvesteringen bij vastgoed en de mate waarin een ziekenhuis aan betalingstermijnen kan voldoen (bij voorkeur op een zo kort mogelijke termijn).

Alternatieve oplossingen voor particulieren: een extra hypotheek waarin gebruik wordt gemaakt van de Vamil-regeling (vervroegd afschrijven van milieuinvesteringen), subsidies voor zonnecellen, groen financieren. Of: een woningbouwcorporatie die, samen met bewoners, een energiebedrijf begint. Dan wel een overheid die een duurzaamheidsfonds creëert en daaruit milieu-investeringen voorfinancieert.

Constructie van duurzame gebouwen (duurzaam bouwen)
De bouw is een tamelijk traditionele bedrijfstak, waar de emancipatie van de onderkant grotendeels nog moet beginnen. Het stikt er van de 'zelfstandigen zonder personeel', maar dat wil niet zeggen dat die hun eigen targets vaststellen en zichzelf aandrijven. Ze worden ingehuurd en nauwkeurig ingeroosterd. Het aantal bouwvakkers dat zich boven in de piramide van Maslow bevindt is gering. Toch waaien ook hier de winden van de verandering, zoals we kunnen zien in Deel III waar veldexercities van de Provincie zoals de duurzame wijk Geerpark in de gemeente Heusden, besproken worden. Geerpark is bijzonder omdat er bijvoorbeeld een woningbouwcorporatie is betrokken bij de ontwikkeling van de wijk. Er worden dus ook huizen gebouwd voor de zogenoemde onderkant van de markt, de sociale huursector. Het is een van de voorbeelden die toont dat verhuurders (woningbouwcorporaties) aandacht krijgen voor ondermeer de energielasten van een huis en voor de leefomgeving van huurders.

Nederland telt ongeveer 7 miljoen woningen. Daarvan bevinden zich er 0.9 miljoen in de provincie Noord-Brabant. Voor de bouw van woningen zijn materialen nodig. Die kunnen een duurzaam karakter hebben, maar hebben dat meestal niet. Voor een deel door ongeletterdheid. Woningen verbruiken bovendien energie voor warm water, stroom en verwarming. Samen zorgen deze factoren voor een flinke milieubelasting die in belangrijke mate te vermijden is, ondermeer door isolatie, maar ook, zoals zal blijken in de casus Brabant Woning, door al bij de bouw rekening te houden met de vorm van het dak en de stand van de zon. Brabant Woning voert nog veel verder dan dit. Het is de opmaat voor betaalbaar, energieneutraal en gezond wonen. Daarover meer in hoofdstuk 15 waar het begrippenkader, de werkwijze en het conceptuele raamwerk uit dit proefschrift getoetst worden aan de praktijk.

Isolatie verbetert de energieprestatie van woningen. Toen energie nog goedkoop was – vóór 1973 – ging vrijwel niemand ertoe over. Dat gebeurde pas eind jaren zeventig. Om mensen over de streep te trekken, subsidieerde de overheid indertijd het isoleren van spouwmuren met forse bedragen[213]. Later werd ook het isoleren van het dak gesubsidieerd en uiteindelijk volgden de vloeren, dubbel glas, betere radiatoren en ketels met een hoger rendement (HR

---

213 www.milieudienst-ijmond.nl/asp/get.asp?xdl=../views/internet/xdl/ Page&VarIdt=00000001&SitIdt=00000002 &ItmIdt=00001094, juli 2008

en HR+ ketels). Dat is niet alleen goed voor het milieu, maar spaart ook geld uit. Een goed geïsoleerde woning verbruikt 700 kubieke meter aardgas per jaar, een slecht geïsoleerde woning 2000 kubieke meter[214]. Isolatie leverde bewoners in 2007 een besparing op van € 750,- per jaar. Met betere glassoorten, driedubbel glas, betere ketels, efficiëntere apparaten en efficientere verlichting wordt nóg meer voordeel geboekt. Uit de tabel blijkt dat ook nieuw gebouwde woningen in toenemende mate geïsoleerd worden.

Bij nieuwbouwwoningen dient volgens het Bouwbesluit een energie prestatie coëfficiënt (epc) berekend te worden. Het Bouwbesluit stelt momenteel een epc verplicht van 0.8. Verder is er door de overheid een energielabel voor bestaande en nieuwbouwwoningen ingevoerd met zeven energieklassen. De klassen lopen van G (zeer verspillend) tot A (zeer zuinig). A is nog opgedeeld in A, A+ en A++, oplopend in zuinigheid[215].

Tabel 3. Isolatie aandeel in drie periodes bij woningen in provincie Noord-Brabant

Bouwjaren	1945 - 1959	1960 – 1970	1991 – 2005
Aantallen	115.680	192.800	144.600
Dakisolatie (in %)	37	37	85
Vloerisolatie b.g. (in %)	5	6	60
Gevelisolatie (in %)	22	21	78
Dubbel glas (in %)	60	60	80
Gem.gasverbruik per jaar (in m³)	1605	1850	1005

Er is zelfs een variant op de markt die restwarmte omzet in elektrische energie[216]. Constructeurs van duurzame gebouwen maken verder optimaal gebruik van passieve zonnewarmte (zonnecollector, oriëntatie op de zon), warmte koude opslag, vegetatiedaken, lage temperatuur verwarming, optimale isolatie van de fysieke schil en PV cellen voor het leveren van stroom voor de warmtepomp. Bij de bouw worden milieuvriendelijke materialen gebruikt, zoals hout voor de skeletbouw en vlas, krantenpapier of schapenwol voor de isolatie en bepaalde verf voor een goed binnenklimaat. Dergelijke woningen blijven niet steken op de tekentafel, maar worden daadwerkelijk gebouwd en zijn betaalbaar.

---

214 www.duurzameenergie.org/nieuws/isoleren-te-duur.html, juli 2008
215 www.energielabel.nl/pagina?onderwerp=Energielabel%20woningen%20toegelicht, juli 2008
   De klassen worden bepaald op basis van Energieindex (EI). Dit getal wordt berekend op grond van kenmerken van de woning, zoals de kwaliteit van woningisolatie, de zuinigheid van installaties en de aanwezigheid van zonnepanelen en zonneboilers. De Energieindex is een maat voor het energieverbruik per vierkante meter woonoppervlak per jaar. Het energieverbruik van verschillende woningen (groot en klein) is hierdoor goed met elkaar te vergelijken.
216 Zie bijvoorbeeld, www.remeha.info 24 juli 2008

Belangrijk is de integrale aanpak van ontwerp en bouw. Partijen die woningen ontwikkelen en bouwen, kunnen door intensieve samenwerking vanaf de tekentafel de faal- of verlieskosten reduceren[217]. Het traditionele bouwproces oogt hopeloos ouderwets: een projectontwikkelaar huurt een architect in om plannen te tekenen. Vervolgens bouwt een aannemer het betreffende object volgens de specificaties. Een ingenieursbureau zorgt voor licht, verwarming en water. De deelprocessen volgen elkaar op in de loop van de tijd. Eerst komt de stukadoor, dan de tegelzetter. Als een 'werk' uitloopt, klopt het schema niet meer. Mensen lopen elkaar in de weg, of er gebeurt gewoon even helemaal niets. Kostbaar tijdverlies. Een integrale benadering kan hier leiden tot meer efficiency en lagere kosten.

Slimme financieringsvormen maken 'duurzaam bouwen' nóg aantrekkelijker. Zo neemt Seinen projectontwikkeling in Leeuwarden al jaren duurzame instrumenten (*tools*) als warmte koude installatie en zonnecellen mee in de berekening voor het aanvragen van een hypothecaire lening. Woningen met een energie prestatie coëfficiënt van 0.0 zijn op de lange termijn zo voordelig, dat het redelijk is dat de noodzakelijke investeringen voor zo'n woning gefinancierd worden uit een opslag op de standaard hypotheek. Energiezuinige woningen leveren niet alleen lagere energielasten op voor bewoners, maar ook lagere totale woonlasten. Zuinige apparaten en milieubewust gedrag vormen het sluitstuk van deze Constructie.

Het kan nog beter. Technisch is het goed mogelijk om woningen te produceren die per saldo meer energie leveren dan verbruiken (dank zij decentrale energieopwekking), die een gezond binnenklimaat hebben en ook nog bijdragen aan de biodiversiteit. Dergelijke woningen beschikken bijvoorbeeld over een micro warmte krachteenheid. Dat is een hoog rendementsketel, uitgerust met een Stirling motor.

5.3   Systems Management (Control)

Complexe systemen kunnen op diverse abstractieniveaus geanalyseerd en uitgelegd worden, namelijk op het niveau van:
- De gebeurtenis ofwel '*the event*' (symptomen)
- Gedragspatronen (trends)
- De Systemische Structuur (grondoorzaak)

Daarbij horen de volgende actievormen: reactief, voorspellend en proactief

Gebeurtenissen zijn oppervlakkige symptomen. Als ze in een bepaald patroon passen, dan vallen ze al wat makkelijker te duiden. Maar wil je gebeurtenissen beïnvloeden, dan moet je de diepte in, op zoek naar de wortels, de diepere oorzaken van waarom er gebeurt wat er gebeurt. Als je die kent, dan zie je gebeurtenissen niet alleen aankomen (*Forecasting*), je kunt

---

217 Ervaringsfeit van projectontwikkelaar Henk Seinen uit Leeuwarden: 'elke tiende woning wordt gebouwd op kosten van de negen voorgaande, als gevolg van slechte afstemming, diefstal, verkeerd bestellen', september 2009 persoonlijke mededeling aan Martin Bakker.

er ook proactief op inspelen. In de praktijk is het management van systemen overwegend 'reactief'. Voor je het weet, ben je alleen nog maar bezig met brandjes blussen. Je mist het overzicht en al helemaal de rode lijn (trend). Dit fenomeen doet zich op alle terreinen voor: de economie, milieubeleid, sociaal-cultureel beleid, energiepolitiek. Stijgt de olieprijs naar een hoogterecord, dan is iedereen in rep en roer. Er wordt gesproken over de ontwikkeling van alternatieve energiebronnen. Daalt de olieprijs vervolgens weer, dan is de urgentie van allerlei maatregelen minder groot en hoor je nauwelijks meer praten over de noodzaak van windmolens op zee, zonnepanelen op de daken en grootschalige productie van biomassa ten behoeve van de elektriciteitsproductie. 'Het kan verkeren,' zou Bredero zeggen. Door bepaalde trends en gedragspatronen te onderscheiden krijgen decisionmakers al wat meer grip op ontwikkelingen en gebeurtenissen en zijn zij beter in staat tot effectieve besluitvorming. Structurele verklaringen hebben de grootste kracht, maar zijn het minst gebruikelijk. Om door de 'funnel' tussen Destructie en Constructie te geraken, is kennis van de heimelijke beweegredenen van mensen, de dieper liggende motivaties, loyaliteiten, belangen, gevoelens, angsten en verslavingen van mensen nuttig, maar ook verwarrend. Al zijn mensen zich nog zo bewust van dit soort zaken, ze handelen er zelden naar.

Om toch grip te krijgen op ontwikkelingen en gebeurtenissen, worden systeemmodellen ontwikkeld: simpele diagrammen, waarin de mechanismen worden geschetst die ten grondslag liggen aan menselijk gedrag en de daaruit voort komende ontwikkelingen en gebeurtenissen. Systeemmodellen worden geconstrueerd, waarbij onder meer gebruik gemaakt wordt van terugkoppelingsmechanismen die bepaalde ontwikkelingen versnellen, afzwakken of maskeren (in systeemjargon: *reinforcing loops, balancing loops* en *delays*). Goede ontwerpen laten bovendien zien waar hefboomeffecten te realiseren zijn.
Een goed voorbeeld van een systeemmodel is het *Limits to growth model*, een model waarmee elk bedrijf vroeg of laat wel eens te maken krijgt.

Figuur 2. Een voorbeeld waarbij een bedrijf te maken krijgt met het "grenzen aan de groei" model. Het bedrijf groeit (in de *loop* die versterkt) maar krijgt te maken met allerlei beperkingen (in de *loop* die balanceert).

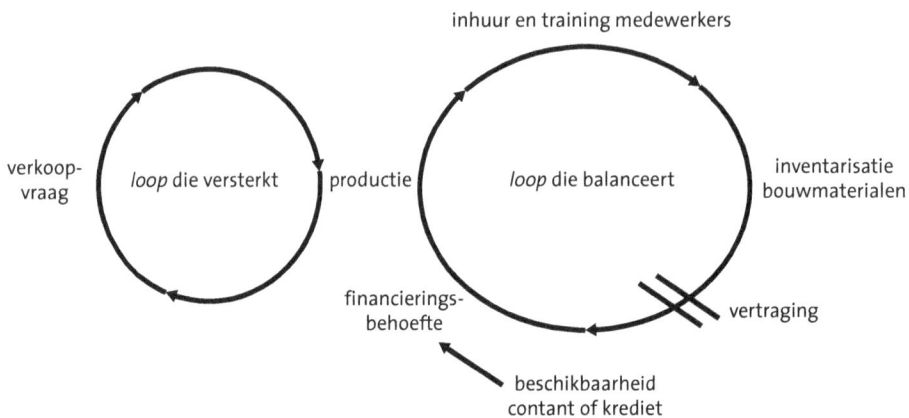

inhuur en training medewerkers

verkoop-
vraag   *loop* die versterkt   productie   *loop* die balanceert   inventarisatie
bouwmaterialen

financierings-
behoefte   vertraging

beschikbaarheid
contant of krediet

Het *Limits to growth* model illustreert waarom organisaties een natuurlijke groei doormaken. Harder groeien is doorgaans niet mogelijk als gevolg van allerlei beperkende factoren. Het falen van nogal wat ICT-bedrijven in 2000 had als grondoorzaak dat ze sneller wilden groeien dan hun eigen vermogen mogelijk maakte. Ze groeiden met geleend geld en strandden toen ze niet meer aan hun rente- en aflossingsverplichtingen konden voldoen als gevolg van een dip in de economie.

5.4   Matrixbenadering (Concentration, Compaction)

De matrix is een middel om samenhangende gegevens en hun bewerkingen op een systematische en overzichtelijke wijze weer te geven. Hij voegt met name waarde toe in complexe, onoverzichtelijke situaties, met ontwikkelingen en gebeurtenissen op diverse gebieden, die tegelijkertijd plaatsvinden en op vaak onnavolgbare wijze in elkaar grijpen. Ze vormen een bouwwerk van variabelen die elkaar onderling en vaak ook nog wederkerig beïnvloeden. De matrix vergroot het inzicht in de werking van dergelijke complexe systemen.[218] Dat kan bijvoorbeeld in de vorm van tegenstellingen, zoals in de volgende paragraaf wordt geïllustreerd. Door verleden en toekomst tegenover elkaar te zetten wordt een ontwikkeling in de tijd weergegeven.

---

218 Peter Camp & Funs Erens, De praktijk van de matrix, Business Bibliotheek, Uitgeverij Contact, 1998, blz. 7.

Kader 1. Voordelen van de matrixbenadering[219]

Matrixbenadering
• Biedt een integraal overzicht van veranderingen;
• Laat onderlinge verbanden zien;
• Geeft diverse analyse- en ordeningsschema's;
• Zorgt voor een snelle prioriteitenstelling;
• Brengt de huidige en gewenste situatie in kaart;
• Bevordert actieve betrokkenheid;
• Is een visueel sterk schema;
• Ondersteunt de communicatie en presentatie;
• Structureert de rapportage;
• Kent onbeperkte toepassingsgebieden.

5.5 De Allemaal Winnen Matrix

De concepten uit hoofdstuk 4 vormen een buffet, waar beleidsmakers zelf hun menu kunnen samenstellen. De concepten zijn niet statisch, maar vertonen een ontwikkeling, die wij per concept in drie kernbegrippen proberen te vangen. De ontwikkelingsgang kent drie fases: destructie, deconstructie en constructie. Elk concept wordt bovendien ondergebracht in een verandercluster. We onderscheiden er drie: één met betrekking tot menselijk gedrag, één voor alles wat met techniek, technologie of processen te maken heeft en één voor methoden van besluitvorming. Brengen we alle kernbegrippen samen in een matrix, dan ontstaat een dynamisch oriëntatie instrument, een kompas voor duurzame ontwikkeling. Door aan te kruisen welke *keywords* op een bepaald moment actueel zijn, krijg je een beeld van waar we ons bevinden. Hoe ver zijn we opgeschoten met onze inzet voor een duurzame regionale ontwikkeling? Wat kunnen we nog meer doen? Welke concepten hebben we nog niet benut? Hoe kunnen we de besluitvorming zo inrichten dat het niet bij woorden blijft, maar dat er ook daadwerkelijk actie wordt ondernomen?

Figuur 3. Nogmaals de 'allemaal winnen' matrix (zie inleiding hoofdstuk 4) met een ontwikkeling in drie fasen horizontaal en drie clusters van verandering verticaal.

	Destructie	Deconstructie	Constructie
Gedrag			
Techniek			
Besluitvorming			

219 Peter Camp e.a., blz. 68

5.6   De dialectische benadering (Contrast)

De dialectiek gaat uit van het axioma dat alles in een permanente staat van verandering en beweging is. Daarnaast legt de dialectiek uit dat verandering en beweging tegenstellingen inhouden en enkel kunnen plaatsvinden dankzij tegenstellingen. Daarom wordt de dialectiek ook wel de logica van de tegenstelling genoemd. 'Opposites Attract,' heette een tentoonstelling over dialectiek die februari 2009 in de Veemvloer in Amsterdam werd georganiseerd. 'De Duitse filosoof Georg Wilhelm Friedrich Hegel (1779-1831),' schrijft Joke J. Hermsen – schrijfster en filosofe - over die tentoonstelling, 'meende dat de dialectische methode het best geschikt was om een nieuwe visie op een zaak te ontwikkelen. Hij ging ervan uit dat alles wat bestaat in relatie staat tot elkaar. Het gaat er alleen om die relaties te ontdekken. Relaties kunnen alleen bestaan tussen dingen, mensen of standpunten die van elkaar zijn gescheiden. Om greep op die relatie te krijgen, moet je je als het ware eerst buiten je eigen positie begeven. Dat doe je door het tegendeel, een tegengesteld standpunt, ervan in het oog te nemen. Vervolgens ontdek je een nieuwe relatie tussen dat waar je eerst was en dat waar je nu bent.'

Hermsen haalt in haar bespreking Christine Sluysmans aan, volgens wie 'deze tijd een sterk dialectisch karakter kent, dat naar voren komt in tal van nieuwe tegenstellingen, tussen bevolkingsgroepen, religies, stad en platteland, een tijd kortom waarin tegenpolen elkaar ontmoeten en dialogen meer nodig zijn dan ooit'. Sluysmans bracht in de dubbeltentoonstelling, die in lijn met de thematiek in twee delen was opgesplitst, achttien kunstenaars samen, die volgens haar werk maken dat vanuit artistiek-inhoudelijk oogpunt een sterk dialectisch karakter heeft. Sommige van hen maken werk dat raakt aan de Platoonse versie van dialectiek, waarin het debatteren vanuit tegenstellingen centraal staat op zoek naar een hoger inzicht. Want dialectiek is veel ouder dan de filosoof Hegel. Bij de Grieken werd er simpelweg een redeneervorm mee bedoeld, die door middel van het gebruik van tegenstellingen naar waarheid probeert te zoeken.

Het woord dialectiek gaat terug op het Griekse dialegomai, 'converseren', evenals dialoog en dialect. Dialectiek verwijst uiteindelijk naar het voeren van een gesprek, een dialoog met elkaar, waarbij men niet zozeer elkaars standpunten bevestigt, maar juist kritisch onder de loep neemt. Andere kunstenaars maken volgens Sluysmans werk dat eerder associaties oproept met Hegels uitleg: metafysisch van karakter en gericht op continue verandering en ontwikkeling van denken en van de wereld, ten gevolge van tegenstellingen. Echte waarheden bestaan in de dialectiek niet, wél waarheden die steeds dieper en rijper worden. Bij het inrichten van ons 'Allemaal Winnen' denkmodel maken wij gebruik van soortgelijke tegenstellingen, om tot diepere en rijpere inzichten te komen. Politiek is in deze constellatie: de vormgeving van het conflict, van de tegenstellingen.[220]

---

220 P.H.A. Frissen, De Staat van Verschil, blz. 24.

Kader 2. Krachten roepen tegenkrachten op (dialektiek)

Krachten roepen tegenkrachten op, bewegingen leiden tot tegenbewegingen. De kracht heeft de tegenkracht in zich. Deze tegenkracht treedt naar buiten op het moment dat hij het meest wordt bedreigd. Langzaam aan verovert de tegenkracht vervolgens steeds meer terrein, totdat hij de kracht volledig verdrongen lijkt te hebben. Dat is het moment dat er een tegenbeweging van een hogere orde ontluikt. Deze dynamiek wordt prima verbeeld door het Yin-Yang symbool. De overgang kan ook abrupt zijn. We noemen dat een revolutie. De historie kent politieke en industriële revoluties, maar in werkelijkheid komen ze op alle terreinen voor.

De verrijking van de samenleving die voortkwam uit de Industriële Revolutie kan aangemerkt worden als een creatie van ondernemers, die productiefactoren als arbeid en kapitaal gebruikten om hun ideeën te realiseren. Iedereen lijkt er beter van te zijn geworden. Maar er zit een adder onder het gras. De eerste entrepreneurs waren hardwerkende, gedreven lieden. Maar na verloop van tijd ontwikkelde het onderliggende systeem van vrije marktwerking ongeregeld gedrag bij mensen in de vorm van hebzucht. Steeds meer mensen raakten in de ban van het geld en de dingen die je daarmee kunt kopen. Er werd gefraudeerd en gesjoemeld tot op het hoogste niveau, of juist op dat hoogste niveau. Tot op de dag van vandaag (Madoff, Stanford). Ogenschijnlijk honorabele managers van grote ondernemingen en financiële instellingen spelen elkaar de bal toe, met één alles overheersend doel: zelfverrijking. Deze zelfverrijking roept haar eigen tegenkracht op: zelfontplooiing. Wat moet je verder nog als je alles al hebt? Nòg meer? Neen. Beter, anders, mooier, gezonder....

In de terminologie van de Duitse filosoof Hegel: waar verrijking van de samenleving kan worden aangemerkt als de these, is zelfverrijking de antithese en zelfontplooiing de synthese. We bevinden ons in de tijd op het moment dat de kracht van de vernietiging zo groot is geworden dat de tegenkracht zich begint te manifesteren. Anti-globalisten protesteren bij zowat elke vergadering van de grote mogendheden, de G7. Langzaamaan komt er in de samenleving meer belangstelling voor kringlopen, netwerken, zonne-energie, elektrische auto's, aardwarmte, samenwerking, diversiteit en de dynamiek van naar evenwicht neigende, maar steeds weer op hol slaande systemen.

5.7 Deconstructie (Creative Destruction)

Deze werkwijze, die eerder reeds als concept ter sprake kwam, is een manier om op creatieve, nieuwe ideeën te komen door de oude eerst af te danken, inclusief alle instituties, hiërarchieën, procedures, gevestigde belangen, et cetera.

Dat kan op allerlei manieren. Door constructies en hiërarchieën op losse schroeven te zetten, aan het wankelen te brengen, of om te keren, door te protesteren tegen onderdrukkende en verdrukkende autoriteiten, door vragen te stellen die het gezag en de autoriteit van gevestigde belangen ter discussie stellen en daarmee ook ondermijnen, door te provoceren, aannames te wissen, mensen, processen, systemen en structuren in de war te brengen, etc.

Rode draad in deze tamelijk willekeurige opsomming is dat de spontane tendens naar stabilisering tegengegaan wordt. Stabilisering leidt al gauw tot starheid. De wereld buiten verandert echter voortdurend. Binnen de kortste keren sluiten de eigen leefomgeving (familie, buurt, wijk, gemeente, regio) en de buitenwereld niet meer op elkaar aan. De buitenwereld wordt als bedreigend gezien, de deuren van de eigen leefomgeving gaan op slot en de rolluiken worden neergelaten. Deconstructie bouwt niet verder op het verleden, maar breekt ermee, zet er zich tegen af. Deconstructie verklaart oud gedrag, oude gewoonten en gebruiken, oude technologie en oude manieren van besluitvorming als passé, uit de mode en maakt ruimte voor nieuwe. Die na verloop van tijd ook weer oud worden en door nieuwe worden vervangen. Het 'oude' waarvan afscheid genomen wordt, duiden wij aan als destructie, het nieuwe als constructie en de turn around van destructie naar constructie als deconstructie. Deconstructie staat voor wanorde, verzet en verbeelding. Grenzen worden overschreden en grendels worden verwijderd. De geest moet vrij kunnen ademen.

Deconstructie heeft, zoals we eerder al opmerkten, absoluut niks te maken met het bewandelen van toegankelijke wegen. Het is een vorm van *off the road* denken en doen. Het heeft evenmin iets van doen met het mechanisch afwikkelen van vaste procedures. En al helemaal niet met het stereotiep toepassen van regels.

De wereld is groter geworden door de introductie van moderne telecommunicatie apparatuur. Lokale, regionale, nationale en globale economieën vloeien in elkaar over. En iets soortgelijks geldt voor de mensen en het milieu. Alles en iedereen staat op vele manieren met elkaar in verbinding. In deze dynamische wereld zijn er slechts twee duurzame essenties: de verandering zelf, als fenomeen. Een woord dat we kunnen vervangen door 'ontwikkeling', zodat we kunnen spreken van 'duurzame ontwikkeling; de andere duurzame essentie is de mens als intelligent wezen dat in staat is om steeds weer boven zichzelf uit te stijgen en oplossingen te vinden voor allerlei soorten problemen.

Het vermogen van de mens om te innoveren en te vernieuwen vormt een dynamisch perspectief, van waaruit het thema duurzame ontwikkeling er ineens anders uit komt te zien. De definitie van duurzame ontwikkeling, zoals geformuleerd door de Commissie Brundtland (1987) en overgenomen door de provincie Noord-Brabant, die definitie houdt geen rekening met het feit dat toekomstige generaties met behulp van de nieuwste technologie van dát moment beter in staat zijn de problemen van dít moment op te lossen dan wij. Vanuit een dynamisch toekomstbeeld ogen alle problemen ineens een stuk minder grimmig. En dus is het belangrijk om die dynamiek erin te houden en de kachel op te poken als het vuur dreigt uit te doven. Dit oppoken is de essentie van deconstructie. Door spontane, uitgelokte of bewust in scène gezette deconstructie wordt een continue dynamiek gecreëerd die als vanzelf leidt tot experimenten, innovatie en andersoortige vernieuwing. Wanorde, verwarring en onzekerheid hebben als nuttige bijwerking dat ze mensen uit hun routines halen en aanzetten tot innovatie en anders denken.

Deconstructie is een werkwijze waarbij op tal van terreinen, zoals kunst, milieu en technologie, een aanhoudende stroom van nieuwe composities en innovaties tot stand wordt gebracht. Op langere termijn leidt deze werkwijze, als hij consequent wordt doorgezet, tot een radicale transformatie van de economie, het milieu en de sociaal-culturele verhoudingen in de samenleving.

Het is niet makkelijk en nogal vermoeiend om voortdurend constructies te verstoren, verwarring te zaaien, slippend door de bocht te gaan. Deze werkwijze kan daarom beter gecombineerd worden met een andere. Nadeel is dan wel dat het eindproduct ook versneden is.

Een milde vorm van deconstructie is te vinden in het boek *Innovations-Ökologie* van onder meer Fritjof Capra. De deconstructie heeft daar het karakter van een tussenfase, die het midden houdt tussen twee tegengestelde ontwikkelingen (zie matrix 1).

Figuur 4. Capra e.a. onderscheiden drie golven als het gaat over de richting waarin onze samenleving zich beweegt[221].

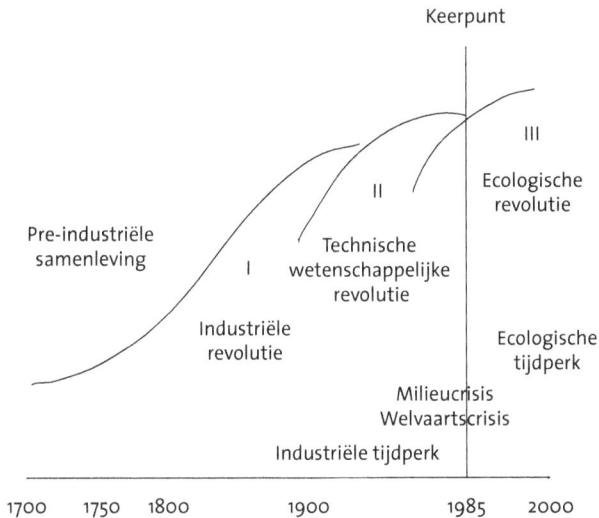

221 Rüdiger Lutz, Fritjof Capra, Ernest Callenbach en Sandra Marburg, *Innovationsökologie*, vertaling auteurs

Tabel 1. Het tegenover elkaar zetten van de karakteristieken van de drie golven, waarbij wij ons in de superindustriele fase bevinden. De overgang van de industriële naar de na-industriële-ecologische fase (vanaf 2005)[222]

I Industriële samenleving	II Super-industriële samenleving	III De na-industriële samenleving
Patriarchale, hiërarchische *top-down* structuren	Rolveranderingen en -breuken Hiërarchieconflicten	Flexibele, netwerkachtige modellen
Groei euforie	Grenzen aan de groei	Principe van duurzame ontwikkeling
Fixatie op kwantiteit	"Kwalitatieve" groei	*Integratives* groei
Milieuvervuiling	Milieuwetgeving	Milieu herstel
Natuurverbruik	Milieu handhaving	*Oekosystemgestaltung*
Uitbuiten van grondstoffen	Recycling, efficiëntie	Kunstmatige "natuurproducten"
Afval/huisvuilproblemen	"Intelligente" gesloten systemen	Natuur geïntegreerde processen
Materiële grondhouding	Verzadiging en stagnatie	Niet materiële oriëntatie op zingeving
Proletarisierung	De-proletarisierung	Cosmopolitische perspectieven
Klassevorming	Pluralisme, confetti -maatschappij	Virtuele gemeenschappen
Sociale wetgeving	Welvaartsstaat	Basisgarant stelling
Oriëntatie op producten	Oriëntatie op belevenissen	*Erkenntnisorientierung*
Mechanistische modellen	Cybernetische modellen	Systematische modellen
Lineaire voorstelling van tijd	*Zeitfraktale flexibilisierung*	*Parallelzeitstrukturen*
Territoriale expansie	Globalisering, *Planetarismus*	Regionalisering wereldwijd

---

222 Idem, vertaling auteurs.

5.8   De principebenadering (Commitment)

In de wereld van veelheid en verschil, zoals beschreven door postmodernistische denkers als Gilles Deleuze en Paul Frissen, overwegen variëteit, fragmentatie en meervoudigheid. De vrijheid en autonomie van het individu (persoon of organisatie) staan hier voorop. Individuen opereren in tal van netwerken en dragen op die manier bij aan de vormgeving van het geheel. De werkelijkheid wordt als het ware van onderen af opgebouwd. De afzonderlijke delen van een netwerk zijn gelijkwaardig aan elkaar. Het valt niet mee om als bestuurder of beleidsmaker te overleven in deze netwerksamenleving.

Variëteit, fragmentatie en meervoudigheid ondermijnen de bestaande instituties en druisen in tegen de allesoverheersende behoefte aan zekerheid bij het grootste deel van de bevolking. In die zin zijn zij een toonbeeld van deconstructie. Ook politici, bestuurders en beleidsmakers voelen zich meer thuis in een wereld die wordt gekarakteriseerd door ordening, sturing en regulering. De tegenhanger, in dialectisch opzicht, van de Wereld van Verschil.
In de wereld van ordening, sturing en regulering wordt voor het individu gezorgd. Tal van politieke en maatschappelijke 'leiders' (waaronder veel tycoons uit het zakenleven) – vaak zelf op het kussen geklommen - doen alsof ze anderen representeren, maar ze vertegenwoordigen vooral zichzelf. Ze construeren hun eigen paradijs op aarde en laten anderen de rekening betalen. De wereld die zij ontwerpen is echter niet duurzaam. Voor de postmodernisten is het vooral een wereld vol schijnzekerheden. De werkelijkheid is in hun ogen toevallig, ongekend en onbeheerst. Wil je in deze wereld overeind blijven, dan moet je over een flinke dosis improvisatievermogen, flexibiliteit en wendbaarheid beschikken. Eén manier om dat te doen is: uitgaan van bepaalde principes, die je pragmatisch toepast al naargelang de context waarin jij je op dat moment bevindt. Je kiest die concepten en tools uit die je op dat moment van pas komen en hervormt zo – met anderen in het betreffende netwerk – al experimenterend en improviserend de (eigen) werkelijkheid.
Wat voor individuen geldt, gaat in iets andere vorm ook op voor collectieven (groepen, teams, organisaties). Collectieven kunnen, net als individuen, bijvoorbeeld star zijn, maar ook heel flexibel, wendbaar en dynamisch.

Principes maken het mogelijk dat een proces, project of ontwikkeling op hoofdlijnen aangestuurd wordt, terwijl de invulling en uitwerking met veel vrijheidsgraden decentraal plaatsvindt. Een dergelijke benadering is op initiatief van wethouder ruimtelijke ordening Adri Duivesteijn in Almere toegepast voor het bouwen van woningen (zie: kader 3).

Kader 3: Almere Principes voor het bouwen van woningen[223]

In Almere zijn in 2008 op initiatief van de toenmalige wethouder ruimtelijke ordening Adri
Duivesteijn principes voor het ontwikkelen van woningen opgesteld. Dit is een voorbeeld
van het op locatie zoeken naar leefregels. De zeven principes zijn:

1. Koester diversiteit;
2. Verbind plaats en context;
3. Combineer stad en natuur;
4. Anticipeer op verandering;
5. Blijf innoveren;
6. Ontwerp gezonde systemen;
7. Mensen maken de stad.

Ieder principe wordt begeleid door een *Cradle to Cradle*-tekst van de Amerikaanse architect
McDonough. Zo staat er bij principe 6 onder meer: 'Zou het niet fantastisch zijn als we geen
schuldgevoelens zouden hebben over de industrie, maar er trots op kunnen zijn? Als nieuwe
gebouwen lijken op bomen en zorgen voor schaduw, voor een leefgebied voor zangvogels,
voor voedsel, voor energie en voor schoon water?'

5.9   Hollywoodbenadering (coaching)

In het post-conventionele stadium en het creërende stadium wacht een regionale overheid
niet af, maar handelt zelf, bijvoorbeeld volgens de eerder genoemde vijf principes. Als het
niet anders kan dwars tegen alle gebruiken, conventies en gewoonten in. Wij duiden dit in
hoofdstuk 4 Concept, aan als 'Vrij Veranderen'. Verandering is een voorwaarde – een conditio
sine qua non - voor duurzame ontwikkeling. En omdat de omgeving (context) voortdurend
verandert, hebben we het hier over continu veranderen. In het hoogste stadium van duurzame
ontwikkeling houdt het ook in 'vrij veranderen'. De regionale overheid – in casu de provincie
Noord-Brabant - stelt zich daarbij nadrukkelijk op als één van de partijen tussen de andere
partijen. Daarbij is het zaak om niet te dicht op allerlei belangenbehartigers te kruipen,
om afstand te bewaren en cliëntèlisme – 'ons kent ons' situaties – te vermijden. Anderzijds
moet de overheid ook weer niet te ver van de mensen afstaan. De regio voldoet aan deze
voorwaarden.

De regionale overheid krijgt meestal de rol van regisseur. Degene die aan de touwtjes trekt,
die het beleidvormingsproces aanstuurt. Voorwaarde is wel dat de overheid het beleid niet
eenzijdig bepaalt. Bovendien hoort bij een regisseursrol dat de overheid zich afstandelijk
opstelt en anderen de ruimte geeft voor eigen inbreng. Andere rollen, zoals die van speler,

223 www.cradletocradle.nl/home/931_projectinhoud.htm, 28 januari 2009

facilitator en coach behoren ook tot de mogelijkheden. En combinaties van deze rollen. De vergelijking met de filmindustrie werkt hier verhelderend. Bij het maken van een film heb je behalve een regisseur en spelers ook nog andere rollen:

Kader 4. Rollen die een regionale overheid kan spelen in vergelijking met de filmwereld Hollywood[224]

1. De producent wil een film laten maken die het publiek mooi vindt en waarvoor dat publiek wil betalen. De producent stelt vooraf eisen aan de inhoud van de te maken film. Deze eisen kunnen in gedetailleerdheid variëren: van 'Ik wil een film met een lekkere mix van actie en romantiek' tot 'Ik wil een nauwkeurige verfilming van boek X'. Andere veel voorkomende voorwaarden zijn die met betrekking tot kosten en opleveringsdatum, tot de namen van de scenarioschrijver, regisseur, hoofdrolspelers, locaties, te gebruiken technieken, deelbudgetten, tijdsplanning, etc.

2. De scenarioschrijver maakt vervolgens, uitgaande van de – meer of minder gedetailleerde – inhoudelijke specificaties die hij van de producent aangereikt krijgt een ontwerp (scenario) van de te maken film. Hij moet daarbij de randvoorwaarden die de producent stelt aan de wijze van productie goed in gedachten houden, bijvoorbeeld de door de producent gewenste hoofdrolspelers of het maximale budget. Bij het schrijven van het scenario heeft hij een bepaalde vrijheid om van de specificaties die door de producent zijn opgegeven, af te wijken. Wanneer de gewenste bijstellingen of aanvullingen aanzienlijk zijn, dan zal hij deze met de producent bespreken (terugkoppeling).

3. De regisseur vertaalt het scenario naar een product, binnen de randvoorwaarden die door de producent gesteld zijn. Daarbij heeft hij een zekere vrijheid om het scenario bij te stellen. Wanneer zijn wensen voor bijstelling of aanvulling aanzienlijk zijn, zal hij deze bespreken met de producent.

4. De spelers gaan daarna onder leiding van de regisseur aan de slag om het scenario, dat uitgewerkt is tot een script, uit te spelen en vast te laten leggen. Ook zij hebben - afhankelijk van de regisseur en de kaders waarbinnen deze moet werken - een bepaalde vrijheid. Zij kunnen al spelend verbeteringen aanbrengen in het script, waarvan zij uit ervaring weten dat het publiek deze veranderingen zal waarderen.

---

224 Het betreft hier een metafoor die rollen vergelijkt, geen visie op film of andere kunstvormen. De visie van de auteurs op kunst, valt buiten dit proefschrift. Lege zalen zeggen namelijk niets over de kwaliteit van het getoonde. Volle zalen evenmin.

> 5. Het publiek wordt in veel gevallen ingeschakeld, zowel tijdens de fase van het ontwikkelen van het concept voor de film (via publiekspanels), als in de eindfase (via voorvertoningen). De producent zal waar mogelijk rekening houden met het commentaar, omdat uiteindelijk het publiek bepaalt of de film een succes is of niet. Tevens zal de producent proberen de aandacht en waardering voor de film te beïnvloeden, bijvoorbeeld door een publiciteitscampagne. De finale terugkoppeling van het publiek naar de producent wordt gevormd door de bezoekersaantallen. Zo worden producenten die films maken waar niemand op zit te wachten, of producenten die geen goede films maken (bijvoorbeeld doordat ze niet willen luisteren naar de terugkoppelingen van de andere actoren in het interactieve productieproces) uiteindelijk gestraft met lege zalen.[226]

Bovengenoemde actoren zijn met elkaar verbonden via een interactieketen.
Het interactieproces begint niet altijd bij de producent, maar dikwijls elders in de interactieketen; bijvoorbeeld bij een scenarioschrijver die een producent weet te interesseren voor zijn scenario.

Figuur 5. De diverse rollen bij het maken van een speelfilm die een regionale overheid kan vervullen.

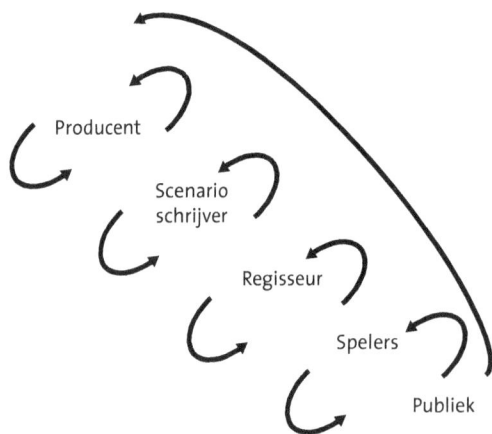

In bijzondere gevallen is er overlap, bijvoorbeeld wanneer een acteur tevens regisseur is, of wanneer een acteur of regisseur zo kapitaalkrachtig is dat hij zelf producent wordt, of dermate uitgesproken ideeën heeft over een onderwerp dat hij zelf het scenario schrijft. Een regionale overheid kan deze rollen ook spelen. Zelfs de rol van publiek, namelijk bij een vraagstuk of probleem dat door andere partijen wordt aangepakt.

---

225 Rolverdeling bij interactieve beleidsvorming, door: W.M. de Jong en G.V.A. Mulder, Bestuurskunde, januari 2000.

Als medespeler moet de Provincie er – net als in de rol van regisseur – voor waken dat ze andere partijen niets oplegt. Bij Allemaal Winnen is er namelijk geen sprake van onderschikking, maar van nevenschikking. Alle partijen hebben evenveel in te brengen. Op diverse plaatsen in dit proefschrift hebben we ook de rol van facilitator onderscheiden. Een `facilitator` (van het Latijnse 'facilitare': vergemakkelijken, vereenvoudigen) is een persoon die de (rand)voorwaarden schept en onderhoudt waaronder zowel collectieve als individuele hervormingen, of – in meer algemene zin – veranderingsprocessen, op gang kunnen komen. Deze rol komt overeen met die van producent: degene die alles mogelijk maakt. Een bijzondere rol is die van coach. Deze rol vertoont veel overeenkomsten met die van regisseur, maar ook met die van de scenarioschrijver. Als coach spoort de Provincie patronen op die voortgang in de richting van een duurzame economie, ecologie en samenleving belemmeren. In de rol van coach biedt de Provincie betrokken partijen inzicht in de patronen die typisch zijn voor de huidige gang van zaken. De Provincie probeert na te gaan wat partijen over het hoofd zien. Als coach ondersteunt en activeert de Provincie bewustwording en helpt partijen in te zien waar hun zelfsturing in gebreke blijft. Maar uiteindelijk moeten de partijen het zelf doen.[226]

Als coach verbindt de Provincie zich aan partijen, biedt voortdurend ondersteuning, maar neemt niet de leiding. Het provinciebestuur (Gedeputeerde Staten) gaat niet vertellen, laat staan afdwingen, wat andere partijen moeten doen. Het bevorderen van zelfverantwoordelijkheid en zelfsturing, daar gaat het om. Als coach verplaatst de Provincie zich in andere partijen en degenen die hen vertegenwoordigen en helpt hen om hetzelfde te doen. Empathie is een belangrijke voorwaarde voor het welslagen van de Allemaal Winnen benadering. Een coach helpt partijen zichzelf te helpen.

Het concept zelfsturing is gebaseerd op de groeiende overtuiging dat partijen niet alleen hun omgeving (context) kunnen manipuleren, maar ook zichzelf kunnen veranderen. Zelfsturing kan er zelfs toe leiden dat betrokken partijen standpunten innemen die los staan van hun identiteit. Dat stelt hen in staat om met andere partijen te zoeken naar datgene wat hen bindt en niet louter naar datgene wat hen scheidt. Het maakt consent mogelijk. Het is een voorwaarde voor Allemaal Winnen.

5.10 Streven naar wederzijds voordeel (Mutual Gains Approach)

Dictatuur ➜ Democratie ➜ *Permissive Consent*

De meeste vergaderingen verlopen volgens een zelfde patroon. Iemand oppert een idee. Een ander bekritiseert dat en uiteindelijk wordt het betreffende idee of voorstel in stemming gebracht. Wellicht zijn er nog wat amendementen. Daarover wordt dan eveneens gestemd. Krijgt een idee, plan of voorstel de meeste stemmen, dan kan het worden uitgevoerd. Anders

---

226 Voor achtergronden, zie o.a. Rudy Vandamme, Handboek ontwikkelingsgericht coachen, Een hefboom voor zelfsturing, Uitgeverij Nelissen, Soest, 2003.

niet. 'Eén van de nadelen van deze benadering is dat niemand de verantwoordelijkheid neemt om met voorstellen te komen die substantieel beter zijn voor iedereen, in de zin dat meer mensen zich er goed bij voelen,' schrijven Lawrence E. Susskind en Jeffrey L. Cruikshank in *Breaking Robert's Rules*. 'Het onderhandelen over "wederzijds voordeel" (*mutual gains*, in het Engels, ofwel *win-win*) veronderstelt dat mensen zich daarop instellen. Het blijkt vrijwel altijd mogelijk om een '*package deal*' te maken waarbij iedereen beter af is.'

De beide auteurs plaatsen hun denken in het kader van *consensusbuilding*. De grondlegger van de *Mutual Gains Approach* (MGA), Larry Susskind, heeft hier met een aantal medewerkers van zijn *Consensus Building Institute* in het Amerikaanse Cambridge in 1999 een vuistdik boekwerk van 1150 pagina's over gepubliceerd: *The Consensus Building Handbook, A Comprehensive Guide to Reaching Agreement. Breaking Robert's Rules* is vijfmaal dunner, beter leesbaar en illustratiever. Het beschrijft een alternatief voor 'de tirannie van de meerderheid'. De basisprincipes van 'Allemaal Winnen' worden op lichtvoetige wijze uitgelegd aan de hand van concrete praktijkvoorbeelden. 'Bij het bouwen van consensus wordt collectief toegewerkt naar een door iedereen gedragen oplossing,' omschrijft Susskind in *Breaking Robert's Rules* de kern van zijn benadering. 'Je zoekt naar iets waar iedereen, of bijna iedereen mee kan leven.'

De Methode van Wederzijds Voordeel is een zoektocht van alle betrokkenen naar oplossingen waarbij iedereen iets te winnen heeft. In het gunstigste geval nemen de deelnemers aan de onderhandelingen zelf besluiten, zonder verantwoording af te leggen aan een achterban. Dat is doorgaans het geval bij kleine, overzichtelijke vraagstukken, waar maar weinig mensen bij betrokken zijn. Is de groep betrokkenen groter, dan vertegenwoordigen de deelnemers aan de onderhandelingen steevast anderen en dienen ze er dus voor te zorgen dat genomen besluiten ook daadwerkelijk door de respectievelijke achterbannen worden gedragen en uitgevoerd. Is de groep betrokkenen zo groot dat terugkoppeling nogal omslachtig en tijdrovend is, zoals bij het uitvaardigen van richtlijnen door de Europese Commissie, dan wordt ervan uitgegaan dat de deelnemers handelen in de geest van degenen die ze vertegenwoordigen. De Europese Commissie legt niet alle richtlijnen ter goedkeuring voor aan de regeringsleiders of vakministers van de 27 aangesloten landen. Wél worden hoorzittingen gehouden, om voeling te hebben met de mensen die ermee te maken krijgen. De Europese Commissie besluit vervolgens overeenkomstig het beginsel van stilzwijgende toestemming (*permissive consent*). Dit beginsel van *permissive consent* werd in 2001 door de toenmalige voorzitter van het Europese Parlement, de Ier Pat Cox, in de aanloop naar een referendum over het Verdrag van Nice als volgt gedefinieerd: 'Het Ierse volk zegt dat de Ierse regering z'n gang kan gaan in de Europese Unie en dat het de aanbevelingen van die regering zal overnemen zodra het via een referendum wordt geraadpleegd.'[227] Het volk stemde 'Nee' en keerde zich daarmee impliciet ook tegen het systeem van *permissive consent*. In zijn rede ter gelegenheid van de aan hem toegekende Charlemagne Prize voor 2004 nam Cox dan ook gas terug. *Permissive consent* is iets voor mannen als Konrad Adenauer, Robert Schuman en Jean Monnet, in vergelijking met wie hij zich 'een klein mannetje voelt', aldus Cox. 'Onze generatie,' zegt hij, 'wordt geacht net zo strategisch te denken en te handelen als die van hen, om zelfbewust leiderschap aan de dag

---

227 Denis Murphy, *Vision for a future European Union*, National Forum on Europe, Limerick, Ierland.

te leggen, om de consent van onze mensen te verdienen en nieuwe harmonie te creëren om Europa samen verder te brengen. Eerdere generaties Europeanen die het vreselijke alternatief hebben overleefd, gaven hun *permissive consent* aan het Europa van vrede en verzoening. In een tijd waarin de verdiensten en verworven vrijheden van het verleden zo makkelijk te grabbel worden gegooid door de publieke opinie kunnen we het toekomstige *consent* van mensen niet meer als vanzelfsprekend beschouwen. Dat consent moet verdiend worden. We moeten ons op de essentie concentreren. We moeten ons focussen op het leveren. We moeten onze bestemming, ons hogere doel, in heldere en betekenisvolle termen communiceren.'[228] Consent moet je dus verdienen, onder meer door open en eerlijk te communiceren. Dat past bij een open bestuurscultuur, waarbij de overheid (EU, rijk, provincie of gemeente) er niet op uit is om namens de meerderheid van de kiezers besluiten te nemen die een minderheid ongelukkig achterlaat, maar probeert zoveel mogelijk mensen (liefst iedereen) mee te krijgen. Daarbij wordt niet gestemd en worden geen machtsmiddelen, zoals wetten, gebruikt om minderheden een bepaalde kant op te dirigeren.

Het nadeel van besluitvorming bij consent is dat deze methode doorgaans nogal tijdrovend is. De methode is geschikt voor de hervorming van de economie, de omgeving (het milieu) en de sociaal-maatschappelijke verhoudingen in de samenleving, maar niet voor het creëren van iets geheel nieuws. De *mainstream* is immers niet zo avontuurlijk aangelegd, constateerden we al. Vernieuwers moeten het dus eerder hebben van *permissive consent*. Dat kan meestal ook, omdat de belangentegenstellingen in zo'n innovatieve, expanderende economie vaak minder groot zijn dan in een vechteconomie. Iedereen gaat erop vooruit, de milieuvraagstukken zijn minder groot en het is makkelijker om sociaal te zijn dan in een economie die nog herstellende is van opgelopen klappen.

Kader 5. Stilzwijgende toestemming ofwel het ongevraagde mandaat

De eerste generatie van naoorlogse Europese leiders die de integratie boodschap uitdroegen, hadden de '*permissive consent*' (stilzwijgende toestemming, ofwel: het ongevraagde mandaat) van hun bevolking. Mensen hoefden geen experts te zijn op het vlak van integratie. Zij hadden het vreselijke alternatief meegemaakt, de Tweede (en velen ook de Eerste) Wereldoorlog. Er was dus sprake van een '*permissive consent*' waarop de elite kon vertrouwen, in welke context die elite zich ook bewoog: politiek, technocratisch, of diplomatiek. Eén van de lessen van het 'nee' tegen de Europese Grondwet in Denemarken, Frankrijk, Nederland, Ierland en Zweden is dat de huidige (politieke) elite die '*permissive consent*' opnieuw moet zien te verwerven. Permissive consent is een variant op de door Galbraith beschreven permissive society, de tolerante samenleving.

Van de verhevenheid van de *permissive society* terug naar de alledaagse besluitvorming en naar de best denkbare manier om daar uitvoering aan te geven. De *Mutual Gains Approach* is in elk geval een systematische methode om tot besluiten te komen.

---

228 Pat Cox, bij de ontvangst van de Charlemagne Prize for 2004, Aachen, 20 mei 2004.

De provincie Noord-Brabant heeft zo'n honderd eigen medewerkers en *stakeholders* getraind in deze methode, waarbij de buitenstaanders fungeerden als spiegel van de samenleving. Om meer gevoel voor deze aan Harvard Universiteit ontwikkelde methode, duiken we even de machinekamer in. Bij de *Mutual Gains Approach* krijgen diverse procesbegeleiders een rol toebedeeld, zoals de *convener*. Deze functionaris schrijft de vergadering uit en onderzoekt welke partijen belangen hebben bij het betreffende vraagstuk en dus moeten worden uitgenodigd. De provincie Noord-Brabant, die met de methode werkt, laat het voorwerk verrichten door een 'regieteam', met daarin een onafhankelijke voorzitter/procesbegeleider en een paar ambtenaren van de Provincie, die de *movers and shakers* – de personen die uitgesproken standpunten en belangen hebben en elke overeenkomst kunnen maken of breken – kennen of weten hoe ze die kunnen leren kennen. De praktijk is weerbarstiger dan de theorie, zo blijkt ook hier. Het maatschappelijke middenveld ervaart de bemoeienis van de Provincie als lastig en vertragend. De reden waarom deze overheid aan tafel zit, is vaak onlosmakelijk verbonden met de zak geld die de betreffende ambtenaar op zijn rug draagt. Het vertrouwen dat de Provincie een andere toegevoegde waarde dan de P van Profit met zich meebrengt, is gering.

Oriënterende gesprekken helpen het betreffende vraagstuk nog scherper te formuleren en af te bakenen. Ze geven bovendien inzicht in de wensen, belangen, middelen en strategieën van de betrokken partijen. Door het proces te beginnen met oriënterende gesprekken, leer je de deelnemers van de dialoog kennen en zij jou. Je krijgt vertrouwen in elkaar. '*Going slow to go fast*,' noemt Larry Susskind dit eerste onderdeel van het proces.[229]
Susskind: 'Onze gebruikelijke fout is om niet genoeg tijd te investeren aan de voorkant van zo'n proces, dat wil zeggen: in het vinden van bondgenoten, het snuffelen aan mogelijke oplossingen en voor grondwerk voor *consensus building*. De meeste mensen zijn niet gewend om "langzaam te beginnen om snel te kunnen gaan".'
'Bestuurders zijn vertrouwd met hun eigen wijze van besluitvorming,' zegt Frans Evers[230], die Susskind in 1980 bij het ministerie van Volkshuisvesting Ruimtelijke Ordening en Milieu (VROM) binnenhaalde, om een aanpak voor de Milieu Effect Rapportage (MER) te ontwikkelen. Evers was op dat moment directeur Bestuurszaken bij VROM. Momenteel houdt Frans Evers zich *full time* bezig met de MGA - als coach, opleider en procesbegeleider. 'Ze moeten zich blootstellen aan indringende vragen over hun belangen en vrezen alles wat ze hebben kwijt te raken. Zijn ze eenmaal over die hobbel heen, dan gaat het daarna meestal vanzelf.

'Heel belangrijk in de opstartfase is het gezamenlijk feitenonderzoek. Samen beslissen wat je als groep weet, wat je niet weet, wat je wilt weten en waarom je dat wil weten.'

---

229 *Breaking Robert's Rules*, blz. 44.
230 Frank van Empel, Allemaal winnen, interne publicatie provincie Noord-Brabant, Den Bosch, 2007, interview met Frans Evers ten behoeve van 'Allemaal Winnen', 31 mei 2007.

Tijdens de opstartfase leren partijen zich in anderen te verplaatsen en raken ervan overtuigd dat ze het met elkaar moeten zien te rooien. 'Vervolgens worden concrete doelen benoemd en middelen ter beschikking gesteld,' aldus Frans Evers. 'Wat willen wij in x jaar bereiken en wat hebben we daarvoor nodig? Meestal kan niet alles tegelijk. Dus moeten er prioriteiten worden gesteld. Er moet een kader worden vastgesteld waarbinnen partijen gezamenlijk tot een oplossing voor een vraagstuk komen. Dat kader zou je de visie kunnen noemen. Zijn ze eenmaal zo ver, dan doen de *stakeholders* de rest van de organisatie meestal zelf. Het maakt niet uit van welke stam ze afkomstig zijn. Partijen zijn uitwisselbaar geworden. Ik help ze als ingehuurde onafhankelijke voorzitter alleen de weg te kiezen. Hebben ze die eenmaal gevonden, dan laat ik ze gaan. Ik presenteer het resultaat ook niet. Dat is iets van hen.'[231]

Kader 6. De Dialoog als sturingsmechanisme

De dialoog is een centraal onderdeel van de speurtocht naar wederzijds voordeel. Dat is meer dan alleen maar discussiëren. Het is vooral ook: naar elkaar luisteren, van elkaar leren en samen met anderen meerwaarde creëren.

De deelnemers aan een Socratisch gesprek of dialoog laten hun persoonlijke overtuigingen bewust even varen en proberen zich te verplaatsen in de eigenheid van de ander(en), als onderdeel van een gezamenlijk zoek- en leerproces. Het is het 'samen zoeken naar iets wat je bindt'. Het is het ontvankelijk zijn voor anderen, met het oogmerk om datgene wat je bindt verder te ontwikkelen.

Er zijn geen vaste regels voor het organiseren van een dialoog. De essentie is: van elkaar leren in een continu, creatief proces. De dialoog moet wel aan een paar voorwaarden voldoen. Er is ruimte voor ieder om z'n eigen verhaal te vertellen en te luisteren naar het verhaal van de ander. Het is ook essentieel dat de deelnemers open staan voor elkaar. Niet de agenda en het resultaat zijn van belang, maar het proces. En de begeleiders van dat proces zijn precies dát: begeleiders. Ze leiden de dialoog in goede banen, signaleren en geven de mogelijkheden aan voor een vervolg.

Het is belangrijk dat zowel begeleiders als deelnemers aan een dialoog zich bewust zijn van het feit dat er patronen te onderscheiden zijn in de wijze waarop mensen deelnemen aan een gesprek. Sommigen stellen van nature vragen. Ze willen weten wat de ander van iets vindt. Anderen gaan uit van zichzelf en nemen meteen stelling. Systeemdenker David Kanter onderscheidt vier rollen: die van de aanjagers (*movers*), tegenhangers (*opposers*), volgers (*followers*) en omstanders (*bystanders*). Een effectieve aanjager verdedigt een bepaalde stellingname of actie en nodigt anderen uit om hun mening te geven. Hij geeft richting aan het gesprek.

---

231 Interview van Frank van Empel met Frans Evers ten behoeve van Allemaal Winnen.

Je hebt echter ook aanjagers die alleen maar oog hebben voor hun eigen gelijk en dat proberen op te leggen aan anderen. In een evenwichtig samengestelde groep zal dit een krachtige reactie uitlokken van de tegenhangers. De volgers kiezen partij voor één van beiden. Dat kan ertoe leiden dat de aanjager gas terugneemt en zich voegt naar wat kennelijk de gedeelde mening van de groep is, of juist gas bijgeeft en uit de bocht vliegt. De omstanders observeren en leveren commentaar. Zij komen niet met een mogelijke oplossing, maar brengen een andere manier van kijken en denken in, een ander perspectief. Goed functionerende teams bestaan uit mensen die al deze rollen kunnen spelen. In de wisselwerking zit de kracht die leidt tot vernieuwing, creatieve oplossingen voor vraagstukken en problemen. Actie en reactie, directie en correctie, geven dynamiek aan de dialoog. Dit alles volgens de principes van authenticiteit.

Deze wijze van consensusvorming wijkt fundamenteel af van de wijze waarop tot voor kort in Nederland compromissen werden gesloten. Het zogenaamde Poldermodel: Alle partijen doen water bij de wijn. Iedereen is zodoende een klein beetje verliezer. De methode van Wederzijds Voordeel daarentegen gaat uit van louter winnaars. In de opstartfase wordt ervoor gezorgd dat alle betrokkenen over dermate goede informatie beschikken dat ze in staat zijn om de beste ideeën op tafel te krijgen, om die vervolgens op de meest creatieve wijze te combineren tot een totaalpakket dat alle betrokken partijen voordeel oplevert. Succes of falen hangen in grote mate af van de vaardigheden van de facilitator en de bereidheid van de deelnemers om met open agenda en oprecht de dialoog aan te gaan.

5.11   Methode Holistische Participatie

Belangenstrijd ➔ procesbegeleiding ➔ systematisch samenwerken

De basisprincipes van deze methode werden in de jaren veertig van de afgelopen eeuw geformuleerd en met succes toegepast door de architecten Walter Gropius[232] en Konrad Wachsmann[233]. Bijvoorbeeld het ontwerp van het kantoorgebouw van Arthur Anderson in Amsterdam-Zuid - toen het meest gezonde en minst milieubelastende kantoorgebouw van Nederland - kwam door middel van de MHP tot stand.

---

232 " In 1919 richtte Gropius het Bauhaus op. Deze toonaangevende academie voor architectuur en toegepaste kunst kwam voort uit de Großherzoglich-Sächsische Hochschule für Bildende Kunst en de Grossherzoglich-Sächsische Kunstgewerbeschule, beide in Weimar. Vanaf 1925 was het Bauhaus gevestigd in Dessau. Tot 1928 bleef het Bauhaus onder zijn leiding staan. Rond deze tijd werd Gropius samen met Le Corbusier, Ludwig Mies van der Rohe en J.J.P. Oud gerekend tot de Grote Vier van de bouwkunst" wikipedia.org/wiki/Walter_Gropius, 22 mei 2010

233 "*In 1938 he emigrated to Paris and in 1941 to the United States, where he began a collaboration with Walter Gropius and developed the "Packaged House System", a design for a house which could be constructed in less than nine hours*" en.wikipedia.org/wiki/Konrad_Wachsmann, 22 mei 2010.

De realisatie van bouwopgaven – van begin tot einde – berust op samenwerking. De aard van de samenwerking is mede bepalend voor de uiteindelijke kwaliteit van de gebouwen en voor de gebruiker. Ontwerpers, planners, financiers, beheerders, managers, producenten, uitvoerders, leveranciers, bedrijfsleven en overheid, iedereen participeert min of meer in het plannings-, ontwerp- en uitvoeringsproces. Hierbij ontstaan problemen met de afstemming, coördinatie, en vaak ook belangenstrijd. De werkmethode Holistische Participatie, die uitgaat van systematisch 'teamwork', kan samenwerking plezierig en efficiënt maken. Mensen worden voorbereid op het nemen van besluiten op basis van consensus.

In een of meerdere bijeenkomsten kiezen alle deelnemers zelf de in hun ogen belangrijke en relevante thema's. Daarna wordt het team tijdelijk opgedeeld in afzonderlijke deelgroepen. Het aantal thema's wordt afgestemd op het aantal deelgroepen. Na het uitwisselen van informatie, met een mogelijkheid tot korte discussie, worden de thema's inclusief de bedachte inhoud doorgegeven aan een andere groep. Een proces dat daarna wordt herhaald. Er wordt geruild totdat elke deelgroep zich met elk deelthema heeft bezig gehouden. Iedere deelnemer en elke deelgroep krijgt daardoor de gelegenheid met alle thema's kennis te maken en invloed uit te oefenen op de voortgang van het proces.

Bij het structureren van problemen en zoeken naar mogelijke oplossingen kunnen de zogeheten topische vragen: wie, wat, waar, wanneer, hoe en waarom uitkomst bieden.[234]

Figuur 6. MHP werkschema waaruit duidelijk het doorgeven van informatie naar volgende groepen blijkt[235]**.**

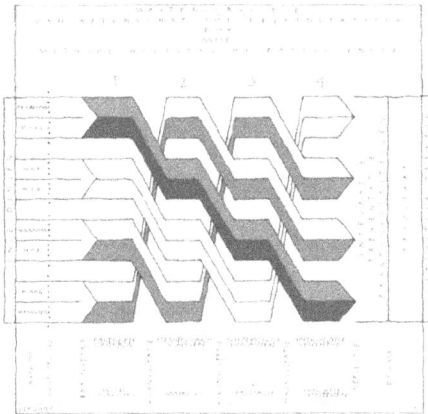

Door elkaar vragen te stellen, kweken partijen begrip voor de belangen en standpunten van een ander. Brainstorming speelt in dit proces een belangrijke rol.

---

234 Schmid, Peter, verslag bijeenkomst Amfibisch Wonen op 14 december 2006, in opdracht Provincie Noord-Brabant, april 2007, ECOBH, blz 3.
235 Figuur gemaakt door Peter Schmid. Hij gebruikte de figuur steevast tijdens werkateliers die hij verzorgde voor de provincie Noord-Brabant in 2007.

5.12   De kunst van het beslissen

Eén weet alles ➜ advies door expert ➜ alle belanghebbenden en experts brengen kennis in

Doel van de Wederzijds Voordeel Methode, de Methode Holistische Participatie en andere vormen van beraad is steevast besluitvorming, ofwel een 'beslissing'. De kunst is daarbij om dingen eerst van verschillende kanten te bekijken, 'om het oude op nieuwe manieren te gebruiken, om vertrouwde maar niet-gerelateerde zaken met elkaar te verbinden, om informatie uit de alkoven van het brein te combineren met de waarnemingen van fysieke zintuigen, om de boeien van het traditionele denken te breken en verder te gaan.'[236] 'Ontwikkeling van genialiteit,' noemt John Kolstoe dat in een handzaam boekje waarin hij 40 jaar ervaring met het oplossen van problemen en het nemen van besluiten samenbalt. Hoe doe je dat? Het antwoord is simpel: door de juiste mensen bij elkaar te zetten voor wat Kolstoe aanduidt als *consultation* (consultatie, beraadslaging), een proces waarbij gedachten en gevoelens worden gedeeld door dingen uit te praten in een harmonieuze atmosfeer met het vaste voornemen om een gezamenlijk doel of plan te realiseren.[237] Elk individu brengt kennis, ervaring, ideeën en emoties in. En aangezien alle individuen verschillende achtergronden hebben, beschikt een groep mensen over een reservoir aan perspectieven, dat een veelvoud is van wat een enkeling te bieden heeft. De kunst is om dat reservoir op de juiste wijze aan te spreken. Vaak is het al voldoende om mensen met een bepaald doel bij elkaar te zetten, onder leiding van een procesbegeleider, die bewaakt of iedereen aan het woord komt en machtsspelletjes achterwege blijven. Als de wil er is, dan ontstaat er vanzelf een gistingsproces, waarbij het totaal uiteindelijk meer is dan de som der delen.

Kader 8. Principes voor een kansrijk consult

Ieders verstand bevat miljarden bits aan informatie. Als iemand aan een project denkt, dan heeft hij of zij misschien vier ideeën of combinaties van gedachten en iemand anders vijf. Als die ideeën en gedachten in een sfeer van goede wil besproken worden, ontstaat er een verfijning doordat zich 'nieuwe combinaties' vormen in de hoofden van beide deelnemers aan de discussie. Als ideeën heen en weer stuiteren, vormen zich vanzelf nieuwe gezichtspunten en verbindingen. Het uiteindelijke resultaat van 4 + 5 is daardoor niet 9, maar 12 of 20 of nog meer 'betere ideeën'.

Heel belangrijk is, dat pas tot besluitvorming wordt overgegaan als het vraagstuk waarop de consultatie betrekking heeft volledig wordt doorgrond. Essentieel is daarbij volgens Kolstoe dat ideeën onbelemmerd kunnen stromen en in elkaar overvloeien. Andere principes voor een kansrijk consult zijn:

---

236 John Kolstoe, *Developing genius*, George Ronald Publisher Ltd, Oxford, Verenigd Koninkrijk, 1995, blz. 13.
237 John Kolstoe, *Developing genius*, blz. 19 + 73-76.

- Geen enkele gedachte of ingeving wordt, op welke manier dan ook, ondergewaardeerd, bekritiseerd, belachelijk gemaakt of gekleineerd;
- Niemand bekritiseert een idee terwijl het wordt gepresenteerd. De bedenker van het idee krijgt ruimschoots de tijd en de ruimte om het tot volle wasdom te laten komen. Iedereen zegt wat hem of haar te binnen schiet, of wat uit het hart komt, in volslagen vrijheid en zonder angst voor tegenspraak, intimidatie of weerlegging;
- Alle deelnemers aan de consultatie worden als gelijkwaardigen behandeld, ongeacht hun positie, rang, ervaring, of wat dan ook. De beste beslissingen, zo is de ervaring van Kolstoe, worden genomen als alle aanwezigen elkaar als gelijken behandelen;
- Iedereen moet de kans krijgen om zijn of haar kijk op de zaak te geven;
- Er is maar één persoon tegelijk aan het woord. Dat kan op diverse manieren worden bereikt. Eén manier is: om de beurt praten. Een andere is, door middel van een opgestoken hand, of een ander gebaar, kenbaar maken dat je iets wilt zeggen. Dus: niet meteen gaan roepen en anderen overschreeuwen;
- Elke persoon wordt geacht z'n volle aandacht te geven aan degene die op dat moment spreekt. Ideeën komen op die manier beter tot hun recht dan wanneer mensen louter gefocust zijn op hun eigen gedachten;
- Meningen van anderen zijn net zo belangrijk als die van jou;
- Als een idee eenmaal is gelanceerd, dan is het van de groep en niet meer van degene die het inbracht;
- Ideeën zijn net kinderen. Die van jou zijn altijd het mooist een het slimst. Het is moeilijk om hen los te laten, maar dat is wel noodzakelijk willen ze ooit volwassen worden;
- Suggesties moeten op hun eigen merites worden beoordeeld, ongeacht wie ze doet;
- Een gespreksleider zorgt ervoor dat niemand domineert, dat iedereen z'n mening kan geven en dat de groep niet van het onderwerp afdwaalt;
- Het lang uitblijven van een oordeel moet niet verward worden met besluiteloosheid;
- Het doel van consultatie is namelijk dat uiteindelijk wel degelijk besluiten worden genomen. Het behoort tot de taken van de gespreksleider of facilitator om daarop toe te zien;
- Consultatie is meer dan conversatie. Het is discussie met een bepaald doel, zoals het oplossen van een probleem of vraagstuk;
- Consultatie is geen brainstorm, hoewel er wel overeenkomsten zijn tussen beide begrippen. Bij een brainstorm worden in korte tijd zoveel mogelijk ideeën geopperd als maar enigszins mogelijk is. Consultatie is daarentegen gericht op het krijgen van synergie. Synergie bereik je als een open, eerlijke en vrije uitwisseling van ideeën voorafgaat aan het bedenken van een oplossing.

Het consultatieproces kent ruwweg drie opeenvolgende stadia: de situatie begrijpen, besluiten nemen en als laatste: genomen besluiten daadwerkelijk uitvoeren.

5.13   De kunst van het niét beslissen

Politici zijn vaak meesters in het niét nemen van besluiten. Vraagstukken kunnen bijvoorbeeld op de agenda worden gezet, maar er ook bewust buiten gehouden worden door groepen die de agenda manipuleren, zodat de aandacht verlegd wordt. Het concept van 'nondecisionmaking' maakt inzichtelijk dat politiek meer inhoudt dan alleen maar het nemen van openlijke beslissingen. Op de achtergrond spelen steevast allerlei belangen een versluierde rol. Wat we ervan leren is, dat het bijvoorbeeld nuttig kan zijn om te analyseren welke vraagstukken (opzettelijk) buiten de agenda worden gehouden.

De meeste internationale conferenties zijn oefeningen in 'niet beslissen'. Het vermijden van besluiten is een discipline geworden, met eigen richtlijnen, ingesleten gewoonten en gebruiken.

Enkele basispraktijken bij het niet nemen van besluiten zijn:[238]

1.   Onderstreep positieve uitkomsten, hoe onbeduidend en onbetekenend die ook mogen zijn, of hoe ver ze ook afstaan van de prangende thema's. Kritische vragen worden simpelweg niet beantwoord. In plaats daarvan wordt een kosmetische reactie geconstrueerd;

2.   Sluit kritische verslaggevers uit van deelname. Of laat er geen misverstand over bestaan dat journalisten die kritisch verslag doen niet meer worden uitgenodigd voor een volgende bijeenkomst. Alleen al het laten doorschemeren van zo'n dreigement kan bijzonder effectief zijn. Openlijk buitensluiten is vaak niet mogelijk, zeker niet wanneer het om bekende, gevestigde media gaat, maar er zijn allerlei subtiele manieren om erop te wijzen hoe afhankelijk reporters voor hun levensonderhoud zijn van hun bronnen en dat bronnen ook kunnen opdrogen;

3.   Afwisseling van hulde en verwijt. Sommige partijen mogen initiatief nemen en daarvoor applaus krijgen, als er ook maar partijen zijn die bereid zijn om te opponeren, waardoor beide krachten elkaar compenseren en er per saldo niks gebeurt. Door regelmatig van rol te wisselen ('*movers*' worden bijvoorbeeld '*opposers*', *opposers* worden '*followers*', *followers* worden *movers*, '*bystanders*' blijven bystanders) blijft de organisatie verzekerd van media aandacht. Er worden weliswaar geen doelpunten gemaakt, maar de bal blijft rollen;

4.   Oplossingen voorstellen die gebaseerd zijn op onacceptabele criteria, waardoor je van tevoren weet dat het feest toch niet doorgaat;

5.   Focus op monitoring, *review* (opnieuw bekijken) en studie. Een klassieke uitvlucht;

---

238 Anthony Judge, Laetus in praesens, 1997.

6. De aandacht van heikele onderwerpen verplaatsen naar minder controversiële thema's;
7. Successen vieren. Neem alle gelegenheden te baat voor een party. Kritische geesten worden afgedaan als 'zuurpruimen' en daarmee onschadelijk gemaakt. Tijdens een feest of in de aanloop daar naar toe moet je niet zeuren;
8. Zondebokken aanwijzen;
9. Verbanden leggen die niet bewezen zijn, zoals die tussen zure regen en ontbossing, of tussen verrijkt veevoeder en BSE, of tussen de emissie van CO_2 en klimaatverandering. Hoewel er veel wetenschappers zijn die het bestaan van dat laatste verband bewezen denken te hebben, zijn er ook nog altijd wetenschappers die het in twijfel trekken;
10. Een variant op 9: Zolang er sprake is van twijfel, kan die twijfel gebruikt worden als alibi om niks te doen.

Door bepaalde zaken net iets anders te definiëren, bepaalde categorieën (bijvoorbeeld niet-Engelstalige sprekers) buiten te sluiten, door over-simplificatie, over-complexificatie, versmalling van de tijdhorizon ('richt je op het nu en vergeet het verleden'), het afsluiten van de toegang ('We gaan alleen maar door als iedereen akkoord is'), negeren van culturele variatie, voorkeur geven aan wat in de mode is, het maken van negatieve associaties, diskwalificatie, *roll-on, roll-off* van steeds weer andere concepten, classificatie (*commitment contracts, nondisclosure agreements*), uitoefenen van druk en het bedingen van uitstel zijn wat minder zichtbare technieken om hetzelfde doel te bereiken: de besluitvorming zodanig manipuleren dat er *de facto* sprake is van *Non-Decision-Making*

5.14   Innovatie en entrepreneurship

Operational Excellence ➜ Creatieve destructie ➜ Entrepreneurial Spirit

Een entrepreneur is meer dan een ondernemer. Het begrip werd rond 1800 geïntroduceerd door de klassieke econoom Jean-Baptiste Say. 'De entrepreneur,' zei hij, 'verschuift productiemiddelen van sectoren met een lagere productiviteit en opbrengst naar sectoren met een hogere productiviteit en opbrengst.' Belangrijker dan wat hij doet is echter wie hij is. Dat bepaalt immers wat hij doet, waarom, wanneer en hoe. Het belangrijkste kenmerk van de entrepreneur is dat hij iets nieuws creëert, iets anders doet dan anderen. Niet méér van hetzelfde, maar iets erbij. Het is in aanleg een rebel, een activist. Continu in de weer, volstrekt immuun voor vaste gebruiken, ingesleten gewoonten, procedures, protocollen en andere automatismen. Hij morrelt los wat vastzit, verlegt gebaande paden en deconstrueert stalen constructies. '*The entrepreneur upsets and disorganizes*,' schrijft Drucker[239].

---

239 Peter F. Drucker, *Innovation and entrepreneurship, Practice and Principles*, published by Fitzhenry & whiteside Limited, Toronto, 1985, blz 21 t/m 26.

Joseph Schumpeter was de eerste econoom van naam en faam die teruggreep op het concept van Say en het verder uitwerkte. Hij brak, geheel in de geest van entrepreneurship, met de traditionele economiebeoefening en ging uit van de stelling dat dynamische onevenwichtigheid de norm is in de economie en niet zozeer evenwicht en optimalisering. Dat er in werkelijkheid nooit – of: nooit lang – sprake is van evenwicht, dat komt door het vernieuwende, maar tegelijkertijd ook ontregelende werk van de entrepreneur. Entrepreneurship kun je volgens Drucker leren. Het heeft namelijk met gedrag te maken en niet zozeer met persoonlijkheid.

Behalve innovatie en entrepreneurship heeft Schumpeter nog twee andere concepten ontwikkeld: 'creatieve destructie' en het maken van 'nieuwe combinaties'[240]. De vier concepten hebben zo veel met elkaar te maken, dat ze wel als één behandeld móeten worden. '*Entrepreneurs innovate*,' aldus Peter Drucker. '*Innovation is the specific instrument of entrepreneurship*.' En: '*His (the entrepreneur's) task is "creative destruction"*[241].' Het oude moet eerst kapot, voordat het nieuwe kan verrijzen. Het combineren van oude ideeën of dingen die ogenschijnlijk niks met elkaar te maken hebben, kan ook iets nieuws opleveren. Zo richt een notaris in Maastricht z'n kantoor in als expositieruimte voor nalatenschappen van kunstschilders en beeldhouwers. Werk dat anders opgeslagen zou staan in een depot van de erfgenamen, waar dus niemand iets aan heeft en waar het evenmin voor gemaakt is. Daarnaast biedt hij theatermakers en anderen een tijdelijk podium. Als een klant of bezoeker interesse toont en bijvoorbeeld een schilderij wil kopen, gaat de notaris daar niet tussen zitten. Hij ontvangt ook geen percentage van de winst. De geïnteresseerde koper doet rechtstreeks zaken met de kunstenaar of diens vertegenwoordiger. Het belang van de notaris is: dynamiek in zijn kantoor, een betere uitstraling naar buiten toe – niet bóven maar tussen de mensen staan – en naar binnen toe: betere werksfeer.
Een ander voorbeeld is de zorgboerderij. Een boer met een geestelijk gehandicapte zoon vreest voor het einde van zijn bedrijf. Tegen alle verwachting in, blijkt de gehandicapte zoon opvallend goed uit de voeten te kunnen met dieren en planten. Sterker: sinds hij meedraait in het bedrijf ontwikkelt de zoon zich stukken beter dan daarvoor. De boer neemt contact op met de school. Hij heeft genoeg ruimte over voor andere jongens en meisjes. Zo ontstaat het concept zorgboerderij. Biologisch boeren, zonder gifstoffen, lag voor de hand.[242]

Het beter benutten van bestaande gebouwen, het aan elkaar koppelen van leegstaande panden en het omvormen daarvan tot hotel, overgang van bezit (bijvoorbeeld van een auto) naar gebruik en nog veel meer voorbeelden van 'nieuwe combinaties' haalt veel druk van de ketel. Volgens Peter Drucker lost de overgang van een *managerial* naar een *entrepreneurial economy* veel problemen op.

---

240 Wikipedia, 12 mei 2011
241 Drucker, *Innovation and entrepreneurship, blz 21 t/m 26*
242 Jurgen van der Heijden (red), Combineer wat je hebt, Duurzaamheid door het verbinden van maatschappelijke functies, Eburon Delft, 2010, blz 98.

De mens gebruikt (productie)middelen (*resources*) als fossiele brandstoffen, hout en metalen om te bouwen, te verwarmen, zich te verplaatsen en hij creëert ze. Tegen de tijd dat de olie op is, hebben entrepreneurs in de natuur het alternatief – bijvoorbeeld water(stof) of Warmte en Koude Opslag (WKO) – gevonden en tot hulpstof (*resource*) gebombardeerd. Drucker: '*There is no such thing as a "resource" until man finds a use for something in nature and thus endows it with economic value. Until then every plant is a weed and every mineral just another rock. Not much more than a centory ago, neither mineral oil seeping out of the ground nor bauxite, the ore of aluminium, were resources. They were nuisances; both render the soil infertile* '[243].

5.15   De lerende organisatie

Verbetering ➔ Vernieuwing ➔ Ontwikkeling

De Duitse taal heeft een mooi woord voor de omgeving waarbinnen een regelkring besluiten neemt: *die Umwelt*. Deze *Umwelt* wordt steeds groter en complexer en is daardoor van boven af steeds moeilijker te sturen. Ondernemerschap aan de basis, zelforganisatie en zelfsturing worden om die reden steeds populairder. Zij staan voor ontwikkeling van onderen af, alle kanten op, beseffend wat elders gebeurt. De globalisering van de handels- en informatiestromen maakt van de wereld een dorp waar het er van tijd tot tijd wild aan toe gaat. Verandering is (wederom) het sleutelwoord.

De concepten 'ondernemerschap aan de basis', 'zelforganisatie' en 'zelfsturing' kunnen niet zonder het vierde wiel aan de wagen, dat van 'de lerende organisatie', een begrip dat begin jaren negentig voor het eerst werd geïntroduceerd in Amerikaanse profit organisaties. De smaakmaker en creatieve genius is hier Peter Senge, met onder meer zijn bestseller *De vijfde discipline* uit 1992. Vóór hem was David Kolb bezig met de ontwikkeling van continue leerprocessen. Sinds enkele jaren is 'de lerende organisatie' ook in Europa een hit. Het fundament onder dit concept is de gemeenschappelijke visie voor een hele organisatie, die in het ideale geval is opgebouwd uit de persoonlijke visies van de mensen die er werken. David Kolb beschrijft het leren in 1984 als een cyclisch proces van doen, bezinnen, denken en beslissen. Door te doen ervaar je zaken. Door je daarop te bezinnen en erover na te denken ben je in staat om te beslissen over te nemen nieuwe stappen, waarna de cyclus zich op een hoger niveau herhaalt.[244]

---

243 Peter F. Drucker, blz 30.
244 David A. Kolb, *Experimental learning*, 1984.

Figuur 7. De leercyclus in vier stappen volgens Kolb[245]

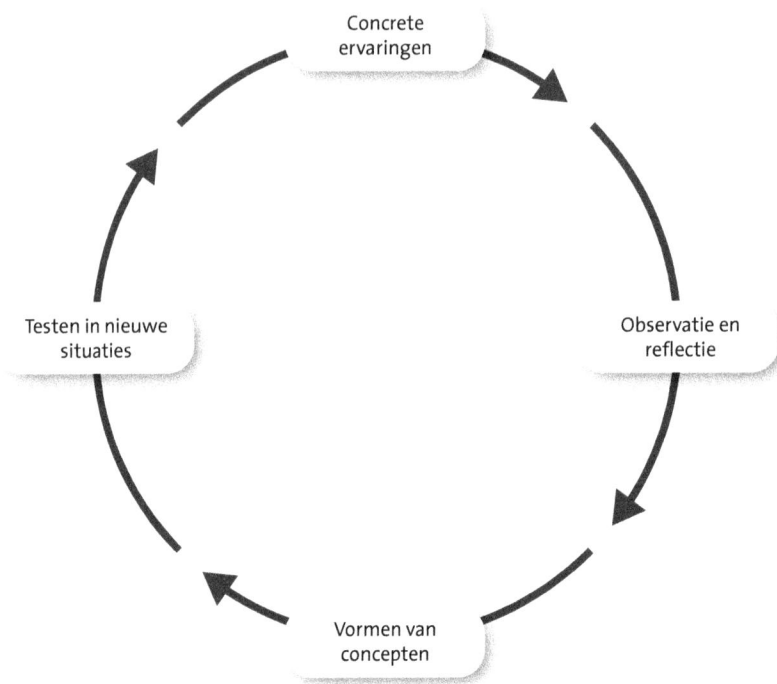

Door te leren van opgedane ervaringen en je gedrag aan te passen kom je op een steeds hoger niveau van bekwaamheid. Deze hogere kunst van het leren, die zich voltrekt in opeenvolgende terugkoppeling (*feed back*) 'lussen' moet je bij jezelf ontwikkelen. Met andere woorden: je moet leren leren. Niet alleen bekwaam en vaardig worden, maar het ook blijven! Jezelf opzwepen tot steeds grotere hoogten.

Joop Swieringa en André Wierdsma werkten inzichten van onder meer Chris Argyris en David Kolb uit tot de volgende drieslag in het leren:[246]

1. Enkelslag leren: deze vorm van leren leidt tot verbetering van het bestaande, onder meer door aanpassing van bepaalde regels;

2. Dubbelslag leren: niet alleen de wet- en regelgeving, maar ook de achterliggende inzichten worden ter discussie gesteld, hetgeen leidt tot vernieuwing;

3. Drieslag leren: de essentiële principes (uitgangspunten) waarop de organisatie is gebaseerd worden opzij geschoven, wat leidt tot echte ontwikkeling.

---

245 //nl.wikipedia.org/wiki/David_Kolb, 10 september 2010
246 Joop Swieringa & André Wierdsma, Op weg naar een lerende organisatie, 1992

Dubbelslag en drieslag leren komen in traditionele organisaties niet vaak voor. Ze zijn voorbehouden aan de lerende organisatie. In de volgende matrix zijn de verschillende, elkaar versterkende dimensies van de lerende organisatie ondergebracht.

Tabel 5. Dubbelslag en drieslag leren[247]

Lussen /	Domein van leren	Categorie van leren	Resultaat van leren
Enkele lus	Regels	Moeten / mogen	Verbetering
Dubbele lus	Inzichten	Weten / begrijpen	Vernieuwing
Drievoudige lus	Principes	Durven / willen/ zijn	Ontwikkeling

Duurzame ontwikkeling vereist vernieuwing en dus op z'n minst 'dubbele lus leren'. Allerlei aannamen, gebruiken en routines worden op de helling gezet. Hieraan ontlenen we de volgende trojka's die een aanvulling vormen op degene waarmee deze paragraaf begint:

Regels ➔ Inzichten ➔ Principes
Moeten ➔ Weten ➔ Durven

Zelf nadenken is het devies. Als mens en medewerker wordt je geacht zelf een eigen kijk op de werkelijkheid te ontwikkelen. Leren hoe je een eigen mening kunt vormen, die afwijkt van wat de massa vindt. Want dat kan de aanzet zijn voor verandering. Goed overwogen besluiten worden als volgt genomen (zie figuur 8).

Figuur 8. Duurzame ontwikkeling vereist op z'n minst een dubbelslag leren. Zelf nadenken is daarbij het devies. Vaak blijft leren beperkt tot enkelslag leren

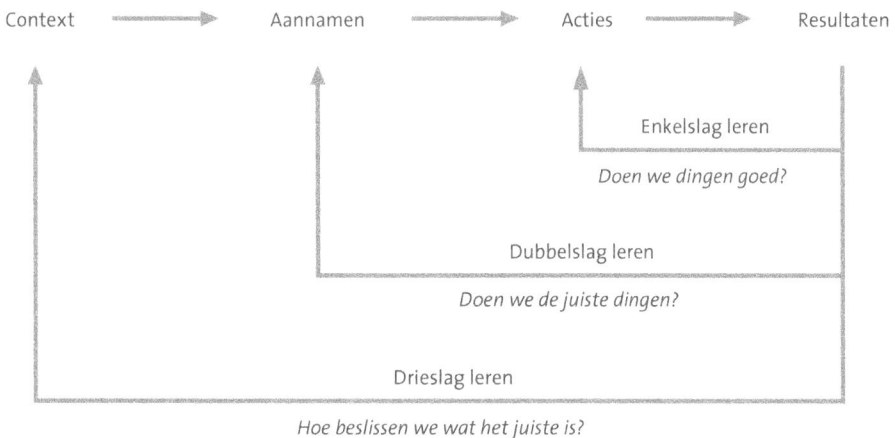

Context ⟶ Aannamen ⟶ Acties ⟶ Resultaten

Enkelslag leren

Doen we dingen goed?

Dubbelslag leren

Doen we de juiste dingen?

Drieslag leren

Hoe beslissen we wat het juiste is?

---

247 Jan Jutten, De school als lerende organisatie, www.isisq5.nl/downloadfile.asp?ID=154.

Noel Tichy ziet de organisatie als een opeenhoping van vraagstukken en problemen. Hij ontwikkelde een model om organisaties integraal in kaart te brengen. In het model worden horizontaal de drie voorwaarden voor een organisatie onderscheiden (beleid, organisatie en personeel). Verticaal worden drie gezichtspunten opgesomd, van waaruit naar die voorwaarden kan worden gekeken: het technische, het politieke en het culturele aspect. Zo ontstaat een matrix met negen velden die evenveel gezichtspunten leveren voor analyse.[248]

Tabel 6. Een integrale kijk op organisaties als een school, provincie, of bedrijf

	Beleid	Organisatie	Personeel
Technisch	Veel communicatie en informatie uitwisseling	Vergaande delegatie *Empowerment*	Brede oriëntatie Leervaardig Flexibel
Politiek	Entameren van een gesprek over missie, visie en identiteit Ondernemend	Besluiten zo laag mogelijk in de organisatie nemen Solidair	Zelfmanagement Verantwoordelijk voor de eigen ontwikkeling
Cultureel	Extern gericht Van fouten kun je leren	Leren van elkaar Elkaar opvangen	Durven experimenteren Tolerantie

5.16 Regiogemeenten

De besluitvorming over steeds meer gemeenschappelijke zaken verschuift van centraal naar decentraal. Als teken aan de wand pleit de voorzitter van de Vereniging van Nederlandse Gemeenten (VNG), Annemarie Jorritsma er op 11 mei 2010 in een interview met NU.nl voor dat de taken van provincies op den duur worden overgenomen door de gemeenten. 'We hebben allerlei overheidslagen, samenwerkingsverbanden, overleg- en toezicht organen,' aldus de burgemeester van Almere. 'Tegelijkertijd zijn bestuurders meer met elkaar bezig dan met hun werk.' De directeur van de VNG, Ralph Pans, trekt het spoor wat breder. De Vereniging van Nederlandse Gemeenten (VNG) wil de gemeenten opheffen, zo laat Pans de Volkskrant een week later weten. Althans: de gemeenten zoals we die nu kennen. Ook de provincies, de regionale bestuurslichamen en de deelgemeenten moeten weg. In hun plaats moeten een stuk of dertig sterke regio's of regiogemeenten komen. Op die manier kan miljarden worden bezuinigd en kan de slagkracht van het bestuur enorm worden verhoogd, aldus de VNG. De VNG ziet uiteindelijk maar drie bestuurslagen overblijven. Europa, het rijk, en daaronder een laag die 'decentraal' wordt genoemd. 'Wij zouden het niet erg vinden om die lichamen gemeenten te noemen,' aldus VNG-directeur Pans.

---

248 Jan Jutten, Consent Onderwijsbegeleiding en Innovatie: De school als lerende organisatie, blz. 10, www.isisq5.nl/downloadfile.asp?ID=154, augustus 2008. De tabel bevat minder aangrijpingspunten dan die van Jutten. T.b.v. het overzicht en de inzichtelijkheid is een selectie gemaakt.

Jorritsma en Pans preken voor eigen parochie en verdoezelen het feit dat gemeenten niet allemaal in *pais en vree* met elkaar leven. Ze hebben strijdige belangen. Vechten stevige robbertjes om grond, geld, werk en inwoners. Een omvattende en deelbelangen overstijgende kracht is dan veelal gewenst als scheidsrechter. Dat kan het Rijk zijn, maar de tendens naar regionalisering in Europees verband maakt dat de bal waarschijnlijk eerder de kant van de provincies op komt.

Het is echter net of die de bal niet willen hebben. Ze bieden zich tenminste niet enthousiast aan als de krachtpatsers die de broodnodige transities wel eens even gaan organiseren. Integendeel. De *laissez faire, laissez passer* mentaliteit overheerst. Maatschappelijke organisaties en direct betrokkenen worden nadrukkelijk uitgenodigd om de dansvloer te betreden. Dat blijkt bijvoorbeeld uit hoofdstuk 6. 'Het convenant Strategische Agenda Milieu, Economie en Ruimte,' citeren wij, 'heeft betrekking op een nieuwe manier van sturen in de provincie Noord-Brabant. Niet dirigistisch van boven af, maar uitnodigend van onderop.' Negen organisaties, waaronder de Provincie, gingen op de uitnodiging in en ondertekenden het convenant. De milieu beleidsplannen van de Provincie, zo wordt in de tussenconclusies van hoofdstuk 8 gerapporteerd, 'bevatten een beperkt eigen beleid, maar vertalen vooral Rijksbeleid en EU-beleid door'. De grote verdienste van de Provincie bij de Integrale Strategie Milieu (ISM) is dat de behartigers van deelbelangen zich serieus genomen voelen.

De afwachtende houding van de Provincie in de laatste bestuursperiode blijkt ook uit de bereidheid om rigoureus te bezuinigen, in plaats van extra middelen te claimen voor investeringen in duurzaam bouwen, duurzaam transport en windmolens. De verkoop van aandelen Essent in 2009 kan ook moeilijk worden geïnterpreteerd als een actieve bemoeienis van de Provincie met het thema duurzame energievoorziening.

Hoe dan ook, de vraag is wat in zo'n gedecentraliseerde en zelf organiserende economie, energievoorziening en ecologie de bindende sociaal-culturele kracht van de regio is. Wat houdt de lokale gemeenschappen in een regio bij elkaar? Met de theorie en de praktijk in ons achterhoofd en vertrouwend op onze voelsprieten, komen we dan uit bij de heersende ethiek. Ethiek definiëren we als: opvattingen over wat goed is en wat niet, hoe je je al dan niet in het bijzijn van anderen hebt te gedragen, etc. Ethiek is in wezen de ziel van de samenleving. Een ziel die gedurende tientallen, honderden of zelfs duizenden jaren is opgebouwd uit de ervaringen, gevoelens, gewoonten en verlangens van miljoenen mensen. De ethiek van de regio uit zich onder meer in de wijze waarop kinderen worden groot gebracht en families worden gevormd, de rol die families spelen in economie en maatschappij, het effect van toekomstverwachtingen, werkethiek en kwaliteit van sociale verbanden.

De ethiek van een regionale bevolking beïnvloedt in sterke mate het gedrag van mensen en de bereidheid om dat gedrag aan te passen. Er zijn zelfs onderzoeksresultaten bekend, die uitwijzen dat 'de invloed van de politiek en het beleid wordt overspoeld door de invloed van cultuur, etniciteit, psychologie en een dozijn andere factoren'.[249] Zo maakt het bijvoorbeeld nogal veel verschil of je in een 'high-trust' regio woont met veel hoog opgeleide mensen, die elkaar voortdurend versterken met positieve toekomstverwachtingen, of in een regio met gering sociaal vertrouwen, lage onderwijsniveaus en negatieve *feedback loops*.

Zo bezien, is een regio vergelijkbaar met wat in de biologie 'biotoop' heet. Een min of meer begrensd gebied, waarin een bepaalde levensgemeenschap huist. Elke biotoop heeft zijn eigen 'natuurlijke evenwicht'. Het karakter van een regio bepaalt in belangrijke mate het geluk van de mensen die er wonen, het succes dat ze hebben en de veiligheid op straat. Het is in ieders eigen belang om een regio te zoeken die bij je past, maar ook dat je als individu of huishouden mee helpt om het karakter van de regio vorm te geven, bij te buigen.

Wat voor de regio als levensgemeenschap geldt, gaat in nog veel sterkere mate op voor gemeenten, deelgemeenten, wijken en al helemaal voor buurten.

De vragen zijn dan vervolgens hoe je bij het experimenteren om kunt gaan met de steeds veranderende context, hoe en welke concepten je kunt inzetten voor draagvlak, inspiratie en inhoudelijke kwaliteit.

5.17   Ethiek voor mensen van morgen

Collectivisme → Individualisme → Authenticiteit

'Vrije, weldenkende mensen, die een goede opvoeding hebben genoten en omgaan met fatsoenlijke lieden,' schrijft François Rabelais, Frans schrijver uit de zestiende eeuw, in *Gargantua en Pantagruel,* 'hebben van nature een neiging en een drang die hen altijd duwt in de richting van de deugd en hen afhoudt van de ondeugd. Die neiging noemen ze hun "eergevoel".' De reus Gargantua besluit op een dag een beweging te starten vanuit de abdij van Thélème, waar boven de poort slechts één enkel voorschrift staat: 'Doe wat je wilt'. 'Hun gehele leven,' omschrijft Rabelais de levenswijze van de *bon vivants*, 'werd doorgebracht niet volgens wetten, statuten of regels, maar naar hun eigen wens en vrije wil.'[250] Een dergelijke levenskunst wordt door de zestiende eeuwse Nederlandse filosoof Spinoza aangeduid als 'ethiek'.

Ethiek heeft met de vrijheid van het individu te maken. 'Vrijheid is beslissen, maar ook, en vergeet dat niet, jezelf rekenschap geven van wat je zegt en doet,' schrijft de Spaanse filosoof Fernando Savater in 'Het goede leven'. 'Vrijheid is het tegendeel van met de stroom meedrijven.' Niemand kan het individu ontheffen van de taak om zelf te kiezen en zelf te zoeken, aldus Savater. 'Bevelen en gewoontes, beloningen en straffen, kortom alles wat zich

---

249 David Brooks, *The Limits of Policy*, New York Times, May 4, 2010. Brooks verlaat zich op *A Century Apart*, een vergelijkend onderzoek over een tijdsverloop van honderd jaar naar de levens van immigranten in de VS in vergelijking met die van hun voormalige landgenoten.
250 Fernando Savater, Het goede leven; Ethiek voor mensen van morgen, Bijleveld, Utrecht, vijfde druk, 1999, blz. 55.

van buiten af opdringt aan jouw eigen wil, dat moet je laten voor wat het is. Al deze kwesties moet je benaderen vanuit jezelf, vanuit je eigen binnenste. Vraag aan jezelf – en aan niemand anders – wat jij moet doen met jouw eigen leven.'[251]

Kader 9. Ben je nep of ben je echt?

'Ben jezelf, want er zijn al zoveel anderen,' staat er op een affiche van Loesje. Het is een oude les, die nog altijd opgaat, voor individuen en organisaties. Voor wat betreft de organisaties raken we hier aan de thema's identiteit, imago, communicatie, maatschappelijk verantwoord ondernemen, *corporate social responsibility*, wervingskracht, imagoschade en dergelijke. Individuele personen kampen met soortgelijke identiteitskwesties. Wie ben ik? Wie wil ik zijn?' In Hamlet van Shakespeare geeft Polonius zijn zoon Laertes de volgende raad:
'Maar bovenal dit – weest trouw aan uzelf;
daar volgt uit als de nacht uit de dag,
dat gij dan niet onoprecht kunt zijn tegenover wie dan ook.'

Polonius verwoordt hierin volgens James H. Gilmore en B. Joseph Pine II (ontdekkers van de beleveniseconomie) twee normen voor authenticiteit: trouw zijn aan jezelf en zijn wie je tegen anderen zegt dat je bent.

Duurzame ontwikkeling is behalve een politieke, maatschappelijke, economische en ecologische kwestie vooral ook een ethische kwestie. Als individu zul je je moeten verdiepen in de milieuproblematiek. Zeker als het zaken betreft die volgens veel wetenschappers het leven op aarde bedreigen, zoals de klimaatproblematiek. Intuïtief weet iedereen dat de bomen niet tot in de hemel groeien, dat de olie ooit opraakt, dat het verspilling van kostbare fossiele brandstoffen is als je je huis niet goed isoleert. Je gooit je vuilnis niet bij de buren in de tuin, maar je trakteert diezelfde buren wel op CO_2, via de knalpijp van je auto, je oude koelkast die niet meer goed dicht gaat, de wasmachine en de thermostaat. Kijk je als individu een beetje om je heen en luister je naar je intuïtie, dan kun je niet anders dan voorstander van een meer duurzame ontwikkeling zijn en dan zul je in die richting iets moeten ondernemen.

Gemakkelijk is het niet. De materie is ingewikkeld, de deskundigen zijn het vaak niet eens, er is veel fanfare omheen van bedrijven en andere organisaties die bepaalde belangen hebben. Je moet vooral goed in staat zijn nep van echt te onderscheiden.
Het heeft te maken met geloofwaardigheid en in het verlengde daarvan met vertrouwen en reputatie. Een kwestie van smaak, stijl en ethiek. Mensen die zich gemaakt gedragen, worden door de één met kromme tenen tegemoet getreden, terwijl anderen het de gewoonste zaak van de wereld vinden. Iets soortgelijks geldt voor regionale overheden.

---

251 Savater, blz. 58.

Gilmore en Joseph Pine onderscheiden 4 combinaties:

1. Is trouw aan zichzelf en is wat hij zegt dat hij is' –> Echt-echt
2. Is trouw aan zichzelf, maar 'is niet wat hij zegt dat hij is' –> Echt-nep
3. Is niet trouw aan zichzelf en is ook niet wat hij zegt dat hij is' –> Nep-nep
4. Is niet trouw aan zichzelf, maar is wel wat hij zegt dat hij is –> Nep-echt.

Stoppen we deze gegevens in een matrix, dan krijgen we het volgende beeld:

Tabel 7. Echt of Nep

Is wie hij zegt dat hij is	Echt-nep	Echt-echt
Is niet wie hij zegt dat hij is	Nep-nep	Nep-echt
	Is niet trouw	Is trouw aan zichzelf

Veel regionale overheden slagen niet voor de Polonius-test omdat hun bestuurders, net als Polonius, niet verder komen dan platitudes:

'Het is onze visie dat…. (onze regio van wereldklasse is)'
'We streven naar kwaliteit bij alles wat we doen'
'We geven iets terug aan de burger, zodat die zijn belastingen niet voor niets afdraagt'
'Burgers komen op de eerste plaats'
'Onze mensen zijn ons belangrijkste kapitaal'

Politici en bestuurders zijn zelden authentiek (echt-echt). Dat hoeft ook niet. De burgers waarmee zij te maken hebben, zijn dat voor 80% ook niet (het 80/20 principe[252]). Authentieke personen zijn onafhankelijk van de mening van anderen. Zij halen de kracht uit zichzelf, spreken hun eigen bron aan. Zij hebben de moed om zichzelf te zijn. Dat is maar voor hooguit één op de vijf mensen weggelegd. Het 80/20 principe houdt in dat een klein deel (20%) van de oorzaken, input of inspanning meestal het merendeel (80%) van de resultaten, output en beloning oplevert. Het principe bevestigt wat we intuïtief al wisten: dat er een gigantische verspilling is op allerlei terreinen, in de manier waarop de natuur werkt, in het bedrijfsleven, in de maatschappij en in ons leven. Het goede nieuws: als 80% van de input maar een marginaal effect van 20% heeft, dan valt er ontzettend veel te verbeteren. Ook bij onszelf. Door ons leven anders in te richten, door ons anders te gedragen. In de woorden van George Bernard Shaw: 'De redelijke mens past zich aan de wereld aan. De onredelijke blijft proberen om de wereld aan zichzelf aan te passen. Daarom hangt alle vooruitgang af van de onredelijke mens.'[253]

---

252 Het patroon waarop het 80/20 principe berust, werd in 1897 ontdekt door de Italiaanse econoom Vilfredo Pareto (1848-1923).

253 Richard Koch, Het tachtig / twintig principe, het geheim van meer bereiken met minder moeite, Academic Service 1998, blz. 16/17.

5.18   Ethiek voor politici van morgen

Ethiek is de kunst om te kiezen wat het gunstigste voor jou als individu is, de kunst om zo goed mogelijk te leven. Het doel van politiek is het zo goed mogelijk organiseren van de samenleving, zodat iedereen kan kiezen wat gunstig voor hem of haar is. Ethiek houdt zich bezig met wat iemand zelf met zijn vrijheid doet, terwijl politiek probeert op een voor iedereen zo voordelig mogelijke manier te coördineren wat veel mensen met hun vrijheid doen.[254]
Hoe moet vanuit een ethisch perspectief een politieke organisatie eruit zien die de moeite van het nastreven en in stand houden waard is?, vraagt de Spaanse filosoof Fernando Savater zich retorisch af en het antwoord volgt prompt:

1.   'Geen ethiek zonder vrijheid, want zonder vrijheid geen goed leven. We streven naar een politiek stelsel dat de menselijke vrijheden zoveel mogelijk respecteert en zo min mogelijk inperkt: de vrijheid van vereniging en vergadering, de vrijheid van meningsuiting....et cetera;
2.   Basisprincipe van het goede leven is om mensen te behandelen als mensen, hetgeen betekent dat we in staat zijn om ons te verplaatsen in de positie van anderen en onze belangen kunnen relativeren zodat we die met die van anderen in overeenstemming kunnen brengen. Anders gezegd, het gaat erom te leren de belangen van de ander als de jouwe te beschouwen en jouw belangen als die van de ander. Deze deugd wordt rechtvaardigheid genoemd en er kan geen fatsoenlijk politiek regime bestaan dat niet door middel van wetten en instellingen probeert de rechtvaardigheid onder de leden van de maatschappij te bevorderen;
3.   Een nastrevenswaardige politieke gemeenschap behoort binnen de grenzen van het mogelijke maatschappelijke bijstand te garanderen aan degenen die lijden en hulp te bieden aan degenen die zichzelf om wat voor reden dan ook niet goed kunnen helpen. De moeilijkheid schuilt erin die steun niet ten koste te laten gaan van iemands vrijheid en waardigheid.'

Vrijheid, rechtvaardigheid en solidariteit zijn de pilaren waarop een ethische politiek rusten. Dat klinkt mooi als je aan de goede kant van de verkiezingsuitslag zit. De vraag is: als dat niet het geval is, ben je dan bereid je te onderwerpen aan de meerderheid? Vanuit ethisch politiek perspectief wel dus, maar vanuit ethisch persoonlijk perspectief niet. Hoe baseer je daar nu een goede besluitvorming op? Waaraan moet een goede besluitvorming voldoen? Een drietal aanwijzingen:

1.   Belanghebbenden – met name vertegenwoordigers van de drie P's - zoveel mogelijk betrekken; Een ander woord voor belang is interesse, dat van het Latijnse inter esse komt, ofwel datgene wat zich tussen verschillende mensen bevindt, datgene wat een relatie tussen verschillende mensen tot stand brengt;

---

254 Savater, blz. 136/137.

2. Zo weinig mogelijk wettelijke dwang. Savater: 'Het leven is te complex en te subtiel, de mensen en de situaties zijn te verschillend, dikwijls te persoonlijk, om alles in de wetboeken onder te brengen. Net zo goed als niemand vrij kan zijn in jouw plaats, is het ook waar dat niemand recht vaardig kan zijn in jouw plaats als jij niet beseft dat jij dat zelf moet zijn om goed te leven.'[255] ;

3. Partijen zijn bereid om zich in elkaar te verplaatsen en met elkaar betekenis te creëren;

4. Partijen moeten positie durven kiezen en met elkaar beslissingen willen nemen. Basispraktijken bij het niet beslissen dienen herkend en gedeconstrueerd te worden.

5.19   Tussenconclusie

Er zijn meerdere manieren voor een overheid om met belanghebbenden samen te werken. Een drietal lijkt het meest kansrijk; de principebenadering, de matrixbenadering en de Hollywoodbenadering. Partners kunnen kiezen voor het werken met principes en met de Allemaal Winnen Matrix waarin alle concepten samengebracht zijn. Vanuit de Hollywoodbenadering worden twee methoden besproken om zoveel mogelijk partijen bij elkaar te brengen teneinde met elkaar oplossingen te bedenken en uit te voeren: de *Mutual Gains Approach* en de Methode Holistische Participatie. Ze hebben met elkaar gemeen dat er niet over maar door mensen beslist wordt over vraagstukken waarbij zij nauw betrokken zijn.

Beide methoden zijn bij uitstek geschikt om beslissingen over gebiedsgerichte ontwikkeling te nemen waarbij een overzichtelijke groep mensen betrokken is, zoals de aanleg van een nieuwbouwwijk, een weg, de bouw van een ziekenhuis, school en zo voort. Door alle betrokkenen – bouwpartijen, gemeente, omwonenden, natuurverenigingen, gebruikers en wat al dies meer zij – vanaf het begin mee te laten denken , worden lange bezwaarprocedures voorkomen en komt er een ontwikkeling die voldoet aan de wensen en noodzaak van allen die bij het plan betrokken zijn.

De Provincie kan met raad en daad bij staan door de betrokkenen bij elkaar te brengen. Er is ervaring met en kennis van zowel de Mutual Gains Approach en de Methode Holistische Participatie in het provinciehuis aanwezig. Daarnaast kent de regionale overheid haar 'pappenheimers'. Ze weet welke experts uitgenodigd kunnen worden om mee te denken, wie er betrokken zijn en mogelijk bezwaren opperen tegen de ontwikkeling of er juist baat bij hebben. Door opdrachten te verstrekken aan onafhankelijke denkers om een essay te schrijven, film of presentatie te maken die de geesten losklopt, alvorens partijen samen aan het werk gaan, stimuleert een regio het denken en de geletterdheid van de deelnemers. Partijen samen formuleren het grote verhaal waarbinnen de ontwikkeling zal passen. Een verhaal dat hen inspireert en enthousiast maakt, waardoor de kans van slagen toeneemt. De rol van regisseur of scenarioschrijver is hier van toepassing op de Provincie, evenals die van coach.

---

255 Savater, blz. 115/116.

Innoveren (experimenteren) en leren zijn belangrijke drijvende krachten richting een meer duurzame regio. Van groot belang is dat een regionale overheid experimenteert met het nemen van beslissingen van onder af. Zelforganisatie, zelfsturing en ondernemerschap aan de basis appelleren aan nieuwe machtsverhoudingen, aan organisaties die aangestuurd worden op basis van vertrouwen, met zichzelf continu verbeterende teams. Wendbare organisaties die goed zijn in kansen ontwaren, prioriteiten stellen, zorgen dat daadwerkelijk gebeurt wat men zich heeft voorgenomen.

Wendbaarheid, decentrale besluitvorming en ontwikkeling van onderop vervangen in toenemende mate de oude planning & control cyclus. De ondernemers aan de basis zijn de 'helden' van de moderne samenleving. Het management in dergelijke 'lenige' organisaties houdt zich voornamelijk bezig met regisseren, faciliteren en ondersteunen van de ondernemers en de teams waarvan zij deel uitmaken.

Wendbaarheid, lenigheid, voortdurend veranderen stelt hoge eisen aan organisaties en aan mensen die daar werken. Ze moeten zich aan de voortdurend veranderende omstandigheden aanpassen. Dit kan door leren. Duurzame ontwikkeling vraagt echter niet om het verbeteren van het bestaande maar om vernieuwing en ontwikkeling. Voor het oplossen van hardnekkige problemen moet je anders kunnen en durven denken. Swieringa en Wierdsma introduceren hiervoor de termen dubbelslag en drieslag leren. Dergelijke vormen van leren komen in meer traditionele organisaties niet vaak voor. Ze zijn voorbehouden aan lerende organisaties zoals omschreven door Peter Senge. Innovaties vinden namelijk steevast plaats in een omgeving waar mensen ontvankelijk zijn voor ideeën, verandering toejuichen en altijd iets nieuws willen uitproberen.

Uiteindelijk gaat het bij veranderingen om de kunst van het beslissen: het bij elkaar zetten van de juiste mensen voor wat Kolstoe aanduidt als consultatie, beraadslaging. Anno 2011 willen mensen aangesproken worden als individu. Ze willen zelf uitmaken bij welke groep zij horen, met wie zij zich identificeren, waarvoor zij zich verantwoordelijk achten en waarvoor niet. Individualisering in deze zin sluit prima aan bij de vrije markt, bij sturen op vertrouwen, bij zelfontplooiing en voortdurende beweging tussen tegenstellingen (deconstructie).
Waar met name grote organisaties meesters zijn in *non decision making*, vormen individuen in toenemende mate het aanspreekpunt voor verandering. Veranderingen worden niet meer per decreet of via collectieve dwang opgelegd. Veranderingen ontstaan uit overtuiging en betrokkenheid, van onderop.

Om daadwerkelijk tot duurzame ontwikkeling te komen, dient gezocht te worden naar oplossingen die bijvoorbeeld de financiering mogelijk maken. Zo houdt de huidige wijze van hypotheek verstrekken geen rekening met eventueel hogere bouwkosten – zonnepanelen, warmte- koudeopslag, extra isolatie – die tijdens de levensduur van een huis worden terugverdiend door lagere energielasten. Soms kan een extra zetje in de vorm van subsidie of voorfinanciering een maatregel mogelijk maken die anders achterwege zou blijven. De Provincie als aanjager.

Er zijn veel technieken die de ecologische voetafdruk van een gebouw flink kleiner maken, daarmee dient al in de ontwerpfase rekening gehouden te worden, zoals de optimale helling van een dak om er zonnecellen op aan te brengen, of houten skeletbouw en prefab. Groene daken en dito gevels isoleren, bevorderen de biodiversiteit in een wijk en zuiveren op natuurlijke wijze regenwater. Om een groen dak te dragen, is wel een bepaalde constructie nodig. Wanneer het de aanleg van een nieuwe wijk betreft, kan middels slimme toepassing van groen in combinatie met de opvang van water bespaard worden op de aanleg van riolering. Dat kan aanleiding zijn voor een gemeente om vegetatiedaken mee te financieren.

Het binnenklimaat wordt gezond door ondermeer voor niet-toxische materialen te kiezen. Maar als de bewoners ongeletterd zijn en hun huis inrichten met chemische of andere giftige materialen, heeft dat geen zin. Wanneer mensen niet ventileren, stijgt het CO_2-gehalte ondanks de goede bedoelingen van de bouwers et cetera. Als de klimaatbeheersing van een school dusdanig ingewikkeld is, dat niemand begrijpt hoe deze werkt, worden klaslokalen te warm of te koud en verdwijnt de zuurstof uit de lucht. In zo'n geval kan wellicht beter gekozen worden voor ramen die open kunnen. Door bovenramen te installeren die open kunnen en waardoor het niet tocht, en door leerkrachten en leerlingen te wijzen op het belang van frisse lucht in de klas, kan het binnenklimaat een stuk gezonder en prettiger worden.
Het gedrag van mensen, hun ecologische geletterdheid en hun vaardigheden om met de aanwezige techniek om te gaan, zijn essentiële aspecten om een duurzaam gebouw ook duurzaam te gebruiken. Door hen vanaf scratch te betrekken bij het ontwerp, kan gekozen worden voor technieken en methoden die gebruikt worden en praktisch zijn.

In hoofdstuk 5 worden de context en de concepten aangevuld met content, inhoud, waarmee het theoretische deel van het onderzoek is afgerond. Deels zijn de concepten ontwikkeld ten behoeve van essays, werkateliers en dergelijke voor de veldoefeningen die in Deel III van deze studie worden beschreven. Daarmee is het eerste deel van de theorievorming afgerond. In de hoofdstukken over de veldoefeningen in het Brabantse wordt de theorie toegepast en getest, waarna verfijning mogelijk is.

Deel III. Observaties in het veld

(Ervaringen van Noord-Brabant met duurzame ontwikkeling)

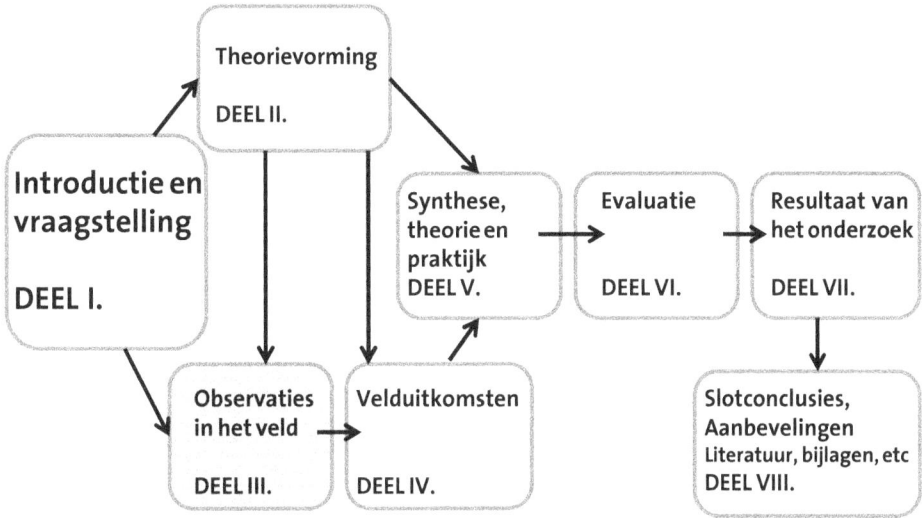

Deel III betreft de casuïstiek: vijf studies van praktijk ervaringen in de periode 1998 tot en met mei 2010 (zie bijlage 3 voor een overzicht). Experimenten waartoe de Provincie Noord-Brabant (mede) het initiatief nam en die zich richten op een duurzame ontwikkeling van de regio. De casuïstiek behelst de zoektocht van een regionale overheid, het bedrijfsleven, maatschappelijke organisaties, kennisinstellingen en burgers naar elkaar en een gezamenlijk te verwezenlijken ambitie.

De Provincie Noord-Brabant streeft sinds 1997 naar duurzame regionale ontwikkeling. De eerste aanzet hiertoe was het 'Manifest Brabant 2050', van datzelfde jaar. De toenmalige Commissaris der Koningin van de Provincie Frank Houben schreef in een begeleidende brief: 'Het manifest bevat een aantal door de ondertekenaars[256] gedragen opvattingen met een brede maatschappelijke reikwijdte, gericht op een duurzame toekomst van Brabant'. Het manifest beschrijft een gedroomde Brabantse situatie in 2050. Tijdens de presentatie ervan in het Provinciehuis, riep Wouter van Dieren -lid van de Club van Rome - op tot het vormen van een indexcentrum dat duurzame ontwikkeling in de regio meet. Hieruit ontsproot

---

256 O.a. Ben Knapen, Ruud Lubbers, Izaak van Melle, Ernst von Weizacker, Herman Wijffels, Jacqueline Cramer, Wouter van Dieren

in 1999 het Brabants centrum voor duurzaamheid vraagstukken, Telos. Telos heeft enkele duurzaamheidsbalansen gemaakt en debatten georganiseerd over de ontwikkeling van Brabant in duurzame richting[257].

De in dit proefschrift beschreven casussen gaan over de 'opvolgers' van het 'manifest Brabant 2050'. Om te beginnen is daar het convenant 'Strategische Agenda milieu, economie en ruimte' (1998 – 2002). Daarna volgen het programma 'Naar een duurzaam Brabant' (2002 – 2006), het EU programma '*Grow*' (2005 – 2007) en de 'Integrale Strategie Milieu' (2007 – 2011). We sluiten af met een onderdeel van het bestuursakkoord 2007 – 2012, de Proeftuin duurzame nieuwbouwwijk Geerpark in de gemeente Heusden uit het provinciale programma Schoon Brabant.

Van een succesvol duurzaam ontwikkelingsbeleid, zo ondervonden wij gaandeweg, is sprake als:
- Participatie en betrokkenheid van zoveel mogelijk, liefst alle, belanghebbenden waaronder enkele 'trekkers met Passie'. Ook de eigen (provinciale) organisatie, op ieder niveau, doet mee en toont commitment;
- Rekening houden met en empathie voelen voor de belangen van alle betrokkenen;
- Voortdurend inzetten op het tegelijkertijd ontwikkelen van de drie P's;
- Niet afwentelen op andere gebieden en de rekening niet doorsturen naar volgende generaties;
- Het voorzorgprincipe toepassen op innovaties.

We analyseren de casussen in 'Brabantse duurzame ontwikkelingslessen', aan de hand van deze vijf aspecten in hoofdstuk 12. Vooruitlopend hierop en samenvattend, kunnen we stellen dat duurzame ontwikkeling om een andere manier van denken én doen vereist, met in achtneming van genoemde voorwaarden.

---

257 zie www.telos.nl, september 2010

6.   Het convenant Strategische Agenda Milieu, Economie en Ruimte (SA)

'Theorieën, modellen en concepten zijn niet alleen speelgoed voor wetenschappers. Ook in het gewone leven van leken, bijvoorbeeld bij het ervaren van het menselijk lichaam, spelen ze een belangrijke rol, en wel in twee opzichten. Enerzijds brengen ze orde in de chaos. Soms helpt een nieuw concept of een nieuwe theorie om gegevens en gevoelens die tot dat moment slechts een vage combinatie vormden, samen te voegen tot een structuur.'

Helmut Dubiel[258]

Leeswijzer

In dit hoofdstuk passeert een eerste casus de revue: het convenant 'strategische agenda' dat provincie en belangenorganisaties met elkaar sloten voor de periode 1998 – 2002. We geven aan hoe het convenant is opgebouwd, welke nieuwe combinaties het heeft opgeleverd, wat het doel was en welke rol de Provincie speelde. De resultaten worden tegen het licht gehouden en het geheel wordt, zoals gebruikelijk, afgesloten met een tussenconclusie[259].

Inleiding

De eerste veldoefening heeft betrekking op een nieuwe manier van sturen in de provincie Noord-Brabant. Niet dirigistisch van bovenaf, maar uitnodigend van onderop. De Strategische Agenda zag het licht nu ruim tien jaar geleden.

Het begon met een convenant Strategische Agenda Milieu, Economie en Ruimte (SA), een verklaring die door diverse maatschappelijke groeperingen is ondertekend.
In de dialoog tussen de betrokken partijen speelde het begrip 'ontkoppeling'[260] een belangrijke rol. Hiermee wordt bedoeld dat economische groei niet per se gepaard hoeft te gaan met een verdere aantasting van milieu en ruimte. De convenantpartijen zouden samen te benoemen knelpunten bestuderen en zoeken naar vernieuwende en verrassende oplossingen. Door de oplossingen te implementeren zou de regionale overheid er samen met andere partijen voor kunnen zorgen dat de economie groeit, terwijl de druk op het milieu en op de ruimte vermindert. Beide auteurs van dit proefschrift waren vanaf het begin betrokken bij twee thema's van de SA: Absolute ontkoppeling en Botsende Corridors. Martin Bakker

---

258 Het gebeurt allemaal in mijn hoofd, blz. 27
259 Een deel van de tekst over de Strategische Agenda verscheen als hoofdstuk in het boek Duurzaam Milieugebruik, 2003 met als co-auteur de toenmalige gedeputeerde Lambert Verheijen.
260 Ontkoppeling tussen de P van *profit* en de P van *planet* zien de auteurs als een vorm van duurzame ontwikkeling mits dit niet ten koste gaat van de mensen (*people*). Een galvanisch bedrijf dat kan besparen op de hoeveelheid toxische schoonmaakmiddelen, door nieuwe technieken te gebruiken, ontkoppelt (lagere kosten en minder druk op het milieu). Als de medewerkers hierdoor meer en zwaarder handwerk (ongezond) moeten verrichten, is dat geen duurzame ontwikkeling.

als beleidsmedewerker Ecologie van de provincie Noord Brabant en Frank van Empel als schriftsteller en deconstructor. Het thema ontkoppeling kreeg in 1999 een prominente plaats in het Bestuursakkoord van Noord-Brabant en past in de opkomende trend van Ecologische Modernisering, een van de concepten; Ecologische Modernisering staat beschreven in paragraaf 4.7 van Deel II.

Ook een aantal andere provincies stoeide met ontkoppeling. In opdracht van het samenwerkingsverband tussen de provincies het Interprovinciaal Overleg (IPO) is door beide auteurs onderzocht hoe de diverse provincies met dit begrip omgingen[261].
Hier belichten we de context waarin de SA tot stand kwam. Achtereenvolgens komen opzet, uitvoering en evaluatie van de SA aan de orde.

6.1 Het convenant De Strategische Agenda als nieuw provinciaal sturingsmodel

De rol van de overheid in het algemeen en van de Provincie in het bijzonder is sterk aan het veranderen. De Provincie is niet meer zozeer de centrale planner, die van bovenaf besluitvormingsprocessen aanstuurt, als wel deelnemer en procesbewaker. De overheid is de afgelopen decennia door schade en schande wijs geworden. De samenleving blijkt niet zo grijpbaar en maakbaar als sommige bestuurskundigen en politici in de jaren zeventig van de vorige eeuw nog veronderstelden. Het andere uiterste – alles overlaten aan de markt – heeft echter ook zo zijn nadelen. Tussen deze twee polen – planning en 'laissez faire' – ligt een grijs gebied, waarin diverse oplossingsrichtingen voor even zovele problemen bestaan. Individu overstijgende problemen, zoals luchtvervuiling en wateroverlast, behoeven een zekere mate van planning. Andere zaken kunnen daarentegen beter aan het zelfsturend vermogen van marktpartijen worden overgelaten. Veel kennis is tijd- en plaatsgebonden en ligt bij de betrokken partijen. Het is zaak om die kennis te mobiliseren ten faveure van het *life support system*, ofwel het milieu. Het heeft geen zin om de belangenbehartiging van de natuur als een exclusieve overheidstaak te beschouwen die alleen door het opleggen van allerlei beperkende eisen en voorschriften kan worden vervuld. De overheid kan even goed de rol hebben van katalysator, deelnemer, begeleider en bewaker in zoek- en implementatieprocessen die naar een duurzame ontwikkeling moeten leiden. Andere bij deze processen betrokken partijen (milieuorganisaties, bedrijven, vakbonden, ondernemingsraden) missen doorgaans de kennis en de menskracht om zo'n rol van 'makelen en schakelen' te kunnen vervullen. Voor bedrijven komt daar hun zorg bij dat anderen gebruik zouden kunnen maken van hun ideeën of concurrentiegevoelige bedrijfsgegevens, waardoor zij zo'n rol niet ambiëren.

Er zijn maatschappelijke problemen (zoals de hardnekkige milieuproblemen) die partijen afzonderlijk wel als urgent beschouwen maar niet individueel kunnen oplossen. Daarvoor moet bundeling plaatsvinden. Ook de diverse oplossingsrichtingen zijn te diffuus, soms nog te

---

261 Zie studie 'Je leven geldt' van Frank van Empel, Martin Bakker en Harry te Riele, IPO

experimenteel, soms onbekend. Het samenbrengen van kennis, het uitwisselen, het delen van risico's bij uitvoering is noodzakelijk om duurzaam te ontwikkelen. Beide zijn mogelijke rollen/taken voor een regionale overheid.

Dit nieuwe sturingsmodel beoogt het beste van planning en markt verenigen. Dat is bijvoorbeeld het geval als individuen zich oriënteren op een gemeenschappelijk doel dat de planner als 'leitmotiv' heeft. Het individu committeert zich daarbij aan dat gemeenschappelijke doel, beseffend dat planning geen onfeilbare methode is om het doel te bereiken. Hetzelfde geldt voor de markt. Wie heeft voorzien wat er gebeurde met ondernemingen als Ahold, Getronics, Enron en Worldcom? Aan de ene kant is het zaak voor individuen om niet al te zeer vast te zitten in structuren die het denken en handelen conditioneren. Aan de andere kant moet de individuele vrijheid in banen worden geleid om individu overstijgende maatschappelijke problemen op te lossen. Die sturing moet wel door het individu worden gedragen.

Met name in een laagconjunctuur is sturing van overheidswege vereist. Partijen zijn dan steevast naar binnen gericht. Kostenmatiging en re-engineering zijn in deze fase erg populair, maar die hebben tot gevolg dat de laagconjunctuur nog eens extra wordt verdiept. Beter is het om te investeren in technologische innovaties, inclusief de kwaliteit van het milieu. Dergelijke investeringen vormen een impuls voor de economie en zijn daarmee een bron voor conjunctuurherstel.

Kader 1. Het nut van investeren

Verlaging van de lonen of ontslag vormt geen uitweg uit een depressie, omdat het geld dat daarmee wordt uitgespaard niet onmiddellijk gebruikt wordt voor investeringen. Als alle bedrijven op deze wijze hun financiële problemen oplossen, zakt de vraag naar goederen en diensten alleen maar verder weg en wordt de crisis alleen maar groter. De enige uitweg uit de depressie is die via de investeringen. Investeringen per se - dus zonder loonsverlaging – trekken de economie als de Baron von Münchhausen aan z'n eigen haren uit het moeras. Bedrijven kunnen hier het voortouw nemen, met als motto: 'investeringen zijn nog te realiseren winsten'. In feite is dat de kern van het ondernemen. Risico nemen, in het volle vertrouwen dat investeringen op een gegeven moment zullen renderen. Bij ondernemen gaat de *cost* steevast voor de *baet* uit.

> De geneigdheid om te investeren kan worden aangewakkerd door een belangrijke ontdekking. Het aantal echte ondernemers, dat in de garage iets nieuws in elkaar knutselt, is echter beperkt. De meeste bedrijven worden gerund door managers, die getraind zijn in *operational excellence* en in het achteruit verdedigen, in plaats van frank en vrij aanvallen en gedurfd investeren. In dat geval kan de overheid uitkomst bieden. Investeringen van de overheid in de infrastructuur leiden tot toename van de werkgelegenheid en hogere lonen in de investeringsgoederen industrie. Dat geld wordt uitgegeven aan consumptiegoederen en zo gaat het vliegwiel draaien. Na enige tijd nemen private investeringen het over van de publieke investeringen en wordt de 'kunstmatige' vooruitgang vervangen door een 'natuurlijke'[262].

Om alle stakeholders mee te krijgen in dit proces, was het zaak om investeringen in de kwaliteit van het milieu niet alleen te beschouwen als kosten, maar ook als projecten die opbrengsten genereren. Investeringen in een betere milieukwaliteit komen het imago van de betreffende onderneming of sector ten goede. Bovendien kan het leiden tot lagere grondstof- en materiaalkosten en kunnen toekomstige kosten voor milieugebruik, zoals die voor CO_2-uitstoot, lager uitvallen. Innovatie komt steevast van onderop, waarbij de provincie kan optreden als onafhankelijke regisseur.

Zo'n besturingsmodel wijkt fundamenteel af van het oude corporatistische model, in die zin dat vertegenwoordigers uit de diverse kampen (milieuorganisaties, werkgevers, werknemers, provincie) niet als vooruitgeschoven posten worden gezien van de belangen die ze vertegenwoordigen, maar als individuen die bereid zijn om hun kennis en kunde te delen met anderen. Juist in de ontmoeting van mensen met verschillende achtergronden en in een *'open mind'* schuilt de vernieuwing. Door binnen te dringen in andermans wereld en anderen in jouw wereld binnen te laten dringen kunnen nieuwe combinaties worden gemaakt. Volgens de Amerikaans-Oostenrijkse econoom Joseph Schumpeter is dat de ideale grondstof voor innovatie[263]. De provincie Noord-Brabant probeerde deze vorm van bestuurlijke vernieuwing uit in de SA.

De SA is een convenant dat negen partijen (werkgevers- en werknemersorganisaties, de Kamers van Koophandel, de Brabantse Milieufederatie en de Provincie) in juni 1999 ondertekend hebben. Voor een periode van vier jaar startten deze organisaties een experiment om 'los van de waan van alledag' na te denken over Brabantse problemen, en te komen met mogelijke oplossingen. De nadruk ligt op de gezamenlijke inspanning, op het intensief betrokken zijn van bestuurders, en op het benutten van elkaars expertise en creativiteit.

---

262 Vrij naar Michal Kalecki's *selected essays on the dynamics of the capitalist economy*, 1933-1970, Michal Kalecki, Cambridge University Press, 1971.

263 Joseph Schumpeter, *Neue Kombinationen" (später heißt es „Innovationen") können unter Anderem eine „Andersverwendung des Produktionsmittelvorrats der Volkswirtschaft" sein, das heißt, dass Anderes oder anders produziert und vertrieben wird. Später hat Schumpeter diese neuen Kombinationen im Hinblick darauf, dass sie eingespielte Praktiken verdrängen, als „schöpferischer Zerstörung" bezeichnet.* de.wikipedia.org/wiki/Theorie_der_wirtschaftlichen_Entwicklung, 12 mei 2010

Al halverwege de jaren negentig begonnen provinciale bestuurders te zoeken naar een synergie tussen milieu en economie. Voor het eerst werd openlijk erkend dat beide terreinen niet op gespannen voet met elkaar hoeven te staan. In 1995 heeft de Provincie het denken over integratie tussen milieu en economie uitgewerkt in het Provinciale milieubeleidsplan. Een aantal jaren later, in 1998, namen de werkgevers- en werknemersorganisaties – verenigd in het Sociaal Economisch Overlegorgaan Brabant (SEOB) – het initiatief om een stap verder te gaan en gezamenlijk met de Provincie de relatie milieu en economie verder uit te diepen. Hieruit resulteerde een samenwerking, die werd vastgelegd in een convenant. De Brabantse Milieufederatie schoof in 1999 als laatste partij aan bij het overleg, en naast economie en milieu werd ook ruimte als thema toegevoegd.

Dit alles speelde zich af tegen een decor van onplezierige veranderingen in de economie, zoals de verplaatsing van het hoofdkantoor van Philips naar Amsterdam en de crisis in de varkenshouderij. Er waren natuurlijk ook positieve ontwikkelingen in de jaren negentig, zoals de bovengemiddelde economische groei in Brabant en de snelle ontwikkeling in de ICT-branche, die samenwerking tussen qua cultuur en belangen uiteenlopende organisaties in de hand werkte. Mede onder invloed van de toenemende maatschappelijke druk, maakten individuele bedrijven en brancheorganisaties vaker dan daarvoor afspraken met omwonenden, milieuorganisaties en lokale en Provinciale bestuurders om de milieubelasting van hun activiteiten te verminderen

De betrokken organisaties stelden in het convenant vier opgaven voor Brabant vast waaraan zij een bijdrage willen leveren[264]:

- 'Het bereiken van een duurzame economische ontwikkeling, zowel in de stedelijke gebieden als op het platteland. Het gaat hier om verdere economische groei én een beter beheer van de ruimte én verdere vermindering van milieubelastende emissies (ontkoppeling);
- Het verbeteren van de bereikbaarheid van de economische centra door het realiseren van een toekomstbestendige, zo min mogelijk milieubelastende, infrastructuur en het beïnvloeden en beheersen van de mobiliteit;
- Het beheersen van de ruimtedruk, onder meer door een optimaal gebruik van de bestaande ruimte in de meer verstedelijkte delen en een efficiënter gebruik van de ruimte;
- Het versterken van de ecologische basisstructuur, voorlopig door realisering van de ecologische hoofdstructuur (EHS).'

Het convenant had een looptijd van vier jaar – namelijk van juni 1999 tot juni 2003 – en beschrijft op vier terreinen (industrie in Brabant, ruimteverdeling, bedrijventerreinen en bereikbaarheid) 'streefbeelden' voor 2020 die de partners delen. Er is bewust voor het jaar 2020 gekozen. Men dacht: Dat is dichtbij genoeg om het zelf nog te kunnen meemaken, maar ver genoeg weg om het 'dagelijkse' belang te kunnen loslaten.

---

264 Convenant Strategische Agenda Milieu, Economie en Ruimte, verkorte en vereenvoudigde versie, Provincie Noord-Brabant, juni 1999, blz. 2.

Om de streefbeelden te bereiken, hebben de partners een agenda opgesteld met zestien thema's (dilemma's) die zij gezamenlijk uitwerken. Er zijn vier criteria geformuleerd om te komen tot een keuze van onderwerpen. De onderwerpen (1) dienen minimaal op twee van de drie terreinen milieu, economie of ruimte te liggen, (2) dragen maatschappelijke spanning in zich, (3) zijn voor de partners interessant en uitdagend, en (4) vragen om onderzoek vanwege de noodzaak om tot een keuze in beleid te komen of vanwege de noodzaak om een doorbraak te forceren.

Het onderzoek vond plaats in werkgroepen, waarin vertegenwoordigers van de partijen zitting hadden. Een stuurgroep (ook weer met vertegenwoordigers van de partijen) stuurde het proces aan. De werkgroepen droegen voorstellen aan, stelden plannen van aanpak op en voerden na goedkeuring van de stuurgroep onderzoek uit. Eens per jaar kwamen alle betrokkenen (bestuurders, werkgroepleden, adviseurs en geïnteresseerden) bijeen in het Provinciehuis voor een debat over de ambitie, de resultaten en de mogelijke doorwerking in het eigen beleid. Er zijn in totaal zes werkgroepen actief geweest. De onderwerpen van studie waren in de periode 1999 tot 2001: Strategisch milieumanagement in het midden- en kleinbedrijf, Botsende corridors, Portfolio analyse van de Brabantse industrie en behoefte aan bedrijventerreinen[265]. In 2002 en 2003 luidden de thema's: Absolute ontkoppeling en Bereikbaarheid.

6.2   Het doel

De SA richtte zich op het concept van duurzame ontwikkeling en, daarbinnen, op de relatie tussen economie, ruimte en milieu. In de Vernietigende Economie leidt economische groei automatisch tot een min of meer evenredige toename van het aantal auto's, autokilometers, emissies, materiaal- en energiegebruik, meer hectares voor bedrijventerreinen, etc. Het gemeenschappelijke gevoel bij de initiatiefnemers van het convenant was dat meer regelgeving tot te weinig resultaten leidde. Te vaak was sprake van patstellingen door schijnbaar onoverbrugbare verschillen van mening over het te voeren beleid. Eén van de gevolgen was dat bedrijfsleven, Provincie en milieubeweging regelmatig in juridische procedures verwikkeld raakten. Alle partijen hadden daar last van. Niemand kwam nog vooruit in de stroop. Dat hadden ze dus in ieder geval met elkaar gemeen.

Om de stroperigheid te doorbreken, is meer nodig dan gedragsverandering en/of technologische vernieuwing. Daarvoor is ook een andere aansturing nodig, die zoveel mogelijk partijen mede verantwoordelijk maakt. Feitelijk is deconstructie nodig.

Oplossingen vereisten een bijdrage van alle Brabantse betrokkenen, lange adem, en dus een inzet over meerdere bestuursperioden heen. De betrokken partijen moesten daarvoor gezamenlijk op zoek naar begaanbare wegen, innovaties en goede ideeën. Daarbij hoorde: actief draagvlak werven voor die ideeën en mensen en partijen mobiliseren om beweging in de samenleving te krijgen.

---

265 Studies zijn opgenomen in het verslag 1999 - 2001 Strategische Agenda, interne publicatie, Provincie Noord-Brabant, mei 2001

Te vaak namelijk blijven geslaagde initiatieven steken in éénmaligheid. Aan de kant van de Provincie overheerste de overtuiging dat draagvlak voor verandering van groot belang is voor het 'opschalen' van succesvolle experimenten. Bovendien zijn de complexe problemen niet meer op te lossen door de overheid alleen. De bij de Agenda betrokken organisaties hebben een grote achterban, dus, veronderstelde men, moet het mogelijk zijn om de beweging naar een duurzaam Brabant te vergroten. Gedeelde analyses en oplossingen die rekening houden met economische en ecologische aspecten, zouden die beweging op gang zetten, en bereiken wat een provinciale overheid nooit alleen kan bereiken (*tipping point*). Want: Mensen en organisaties moeten het nut van vernieuwing zelf zien, en overheden moeten accepteren dat ze die vernieuwing niet centraal op kunnen leggen.

6.3   De nieuwe rol van de Provincie

Het goede van de planner komt boven als het gaat om de verwezenlijking van collectieve doelen, zoals veiligheid en een betere milieukwaliteit. Maar als het draagvlak ontbreekt, werkt het niet. Het is daarom goed om niet te spreken van centrale planning, maar van incrementele (stap-voor-stap) planning. Je kunt als provincie wel voorop lopen, maar je zult na elke stap achterom moeten kijken of anderen je nog wel volgen.

Nog beter is het wanneer je als overheid *tussen* de andere partijen loopt, en deelneemt aan het proces. Niet alleen door voorwaarden te scheppen en te zorgen dat iedereen gelijk en rechtvaardig wordt behandeld, maar ook door vuile handen te maken, kennis en financiële middelen te leveren en 'deals' te sluiten met andere partijen.

De SA is een poging om de twee werelden van planning en markt te verbinden. Dit arrangement is organisch ontstaan en niet te voren als zodanig beredeneerd. Dat maakt de SA niet minder vernieuwend. De diverse partijen uit de wereld van markt en planning zijn alleen te betrekken als het initiatief aansluit bij hun natuurlijke belang. In Brabant voelden alle betrokkenen de urgentie en noodzaak om te komen tot een andere aanpak van problemen. Daarbij was sprake van een oriëntatie op een gemeenschappelijk doel: het leveren van een bijdrage aan een duurzaam Brabant.

De Provincie ontwikkelde zich tot een belangrijke deelnemer aan het proces, onder meer door het leveren van personele ondersteuning en het verschaffen van de nodige financiële middelen voor het uitvoeren van (deel)onderzoeken. De overige partners leverden de benodigde kennis, expertise en menskracht, en droegen het gemeenschappelijke ideeëngoed uit naar de achterban.

In feite heeft de Agenda een reeks van verrassende ontmoetingen uitgelokt van generalisten afkomstig uit diverse disciplines, aangevuld met experts. Uit die ontmoetingen en doordat mensen over de eigen schutting heen keken, ontstonden nieuwe ideeën. Door de instelling van multidisciplinaire werkgroepen is tijd- en plaatsgebonden kennis gemobiliseerd die anders onopgemerkt zou zijn gebleven. De bestuurders zaten dicht bij dit proces en kregen relatief snel een dieper inzicht in probleemvelden en haalbare oplossingen. Hierdoor moest ook het commitment van bestuurders om bepaalde oplossingen te realiseren groeien.

Voor het uitvoeren van beleid zo bleek, waren de convenant partijen minder goed toegerust. Organisaties als Milieudefensie, Greenpeace en in mindere mate ook vakbonden en politieke partijen met een milieu-imago (Socialistische Partij, GroenLinks) zijn vooral gericht op het vormen van coalities tégen bepaalde ontwikkelingen. De actievormen die zij hanteren (demonstraties, tentenkampen, publieksacties) sluiten daarbij aan. Als je ergens actie vóór wilt voeren, heb je daar niet zoveel aan. Het afbreukrisico van dergelijke positieve acties is ook veel groter. Als bijvoorbeeld de bepleite marktintroductie van groene energie, FSC-hout of MSC-vis niet slaagt, word je daar harder op afgerekend dan wanneer je een keer iets niet weet tegen te houden. Een effectieve betrokkenheid bij de uitvoering van beleid vergt van deze belangengroepen allereerst een omslag in het denken over het bedrijfsleven. Dat wordt nog te veel als de vijand gezien om daadwerkelijk te kunnen samenwerken aan oplossingen en aan de uitvoering van beleid. Andersom geldt overigens hetzelfde. In deze suboptimale situatie kan een derde partij – in casu de Provincie – de uitvoering van het overeengekomen beleid voor zijn rekening nemen. De andere partijen moeten in dat geval wél zorgen voor het benodigde draagvlak. Een moeilijkheid voor de Provincie is wel dat de uitvoering bovenop al lopende beleidstrajecten komt, wat snel ten koste gaat van de effectiviteit.

De Agenda had vooral de functie van een open dialoog tussen partijen. De uitkomst is vaak abstract en bevat weinig concrete acties. Zo kunnen alle partijen hun handen vrij houden. Iedereen trekt zijn eigen conclusies en formuleert zijn eigen acties. De uitvoering van het beleid ligt buiten het kader van de Agenda. In het vervolg van de SA zou een stap verder gegaan kunnen worden en zouden betrokken partijen ook gezamenlijk de uitvoering van beleid voor hun rekening kunnen nemen. Dit wil niet zeggen dat de Agenda 1999-2003 niet nuttig is geweest. Integendeel, zoals gezegd, ze heeft Brabant ingeleid op het pad naar een duurzame ontwikkeling.

6.4   Resultaten

Onderstaande evaluatie is gebaseerd op gesprekken met vertegenwoordigers van alle betrokken organisaties[266]. De agendapunten van het convenant zijn in een zestal studies onderzocht. Deze leverden ongeveer veertig aanbevelingen op. De studies, aanbevelingen en daaraan gekoppelde vervolgactiviteiten vormden even zovele resultaten van de SA. In volgorde van verschijnen gaat het om de volgende studies:

1.   Portfolioanalyse van de Brabantse industrie
2.   Strategisch milieumanagement in het MKB
3.   Botsende corridors

---

266 Ten behoeve van deze evaluatie is toentertijd onder meer gesproken met: Directeur Brabantse Milieu Federatie (BMF) Paul van Poppel, Ben Elkerbout (bestuursvoorzitter BMF), regiobestuurders Auke Blaauwbroek, Els Bos en Ad Dekker van de FNV, de Brabantse Gedeputeerden Onno Hoes en Lambert Verheijen, alsmede namens de provincie directeur Water Milieu en Verkeer & Vervoer Joep Thönissen, Harry Boogers (ondernemer en voorzitter MKB Brabant), de algemeen secretaris van de Brabants Zeeuwse Werkgeversvereniging (BZW) Henk Oderkerk, Secretaris Sociaal Economisch Overleg Brabant (SEOB) Leo Dubbeldam en de voorzitter van de Zuidelijke Land en Tuinbouw Organisatie (ZLTO) Anton Vermeer, de voorzitter van de werkgroep Bereikbaarheid Klaas Hielkema en de voorzitter van de Kamer van Koophandel voor Oost-Brabant Jacques van de Vall.

4. Bedrijventerreinen
5. Korte afstanden, grootste kansen
6. Absolute ontkoppeling: gewoon doen!

Hoe was het proces georganiseerd?
De organisatie van de SA bestond in eerste aanleg uit:

- Bestuurlijk overleg: de besturen van de betrokken organisaties zouden elkaar eenmaal per jaar ontmoeten om de voortgang van de SA te bespreken.
- Stuurgroep: bestuurders van de drie participanten zouden tweemaal per jaar bij elkaar komen om de jaarlijkse werkagenda op te stellen, te adviseren over de inzet van geld en menskracht en over de doorwerking van resultaten in beleid. De Stuurgroep bestond aanvankelijk uit Onno Hoes, namens Gedeputeerde Staten, de voorzitter en vicevoorzitter van het SEOB en de voorzitter van de BMF.
- Projectgroep: vertegenwoordigers van de drie participanten zouden regelmatig bij elkaar komen voor de dagelijkse besturing van het proces.
- Werkgroepen: de werkgroepen voeren de studies uit naar de 16 agendapunten.

Deze organisatiestructuur bleek niet te voldoen. De Projectgroep werd opgeheven en de Stuurgroep werd uitgebreid. Gedurende het laatste half jaar kreeg de Stuurgroep een onafhankelijke, bezoldigde voorzitter die als aanjager van het proces moest functioneren.

Het convenant kende een gezamenlijk gedeeld toekomstbeeld voor de provincie Noord-Brabant in 2020. Dit toekomstbeeld is in samenspraak met alle betrokken bestuurders, met behulp van de *backcasting* methode, opgesteld. Vervolgens heeft men een agenda met zestien punten, rondom heikele punten of dilemma's gemaakt. Studiegroepen met vertegenwoordigers van de diverse organisaties voerden analyses uit en droegen oplossingen aan. Eens per jaar kwamen partijen bij elkaar om resultaten te delen en te bediscussiëren. De financiering kwam van de Provincie, alle deelnemers stelden gratis menskracht (en expertise) ter beschikking.

Het convenant had naast het beschreven strategische spoor een zogenaamd projectenspoor. Een team van vier ambtenaren werd gehuisvest buiten het Provinciehuis bij de Kamer van Koophandel in Den Bosch. Het Projecten Innovatie Team (PIT) voerde concrete projecten uit om in de praktijk met ondernemers te werken aan thema's als duurzame bedrijventerreinen, waterbesparing etc. Er was een bestuur bestaande uit vertegenwoordigers van de Brabantse Ontwikkelingsmaatschappij (BOM), Provincie en bedrijfsleven. De milieubeweging maakte vreemd genoeg geen deel uit van het bestuur.

Bevindingen:
Wat is er volgens de actoren bereikt en wat mankeert er aan het proces en de organisatie?

Als initiatief vonden vrijwel alle betrokkenen de SA goed. Ruimtelijke Ordening en Milieu vroegen om een tijdshorizon van twintig jaar. Op korte termijn zijn op dit gebied namelijk nauwelijks of geen successen te boeken.

De samenwerking tussen Milieufederatie, bedrijfsleven en Provincie wordt als 'heel aangenaam' en 'constructief' gekenschetst. Opvallend was de fundamentele verandering in de relatie tussen de Brabantse Milieu Federatie (BMF) en het bedrijfsleven. Beide organisaties stonden niet meer, zoals in het verleden, met de ruggen naar elkaar.

Deelnemers aan de discussies in de werkgroepen en daarbuiten probeerden elkaar over het algemeen geen vliegen af te vangen. Ze discussieerden los van de waan van de dag en zonder last of ruggespraak 'met de benen op tafel'. Vrijwel alle betrokkenen vonden dat een voorwaarde om te komen tot een duurzame economische en ecologische ontwikkeling in Brabant. Zonder open discussiehouding vervallen partijen namelijk gauw in geijkte rolpatronen en wordt elke mogelijkheid tot vernieuwing gefrustreerd. Die enkele keer dat iemand zich als belangenbehartiger opstelde, kreeg hij meteen de kritiek van andere partijen te verduren.

De vier jaren van de SA, 1999-2003, werden door de convenantpartners beschouwd als een experimenteerfase, als een 'vingeroefening' om gezamenlijk, los van de gebruikelijke bureaucratie, toekomstgericht afwegingen te maken tussen Economie, Milieu en Ruimte. Elk jaar werden enkele thema's uit de genoemde 16 agendapunten gedestilleerd, die door de werkgroepen onderzocht werden en uitgewerkt tot rapporten. Dit leverde een vracht aan materiaal op en tal van aantrekkelijke, vernieuwende analyses en ideeën. Wat ontbrak was het mechanisme en de goede wil om daar iets mee te doen. Uiteindelijk nam niemand de verantwoordelijkheid om daadwerkelijk veranderingen door te voeren.

Een deel van het probleem is terug te voeren op cultuurverschil. Het bedrijfsleven beleefde het convenant Strategische Agenda en het Bestuursakkoord 1999 – 2003 als vaag en te algemeen. De termijn tot 2020 was te lang en de resultaten waren (mede daardoor) onmeetbaar. De SA en het Bestuursakkoord van GS gaven niet aan wat, op welke termijn met welke middelen moest zijn gerealiseerd, waardoor de discussie bleef steken in abstracte ideeën en vrijblijvende voornemens. Waar blijven concrete doelen binnen gestelde (korte) termijnen? Waarom maakt de regionale overheid geen vuist?

Voor de ambtenaren van de Provincie zag de wereld er heel anders uit. Twintig jaar vooruit kijken, is niet zo heel ver. Bovendien heeft duurzame ontwikkeling per definitie betrekking op een langere termijn. Ook de vaagheid werd niet herkend op het Provinciehuis: Het Bestuursakkoord was een visie. Daaronder lagen een missie en financiële afspraken. Daar is niks vaags aan! Bovendien: de Provincie hield bedrijven en de milieubeweging niet tegen om wél concrete doelen te stellen, met duidelijke afspraken over wanneer wàt moet zijn gerealiseerd. Het is erg gemakkelijk om alles op het bordje van de overheid te schuiven, concludeerde men aan overheidszijde. Want: 'Kern van de SA was dat het een gezamenlijke agenda was van een alliantie van negen partijen, die allemaal het Convenant hadden ondertekend. Als zij het Convenant te vaag vonden hadden ze dat toen kenbaar moeten maken en niet moeten tekenen. Door te tekenen maakten de vertegenwoordigers van alle partijen zich medeverantwoordelijk voor het eindresultaat.'

Een van de pijnpunten zit in het feit dat er werd gewerkt met mandaten. Mandaten die achteraf niet valide bleken te zijn. De SEOB bijvoorbeeld, is een diverse club waarin ondermeer vertegenwoordigers van werkgevers- en werknemersorganisaties overleggen. Er ontstond een tweetraps vertegenwoordiging: de representant bij de SEOB vaardigde een vertegenwoordiger uit naar de SA. De achterban raakte te ver verwijderd van het gezamenlijke doel en begon te morren. Dat was dan reden voor de vertegenwoordigers om hun nek in te trekken. Een voorbeeld hiervan is de weigering van het ZLTO (partner in SEOB) om verder te praten over Botsende corridors, toen het eigen (leden)belang in de knel dreigde te komen.
In de vier jaar van het Convenant is er door de achterban van het SEOB (BZW, Kamers van Koophandel, e.d.) en de BMF geen concrete actie ondernomen. Sterker: voor zover bekend is er door de BZW, de FNV, of de Kamers van Koophandel zelfs geen regiobijeenkomst met de achterban aan de thema's van de SA gewijd. Wél werden door de participanten mensen in de diverse werkgroepen geparachuteerd, maar veel dieper en verder ging de betrokkenheid niet.

De Stuurgroep hield zich te veel bezig met huishoudelijke zaken. Er heerste een vergadercultuur, waardoor de Stuurgroep onvoldoende toekwam aan haar eigenlijke taak: de aansturing van het proces en het inspireren van alle participanten.

Beleving én wederzijdse verwachtingen liepen ver uiteen. Over één ding zijn alle betrokkenen het eens: er was te weinig actie! Onderhuids heeft de SA echter wel degelijk effect gehad: bewustwording over het belang en de noodzaak van duurzame ontwikkeling en dus ook het belang van samenwerken met de 'vijand'.
Maar indertijd, als het erop aan kwam, ging iedereen zijn eigen gang. De Provincie denderde door. De Brabants-Zeeuwse Werkgeversvereniging stelde zich, puntje bij het paaltje, ook op als traditionele belangenbehartiger die de weg naar de Raad van State uitstekend kende, enzovoorts.

De SA heeft dus te sporadisch geleid tot een andere manier van werken, waarbij partijen met uiteenlopende belangen gezamenlijk de verantwoordelijkheid nemen voor concrete acties. Gedurende de convenantperiode raakte het begrip duurzame ontwikkeling steeds meer in zwang. Volgens de SA was dat het gelijktijdig realiseren van zowel economische groei als een beperking van de ruimtebehoefte, de emissies, het energie- en het materialengebruik. Aan deze benadering ontbrak één dimensie, namelijk de sociale. Zolang er in delen van Brabant (met name in achterstandswijken) nog sprake is van armoede, zolang werkloosheid, vergrijzing, zorg, et cetera problemen opleveren, kan niet gesproken worden van duurzame ontwikkeling. Aan de P's van *Profit* (economie) en *Planet* (milieu en ruimte) zou dus de derde P van *People* moeten worden toegevoegd.

Een zestal rapporten

De SA was een 'zwevend fenomeen', waaraan geen enkele partij zich werkelijk committeerde en dat, mede daardoor ook nauwelijks concrete resultaten heeft opgeleverd, anders dan een zestal tamelijk vrijblijvende rapporten. Maar de SA was ook een leerschool voor duurzame ontwikkeling en een vallende stap in die richting.

Het sterke punt was de brede vraagstelling die in plaats kwam van de traditionele enge belangenbehartiging. De discussie weerklonk echter nergens anders dan aan de vergadertafels van bestuurders, mede omdat er geen 'goed nieuws' in de vorm van snelle concrete resultaten en successen te melden was aan de achterban. De leden van de belangengroeperingen waren daardoor moeilijk te mobiliseren.

Zo bezien had de SA het karakter van een *selffulfilling prophecy*. Wat je erin stopte kwam er ook weer uit, met als belangrijkste toegevoegde waarde dat de betrokken bestuurders zich door de confrontatie van geesten meer bewust zijn geworden van de standpunten van anderen en de noodzaak om samen te streven naar een duurzame ontwikkeling van de economie, het milieu en de ruimte. De sociale component, de mens, was, zoals gezegd volledig afwezig.

Een vervolg op de SA heeft alleen zin als partijen geen terugtrekkende bewegingen maken zodra de 'hoe vraag' op tafel komt. Tot nu toe was dat steevast wél het geval. Partijen wilden wel meepraten en meedenken, maar geen vuile handen maken. Dat moet in de uitvoeringsfase veranderen. In dit licht bezien is het vervolg op de SA gericht op het 'los van de waan van de dag' maken van daadwerkelijke keuzes en concrete afspraken. Een benadering die naadloos aansluit bij het nieuwe Provinciale Bestuursakkoord 2003-2007: Samen werken aan uitvoering.

Bij de Provincie (en ook daarbuiten) gingen steeds meer stemmen op om alle lopende duurzaamheidinitiatieven aan elkaar te smeden tot een krachtiger geheel. Om één en ander te coördineren diende een Raad van Advies voor Duurzame Ontwikkeling te worden opgericht. De SA kon in dat geval worden opgeheven. Anderen waren uitdrukkelijk tegen het creëren van wéér een institutie en wilden het informeel overleg van de SA juist laten voortbestaan.

Met name vertegenwoordigers van het bedrijfsleven willen, als het economische tij tegenzit, meer aandacht voor de economische dimensie van de Strategische Agenda. Daarbij vallen in toenemende mate de begrippen 'innovatie' en 'kenniseconomie'. Een risico is ook een kans, schrijven we in Deel II. De 'oude' economie loopt vast, alleen al vanwege de eindigheid van de voorraad fossiele brandstoffen. Brabant kan zich onderscheiden door de transitie, bijvoorbeeld op het gebied van de energievoorziening, in te gaan in plaats van 'reparatiewerkzaamheden' te verrichten. Door samenwerken en delen; aanwezige kennis bij grote Brabantse bedrijven (denk aan ongebruikte patenten), kennisinstellingen en universiteiten ter beschikking te stellen van middelgrote en kleine bedrijven, door contractresearch in opdracht van bedrijven, door het bedenken van nieuwe product/markt-combinaties en op tal van andere manieren kan een impuls worden gegeven aan een meer duurzame economie.

6.5   Tussenconclusie

De Strategische Agenda (SA) was een eerste proeve in 'andere besluitvorming'. Niet alleen voor de Provincie, ook voor de overige betrokkenen. Daarnaast was het een van de eerste schreden op het pad van een integrale benadering van economie, ecologie en mens, hier en nu, daar en later. Ieder die een eerste stap zet, is een strompelaar. Dat kun je hem of haar niet verwijten. Integendeel, een eerste stap in een goede richting dient aangemoedigd te worden. Aldus geschaafde knieën verdienen een kusje en een pleister. In dat licht moet de SA beschouwd worden. Ze was verre van volmaakt, maar ze was. Zonder SA zou Brabant er vandaag heel anders uitzien.

Kern van de SA was dat het een gezamenlijke agenda was van negen partijen die een convenant ondertekenden. Door te tekenen hebben de vertegenwoordigers van de diverse partijen zich medeverantwoordelijk gemaakt voor het eindresultaat. De SA kende echter geen eindresultaat. Daar mogen partijen op aangesproken worden. Het uitblijven van concrete wapenfeiten is geen toeval. Als puntje bij paaltje komt, schuiven vertegenwoordigers van het middenveld de verantwoordelijkheid voor een duurzame ontwikkeling steevast af naar de overheid. De diverse partijen hebben hun eigen doelstellingen. Ze willen wel overleggen, maar doen geen boter bij de vis. Aan de SA waren op voorhand geen verplichtingen verbonden in de vorm van afspraken over te bereiken resultaten en wie wat voor z'n rekening neemt.
Voor sommige deelnemers was de horizon te ver en veroorzaakte het gebrek aan 'snel' succes mede dat zij hun achterban niet mee konden nemen. Aansluiten bij al bestaande initiatieven en beleid, kan dat veranderen, omdat er dan eerder (enige) resultaten zichtbaar zijn. Dat vergemakkelijkt de communicatie naar de achterban en helpt deze te inspireren en ervan te overtuigen om mee te bewegen.
Daarnaast waren partners intern verdeeld. Negen ondertekenaars verzamelden zich in drie deelnemende groepen. Met name bij het Sociaal Economisch Overleg Brabant bleken teveel geesten in één borst te huizen.
De SA was wel succesvol op een ander gebied: Vertegenwoordigers van diverse partijen leerden elkaar en elkaars denk- en belevingswerelden kennen. Ze leerden elkaar aanvoelen, wat de dialoog ten goede komt. Verder hebben partijen ook kennis kunnen nemen van elkaars standpunten. Alleen al het feit dat er zoiets als een Strategische Agenda is, dwingt partijen om te luisteren naar elkaars belangen, zorgen, angsten en behoeften. Met die kennis en inzichten kan ieder z'n voordeel doen in onderhandelingen, bij het formuleren van een strategie of het maken van beleid. Overleg voorkomt misverstanden en daaruit voort komende conflicten.

De Strategische Agenda beperkte zich tot de relatie tussen economische groei, groei van bedrijventerreinen en de druk op het milieu. Sociale aspecten, leefbaarheid en gezondheid speelden geen rol. Wél het probleem van bereikbaarheid (files), maar dat van fijnstof weer niet. Er werd wél onderzoek verricht naar economische groei in de bouwkolom en de voorkomende emissies. Maar niet naar aspecten van leefbaarheid en arbeidsomstandigheden. De vakbeweging en de Brabantse Milieu Federatie pleitten hier ook niet voor. Dit brengt ons tot de conclusie dat de SA nogal eenzijdig gericht was op de belangen van het grote bedrijfsleven.

Gemeenten, waterschappen, kerkelijke organisaties, kennisinstellingen, zoals de twee universiteiten van Tilburg en Eindhoven, en nog een aantal andere belangenorganisaties waren geen partij. De Agendapartijen vormden daarmee slechts een deel van het maatschappelijk middenveld. De *Mutual Gains Approach* (MGA) echter, eist dat alle belanghebbenden op z'n minst in het voorstadium van de besluitvorming gehoord worden.

7.   Naar een Duurzaam Brabant

They sentenced me to twenty years of boredom
For trying to change the system from within
I'm coming now, I'm coming to reward them
First we take Manhattan, then we take Berlin

Leonard Cohen

Leeswijzer

Het programma 'Naar een Duurzaam Brabant' krijgt de vloer in hoofdstuk 7. Geen convenant ditmaal, maar een interbestuurlijk programma (samenwerking tussen Rijk en provincies), waarbij de nadruk ligt op de uitvoering. Twee 'werkateliers' (doe-projecten) worden nader geanalyseerd: het werkatelier 'alle daken en gevels in Brabant groen' en het werkatelier 'Frisse scholen'. Afgesloten wordt met een tussenconclusie.

Inleiding

Na afloop van het convenant Strategische Agenda is er door het gebrek aan tastbare resultaten een zekere vermoeidheid ingeslopen. Aanvankelijk voelen maar weinigen voor een vergelijkbare samenwerking en dieper commitment. Uiteindelijk komt er wel een subsidieprogramma 'Naar een duurzaam Brabant' voor het uitvoeren van vooral kleinschalige projecten. Ook wordt een Duurzaamheidraad gevormd, waarin mensen op persoonlijke titel de stoelen bezetten. Tijdens 'werkateliers' denken direct belanghebbenden en vertegenwoordigers van de Provincie na over relevante thema's. Analyses worden gedeeld en oplossingen gezocht. Organisaties wordt gevraagd samen te werken en deze oplossingen in de praktijk uit te voeren ondersteund door de Provincie.

Twee onderdelen uit het programma, namelijk Innovatief Groen en Brabantse Frisse Scholen, worden in dit hoofdstuk geanalyseerd. Brabantse Frisse Scholen komt later terug, in Deel VI, ter validatie van de in dit proefschrift ontwikkelde werkwijze, het begrippenkader en het conceptueel raamwerk.

7.1   Europese proeftuin

2002. De tweede Duurzaamheidbalans van Telos[267] is amper verschenen, of de economie raakt in een recessie. De druk op delen van de agrarische sector en de Brabantse maakindustrie neemt zienderogen toe. Veel bedrijven vechten voor hun bestaan. Van het streven naar een meer duurzaam Brabant is even weinig te merken. Er zijn wel initiatieven, maar de verbinding tussen al die losse eindjes ontbreekt.

---

267 zie www.telos.nl, Duurzaamheidsbalans, januari 2009

De inleiding van het Bestuursakkoord 2003 – 2007 *Samen werken aan de uitvoering* borduurt niettemin stoïcijns voort op het thema duurzame ontwikkeling. 'Brabant ontwikkelt zich als een toekomstgerichte en contrastrijke provincie met een optimale verhouding tussen economische, ecologische en sociaal-culturele doelen,' schrijven de coalitiepartijen, die met elkaar Gedeputeerde Staten (het Provinciebestuur) vormen. 'Dat vergt een maximale inspanning van het provinciaal bestuur om te blijven werken aan een samenleving die problemen oplost en kansen grijpt.'[268]

Het Provinciebestuur voert een aantal redenen aan. Het platteland ondergaat een metamorfose, de bevolking vergrijst én kleurt tegelijkertijd en de verwachtingen voor de economie zijn onzeker.[269]

Het Provinciebestuur geeft aan de samenwerking met de partners in het convenant 'Strategische Agenda' (SA) te willen voortzetten. Daarbij heeft het bestuur met name oog voor 'de synergie tussen innovatie in het bedrijfsleven en duurzame ontwikkeling'. Die moet een impuls krijgen. Onder meer door activiteiten op het gebied van maatschappelijk verantwoord ondernemen en een verder streven naar absolute ontkoppeling. Het bestuur heeft de ambitie om Brabant neer te zetten als een 'Europese proeftuin voor duurzaamheid', en als 'bron van daaraan gerelateerde kennis en technologische vernieuwing'[270]. Gedeputeerde Lambert Verheijen wordt door het college aangewezen als portefeuillehouder, belast met duurzame ontwikkeling.

De positionering van Noord-Brabant speelt zich af op de voorgrond van een grimmig decor. In Den Haag gaat in 2003 het centrumrechtse kabinet Balkenende II (VVD, CDA en D66) van start. De moord op cineast en tv-persoonlijkheid Theo van Gogh, een 'nee' tegen de concept grondwet voor de EU, felle discussies over bestuurlijke vernieuwing en asielzoekers maken dat een groot deel van de bevolking de hakken in het zand zet. De zin voor avontuur is weg, het conservatisme regeert.

Minister-president Jan Peter Balkenende bezweert het kwaad met een beroep op normen en waarden. Het kabinet telt echter ook bewindslieden die juist nu aan de weg willen timmeren. Voormalig RO gedeputeerde van Brabant Pieter van Geel (CDA) bijvoorbeeld. Hij voelt zich thuis in het nieuwe kabinet, waar hij staatssecretaris voor Natuur en Milieu is. Duurzame ontwikkeling maakt deel uit van zijn portefeuille. In vorige regeringen zouden die terreinen goed zijn geweest voor een ministerspost. Nu niet. Een signaal dat het zwaartepunt in het milieubeleid verschuift van het Rijk naar de Provincie. Balkenende II streeft liberalisering en decentralisatie na. Het wordt steeds moeilijker om vanuit Den Haag aan alle touwtjes te trekken, zonder dat ze in de knoop raken.

---

268 Bestuursakkoord 2003 – 2007 Samen werken aan uitvoering, Provincie Noord-Brabant, april 2003, blz 9.
269 Idem, blz 5.
270 Idem, blz 21.

Balkenende wil af van al die regio's die in de Residentie komen schooien om geld. Hij wil dat het allemaal wat zakelijker wordt[271]. En zaken kunnen het best daar gedaan worden waar mensen elkaar met de voornaam aanspreken. Den Haag focust zich liever op het terugtoveren van economische groei en het terugdringen van de staatsschuld. Van Geel heeft daar geen problemen mee. De gewenste groei kan volgens hem prima samengaan met minder uitstoot van allerlei kwalijke gassen en andere milieuverbeteringen. Van Geel rept zelfs over absolute ontkoppeling tussen milieu en economie[272].

De decentralisatie van het duurzame ontwikkelingsbeleid krijgt een simpele vormgeving: het Rijk maakt geld vrij voor een interbestuurlijk provinciaal programma 'Leren voor een Duurzame Ontwikkeling' (LvDO). Het geld (50% rijk, 50% provincie) wordt gebruikt voor de subsidiëring van kleinschalige projecten. In Brabant krijgt het programma de titel 'Lerend naar een Duurzaam Brabant'. Noord-Brabant kent overigens al langer een programma dat duurzaamheidinitiatieven uit de regio ondersteunt. Uit efficiencyoverwegingen worden Leren voor een Duurzame Ontwikkeling en Lerend naar een Duurzaam Brabant in elkaar geschoven. Op het geheel wordt de sticker 'Naar een Duurzaam Brabant' geplakt. Het programma is gekoppeld aan één subsidieregeling voor de uitvoering van projecten.

Alle voorwaarden voor een hernieuwde samenwerking met het bedrijfsleven en de maatschappelijke organisaties lijken vervuld. De Provincie heeft geld en wil van Brabant een 'proeftuin voor duurzame ontwikkeling' maken. Toch sputtert gedeputeerde Lambert Verheijen nog. In zijn mond kleeft de nasmaak van een Strategische Agenda (SA) zonder concrete resultaten. Verheijen wil zich pas binden als er vanuit 'het middenveld' duidelijke signalen komen dat partijen niet alleen willen praten, maar ook willen handelen.[273] De gedeputeerde heeft aan het convenant van de SA de indruk overgehouden dat met name het georganiseerde bedrijfsleven alleen maar meedoet om druk te kunnen zetten op de dagelijkse provinciale politieke agenda.

271 Meedoen, meer werk en minder regels, hoofdlijnenakkoord, kabinet CDA, VVD en D'66, 2003, www.parlement. com/ 9291000/d/regako3.pdf, 8 juli 2008.
272 Staatssecretaris drs. P.Geel in een brief aan Tweede Kamer, Hoofdlijnennotitie Toekomstagenda Milieu, www.vrom. nl/get.asp?file=docs/kamerstukken/ Wed5Oct20051512030200/ DGM2005185053.doc, 8 juli 2008.
273 Persoonlijke mededeling aan auteurs in 2003.

7.2   Programma Naar een Duurzaam Brabant

Om de samenwerking handen en voeten te geven, organiseert de provincie op 17 juni 2004 een bijeenkomst 'Door bundelen meer kracht'. Ter voorbereiding laat het Brabants Centrum voor Duurzaamheidonderzoek Telos, op verzoek van de Provincie, een essay schrijven met de werktitel 'De Opgave van Brabant'.[274] De schrijvers exploreren hierin de Brabantse wereld van de 3 P's. 'De politiek,' zo schrijven zij, 'heeft meer aandacht gekregen voor het beleidsproces en binnen dat proces voor de relatie met de maatschappelijke partners. Politici onderkennen anderen nodig te hebben. Allianties met maatschappelijke velden leveren voordelen, maar ook spanningen op. Eén van de spanningen betreft de borging van de democratie. In de 'oude' hiërarchische besluitvorming zijn allerlei *checks and balances* ingebouwd. Deze garanderen de democratische besluitvorming en beschermen de rechten van de individuele burger. Dit soort mechanismen ontbreekt nog bij besluitvorming in netwerken.'[275]

Tijdens de discussie op 17 juni signaleren diverse sprekers een manco in het streven naar een duurzame ontwikkeling: deze stokt steevast zodra het aankomt op implementatie. Als mogelijke oorzaken voeren de deelnemers aan: de onbekendheid met 'hoe het anders kan', de slechte economie, het *chicken* dilemma[276] en het gemis van een gevoel van noodzakelijkheid. Met regelmaat klinkt de roep om leiderschap en goed voorbeeld.

De bijeenkomst wordt afgesloten door gedeputeerde Lambert Verheijen. Hij voelt de terugtrekkende bewegingen in de zaal en roept de aanwezige vertegenwoordigers van het economische, ecologische en maatschappelijke middenveld op om juist nu over sectoren heen te kijken en met de anderen een duurzame koers uit te stippelen. Eens te meer is hem gebleken hoe bescheiden de rol van de overheid in dit krachtenveld is. Die rol mag in geen geval belemmerend zijn, vindt hij. Evenmin mag de overheid door regelgeving duurzame initiatieven vanuit het veld in de kiem smoren.

---

274 Het is de bedoeling dat het essay antwoord geeft op de volgende vragen. Wat verstaan de diverse partijen onder de 'Opgave van Brabant? Hebben ze daar oplossingen voor gevonden? Is er sprake van een duidelijke samenhangende koers? En, last but not least: welke concrete acties worden ondernomen? Voor de beantwoording van deze vragen, interviewen de schrijvers van het essay – Caro Sicking en Frank van Empel - Brabanders uit de politiek, de ambtenarij, de woningbouw, de milieubeweging, de landbouw, het MKB en het onderwijs. Met hun organisaties vertegenwoordigen de geïnterviewden de drie kapitalen van het Telosmodel.
Directeur ad interim John Dagevos en Luuk Knippenberg van Telos amenderen het oorspronkelijke essay zo ingrijpend, dat Van Empel en Sicking zich ervan distantiëren en hun namen onder het stuk weghalen. De inhoud komt daarmee volledig voor rekening en verantwoording van Telos.
275 Telos, Opgave van Brabant, 2004, Provincie Noord-Brabant, blz. 9.
276 Degene die als eerste z'n nek uitsteekt, wordt daarvoor vaak bestraft. Zo krijgen innovatieve bedrijven vaak te maken met allerlei belemmeringen van overheidswege, zoals procedures en regelgeving. Die zijn vaak gemaakt voor andere situaties, maar kunnen de innovator flink parten spelen. Tegen de tijd dat de imitators op de markt komen, zijn de belemmeringen vaak opgeruimd. Het chicken-dilemma betreft dus de existentiële vraag: moet je je nek uitsteken als de kans groot is dat hij wordt afgehakt, of kun je beter even wachten?

Verheijen vestigt zijn hoop op de jeugd en de bedrijven die volgens het evaluatieverslag van de bijeenkomst van 17 juni 'concrete acties' willen. Hij zoekt naar andere manieren om de discussie te verbreden, zegt hij. Daarnaast ziet Lambert Verheijen vooral de noodzaak om te structureren. De gedeputeerde voor Milieu en Duurzame Ontwikkeling oppert een drietrapsraket:

1. Een open platform voor de bepaling van strategie en prioriteiten, waar in wisselende samenstellingen over thema's wordt gedebatteerd. Het platform dient nadrukkelijk in de Brabantse samenleving te zijn geworteld.
2. Een programmamanagement, dat de strategie naar de praktijk vertaalt.
3. Concrete projecten, die samen met stakeholders worden uitgevoerd[277].

De bijeenkomst van 17 juni bevestigt dat er in de samenleving geen draagvlak is voor nog een Strategische Agenda. Een losser samenwerkingsverband is wel mogelijk. Als inspiratiebron en richtingwijzer wordt door de ambtenaren het in 1998 gestarte interdepartementale programma Duurzame Technologische Ontwikkeling (DTO) genomen. Het doel daarvan: technologische instituten, bedrijven en universiteiten van het belang van een duurzame ontwikkeling overtuigen. De middelen: 5 miljoen gulden (2.269.000 euro) van de ministeries van Volkshuisvesting, Ruimtelijke Ordening en Milieu (VROM) en Economische Zaken. Looptijd: 3 jaar. DTO richt zich onder meer op opinieleiders.[278]

In 2001 verschijnt een evaluatierapport, van de hand van Henk Diepenmaat en Harry te Riele: 'Boven het klaver groeien de margrieten'[279]. Zij adviseren een scheiding tussen bestuurders en politici (bestuurslaag) aan de ene kant en uitvoerders van projecten aan de andere kant (praktijklaag). Het betreft hier volgens de schrijvers van het evaluatierapport twee totaal verschillende werelden. Het is goed dat ze elkaar bij het vertrek (formuleren van ambities, inspiratie, vergaren en verdelen van middelen) en de aankomst (evaluatie) ontmoeten, maar gedurende de rit kunnen ze beter gescheiden opereren. Bestuurders moet je niet bij de uitvoering betrekken. Die moet je bij de ingang zetten en weer laten opdraven als het gaat over het politiek en bestuurlijk oordelen over de resultaten en een mogelijk vervolg.

Uit het rapport blijkt verder dat DTO én overigens ook de provincie Noord-Brabant worstelen met twee steeds weer opduikende vraagstukken: (1) Participatie: hoe krijg je de gevestigde partijen zo ver dat die mee doen? En (2) opschaling: hoe bereik je dat successen in de marge overslaan naar de *mainstream*?

---

277 Verslag van de bijeenkomst, intern voor de Provincie, door Caro Sicking.
278 Een handreiking voor Duurzame Technologische Ontwikkeling, Wilma Aarts. Leiden: SWOKA, augustus 1998.
279 Henk Diepenmaat, Harry te Riele, Boven het klaver bloeien de margrieten. Een maatschappelijk netwerk voor innovaties richting duurzaamheid, Actors / VROM rapport, 2001.

'Het blijkt lastig te zijn om beleid van bedrijven, kennisinstellingen en burgerorganisaties te beïnvloeden,' concluderen de samenstellers, Te Riele en Diepenmaat. 'De kunst wordt nu om de beperkte onderzoekssetting van DTO uit te breiden naar brede maatschappelijke dynamiek.' Diepenmaat wordt gevraagd om mee te werken aan een 'Plan van aanpak' voor de provincie Noord-Brabant. Verheijen houdt het als Gedeputeerde voor gezien en vertrekt naar het waterschap Aa en Maas. Hij wordt opgevolgd door partijgenoot Annemarie Moons. De Provincie ontwikkelt het instrument 'werkatelier', om de betrokkenheid van organisaties zo groot mogelijk te laten zijn. Mensen uit de praktijk worden geconsulteerd over een bepaald thema en de mogelijke oplossingen.

7.3 Uitgangspunten

De ervaringen met de Strategische Agenda en de DTO sterken de Provincie in de opvatting dat het nastreven van een duurzame ontwikkeling in de regio niet alleen een zaak van de overheid is. Het is een maatschappelijke opgave, die vraagt om de expertise en inzet van het bedrijfsleven, kennisinstellingen, maatschappelijke organisaties, onderwijs en overheden. Kortom: van alle betrokkenen.

Kader 1. Uitgangspunten geformuleerd door de Provincie t.b.v. een nieuw programma

- *bottom-up* aanpak in plaats van *top-down* planning;
- de inzet van spraakmakers, die fungeren als pleitbezorgers (ambassadeurs);
- niet insteken op een beperkt aantal koplopers, maar een breed draagvlak zoeken bij gevestigde partijen in de samenleving (van marge naar hoofdstroom);
- concrete en zichtbare resultaten boeken;
- duurzame ontwikkeling beschouwen als een leerproces;
- doen wat je belooft.

Het programma 'Naar een duurzaam Brabant' wordt in het najaar van 2004 gelanceerd en loopt tot en met 2007. Van te voren is er een bepaalde structuur en werkwijze bedacht. Een adviesraad van externen (onder de naam Duurzaamheidraad) wordt ondersteund door ambtenaren die ook het programma uitvoeren. De Opgave van Brabant agendeert een aantal thema's. Er worden bijeenkomsten (werkateliers) georganiseerd om mensen en organisaties te interesseren, te betrekken en te inspireren, subsidies worden verstrekt voor concrete projecten en er wordt onderscheid gemaakt tussen bestuurders en praktijk.

Men kan bij het streven naar duurzame ontwikkeling twee lagen onderscheiden. Die van de bestuurders en die van de praktijk. Bestuurders zorgen voor richting en samenhang, de praktijk innoveert en voert uit.

Het idee is dat in de 'bestuurslaag' *connectors, mavens* en *salesmen* worden samengebracht in een breed samengestelde Duurzaamheidraad, die de visie en strategie bepaalt en richting geeft aan het programma. Hier worden de verhaallijnen gevormd die de praktijklaag moeten inspireren tot experimenten in de vorm van concrete projecten. Door de verhalen in de juiste context te vertellen aan een selectieve groep mensen, kan de Duurzaamheidraad dan een proces van permanente verandering in gang zetten. Het mag allemaal niet te voorspelbaar worden, want dan verliest de boodschap z'n kracht.

Stagneert het proces, dan kan de Duurzaamheidraad een extra zet geven. Door de experimenten (projecten) te evalueren, wordt een leerproces in gang gezet dat continu kan worden bijgestuurd. De projecten worden uitgevoerd door organisaties in het veld. Essentieel daarbij is dat er coalities worden gesmeed die daadwerkelijk bijdragen aan een duurzaam Brabant.

De visie en missie van de Duurzaamheidraad geven inzicht in de taken die deze maatschappelijke institutie voor zichzelf heeft geformuleerd: mobiliseren en inspireren. De Raad wil een klankbord zijn van vernieuwende denkers, dat onafhankelijk van Gedeputeerde Staten en van de Provinciale ambtelijke organisatie opereert.[280]

De bestuurlijke setting is traditioneel. Het 'klankbord van vernieuwende denkers' wordt voorgezeten door de Commissaris der Koningin, Hanja Maij-Weggen. Vicevoorzitter is de nieuwe milieugedeputeerde, Annemarie Moons. In de praktijk ontwikkelt zich een wat losse structuur. De Raad opereert los van het programma. Zij agendeert eigen thema's en organiseert o.a. een reeks duurzaamheidlezingen in samenwerking met Brabant Balie. Het programma en de diverse werkateliers worden in de praktijk vooral door het ambtelijke apparaat ingevuld en varen daarmee een betrekkelijk eigen koers.

7.4   Uitvoering

Het programma 'Naar een Duurzaam Brabant' krijgt als motto mee: 'meer richting, meer samenhang, meer resultaat'. Het idee was om de projecten die partijen aandragen aan elkaar te verbinden. De Opgave van Brabant en de bespreking met de belanghebbenden leverde een beperkt aantal thema's, richting en samenhang op. Verder werd de eis gesteld dat voorstellen ingediend moesten worden door meerdere partijen afkomstig uit de wereld van bedrijfsleven, maatschappelijke organisaties en kennisinstellingen. Dit om een integrale benadering zoveel mogelijk te garanderen. Bij voorkeur zouden er ook meer gevestigde partijen (lees *mainstream*) betrokken moeten zijn.
Het resultaat zou een versterking moeten zijn om duurzame ontwikkeling van 'naast de maatschappij' naar 'in de maatschappij' te krijgen.

---

280 Uit missie en visie Brabantse Duurzaamheidsraad, interne publicatie provincie Noord-Brabant, november 2006

De Opgave van Brabant benoemt meerdere thema's. Echter die blijken in de praktijk te open en belanghebbenden zijn moeilijk tot niet vindbaar. De Provincie besluit om bijeenkomsten te organiseren waarbij een onderwerp centraal staat, geprobeerd wordt om vertegenwoordigers van organisaties die 'naam hebben gemaakt' op dit terrein daarvoor uit te nodigen. In hetgeen volgt worden opzet en uitvoering van de werkateliers en enkele daar besproken onderwerpen uitgewerkt. En er wordt nagegaan in hoeverre men geslaagd is om organisaties te betrekken.

Er zijn zes onderwerpen benoemd, dat zich lijken te lenen voor een experimentele aanpak in de vorm van 'werkateliers':
1. groene daken en gevels;
2. nieuwe dorpen op het platteland;
3. voorzieningen als katalysator voor een vitale leefomgeving;
4. bio transport brandstoffen;
5. amfibisch wonen;
6. Brabantse frisse scholen.

Belanghebbenden worden uitgenodigd om over deze thema's een dialoog aan te gaan. Leidraad voor deze dialoog is het streven naar duurzame ontwikkeling op regionaal niveau. Er is geld (subsidie) om projecten uit te voeren. De methode van het werkatelier wordt gebruikt om evenwicht te zoeken. Deze werkateliers zijn geen workshops met open inschrijving, maar goed voorbereide ontmoetingen van belanghebbenden uit alle drie de kapitalen (P's), met het doel om iets los te maken bij mensen en bedrijven, zodat er een band ontstaat. Niets bindt zo sterk als een gemeenschappelijke ervaring. Waar mensen en bedrijven elkaar eenmaal kennen, ontstaan nieuwe ideeën en initiatieven en opent zich een wereld van nieuwe mogelijkheden. Zo luidde de gedachte.

Vernieuwers, doeners, bestuurders en politici zitten kriskras door elkaar. De deelnemers leveren zélf de input voor het werkatelier, dat wordt geleid door een onafhankelijke professional. Een werkatelier duurt meestal één dagdeel en vindt plaats op een inspirerende locatie. Bij drie van de genoemde zes workshops wordt de Methode Holistische Participatie van Prof. Peter Schmid gebruikt. Gaandeweg ontstaat een vaste methode van werken.

Kader 2. Opzet van een werkatelier in 10 stappen

1. Opperen van een thema, idee, ambitie;
2. Nagaan of het werkatelier een optie is;
3. Aanstellen van een onpartijdige voorzitter;
4. Zorgen voor een sterk deelnemersveld;
5. Een essay als aanjager (laten) maken;
6. Zorgen dat het werkatelier iets los maakt;
7. Maak er een verrassende ontmoeting van;
8. Anticipeer op de effecten van het werkatelier;
9. Houd de inspiratie na afloop vast;
10. Begeleid en volg het verdere proces.

Deze werkwijze is er op gericht om vertrouwen op te bouwen en consensus te bereiken ook al lijken de belangen ver uiteen te liggen.

Het gaat als volgt. De belangrijkste vragen die deelnemers over het onderwerp hebben, worden verzameld, gegroepeerd en vervolgens terug gebracht tot drie. De leden van de groep verspreiden zich over eveneens drie kleinere groepen en iedere deelgroep gaat brainstormen over één vraag.

Het resultaat van de brainstorm wordt plenair gepresenteerd. Iedereen kan vragen stellen om meer duidelijkheid te krijgen. Peter Schmid heeft zelf ook een paar vragen in petto. Professor in de Bouwkunde Peter Schmid is ondermeer oprichter van de Vereniging Integraal Biologische Architectuur (VIBA), voorvechter van vrede en gepokt en gemazeld in duurzame ontwikkeling nog voordat het begrip in wijde kringen bekend werd. Dit is van belang, omdat de facilitator bij werkateliers als deze ook inhoudelijk een bijdrage levert, zodat vragen van deelnemers daadwerkelijk beantwoord kunnen worden.

Dan is het tijd voor de tweede ronde. Ieder groepje neemt een andere van de drie vragen tot zich en borduurt voort op de brainstorm van de andere deelnemers. Discussie wordt daardoor overbodig. Thema's of vragen rouleren en ieder houdt zich met elk deelthema bezig. Dat geeft mensen de gelegenheid om zich al doende een mening te vormen, ideeën te spuien en invloed uit te oefenen.

Idem in ronde 3. Nu heeft iedereen alle vragen besproken en zich er een mening over kunnen vormen. Aan het einde van de middag presenteren twee deelnemers een synthese aan de hand van zes Weet-vragen: Wie? Wat? Waar? Wanneer? Waarom? en Hoe?

De werkateliers voor de hier besproken thema's, *Innovatief groen* en *Brabantse frisse scholen*, zijn volgens de Methode Holistische Participatie gehouden.

7.5   Werkatelier 'Alle daken en gevels in Brabant groen'

In Noord-Brabant zie je nauwelijks vegetatiedaken, ofwel 'groene daken' en begroeide gevels. Groene daken kunnen grote hoeveelheden water bergen, waarvan - afhankelijk van de dikte van de laag - meer dan 70% verdampt en dus niet meer in het riool terecht komt. De kosten voor rioolzuivering vallen hierdoor lager uit. Het groene dak leidt in de zomer tot een koeler en in de winter tot een warmer binnenklimaat. Dat is gunstig voor de energierekening. Groen bindt CO_2 en andere emissies en draagt daarmee bij aan een verbetering van de luchtkwaliteit. Het beschermt het dak tegen UV straling waardoor het gemiddeld twee keer zo lang meegaat. De aanvangsinvestering ligt hoger dan die van een conventioneel dak, maar over de hele levenscyclus bezien zijn de kosten nagenoeg gelijk.

Hein van Bohemen, ecoloog en werkzaam bij de vakgroep Bouwkunde aan de Universiteit Delft introduceert in zijn proefschrift het begrip *Ecological Engineering*[281] *(EE)*, dat hij omschrijft als het inzetten van natuur in stedelijke gebieden ten voordele van zowel mens als natuur.[282] De Provincie voelt zich aangetrokken tot dit concept: niet alleen inzetten op een vegetatiedak omdat het voordelig is, maar ook omdat het de biodiversiteit en de kwaliteit van de flora en fauna, en tevens de leefbaarheid, in stedelijke gebieden verhoogt. Groene daken leveren een concrete bijdrage aan *Countdown 2010*, een internationale poging om de afname van de biodiversiteit te stoppen.

De praktische toepassingen van *Ecological Engineering* zijn allemaal onder het kopje 'integratie van natuur in de bebouwde omgeving ten voordele van de mens en de natuur' te vangen. Het spectrum loopt hier van ambitieuze experimenten als *Biosphere 2* (het nabootsen van een ecosysteem in een kas in de VS) tot aan de 'levende machines' van Prof John Todd (het zuiveren van water door planten en dieren). Voorbeelden in Brabant zijn: de ecologische waterzuiveringsinstallatie Klaterwater bij de Efteling, vegetatiedaken her en der (maar niet wijd verbreid), Wadi's in woonwijken, dastunnels, ecoducten en een enkele groene gevel.

EE is niet alleen een pleidooi voor groene daken maar ook voor groene gevels (geluidsdempend, nestgelegenheid voor vogels, esthetisch), insectenhotels, open bestrating waardoor water kan weglopen naar de diverse watersystemen, ecologische waterzuiveringssystemen, combinaties van kunst en natuur (eco-artists, zoals de Fransman Patrick Blanc en de beroemde Oostenrijker Hundertwasser), voor ecoducten etc. Door in te zetten op EE zou Brabant zich duidelijk kunnen onderscheiden en bijdragen aan duurzame ontwikkeling.

---

281 Zie ook Deel II, Hoofdstuk 4 Concept, paragraaf 7.
282 Hein van Bohemen, *Ecological Engineering and Civil Engineering works*, proefschrift TU Delft, 2004, persoonlijke mededeling aan Martin Bakker, maart 2007

Opdrachtgever gezocht

Waar zitten de mensen die we bij Innovatief groen moeten betrekken om er een succes van te maken? luidde een van de eerste vragen. Op het Provinciehuis waren de namen niet of nauwelijks bekend. Ambtenaren verdiepten zich in vakliteratuur, ontdekten welke organisaties en mensen belang hebben bij een dergelijk project en vroegen gemeentelijke collega's of zij iemand kenden. Iemand, wel te verstaan, die betrokken is bij de planning, ontwerp, de bouw, het onderhoud en beheer van stedelijk gebied en iemand van een Brabantse kennisinstelling, uit de sociale sector, van het Waterschap, bij een gemeente, van een natuurvereniging en wat al dies meer zij. Kortom mensen die samen het gehele veld van wonen en bouwen in stedelijke omgevingen bestrijken en die zelf baat hebben bij groen in de stad, op de daken, langs gevels. De methode bleek zinvol. Het ambtelijke ad hoc linkedin had binnen zes weken een lijst met namen van personen die bij kunnen dragen aan en belang hebben bij het onderwerp.

Maar als je de namen hebt, heb je de mensen nog niet aan tafel. Het bleek met name lastig om natuur- en milieuorganisaties en maatschappelijke instellingen te betrekken. Velen zijn te druk, druk, druk om voor innovaties als een groen dak tijd uit te trekken. De oorzaak daarvan lag voor een deel aan de onbekendheid met het fenomeen en vooral met de voordelen die het ook hen, of degenen waar ze voor en mee werken, kan bieden. Een opdrachtgever, bijvoorbeeld een woningbouwcorporatie, die er voor voelde om daadwerkelijk natuur in de stad te realiseren, is niet gevonden.

Aan een werkatelier doen maximaal dertig mensen mee.[283] Dit deel van het proces – uitnodigen – staat uitgebreid beschreven omdat, wil men daadwerkelijk concrete resultaten behalen, er zoveel mogelijk, liefst alle, betrokkenen mee moeten doen aan het Werkatelier. Regionale overheden kunnen een grote rol spelen in het verbinden van mensen, evenals in de verspreiding van kennis en vaardigheden. Ze kunnen werkateliers initiëren en er zorg voor dragen dat de drie kapitalen – People, Planet, Profit - evenredig vertegenwoordigd zijn. Ook is het de Provincie die zorgt dat er een essay wordt geschreven over het thema, zodat de geesten een hardlo-prondje door het bos en salto in de open wei kunnen maken en los zijn wanneer het begint. Ditmaal werd de bijeenkomst gehouden bij het Regionaal Milieubedrijf Cuijck, dat afval verwerkt, zich profileert met duurzaam bouwen, archeologie, lucht en ruimte, kortom dat uitstraalt zich te bekommeren om het milieu en bovendien, een klein grasdak heeft. Een mooie locatie voor een werkatelier over Innovatief groen, heeft iemand bij de Provincie gedacht.

---

283 Deelnemers aan het werkatelier waren D. van den Akker, CEA, M.J. Bakker, Provincie Noord-Brabant, K. Beljaars, Gemeente Eindhoven J. van Clooten, VHG, dak-en gevelbegroening J. Cremers, RMB, H. van Drunen, SVE, M.A. Eijkelhof, Provincie Noord-Brabant, J. Hurenkamp,Energica, P.P. Janssens, bedrijf Bauder, b.v., M. Kemperman, Brabantse Milieufederatie, N. Korporaal, gemeente Tilburg, A. Lycklama, Gemeente Breda, P. von Meijenfeldt, MOLO werkgroep biodiversiteit, ECNC, M. Okhuijsen, Gemeente Breda, A.H. Ormel, NGO "Natuur als buur", Eindhoven , G. Pál-Schmid, RED voor ECOHB.NL, P. Schmid, TU/Eindhoven, RED, ECOHB / leiding werkatelier, J. Spoelstra, Van Hall-Larenstein., A.H. Swaagstra, adviesbureau ES Consulting, E. van Tiel, Roof and Garden, J.N. Timmermans, ECOHB.NL, B. van der Vecht, Gemeente Huisden, E. Versluis, Bureau Vis a Vis, lid Wilde Weelde, R.J.J.M. Wagemakers, landschapsarchitect T. van de Weyer, Gemeente Tilburg, R. Wibier, Provincie Noord-Brabant, K. de Zeeuw, de Kleine Aarde.

Kader 3. Masterclass Ecological Engineering

Zo'n veertig mensen, waaronder 20 ambtenaren van de Provincie, volgden
in september 2007 een vierdelige masterclass over Ecological Engineering.
Wetenschappers werden uitgenodigd om hun visie op dit concept te geven.
De *masterclass* is, net als het werkatelier georganiseerd en uitgevoerd met behulp van
de Methode Holistische Participatie. De eindconclusies waren:

- Natuur, ecosystemen en de bebouwde, verstedelijkte omgeving zijn niet
  voldoende met elkaar verbonden. Oorzaak hiervan is ondermeer de
  sectorale, adhoc aanpak van diverse provinciale directies. Slimme combinaties worden niet gemaakt en kansen om ruimtes en plekken in steden
  op meerdere manieren te gebruiken, aantrekkelijk en gezond te maken,
  blijven onbenut.
- De voorstellen zijn vernieuwend en concreet en passen uitstekend in het
  programma "Vertrouwen in Brabant", bijvoorbeeld bij het onderwerp
  "Bijdragen van innovatief groen aan een schone stad" in Schoon Brabant.
  De voorstellen zijn:
  - Kennispunt
  - Modellenboek met inspirerende voorbeelden
  - Een tiental experimenten op bedrijventerreinen, wegen en in woon-
    wijken
  - Experimenteren in bestaande buurten met burgers
  - Subsidieregeling bij nieuwbouw en herstructurering
  - 250.000 m² grasdak en groene gevels in Brabant in 2011
  - Introductie van Ecologische Kunst
- Provincie vervult rollen zoals regisseur, connector en facilitator en heeft
  extra aandacht voor samenwerking met gemeenten en waterschappen.

Innovatief Groen

In het collegeprogramma 'Vertrouwen in Brabant 2007 – 2011' maakt het Provinciebestuur
middelen vrij om *Landmarks* met Innovatief Groen te realiseren. Wethouders van de Brabantse
gemeenten hadden hier tijdens een Milieu Overleg Lagere Overheden (MOLO) bijeenkomst
om gevraagd. GS formuleerde vier actiepunten: (1) 100.000 m² groene daken of gevels voor
2011, (2) slimme vormen van financiering zoeken, (3) Kennis verzamelen en delen en (4)
enkele bijzondere voorbeelden of *landmarks* neerzetten.

Met *landmark* wordt een locatie bedoeld die aan een breed publiek toont wat groene daken
en gevels nu eigenlijk zijn. Ondermeer sportpark Gilze Rijen en sportpark/skatehal Hambaken
in Den Bosch zijn hiervoor aangewezen. Medio 2010 is ongeveer 60.000m² aan grasdak en
groene gevels *ter lering ende vermaek* aangelegd. Ook is er een netwerk Innovatief Groen waarin

zo'n veertig organisaties zitten. Deelnemers komen uit het bedrijfsleven, lagere overheden, kennis- en onderwijsinstellingen. Zij wonen lezingen bij en volgen de masterclass Innovatief Groen, die de Provincie organiseert om kennis te verzamelen en te delen.[284]

Tevens is er een studiegroep die slimme vormen van financiering opspoort en uitdenkt. De economen, ecologen en bio-logisch architecten in deze studiegroep komen tot de conclusie dat duurzaam bouwen forse financieel economische winst op kan leveren, mits althans er integraal ontworpen wordt - dus al in de ideefase iedereen die betrokken is bij een plan bij elkaar brengen [285].

Ondanks dit rapport, sterft Innovatief Groen een roemloze dood zodra verkiezingen de politieke verhoudingen veranderen. Er is géén kennispunt, geen modellenboek, geen subsidieregeling (meer) voor Groene daken en gevels, evenmin groeit er 250.000 m² sedum, gras of andere vegetatie op de daken in de regio of staan er ecologische kunstwerken op rotondes en pleinen. Wel heeft Brabant er een paar landmarks bij en zijn er nieuwe verbindingen gekomen tussen mensen en daarmee tussen organisaties.

7.6   Werkatelier Frisse Scholen

Duurzame en frisse scholen

De Provincie organiseerde op 8 juni 2007 een werkatelier over 'meer gezonde scholen: frisse scholen en binnenmilieu op basisscholen in Noord-Brabant'. Klaslokalen in een groot deel van de Nederlandse scholen blijken vaak te warm en erg benauwd. De hoeveelheid verse luchttoevoer voldoet bij lange na niet aan de reguliere eisen. Ook wordt in de regel slecht schoongemaakt en zijn er toxische materialen voor de inrichting gebruikt, wat de luchtkwaliteit en/of gezondheid eveneens beïnvloedt. Een slecht binnenmilieu op school kan leiden tot diverse comfort- en gezondheidsklachten bij kinderen en leerkrachten: hoofdpijn, irritaties van neus, keel en ogen en luchtweginfecties zijn bekende effecten. Bovendien werkt een slechte kwaliteit van het binnenmilieu ook negatief door op de (leer)prestaties en de motivatie van leerlingen en leerkrachten.

---

284 Deze *masterclass* bestond uit meerdere bijeenkomsten inclusief excursie en werd verzorgd door Hein van Bohemen TU Delft en Robbert Snep Alterra / Wageningen universiteit

285 "Uit ons onderzoek blijkt dat de winst van extra duurzame investeringen in een multifunctioneel gebouw op jaarbasis bijna 9 ton euro bedraagt. Winst wordt veroorzaakt door lagere kosten in de gebruiksfase...Grootste posten ('winstpakkers') zijn: vastgoedgerelateerde maatregelen (niet verwacht), Energie (verwacht) en '*Human Capital*"(ziektekosten, productiviteit) (niet verwacht)". Jantzen, Jochem e.a., conceptrapportage slim financieren, opdracht PNB, interne notitie PNB, juli 2010, blz 2.

Kader 4. Lamlendigheid en ziekte op basisscholen door slecht binnenklimaat

In 80 procent van de basisscholen is de luchtkwaliteit slecht. Zo blijkt uit onderzoek van de TU Eindhoven en diverse gezondheidsdiensten. In een gezonde omgeving blijft de CO^2 concentratie onder de 1200 of nog liever onder de 1000 ppm (*parts per million*). Op scholen ligt het gemiddelde boven de 1600 ppm en zijn pieken van 2500 tot 3000 ppm heel gebruikelijk. Wie een lokaal met een te hoge concentratie CO_2 binnen loopt kan dat meteen ruiken en voelen. Het is er muf en benauwd. Maar als je er eenmaal inzit, dan valt de bedomptheid niet meer op. Leerlingen worden suf, lamlendig. Ze krijgen eerder last van hoofdpijn, vermoeidheid en concentratiestoornissen. In deze situatie presteren leerlingen 15 procent minder, zo blijkt uit recent onderzoek van TNO. Kinderen die al last hebben van allergieën (bijvoorbeeld eczeem) of astma, krijgen er nog meer last van. Infecties van luchtwegen liggen op de loer. Het ziekteverzuim onder leerkrachten zou voor bijna een kwart te wijten zijn aan een slecht binnenmilieu[287].

Peter Schmid beschrijft in zijn verslag na afloop van het werkatelier een aantal oorzaken van de problemen met het binnenklimaat in scholen: 'enerzijds ontbreekt het vaak aan integratie van verschillende soms met elkaar strijdige belangen en/of factoren die essentieel zijn voor een gezonde school. Anderzijds is de complexe – maar eigenlijk heel eenvoudige problematiek van gezondheid, milieu en duurzame ontwikkeling toch nog te weinig in het bewustzijn van de betrokkenen en verantwoordelijken doorgedrongen. En – uiteindelijk is mede om de hierboven genoemde redenen de wil tot omzetting in de praktijk niet zelden ver te zoeken'[287]. Zo worden basisscholen gefinancierd door de gemeenten, onderhoud is meestal voor rekening van de schoolbesturen, groot onderhoud voor de gemeenten. Bij nieuwbouw en renovatie wordt beknibbeld op kosten en de uitvoerende bouwpartijen ontberen de kennis of staan teveel onder budgettaire druk om een gezonde school te kunnen bouwen.

Naast het fysieke gebouw, de gebruikte materialen en apparaten spelen de gebruikers (en hun gedrag) een belangrijke rol als het gaat over de binnenklimaat. In haar essay schrijft Monique de Knegt dat 'veel leerkrachten de aandacht voor ventilatie geneuzel vinden'. De kerntaak van leerkrachten is 'onderwijzen'. Daarnaar gaat alle aandacht en inzet.
Andere elementen, zoals ventilatie, schoonmaken en verlichting, worden als bijzaak beschouwd. Vaak is dit te wijten aan gebrek aan kennis. Veel leerkrachten, schoolbesturen en ouders weten niet hoe essentieel een gezond binnenklimaat is voor de leerprestaties en voor de gezondheid van leraren en leerlingen. Daarnaast heerst onwetendheid over hoe je een gezond binnenklimaat creëert, wat te doen en wat te laten, welke materialen wel en welke niet te gebruiken.

---

286 Monique de Knegt, Essay "Kinderen hebben recht op een frisse school", Programma 'Naar een duurzaam Brabant', Provincie Noord-Brabant, interne publicatie, Den Bosch, 2007, blz. 14.
287 Peter Schmid (red.), rapport naar aanleiding van het werkatelier Vivaldi Oss 8 juni 2007, "Meer gezonde scholen in Brabant", Ecohb.nl, interne publicatie Provincie Noord-Brabant, Den Bosch, 2007, blz 8.

Ook de leerlingen spelen een rol. Zij zijn immers diegenen wier gezondheid onder druk staat. Maar zij zijn ook diegenen die we willen leren om straks, in de nabije toekomst, problemen duurzaam (integraal, met oog voor de drie P's, hier en nu, daar en later) op te lossen. Hoe kinderen dat te leren, is een belangrijke uitdaging.

Werkatelier Frisse Scholen
Het werkatelier is voorbereid in samenwerking met de gemeente Oss. Wethouder Hoeksema was zeer geïnteresseerd in de problematiek en zocht naar mogelijkheden voor zijn gemeente om bij te dragen aan het oplossen van binnenklimaatproblemen. De gemeente en de Provincie hebben samen een lijst van potentiële deelnemers gemaakt. Er is een geschikte locatie in Oss gezocht. Zoals gezegd werd Peter Schmid gevraagd om de sessie te leiden en is Monique de Knegt benaderd om middels een essay de geesten los te kloppen.

Het kostte relatief weinig moeite om een goede mix van deelnemers[288] te krijgen. Deelnemers uit de wereld van de drie P's; kennisinstellingen, onderwijs, overheden, bedrijfsleven en maatschappelijke organisaties en ouders. Ook dit thema, net als groene daken, had al behoorlijk veel aandacht in de pers gehad, professionals waren op zoek naar technische oplossingen en gemeenten voelden zich aangespoord om iets te ondernemen.

---

288 Atze Boerstra van BBA binnenmilieu, platform binnenmilieu, Geert-Jan Brand gemeente Oss, de heer J. Crebolder, Kuijpers Installaties, Heidi Cuijck, provincie NB, Jet Duenk, provincie NB, G. van de Elsen, gemeente Tilburg, F. Gabriels gemeente Oss, M.Gloudi, basisschool Fonkeling, A. de Graaf Stork Air, H. van Hal, basisonderwijs Oss, medewerker huisvesting, J. van Hoek, Astmafonds, regioraad Den Bosch, Hendrik Hoeksema, wethouder gemeente Oss, Henk. Jans, GGD, bureau GMV, Rob Keijzer, Weegen Bouwontwikkeling, Peter Malaise, Ecover Belgie, W. Muller, Muller bouw, Hans Renders, Astmafonds regioraad Tilburg, J. Renes, Kuijpers Installaties, Jan van Rijen Brabantse Milieufederatie, Geert Verlind, Stichting VIBA EXPO, Marjolijn Verschuren, ministerie VROM, Scholen en binnenmilieu, Renier Vinken, Adviesbureau Ulehake, Marco Visser Vereniging Christelijk Onderwijs bestuurslid, Hans Weenen Lector Duurzaam ondernemen Hogeschool Windesheim, mw. S. Wouters, GGD bureau GMV.

Kader 5. De opzet van het programma werkatelier Frisse Scholen[289]

Programma	
13.00	welkom
13.05	algemene introductie door de Provincie Noord-Brabant
13.15	organisatie van het werkatelier
13.30	voorstellingsronde deelnemers
13.40	brainstorm over binnenklimaat
13.55	opdeling in MHP deelthema groepen / miniteams
14.00	1e werkronde, 3 deelgroepen apart, *mind-mapping*
14.40	plenaire presentatie, discussie, themawisseling
15.00	2e werkronde, 3 groepen apart, matrices
15.40	plenaire presentatie, discussie, themawisseling
16.00	3e werkronde, 3 groepen apart, wegingen en concrete voorstellen / varianten
16.40	plenaire discussie
17.00	voorbereiding slotpresentatie door vertegenwoordigers van de drie groepen
17.15	presentatie resultaten
17.35	reflecties van deelnemers en begeleiding
17.45	netwerkborrel
19.00	sluiting

Het verloop van het atelier
Alle werkateliers verlopen volgens hetzelfde patroon dat in bovenstaand kader staat beschreven. Na de eerste werkronde bleek dat de deelnemers bewezen achtten dat het binnenklimaat in veel scholen ondermaats en verstikkend is en ziekteverzuim en slechtere leerprestaties tot gevolg heeft. De invloed en betekenis van het soort materiaal (tapijt, muurverf, krijtjes en dergelijke) was veel minder bekend, evenals de kansen die ontstaan als de problematiek integraal wordt aangepakt. Voorlichting is belangrijk, zo blijkt maar weer, voor alle partijen.
Kanttekening: Bestaande bouw en nieuwbouw verdienen evenveel aandacht[290].
Een opvallende tip uit de tweede werkronde luidde: Neem de kinderen mee in het proces en het toekomstbeleid naar een frisse school. Verder werd gesteld dat alle participanten in en rond het schoolgebeuren betrokken horen te worden en dat er concrete doelen geformuleerd dienen te worden, curatief voor bestaande bouw en preventief voor nieuwbouw. Plus een aanbeveling tot het ontwikkelen van goede stappenplannen voor de implementatie.

---

289 Peter Schmid (red), Meer gezondere scholen, rapport n.a.v. werkatelier Vivaldi Oss, interne publicatie Provincie Noord-Brabant, Den Bosch, 8 juni 2007, blz. 11.
290 Idem, blz. 31.

Het rapport spreekt in trefwoorden over: agenderen via beleid, programma van eisen, ontwerp, uitvoering en onderhoud tot beheer. Er is nog steeds veel meer publiciteit nodig. Het gaat om een win-win-spel. Bovendien kan er meteen gescoord worden: volgens de wanneer-waarom-groep kunnen scholen 80% van de nodige verbeteringen zelf meteen uitvoeren, bijvoorbeeld door, op z'n minst tijdens de pauzes, de ramen open te zetten. De Provincie, op haar beurt, kan convenanten opstellen over de renovatie en nieuwbouw van scholen. Centraal hierin staat integraal ontwerpen gericht op een gezond binnenklimaat, betaalbaar gebouw, energiezuinig en milieuvriendelijk. Wellicht moet er een 'Gezonde Scholen Keurmerk' komen[291].

De drie deelgroepen kwamen vrij snel tot consensus. Kernachtig geformuleerd is dat: 'Samen naar een gezonde school'. In een actieplan dat het licht moest zien vóór het einde van 2007, dienden relaties en verantwoordelijkheden van kinderen, ouders, onderwijspersoneel, schoolbesturen, overheden en bedrijfsleven helder beschreven te worden. Ook moest de rol van experts in planning en kwaliteitscontrole duidelijk geformuleerd worden, zodat meetresultaten beschikbaar komen: Wat is het verschil tussen leerprestaties op een Frisse School en een onfrisse? Goed voorbeeld doet goed volgen, dacht men, vooral als het bewezen heeft beter te zijn en het succes bekend gemaakt wordt. 'Dat is de snelste manier om het Frisse scholenvirus te verspreiden'.[292]

Brabantse Frisse Scholen bouwen
De GGD, bureau Gezondheid, Milieu en Veiligheid (GMV) heeft het binnenklimaat in 33 Brabantse scholen gemeten. Brabantse scholen kregen adviezen over manieren om het binnenklimaat te verbeteren.

In het nieuwe bestuursakkoord van de provincie Noord-Brabant is in navolging van het atelier een programma Brabantse frisse scholen opgenomen. Aanvankelijk was een bedrag van € 1 miljoen vrijgemaakt om aan de slag te gaan. Later is dat gereduceerd tot € 650.000,-. Doel van Brabantse frisse scholen: samen met belanghebbenden enkele nieuw te bouwen scholen en één of twee renovatieprojecten realiseren die, binnen de budgettaire grenzen, een behaaglijk binnenklimaat, gezond, energiezuinig en groen combineren. Dat gebeurt met fysieke maatregelen maar ook door te zoeken naar gunstige financieringsvormen, door gedragsverandering te stimuleren, door efficiëntie (betere afstemming) in de bouwkolom en door duurzame ontwikkeling in het lesprogramma te integreren.

Er is een website met uitleg over wat een Brabantse Frisse School inhoudt, lespakketten over wat duurzame ontwikkeling is en hoe je dat doet en de namen van reeds frisse scholen. De website wordt echter niet bijgehouden[293]. Daarnaast is een handboek ontwikkeld. Er staan

---

291 Idem blz 47
292 Idem blz 51
293 www.brabant.nl/subsites/frisse-scholen.aspx, 12 maart 2011

studiedagen op stapel: Wat is een gezonde school? Hoe realiseer je een Brabantse frisse school? Voorbeeldscholen zijn te bezoeken als *best practices* zodat mensen zien wat mogelijk is en horen hoe de gebruikers een Brabantse frisse school (en de wording ervan) ervaren.

De eerste Brabantse frisse school is basisschool Pieter Wijten in Waalwijk. Provincie, het Astmafonds en de GGD werkten samen met de school (bestuur, leraren, leerlingen), de gemeente Waalwijk en leveranciers om de school te renoveren. Het project startte in 2008. Initiatiefnemers waren de GGD en het Astmafonds. De Provincie kwam er later bij en werd aanvankelijk met open armen ontvangen vanwege 'de zak met geld die de ambtenaar op zijn rug droeg'. Toen bleek dat het ambitieniveau van de Provincie fiks hoger lag, dan dat van de anderen – namelijk méér dan het terugdringen van het CO_2 gehalte in de klaslokalen – leidde dit tot spanningen tussen de partijen. De budgetten lagen al geruime tijd vast en de aanvangsinvestering viel hoger uit dan men had voorzien. Een en ander escaleerde toen bleek hoever de ambities uit elkaar lagen, hoe moeizaam de communicatie intern (mandaatscrises) bij de verschillende organisaties was. Karakterologische verschillen tussen de leden van het team deden de rest. Even leek het erop dat de Pieter Wijten school een mislukt project zou worden. Maar crises hebben vaak een reinigende werking. Het is de fase van deconstructie. Wat de partijen nog steeds bond, was de gedrevenheid om van de Pieter Wijtenschool een frisse school te maken. Dat lijntje bleek een sterk genoeg bindmiddel. De oplossing werd gezocht en gevonden in gezamenlijk opgestelde en ondertekende ambitiekaarten. De ambitiekaarten hadden een GPR score (een door W/E adviseurs en de stad Tilburg ontwikkelde maatstaf voor duurzaam bouwen op basis van vier aspecten, waaronder gezondheid en toekomstwaarde) van 8 en hoger. Dit hielp. Nu wist iedereen: wie, wat, waar, wanneer, waarom en hoe. En daar kon men elkaar aan houden. Zoals Lynn Anderson, in de jaren zeventig van de vorige eeuw, zong: *'I never promised you a rose garden. Along with the sunshine, there's gotta be a little rain sometimes'*. Relaties hebben hun ups en downs. Ook in duurzame ontwikkeling. Toch doorzoeken naar een gedragen oplossing, is dan essentieel. 'Op korte termijn is pessimisme gegrond. Op lange termijn daarentegen is optimisme geboden,'[294] houdt futuroloog Fred Polak ons voor.

Met de *lessons learned* in gedachten zijn ambitiekaarten gemaakt en is de uitvoering gestart met basisscholen o.a. in de gemeenten Oisterwijk (restauratie, renovatie), Bergen op Zoom (nieuwbouw multifunctionele accommodatie), Zijtaart (restauratie, renovatie) om scholen aldaar van een gezond binnenklimaat te voorzien.

7.7 Tussenconclusie

De werkateliers volgens het besluitvormingsconcept Methode Holistische Participatie hebben nieuwe verbindingen gelegd tussen mensen en organisaties in de regio. Dit netwerk en de knooppunten erin zijn bekend bij en met de Provincie. Daar kan in de uitwerking gebruik

---

294 Fred Polak, Morgen is anders, Bosch en Keuning nv – Baarn, 1985. blz. 338 .

van worden gemaakt. Het kan zich ook verder verspreiden. We kunnen dit beschouwen als een infrastructuur voor duurzame ontwikkeling. Door de uitkomsten van de werkateliers te gebruiken in de praktijk, is ervaring opgedaan met hoe je duurzame ontwikkeling nu echt aanpakt, wanneer relaties onder spanning komen te staan, op welke punten het dreigt te mislukken en ook hoe je dat weer kunt terugbuigen naar het oorspronkelijke doel, zoals een frisse school. Een van de methoden die partijen op een lijn kan houden is het ondertekenen van ambitiekaarten, zoals in deze veldoefening gedaan is. Een andere manier is gezamenlijk principes opstellen. Als alle betrokkenen oprecht hetzelfde doel nastreven en erop vertrouwen dat de ander dat ook doet, kom je er meestal samen wel uit, zo lijkt het. Dat is in ieder geval wat er gebeurd is bij de eerste Frisse School, de Pieter Wijtenschool. De aanstichters ervan – GGD, Astmafonds en Provincie – zijn samen doorgegaan en hebben inmiddels 6 scholen in Noord-Brabant verfrist. Dat is voor een groot deel te danken aan de bevlogenheid van de mensen uit die organisaties. Zij zijn een team gaan vormen en 'kunnen lezen en schrijven met elkaar'. Hierbij passen zelforganisatie (§ 4.1) authentiek gedrag (§ 5.17) door de leden van het team, waardoor er vertrouwen in elkaar ontstaan is.

Het blijkt dat indien de goede thema's benoemd worden samen met degenen die het aangaat, mensen positief reageren op uitnodigingen door de regionale overheid en dit thema oppakken. Als er genoeg urgentie wordt gevoeld, overwinnen mensen verschillen van mening en zetten ze door.

De vooraf uitgewerkte structuur van 'Naar een Duurzaam Brabant' heeft maar beperkt gewerkt. De Duurzaamheidraad en het Programma (inclusief werkateliers) zijn opgezet maar hebben los van elkaar geopereerd. De Duurzaamheidraad heeft te kort gefunctioneerd om echte resultaten te kunnen boeken. Na één bestuursperiode is de raad opgeheven. Er heeft geen evaluatie plaatsgevonden. Er zijn geen harde uitspraken te doen over de vraag of de Provincie bijgedragen heeft aan het verschuiven van duurzame ontwikkeling naar de 'staande maatschappij'. Temeer omdat de regionale overheid zich na afloop van het bestuursakkoord heeft teruggetrokken. Hier blijkt dat een horizon van vier jaar (ofwel, de levensduur van een politieke coalitie) te kort is om de Provincie als *change-agent* voor duurzame ontwikkeling aan te wijzen. Waarmee overigens niet uitgesloten is dat de betrokken ambtenaren hun 'kindjes' in nieuwe programma's weten te fietsen.

Van het motto uit het bestuursprogramma Naar een duurzaam Brabant: 'meer richting, meer samenhang, meer resultaat' is met betrekking tot bovenstaand besproken thema's weinig terecht gekomen. Toch is er iets gebeurd, er is een zaadje geplant bij een grotere groep mensen, de P van People is erbij gekomen en daarmee ook sociale en onderwijsorganisaties. De traag groeiende karavaan op de koers die de SA aarzelend inzette, trekt langzaam door, zoals we verderop in dit deel kunnen lezen.

8. De Integrale Strategie Milieu (ISM)

'And if it please you, so; if not, why, so'
The Two Gentlemen of Verona. ACT II Scene 1

William Shakespeare

Leeswijzer

Hoe kom je tot een milieubeleid waarbij de behartigers van deelbelangen zich serieus genomen voelen? Hoe voorkom je dat economische en ruimtelijke ontwikkelingen ten koste gaan van de kwaliteit van het leefmilieu. Hoe formuleer je een beleid dat burgers en het bedrijfsleven aanspreekt omdat het concreet en zichtbaar problemen oplost? En ten vierde: Hoe bereik je dat mensen een schoon milieu en een kwalitatief hoogwaardige natuur als een kans zien en niet als een bedreiging? De Integrale Strategie Milieu (ISM), die in november 2006 aan Provinciale Staten werd aangeboden en is goedgekeurd, moet een antwoord geven op deze vragen. In dit hoofdstuk wordt het proces van het tot stand komen beschreven en nagegaan in hoeverre de ISM daadwerkelijk tot duurzame ontwikkeling leidde.

Inleiding

Iedere provincie moet eens in de vier jaar een provinciaal milieubeleidsplan (PMP) opstellen. Dus ook Noord-Brabant. In 2005 begint die provincie met het opstellen en uitwerken van zo'n plan. Provinciale Staten – de vergadering van gekozen volksvertegenwoordigers in de provincie – geeft Gedeputeerde Staten (het bestuur) als richtlijn mee dat het – in krakkemikkig Nederlands – een beleid voorstaat met 'de bril van een omgevingsplan'[295]. De belangrijkste drie doelen zijn: deregulering, het concreet aanpakken van maatschappelijke problemen en een andere, meer dynamische programmering[296].

In het verleden konden de milieubeleidsplannen van de Provincie steevast rekenen op een flinke dosis kritiek. Onder meer vanwege de hoge mate van abstractie, het teveel aan (streef) normen en het niet realiseren van de gemaakte afspraken[297]. Het Provinciebestuur trekt zich de kritiek aan en stelt twee vragen aan de orde. Kan het milieubeleidsplan niet afgeschaft worden? En: Kan het aantal streefnormen niet flink omlaag?

---

295 Een aantal provincies zoals Flevoland kiest voor één centraal beleidsplan, waarin alle andere strategische beleidsplannen opgaan. Dit gebeurt onder de term omgevingsplan. In de Provincie Noord-Brabant wilden de Staten (nog) geen omgevingsplan, maar wel enige vingeroefeningen toestaan. Vandaar de term "met de bril van".
296 Toelichting toenmalige gedeputeerde Annemarie Moons bij bespreking Integrale Strategie Milieu in de Statencommissie Ruimte en Milieu, 18 september 2008
297 In het laatste provinciale milieubeleidsplan (PMP 2001 – 2005) zijn, op advies van het toenmalige Sociaal Economisch Overleg Brabant, na ieder hoofdstuk doelen opgenomen om te komen tot een concreter en afrekenbaarder plan.

Minister Dekker van VROM geeft een voorzet voor het antwoord op de eerste vraag. Zij is in 2003 voornemens om de verplichting voor provincies om milieubeleidsplannen op te stellen, te schrappen[298]. In januari 2006 stuurt staatssecretaris Pieter van Geel een brief waarin hij aangeeft hoe hij het wil gaan uitvoeren[299]. De Provincie is in dubio. Aan plannen die niet worden uitgevoerd, hebben ze in Brabant niks. Maar zonder plannen krijgt beleid al gauw een ad hoc karakter. Dat is ook niet goed. En dus wordt er een ambtelijk team geformeerd[300] en een externe projectleider aangetrokken om de ambities van het bestuur verder uit te werken. Al in de eerste brainstormsessies komt het team tot de conclusie dat het bestaande provinciale milieubeleid teveel gekenmerkt wordt door het 'opgeheven vingertje'. In het algemeen zijn eerdere provinciale milieubeleidsplannen eenzijdig georiënteerd op het 'eigen gelijk' en is er weinig oog voor economische en ruimtelijke belangen. Daardoor, concludeert het team, is er in de regio te weinig draagvlak voor milieu gerelateerde onderwerpen. Veel ontwikkelaars en aannemers ergeren zich bijvoorbeeld dood als er weer eens een woningbouwproject wordt uitgesteld omdat de modderkruiper of een kamsalamander op het bouwterrein is gevonden. Om nog maar te zwijgen van de veelheid aan regels en de bureaucratie die het milieubeleid voor 'gewone' burgers en bedrijven ontoegankelijk maken en ervoor zorgen dat steeds meer mensen en organisaties afhaken. Het ambtelijke team wil hier verandering in brengen. Een schoon milieu is immers letterlijk 'van levensbelang'.

8.1   Context

In het Nationaal Milieubeleidsplan 4, 'Een wereld en een wil', uit 2001 wordt de toestand van het milieu in 2000 vergeleken met die in 1970. Verreweg de belangrijkste conclusie is 'dat het milieubeleid heeft bijgedragen aan een belangrijke verbetering van het milieu'. 'Voor een aantal onderwerpen zijn de milieudoelen binnen bereik of zijn ze al gehaald,' zo meldt het Milieubeleidsplan. 'Voor andere onderwerpen heeft het beleid eraan bijgedragen dat een autonome toename van de milieudruk werd omgebogen'[301].Uit dezelfde nota blijkt dat er zeven hardnekkige milieuproblemen overblijven. Problemen als klimaatverandering en uitputting van grondstoffen, die niet opgelost kunnen worden met méér van hetzelfde: méér bestaand beleid, méér wet- en regelgeving. Het jaarlijkse rapport *Living planet* van het adviesbureau SustainAbility van John Elkington en het Wereld Natuur Fonds (WNF) toont keer op keer aan dat de problemen serieuze aandacht en actie vereisen. De mens laat

---

298 4.1 planprocedures, in: meerjarenprogramma herijking van de VROM regeling, dossiernummer 29383 nr 1, Tweede Kamer der Staten Generaal, http://parlando.sdu.nl/cgi/login/anonymous, september 2008, blz. 19.

299 Brief inzake ontwikkelingen PMP, Directoraat-Generaal Milieubeheer, DGM/SB2006227579, Ministerie VROM, Den Haag, 31 januari 2006. Deze brief wordt vanwege de val van het kabinet echter niet meer in de Tweede Kamer behandeld. Provinciale Milieubeleidsplannen blijven verplicht.

300 Het team bestond bij aanvang uit een externe projectleider Adriaan van Mierlo en vanuit de provinciale organisatie Martin Bakker. Frank van Empel adviseerde en voerde de pen. Later kwamen uit de provinciale organisatie Gisela de Leeuw, Marco Visser en Martijn Koobs het team versterken.

301 Hoofdstuk 1 Een aantal lessen uit het verleden, Nationaal MilieubeleidsPlan, samenvatting. bestel.postbus51.nl/content/pdf/11BR2001G012.pdf, 25 juli 2008, blz. 1.

steeds grotere ecologische voetafdrukken achter. Wij overschreden bijvoorbeeld in 2006 het regeneratievermogen van de aarde met 25% en uit een 'biodiversiteitsindex' (gebaseerd op meer dan 300 soorten planten en dieren) blijkt dat die sinds 1970 met een derde is gedaald.[302]

Een regionale overheid als de provincie Noord-Brabant kan een wezenlijke, maar bescheiden rol spelen bij het aanpakken van deze hardnekkige milieuproblemen onder het motto *Be the change you want to see in the world*. Iemand moet immers de eerste aanzet geven, iemand moet de betrokken partijen bij elkaar roepen voor overleg. Door anders te denken, samen naar oplossingen te zoeken en te innoveren lukt het misschien om weg te breken uit de Vernietigende Economie. Regio's zijn prima proeftuinen om te experimenteren met combinaties van nieuwe organisatievormen, slimme financieringen, methoden en technieken.

8.2 De pijlers onder de Integrale Strategie Milieu

Milieubeleid kan niet los gezien worden van de maatschappelijke context: verkeer & vervoer, gebiedsontwikkeling[303], de staat van de economie en sociale verhoudingen. Milieubeleid heeft invloed op al die andere terreinen. Omgekeerd hebben gebeurtenissen die de economie, mobiliteit of welk ander gebied dan ook betreffen, invloed op het milieu. Vandaar dat er behoefte is aan beleid waarin zoveel mogelijk aspecten meegewogen worden. De Provincie wil hier – in navolging van de Europese Unie (EU) – een aanzet toe geven. Vandaar de aanduiding 'integraal' in de titel.

De Integrale Strategie Milieu (kortweg: de milieustrategie) geeft de richting aan: waar wil de Provincie ongeveer uitkomen? De Provincie kiest daarbij voor een duurzame ontwikkeling en een benadering waarbij de mens, diens gezondheid, veiligheid, leefbaarheid en (bio)diversiteit centraal staan. Die keuze komt niet uit de lucht vallen. In het Bestuursakkoord 2003 – 2007 vormt duurzame ontwikkeling reeds de leidraad voor het bestuurlijke handelen. Het gaat daarbij om de inzet van de drie P's: *people, profit en planet*. Daar voegde het ambtelijke team een vierde P aan toe: de P van passie. Beleid alleen is niet genoeg. Er zijn gepassioneerde mensen nodig om beleid in praktijk te brengen. In de ideale situatie werken mensen uit eigen overtuiging, op grond van eigen inzichten en vanuit eigen verantwoordelijkheid samen aan een meer duurzame omgeving. In figuur 1 staat in schema aangegeven hoe de diverse begrippen in de ISM samenhangen.

---

302 *Living planet*, *report* 2006, WNF, SA, assets.panda.org/downloads/living_planet_report.pdf, september 2008, blz 2.
303 De externe projectleider van de ISM Adriaan van Mierlo stelde het nog sterker tegenover Statenleden: '80% van het provinciale milieubeleid zit in de reconstructie', persoonlijke mededeling aan Martin Bakker, mei 2006.

Figuur 1. De kernbegrippen van de Integrale Strategie Milieu in samenhang [304]

INTEGRAAL	STRATEGIE	MET OMGEVINGSBRIL
integraal & omgevings-gericht	- mensgerichte benadering	> gezondheid, veiligheid, leefbaarheid, (bio)diversiteit
	- duurzame ontwikkeling	> balans economie, ecologie en sociaal cultureel
toetsen aan	- uitgangspunten	> EU: bescherming, voorzorg, preventie, bron, vervuiler betaalt Brabant: eco efficiency, erfgoed, deregulering (anders omgaan met normen)
	- bestaand beleid	> reconstructie, landschap gebiedsgericht, etc. Bestuursakkoord
ISM = PNB-systematiek	- uitvoering centraal	> versterken van de uitvoering met goede monitoring
	- win-win aanpak	> gestructureerde eenduidige werkwijze (mutaal gains approach)
	- alles heeft zijn prijs	> juridisch en financieel-economisch sluitend
	- meerjaren programma	> passend in provinciale besturingscyclus

Duurzame ontwikkeling

Eén van de pijlers onder de ISM betreft de duurzame ontwikkeling. Het Centrum voor Duurzaamheidvraagstukken Telos in Tilburg heeft een duurzaamheidbalans opgesteld om uit te rekenen of Brabant zich duurzaam ontwikkelt en zo ja, in welke mate. Binnen dat kader worden in plaats van de drie P's drie soorten kapitaal onderscheiden: het ecologisch, het economisch en het sociaal-cultureel kapitaal[305]. Het streven naar een duurzame ontwikkeling houdt volgens Telos in dat er 'in het verlengde van de gedachtegang van de commissie Brundtland moeten worden voldaan aan drie eisen:

1. Er moet sprake zijn van gelijktijdig verbeteren van het economische, ecologische en het sociaal-culturele kapitaal. Verbetering van het ene kapitaal mag niet ten koste gaan van één van de beide andere kapitalen.
2. De ontwikkeling moet houdbaar zijn over generaties heen: er mag geen afwenteling in de tijd plaatsvinden.
3. De ontwikkeling moet ook houdbaar zijn op mondiaal niveau of, anders geformuleerd: er mag geen afwenteling in de ruimte plaatsvinden. Onze ontwikkeling mag niet ten koste gaan van die in andere gebieden en andere landen'[306].

304 Adriaan van Mierlo voor ISM
305 zie www.telos.nl, september 2008
306 bladzijde 12, hoofdstuk De telosmethode, in: de duurzaamheidsbalans 2006, Telos , www.uvt.nl/web/telos/documents/Duurzaamheidbalans_2006.pdf, september 2008

In de ISM werd daar nog aan toegevoegd dat indien er toch scheefgroei plaatsvindt dit op de één of andere wijze moet worden gecompenseerd. Alles heeft z'n prijs, ook een evenwichtige ontwikkeling van economie, ecologie en samenleving.

Mensgerichte benadering

De tweede pijler onder de ISM is de mensgerichte benadering. Het idee is simpel. De meeste mensen zijn niet zozeer begaan met het milieu *an sich*, alswel met de effecten van het milieu op hun gezondheid en veiligheid en – meer algemeen – op de leefbaarheid en bio-diversiteit van zowel het stedelijk als het landelijk gebied. De mensgerichte benadering maakt het milieubeleid tastbaar. Een verbetering of verslechtering van de gezondheid of de veiligheid voel je aan den lijve. Door deze keuze ontstond er wel een zekere spanning met de eigen milieu-ambtenaren, maar vooral het bedrijfsleven liet tevreden geluiden horen.

Inhoudelijke uitgangspunten

De derde pijler heeft betrekking op een aantal inhoudelijke uitgangspunten. Eén daarvan is, dat Brabant er niet alleen voorstaat. De provinciale milieustrategie sluit nauw aan bij de doelstellingen en uitgangspunten van de Europese Unie. Zo heeft de Provincie de volgende vijf uitgangspunten overgenomen van de EU:

1. mensen worden zo goed mogelijk beschermd tegen allerlei zaken die hun gezond-heid en veiligheid in gevaar brengen, de leefbaarheid bedreigen en de bio-diversiteit aantasten, waarbij zoveel mogelijk rekening wordt gehouden met individuele situa-ties in diverse regio's,
2. het beginsel van voorzorg: voordat een nieuw product op de markt wordt gebracht, of een nieuwe activiteit start, worden de risico's voor mens en leefmilieu ingeschat,
3. het beginsel van preventief handelen: milieuproblemen voorkomen is beter dan ze genezen,
4. aanpak aan de bron in plaats van aan het eind van de pijp,
5. de vervuiler betaalt[307].

De Provincie voegde hier nog drie eigen uitgangspunten aan toe. Een inzet gericht op ecologische efficiency: meer doen met minder, beschermen, handhaven en verbeteren van het Brabantse erfgoed en minder regels door deregulering.

---

307 zie www.eu-milieubeleid.nl/ch02.html, 25 juli 2008. Hier staan de principes waarop het EU milieubeleid stoelt. Deze principes uit artikel 174 werken natuurlijk automatisch door in het Nederlandse en dus ook in het regionale milieubeleid. Toch is er bij de ISM voor gekozen om ze nog eens te benoemen. Dat de EU principes zoals het voorzorgsbeginsel en het beginsel van preventief handelen heeft aangenomen en daarnaar handelt is voor velen misschien een verrassing.

ad 1. *Eco-efficiency*. In 1992 introduceerde een groep bedrijven tijdens de VN conferentie over duurzame ontwikkeling in Rio de Janeiro een nieuw concept: eco-efficiency. In simpel Nederlands: meer produceren met minder grondstoffen, hulpstoffen en energie, ofwel 'Meer met minder'[308].

Acht jaar later (maart 2000) gaat de EU in het Lissabon Akkoord nog een paar stappen verder. Tegen 2010 moet de EU de meeste competitieve en dynamische kenniseconomie ter wereld zijn. Tegelijkertijd wordt het vangnet van de sociale zekerheid in stand gehouden en zo mogelijk hoger gehangen, zodat mensen niet bang hoeven te zijn om aan de bedelstaf te geraken en wordt er gestreefd naar een duurzame groei[309]. Eco-efficiency komt niet alleen de samenleving ten goede, maar ook het bedrijfsleven. Voor energiebesparing worden voorzieningen getroffen. Minder fossiele brandstoffen betekent: meer windmolens en zonnepanelen produceren, monteren en onderhouden. Hier liggen de kansen voor het oprapen. De dreigende tekorten aan olie, water en frisse lucht zorgen niet alleen voor hogere lasten, maar bieden vindingrijke ondernemers ook mogelijkheden om winst te maken. De mogelijkheden komen vanzelf op hun pad. De kunst is om deze te herkennen en in te passen in een groter raamwerk.

ad 2. *Erfgoed*. Op is op. Olie, gas, zand en grint zijn voorbeelden van grondstoffen die maar één keer gebruikt kunnen worden. Andere hulpstoffen kunnen binnen bepaalde grenzen en onder bepaalde voorwaarden worden hergebruikt of aangevuld, zoals grondwater, oppervlaktewater en hout. Achterliggende gedachte bij een duurzame ontwikkeling is, dat elke generatie de zaak zo goed mogelijk achterlaat voor de volgende en geen roofbouw pleegt. Met andere woorden: elke generatie dient zorgvuldig om te gaan met de geërfde voorraden. Worden niet-hernieuwbare voorraden toch opgemaakt, dan dient elders voor compensatie te worden gezorgd, zodat het saldo op de balans gelijk blijft. Nieuwe technologie kan hier eveneens uitkomst bieden, bijvoorbeeld doordat het alternatieve bronnen (bijvoorbeeld duurzame energie met waterstof als drager) ontsluit.

ad 3. *Deregulering*. Zolang er regels zijn, wordt er gestreefd naar minder regels voor burgers en bedrijven. In de praktijk worden het er alleen maar méér[310]. Al is het maar omdat voor het afschaffen van een regel een andere regel nodig is. Twee vragen staan hier centraal: kan met minder regels en verplichtingen hetzelfde of zelfs méér worden bereikt? En kan het klantvriendelijker, minder bureaucratisch en tegen lagere kosten[311]?

---

308 In dit nieuwe concept is weinig tot geen aandacht voor het verminderen of voorkomen van het gebruik van toxische stoffen. Verder is er geen aandacht voor het *'rebound effect'*.

309 nl.wikipedia.org/wiki/Lissabon_Strategie, september 2008.

310 De overheid probeert de regeldruk te verminderen, zie bijvoorbeeld www.vrom.nl/pagina. html?id=12371&ref=http://www.google.nl/search?hl=nl&source=hp&q=meer+regeldruk&aq=f&aqi=&aql=&oq=&gs_rfai=, 20 juni 2010.

311 Het ISM team heeft een studie laten uitvoeren door de universiteit Tilburg, (Prof. Verschuren) naar de juridische status van provinciale milieubeleidsplannen. Eén van de conclusies was dat deregulering leidt tot meer rechtzaken, meer jurisprudentie en uiteindelijk evenveel werk.

Deregulering is overigens niet onomstreden in de samenleving en zou niet moeten leiden tot
een verslechtering van de kwaliteit van leven (van alle soorten).
Inhoudelijke en kaderstellende verplichtingen die op een hoger bestuurlijk niveau (het rijk,
de EU) worden bepaald, kunnen niet zomaar worden geschrapt of gewijzigd. De wijze waarop
deze verplichtingen uitgewerkt of georganiseerd zijn (beleidsregels, subsidieverordeningen)
staat wel ter discussie.

8.3   Dynamische programmering, een nieuwe werkwijze

De milieustrategie maakt deel uit van een jaarlijkse cyclus, die bestaat uit vier fasen: planning,
uitvoering, monitoring[312] & evaluatie en bijsturing.

Een kernbegrip hierbij is 'het vraagstuk'. Dat houdt meer in dan alleen maar een probleem.
Het betreft de hele constellatie rond een bepaalde vraagstelling. Zodra er sprake is van een
dilemma waarbij meerdere *stakeholders* betrokken zijn, wordt een 'vraagstuk' geformuleerd.
Daarover vindt vervolgens een gerichte dialoog plaats. In de volgende paragraaf wordt deze
aanpak verder uitgewerkt. Ten slotte is er nog het jaarverslag, dat onder meer de resultaten
van de dialoog over de diverse vraagstukken bevat. Dit kan aanleiding zijn om nieuwe
vraagstukken te formuleren of om vraagstukken die in behandeling zijn aan te passen. Zo
denkt de Provincie dynamisch te besturen en snel in te spelen op maatschappelijke thema's.

8.4   Van Strategie naar uitvoering

Vraagstukken of dilemma's
In de praktijk zijn de drie kapitalen - economie, ecologie, sociaal-cultureel (samenleving)
- verweven. Het is dan ook logisch dat de ISM van de grond af wordt opgetrokken als een
integraal beleid, waarin de verschillende deelaspecten onlosmakelijk met elkaar verbonden zijn
en in elkaar overlopen. Met andere woorden: er wordt niet vanuit de deelterreinen toegewerkt
naar een integraal beleid. Van meet af aan wordt een integraal beleid ontwikkeld.
Voor de Provincie is dat een nieuwe manier van werken. De Provincie wil met name de
uitvoering van bestaand beleid versterken. Essentieel voor de nieuwe werkwijze is, zoals
gezegd, de vertaling van maatschappelijke ontwikkelingen en problemen in 'vraagstukken'. De
Provincie gaat vervolgens met belanghebbenden in gesprek om breed gedragen oplossingen
te vinden die waarde toevoegen voor het geheel. Dat wil zeggen: oplossingen die goed zijn
voor het milieu, die de leefbaarheid vergroten én ook nog eens leiden tot economische groei.
Daarvan is bijvoorbeeld sprake als een industrieterrein wordt ingericht met aandacht voor een
optimale logistieke ontsluiting, voor natuurontwikkeling, waterberging met groene daken,
veiligheid en energiebesparing door PV straatverlichting.

De gerichte dialoog vindt plaats volgens de *Mutual Gains Approach* (MGA). Deze bestaat uit
een aantal stappen. Eerst worden de feiten onderzocht. Heeft iedereen het over hetzelfde?

---

312 Met monitoring wordt bedoeld: het observeren, checken, registreren en continu bijhouden van processen.

Kader 1. Gezamenlijk feitenonderzoek is een belangrijk onderdeel van de MGA.

> "In elke discussie is het verschil in informatie of verschil van interpretatie
> belangrijk. De ene partij zegt bijvoorbeeld: "Het is 20", terwijl de andere partij een
> onderzoek presenteert waarin toch duidelijk en betrouwbaar wordt aangegeven dat
> het 17 is. Wie heeft er nu gelijk? Gezamenlijk feitenonderzoek is cruciaal om dat
> vast te stellen. Alle betrokken partijen kunnen elkaars informatie en uitgangspunten
> beoordelen om meer validiteit aan de feiten te geven. De partijen kunnen beslissen
> een gezamenlijk feitenonderzoek te doen, waarmee de resultaten van het onderzoek
> voor alle partijen valide is. *Joint fact finding* is overigens bij alle stappen van de MGA
> methode belangrijk". Uit: De MGA methode: een handleiding voor de toepassing
> van de MGA methode bij maatschappelijke vraagstukken, zoals ontwikkeld door
> het ISM team[314].

Vervolgens wordt gekeken wie de belanghebbenden zijn en worden afspraken gemaakt over
de inrichting van het proces. Om succes te behalen, is het essentieel dat de juiste partijen
aan tafel zitten, zodat alle belangen zo goed mogelijk vertegenwoordigd zijn. Dan begint de
creatieve zoektocht naar oplossingsrichtingen, met experts en onder leiding van een *mediator*
of *facilitator*. De kunst is om oplossingen te bedenken waarbij de individuele *stakeholders* zoveel
mogelijk winnen én het gemeenschappelijk belang gediend wordt. Uiteindelijk leidt dit proces
tot besluiten. De uitvoering daarvan wordt nauwgezet gevolgd (monitoring) en geëvalueerd.

Zes vraagstukken
In het kader van de ISM wordt in de loop van 2006 een lijst gemaakt met mogelijke
vraagstukken. Die wordt vervolgens voorgelegd aan de Provinciale Statencommissie Ruimte
en Milieu. Behalve de mening van de commissieleden is ook de praktische haalbaarheid van
belang. Uiteindelijk komen er zes vraagstukken op de lijst te staan. De zes vraagstukken zijn
in eerste instantie vooral bedoeld om uit te testen hoe de *Mutual Gains Approach* in de praktijk
werkt.
Van een leien dakje gaat het niet. Binnen de Provincie wordt tamelijk vijandig gereageerd op de
voorgestelde strategie en werkwijze. Vooral de andere manier van onderhandelen en het op een
andere manier nemen van besluiten, stuiten op weerstand. Om ervaren te raken in *consensus
building* organiseert het ambtelijke ISM-team een cursus met interactieve onderhandelingspelen
voor de betrokken bestuurders en directieleden[314].

---

313 De MGA methode, Martijn Koobs e.a., interne uitgave provincie Noord-Brabant, www.brabant.nl/upload/
    documenten/mga-handleiding.pdf, september 2008, blz. 6.
314 Er kan vanwege werkdruk van betrokkenen niet altijd een cursus gevolgd worden. Voor de Statenleden
    bijvoorbeeld gaf Hans de Graaf een lezing. Hij is gepromoveerd in Leiden op het onderwerp '*community of
    practice*' over de aanpak van gebiedgerelateerde problemen. Vooral door zijn jarenlange praktijk ervaring met
    onderhandelingstrajecten, wist hij te overtuigen.

De trainingscursus wordt gegeven door Frans Evers, oud directeur Natuur Monumenten[315]. Naast Milieugedeputeerde Annemarie Moons en enkele leden van de provinciale directie neemt ook een aantal 'buitenstaanders' deel, afkomstig van onder meer energiebedrijf Essent, Brabant Water en de TU Delft. Aan drie van de externen wordt in een later stadium gevraagd om als procesbegeleider op te treden bij de oplossing van vraagstukken[316].

De zeven experimenten hebben betrekking op de volgende onderwerpen: het niet in mijn achtertuin syndroom, biodiversiteit, jongeren, eco-efficiency, duurzaam Bouwen, ontgrondingen en Landbouw OntwikkelingsGebieden (LOG's). Uiteindelijk valt het vraagstuk van LOG's af. Er is weliswaar een casus gekozen maar het lukt niet om de betrokkenen van Provincie, ZLTO en gemeente te overtuigen dat de MGA meerwaarde kan bieden.

Korte evaluatie van de vraagstukken
If you can't beat them join them. Die simpele raad heeft de Provincie Noord-Brabant opgevolgd. De Provincie kan wel proberen om anderen iets op te leggen met regels, verordeningen en vergunningsprocedures, maar als die anderen zich er niets aan gelegen laten liggen, komt er uiteindelijk weinig terecht van goed bedoeld beleid. Betrokken partijen kennen namelijk genoeg manieren om het overheidsbeleid te ontduiken, te frustreren, te saboteren, of simpelweg te negeren. Het is daarom beter iedereen in te sluiten dan iemand buiten te sluiten. Laat de betrokkenen bij een vraagstuk zelf maar mee helpen om een oplossing te vinden. Dat is de basisgedachte achter de vraagstukken: zoveel mogelijk belangen integreren.

De zes *pilots* voor het uittesten van de nieuwe werkwijze hebben positieve resultaten opgeleverd. De speurtocht naar wederzijds voordeel blijkt prima aan te sluiten bij trends in de samenleving. 'De *pilots* tonen aan dat je partijen kunt binden,' zegt Hans de Graaf van de Rijksuniversiteit Leiden, die de zes vraagstukken begeleidde. Hij spreekt van 'vertrouwen creëren, waardoor het mogelijk wordt om samen naar win-win situaties te speuren en die ook te implementeren[317].'

---

315 Frans Evers introduceerde begin jaren negentig vanuit de Verenigde Staten de MGA in Nederland bij zijn toenmalige werkgever het Ministerie van VROM. Sinds halverwege de jaren negentig steunt de Provincie Noord-Brabant zijn *Sustainability Challenge Foundation*. Deze stichting verzorgt ieder jaar een *International Program on the Management of Sustainability* (IPMS) cursus in Nederland over consensus building en duurzame ontwikkeling. In de loop der jaren hebben veel mensen van het ministerie van VROM, medewerkers van provincies en Natuurmonumenten deze intensieve training gevolgd. Eén van auteurs participeerde in 2001 in deze training die onder leiding stond van Larry Susskind, de bedenker van de methode.

316 In juli 2008 zijn meer dan honderd mensen getraind in de *Mutual Gains Approach*. Frans Evers verzorgt jaarlijks voor provincie medewerkers een tweedaagse training. Daarbij worden ook altijd meerdere externen uitgenodigd. Dit vergroot de kennis en ervaring met deze manier van consensus bouwen en interactieve oefeningen verlopen verrassender omdat niet alle deelnemers elkaar kennen. Een bijkomend, niet onbelangrijk voordeel is dat de netwerken van de deelnemers groter worden.

317 Hans de Graaf, Een win-winaanpak (MGA) voor het oplossen van maatschappelijke vraagstukken Deel I en Deel II, KDO Advies, CML universiteit Leiden, interne uitgave PNB, mei 2007.

De Graaf maakt ook een kritische kanttekening die hij echter onmiddellijk vergoeilijkt: 'de inhoudelijke sturing was onder de maat. Maar daarvoor zijn redenen aan te voeren: de korte doorlooptijd en de onwennigheid met de gekozen benadering.' Het advies is daarom: 'gewoon doorgaan en bij nieuwe vraagstukken het regieteam intensiever begeleiden, zodat op het juiste moment de juiste dingen gebeuren. De externe deskundigen verschillen per vraagstuk. De constante factor in de hele benadering is het regieteam dat namens de Provincie de vraagstukken begeleidt. De leden van dit team kunnen meer technieken en vaardigheden leren om de dialoog in goede banen te leiden en concrete resultaten te boeken.'

8.5   Resultaten

Het provinciale milieubeleidsplan (PMP) in traditionele zin is niet opgesteld. Het had geen nut meer omdat het verworden is tot een weinig inspirerende optelsom van sectorale initiatieven. Een bevestiging van de status quo in plaats van een inspirerende en concrete richtingaanwijzer voor de toekomst. De Integrale Strategie Milieu moet in die leemte voorzien. Kennelijk is dat gelukt. De ISM is namelijk uiterst positief ontvangen door het georganiseerde bedrijfsleven en de diverse adviesorganen.

De Provinciale Commissie Ecologie[318] bijvoorbeeld spreekt op 28 juni 2006 in een gevraagd advies haar waardering uit voor het rapport en bestempelt het als 'een verfrissende manier van werken'. De commissie onderschrijft de inhoudelijke uitgangspunten van de ISM, maar is wel van mening dat er nadrukkelijker over gecommuniceerd moet worden. Het ambitieniveau mag best omhoog. De commissie raadt de *stakeholders* aan om het ambitieniveau in een vroeg stadium expliciet vast te stellen.

De commissie heeft vertrouwen in de aanpak van complexe en hardnekkige milieuproblemen met behulp van de ISM-werkwijze. Aanpassingen zijn, wat haar betreft, dan ook niet nodig. Ten aanzien van de agendering van 'nieuwe' vraagstukken adviseert de commissie ook externe adviesraden in te schakelen. De Provinciale Commissie Ecologie wil zelf ook best 'nieuwe' vraagstukken aandragen, meedenken en advies geven. De Commissie moet daartoe wel elk jaar weer worden uitgenodigd[319].

De commissie milieu van de Sociaal Economische Raad juicht met name de keuze voor een mensgerichte benadering toe. Ook de afschaffing van provinciale (streef)normen en de invoering van een op *mediation* gebaseerde aanpak, verleiden de sociale partners tot een positief oordeel. Dat de mens centraal staat in de ISM betrekt het georganiseerde bedrijfsleven in de Provincie ook op zichzelf. Werkgevers en werknemers zijn blij dat ze serieus genomen worden als gesprekspartners. Participatie van belanghebbenden in algemene zin wordt zeer gewaardeerd. Op die manier wordt nuttig gebruik gemaakt van beschikbare kennis en ervaring. De gekozen opzet, met een sterkere betrokkenheid van stakeholders, biedt volgens

---

318 De commissie Ecologie bestaat uit vertegenwoordigers van de BMF, ministerie VROM, Waterschappen, het georganiseerde bedrijfsleven en onafhankelijke leden.

319 Advies ISM, Provinciale Commissie Ecologie, interne publicatie Provincie Noord-Brabant, Den Bosch, 28 juni 2006.

de SER 'concreet perspectief op de verbreding en de noodzakelijke vernieuwing van het milieubeleid'. SER Brabant is wat kritischer over de verdere aanpak, omdat nog niet geheel duidelijk is waartoe dit alles zal leiden. Men is beducht voor praten zonder concrete uitkomst. Daarom worden zowel ten aanzien van het verdere proces als met betrekking tot de praktische uitvoering een aantal concrete suggesties gedaan in dit advies[320].

De grootste weerstand komt uit de eigen gelederen. Intern bijvoorbeeld wordt beweerd dat de Provincie haar eigen belangen ondergeschikt maakt aan het belang van het bereiken van een consensus over een brede linie. Dat is echter niet juist. Volgens de spelregels van de *MGA* bepaalt de Provincie voor zichzelf een minimumpositie. Dat voorkomt dat er met de Provincie gesold wordt. Positief geformuleerd: zo'n minimumpositie zorgt ervoor dat de Provincie op het speelveld staat tussen de andere partijen.

Om meer inzicht te geven in de methode biedt de Provincie MGA trainingen aan. In de periode juli 2006 - juli 2008 hebben meer dan 100 ambtenaren en externen aan een training deelgenomen. Eén ambtenaar kreeg een aanstelling om de methode over een breed front te introduceren en tenminste drie projecten te begeleiden[321]. Zo wordt de MGA-methode in 2008 bijvoorbeeld ingezet bij de vorming van een onderhoudscluster in het Westen van Noord-Brabant: Aviolanda Woensdrecht[322]. En bij de mogelijke bouw van 250 woningen op het park van het Epilepsiecentrum in Sterksel. Op één punt laat de Provincie het afweten: het voorstel om jaarlijks in samenspraak met de Staten een tiental concrete problemen te benoemen en op te lossen, is niet uitgevoerd.

Het vraagstuk biodiversiteit krijgt echter wel een vervolg. Bij de ontwikkeling van een nieuwe woonwijk Geerpark worden stroken groen ('ecologische zones') vrijgehouden voor mensen, planten en dieren. Het bestuursakkoord 2007 – 2011 bevat de keuze voor een proeftuin duurzame nieuwbouwwijk. Aan de grondeigenaren van Geerpark wordt gevraagd of zij willen meewerken. De Provincie wil met belanghebbenden laten zien wat er kan als men maximaal inzet op duurzame ontwikkeling van een nieuwe woonwijk. In het voorjaar van 2008 zijn de wooncorporatie Woonveste, de gemeente Heusden en de Provincie gestart met het organiseren van een vijftal bijeenkomsten. Het doel van die bijeenkomsten: gezamenlijk werken aan een woonwijk (44 ha en 750 woningen). Prof. Peter Schmid leidt deze bijeenkomsten, die

---

320 zie *site* SER, adviezen ISM, www.seob.nl/index_actueel.html, 26 juli 2008.
321 In 2008 zijn dit Aviolanda Woensdrecht, Krammer Volkerak (verzilting in gebied), gemeente Oss.
322 GS kiezen voor MGA en voor duurzame ontwikkeling in het Aviolanda Woensdrecht-initiatief. Dit betreft een poging om de Nederlandse onderhoudsindustrie een forse schaalsprong te laten doormaken, te beginnen bij de militaire luchtvaart. Het bedrijfsleven o.a. Stork, de gemeente en natuur- en milieuorganisaties zijn intensief betrokken De Provincie wil meewerken aan een nieuw terrein maar dat moet een substantiële verbetering voor de omgeving inhouden, zodat economie en ecologie beiden profiteren. Uit: notitie tbv Statencommissie Ruimte en Milieu, Provincie Noord-Brabant, dd 12 september 2008. Larry Susskind de ontwikkelaar van de MGA was onder de indruk van de inzet van de provincie Noord-Brabant bij Woensdrecht. Een dergelijke inzet van een regionale overheid is volgens hem uniek. Persoonlijke mededeling aan de procesbegeleider Martijn Koobs, mei 2008.

plaatsvinden in café de Republiek in Heusden. Schmid gebruikt de Methode Holistische Participatie om de aanwezigen op één lijn te krijgen en vorm, inhoud en expressie te creëren rondom het begrip duurzame ontwikkeling.

8.6 Tussenconclusie

Provincies stellen milieubeleidsplannen op die een beperkt eigen beleid bevatten, maar vooral Rijksbeleid en EU beleid doorvertalen. Dergelijke plannen bevatten weinig concrete doelstellingen en verankeren de provinciale milieuverordeningen. In hun huidige vorm hebben deze plannen nauwelijks praktische waarde. In Noord-Brabant is in 2005 gekozen om geen nieuw milieubeleidsplan op te stellen en te kiezen voor een strategie op hoofdlijnen, een andere vorm van programmeren en een werkwijze gericht op het oplossen van nader te benoemen dilemma's.

De Integrale Strategie Milieu kiest voor een duurzame ontwikkelingsstrategie waarbij de mens centraal staat. Thema's: gezondheid, veiligheid, leefbaarheid en (bio)diversiteit. De uitgangspunten, zoals ecologische efficiency, verbinden economische en ecologische belangen met elkaar. Vooral vanuit het georganiseerde bedrijfsleven en adviesorganen werd positief op deze veranderingen gereageerd.

Gedeputeerde Staten benoemt jaarlijks in samenspraak met Provinciale Staten concrete en herkenbare dilemma's uit de ISM. De Provincie neemt vervolgens als regisseur of als *facilitator* het voortouw om te komen tot oplossingen in gezamenlijk overleg met betrokkenen. GS heeft de opdracht gegeven om jaarlijks drie projecten met de *Mutual Gains Approach* (constructieve besluitvorming op de assen van de matrix, § 5.10) aan te pakken.

De zes *pilots*: het niet in mijn achtertuin syndroom, biodiversiteit, jongeren, eco-efficiency, duurzaam bouwen en ontgrondingen waren vooral gericht op oefenen met de MGA methode en om ervaring op te doen met het organiseren van belanghebbenden tafels. Uit de literatuur blijkt dat dergelijke trajecten, afhankelijk van de complexiteit en het aantal belanghebbenden, over meerdere jaren lopen[323]. De beperkt beschikbare tijd (een tot maximaal vier bijeenkomsten) en de betrekkelijke onervarenheid van de Provincie met de aanpak van dit soort vraagstukken maakte dat er maar beperkte resultaten zijn geboekt. De experimenten hebben te weinig concrete inhoudelijke resultaten opgeleverd om de vraag 'Hoe voorkom je dat economische en ruimtelijke ontwikkelingen ten koste gaan van de kwaliteit van het leefmilieu?' te beantwoorden. Het ontbreekt aan harde bewijzen.

---

323 Hans de Graaff, Een win-winaanpak (MGA) voor het oplossen van maatschappelijke vraagstukken Deel I en Deel II, KDO advies, CML universiteit Leiden, interne uitgave PNB, mei 2007

Het is een stap in de richting van andere besluitvorming en een poging tot veranderend gedrag door de regionale overheid: niet boven de samenleving met regels en wetten besturen, maar met de samenleving zoeken naar oplossingen voor vraagstukken. De Provincie kiest ervoor om te sturen op principes. Behartigers van deelbelangen en andere betrokkenen pakken dit goed op. Ze voelen zich serieus genomen en gaan zich daarnaar gedragen.

Opvallend is dat in de ISM de mens centraal staat, vooral diens gezondheid, de leefbaarheid, veiligheid en bio-diversiteit. Zo nadrukkelijk werd dat nog niet eerder geformuleerd.

9. Proeftuin nieuwbouwwijk Geerpark

Het doel:
een wijk die ademt, waar alle woningen uitkijken op groen, een wijk die nooit af is, een wijk die
zich DUURZAAM ontwikkelt, waar leefbaarheid, gezondheid, veiligheid en (bio)diversiteit prima
samengaan met betaalbaarheid.

Een wijk waar de woonhuizen niet gedachteloos in het buitengebied worden gedropt, maar 'een zachte
landing in het oorspronkelijke landschap maken'.

Kortom, een wijk waaraan een gedachte ten grondslag ligt. Een alles omvattend en overstijgend idee dat
samenhang en identiteit geeft aan de gebouwde omgeving. Een omgeving waar het leven goed is.

van de site van Geerpark: www.geerpark.nl[324]

Leeswijzer

Dit hoofdstuk beschrijft de proeftuin Geerpark, onderdeel van het Provinciale programma
Schoon Brabant in de periode 2007 – 2011. Na de inleiding gaan wij in op de context van deze
proeftuin, beschrijven wij de direct betrokkenen, de ambities van Geerpark en de uitvoering.
Wij sluiten af met een overzicht van de eerste resultaten en de tussenconclusie.

Inleiding

'Schoon, Mooi, Verbindend, Dynamisch, Bereikbaar en Perspectiefrijk Brabant' luiden
de ambities in het bestuursakkoord van 2007 – 2011 'Vertrouwen in Brabant'. Het
provinciebestuur stelt: 'De programma's zijn de etalage van het nieuwe college'[325]. In de
uitwerking van het akkoord krijgt duurzame ontwikkeling een centrale positie. Het bestuur
omschrijft dit als: 'een evenwichtige en duurzame ontwikkeling en dynamiek van de
economische, ecologische én sociaal-culturele kwaliteit zoals gedefinieerd in de Brabantse
duurzaamheidbalans van Telos, het instituut voor duurzaamheidvraagstukken'[326.] De
Provincie wil samen met anderen zoeken naar en werken aan vernieuwing: van techniek, van
organisatie en van uitvoering.[327] Een fors deel van het beschikbare provinciale budget in deze
bestuursperiode, ongeveer € 400 mln, wordt ingezet om het programma uit te kunnen voeren.

---

324 September 2010.
325 Bestuursakkoord 2007 – 2011 "Vertrouwen in Brabant", blz 4. www.onafhankelijkmoerdijk.nl/ downloads/03-01-
08Bestuursakkoord_Provincie2007-2011.pdf, 24 augustus 2009.
326 Programmaplan "Vertrouwen in Brabant", blz. 4. www.brabant.nl/~/media/Documenten/v/
programmaplanvertrouweninbrabantpdf.ashx, 24 augustus 2009.
327 "Het gaat daarbij, *in de eerste plaats*, om ambities die bij de typische rol van een provinciaal bestuur passen.
Zorgen voor een goede infrastruur die anderen in staat stelt optimaal te functioneren: dat geldt voor burgers
evenzeer als voor bedrijven, gemeenten en maatschappelijke organisaties", in bestuursakkoord 2007 – 2011
"Vertrouwen in Brabant, blz 4. www.onafhankelijkmoerdijk.nl/ downloads/03-01-08Bestuursakkoord_
Provincie2007-2011.pdf, 24 augustus 2009

Op 22 mei 2008 hebben College en vertegenwoordigers uit het bedrijfsleven, maatschappelijke organisaties, kennisinstellingen en andere overheden de diverse programma's op hoofdlijnen nader besproken. Besloten werd om te experimenteren in zogenaamde Proeftuinen, 'die op een inspirerende wijze laten zien dat duurzame en innovatieve oplossingen daadwerkelijk realiseerbaar zijn'[328]. De gekozen Proeftuinen zijn o.a. een duurzame herstructureringswijk, twee duurzame nieuwbouwwijken, een schoon bedrijventerrein, een weg van de toekomst en regionale (grootschalige) energieopwekking.

De Proeftuinen zijn concrete initiatieven om te experimenteren en vernieuwen. Ze worden samen met direct belanghebbenden in de praktijk uitgevoerd onder het motto 'Anders Dóen', zodat er resultaten komen die mensen kunnen zien en aanraken. Daarbij streeft men naar een integrale benadering. Dit in tegenstelling tot de eerdere beschreven initiatieven zoals de Strategische Agenda, die zich vooral op onderzoek en studie richten en vaak een van de drie P's over het hoofd zien.

We bespreken hier één van de Proeftuinen, een duurzame nieuwbouwwijk genaamd Geerpark. Beide auteurs van dit proefschrift zijn daar nauw bij betrokken. Geerpark beslaat het terrein van een voormalige zaadhandel in de gemeente Heusden. De komende jaren worden daar 730 tot 800 woningen gebouwd (16 tot 18 huizen per ha.). Het gebied ligt tegen de dorpsrand van deelgemeente Vlijmen. De gemeente Heusden, Woningbouwcorporatie Woonveste[329], Provincie en Waterschap Aa en Maas werken samen aan 'de meest duurzame woonwijk van Nederland'[330]. De eerste bewoners zullen in 2011/2012 een woning betrekken. Onze analyse in dit hoofdstuk betreft de eerste fase, het bepalen van de ambities en de zoektocht naar de eerst te realiseren innovaties.

9.1   Context 'een snel veranderende omgeving'

Put your money where your mouth is, zeggen de Engelsen. Dat is precies wat Adriaan van Mierlo, adviseur van het Integrale Strategie Milieu (ISM)[331] Team van de Provincie, van plan is, als hij zijn adviseurschap inruilt voor een baan als wethouder in de gemeente Heusden. Er ligt een mooi gebied klaar om ontwikkeld te worden tot bouwlocatie. Het is het terrein van wat eerst zaadhandel Mommersteeg heette. De bedrijfsgebouwen die er nog staan, zijn industrieel erfgoed. Het gebied ligt tegen de kern van Vlijmen aan, met uitzicht over verre velden. Aan de westkant van de 76 ha. grond verrijst het voormalige klooster Mariënkroon. Er leven vleermuizen en het terrein laat zich goed gebruiken om de biodiversiteit te versterken.[332] Een

---

328 Idem, blz. 3
329 Woonveste is een wooncorporatie met ruim 5000 woningen in de regio Heusden, Haaren en Den Bosch. Daarnaast verhuren zij ruim 800 garageboxen en peuterzalen, steunpunten en bedrijvengebouwen. Er werken 50 mensen.
330 De (periode 2006 – 2010) verantwoordelijke wethouder van de gemeente, Adriaan van Mierlo spreekt tegen de auteurs van dit proefschrift schertsenderwijs over zijn ambitie: 'de meest duurzame woonwijk, al is het maar voor een seconde'.
331 Zie ook hoofdstuk 8 Integrale Strategie Milieu in dit proefschrift
332 Interim Structuurvisie, gemeente Heusden

kolfje naar de hand van de wethouder met zowel financiën als huisvesting in zijn portefeuille, die popelt om de theorie van de ISM (duurzame ontwikkeling gedefinieerd rondom de kernbegrippen: gezondheid, veiligheid, leefbaarheid en biodiversiteit) in praktijk te brengen.

Van Mierlo kent de weg in het Provinciehuis en omgekeerd weet het ISM Team hem te vinden. In 2006 is er een bijeenkomst om te praten over 400 woningen op het terrein van Mommersteeg, op een manier die de biodiversiteit in het gebied vergroot en de (toekomstige) bewoners een gezonde, prettige en veilige leefomgeving biedt. Diverse organisaties uit Heusden zijn uiteraard van de partij. Het gebied krijgt de naam Geerpark. Maar, zoals steevast het geval is, loopt alles weer anders dan verwacht en bedoeld.
Een sprong in de tijd. Naar 2009. Het stedenbouwkundige plan heeft vertraging opgelopen. Financiële berekeningen tonen een licht negatief saldo voor de gemeente, wat politiek onverkoopbaar is. Ook Woningbouwcorporatie Woonveste geeft aan verlies te lijden.
De samenwerkingsovereenkomst tussen de twee partijen wordt verschillend geïnterpreteerd en dit leidt gedurende enkele maanden tot veel spanningen. De vaart raakt uit het proces en de diverse studies en voorgestelde innovaties blijven op de plank liggen. De bestuurders gaan om de tafel. In september 2009 klaart de lucht. De problemen worden opgelost onder andere door een nieuw stedenbouwkundig plan met een gewijzigde verkaveling, aanzienlijk meer woningen (namelijk 730 tot 800, in plaats van 400) en mede daardoor gunstiger exploitatie.

Kader 1. Bericht in Brabants Dagblad over de status als proeftuin van de nieuwbouwwijk Geerpark[333]

Geerpark wordt 'Proeftuin' provincie

NIEUWKUIJK – Het moet een van de duurzaamste nieuwe woonwijken van Nederland worden, het Geerpark tussen de Abdij Marienkroon in Nieuwkuijk en de kern Vlijmen. In de abdij onderstreepten ontwikkelaars, gemeente Heusden, Stichting Woonveste en de provincie gisterenmiddag hun samenwerking. De provincie heeft de nieuwbouwwijk verkozen tot Proeftuin. En zet tal van deskundigen in die meehelpen het plan te ontwikkelen. Komend voorjaar is de presentatie, in 2010 is de start van de bouw en in 2015 worden de woningen, zo'n 850 in totaal, opgeleverd.

Bijzonder is dat de drie partijen het bedrijfsleven nu uitdagen met innovatieve ideeën te komen voor de wijk. Bijvoorbeeld voor de energievoorziening en de inzet van 'groen'. Ook slimme constructies om dat allemaal financieel mogelijk te kunnen maken, moeten bedacht worden. Toekomstige bewoners kunnen daar ook over meepraten.

Volgens wethouder Adriaan van Mierlo, één van de sprekers gisteren, is het mogelijk zonder extra kosten de wijk, waarin minimaal honderd jaar prettig gewoond moet worden, te realiseren. Het idee is dat Geerpark een 'dorps' karakter krijgt. Met een smalle, landelijke ontsluitingsweg. Diverse woonenclaves worden er gescheiden door veel groen. Er komen groenafscheidingen (heggen) en grasdaken. Hout en baksteen worden gebruikt voor de bouw.

De ambitie is hoog: de meest duurzame wijk van Nederland, met betrokken bewoners die meedoen en meebeslissen. Met woningen die betaalbaar zijn, waaronder sociale woningbouw. Woningen die (minimaal) hun eigen energie opwekken en een gezond binnenklimaat hebben. Groene daken, groene gevels, optimaal gebruik van regenwater. Een gebied waar kinderen vrij kunnen spelen en flora en fauna groeit en bloeit. Kortom: het optimale voor mens, natuur en de portemonnee.

Het aantal belangen is groot en divers. Een van de grondeigenaren is wooncorporatie Woonveste. Deze club heeft maar liefst 60% van het gebied in handen. Voornaamste belang: snel en betaalbaar woningen neerzetten, zodat mensen geen jaren op wachtlijsten hoeven te staan. De overige grond is van de gemeente zelf (16%), van particulieren, wooncorporatie DKM en projectontwikkelaars. In de aangrenzende abdij werkt Stichting Focolare (spirituele evangelische beweging) aan een landelijk 'eigentijds centrum van spiritualiteit en bezinning'. Daarbij komen ecologische belangen, industrieel erfgoed en de belangen van (toekomstige en dus nog onbekende) bewoners.

De gemeente Heusden en wooncorporatie Woonveste tekenen op 7 maart 2007 een intentieovereenkomst, waarin Geerpark staat omschreven als woonwijk met specifieke aandacht voor duurzame ontwikkeling (energie, groen en water).

---

333 Uit Brabants Dagblad 27 augustus 2008

De Provincie belegt in het voorjaar van 2008 vier bijeenkomsten samen met Woonveste, gemeente Heusden en deskundigen[334.] De vragen luiden:

- Wat verstaan de partijen gezamenlijk onder duurzame ontwikkeling (duurzaam bouwen en wonen) en biodiversiteit in Geerpark en de directe omgeving?
- Welke ambities delen de partijen ten aanzien van duurzame ontwikkeling en biodiversiteit?
- Waar liggen concrete en zichtbare kansen voor duurzame ontwikkeling in Geerpark?
- Hoe vertalen partijen de ambities naar concrete acties in de tijd?
- Hoe realiseer je een duurzame(re) woonwijk die de vergelijking met de beste woonwijken glansrijk doorstaat?[335]

De context die tijdens de sessies besproken wordt, bestaat uit bekende hedendaagse problematiek en trends, zoals bijvoorbeeld vergrijzing en een toename van het autogebruik. Maar gedurende de aanloop naar de eerste schop in de grond van Geerpark, verandert de context sneller en meer dan voorheen. Olieprijzen rijzen de pan uit. Analoog daaraan stijgt de prijs van elektriciteit en aardgas, waardoor de woonlasten groeien, en ook de prijs van voedsel. De kredietcrisis barst los en de huizenmarkt stort in. Burgers, bedrijven en overheden reageren hierop. Enkele voorbeelden uit een lange reeks: In 2011 wordt de energieprestatie coëfficiënt (epc) verlaagd naar 0.6 en in 2014 naar 0.4. De gemeente Amsterdam kondigt aan dat er vanaf 2015 uitsluitend klimaatbestendige huizen zullen worden gebouwd. Amsterdamse proefprojecten starten in 2008. De gemeente Apeldoorn bouwt een energieneutrale woonwijk Zuidbroek met ruim 3000 woningen. Ook over de grenzen zie je een sterke beweging. Bijvoorbeeld in Engeland geldt vanaf 2016 de wettelijke verplichting dat er uitsluitend CO_2 -neutrale huizen mogen worden gebouwd. Kortom: Geerpark is allang niet meer uniek.

9.2 De direct betrokkenen

De bestuurders van de gemeente Heusden, Woonveste en de Provincie ondertekenen in september 2009 een intentie overeenkomst tot 'het ontwikkelen van de meest duurzame Woonwijk'. Eind 2009 sluit ook waterschap Aa en Maas zich aan.

Het proces wordt aangestuurd door een stuurgroep met daarin vertegenwoordigers van de diverse organisaties[336.] Om de zes weken overlegt de stuurgroep over de voortgang en worden besluiten genomen. Deze bijeenkomsten worden op ambtelijk niveau voorbereid. Naast de

---

334 Deskundigen Noud te Riele (onderzoeker, architect), Geert Verlind (specialist duurzaam bouwen), Renz Pijnenborgh (ecologisch architect), Vincent Snels (o.a. projectleider wijk In Goede Aarde te Boxtel).
335 Uit de aanbiedingsbrief opgesteld door projectleider Martin Bakker.
336 Gedeputeerde Paul Rüpp (tot 2010) vervolgens zijn opvolger Ruud van Heugten, wethouder Adriaan van Mierlo (tot 2010), zijn opvolger Mark Buijs, directeur Woonveste Aart Jan Gorter, bestuurslid Piet Beltman van Waterschap Aa en Maas.

stuurgroep zijn er themagroepen in wisselende samenstelling. Er is bovendien een zogenaamd geweten of expertgroep[337] aangesteld om gevraagd en ongevraagd de partijen scherp te houden en te adviseren over nieuwe ontwikkelingen.

Bij de diverse thema's zijn de plaatselijke natuur- en milieuorganisatie, stichting Focolare van Mariënkroon en lokale ondernemers, Agentschap NL en meerdere experts betrokken. De plaatselijke voetbalvereniging, de bewoners van de aanpalende wijk en de toekomstige bewoners blijven voorlopig buiten beeld.

9.3 Ambities en uitvoering

De vier hiervoor genoemde sessies zijn gehouden volgens de Methode Holistische Participatie. Drie groepen werkten drie thema's uit: Ambitie, realisatie, monitoring. In elke groep zaten vertegenwoordigers van de belanghebbende partijen en experts op het gebied van architectuur, bouwmanagement, monitoring, gezondheid, duurzame woonwijk ontwikkeling. Peter Schmid en Rudy van Stratum begeleidden de bijeenkomsten. In figuur 1 staat de ambitiesessie schematisch weergegeven als een 'wybertjes'proces: eerst brainstormen en vervolgens concreet maken. Het proces is gericht op het verkrijgen van commitment, opdoen van inspiratie en genereren van zoveel mogelijk kennis. In totaal hebben, naast de experts, ongeveer 20 mensen van diverse organisaties geparticipeerd. Andere stakeholders zoals de plaatselijke natuur- en milieuorganisatie, Mariënkroon, toekomstige bewoners en omwonenden zijn niet gehoord. Partijen willen dit in een volgend stadium wel gaan doen.

Figuur 1. Ideeën genereren en kiezen om tot een gedeelde ambitie te komen.

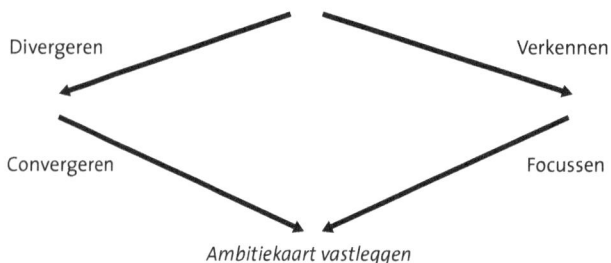

Het plan is om aan de rand van Vlijmen een gezonde en veilige woonwijk te realiseren, waar biodiversiteit, leefbaarheid, economische vitaliteit en ecologische kwaliteit integraal samengaan op een wijze waarop alle partijen, inclusief toekomstige generaties winnen[338]. Alle kennis die

---

337 Onder leiding van Peter Schmid. De overige leden van het Geweten zijn: Noud te Riele (architect), Rudy van Stratum (econoom), Jan IJzerdoorn (beeldend kunstenaar).
338 Uit het verslag van de bijeenkomst, interne notitie Provincie Noord-Brabant

opborrelde tijdens de sessies is samengevat in een ambitiekaart. Alle betrokken bestuurders zetten hun handtekening en dit vormt de basis voor de verdere samenwerking en uitwerking van de wijk Geerpark.

Figuur 2. De ambitiekaart van Geerpark.

9.4   Uitvoering

Om de ambities daadwerkelijk waar te maken is gekozen voor uitwerking in (deel)thema's door de betrokkenen zelf met ondersteuning van experts uit het netwerk van de Provincie. Daarnaast loopt er een 'normale" procedure over het bouwrijp maken van de grond. Die was al begonnen, voordat de duurzame ambitie geformuleerd was en de Provincie in beeld kwam[339].

Figuur 3. Schematische weergave: Hoe worden de deelthema's van Geerpark benoemd en nader uitgediept?

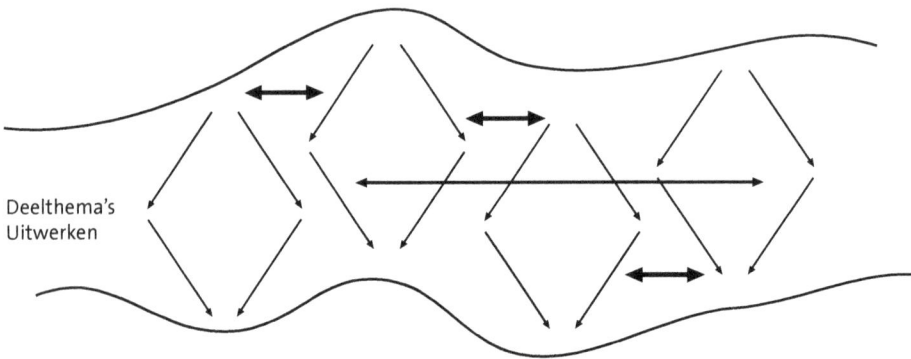

Frank van Empel schrijft in juni 2010 in de Geerpark nieuwsbrief: 'De ambitie om de meest duurzame wijk van Nederland te worden, krijgt steeds vaster vorm. Zo vast zelfs dat de initiatiefnemers van Geerpark deze durven te etaleren. Begin 2011 beginnen twee bouwcombinaties en een strobalenbouwer met de bouw van 22 energie neutrale 'etalagewoningen'. Woonveste verhuurt er acht. De overige 14 zijn koopwoningen. Als de huizen inderdaad evenveel of meer energie produceren dan verbruiken, is er een gerede kans dat alle 750 woningen op dezelfde wijze worden uitgerust. De richtlijnen voor de bouwers zijn scherp. De etalagewoningen moeten niet alleen minimaal energie neutraal zijn, ze mogen ook niet duurder zijn dan een reguliere woning.'
De achterliggende gedachte is, dat als je gezonde, groene, milieuvriendelijke en betaalbare huur- en starterwoningen kunt bouwen voor de zogenoemde onderkant van de markt, dan lukt het overal.

---

339 In alle proeftuinen is er een voorgeschiedenis. Vrijwel altijd stapt de Provincie in een lopend traject en moet er rekening gehouden worden met eerdere afspraken en worden samengewerkt met consultants bijvoorbeeld bouwmanagers die voor het normale traject zijn ingehuurd. Dit kan extra spanningen opleveren, maar ook onverwachte kansen bieden.

Robbert Snep, stadsecoloog van Alterra / Wageningen Universiteit introduceert een set van principes waardoor hoge kwaliteit biodiversiteit ontstaat. Hij noemt deze set een ecologisch casco. 'Juist omdat de totstandkoming van Geerpark een dynamisch proces is, waarbij meerdere actoren in verschillende samenwerkingsverbanden opereren, is ervoor gekozen de kansen voor biodiversiteit(beleving) in Geerpark niet in gedetailleerde ontwerpen (die telkens weer veranderen), maar in principes voor ontwerp, beheer en gebruik vast te leggen' (zie kader 2)[340].

Het gaat hierbij om natuurbeleving en om de intrinsieke waarde van natuur. Snep stelt dat 'door alle principes toe te passen tijdens de planning, ontwikkeling en gebruik van Geerpark een biodiverse en leefbare woonwijk ontstaat die qua niveau van biodiversiteit (en de beleving daarvan) nog beter functioneert dan vergelijkbare initiatieven zoals Lanxmeer (Culemborg) of De Kersentuin (Leidsche Rijn)'[341]. De stuurgroep heeft de principes van het ecologisch casco overgenomen.

Kader 2. Tien principes uit het ecologisch casco

De 10 geformuleerde principes zijn als volgt:	
1. *Verbindt schalen!*	- stem het ontwerp, inrichting en beheer van Geerpark af op het omliggend landschap. Zorg er bijv. voor dat de vleermuizen uit Mariënkroon via groene routes zich door Geerpark kunnen bewegen.
2. *Benut bestaande natuur!*	- maak gebruik van de huidige natuur(potentie) zoals bijv. kwel.
3. *Meer diversiteit = meer biodiversiteit!*	- varieer in typen bebouwing, groen en water en krijg daardoor een diversiteit aan stedelijke biotopen en bijbehorende soorten.
4. *Natuur = dynamisch!*	- benut ook kansen voor biodiversiteit (bijv. pioniersnatuur) in de planning- en ontwikkelfase van Geerpark.
5. *Investeer in een groene toekomst!*	- zorg voor groen dat oud en statig mag worden, reserveer ruimte voor toekomstbomen.
6. *Natuur tot bij de voordeur!*	- ontwerp groenstructuren die tot tegen de bebouwing doordringen en stimuleer bewoners om hun huizen en tuinen met aandacht voor biodiversiteit aan te leggen. Zo kan natuur ook echt beleefd worden.
7. *Beleven = zelf onderzoeken!*	- maak een groenblauwe structuur die uitnodigt tot verkennen, waardoor bewoners ook makkelijker de natuur zelf zullen ervaren.
8. *Beleven = zelf gebruiken!*	- geef het groen en blauw in Geerpark extra functies (bijv. volkstuin) waardoor bewoners ook actieve gebruikers van het groen worden.
9. *Beleven = zichtbare natuur!*	- zorg voor plekken (bijv. vlindertuin) en iconen (bijv. zwaluwhuis) waar biodiversiteit zichtbaar is voor alle bewoners van Geerpark.
10. *Meten = weten!*	- organiseer dat de biodiversiteit van Geerpark ook wordt geïnventariseerd (door professionals en bewoners) en deze resultaten richting alle betrokkenen worden gecommuniceerd (via website wijk?).

Geerpark is verplicht hydrologisch neutraal te bouwen. Dat betekent dat al het water in het eigen gebied opgevangen en 'verwerkt' moet worden. In een nabij gelegen wijk is dat in het verleden niet gebeurd en men wil in Geerpark ook het mogelijke overtollige water uit deze wijk opvangen. Stef Janssen van Dakconsolidated introduceert het idee van een waterslinger (zie kader 3)

---

340 Robbert Snep, 'uitwerking ambitie biodiversiteit Geerpark, interne notitie Provincie Noord Brabant, 2010.
341 Robber Snep in dezelfde notitie.

Kader 3. Een definitie van waterslinger.

Waterslinger: een ordenend principe in het polderlandschap, dat water bergt, water zuivert, energie wint, planten en dieren huisvest, recreatie en spelen mogelijk maakt, de zelfontplooiingsmogelijkheden voor wijkbewoners versterkt en esthetisch is.

Waterslingers zijn duurzaam exploitabel te maken als waterhouderij (= koppeling tussen waterberging, recreatie, landbouw, natuurontwikkeling, industrieel proceswater, stedelijk water, waterzuivering en algenteelt)[342,343].

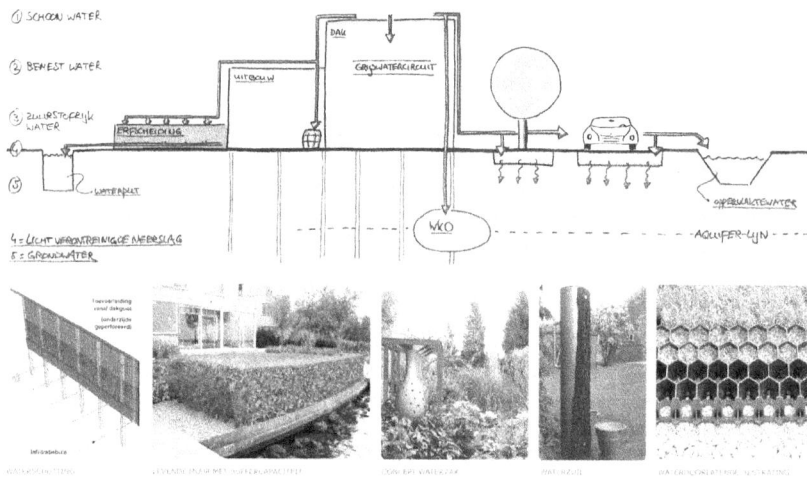

Het daklandschap is de waterbron van de 21ste eeuw. Kleurrijk, veelvormig vetkruid houdt het water zo lang mogelijk vast en maakt van het dak een spons. Is de spons verzadigd, dan sijpelt het water langs de groene gevels naar de benedenloopse waterstromen, tot in de aorta van de wijk: de waterslinger. Een groenblauwe zone van 800 meter lang, die in grote lussen door de wijk loopt. De waterslinger rijgt alle woningen aaneen, als kralen van een halsketting. Bij overvloedige regenval kan de waterslinger 22 meter breed worden, maar nooit dieper dan een paar centimeter. Voor architect Stef Janssen, die als creatieve wervelwind nauw bij Geerpark is betrokken, is de waterslinger veel meer dan afwatering. 'De waterslinger verhoogt de kwaliteit van een woonwijk als Geerpark,' zegt Janssen. 'Je krijgt grotere verschillen in vochtigheid en daardoor meer variatie in planten en diersoorten. Bio-diversiteit kun je niet maken, die moet je laten ontstaan. Met een waterslinger gaat dat min of meer vanzelf.'

---

342 Stef Janssen, in aanvraagformulier VROM subsidie Mooi Nederland, tweede tender waar Greenpark een aanvraag heeft ingediend, mei 2010.

343 Stef Janssen, kanskaart verticale waterslinger is uit veertig kanskaarten met watergerelateerde innovatie voor Greenpark, een nog lopend onderzoek in opdracht van de Provincie Noord-Brabant.

Als het aan Stef Janssen ligt, dan wordt Geerpark hèt voorbeeld van een waterhuishouding, waarbij de leefcondities worden gestuurd met behulp van water. Voorop staat in zo'n huishouding dat je het (regen)water in de wijk houdt. Zijn de benedenloopse stromen te groot, dan pomp je het water simpelweg omhoog, het sponsdak op. Door de waterslinger krijgen de woningen die er aan grenzen een erf, een gebied direct om het huis. In het voor- en najaar kan het er goed drassig zijn, maar in de zomer moet je er niet van staan te kijken als er ineens een strand voor de deur ontstaat. Stef: 'Investeren in de waterslinger is voor mij investeren in een comfortabele wijk, niet in stenen.'[344]

Bij de ontwikkeling van een woonwijk zijn veel ambtenaren van de gemeente betrokken. Zij toetsen de plannen aan wet- en regelgeving en gemeentelijk beleid. Kunnen brandweerwagens en ziekenauto's overal komen en draaien? Zijn de wegen daarvoor breed genoeg en belastbaar? Op het moment dat je hiervan afwijkt, bijvoorbeeld door te kiezen voor een karrenspoor in plaats van een 'gewone' straat dan kunnen deze ambtenaren dit gaan blokkeren. De ambitie van Geerpark betekent echter vernieuwing en veranderingen en dan stuit je op weerstanden. Dertig ambtenaren van de gemeente Heusden volgden daarom een cursus duurzame ontwikkeling. De cursus richtte zich op het belang van duurzame ontwikkeling en impliciet op het verkrijgen van een open kritische houding van de ambtenaren ten aanzien van projecten als Geerpark.

Kader 4. Pleidooi van Noud te Riele voor de sturing van het proces in Geerpark door een supervisor[345]

Processen van wijkontwikkeling duren lang. Hier wordt gesproken van groepen die sturen. Mijn ervaring (als architect en supervisor van grote projecten) is dat het goed werkt als er één gedreven persoon is die de ambities vijf jaar lang bewaakt en verder inspireert. Die verantwoordelijkheid bij een groep leggen kan wel, maar het verwatert snel omdat niemand echt verantwoordelijk is of het aanspreekpunt vormt. En in de loop van het proces staan er velen klaar om de ambities aan te vechten om allerlei redenen. In het proces verschijnen ook steeds nieuwe gezichten, die de oorspronkelijke ambities niet goed kennen of er niet van doordrongen zijn dat die ambities belangrijk zijn.

In augustus 2009 besluit de stuurgroep om de diverse innovaties op deelthema's naast elkaar te leggen en integraal te bezien. 'Centraal staat het verkrijgen van concreet inzicht (in geld, techniek en beeld) van alle innovaties in samenhang, het opsporen van blinde vlekken en mogelijk meenemen van nieuwe kansen' (zie figuur 4).[346]

---

344 Uit Greenpark nieuwsbrief, uitgave van Woonveste en de gemeente Heusden, juni 2010.
345 Noud te Riele, architect, onderzoeker gezonde wijken tijdens het bepalen van de ambitie, verslag duurzaamheidsessies, intern document PNB, 2008.
346 besluit stuurgroep Geerpark, 17 juli 2009.

Figuur 4. De deelthema's worden met elkaar verbonden om de samenhang te bewaren en in de 'normale' procedures opgenomen.

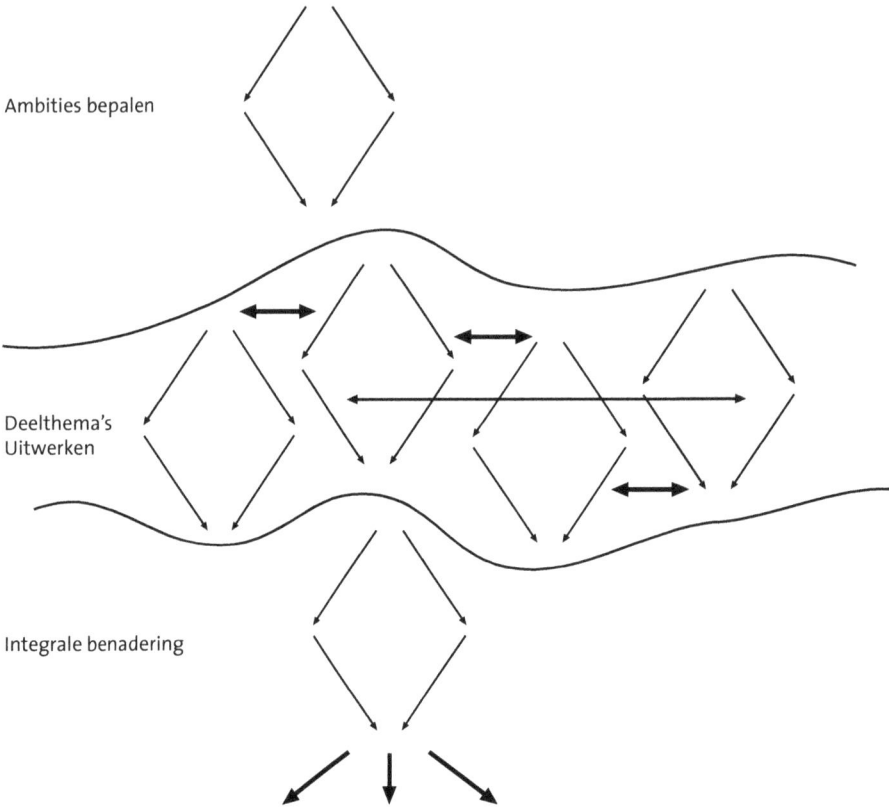

Ambities bepalen

Deelthema's Uitwerken

Integrale benadering

Opname in 'normale' procedures:
bestemmingsplannen, bouwaanvragen, ontwerpen, bouwen en monitoren

Innoveren vraagt om tijd, ruimte en vrijheid van denken en handelen. Dat botst op diverse punten met de normale procedures van bouwrijp maken, ontwikkelen en bouwen. Van belang is dat het innovatietraject enigszins afgeschermd wordt van de normale gang van zaken. In het geval van Geerpark is dit een taak van de stuurgroep. Een idee als energienota neutrale woning, een ecologisch casco of een waterslinger moet uitgewerkt kunnen worden, robuust gemaakt om vervolgens door de stuurgroep te kunnen worden getoetst op bruikbaarheid in de 'normale' procedure. In de uitvoering lukt het de partijen niet een integrale afweging te maken. De financiën worden consequent buiten het besluitvormingstraject gehouden en apart tussen Woonveste en de gemeente besproken. De overige partners Waterschap en Provincie worden hier buitengehouden. Cruciaal voor het laten slagen van een integrale benadering (en om alle kansen te benutten) is juist die integrale afweging op alle aspecten, waaronder geld.

9.5   Resultaten

Geerpark is één van de proeftuinen in Noord Brabant, een van de concrete, doe-projecten om duurzame ontwikkeling te laten zien, ruiken en voelen. De opzet past op de Allemaal Winnen Matrix in de constructiefase. Geerpark is nog in wording. De eerste schop moet nog de grond in. Maar de intentie en intensiviteit waarmee gewerkt wordt, de opborrelende ideeën en het steeds weer ijken van de route, zijn veelbelovend. Er is bijvoorbeeld een (innovatieve) ambitiekaart ontwikkeld waarin op compacte en overzichtelijke wijze de ambitie staat beschreven zodat die gecommuniceerd kan worden.

De Provincie heeft op diverse manieren kennis ingebracht. Niet in de laatste plaats in de vorm van experts (het betreft hier zowel ambtenaren van de Provincie, als deskundigen van buiten) die oplossingen aandragen, ondersteunen en inspireren: duurzame energievoorziening, groene daken, gezondheid in een wijk, leefbaarheid, groen, recreatie en spelen, monitoring. Er is een werkwijze, Methode Holistische Participatie, gebruikt om consent over de ambitie te bereiken. Onderdeel daarvan is een basis van vertrouwen en draagvlak tussen partijen, noodzakelijk fundament om een dergelijk project te doen slagen.

Er zijn contacten met het bedrijfsleven, zoals met energieleverancier Essent, over mogelijke decentrale energievoorziening. Met netbeheerder Enexis wordt hard nagedacht over de aanleg van een *smart grid* voor 200 tot maximaal 400 woningen. *Smart grid* is een slim netwerk dat het mogelijk maakt om decentraal in energie uit hernieuwbare bronnen te voorzien door onderlinge leverantie (*peer to peer*).
De betrokken partijen hebben meerdere werkbezoeken afgelegd, waaronder naar de ecologische wijk Eva Lanxmeer in Culemborg, het hoofdkantoor van het WNF in Zeist, een woonwijk van KOW in Zoetermeer, de na de vuurwerkramp gerenoveerde wijk in Enschede en 24 starterwoningen van innovator en projectontwikkelaar Henk Seinen in Zwaagwesteinde, Friesland.

Doordat het waterschap Aa en Maas meedoet, is de kans groter dat de integrale benadering, Allemaal Winnen, inderdaad lukt. Denk hierbij aan het waterslinger systeem, maar tevens aan experimenten met grijs- en zwart water. 'Water is van ons allemaal.' De riolering in de wijk wordt aangesloten op een nieuw te bouwen waterzuiveringsinstallatie die geen energie verbruikt en misschien zelfs energie kan leveren, waardoor water en energie aan elkaar gekoppeld worden. Behalve technologische innovatie, zijn nieuwe vormen van besluitvorming interessant: hoe raken de (toekomstige) bewoners betrokken bij de plannen, de uitvoering en het beheer? (Besluitvorming in de Allemaal Winnen Matrix)

Op een aantal punten is nog geen besluit genomen, zoals over de energievoorziening van de wijk, over participatie van de toekomstige bewoners. Andere punten zijn nog niet aan de orde gesteld zoals auto's in de wijk, woon-werk opties en mogelijke alternatieven van vervoer, over innovatieve infrastructuur en over het toepassen milieuvriendelijke materialen.

De partijen hebben een intentieverklaring getekend om samen deze woonwijk te realiseren. De samenwerking zou, volgens inmiddels oud-wethouder van Mierlo, door moeten gaan tot enkele jaren na de oplevering. De samenwerkingsovereenkomst loopt op dit moment tot het bouwrijp maken van de grond. Daarna vindt uitgifte plaats en is er een minder directe rol voor de gemeente. De Provincie is slechts betrokken tot en met de Provinciale verkiezingen van 2 maart 2011.

In 2011 keert het tij. Wethouder van Mierlo is niet terug gekeerd op zijn post na de gemeentelijke verkiezingen. Zijn opvolger Mark Buijs heeft evenwel de intentie om de plannen voor de wijk door te zetten. Maar de Provincie besluit te stoppen met de proeftuinen. Bovendien maakt Woonveste terugtrekkende bewegingen. De corporatie blijft vooral op haar eerste doelstelling zitten: snel goedkope woningen bouwen voor de sociale huursector. Als dan blijkt dat de bouwers van de etalagewoningen zich verteld hebben en de BTW zijn vergeten mee te rekenen in de prijs, dreigt het einde van Geerpark als duurzame wijk nog voordat de eerste steen gelegd is. Ondertussen is elders in de provincie een groepje experts samen met projectleider Martin Bakker bezig om de Brabant Woning te ontwerpen. De Brabant Woning is in feite niet meer of minder dan een programma van eisen, waarmee – indien men aan alle eisen voldoet – een betaalbare duurzame woning gebouwd kan worden, die afhankelijk van de financieringsvorm klimaat- dan wel energieneutraal is.[347] Verderop in dit proefschrift staat de Brabant Woning uitgewerkt, als casus waarin de hier ontwikkelde werkwijze, het begrippenkader en conceptueel raamwerk worden getoetst.
Bij Woonveste krijgt men lucht van de Brabant Woning. Het klinkt als een aantrekkelijk alternatief om de ambities van Geerpark alsnog waar te maken. Tijdens het afronden van dit proefschrift is dit alles nog volop in beweging.

9.6   Tussenconclusie

De analyse van de Proeftuin Geerpark bestrijkt maar een beperkt deel van dit experiment dat doorloopt, ook nadat dit proefschrift verschenen is. Een proeftuin is, volgens de Provincie, een plek waar betrokkenen innovaties concreet en zichtbaar maken. Laten zien dat duurzame ontwikkeling kan! Een basisvoorwaarde hiervoor, zo blijkt steeds, is samenwerken en delen. Manieren om zo'n basis te leggen, zijn de Methode Holistische Participatie en de *Mutual Gains Approach*.
Het ontwerpen van een ambitiekaart blijkt in Geerpark een uitstekend middel om een complexe integrale opgave als de 'meest duurzame woonwijk van Nederland' samen te vatten en tot de essentie terug te brengen. Het is tevens een goed communicatie middel.

De ontwikkeling van Geerpark strekt zich uit over meerdere jaren en vraagt om commitment voor langere termijn. Het Proeftuin programma van de Provincie kent in principe een looptijd van vier jaar. In langere samenwerking is niet voorzien. De betrokken bestuurders van de

---

347 definities van klimaat- en energieneutraal, zie kader 1, casus 1 De Brabantwoning, in dit proefschrift.

gemeenten en de Provincie zijn in principe voor vier jaar benoemd. Om ambities zoals in Geerpark waar te maken, dienen afspraken gemaakt te worden die de betrokkenheid van de partijen garanderen en even lang van kracht blijven als het project loopt.

Experts met langdurige ervaring in hun vakgebied, met het vermogen anderen te inspireren, die verder kunnen kijken dan het eigen terrein, spelen een cruciale rol bij het verwezenlijken van een proeftuin. Van belang is dat experts zich oprecht betrokken tonen en vertrouwen wekken. Voor Geerpark zijn experts uitgenodigd om een inspirerend verhaal te houden. Bij een 'klik' met de partijen is hen gevraagd om deel uit te blijven maken van het project. Dit blijkt uitstekend te werken. Proeftuin Geerpark toont dat er behoefte is aan een regionale overheid die kennis, netwerk en expertise op het gebied van duurzame ontwikkeling (en de deelthema's) aanbiedt.

Vernieuwing - innovatie - gaat niet alleen over techniek en technologische hoogstandjes, maar ook over slimme financiering (§ 5.2) en slimme manieren van organiseren (besluiten). Het zijn vooral Woonveste en de gemeente Heusden, die risico lopen en investeren. Wanneer het huurhuizen betreft, is de problematiek anders dan bij koopwoningen. Extra investeringen om de energielasten tot nul te reduceren, komen de huurders ten goede, terwijl de verhuurder heeft betaald. Het omhoog brengen van de huurprijs is in het geval van sociale woningbouw een problematische oplossing vanwege de wetgeving rondom huursubsidie. De huizen zouden alsnog onbereikbaar worden voor mensen met een kleine portemonnee. De Provincie steunt de Proeftuin met een relatief gering bedrag en trekt zich bovendien terug, nog voordat de eerste paal de grond in gaat.

Het ontwikkelen van woonwijken zoals Geerpark behoort tot de kerntaken van gemeenten en ontwikkelaars. Dat betekent echter ook vaste paden, vaste structuren en een zekere weerstand tegen veranderingen. Voor innovatie is daarbij nauwelijks ruimte. Om toch te kunnen innoveren is afscherming en bescherming van de ontkiemende vernieuwing noodzakelijk. In dit geval is het een van de taken van de stuurgroep.

Zoveel mogelijk belanghebbenden betrekken, blijkt ook nu weer een verrijking. Deelname van het Waterschap Aa en Maas verhoogt de kwaliteit van de uitwerking van de thema's. Duurzame ontwikkeling is niet mogelijk als een of twee partijen dit trachten te doen. Het vraagt om betrokkenheid van partijen uit de werelden van de drie P's. Daar zit dan meteen ook een minpunt: de (toekomstige) bewoners spelen een geringe rol. Het is aan de ene kant moeilijk om toekomstige bewoners in een vroeg stadium te betrekken omdat je niet weet wie het zijn. Maar noch gemeente, noch woningbouwcorporatie vertonen sterke neigingen nieuwe bewoners, of andere burgers die met Geerpark te maken krijgen, op te zoeken.
De bewoners echter, bepalen uiteindelijk of Geerpark een gezonde, leefbare, veilige en diverse wijk wordt. Zij gaan er leven. Wat is nodig om hen te betrekken en betrokken te houden? Gaat dat vanzelf, omdat mensen intrinsiek gedreven zijn? Helpt het als er financieel voordeel

te behalen valt voor degenen die actief mee doen? Hoe richt je dat in? Met corporaties voor de opwek van hernieuwbare energie of ten behoeve van de inrichting en het onderhoud van de openbare ruimte in de wijk? Deze en soortgelijke vragen zullen aan de mensen voorgelegd moeten worden. En ook hier is bewustwording en een gedeelde ambitie cruciaal om van Geerpark de meest duurzame wijk te maken. Het zit in meer dan in het ontwerp en de goede intenties van de makers. Een duurzame wijk wordt gevormd door het gedrag en de ethiek van de mensen die er wonen.

Zover is het echter nog lang niet in het voorjaar van 2011. Wederom blijkt dat wie betaalt, bepaalt. Woonveste weigert door te onderhandelen zodra blijkt dat er een rekenfout gemaakt is en dreigt zich terug te trekken. Een andere, verwante, ontwikkeling – het ontwerp van de Brabant Woning – kan Geerpark uit het slop trekken. Brabant Woning vormt een van de twee casussen, waarmee dit proefschrift afgesloten wordt.

10. GROW, lerende regio's in de EU

'Economic growth in affluent societies does not mean an increased claim on resources because growth is now mostly about better stuff, not more stuff.

(John Kay)[348]

Leeswijzer

Grow is een EU programma van regio's waaraan de Provincie Noord-Brabant in de periode 2005 – 2007 deelnam. Wij schetsen de achtergrond van dit programma en laten de keuze van GROW zien voor slimme groei.

Inleiding

De Strategische Agenda was de eerste poging om verschillende organisaties en mensen bij elkaar te brengen om hen samen na te laten denken over hoe Brabant duurzaam zich kan ontwikkelen.

Het programma *Grow* (juni 2005 – december 2007) is een Europese aanzet tot interregionaal leren. Samen en van elkaar leren hoe een regio de eigen duurzame ontwikkeling kan stimuleren. Het is onderdeel van Interreg IIIC, ter bevordering van samenwerken en kennisdelen tussen regio's door middel van projecten. *Grow* is met andere woorden: 'Leren om samen te leren'. Met als nevendoel: de ervaring, die regio's opdoen met de projecten, omzetten in beleid.

In dit hoofdstuk wordt het programma Grow van de Europese Unie kort geanalyseerd, ondermeer aan de hand van het rapport van Telos, Brabants Centrum voor Duurzaamheidsvraagstukken, dat het programma evalueerde in 2007[349]. Daarnaast gebruiken we de nabeschouwing van de zestien projecten. Er past wel een zekere terughoudendheid ten aanzien van te trekken conclusies omdat het gaat over slechts één EU programma en maar vijf regio's.

10.1 Achtergrond van het Programma

In het akkoord van Lissabon (2000) legde Europa de ambitie vast om 's werelds best concurrerende en meest dynamische kenniseconomie te worden met aanhoudende economische groei die leidt tot betere banen en grotere sociale cohesie. Een jaar later is

---

348 John Kay, Economic growth can be about better – not more, Financial Times, 10 September 2008.
349 John Dagevos, Ruben Smeets, *The Grow programme in perspective of the Telos 3P-model: evaluation of the programmes and projects*, www.seeda.co.uk/_publications/TELOSModelFinalReportJuly2007.pdf, 12 mei 2010.

hier de Agenda van Gothenburg aan toegevoegd, waarmee, kort door de bocht, duurzame ontwikkeling de weg naar deze concurrerende en dynamische kenniseconomic is geworden[350]. (zie kaders 1 en 2)

Kader 1. De Strategie van Lissabon: één van de EU kaders voor Grow

In de Agenda van Gothenburg (2001) staat dat economische groei en innovatie niet mogen leiden tot toenemende milieudruk.

'Strategie van Lissabon: De strategie werd door de regeringsleiders en staatshoofden van de EU tijdens een Europese top in de Portugese hoofdstad Lissabon gelanceerd. Op dat moment leek de EU een welvarende tijd tegemoet te gaan: de werkeloosheid was relatief laag en de economische groei relatief hoog. De doelstelling was dan ook ambitieus: in 2010 moest de EU zijn veranderd in de meest concurrerende en dynamische kenniseconomie van de wereld, met een arbeidsparticipatie van 70% en een economische groei van 3%. Dit is de zogenoemde economische pijler van de strategie. Verder was er het streven om het Europese welvaartsmodel te verbeteren (de sociale pijler)' en later werd via de agenda van Gothenburg toegevoegd 'het milieu te ontzien'. De economische groei moest duurzaam zijn (de ecologische pijler).

Speciale aandacht ging uit naar onderzoek en ontwikkeling (O&O; *Research and Development, R&D*). Volgens de strategie moest ieder land hier minimaal 3% van het bruto binnenlands product aan besteden, waarbij het bedrijfsleven tweederde van de benodigde investeringen voor zijn rekening diende te nemen en de overheid de rest"[351].

Vijf regio's, die economisch tot de sterkeren van de EU behoren, namen het initiatief tot *Grow*. Dit waren, behalve Noord-Brabant, Malopolska (Polen), Almagna-Romania (Italië), Andalucia (Spanje) en South East England. De projectleiding kwam in handen van de South East England Development Agency (SEEDA). Ze kregen 7.5 miljoen euro tot hun beschikking om gezamenlijk projecten te doen. 78 Partners (bedrijven, overheden, ngo's, kennisinstellingen) deden 16 projecten. *Grow* richtte zich op drie thema's: zakelijke groei, groene groei en inclusive groei.

---

350 *INTERREG IIIC is an EU-funded programme that helps Europe's regions form partnerships to work together on common projects. By sharing knowledge and experience, these partnerships enable the regions involved to develop new solutions to economic, social and environmental challenges,* www.interreg3c.net/sixcms/list.php?page=home_en, 12 mei 2010.
351 nl.wikipedia.org/wiki/Strategie_van_Lissabon, blz. 1, 10 mei 2010.

Kader 2. Agenda van Gothenburg: één van de EU kaders voor Grow

The Gothenburg European Council in June 2001 completed the Lisbon strategy by adding an environmental dimension. It focussed on a new emphasis to protect the environment and achieve a more sustainable pattern of development.

Description
The Gothenburg European Council set out key environmental objectives and target dates at strategic, political and legislative levels, taking account of international agreements.
The Council added the environmental dimension to the Lisbon process as its 'third pillar', the others being economic and social reform. Integration of environmental protection into other Community policies became a requirement. Sustainable development deals with economic, social and environmental policies in a mutually reinforcing way. Priorities include combating climate change, ensuring sustainable transport, addressing threats to public health and managing natural resources more responsible.

For the four priorities, the Gothenborg European Council agreed on:
- *Climate change: Reduction in greenhouse gas emissions, Kyoto targets. Progress towards electricity generated from renewable sources*
- *Sustainable transport: Decoupling gross domestic product from transport growth. Tackling rising traffic volumes, congestion, noise and pollution. Encouraging the use of and investment in environmentally friendly transport and related infrastructure.*
- *Public health: Respond to citizens' concerns regarding food safety, the use of chemicals, infectious diseases and antibiotic resistance.*
- *Resource management: Decoupling resource use and the generation of waste from growth.*

Since 2002, the Gothenburg strategy has been subject to ongoing monitoring and adjustment, the results of which are published in a separate chapter of the Commission's annual report on the Lisbon strategy. The latter is usually published in March of each year, before the spring European Council[352].

10.2   Grow is slimme groei

De regio's wilden samen leren en werken aan de hand van de thema's:
- groene groei gericht op het milieu;
- zakelijke groei gericht op samenwerking tussen bedrijven, innovatie en ondernemerschap;
- *inclusive* groei: werkgelegenheid en *social inclusion*.

---

352 .eukn.org/eukn/themes/Urban_Policy/Urban_environment/Environmental_sustainability/Gothenburg-Agenda_1044.html, 10 mei 2010

Een goed verstaander heeft het al begrepen. Er blijkt geen interactie tussen *People, Planet & Profit*. Dat was in de praktijk ook zo. De definitie van duurzame ontwikkeling die de commissie Brundtland ons gaf, spreekt van gelijktijdige ontwikkeling van de drie P's, zonder afwenteling op andere gebieden of toekomstige generaties. Dit ontbreekt vanaf de aanzet. In het kader van Allemaal Winnen blijven de concepten samenwerken en (kennis) delen wel overeind.

Een van de voorwaarden waaraan projecten moesten voldoen, luidde dat partners minimaal uit twee van de vijf regio's moesten stammen. Achteraf gezien is twee aan de lage kant om echte interregionale samenwerking tot stand te brengen. Op het moment zelf echter, bleek het niet eenvoudig om te *daten* over de grenzen heen. Vooral de strakke tijdschema's die aan *Grow* verbonden waren, vormden een obstakel[353].

De titel *Grow* slaat op Slim groeien en niet op 'groeien tegen elke prijs': groei mag niet ten koste gaan van milieu, leefbaarheid of de sociale omstandigheden[354].

10.3   Wijze van organiseren

Vijf regio's hebben gezamenlijk een projectvoorstel ingediend bij de Europese Unie. Project initiatiefnemer was SEEDA dat ook de projectcoördinatie, de communicatie en het secretariaat op zich nam. Iedere regio beschikte over een zogenaamde regionale correspondent met als taken het werven van partijen en hen helpen bij de voorbereiding van projecten. En de afstemming met andere partners en met SEEDA.

Er was een stuurgroep (*international steering committee*) waarin iedere regio vertegenwoordigd was. De stuurgroep beoordeelde en selecteerde aanvragen voor projecten. In totaal waren er zo'n 50 projectaanvragen waarvan er 16 zijn gehonoreerd.

10.4   Resultaten

De 3 P benadering werd ingebracht door John Dagevos, werkzaam bij Telos[355]. *Grow* was toen al enige tijd bezig, de projecten waren gekozen en in uitvoering. Er werd nagedacht over hoe te evalueren en een voorstel van Noord-Brabant om Telos te betrekken, kwam op het juiste moment. In Brabant was al een ruime ervaring met het Telosmodel zowel op het niveau van regio's als op het niveau van projecten. Geen van de andere regio's beschikte over een vergelijkbare aanpak of methode.

---

353 *Evaluation report GROW "a generally held view is that the speed at which projects had to be developed meant that the partner-search process had to be rushed to meet tight deadlines"*, blz 4.
354 *The objective of this project is to establish a joint programme between 5 high growth regions in Europe; each having, in common, at least some of these challenges and all sharing the same vision - not "growth at all cost" but the achievement of "Smart Growth".* http://www.grow3c.com/programme.php, 12 mei 2010.
355 Hier wordt gesproken van drie P's maar in feite ging het over het drie kapitalen model economie, ecologie en sociaal culturele aspecten van Telos.

Er zijn interviews gehouden met direct betrokkenen, maar kwantitatieve analyses ontbreken. In totaal zijn er uiteindelijk 16 projecten uitgevoerd met in totaal 78 projectpartners. Om uitwisseling te bevorderen zijn meerdere partners en meerdere regio's relevant. In *Grow* zaten 6 projecten die werden uitgevoerd door slechts twee partners. Drie is toch eigenlijk wel het minimum. Brabant deed in 7 projecten mee.

Het *Grow* programma werd door de direct betrokkenen als uiterst positief ervaren. Vanwege een duidelijke ambitie, de professionele begeleiding vanuit SEEDA en omdat alle 16 projecten zonder strubbelingen tot een goed einde werden gebracht. De projecten bleken voor het grootste deel gericht te zijn op het identificeren van goede voorbeelden, het uitwisselen van ervaringen en *dissemination*. Een brede mix van bedrijven, lagere overheden, universiteiten, landelijke overheid en ngo's, heeft meegedaan. Deze partnerschappen verschoven de blik van intern gericht naar leren-van-anderen en werken-met-anderen. De internationale dimensie, het uitwisselen van ervaringen vanuit verschillende achtergronden en het delen van kennis werden door de partners als het meest waardevol ervaren[356].

De projecten richtten zich niet op een integrale benadering. Het ging vrijwel uitsluitend over 'business growth or green growth or inclusive growth'. De meeste projecten (45%) hebben zich gericht op zakelijke groei en op de tweede plaats op groene groei en vervolgens op *inclusive grow*[357]. John Dagevos kwam in zijn evaluatie tot een vergelijkbare conclusie.
In *Grow* werd innovatie gedefinieerd als de mate waarin projecten één van de andere thema's of pijlers wist te betrekken. Dit is echter bij de uitvoering van de projecten niet goed gelukt[358]. Het door Brabant geïntroduceerde 3P-model werd goed ontvangen als een mogelijke oplossing hiervoor. Een geleerde les is om het Telosmodel ook voor de selectie van projecten en niet alleen voor de nabeschouwing te gebruiken[359].

De regio's hebben op basis van de positieve ervaringen besloten na *Grow* verder te gaan. Enkele nieuwe regio's, waaronder Stockholm, gaan deelnemen aan het vervolgprogramma *Power*, ook geïnitieerd door SEEDA.

---

356 *'the added value of working in an international partnership in the project is enormous. There has been exchange, share and learning of experiences, the context, the solutions and the way how they are applied', Espania participant, evaluatie rapport, blz 40.*

357 *Evaluation report*, blz 2.

358 *"The GROW definition of innovation is 'assess the degree to which projects were adressing more than one pillar of the 3P model. However as is highlighted bij the 3P study the programme has not been most succesful in fulfilling this objective",* blz 40.

359 *Evaluation report*, blz 9.

10.5   Tussenconclusie

Noord-Brabant heeft van 2005 tot en met 2007 deelgenomen aan het programma *Grow* van de Europese Unie. Het programma omvatte 16 projecten met 78 verschillende partners en een budget van EUR 78 mln, waarvan 7,5 mln door de EU beschikbaar is gesteld. GROW richtte zich op drie thema's: zakelijke groei, groene groei en inclusieve groei.
De inzet is 'slimme groei' in lijn met de ambitie van de EU. Deze is neergelegd in de strategie van Lissabon en de agenda van Gothenburg. Innovatie en duurzame ontwikkeling spelen daarbij een belangrijke rol.

De vijf betrokken regio's hadden echter geen duidelijk beeld voor ogen met betrekking tot wat ze gezamenlijk verstaan onder duurzame ontwikkeling. Het gevolg hiervan is dat de geselecteerde projecten hoofdzakelijk gericht waren op een van de thema's. Het populairst was: 'zakelijke groei' dat 45% van de projecten voor rekening nam. Als tweede eindigde 'groene groei' en 'inclusieve groei' was, zoals zo vaak, het ondergeschoven kindje. Relaties tussen de drie thema's (synergie) waren zo goed als non-existent.

Er lijkt bij de deelnemende partijen een gebrek aan kennis en ervaring met duurzame ontwikkeling te zijn. Noord-Brabant bleek als enige regio een manier te hebben om duurzame ontwikkeling in de regio te meten. Dit model is ontworpen door Telos, Brabants centrum voor duurzame ontwikkeling. Halverwege het programma werd het Telosmodel door de partners geaccepteerd en ingezet voor evaluatie. Dit werd als handig instrument gezien met de constatering dat het te laat is ingezet. Namelijk, niet tevens gebruikt om vooraf te bekijken of een project daadwerkelijk bijdraagt aan duurzame ontwikkeling. Je kunt dit beschouwen als een gemiste kans, maar als je bedenkt dat het gaat over (van elkaar en met elkaar) lerende regio's, dan is het een winstpunt.

Grow heeft een opvolger gekregen genaamd: POWER Programme (2009 – 2011). Dezelfde regio's zijn bij dit driejarige initiatief betrokken met toevoeging van een regio uit Estland. Ook nu weer is het een programma gericht op duurzame ontwikkeling en innovatie. Bij het uitwerken van projecten moeten nu tenminste drie partners uit de verschillende regio's deelnemen en zijn de eisen om te komen tot een integrale benadering aangescherpt.

Deel IV. Velduitkomsten

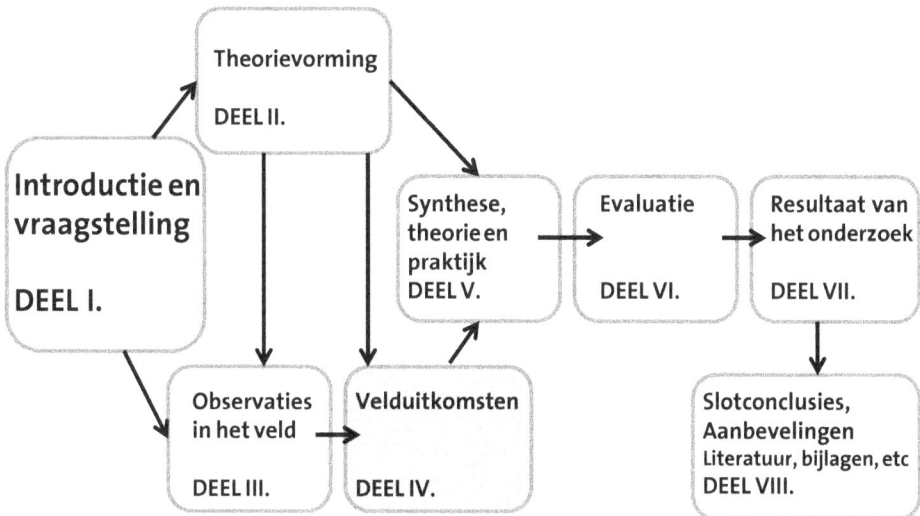

In deel IV worden lessen getrokken uit de vijf initiatieven van Deel III. Deze lessen worden gespiegeld aan verworven theoretische inzichten, als opmaat voor een eigen theorie over het 'wie', 'wat', 'waar', 'wanneer' en 'hoe' van duurzame, regionale ontwikkeling. Het relaas betreft de ervaringen van Brabant. Hoofdstuk 11 zoomt in op de monitoring van deze ervaringen met duurzame, regionale ontwikkeling. In hoofdstuk 12 – 'Brabantse lessen' – worden rode draden getrokken door de vijf 'veldoefeningen' van deel III, met theoretische inzichten en praktijk ervaring als leidraad.

11. Monitoren van regionale duurzame ontwikkeling

'Pretending that something doesn't exist if it's hard to quantify leads to faulty models. You've already seen the system trap that comes from setting goals around what is easily measured, rather than around what is important. So don't fall into that trap. Human beings have been endowed not only with the ability to count, but also with the ability to assess quality. Be a quality detector. Be a walking, noisy Geiger counter that registers the presence or absence of quality.
'If something is ugly, say so. If it is tacky, inappropriate, out of propertion, unsustainable, morally degrading, ecologically impoverishing, or human demeaning, don't let it pass. Don't be stopped by the "if you can't define it and measure it, I don't have to pay attention to it" ploy. No one can define or measure justice, democracy, security, freedom, truth, or love. No one can define or measure any value. But if no one speaks up for them, if systems aren't designed to produce them, if we don't speak about them and point forward their presence or absence, they will cease to exist.'

Donella Meadows, *Thinking in Systems*[360]

Leeswijzer

Dit hoofdstuk gaat over de vraag hoe we duurzame ontwikkeling kunnen meten. Vervolgens wordt de wijze van monitoren bij de vijf provinciale inititiatieven doorgelicht en worden conclusies getrokken.

Inleiding

Een belangrijk onderdeel van elk project is het monitoren van de resultaten. De vijf beschreven casussen uit het proefschrift beslaan meerdere jaren. De Strategische Agenda en het programma Naar een Duurzaam Brabant kenden een looptijd van vier jaar. Het EU programma *Grow* duurde drie jaar en de Integrale Strategie Milieu is in één jaar ontwikkeld, maar had een werkingsduur van vier jaar (tot en met 2011). De Proeftuin Geerpark loopt door tot twee jaar na oplevering van de woonwijk in 2013.

In iedere casus kwamen meerdere studies en (deel)projecten voor, waarbij het meten aan de orde is gekomen. Bijvoorbeeld in de Portfolio studie over de betekenis en rol van de Brabantse industrie. Dit onderzoek vond plaats in 1999 en het meten van duurzame ontwikkeling stond nog in de Brabantse kinderschoenen. Het meten van duurzame ontwikkeling is, omdat het gaat over meerdere aspecten, namelijk het nu, het hier, het daar en het later, volgens

---

360 Diana Wright (ed), Donella H. Meadows, *Thinking in systems: a primer*, Earthscan, London, 2009, blz 176 en 177. Meadows was één van de auteurs van het Grenzen aan de groei rapport, een uitgave van de Club of Rome in 1972. De inhoud van het rapport en het ontwikkelde computermodel sloegen in als een bom bij de publicatie. Het gaf de aanzet tot een wereldwijde en indringende discussie over uitputting, draagkracht van de aarde en de invloed van de mens. Een discussie die overigens tot op de dag van vandaag in alle hevigheid doorloopt.

sommigen überhaupt niet mogelijk. Vanwege de complexiteit gekoppeld aan het belang van het meten, gaan wij in dit hoofdstuk apart op dit onderwerp in en beschrijven en analyseren de monitoring van de diverse casussen.

De auteurs zijn bij de alle meetprojecten in meerdere of mindere mate betrokken geweest. Over meten is het laatste woord niet gezegd en in de komende jaren blijft verder wetenschappelijk onderzoek noodzakelijk. Iedere krantenlezer wordt namelijk om de oren geslagen met het meest duurzame product of bedrijf, de meest duurzame woonwijk en vergelijkbare ambities waarbij het onmogelijk is om te toetsten wat dit betekent. Als men zich in verdiept, blijkt het in de meeste gevallen toch vooral om *window dressing* te gaan.

11.1   Het meten van duurzame ontwikkeling

In 1996 werkte Martin Bakker een jaar aan de universiteit van Massachusetts, het Toxics Use Reduction Institute (TURI). Daar maakte hij kennis met het werk van Maureen Hart. Zij introduceerde in die tijd een *Sustainable indicator handbook*, volledig gewijd aan het meten van duurzame ontwikkeling in lokale gemeenschappen. In dit handboek omschrijft zij indicatoren als: *An indicator is something that helps you understand where you are, which way you are going and how far you are from where you want to be. A good indicator alerts you to a problem before it gets too bad and helps you recognize what needs to be done to fix the problem. Indicators of a sustainable community point to areas where the links between the economy, environment and society are weak. They allow you to see where the problem areas are and help show the way to fix those problems*[361].

Over indicatoren die duurzame ontwikkeling meten, stelt zij: '*Indicators of sustainability are different from traditional indicators of economic, social, and environmental progress. Traditional indicators - such as stockholder profits, asthma rates, and water quality - measure changes in one part of a community as if they were entirely independent of the other parts. Sustainability indicators reflect the reality that the three different segments are very tightly interconnected, as shown in the figure below.*

---

361 Maureen Hart, www.sustainablemeasures.com/Indicators/WhatIs.html, 23 november 2009

Figuur 1. Gemeenschappen zijn een web van interacties tussen milieu, economie en samenleving[362]

'As this figure illustrates, the natural resource base provides the materials for production on which jobs and stockholder profits depend. Jobs affect the poverty rate and the poverty rate is related to crime. Air quality, water quality and materials used for production have an effect on health. They may also have an effect on stockholder profits: if a process requires clean water as an input, cleaning up poor quality water prior to processing is an extra expense, which reduces profits. Likewise, health problems, whether due to general air quality problems or exposure to toxic materials, have an effect on worker productivity and contribute to the rising costs of health insurance.'[363]

362 Idem
363 Idem, 23 november 2009

Duurzame ontwikkeling vraagt om een integrale visie op de wereld – het vraagt daarom ook om multi dimensionaal samengestelde indicatoren die de relaties laten zien tussen de economie van de gemeenschap, het milieu en het sociaal-culturele aspect.

De Brabantse veldoefeningen startten in 1999 met het convenant de Strategische Agenda Milieu, Economie en Ruimte. Bij de auteurs overheerste in die tijd al de overtuiging dat duurzame ontwikkeling niet gemeten kan worden door (eenzijdig) te kijken naar één eenduidige maatstaf, bijvoorbeeld de waterkwaliteit of de voorraad beschikbaar grondwater. Duurzame ontwikkeling gaat immers, zoals Maureen Hart betoogt, over meerdere aspecten en vraagt daarom om samengestelde indicatoren. Het vraagt in feite om graadmeters die tegelijkertijd iets zeggen over de gevolgen voor zowel milieu als voor sociale én economische aspecten. In de convenanttekst van de Strategische Agenda stond een afspraak over een gezamenlijke evaluatie. Het denken over duurzame ontwikkeling was toen echter niet zover dat men kon spreken over een integrale benadering van economie, milieu, de sociale component en ruimte aspecten en het meten van de effecten daarvan.

Een tweede punt ten aanzien van meten betreft het aantal indicatoren en de eisen die je aan een graadmeter moet stellen, wil die geschikt zijn. Eerst het aantal indicatoren. Duurzame ontwikkeling gaat over de relatie tussen alle drie de P's en mogelijk over de relatie tussen twee P's zonder dat het ten koste gaat van de derde P (zoals bij het ontkoppelingsvraagstuk). Dat betekent vier mogelijke combinaties tussen deze P's en het vraagt dan tenminste om vier samengestelde indicatoren bij, die iets zeggen over de ontwikkelingen van de economie, de leefbaarheid, de gezondheid van mensen en de kwaliteit van natuur en milieu.

Als je naar thema's kijkt, gaat het over het algemeen om een beperkt aantal zoals gezondheid, leefbaarheid, water, energie, materialen (inclusief emissie en grondstoffen), biodiversiteit. Als men indicatoren benoemt, dan kan het aantal zodoende beperkt blijven. Een beperkt aantal graadmeters dat vervolgens voor alle betrokkenen begrijpelijk en interessant dient te zijn. Dus zowel voor de manager van een individueel bedrijf, als voor de belangenvertegenwoordiger van een bedrijfstak én voor de beleidsmakers op het provinciehuis.
Een indicator is effectief als deze gebaseerd is op betrouwbare en voor iedereen toegankelijke data, transparant van opzet en eenvoudig te begrijpen. Bestaande indicatoren over bijvoorbeeld waterkwaliteit blijven van belang. Er komt dan een extra set indicatoren die specifiek ingaat op duurzame ontwikkeling.

Als derde punt geldt dat duurzame ontwikkeling geen doel is maar een weg[364]. Een voortdurend streven gericht op het verbeteren ten opzichte van de bestaande situatie. Dit betekent dat de indicatoren de verandering ten opzichte van een eerdere situatie moeten laten zien en dat de indicatoren oog hebben voor de lange termijn (over meerdere generaties heen) en een breder gebied (afwenteling voorkomen).

---

364 Uit de lezingen van Donald Huisingh, Hogeschool Delft, 1997

Kader 1 Zes voorwaarden waaraan indicatoren om duurzame ontwikkeling te meten moeten voldoen

1.	transparant, eenvoudig te begrijpen;
2.	uit betrouwbare data opgebouwd;
3.	samengesteld uit combinaties van de drie P's of twee P's mits de ontwikkeling niet ten koste van de derde P gaat;
4.	laten een ontwikkeling in de tijd zien;
5.	toepasbaar op meerdere schaalniveau's, bijvoorbeeld van een bedrijf, van een branche en van een regio;
6.	beperkt in aantal.

11.2   De studies Portfolioanalyse en Strategisch Milieumanagement

Het convenant de Strategische agenda had een focus op de relatie tussen de druk op ruimte, de druk op ons leefmilieu en de groei van de regionale economie. Het begrip duurzame ontwikkeling werd wel genoemd, maar door de betrokken partijen in eerste instantie toch vooral vertaald alsof het ging over milieu. Het Brabants Centrum voor Duurzaamheidvraagstukken Telos werkte in die tijd aan een meetmethodiek, maar die stond nog in de kinderschoenen. Telos is slechts zijdelings bij de agenda betrokken geweest.

In twee studies, uitgevoerd door de werkgroepen van het convenant Strategische Agenda, namelijk de Portfolioanalyse van de Brabantse industrie en de studie Strategisch Milieumanagement, kregen de betrokkenen nieuwe inzichten over ontkoppeling. In beide studies werden economische activiteiten gemeten in relatie tot de druk op het milieu. De eerste werkgroep 'Portfolio' maakte een analyse van de huidige 'economisch dragende' activiteiten in Brabant: welke sectoren zorgen voor de meeste welvaart en werkgelegenheid en welke economische trends zijn er te verwachten. En welke gevolgen zullen de trends op langere termijn hebben op de Brabantse economie en ecologie?
Eén van de conclusies van de werkgroep Portfolio was dat tot 2020 de toegevoegde waarde ten opzichte van 2000 in Brabant maar liefst met 80% zal toenemen. Daarentegen zal, naar verwachting de milieudruk weliswaar toenemen, maar slechts met 20%.

Bij het berekenen werd milieudruk gemeten aan de hand van emissiegegevens naar water en bodem. De data werden aangeleverd door TNO en zijn niet vrij toegankelijk. Door alleen emissiedata te gebruiken wordt milieudruk in een te beperkte vorm gemeten en de conclusie dat de druk op het Brabantse milieu verminderd kan ons inziens niet worden getrokken. Zuiverder zou zijn geweest om te spreken van emissiedruk met uitzondering van CO_2-emissie.

De werkgroep Portfolio adviseerde de Provincie om een dergelijke analyse periodiek te herhalen en het methode verder te ontwikkelen. Verder luidde het advies om de sectoren die de meeste belasting veroorzaken (transport, consumentengedrag en landbouw) goed te bekijken. Bovendien vond de werkgroep het verstandig om de eventuele ontkoppeling tussen de economische groei en milieudruk te blijven meten om te toetsen of die daadwerkelijk wordt gerealiseerd of extra inzet vraagt.

De tweede werkgroep heeft voor het Midden- en Kleinbedrijf (MKB) een analyse gemaakt en daarbij gekeken naar drie aspecten: de milieubelasting, het economische belang en het ruimtegebruik van verschillende branches. De belangrijkste conclusie van het onderzoek was dat niet zozeer het MKB in de industrie speciale aandacht verdient. Juist met betrekking tot de zakelijke dienstverlening, de groothandel, de detailhandel, horeca, reparatiebedrijven, de bouwnijverheid en het transport over land zou stringenter beleid gevoerd moeten worden. Weliswaar veroorzaken individuele bedrijven in deze sectoren een lagere milieubelasting en ruimtedruk, maar vanwege hun aantal eindigen zij toch hoger dan de industrie.

Er zijn geen samengestelde indicatoren ontwikkeld en de sociale aspecten zijn niet meegenomen. Wel zijn de *profit* en *planet* indicatoren in beide studies in samenhang besproken / gewogen. De gebruikte data zijn niet vrij beschikbaar en het analyseren van de gegevens vraagt enige achtergrond kennis. De studies werden wel als *eye-openers* ontvangen en dan vooral door het bedrijfsleven. Nog niet eerder waren in Brabant dergelijke verbanden kwantitatief gelegd. Er zijn echter geen vervolgstudies verschenen, ook is er geen beleid voor ontwikkeld. Beide analyses waren een goede start geweest om te meten in lijn met eerder geformuleerde eisen, samengevat als: samengestelde indicatoren, eenvoudig, beperkt in aantal en toepasbaar op meerdere schaalniveaus. Ook de betrokkenheid van bedrijfsleven, milieubeweging, overheden en kennisinstellingen was een pré.

11.3   Telos

Tegelijk met de Strategische Agenda werd het Brabants Centrum voor duurzaamheidvraagstukken, Telos opgericht. Bij de start was het een samenwerkingsverband tussen Etin, PON, de universiteiten van Tilburg en Eindhoven en de Provincie[365]. De methode die Telos ontwikkelde wordt hierna in het kort beschreven en van commentaar voorzien. Telos is slechts zijdelings bij de beschreven veldoefeningen betrokken geweest. Zij heeft echter wel als eerste een coherente meetmethode ontwikkeld voor een regio en die in de vorm van duurzaamheidbalansen gepresenteerd[366].

De Telosmethode baseert zich op drie kapitalen: het economische, ecologische en het sociaal-culturele. Deze kapitalen zijn volgens Telos de essentiële subsystemen van het totale maatschappelijke systeem. Ieder kapitaal is opgebouwd uit een aantal voorraden. Economisch kapitaal bijvoorbeeld wordt gevormd door kennis, arbeid, grond- en hulpstoffen,

---

365 Telos kwam voort uit het manifest Brabant 2050 waarin opgeroepen werd tot het oprichten van een centrum dat duurzame ontwikkeling kan meten

366 zie www.telos.nl voor deze duurzaamheidsbalansen *on line*, 10 december 2009

economische structuur, ruimtelijke vestigingsvoorwaarden en kapitaal. Iedere voorraad krijgt een wegingsfactor mee, in het geval van economie is dit een gelijke verdeling van 18% per voorraad. Vervolgens heeft Telos de belangrijkste regionale *stakeholders* gevraagd naar de eisen die zij aan voorraden stellen. Een eis van het sociale kapitaal aan de voorraad luidt bijvoorbeeld: 'alle burgers hebben vrijelijk toegang tot de informatie die zij nodig hebben om als burger te kunnen functioneren'. Op grond hiervan worden indicatoren bepaald. Met behulp van die indicatoren kan per kapitaal worden aangegeven of de regio in vergelijking met 2002 in 2006 duurzamer geworden is. Per voorraad worden, door 'scheidsrechter' Telos, rode, gele en groene kaarten gegeven. De kaarten geven de urgentie en noodzaak aan om te handelen.

In hoeverre sluiten gebruikte methode en de gekozen indicatoren aan bij de eerder door ons geformuleerde eisen (zie kader 1)? Telos koos bij de start voor drie aparte aanvliegroutes: de economie, het sociaal-culturele en het milieu. Dit levert uiteindelijk per deelterrein een enorme hoeveelheid gedetailleerde informatie op, maar het is geen integrale benadering. Er is geen sprake van samengestelde indicatoren, noch van een beperkt aantal. De gemaakte duurzaamheidsbalansen gebruiken veel indicatoren die in afzonderlijke sectorale studies ook al vermeld staan.

In de opeenvolgende balansen van 2002 en 2006 blijven overigens dezelfde thema's als urgent staan. Er is slechts sprake van minimale verschillen in de toestand van de voorraden, de meeste rode kaarten blijven rode kaarten. Het is de vraag in hoeverre bepaalde doelgroepen zoals het bedrijfsleven, Provincie en gemeenten iets met de balans kunnen (of doen). Het pleit voor een onderzoek naar het gebruik van de balans en dan vooral naar de praktische bruikbaarheid van de ontwikkelde methode. Een vergelijk met andere (ondertussen) ontwikkelde methoden ligt dan, gezien ook de snelle internationale ontwikkeling op het terrein van monitoren, voor de hand.

11.4   Naar een Duurzaam Brabant

Het programma Naar een Duurzaam Brabant is niet bepaald uitbundig gemonitord. Het onderdeel Leren voor een duurzame ontwikkeling, dat zich vooral richtte op het subsidiëren van (kleinere) projecten, is geëvalueerd via interviews. Het ontwikkelde instrument Werkateliers is nader geanalyseerd en als methode verder uitgewerkt. Een van de projecten in het programma is interessant om in dit kader te bespreken. In Nederland is door de gemeente Tilburg in samenwerking met W/E adviseurs uit diezelfde gemeente een meetmethode voor de bouw ontwikkeld. De Provincie heeft een toepassing van deze methode voor de renovatie van bestaande bouwen gesubsidieerd. De methode, genaamd GPR, wordt op dit moment op een steeds grotere schaal in Nederland gebruikt. De Provincie zelf past GPR toe bij 'Frisse scholen" en in de Proeftuin Geerpark.

De GPR is een *software tool* dat meerdere thema's onderscheidt, die samen (in een zekere weging) de mate van duurzame ontwikkeling bepalen. De vijf thema's zijn: milieu, energie, gezondheid, gebruikskwaliteit en toekomstwaarde. Bij het ontwerpen van een gebouw kan een architect de GPR inzetten of de opdrachtgever kan per GPR thema een ambitie stellen waaraan dan de opdrachtnemende bouwkolom moet voldoen. Een sterk punt van deze methode is dat ieder thema een cijfer kan scoren. Met een tien als hoogste score. Er is bij ieder thema een bodemcijfer bepaald aan de hand van een referentie, bijvoorbeeld bij energie is een 6 een nieuwbouwwoning met een energieprestatie coëfficiënt van 0.8.

De GPR gebruiker heeft weliswaar geen direct inzicht in de wijze waarop het cijfer tot stand komt, maar naar analogie van een rapportcijfer kan iedereen zich er iets bij voorstellen. In de praktijk blijkt de methode de gebruikers van een gebouw aan te spreken. Een complexe problematiek wordt hanteerbaar gemaakt.

Ook gaat de GPR uit van een beperkt aantal thema's dat duidelijk en aansprekend is voor alle betrokkenen: corporaties, gemeenten, architecten, bouwers, installateurs, maar ook de toekomstige gebruiker. Er is geen sprake van samengestelde indicatoren, bijvoorbeeld een indicator die de relatie tussen energie neutraal en energielasten kan uitdrukken. Een gemis bij de GPR methode is dat er aan de P van *profit*, de financiering van gebouwen, geen aandacht wordt besteed. Een integraal (duurzaam) gebouw ontwerpen m.b.v. de GPR is daarmee niet mogelijk.

11.5 De Integrale Strategie Milieu

Voor de Integrale Strategie Milieu (ISM) is een onderzoek gestart om de relatie tussen economische ontwikkeling en milieu te onderzoeken. De ISM kende een aantal uitgangspunten. Sommige daarvan zijn hetzelfde als de uitgangspunten van het milieubeleid van de Europese Unie, zoals het voorzorgsprincipe, maar de Provincie voegde er twee specifieke aan toe voor Brabant: Inzet op het behoud van het Brabantse erfgoed (rentmeesterschap) en inzet gericht op eco-efficiency[367]. Het ecologisch efficiënter maken van de Brabantse economie. Daarbij zou milieu niet gezien moeten worden als een belemmering maar als een kans. Het bedrijfsleven is ook gebaat bij een gezonde en vitale leefomgeving. Om aantrekkelijk te zijn voor hooggekwalificeerde medewerkers maar ook voor een goed productiemilieu (schoon water, schone lucht).
Samen met Jochem Jantzen van het instituut voor Toegepaste Milieu Economie (TME) is gewerkt aan het ontwikkelen van indicatoren en het meten ervan[368]. Het uitgangspunt was de gedachte van een economie als een *input – throughput - output* van fysieke stromen. In figuur 2. staat dit schematisch weergegeven.

---

367 Eco-efficiency wordt mede gebruikt door het bedrijfsleven, zie *World Business Council on Sustainable Development,* www.bcsd.ch, augustus 2009
368 Provincies zijn verplicht om op provinciaal niveau de milieukosten in kaart te brengen. En om vervolgens de sociaal-economische gevolgen van het milieubeleid te bepalen. De ISM heeft door TME een milieu-economische analyse Brabant 2005 laten uitvoeren.

Figuur 2. Een input-output balans met het productieproces als black-box van fysieke stromen in een regionale economie of bij individuele bedrijven

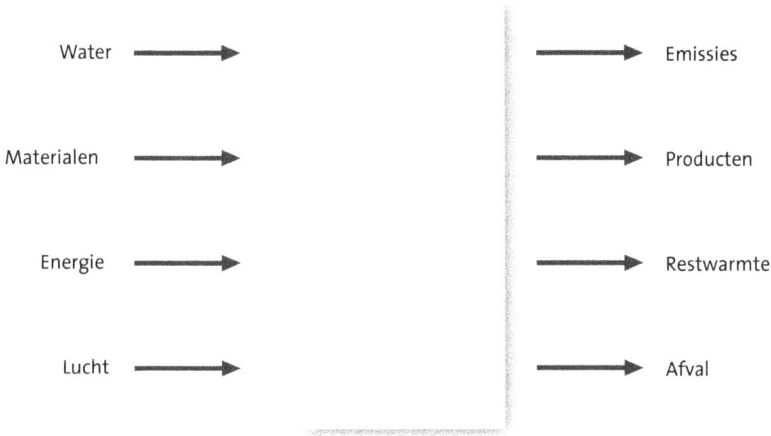

Water	→	Emissies
Materialen	→	Producten
Energie	→	Restwarmte
Lucht	→	Afval

Om indicatoren te ontwikkelen zijn betrouwbare gegevens nodig en dat bleek een struikelbrok. Er waren geen regionale gegevens beschikbaar voor de input aan energie, materialen, water en lucht. Met enige moeite waren de gegevens van de emissies wel te achterhalen. Deze zijn gebruikt om te meten in hoeverre de Brabantse economie ecologisch efficiënter is geworden. Eco-efficiency wordt gedefinieerd als de index van de reële diensten / index milieuschade. Figuur 3 toont de eco-efficiency[369] berekend over een reeks van jaren. De figuur laat zien dat de eco-efficiency in Brabant vooral in de periode 1990 – 2000 enorm verbetert. Het BRP stijgt met 46%, terwijl de emissies dalen naar 87% van het niveau van 1990. Vanaf 2002 gaat het om ramingen[370]. De berekende eco-efficiency is hier bepaald als een soort milieu productiviteitindicator, vergelijkbaar met andere productiviteitgraadmeters zoals arbeid.

---

369 Eco-efficientie is een door de *World Business Council on Sustainable Development* (WBSCD) omarmde term om inhoud te geven aan duurzame ontwikkeling. In de WBCSD zijn vrijwel alle multinationals vertegenwoordigd om samen te werken aan maatschappelijk verantwoord ondernemen, zie www.wbcsd.ch, maart 2011.
370 Jochem Jantzen, Henk van de Woerd, Milieu-economische analyse Brabant 2005, TME Nootdorp, oktober 2005, blz 18.

Figuur 3. De ecologisch efficiënte ontwikkeling van Noord-Brabant in de periode 1990 – 2010. De economie groeit (BRP-index) en de emissies (m.u.v. CO_2) nemen af.

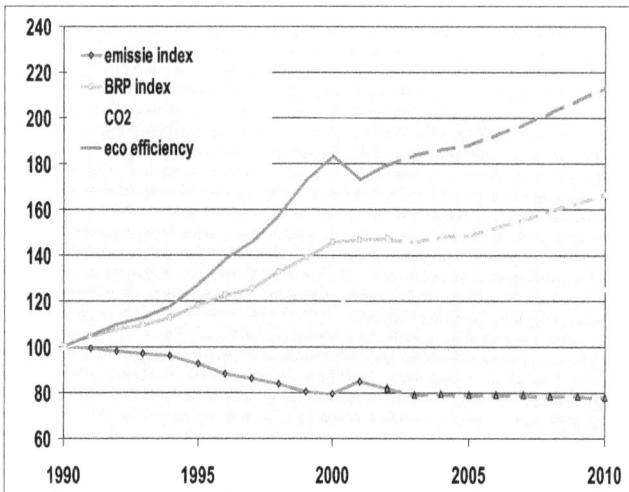

Eco-efficiency was een centraal begrip in de ISM. De ontwikkelde indicator is samengesteld en op meerdere schaalniveaus bruikbaar, zowel voor een bedrijf, een bedrijfstak, als een regio. Het sluit ook aan bij andere productiviteitsindicatoren. Er is op regionaal niveau een emissieregistratie en ook economische data zijn voorhanden. Het vraagt echter specialistische kennis om het feitelijk uit te rekenen.

11.6   Proeftuin Geerpark

De ambitie om de meest duurzame woonwijk van Nederland te ontwikkelen, is erg hoog. Deze ambitie ontstond tijdens een vijftal workshops met de bij die woonwijk betrokken partijen. De naam van de wijk is Geerpark. Al vrij vroeg kwam de vraag, hoe te monitoren, aan de orde en werd een tweetal experts uitgenodigd om mogelijke bekende instrumenten als GPR-gebouw en Greencalc toe te lichten en een voorbeeld uit te werken.
Na afloop concludeerden de deelnemers dat meten van belang is en moet gebeuren, maar dat ambities in eerste instantie intuïtief bepaald moeten worden. Bijvoorbeeld door andere duurzame projecten te bezoeken zoals de wijk Eva Lanxmeer in Culemborg om te horen, zien, voelen, ruiken, leren en te vergelijken.

Uiteindelijk werd een aantal afspraken gemaakt, zodat ambities aantoonbaar als gehaald of gefaald kunnen worden benoemd. De organisatiestructuur voor het ontwikkelen kent een stuurgroep bestaande uit de verantwoordelijke bestuurders. Er is een expertgroep (in de wandelgangen 'Het Geweten' genoemd) onder leiding van Prof. Peter Schmid. Het Geweten heeft de taak alles kritisch te volgen, te reflecteren en te adviseren over de voortgang. Tenslotte zijn er afspraken gemaakt om meetinstrumenten als de GPR in te zetten en om twee jaar na oplevering van de wijk een evaluatie-onderzoek uit te voeren.

Bij het ontwikkelen van de wijk Geerpark is voor een integrale benadering gekozen. Biodiversiteit, betaalbaarheid, gezondheid, veiligheid, leefbaarheid zijn bijvoorbeeld thema's waar hoog op wordt ingezet. De wijk biedt een uitstekende mogelijkheid om een set van indicatoren te ontwikkelen die geschikt is voor het beoordelen en volgen van de resultaten door alle betrokkenen, inclusief (of eigenlijk vooral) door de lokale gemeenschap en de toekomstige bewoners. Er zijn geen afspraken gemaakt over de uitvoering.

11.7   De Matrix

In de inleiding van hoofdstuk 4 en in de paragrafen 5.4 en 5.5 kwam de Matrix benadering kort aan de orde. In hoofdstuk 13 wordt hij uitgebouwd tot een eigen methode om te meten en bij te houden (monitoren) òf er sprake is van een duurzame ontwikkeling, hoe ver we daar van af zitten, wat we moeten doen om dichter bij te komen, et cetera. De door ons ontwikkelde Matrix voldoet aan alle voorwaarden van kader 1.

11.8   Tussenconclusie

Te vaak zijn initiatieven in naam van duurzame ontwikkeling uit het nabije verleden *window dressing* gebleken. Veel mooie woorden, maar het ontbreekt aan kwantitatieve gegevens, waardoor de mooie woorden hol blijven. Na Brabant 2050 begon in Brabant met de Strategische Agenda en met Telos de zoektocht naar gedegen methoden en indicatoren om duurzame ontwikkeling te meten. De regio had toen echter nog geen eenduidige definitie van duurzame ontwikkeling.

In de SA en later bij de ISM lag de nadruk op het meten van de relatie tussen economische ontwikkeling en de druk op milieu en ruimte (relatieve en absolute ontkoppeling). Met als belangrijkste conclusie dat als de provincie Noord-Brabant economisch groeit de druk op het milieu (met uitzondering van CO_2) absoluut afneemt. Er is dan dus sprake van een absolute ontkoppeling. Telos gaat in de door haar ontwikkelde methode uit van drie kapitalen waarvan de toestand door een berg aan indicatoren en de eisen die de samenleving stelt, worden bepaald. Ieder kapitaal bestaat uit meerdere voorraden waarover uitspraken gedaan worden.

Er zijn in de diverse sectoren milieu (water, bodem, lucht, natuur), economie en het sociale domein aparte instituten die enorme hoeveelheden data verzamelen. Ontelbare indicatoren die relevante informatie verschaffen over de toestand in ieder van deze domeinen. Er is echter geen sprake van een integrale meting van de diverse aspecten.

Indicatoren die duurzame ontwikkeling duiden moeten volgens de auteurs voldoen aan de volgende eisen: (1) transparant, eenvoudig te begrijpen, (2) uit betrouwbare data opgebouwd, (3) samengesteld zijn uit ofwel alle drie P's ofwel uit twee P's maar niet ten koste van de derde P gaan, (4) een ontwikkeling in de tijd laten zien en (5) beperkt zijn in aantal.

Duurzame ontwikkeling vraagt om inzet van alle betrokkenen uit onze samenleving. Indicatoren moeten daarom ook voor allen te begrijpen zijn. Als men deze eisen beschouwt dan is men er in Brabant nog niet in geslaagd om dit te ontwikkelen. De duurzaamheidbalansen van Telos zijn te complex en zetten in op de aparte kapitalen, de GPR zoals gebruikt in Geerpark is beperkt tot gebouwen, goed te begrijpen door de belanghebbenden door het gebruik van cijfers tot en met 10. Maar voor belanghebbenden is niet goed te doorgronden hoe ze in elkaar steken en ze zijn op één facet gericht. Het financiële deel ontbreekt volledig.

Hier past een herhaling van de opmerking van Donella Meadows over de beperkingen van het meten. Geluk, schoonheid, vrijheid, liefde en alle andere kwalitatieve waarden zijn niet meetbaar maar wel uiterst belangrijk. Als je daar niet expliciet aan werkt, zullen zij verdwijnen. We kunnen wel onze zintuigen gebruiken om bepaalde tendenties en patronen waar te nemen en die vervolgens onder te brengen in een matrix. De matrix helpt ons om verbanden te leggen tussen de fasen waarin ontwikkelingen zich bevinden en de instrumenten die wij kunnen gebruiken om dichter bij de ideale situatie te komen. Met één blik op de Matrix kunnen we een duidelijke indicatie geven hoe goed of hoe slecht de patiënt er voor staat en wat we kunnen doen om verbetering te krijgen.

12. Brabantse lessen in duurzame ontwikkeling

'In practice, even the major global institutions that handle most of the world's large capital flows have significant distortions and imperfections. Realistically, most of us can't attempt to solve these problems on a global scale, but we can notice and address similar ones at the level of the firm or community'

Paul Hawken c.s. Natural Capitalism

Leeswijzer

In dit hoofdstuk worden de vijf 'oefeningen in duurzame ontwikkeling' met elkaar vergeleken en beoordeeld op de mate waarin zij bijdragen aan duurzame, regionale ontwikkeling. Vervolgens komen twee begrippen aan de orde die in belangrijke mate bepalen of een bepaalde benadering, methode of theorie in de praktijk een grote vlucht neemt of niet: Verbreding en Opschaling. Daarna gaan wij na in hoeverre de vijf oefeningen geleid hebben tot veranderingen in gedrag, techniek en/of besluitvorming. De laatste paragraaf doet een boekje open over de wijze waarop de initiatieven georganiseerd zijn.

Inleiding

Geen van de praktijkvoorbeelden is door onafhankelijke instellingen geëvalueerd[371]. Wel zijn er door Telos, het Brabants centrum voor duurzaamheidvraagstukken, duurzaamheidbalansen voor de regio opgesteld[372]. Regionaal duurzaam ontwikkelingsbeleid is er op gericht om toekomstbestendige veranderingen in bewustzijn, gedrag en opstelling teweeg te brengen bij zoveel mogelijk Brabanders. Verder is van belang of de beschreven experimenten, programma's en projecten na afloop een vervolg hebben gehad. Hebben ze geleid tot verbreding of opschaling? Maakt duurzame ontwikkeling nu deel uit van het 'normale' maatschappelijke verkeer in Brabant, of is er alles bij elkaar weinig of niks veranderd?

Duurzame ontwikkeling is een dynamisch begrip. Toen de VN-commissie Brundtland het in 1987 introduceerde, had het nog geen betekenis. Een kleine kwart eeuw later geeft iedereen er zijn eigen invulling aan. In die zin lijkt het denken over duurzame ontwikkeling en de vertaling daarvan in gedrag, technische hulpmiddelen en besluiten op het belijden van een godsdienst. In essentie is duurzame ontwikkeling een verbreding en verdieping van het begrip welvaartsgroei. Welvaartsgroei is nodig om een toenemende wereldbevolking te voorzien van de goederen en diensten die horen bij een menswaardig bestaan. Wil de mens op lange

---

371 De Strategische Agenda is geëvalueerd. De evaluatietekst is door de geïnterviewden geaccordeerd. In de laatste afsluitende bestuurlijke bijeenkomst wilden de bestuurders van de BMF en het FNV niet akkoord gaan. Uiteindelijk werd de evaluatie door de stuurgroep als niet geschreven beschouwd.
372 De duurzaamheidsbalansen analyseren duurzame ontwikkeling in de gehele provincie. Voor specifieke analyse van de beschreven casussen zijn de balansen niet geschikt.

termijn overleven dan is echter veel meer nodig: voldoende en schoon drinkwater, sanitaire voorzieningen, betere leefomstandigheden, bio-diversiteit... Dit besef dat een regio en de mensen die daar leven, deel uitmaken van een groter verband, een bredere context, dat wordt uitgedrukt door het gebruik van het begrip 'duurzame ontwikkeling'. De grote moeilijkheid is steeds weer het vertalen van generieke doelstellingen in concreet beleid dat nodig is om de betreffende doelen te bereiken en – nog veel moeilijker dan beleid maken – dit beleid ook succesvol uit te voeren!

In 2000 hebben de lidstaten van de Verenigde Naties afgesproken om vóór 2015 belangrijke vooruitgang te boeken op het gebied van armoede, onderwijs, gezondheid en milieu. Er zijn acht concrete doelstellingen vastgelegd: de millenniumdoelen.[373] Wat dit inhoudt voor een regio als Noord-Brabant is onduidelijk. Daar moet een regio zelf achter zien te komen en ook zelf gevolg aan geven. Dat betekent dat een regio als Noord-Brabant ook een eigen invulling moet geven aan het begrip duurzame ontwikkeling.

Kijken we vanuit dit brede perspectief naar de praktijkvoorbeelden van deel III, dan kunnen we alleen maar concluderen dat Noord-Brabant er (nog) niet in is geslaagd om een eigen invulling te geven aan duurzame ontwikkeling, laat staan dat er sprake is van een consistent beleid en klinkende resultaten. We kunnen de praktijkvoorbeelden omschrijven als 'een sympathiek rondtasten in een afgebakende ruimte, ver weg van de wilde, harde wereld, waar armoede, honger, ziekten en dorst een hoge tol eisen in de vorm van mensenlevens', of – minder confronterend – als 'études', als 'oefeningen in duurzame ontwikkeling'. In dit hoofdstuk evalueren we vijf van deze 'oefeningen'. Wat hebben ze opgeleverd? Wat hebben we ervan geleerd? En hoe kunnen we die lessen omzetten in constructief regionaal beleid in de richting van een duurzame ontwikkeling?

12.1 Vergelijking en beoordeling van de vijf 'oefeningen in duurzame ontwikkeling'

Duurzame ontwikkeling is de grootste gemene deler èn de *linking pin* in de beschreven veldoefeningen. Het begrip heeft twee kanten: een procesmatige en een inhoudelijke.

Voor een goede procesgang is participatie van alle belanghebbenden cruciaal. In alle vijf de voorbeelden uit de praktijk verschenen allerlei organisaties aan de procestafel. Opvallend is echter het ontbreken van maatschappelijke organisaties, kennisinstellingen en burgers. Bij één van de projecten in het kader van Naar een Duurzaam Brabant (zie hoofdstuk 7) – de Brabantse Frisse Scholen – is samengewerkt met de Brabantse GGD en het Astmafonds. De universiteiten van Tilburg en Eindhoven ontbreken in alle initiatieven. Wel waren ze betokken bij de oprichting van kennisinstituut Telos. De rol van Telos, zo constateerden we, is echter marginaal geweest bij de uitvoering van de projecten en programma's in dit proefschrift.

---

373 Zie: www.millenniumdoelen.nl, augustus 2010.

Duurzame ontwikkeling houdt onder meer in dat rekening wordt gehouden met de belangen van de generaties die na ons komen. In de Strategische Agenda (SA) werd een periode in ogenschouw genomen van ongeveer 20 jaar. Naar een Duurzaam Brabant en de Proeftuinen kennen geen expliciete aandacht voor de lange termijn. In Geerpark wordt gedacht aan een leefbare en gezonde woonwijk die tenminste 100 jaar, in plaats van de gebruikelijke 50 jaar, blijft bestaan. Wat dat in praktische zin voor de wijk gaat betekenen, is niet duidelijk. De Provincie beperkt de aanwezigheid tot een verkiezingsperiode van vier jaar. Na deze periode is er een nieuwe politieke werkelijkheid en stopt de betrokkenheid. Dit ondanks oproepen van vrijwel alle betrokkenen om dit niet te doen. Een citaat uit het Evaluatierappport Vertrouwen in Brabant: 'Partijen die met de provincie in programma's gewerkt hebben, vinden het belangrijk dat de samenwerking niet stopt bij het einde van de bestuursperiode. Er is veel opgebouwd waarbij de betrokkenheid van de provincie belangrijk is en blijft.'[374]

In geen enkel praktijkvoorbeeld – met uitzondering misschien van GROW – is er aandacht voor wat buiten de regio gebeurt, of voor het effect van het eigen handelen op anderen buiten de Provincie.

De betrokkenheid van diverse organisaties bij de oefeningen in duurzame ontwikkeling is wisselend van karakter en intensiteit. De partners in de Strategische Agenda (SA) bijvoorbeeld legden zich vast in een vierjarig convenant en hebben zich daar gedurende die periode ook aan gehouden. Wat niet zo'n geweldige prestatie is als je weet dat het convenant weinig verplichtingen bevatte om zelf te veranderen maar wel de mogelijkheid bood om het provinciale beleid te beïnvloeden. Als er in de diverse studies al een beroep op iemand werd gedaan, dan was het op de Provincie. Dat leidde hier en daar wel tot fricties. De provinciale organisatie is namelijk nogal eenzijdig georiënteerd op sectoraal beleid en heeft grote moeite met integrale benaderingen[375]. De Proeftuinen vormen een positieve uitzondering. Eén gedeputeerde neemt bij die Proeftuinen de coördinatie op zich. Er is commitment van de provinciale organisatie en er wordt gewerkt met teams die bestaan uit ambtenaren van de diverse directies.

Bij de start van de SA in 1999 was er geen consensus over duurzame ontwikkeling. Een visie, werkwijze of aanpak ontbrak. Pas na enkele studies groeide een gezamenlijk gedragen begrippenkader en ontstonden gedeelde werkwijzen. In de SA studie *Botsende corridors* werd een procesvernieuwing geïntroduceerd om bij gebiedsontwikkeling te komen tot integraal beleid[376]. In de Integrale Strategie Milieu speelde de *Mutual Gains Approach* (MGA) een belangrijke rol.

---

374 Evaluatie bestuursakkoord 'Vertrouwen in Brabant', blz. 48.
375 Het bestuursakkoord 2007 – 2011 'Vertrouwen in Brabant' koos voor het werken in programma's in plaats van sectoren. Dit kan de aanzet vormen voor een andere manier van werken.
376 De methode geïntroduceerd in de studie Botsende corridors is niet verder ontwikkeld. Er is o.a. door de BMF nog een voorstel gedaan voor een test in de praktijk maar dat is door de Provincie afgewezen.

Deze benadering stuitte de eerste jaren op veel weerstand, maar lijkt nu door de Provincie omarmd te worden[377]. Tijdens het programma Naar een Duurzaam Brabant is het instrument 'werkatelier' ontwikkeld. In deze ateliers en bij de proeftuin Geerpark is de Methode Holistische Participatie succesvol ingezet. Een nieuwe werkwijze voor de Provincie om met partners te streven naar echte samenwerking en beklijvende veranderingen.

Duurzame ontwikkeling kan ook worden gezien als het zoeken naar en vinden van kansen om de drie P's tegelijkertijd te ontwikkelen. Alle praktijkvoorbeelden kenden op dit punt belemmeringen. Soms werden die als alibi gebruikt om dan maar helemaal niets te doen. De meest gehoorde dooddoeners waren:

- 'Economische groei gaat altijd ten koste van het milieu';
- 'Duurzame ontwikkeling is prima, maar het moet geen extra geld vergen';
- 'Het mag niet ten koste gaan van de planning'.

Uit één van de SA studies, die naar de relatie tussen economische groei en de druk op het milieu, blijkt dat als de Brabantse economie groeit de druk op het milieu (uitgedrukt in emissies, met uitzondering van CO_2) afneemt. Een mogelijke verklaring kan zijn dat economische groei leidt tot innovatie en langs die weg tot een verminderde uitstoot (lees efficiënter productieproces).

De oefeningen in duurzame ontwikkeling beperkten zich meestal tot de relatie tussen de P van *profit* en de P van *planet*. Het discours ging vooral over de toenemende druk op het milieu, de schaarse ruimte en Brabantse natuur aan de ene kant en de (door de meerderheid) noodzakelijk geachte regionale economische groei aan de andere kant.

Het ontbrak aan relevante *people* thema's zoals arbeidsomstandigheden, vergrijzing, kinderarbeid, leefbaarheid, gezondheid, veiligheid en armoede. Belanghebbenden (bedrijfsleven, vakbeweging, milieuorganisaties) hebben er evenmin moeite voor gedaan om aan deze en andere sociale thema's aandacht te besteden. Geerpark is hier de uitzondering. Daar worden aanzetten gedaan rondom thema's als leefbaarheid, participatie, gezondheid. Tot nu toe blijft de P van *people* echter ook hier een onderbelicht thema.

---

377 Nu is het in de Provinciale organisatie volledig geaccepteerd. Dit blijkt uit het volgende citaat van toenmalig gedeputeerde Annemarie Moons in het boek van Frans Evers over de MGA: 'Het kan wel!: bestuurlijk onderhandelen voor een duurzaam resultaat'. Moons: 'Ik verwacht dat dit boek velen ertoe zal brengen de MGA-benadering toe te passen vooral om langlopende conflicten over de uitvoering van besluiten te voorkomen. Ik ben vooral getroffen door het voorbeeld van de casus Aviolanda Woensdrecht. Een proces van inspanning van alle partijen heeft daar tot een verbluffend resultaat geleid. ..Inmiddels heeft de provincie besloten om ook in andere gevallen de mutual gains aanpak toe te passen.' blz 8.

Tabel 1. Vergelijking van de 'oefeningen' op meerdere aspecten die volgens de auteurs bepalend zijn voor duurzame ontwikkeling op regionale schaal.

Duurzame ontwikkeling opgedeeld:	Strategische agenda	Naar een Duurzaam Brabant	Integrale Strategie Milieu	Proeftuin Geerpark	EU programma Grow
Participatie van alle belanghebbenden?	Gemeenten, maatschappelijke organisaties, onderwijs (vooral universiteiten) zijn niet uitgenodigd en niet betrokken	Betrokkenheid op persoonlijke titel. Wel vertegenwoordigers uit diverse gremia in de duurzaamheidraad.	Gericht op het oplossen van dilemma's daarbij alle belanghebbenden betrokken	Direct betrokkenen, (toekomstige) bewoners (nog) niet, wel beperkt ngo's en kinderboerderij initiatief	Vijf regio's, in projecten brede vertegenwoordiging, niet perse alle belanghebbenden
Betrokkenheid vanuit de provinciale organisatie?	Op papier was er commitment vanuit het gehele college van Gedeputeerde Staten. Ambtelijk vooral de dienst Ecologie, de nodige weerstand vanuit Ruimtelijke Ordening	Nauwelijks. Aangestuurd door de dienst ecologie. Geen betrokkenheid van andere organisaties	Vooral de dienst ecologie. Beperkte bijdrage van Economie en Ruimtelijke Ordening. Nauwelijks door Sociaal. Een beperkte betrokkenheid van andere organisaties	Brede commitment van management en directie	Beperkte directe betrokkenheid van de Provincie, wel dossiers in GS. Een bestuurder en enkele ambtenaren
Rekening houden met ieders belang?	Neen	Neen	In de dilemma's is via de *mutual gains* methode getracht dit te realiseren.	neen	Neen

Duurzame ontwikkeling opgedeeld:	Strategische agenda	Naar een Duurzaam Brabant	Integrale Strategie Milieu	Proeftuin Geerpark	EU programma Grow
Commitment en passie bij betrokkenen?	Er was een duidelijke commitment bij de betrokken bestuurders. Zeker bij de BMF en het SEOB. Hoge inzet van de betrokkenen bij de diverse werkgroepen.	Geringe betrokkenheid van de politiek. Ambtelijk weinig interesse. De externe vertegenwoordigers waren erg betrokken	Externen waren in de dilemma's erg betrokken. Eigen organisatie geringe belangstelling	Bij direct betrokkenen	Bij de direct betrokkenen
Gelijktijdige inzet op PPP?	Focus op de p's van *profit* en *planet*. Niet op de p van *people*.	Focus op milieu gerelateerde thema's	Strategie stelt de mens centraal, zijn gezondheid, leefbaarheid en (bio) diversiteit. In de uitvoering een zekere focus op milieu.	Integrale benadering en daarmee zoeken naar kansen voor voordelen voor alle drie de P's	Neen, inzet vooral gericht op economische groei, in mindere mate op groene groei of sociale groei
Geen afwenteling in Tijd en ruimte	Vooruitkijkend naar 2020. Geen rekening gehouden met gevolgen buiten de regio en voor anderen dan de Brabanders. Voor een periode van vier jaar	Niet te beoordelen. Gericht op één bestuursperiode. Geen projecten met een langere termijnfocus dan vier jaar	Niet te beoordelen. Gericht op één bestuursperiode. Geen projecten met een langere termijnfocus dan vier jaar	Woonwijk voor 100 jaar, directe betrokkenheid provincie lijkt beperkt tot een bestuursperiode	Geen rekening mee gehouden.

12.2   Verbreding en opschaling

Alle 'oefeningen in duurzame ontwikkeling', behalve Geerpark, vallen binnen een provinciale bestuursperiode van vier jaar en hebben dus een begin en een eindtijd. Het zijn initiatieven bedoeld om bepaalde veranderingen in gang te zetten. Anderen te verleiden om ook te veranderen in dezelfde richting. Het *programma Naar een Duurzaam Brabant* kende bijvoorbeeld als belangrijk uitgangspunt het streven om vanuit de marge naar de hoofdstroom te komen.

In de SA ontbrak het aan participatie door bedrijven. Het lukte maar in beperkte mate om individuele bedrijven te interesseren voor projecten gericht op duurzame ontwikkeling waar ook maatschappelijke organisaties en kennisinstellingen aan deelnamen. Bij het programma *Naar een Duurzaam Brabant* lukte het wel, met de nodige inspanning, om een hoge kwaliteit aan vertegenwoordigers van het bedrijfsleven en kennisinstellingen naar de werkateliers te krijgen.

Opvallend is ook de afwezigheid van kennisinstellingen, waaronder de universiteiten van Tilburg en Eindhoven en de hogescholen, bij alle casussen. Juist bij het thema duurzame ontwikkeling past een betrokkenheid van jonge mensen die model staan voor de toekomst. Bij de ISM is jongeren van het Koning Willem I college gevraagd om het denken over duurzame ontwikkeling te vertalen naar hun eigen wereld[378].

Er zijn op grote schaal consultants ingehuurd om onderzoek te verrichten. De consultants bleken echter lang niet altijd een meerwaarde te hebben, onder meer als gevolg van een sectorale benadering van problemen, onwil om extra tijd te investeren en om te innoveren. Commitment met Brabant ontbrak maar al te vaak en de praktijkgevallen konden evenmin rekenen op het nodige engagement[379]. In Geerpark werken experts pas mee als er 'een klik en commitment' ervaren wordt. Een langere betrokkenheid van deskundigen op deze basis lijkt zinvol en verdient in onze ogen navolging.

Sinds het Manifest Brabant 2050 uitkwam, heeft de Provincie geïnvesteerd in duurzame ontwikkeling door definities te formuleren, door te meten, te debatteren, te studeren en door samen met anderen concrete projecten uit te voeren. De rol van de Provincie in de praktijk is in toenemende mate een rol van kennismakelaar en coach. Wat opvalt is dat er niet of nauwelijks aan beleidsevaluatie van de afzonderlijke initiatieven is gedaan. Iedere keer (na een wisseling van de politieke wacht) is er een nieuw programma ontworpen zonder gebruik te maken van de ervaringen van eerdere programma's. Achteraf beschouwd vallen er over de verschillende bestuursperioden heen de laatste tien jaar in het beleid van de Provincie wel patronen te herkennen, maar daar is van boven af niet bewust op gestuurd.

---

378 Dat werd de site www.tripppelpee.nl, juni 2008
379 In de Strategische Agenda was Grontmij een goede uitzondering. Zij hebben veel geïnvesteerd in de studie 'Botsende corridors'. Dit leidde tot een duidelijke kwaliteitsverhoging van het eindproduct.

De Brabantse projecten hebben honderden mensen bereikt, maar of er sprake is van verbreding en opschaling van initiatieven? Er is geen onderzoek gedaan naar de vraag of de provinciale inzet anderen tot veranderingen heeft aangezet. Bij het programma *Naar een Duurzaam Brabant* is bewust geprobeerd om grotere organisaties (onder het motto 'Vanuit de marge naar de hoofdstroom') bij projecten te betrekken, maar dat is niet gelukt. Het ontbreken van dergelijk project specifiek onderzoek lijkt een achilleshiel van het Brabantse provinciale beleid te zijn. In Geerpark staan energie-nota-nul woningen gepland. Op initiatief van de Provincie werken vier gemeenten en vier corporaties aan het bouwen van ongeveer 20 vergelijkbare woningen in hun eigen gebied. In samenwerking met experts is een programma van eisen voor duurzame huizen, genaamd Brabant Woning ontworpen. De in totaal 80 te bouwen woningen, ook wel koplopers genoemd, zijn de zogeheten *proof of the pudding*. Andere gemeenten en woningbouw corporaties geven al blijk van belangstelling. Vanwege de relatief simpele en meetbare wijze waarop het programma van eisen is gebaseerd, is het gemakkelijk op verschillende plaatsen toe te passen. Dit zou wel eens kunnen leiden tot de zo zwaar gewenste opschaling.

Brabant Woning vormt, samen met Brabantse Frisse Scholen, de lat waarlangs de in dit proefschrift ontwikkelde werkwijze, het begrippenkader en het conceptuele raamwerk gelegd wordt. Daarover meer in het laatste deel, Deel V.

12.3 Experimenten

Duurzame ontwikkeling is meer dan alleen milieubeleid. Letterlijk is het een ontwikkeling die lang vol te houden is. Een ontwikkeling van omgevingsfactoren als de kwaliteit van lucht, water en grond, maar ook van economische, sociale en culturele factoren. De overheid probeert hier namens de gemeenschap met wet- en regelgeving paden uit te zetten, maar in wezen is het een zaak van en voor iedereen. Dat wordt ook in steeds bredere kring erkend. Het idee is duidelijk. Minder duidelijk is hoe je duurzame ontwikkeling handen en voeten geeft, hoe je het ook daadwerkelijk tot een zaak van en voor iedereen maakt, een zaak waar iedereen bij te winnen heeft.

Duurzame ontwikkeling is geen vanzelfsprekendheid. Lang voordat zo'n ontwikkeling een feit is, doen zich allerlei vraagstukken en problemen voor. De overheid kan die namens de bevolking proberen op te lossen, maar krijgt daarbij te maken met allerlei ongewisse zaken, zoals politieke haalbaarheid. Beter is het om zoveel mogelijk belangenvertegenwoordigers uit te nodigen om samen oplossingen te bedenken die kunnen rekenen op ieder's instemming, zonder dat er aan de diverse belangen wordt getornd.

Daarbij kan bijvoorbeeld gebruik gemaakt worden van de *Mutual Gains Approach*. Dat is een aanpak die de nodige ruimte biedt voor improvisatie en experiment. De beschreven provinciale praktijkvoorbeelden zijn er gekomen omdat er vanuit de politiek of het bedrijfsleven een urgentie voor verandering werd gevoeld. Het experimenteren met potentiële oplossingen voor urgente maatschappelijke problemen blijkt een belangrijke taak voor overheden te zijn. Toch is het uiterst lastig om te innoveren in bestaande bureaucratische organisaties zoals een overheid. Voorwaarden voor goede experimenten zijn: ambitie, het geven van ruimte aan de deelnemers, commitment van bestuurders / managers, het betrokken zijn van meerdere *stakeholders*, het maken van goede afspraken over ambities, over de uitvoering en over het vervolg. En – *last but not least* – lef om afgesproken beleid ook echt te implementeren en door te zetten als het gaat om het verbreden en opschalen van de diverse initiatieven.

Geerpark is het enige praktijkvoorbeeld waar concreet ingezet wordt op zichtbare resultaten. Een woonwijk waar je in de nabije toekomst de vernieuwing kunt zien, waar je met betrokkenen en bewoners kunt praten over het slagen en mogelijke falen van de samenwerking tussen gemeente, woningbouwcorporatie, provincie en waterschap, die leidde tot de wijk zoals die april 2011 op papier is. Alle overige oefeningen in duurzame ontwikkeling beperken zich tot onderzoeken of studies zonder afspraken om het verder uit te werken. Ook kent geen enkele 'oefening' een vervolg gericht op het opschalen.

12.4   Regionale overheid

Eén van de meest ingrijpende veranderingen in de twintigste eeuw was de snelle groei van de collectieve sector, tot uiting komend in een stijging van de collectieve lasten (belastingen en premies sociale verzekeringen) in procenten van het bruto binnenlands product van 27% in 1950 tot 43% in 1980. In gewoon Nederlands betekent dit dat 43% van ons gezamenlijke, in Nederland verdiende inkomen in 1980 via de collectieve sector werd besteed. In 2009 was dat nog altijd 39%. Hoewel de overheid een steeds grotere rol speelde in het overhevelen van inkomens, richten de economen zich vrijwel uitsluitend op de vrije werking van het marktmechanisme. De collectieve sector (overheid plus sociale verzekeringsinstellingen) laten zij over aan de sociologen en politicologen.

Een uitzondering vormt hier een zeldzame soort van economen die zich bezig houdt met de economische theorie van de politieke besluitvorming. Een representant van deze stroming die in de jaren zeventig furore maakte, was Hans van den Doel, hoogleraar economie aan de Universiteit van Amsterdam. 'Kenmerkend voor overleg in een democratie,' zegt Van den Doel op 22 oktober 1977 tijdens een lezing aan de Universiteit van Amsterdam, 'is dat het vaak gaat om overleg over collectieve goederen en goederen met collectieve aspecten (bijvoorbeeld sociale zekerheid, volledige werkgelegenheid, onderwijs, stadsvernieuwing). Het specifieke karakter van een collectief goed is, dat iedereen er van profiteert, ook als hij er niet voor hoeft te betalen.

'Naarmate elke burger meer op zijn eigenbelang uit is,' zo werpt Van den Doel zijn gehoor voor, 'stelt hij meer pogingen in het werk om anderen de kosten van de voorzieningen te laten dragen.'

In een grote groep, waar individuen er van uit gaan dat het eigen gedrag niet van invloed is op het voor allen bereikbare resultaat, doet zich het curieuze feit voor dat mensen wél profiteren van allerlei voorzieningen, maar daar niet voor betalen. Dat werkt volgens Van den Doel als volgt. Een individu in een grote groep gaat er van uit dat:

- ofwel het gemeenschappelijke resultaat (bijvoorbeeld efficiënt energie gebruik, recycling van materialen, vermindering van de CO_2-uitstoot) toch wel wordt bereikt, ook zonder hem of haar;
- ofwel het gemeenschappelijke resultaat wordt toch niet bereikt, ook al zou hij of zij mee doen en mee betalen.

In beide gevallen doet het betreffende individu niet mee en brengt ook geen enkel offer. Zelfs als hij of zij bereid is voor het betreffende collectieve goed – bijvoorbeeld gezondheidszorg, het tegengaan van klimaatverandering of gescheiden inzameling van huishoudelijk afval – te betalen, dan zal de betreffende persoon dat niet doen. Met als gevolg dat de betreffende overheid maar één middel rest om toch gedaan te krijgen wat iedereen wil, maar niet doet: democratische dwang.

De praktijkvoorbeelden die in deel III van dit proefschrift worden uitgeplozen, tonen aan dat dit zogeheten *prisoner's dilemma* op kleinere schaal vermeden kan worden. We hebben het dan over een regio met zo'n 2,5 miljoen inwoners, die gedijen bij bottom up initiatieven van *citizens* en *entrepreneurs* en die bij het nemen van besluiten automatisch streven naar consensus, omdat ze uit ervaring weten dat iedereen erbij wint als mensen en organisaties elkaar niet te vuur en te zwaard bestrijden, maar de handen ineen slaan om samen iets moois en waardevols te creëren. Het organiseren van werkateliers en proeftuinen voor experimenten, het faciliteren van overleg door middel van de *Mutual Gains Approach*, het beschermen van kleinschalige innovaties, het stimuleren van koplopers, het helpen te verbreden en opschalen van kwetsbare, maar veelbelovende technologieën en productiemethoden, het toejuichen van publiek-private *partnerships*, allemaal voorbeelden van activiteiten en rollen die een regionale bestuurder meer op het lijf geschreven staan dan een landelijk of Europees georiënteerde bestuurder of politicus.

De praktijkvoorbeelden tonen aan hoe de *civil society* langzaam maar zeker het initiatief overneemt van de vrije markt. Vraagstukken als klimaatverandering, armoede in de wereld, tekorten aan zuiver drinkwater, het zuinig omgaan met energie, het bouwen van energie neutrale woningen, etcetera liggen de vrije markt niet zo goed. Die vragen toch enig gidswerk van overheidswege. Voor de regio liggen hier kansen. Die zal men zelf moeten grijpen. Simpel door aan de gang te gaan. Door belanghebbenden bij bepaalde vraagstukken rond de tafel te krijgen en samen te laten werken aan oplossingen voor problemen waar geen van de aanwezigen tegen is en die ten goede komen aan alle betrokkenen, of aan het milieu, de volksgezondheid, het onderwijs en andere collectieve goederen. Met de verschuiving van het primaat van vrije markt naar *civil society* zal ook de economie beoefening nieuwe wegen moeten inslaan. De ondergestofte boeken van de welvaartseconomen, zoals *An economic theory of democracy* van Anthony Downs, uit 1957, en Van den Doel's Democratie en welvaartstheorie uit 1978, kunnen weer uit de kast.

Krediet- en energiecrises hebben hun tol geëist. Diverse Europese landen staan medio 2011 financieel gezien aan de rand van de afgrond. Griekenland, Ierland, Portugal, Spanje, Italië... Nederland had in september 2010 een staatsschuld van 385 miljard, iets minder dan de € 406 miljard die we in 2009 met zijn allen in Nederland verdienden. Dat is nog te overzien. De avant garde is door het dal getrokken en klimt al weer omhoog, maar écht goed gaat het nog niet. Als we ons even beperken tot Noord-Brabant, dan zien we om ons heen dat mensen ontslagen worden, dat er geen geld meer is voor cultuur en dat galeries, theaters en landgoederen vechten voor hun bestaan. De economie knarst als een oude wagen. De natuur voorziet in schone lucht, rust en recreatie. Maar dát betaalt zich vooralsnog niet uit. Het elan ontbreekt. Er is een enorme behoefte aan nieuwe concepten. Zolang die zich niet aandienen, doen we het met de oude, ook al ogen die wat gedateerd. Als schriftgeleerde blijven we alert op nieuwe inzichten, feiten en meningen. We volgen via Twitter tal van bronnen. Intussen experimenteren we in werkateliers en proeftuinen met levend materiaal.

De praktijkvoorbeelden in deel III geven aan hoe de Provincie en belangengroepen zich tastend een weg banen naar hoger gelegen gronden. De regionale overheid, in casu de Provincie, treedt hierbij op als gids, procesbegeleider, facilitator, coach, regisseur en verbinder. Onder dat laatste wordt begrepen: het smeden van nieuwe coalities en het initiëren van verrassende ontmoetingen, dito allianties.

Noord-Brabantse bestuurders, zo blijkt uit de diverse praktijkvoorbeelden, worden geaccepteerd als (betrekkelijk) onafhankelijke partij. In de regio zijn voldoende middelen, kennis en ervaring beschikbaar om een stevige impuls te geven aan de economie, zonder het milieu te schaden en rekening houdend met sociaal-maatschappelijke factoren als gezondheid, welzijn, veiligheid, diversiteit en geluk. Essentieel is de constatering dat de Provincie het allemaal niet alleen voor elkaar krijgt en niet pretendeert de juiste oplossing op zak te hebben.

In het kader van de Strategische Agenda constateerde de werkgroep Absolute Ontkoppeling dat bepaalde bedrijfstakken zoals de bouwsector en de transportsector, uitermate geschikt zijn voor de Provincie om mee samen te werken. In Brabant bevinden zich niet alleen grote bouwbedrijven, woningbouwcorporaties, projectontwikkelaars en kennisinstituten. Er wordt in de regio ook op grote schaal ontwikkeld, gebouwd en gerenoveerd. De hele bouwen- en wonenketen is aanwezig. Noord-Brabant herbergt eveneens nogal wat transportbedrijven. Grote ambities, zoals energieneutrale of klimaatbestendige woningen en bedrijfsgebouwen, leefbare en gezonde woonwijken en innovatieve antwoorden op mobiliteitsproblematiek, kunnen met Brabantse ondernemers, innovatoren, gemeentes, instellingen en instituten gerealiseerd worden.

Creatieve geesten voelen zich het meest thuis in een vrije omgeving, zonder al te veel regels, papieren rompslomp (boekhouding, urenstaten), belastingen en met veel groen, sportgelegenheden en culturele voorzieningen. Om ideeënvorming en innovatie te bevorderen zou de provincie een vrijplaats kunnen creëren die hier aan voldoet en die daardoor als een magneet fungeert voor high potentials uit de hele wereld. Brainport (Eindhoven en omgeving) zou zo'n vrijplaats moeten zijn, maar deze derde 'haven' van Nederland komt niet van de grond, mede omdat het politieke en economische establishment zich meester heeft gemaakt van het idee. De vernieuwing komt daar per definitie niet vandaan. Voor de Brabantse Ontwikkelingsmaatschappij (BOM) geldt iets soortgelijks. En ook Telos zou best wat creatiever, gedurfder en authentieker kunnen zijn. Het betreft hier semi-overheidsorganisaties, gefinancierd uit de collectieve pot en lijdend aan hetzelfde euvel als de Provincie. Het evaluatierapport met betrekking tot het Bestuursakkoord 2007-2011 verwoordt dit euvel als volgt: 'De provincie zet vernieuwingen in gang en is bij vernieuwingen betrokken, maar de provinciale organisatie wordt zelf niet als vernieuwend gezien'[380].

In geen van de geanaliseerde praktijkvoorbeelden is expliciet aandacht besteed aan cultuur, gedrag en gedragsverandering. Wel aan ethiek: hoe gaan we om met elkaar en onze omgeving? Dat is een vraag die iedereen moet kunnen beantwoorden: politici, bestuurders, burgers, café-eigenaren, fietsenmakers, ambtenaren... Ethiek is levenskunst, althans volgens Spinoza[381]. Ethiek heeft met de vrijheid van het individu te maken. 'Vrijheid is beslissen, maar ook, en vergeet dat niet, jezelf rekenschap geven van wat je zegt en doet,' halen we de Spaanse filosoof Fernando Savater nog maar eens aan[382]. De ethiek van de vernietigende mens dient te veranderen in een ethiek van de construerende mens. De wijze waarop wij ons gedragen is namelijk essentieel voor het al dan niet laten slagen van veranderingen. Meadows constateert dat de cruciale factor om te komen tot systeemveranderingen ligt in het veranderen van ons gedrag (of zoals Senge stelt: het wijzigen van onze mentale modellen)[383]. Daar ligt de sleutel voor beklijvende verandering.

12.5 Gedrag

In de werkgroep Absolute Ontkoppeling introduceerde TNO stb een eenvoudig denkmodel met daarin drie variabele aspecten: structuur, cultuur en technologie. Het ontbreken van de juiste technologieën is volgens TNO niet het probleem. Er is volgens TNO voldoende technologie beschikbaar om bestaande problemen aan te pakken. Dit leidt tot meer efficiency. Processen worden verbeterd en er wordt zuiniger omgesprongen met middelen. Of dat veel zoden aan de dijk zet, is echter twijfelachtig. Echte vernieuwing en innovatie krijg je door technologiesprongen, ofwel transities.
Als iedereen zich anders gaat gedragen en bij alles meer rekening houdt met anderen en met de omgeving (het milieu), dan kan het totale effect gigantisch zijn. Als alle leerkrachten de ramen van hun lokaal openzetten zodra het enigszins benauwd wordt, dan is de invloed daarvan op het binnenmilieu groter dan met dure apparatuur kan worden verwezenlijkt.

---

380 Focus op Vernieuwing, Telos, februari 2011.
381 Spinoza, Ethica, Wereldbibliotheek, 2008.
382 Fernando Savater, Het Goede Leven, Bijleveld, 1996.
383 Peter Senge, *The Necessary Revolution*, Nicholas Brealey Publishing, 2008

Als de bewoners van Geerpark zelf zonnepanelen op hun daken bevestigen, of besluiten dat gezamenlijk te doen, dan helpen ze mee hun energielasten te drukken en het milieu te ontzien (minder verbranding van fossiele brandstoffen). Natuurlijk kunnen de gemeente en de woningbouwvereniging dat voor hen doen, maar dat neemt niet weg dat de bewoners die als huurder of koper in een energie neutraal of energie producerend huis gaan wonen, blijk geven van een attitude die bijdraagt aan een duurzame ontwikkeling.

De Strategische Agenda, Duurzaam Brabant, de Integrale Strategie Milieu en de overige 'oefeningen in duurzame ontwikkeling' komen nog niet zo heel veel verder dan het bewust maken van ondernemers, managers, medewerkers en burgers van de problematiek rondom duurzame ontwikkeling. Als dat tot gedragsverandering in de goede richting leidt, dan hebben de oefeningen een positief resultaat gehad. Het is zeker zo dat er een leereffect van uit gaat voor beleidsmakers en andere direct betrokkenen. Die komen er achter dat ze meer als psycholoog dan als bewindvoerder op moeten treden. Mensen moeten het gevoel krijgen dat het iets van hen is, dat het niet opgelegd wordt, maar uit henzelf voortkomt. Met wet- en regelgeving kun je niet meer bereiken. Voor beleidsmakers houdt dat in dat ze moeten leren om mensen te overtuigen van de noodzaak van ander gedrag, dat ze mensen moeten verleiden. Financiële prikkels kunnen daarbij behulpzaam zijn, maar halen weinig uit als de mensen die het betreft niet overtuigd zijn van het nut ervan.

Bij de bestudeerde praktijkgevallen heeft de Provincie niet systematisch geprobeerd om het gedrag van mensen, bedrijven en instellingen een bepaalde kant op te sturen. Toch is dat volgens Richard H. Thaler en Cas R. Sunstein nu juist één van de hoofdtaken van een regionale overheid. De beide uit Chicago afkomstige professoren gaan er in hun boek Nudge (opporren) van uit dat mensen vrij zouden moeten zijn om te doen wat ze leuk vinden. 'Mensen zouden vrij moeten zijn om te kiezen,' papagaaien ze Milton Friedman, de monetaristische tegenhanger van John Maynard Keynes - eveneens uit Chicago - na. Deze onbelemmerde vrijheid combineren de beide auteurs met een milde vorm van paternalisme. Mensen zijn vrij om te kiezen, maar de overheid mag wel proberen die keuze te beïnvloeden. Of, in hún woorden 'om de keuzes die mensen maken in een richting te sturen die hun leven verbetert'. 'Wij zien het zo, dat beleid paternalistisch is als het keuzes op zo'n manier probeert te beïnvloeden dat degene die de keuzes maakt er in zijn eigen ogen beter van wordt,' schrijven Thaler en Sunstein, die het *Libertarian Paternalism* aanduiden als een nieuwe 'derde weg', tussen liberalisme en socialisme in.[384]

Keuzes zijn makkelijk te beïnvloeden, zo blijkt. Zo maakt het bijvoorbeeld veel verschil hoe je een buffet inricht. Wat leg je vooraan en wat achteraan? Door de voedingsmiddelen anders te ordenen kun je de consumptie van bepaalde voedingsmiddelen met 25% laten toe of afnemen, zo wijst onderzoek uit[385].

---

384 Thaler & Sunstein, nudge, Penguin Books, 2009, blz. 1 t/m 5.
385 idem

De Amerikaanse psycholoog Robert B.Cialdini werkt het thema gedragsbeïnvloeding nog wat
verder uit. Hij onderscheidt zes fundamentele principes die bepalend zijn voor het menselijk
gedrag: wederkerigheid, consistentie, sociaal bewijs, sympathie, autoriteit en schaarste.[386] De
zes principes zijn ook te gebruiken als sociale beïnvloedingsinstrumenten.
Volgens sociologen en antropologen is wederkerigheid en het daarmee gepaard gaande gevoel
van verplichting in alle culturen en daarmee ook in alle mensen verankerd. De regel van
wederkerigheid verplicht ons te proberen evenredig te vergoeden wat een ander ons heeft
gegeven. Geven en nemen.
Bij het tweede principe – consistentie – gaat het heel eenvoudig om onze wens in
overeenstemming te handelen met wat we hiervoor hebben gedaan (of die indruk te wekken).
Inconsistentie wordt over het algemeen als een ongewenste persoonlijkheidstrek gezien.
Het principe van sociale bewijskracht houdt in dat we bepalen wat juist is door er achter te
komen wat volgens anderen juist is. Principe nummer 4 is eveneens heel primair. Mensen
zeggen het liefst ja tegen personen die ze kennen en sympathiek vinden. Eén van de
kenmerken die invloed heeft op de sympathie die iemand wekt, is fysieke aantrekkelijkheid.
Als mensen automatisch op autoriteiten reageren, hebben ze de neiging dat te doen in reactie
op louter de symbolen van de autoriteit in plaats van om inhoudelijke redenen. Onderzoek
heeft aangetoond dat drie soorten symbolen in dit opzicht effectief zijn: titels, kleding en
attributen (met name auto's).
Ten slotte: mensen hechten waarde aan zaken die moeilijker verkrijgbaar zijn.

12.6   Techniek

De gebouwde omgeving verbruikt 43% van alle energie (inclusief bijna 10% voor de productie
van bouwmaterialen).[387] Door anders te bouwen kan hier veel bespaard worden. Een langere
levensduur van gebouwen, blijvende gebruikswaarde door aanpasbaarheid (grotere ruimten
als de kinderen het huis uit zijn, een kamer erbij als oma of een pleegkind komen inwonen),
herbruikbare bouwmaterialen en onderhoudsvriendelijkheid maken dat het milieu minder
wordt belast, dat er minder fossiele brandstoffen worden verbruikt en dat het als klap op de
vuurpijl ook nog financieel voordeel oplevert.
Eind 2011 zouden twee bouwcombinaties en een architect die een strobalenwoning wilde
ontwikkelen in Geerpark (gemeente Heusden) starten met de bouw van 24 energie neutrale
'etalagewoningen'. Onenigheid over de prijs van de op te leveren woningen, zette in het
voorjaar van 2011 dit hele plan op losse schroeven. Wij doen even alsof alles volgens plan
verloopt, omdat het inzicht geeft in het verloop van zo'n bouwproces. Woningbouwvereniging
Woonveste verhuurt tien van de 24 woningen, zo luidt begin 2011 het plan. De overige
14 zijn koopwoningen. Als de huizen inderdaad evenveel of meer energie produceren dan

386 Robert B. Cialdini, Invloed, Theorie en Praktijk, Uitgeverij Nieuwezijds, Amsterdam, 4e druk, 2000, diverse
   hoofdstukken.
387 Anne-Marie Rakhorst, De winst van duurzaam bouwen, Search Knowledge Scriptum, blz 75.

verbruiken, is er een gerede kans dat alle 750 woningen in de wijk op dezelfde wijze worden uitgerust. De richtlijnen voor de bouwers zijn scherp. De 'etalagewoningen' moeten niet alleen minimaal energie neutraal zijn, ze mogen ook niet duurder zijn dan een reguliere woning. Een goedkope en efficiënte optie is om een passiefhuis te bouwen. Dat werkt ongeveer zoals een thermoskan. Een passiefhuis heeft een potdicht, maar goed geventileerd omhulsel met drielaagse beglazing[388]. Zonnewarmte wordt zo lang mogelijk binnen gehouden. Dat vereist specifieke ventilatie- en andere apparatuur. 'Er wordt vooral in die schil geïnvesteerd,' zegt architect Roel Jansen van KOW in Eindhoven die een deel van de etalagewoningen ontwerpt. Bijkomend voordeel is, dat de technische installaties (ventilatie, tapwater, verwarming, Warmte Koude Opslag) buiten de woning - en voor meerdere woningen tegelijk – opgesteld staan. Dat is efficiënter, makkelijker te onderhouden en levert meer ruimte en dus woongenot op. 'Zo'n installatie gaat hooguit vijftien jaar mee,' aldus Jansen, 'zo'n schil zeker veertig jaar. Wij investeren dus in hetgeen de hoogste kwaliteit oplevert, in de schil.'

Michel Baars van Search Ingenieursbureau zet zijn kaarten op integrale planning. Baars: 'Veel mensen in de bouwketen zien duurzame ontwikkeling als een toevoeging. Ook financieel. Aan het eind van de rit gooien ze er nog eens 15.000 euro tegenaan, om de woning energiezuinig te maken. Dat is niet efficiënt. Bouwen is meer dan materialen inkopen en verwerken.'

Opmerkelijk is de nadruk die de opdrachtgever (Woonveste, gemeente, Provincie, Waterschap) legt op samenwerking en delen van kennis, ervaring en contacten. Op 13 juli 2010 hebben opdrachtgever en uitvoerders een gezamenlijke *kick off*. 'Wij zien elkaar niet als concurrenten,' zegt Baars, terugblikkend, over het andere consortium: KOW, installatiebedrijf Van Delft Groep en bouw & ontwikkelaar De Bonth van Hulten. 'Ik ben voorstander van onvoorwaardelijk kennis delen. Iedereen leert daarvan. Ik ben niet bang dat anderen van mijn kennis profiteren. Het legt een druk, dat wél. De druk om morgen beter te zijn.'

Geerpark herbergt op papier nog veel meer technische staaltjes, zoals de waterslinger en de energiefabriek (zie kader 1 en 2).

---

388 Een goede ventilatie is cruciaal voor een gezond binnenklimaat in passief gebouwde woningen. Dit gebeurt met een balansventilatie systeem. Lucht wordt aangezogen en gaat via een filter naar binnen. Een goede installatie en goed onderhoud is daarbij cruciaal om het te laten functioneren.

Kader 1: De Waterslinger

Een groenblauwe zone van 800 meter lang, die in grote lussen door de wijk loopt: de waterslinger, rijgt alle woningen aaneen, als kralen van een halsketting. Bij overvloedige regenval kan de waterslinger 22 meter breed worden, maar nooit dieper dan een paar centimeter. Voor architect Stef Janssen, die als creatieve wervelwind nauw bij Geerpark is betrokken, is de waterslinger veel meer dan afwatering. 'De waterslinger verhoogt de kwaliteit van een woonwijk als Geerpark,' zegt Janssen. 'Je krijgt grotere verschillen in vochtigheid en daardoor meer variatie in planten en diersoorten. Bio-diversiteit kun je niet maken, die moet je laten ontstaan. Met een waterslinger gaat dat min of meer vanzelf.'
Als het aan Stef Janssen ligt, dan wordt Geerpark hèt voorbeeld van een waterhuishouding, waarbij de leefcondities worden gestuurd met behulp van water. Voorop staat in zo'n huishouding dat je het (regen)water in de wijk houdt. Zijn de benedenloopse stromen te groot, dan pomp je het water simpelweg omhoog, het sponsdak op. Door de waterslinger krijgen de woningen die er aan grenzen een erf, een gebied direct om het huis. In het voor- en najaar kan het er goed drassig zijn, maar in de zomer moet je er niet van staan te kijken als er ineens een strand voor de deur ontstaat. Stef: 'Investeren in een comfortabele wijk is voor mij investeren in de waterslinger, niet in stenen.'

Kader 2: De Energiefabriek

Geerpark wordt aangesloten op de rioolwaterzuivering in Den Bosch, die binnen enkele jaren vernieuwd wordt. 'Wij zetten een "energiefabriek" neer,' zegt beleidsadviseur stedelijk water bij Waterschap Aa en Maas, Eugène Heeremans. 'In afvalwater zit een boel poep. Daarmee wekken we – door vergisting - energie op. We denken de hele waterzuivering energie neutraal te kunnen maken, en misschien zelfs energie te gaan leveren!
'Omdat zo'n energiefabriek al een substantiële bijdrage levert aan de economie, ecologie en energievoorziening, willen we nu geen *living machine* in heel Geerpark. Dat kost immers meer geld. Wel zoeken we uit of we op kleinere schaal (bijvoorbeeld in combinatie met een kinderboerderij) voor educatieve doeleinden een kleine *living machine* kunnen plaatsen.'

Waar het in Noord-Brabant vooral aan schort is daadkracht om te komen tot implementatie niet aan een tekort aan techniek of technologie. Veel goede voornemens stranden voortijdig en als er al iets wordt uitgevoerd, dan is dat ad hoc en niet als onderdeel van een integraal beleid. Uit een Sociaal-Economische Verkenning van Noord-Brabant uit 2007 blijkt dat Noord-Brabant zich wil profileren als technologische topregio die het moet hebben van de wisselwerking tussen creativiteit, innovatie en ondernemerschap. Voor het zover is, moet de technologische infrastructuur eerst een metamorfose ondergaan van *efficiency driven* naar *creativity driven*. Brabant moet een *District of Creativity* worden. Daarvoor is een strategische invulling vereist van de relaties tussen onderzoek, onderwijs en bedrijfsleven. 'Het probleem,' aldus de Verkenning, 'zit in het omzetten van gepatenteerde technologieën (sterk punt in Noord-Brabant) in producten (innovatie) en vervolgens de ontwikkeling van goede business modellen om deze producten aan de man te brengen (ondernemerschap). Met de kennis en kunde zit het wel snor, maar de stap naar kassa behoeft serieuze aandacht.'[389]

'Een economie die gedreven wordt door creativiteit,' doceert de Verkenning, 'moet zich zo veel mogelijk openstellen voor nieuwe ideeën en de stroom van ideeën zo veel mogelijk faciliteren. Tegen de nationale trend in zou Noord-Brabant een internationale oriëntatie bij de burgers moeten stimuleren.'

Voor het opkrikken van Noord-Brabant tot een *District of Creativity* heeft de Sociaal-Economische Verkenning 2007 maar liefst 18 aanwijzingen. We vermelden er vijf die direct of indirect met techniek te maken hebben:

- Ondersteun bestaande initiatieven om wetenschap en techniek te populariseren of start een eigen provinciaal programma. Voorbeelden hiervan zijn een technisch programma op TMF en TV Brabant, promotie op jongeren sites en het aantrekkelijker maken van het curriculum van technische vakken op school.
- Bouw innovatieve samenwerkingsclusters (Brabants programma *'Connecting the winners'*) met strategische partners uit, te beginnen in België en Duitsland. Met kennis en kunde is het bij de bedrijven in de pieken over het algemeen goed gesteld. Maar te veel technische kennis wordt onvoldoende vertaald in goed lopende producten voor de markt (kassa). Het is de kunst om het midden- en kleinbedrijf te helpen bij het maken van deze stap.
- Laat het Midden en Klein Bedrijf buiten de pieken meer gebruik maken van de technische kennis en kunde die beschikbaar is. Zij moeten honger krijgen naar vernieuwing en de Brabantse intermediairs kunnen daaraan bijdragen. Tegelijkertijd geldt voor deze bedrijven dat ze meer marktgericht kunnen opereren.
- Stimuleer onderzoeksinstellingen om onderwerpen te onderzoeken waaraan bedrijven in de regio behoefte hebben. Er kunnen regionale afspraken worden gemaakt waarbij de kennisinstellingen en het bedrijfsleven voordelen hebben. Zo kan een meer toegespitste onderzoeksagenda bij een kennisinstelling aanleiding zijn om stageplaatsen voor studenten te creëren bij het bedrijfsleven. De TU Eindhoven kan hiervoor al als een goed voorbeeld dienen, dat kan worden nagevolgd door andere onderwijs- en kennisinstellingen. Het is de kunst om slim te combineren om zo kennis en kunde bij elkaar te brengen tot een nieuwe mix.
- Draag een positief imago van de provincie uit. Het concept van *Brainport* is een krachtig beeld, zeker ook in internationaal perspectief.

---

389 Excelleren door slim combineren, Sociaal-Economische Verkenning Noord-Brabant 2007, ECORYS Nederland BV, in opdracht van de Provincie Noord-Brabant.

De Telos *Duurzaamheidsbalans van Noord-Brabant 2006* geeft een indicatie van de kwaliteit van het woon- en leefklimaat. Zeker van belang als men bijvoorbeeld denkt aan Eindhoven, het centrum van bedrijvigheid en universiteit als het gaat over technologie in Brabant. Deze Sociaal-Economische Verkenning geeft aan dat er lichte verbeteringen zijn op ecologisch en sociaal-cultureel gebied. Kanttekeningen zijn dat de kwaliteit van de bodem, oppervlaktewater en grondwater nog altijd zeer zorgelijk is.

Om internationaal mee te tellen heeft een regio een trekpleister nodig, een metropool. Wat dat betreft is Noord-Brabant nog echt provinciaal. Letterlijk en figuurlijk. Momenteel heeft geen enkele Brabantse stad grootstedelijke allure. Ook al zijn er in Eindhoven de laatste jaren voorzieningen geopend als een kwalitatief hoogwaardig winkelcentrum en het Muziekcentrum Frits Philips, nog altijd zijn er weinig ontmoetingsplaatsen voor jongere kenniswerkers concluderen de sociaal-economische verkenners. 'Het is een ambitieus plan om een metropolitane sfeer te creëren in Brabant. Sommigen pleiten meer voor een aanpak waarbij Eindhoven 'de plezierigste provinciale stad van Europa' wordt. Onafhankelijk van de richting die wordt gekozen, moet het aanbieden van aantrekkelijke uitgaansgelegenheden, sportfaciliteiten en woningen voor jongere kenniswerkers centraal staan.' Samenvattend stellen de verkenners vast 'dat het op hoofdlijnen goed vertoeven is in Brabant. Echter, de kwaliteit van de woon- en leefomgeving is thans niet van dien aard dat het de regio onderscheidt van andere regio's. Voor onderscheidende kracht zijn investeringen nodig op het gebied van stedelijke voorzieningen en verbetering van de kwaliteit van de omliggende natuur en landschap.'[390]

12.7   Besluitvorming

Bij de bestudeerde praktijkvoorbeelden waren vertegenwoordigers van organisaties met uiteenlopende belangen betrokken. De kunst is om al die belangen in beeld te brengen en daar vervolgens creatief mee om te gaan. Dit is redelijk goed gelukt, dank zij een vernieuwing in de besluitvorming. Gekozen is voor een aanpak waar niet de meerderheid van stemmen bepaalt hoe mensen zich hebben te gedragen, maar waar mensen iets doen omdat ze er zelf van overtuigd zijn dat de overeengekomen oplossing het best met hun belangen rekening houdt. Voor de kwaliteit van een besluit maakt het nogal uit of de partijen naar consensus streven of naar een compromis dat slechts door een kleine meerderheid wordt gesteund. Het kenmerk van benaderingen als de *Mutual Gains Approach* (MGA) en de Methode Holistische Participatie (MHP) is dat er collectief wordt toegewerkt naar een gezamenlijke oplossing. De deelnemers aan de besluitvorming zoeken naar uitkomsten waar (bijna) iedereen zich in kan vinden.

---

390 Idem, blz 131.

'Het gaat er niet om dat je blijft onderhandelen tot je allemaal een zo groot mogelijk deel van je belang hebt kunnen veiligstellen,' schrijven Frans Evers en Lawrence Susskind in *Het kan wel!* 'Het eindpunt is dat men het er over eens is dat de best mogelijke oplossing is bereikt, een oplossing die zoveel mogelijk belangen in zich verenigt en niemand fundamenteel in zijn of haar belang aantast.'[391]

In hun boek komen 12 Nederlandse casussen voor, waarvan er twee in Brabant zijn gesitueerd. Ze vormen een goede aanvulling op de hier behandelde praktijkvoorbeelden, met de nadruk op *consensus building* door middel van de *Mutual Gains Approach*.

Tijdens de werkateliers werd vooral gewerkt volgens de Methode Holistische Participatie (MHP). Die zorgde er steevast voor dat in een kort tijdsbestek complexe thema's werden doorgelicht en overeenstemming werd bereikt over mogelijke oplossingsrichtingen. Bij de ISM (Integrale Strategie Milieu) ging het om concrete dilemma's met oplossingen die door (vrijwel) alle belanghebbenden werden onderschreven. De deelnemers aan de werkateliers waren tevreden over de procesgang. Beide methoden, MGA en MHP, maken creativiteit los, gebruiken duurzame ontwikkeling als kader en werken toe naar integrale oplossingen.

De Provincie traint eigen medewerkers en die van andere organisaties in onderhandelen volgens de MGA. Daardoor hoopt zich steeds meer kennis over *consensus building* op bij de Provincie, hetgeen meer initiatieven met deze methode uitlokt.

In het praktijkvoorbeeld *Naar een Duurzaam Brabant* werd bij het ontwerpen van het programma een strategische laag onderscheiden waarin bestuurders actief zijn en een zogenaamde praktijklaag waar concrete activiteiten plaatsvinden. Dit onderscheid bleek goed werkbaar. De visie, de grote lijnen, de inspiratie, het vrijmaken van financiële middelen, het scheppen van ruimte voor betrokkenen om van de gebaande paden te kunnen afwijken, horen bij het domein van bestuurders. De uitvoering, slimme technieken, andere manieren van organiseren, uitvoeren, financieren en monitoren horen thuis bij de concrete uitvoering, bij de praktijk.

Werkateliers overeenkomstig MHP, zoals uitgevoerd in de voorbeelden, brengen bestuurders en praktijkmensen dichter bij elkaar. De methode helpt het probleem te analyseren en oplossingen te genereren. In een werkatelier vinden verrassende ontmoetingen plaats. De deelnemers vormen nieuwe knooppunten in uitdijende netwerken. Bovendien raken ze betrokken bij de vraagstelling. Een goede sfeer en een door iedereen gedragen analyse vormen de chemie voor verdere samenwerking.

---

391 Frans Evers en Lawrence Susskind, Het kan wel!, Bestuurlijk onderhandelen voor een duurzaam resultaat, Uitgeverij MGMC, Haarlem, 2006, blz 74.

Kader 3. Filosoof Luc Ferry: 'Waar offeren wij ons nog voor op?[392]

'De verhouding tussen de publieke en de politieke sfeer is de laatste veertig jaar omgedraaid. Niet dat de politiek overbodig is geworden. De politiek is in dienst komen te staan van het individuele leven. In de afgelopen eeuwen werd het individuele leven altijd opgeofferd aan de *raison d'Etat*. In Europa ging de staat altijd boven het individu. Wanneer er een oorlog was, offerde men de eerstgeborene van een familie. Die gaf zijn leven voor het vaderland. Dat bestaat niet meer. Dat betekent niet het 'einde van de politiek' zegt Ferry. 'Al wordt dat gezegd. Dan heb je niet goed begrepen dat het individu niet de tegenhanger is van het collectief. De uitgangspunten van het collectief moeten opnieuw worden geformuleerd. In het gezin, dat zo centraal is komen te staan, nemen de kinderen een geprivilegieerde plaats in. Het is de liefde voor de kinderen, de toekomst, die een belangrijke rol zal gaan spelen in de politiek. Het collectief speelt dan geen kleinere rol, maar men gaat het herformuleren in termen van toekomstige generaties. De vraag wordt welke wereld wij willen nalaten aan onze kinderen.'

12.8   Wijze van organiseren

Alle praktijkvoorbeelden zijn gefaciliteerd door de Provincie, met mensen, kennis en middelen. De betrokken partijen brachten ook mensen, kennis en middelen in. Voor het uitvoeren van onderzoek in het kader van de Strategische Agenda zijn externe kennisinstellingen zoals TNO stb of de TU/e ingehuurd. Aanvankelijk was de gedeputeerde van Economie voorzitter van de stuurgroep. Daarna de gedeputeerde met de portefeuille Natuur, Landschap en Milieu. De laatste twee jaar nam de heer Gé Brogtrop, oud directeur van Shell Moerdijk, de hamer over. De andere belanghebbende partijen hadden een zetel in de stuurgroep. Statenleden waren niet direct betrokken. In projectgroepen, onder voorzitterschap van één van de convenantpartners, werden studie-onderwerpen uitgewerkt. Leden van de werkgroep kwamen uit de achterban van de betrokken organisaties. De vraag is of een dergelijke organisatiestructuur paste bij de ambitie: innovatief en baandoorbrekend. De stuurgroep kende een formele vaste vergadersetting en is daar nooit vanaf geweken. Geen andere vormen om uit het dagelijkse denken en werken te komen.

Het Rijk heeft met het Innovatienetwerk Groene Ruimte en Agrocluster voor een andere wijze van organiseren gekozen. Het netwerk is buiten de organisatie geplaatst, kent een bestuur met allerlei belanghebbenden en beschikt over eigen middelen. Dit geeft vrijheid van denken en handelen en voorkomt dat belangen van de partijen belemmerend werken in het denken. Het kan echter wel leiden tot minder betrokkenheid bij de uitkomsten.

---

392 Interview met Luc Ferry, Frans filosoof en oud-minister van onderwijs 2002-2004, in artikel "Gelukkig zonder God" van Rootselaar ,van Florentijn, pagina 45, Filosofisch Magazine, nummer 10, 2007.

Naar een Duurzaam Brabant vormde de opmaat naar een Duurzaamheidraad van mensen die op persoonlijke titel zijn gevraagd om Brabant te adviseren en op initiatieven te reflecteren. De Commissaris van de Koningin was voorzitter en de Provincie faciliteerde het proces. In de praktijk richtte de raad zich vooral op het Provinciale beleid met uitzondering van een reeks van debatten over duurzaamheidthema's. Naast de raad was er een subsidieprogramma om projecten te steunen. In werkateliers werden belanghebbenden uit de Brabantse praktijk uitgedaagd om thema's te verkennen. De organisatiestructuur was gebaseerd op een bestuurlijke laag (de raad), een praktijklaag (de projecten) en werkateliers waar bestuurders en de praktijk elkaar ontmoeten. De raad heeft maar een vrij korte periode bestaan en de vraag is of dit model in de praktijk goed gewerkt heeft. De leden van de raad hebben nooit deelgenomen aan de werkateliers en er was ook weinig interactie tussen de projecten en de raad. Er is echter geen evaluatie uitgevoerd over het functioneren van de raad.

Proeftuin Geerpark beschikt over een stuurgroep, een projectgroep die besluitvorming voorbereidt en themagroepen. Er zijn korte lijnen omdat de corporatie gevestigd is in de gemeente Heusden. Betrokkenen kennen elkaar goed en hebben regelmatig contact met elkaar, ook over andere onderwerpen. Dit komt de samenwerking ten goede. Het ontbreekt echter aan duidelijke afspraken over de wijze waarop innovaties tot wasdom kunnen komen en wanneer en hoe de besluitvorming loopt. Hierdoor blijven voorgestelde innovaties 'hangen'.

12.9   Tussenconclusie

De praktijkvoorbeelden in deel III van dit proefschrift onderscheiden zich door een behoorlijke participatie van betrokkenen, vooral vanuit het bedrijfsleven, belangenorganisaties en ngo's. Opvallend was het ontbreken van maatschappelijke organisaties en kennisinstellingen. Duurzame ontwikkeling vraagt om een inzet gericht op de lange termijn. Alle praktijkvoorbeelden bleven echter hangen in het harde politieke regime van verkiezingen om de vier jaar. Evaluaties hebben maar beperkt plaatsgevonden waardoor het 'leren van' er bij inschoot. Opvallend was ook de aandacht voor economie en milieu in de praktijkvoorbeelden en de zeer bescheiden aandacht die aan sociale en sociaal-culturele aspecten werd geschonken. De mogelijke effecten van Brabantse activiteiten op mensen buiten de regio werden volstrekt genegeerd.

De 'oefeningen in duurzame ontwikkeling' kwamen er omdat er vanuit de politiek en de samenleving een urgentie om te veranderen werd gevoeld. Experimenteren om oplossingen te vinden voor urgente maatschappelijke problemen lijkt een belangrijke taak voor overheden. Voorwaarden voor goede experimenten zijn: een hoge ambitie, het geven van ruimte aan de deelnemers, commitment van bestuurders / managers, het betrokken zijn van meerdere belanghebbenden, het maken van goede afspraken over ambities, over de uitvoering en over het vervolg. En het tonen van durf of lef om ook echt te implementeren en als laatste doorzetten als het gaat over het verbreden en opschalen van de diverse initiatieven. Geerpark is de enige geanalyseerde veldoefening waar concreet ingezet wordt op zichtbare resultaten.

De praktijkvoorbeelden leren dat regionale overheden hun verantwoordelijkheid dienen te nemen, op een nieuwe manier, creërend van onder op, alle belangen betrekkend. De regionale overheid als coach, kennismakelaar en partner. Om op een golf van constructie te komen, is een regionale overheid nodig die bindt en inspireert. Essentieel is te constateren dat de Provincie het niet alleen kan, noch dat zij het primaat van de juiste oplossing heeft.

Wil innovatie slagen dan moeten er ruimte, tijd en middelen zijn om ideeën te uiten en te verkennen. Een soort vrijplaatsen van denken en handelen.
In geen van de praktijkvoorbeelden is expliciet aandacht besteed aan cultuur, gedrag en gedragsverandering. Terwijl dit wel een cruciale factor lijkt te zijn om te kunnen komen tot systeemveranderingen.

Waar het in de Noord-Brabantse veldoefeningen aan lijkt te schorten is daadkracht om te komen tot implementatie, niet aan een tekort aan techniek of technologie. Veel goede voornemens stranden voortijdig en als er al iets wordt uitgevoerd dan is dat ad hoc en niet als onderdeel van een integraal beleid. Kennisdeling, of zoals een ondernemer stelt, 'onvoorwaardelijke kennisdeling' is echter van cruciaal belang om te komen tot alternatieve meer duurzame technieken. Iedereen leert daar immers van. SER Brabant pleit sinds 2007 voor een economie die inzet op creativiteit. Een regionale overheid speelt in deze SER visie een rol van partner, regisseur en facilitator en brengt kennisclusters bij elkaar.

Methoden als MGA en MHP zijn door de Provincie ingezet. Ruim tweehonderd mensen van de eigen en andere organisaties hebben de Frans Evers MGA cursus gevolgd en delen het gedachtegoed. Peter Schmid heeft MHP succesvol ingezet. Het kenmerk van deze benaderingen is dat er collectief wordt toegewerkt naar gezamenlijke oplossingen, die zoveel mogelijk belangen in zich verenigen en niemand fundamenteel in zijn of haar belang aantasten.

In het programma Naar een Duurzaam Brabant (NDB) werd een duidelijk onderscheid gemaakt in een bestuurlaag of strategische laag en een praktijklaag waar concrete activiteiten plaatsvinden. De grote lijnen, het vrijmaken van financiële middelen, ruimte scheppen voor betrokkenen om van de gebaande paden te kunnen afwijken, horen bij het domein van bestuurders. De uitvoering, slimme technieken, anderen manieren van organiseren horen thuis bij de praktijk.

In werkateliers worden bestuurders en praktijkmensen bij elkaar gebracht. De methode helpt het probleem te analyseren, oplossingen te genereren en verrassende ontmoetingen uit te lokken. De analyses, ideeën voor oplossingen voor urgente maatschappelijke vraagstukken, kunnen weer aanleiding zijn voor het starten van nieuwe initiatieven.

Alle veldoefeningen zijn gefaciliteerd door de Provincie met inzet van mensen en middelen. De Provinciale betrokkenheid, de inzet, de te maken keuzes en koers moeten langs de 'normale' ambtelijke en bestuurlijke lijnen door de organisatie lopen. De vraag is of een dergelijke manier van organiseren past bij de ambitie van innovatief en baanbrekend. Men kan er ook voor kiezen om een aparte organisatie op te bouwen die buiten de normale lijnen kan werken en daardoor meer vrije ruimte krijgt.

Deel V. Synthese theorie en praktijk

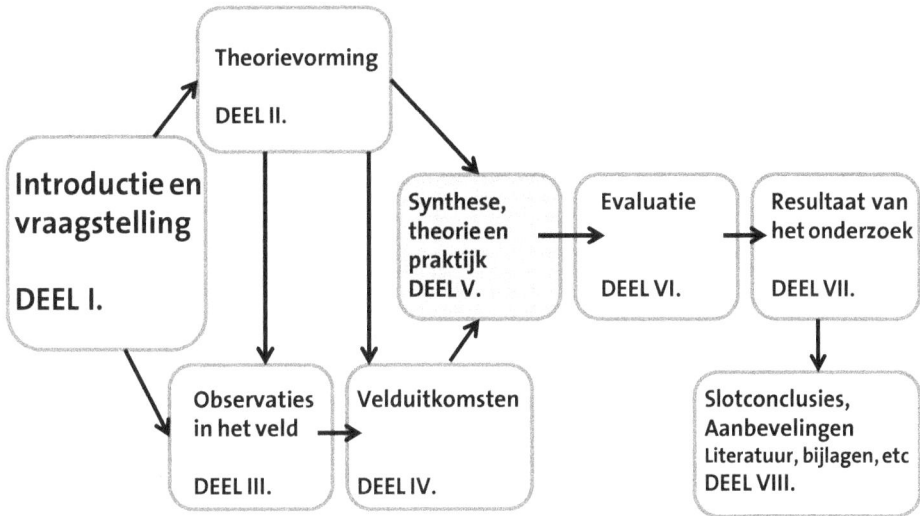

Theorie en praktijk ontwikkelden zich tot nu toe parallel aan elkaar. Dat wil zeggen: ze beïnvloedden elkaar wel, maar gingen niet in elkaar op. Ze vormden nog geen geheel. Dat gaat nu veranderen. De twee strengen worden in Deel V van dit proefschrift in elkaar gevlochten tot één in de praktijk toe te passen theorie, waarin drie concepten de boventoon voeren: Ecolutie, de Allemaal Winnen Matrix en Deconstructie. De praktische gebreken die tijdens de veldoefeningen naar voren kwamen, zoals de belabberde monitoring, worden zo goed mogelijk gecorrigeerd. De verbreding en opschaling van geslaagde, edoch in omvang beperkte, initiatieven blijft een probleem dat per geval bekeken en opgelost moet worden. Hoofdstuk 14 gaat hier dieper op in, culminerend in een aanpak voor een regionale overheid (de Ecolutie Werkwijze). In deze benadering worden drie 'fasen' – Verkennen, Experimenteren en Opschalen - onderkend. De regionale overheid neemt de rol van initiatiefnemer, facilitator, aanjager, regisseur of verbinder op zich. Een afgeleide rol. Dienend, niet directief. De accentuering is verschoven van *government* naar *governance*. *Government* is het Engelse woord voor overheid, *governance* is afgeleid van de Griekse uitdrukking voor 'sturen'. Dat sturen is in toenemende mate een gezamenlijke activiteit van regionale overheden, bedrijven, burgers, onderwijs- en kennisinstellingen. In de komende jaren zal het economische, het ecologische én het sociale succes van een gemeenschap in toenemende mate afhangen van het vermogen van belanghebbenden (dat zijn alle leden van de betreffende gemeenschap plus alle externe stakeholders) om te zoeken naar gezamenlijk geaccepteerde oplossingen voor problemen of vraagstukken en er ook samen voor te zorgen dat die worden uitgevoerd. We duiden dit vermogen aan als de *governance capacity* van de betreffemde gemeenschap.

Het vermogen tot zelfsturing verschilt per gemeenschap. Als de bepalende factoren bekend zijn, kan een *governance capacity* index worden samengesteld, een rangorde van provincies, landelijke gebieden of stedelijke omgevingen voor wat betreft hun vermogen tot zelfsturing. Een gemeenschap die systematisch en consistent uitgaat van het principe dat alle collectieve vraagstukken gezamenlijk dienen te worden aangepakt door alle *stakeholders*, die duiden wij aan als een *Joint Effort Society*, afgekort JES.

De drie dimensionale Allemaal Winnen Matrix, inclusief de werkwijze, vormt met JES het al omvattend en overstijgend diagnose & management instrumentarium dat de beide promovendi zich bij de Vraagstelling ten doel hadden gesteld.

13.   Ecolutie, Allemaal Winnen Matrix

'We are moving away from social Darwinism. As the evolutionary model dominated nineteenth- and twentieth century thinking, henceforth the ecological model will dominate our model of how the world is – reciprocal and interacting rather than competitive.'

Gary Snyder[393]

Leeswijzer

Hoofdstuk 13 is de sleutel waarmee de deur naar het dakterras geopend kan worden. Een dakterras dat overzicht, ruimte en lucht geeft. We kijken uit over het landschap en beschrijven wat we zien. Eerst gaan wij in op de betekenis van het begrip 'Ecolutie', hoe een overheid daar in een regio mee om kan gaan (essentie van regionale duurzame ontwikkeling) en waartoe het bijdraagt in de transitie van industriële naar postindustriële structuren. Vervolgens introduceren we het begrip Allemaal Winnen (§ 13.2) tevens de titel van deze studie. Daarmee doelen we op een utopische samenleving waarin de heersende cultuur er een is van 'samen zoeken naar wegen om de kwaliteit van leven voor een ieder te vergroten'. Hieruit volgt de Allemaal Winnen Matrix - gevuld met zo'n dertig concepten die in de hoofdstukken 3 t/m 5 van Deel II zijn besproken. Deze matrix is een gereedschapskist, een kompas waarop een ontwikkeling of vraagstuk kan worden geplaatst en in één oogopslag duidelijk is in welke fase die/dat zich bevindt. Vervolgens kan een koers worden uitgezet en een planning worden gemaakt aan de hand van een speciaal hiervoor ontwikkeld Allemaal Winnen Diagnose & Management Model. In paragraaf 13.4 staat het begrippenkader wat is ontstaan uit deze studie met daarin de belangrijkste termen kort gedefinieerd.

Inleiding

In het voorgaande hoofdstuk 12 concludeerden wij dat Noord-Brabant er (nog) niet in is geslaagd om een eigen invulling te geven aan duurzame ontwikkeling. Het doel van dit hoofdstuk is daar iets aan te doen, onder meer door twee nieuwe begrippen te introduceren: Ecolutie en Allemaal Winnen. Ecolutie is op het toetsenbord van een computer of schrijfmachine slechts één letter verwijderd van 'Evolutie', het woord dat onlosmakelijk verbonden is met het levenswerk van Charles Darwin. Ecolutie drong zichzelf een jaar of drie geleden op als typefout en riep meteen een gevoel van herkenning op. Het was nog niet geclaimd door de wetenschap. Wel heeft een verwarmingsboer inmiddels één van zijn zuinige ketels zo genoemd. Het begrip Ecolutie drukt echter veel meer uit dan alleen maar 'zuinig omgaan met fossiele brandstoffen'. Eco kan slaan op zowel Economie als Ecologie. 'Lutie'

---

393 The Gary Snyder Reader, *Counterpoint*, Berkeley, paperback edition, 2000, blz 119/120.

verbeeldt de strijd (in het Frans 'la Lutte') om een andere maatschappelijk politieke orde. Het roept associaties op met 'revolutie'. En dan, bij toeval, ontdekken we een gedicht van de beste Nederlandse dichter aller tijden, Lucebert, met de titel 'ecolutie'.

Het evolutie model domineerde het denken in de negentiende en twintigste eeuw, stelt Gary Snyder in het motto van dit hoofdstuk. Niet gespeend van enige bescheidenheid lanceren wij het Ecolutie model als een accolade bij Darwins' evolutie theorie. Als we toch bezig zijn, dan maken we ook maar even een moderne vertaling van het historisch materialisme van de klassieke econoom Karl Marx aan de hand van hetzelfde begrip 'Ecolutie'. We voelen ons daarin gesterkt door de fabelachtige futuroloog Fred Polak, wiens boek *De nieuwe wereld der automatie* uit 1958 de wereld voorziet waarin wij nu leven. In zijn laatste boek, *Morgen is anders* uit 1985, voert hij meerdere malen 'romantisch utopist par excellence' Karl Marx ten tonele als een futuroloog avant la lettre 'waar je niet omheen kunt'. Als toekomstverkenner moet je volgens Polak rekening houden met de essentie van diens visie, dan wel ermee afrekenen.[394]

13.1 De betekenis van Ecolutie[395]

'TNT is al voor de derde keer de nummer 1 van de Dow Jones Sustainability Index, de jaarlijkse ranglijst van de duurzaamheidsprestaties van de grootste bedrijven ter wereld. Ik *download* de brochure "Het Duurzaam Ondernemerschap van TNT Post". Hier moet, na alle wissewas, het geheim van de duurzame ontwikkeling worden onthuld. Hier moet de visie van TNT omtrent de groene wereld in heldere woorden beschreven staan. Wat is "Duurzaam Ondernemerschap"?

'Op de titelpagina staat een boom in een heiig landschap. Tja. Met één zo'n boom in een landschap van niets en niemendal kun je je op geen enkele dia-avond vertonen.

'We nemen een duik in de brochure. "ISO 9001 bewijst dat voor TNT Post de kwaliteit van de dienstverlening en de klanttevredenheid centraal staan." Goed werk afleveren, dat is mooi, maar wat heeft dat te maken met groen, groener, groenst? En weet iedereen in deze transparante wereld wat "ISO 9001" betekent? We gaan dapper verder, we zitten pas op pagina 3. "Uit de certificaten Investors in *People* en OHSAS 18001 blijkt dat TNT Post hecht aan goed personeelsmanagement met ontwikkelingskansen voor medewerkers." Ik heb wel eens zinnen van Georg Wilhelm Friedrich Hegel gelezen en die waren een wonder van helderheid, vergeleken met dit bedrijfsproza. En ontwikkelingskansen voor medewerkers? Er verdwijnen komende jaren 11.000 banen. Erbij staat een foto van een gehalveerde postbode die over een onduidelijk laantje fietst. Ik hoop maar dat de goede man niet de verkeerde weg heeft genomen. Op de volgende pagina neemt de "Director Group HR bij TNT" in twee alinea's eindeloos het woord *duurzaam* in de mond zonder iets te zeggen. "Daarnaast streven we zoveel mogelijk transparantie na." Op pagina 10 komt een "Adviseur Duurzaamheid" aan het woord. *Duurzaamheid* – het is het spookwoord van de groene gekte. En wat zegt de adviseur? Bij ons "staat duurzaam ondernemen steeds hoger op de agenda. Ons beleid is met

---

394 Fred Polak, Morgen is anders, 1985, blz. 111.
395 Ecolutie is een nieuw woord bedacht door Frank van Empel en wordt hier geïntroduceerd als begrip of concept.

elkaar te blijven praten over duurzaam ondernemen." Had ik maar een spekstenen houtkachel, dan zou ik deze brochure in zijn eigen CO_2 laten stikken. *Duurzaamheid* – en nu wil ik het woord nooit meer horen.'[396]

Beter had het niet verwoord kunnen worden. Duurzaam, duurzaamheid en duurzame ontwikkeling zijn veelvuldig gebruikte en misbruikte begrippen. Het maakt niet uit wat het is, als je het maar bent, duurzaam. En als je het zelf niet kunt zijn, bijvoorbeeld omdat je een sterfelijk mens bent, dan moet je op zijn minst het pad effenen voor het nageslacht.

Als een begrip sleets is geworden door veelvuldig gebruik en misbruik, dan moet het vervangen worden door een nieuw begrip dat nog niet geladen en beladen is. Ons nieuwe begrip voor alles wat met duurzame ontwikkeling te maken heeft, is: Ecolutie, de weg naar het doel: de ideale samenleving, waar mensen en organisaties elkaar niet naar de kroon steken, maar elkaar helpen om samen beter te worden, zonder afwenteling op anderen in ruimte en tijd. Een wereld met louter winnaars. *Only Winners*. Dit doel is het hoogst denkbare en haalbare niveau van sociale, economische en ecologische ontwikkeling. Vanuit de huidige imperfecte staat moet de slag gemaakt worden naar de perfecte staat van Allemaal Winnen. Die slag duiden we aan als 'transitie'. Om deze transitie vorm en inhoud te geven moet er iets gebeuren. Zonder actie blijft het doel op afstand. Er moet iets veranderen, wil het doel dichterbij komen: in het menselijk gedrag, in de technologie of alles wat daarmee samenhangt (technieken, processen, innovatie) of in de wijze waarop besluiten worden genomen. Deze overwegingen brengen ons tot de volgende definitie:

Ecolutie (de weg naar het doel): een combinatie van gedrag, technologie en besluitvorming die de transitie naar een hoger niveau van sociale, economische en ecologische ontwikkeling mogelijk maakt.

Ecolutie heeft een dubbele betekenis. Aan de ene kant is het een aanvulling op, c.q. een herziening van, Darwins' evolutie theorie, die teruggrijpt op het individu. Het individu erft bepaalde eigenschappen van z'n ouders. Ecolutie grijpt aan bij het gemeenschapsgevoel, het gevoel van betrokkenheid bij de samenleving. Wat de mens denkt en doet, wat hij voelt en nalaat, wat hij voor zichzelf houdt en overdraagt, wordt niet bepaald door de toevallige samenstelling van zijn DNA en de competitie met andere organismen (*the survival of the fittest*) maar door het gedrag ten opzichte van en de interactie met anderen. Samenwerken en delen in plaats van vechten en stelen. Coöperatie in plaats van concurrentie. Gemeenschap in plaats van overheid. Mensen zijn niet alleen bezig met zelf overleven. Ze willen overleven met anderen, op de Aarde, met alles wat daar bij hoort. Aan de andere kant heeft Ecolutie betrekking op de ontwikkeling van de ecologie.

---

396 Jaffe Vink, Duurzaam, duurzaam, duurzaam. En nu wil ik het woord nooit meer horen. NRC Handelsblad van 5 september 2009. Herdrukt in: Het Scherp van de Snedes, De Nederlandse literatuur in 100 en enige polemieken, samengesteld door Pierre Vinken & Hans van den Bergh, Prometheus, Amsterdam 2010, blz. 836.

In §1.6 hebben wij Ecolutie, parallel aan de betekenis van evolutie bij Darwin, al gedefinieerd als 'de geleidelijke aanpassing, gedurende vele decennia (zo niet eeuwen) van sociaal-ecologische systemen (SES) aan veranderingen die door de natuur en in toenemende mate ook door de mens zijn ingegeven, zoals de bovenmatige uitstoot van broeikasgassen en het kappen van regenwouden. Op deze plaats in het proefschrift geven wij een andere betekenis aan het begrip Ecolutie, een actieve, dynamische, existentialistische betekenis. Op Aarde is de mens het handelende, creatieve subject. 'De mens is wat hij van zichzelf maakt,' schrijft de Franse filosoof Jean-Paul Sartre in het dunne, handzame boekje *Over het existentialisme*, uit 1967.[397] 'Dat is het eerste beginsel van het existentialisme. Het is tevens wat men subjectivisme noemt en wat ons onder diezelfde naam wordt verweten. Maar wat willen wij daarmee anders zeggen dan dat de mens een grotere waardigheid heeft dan een steen of een tafel? Want wij bedoelen dat de mens begint met te bestaan, dat wil zeggen dat de mens allereerst iets is dat zich naar een toekomst beweegt en zich ervan bewust is dat hij zichzelf in de toekomst vooruitwerpt.' De mens is volgens Sartre in de eerste plaats zoals hij zichzelf ontwerpt. Niet wat hij wil zijn. Wat wij als mens 'willen' zijn is volgens de Franse filosoof 'een bewuste beslissing, die voor de meesten onder ons pas komt nadat zij van zichzelf al iets gemaakt hebben'. De mens is in deze gedachtengang ook verantwoordelijk voor wat hij is. 'En wanneer wij zeggen dat de mens voor zichzelf verantwoordelijk is, bedoelen we niet dat de mens verantwoordelijk is alleen voor zijn eigen individualiteit, maar dat hij verantwoordelijk is voor alle mensen,' aldus Sartre. Door de keuzes die wij als individu maken, kiezen we niet alleen positie voor onszelf, maar doen wij tevens een keuze voor allen.

Daarmee zijn we terug bij de *Tragedy of the Commons* (§4.1). De vraag wie waarvoor verantwoordelijk is en wie geacht wordt daadwerkelijk actie te ondernemen en resultaten te boeken, wordt hier in navolging van Sartre als volgt beantwoord: het individu kiest, niet alleen voor zichzelf, maar ook voor allen. Sartre: 'Wanneer ik als arbeider verkies mij bij een christelijke vakbond aan te sluiten en niet bij een communistische, en ik wil door mijn toetreding getuigen dat het de mens in feite het meest past in de bestaande toestand te berusten, dat het vaderland van de mens niet op aarde is gelegen, sluit ik mij niet slechts aan voor mijn eigen geval: ik wil berusten voor allen. Dientengevolge raakt de hele mensheid betrokken in de stap die ik neem.'[398]
De daad van de enkeling bindt de hele mensheid. De systemen beperken de vrijheid van de mens, maar als individuele mens heb je de potentie om boven de systemen uit te stijgen en jezelf – en daarmee ook alle anderen - steeds opnieuw te (her)ontwerpen. De oplossing van globale vraagstukken als de afnemende biodiversiteit en de klimaatverandering, begint bij het individu. Dat kiest voor zichzelf en daarmee tevens voor alle anderen. De organisatie die daar het beste bij aansluit is de zelforganisatie (zie §4.1).

---

397 Jean-Paul Sartre, Over het existentialisme, A.W. Bruna & Zoon, 1967, blz.13.
398 Jean-Paul Sartre, blz. 16.

Ecolutie heeft, zoals gezegd, ook betrekking op ecologie. Volgens de negentiende eeuwse econoom Karl Marx heeft iedere samenleving een economische fundering: de harde realiteit van menselijke wezens die zich aaneengesloten hebben om zich te kunnen kleden en voeden en een woning te verschaffen. In Marxistische termen: de productiekrachten (technologie, productiemiddelen, productieverhoudingen) bepalen welke politici aan de macht komen, welke wetten en regels zij uitvaardigen, door welke godsdienst of filosofie zij zich laten inspireren, etc. Anno 2012 zijn het in toenemende mate de relaties tussen organismen en de niet-biologische omgeving die het spel maken. Het onderscheid van een onderbouw en een bovenbouw heeft nog steeds zin, alleen is het niet meer zozeer de economie die dicteert wat er politiek en cultureel te verhapstukken is, als wel de ecologie (zie kader 1).

Een voorwaarde voor Ecolutie is bijvoorbeeld de aanwezigheid van democratie, of een daarmee te vergelijken stuurinrichting. Democratie is behalve een wijze van besluitvorming ook een levenswijze. Ecolutie is echter meer dan dát. Behalve de manier waarop in een gemeenschap besluiten worden genomen en een levenshouding die we democratisch kunnen noemen en gepaard gaat met een bepaald soort gedrag, heeft Ecolutie ook een technologische, een ecologische en een economische dimensie.

Ecolutie, aldus, is een ruim begrip, dat onder meer ook alle concepten uit hoofdstuk 4 en 5 met zich meedraagt. Deze concepten kunnen regionale bestuurders aanwenden om een samenleving te creëren waar mensen niet ten koste van een ander, of ten koste van natuur, milieu of economie vooruit proberen te komen, maar streven naar overeenkomsten en *partnerships* waarbij (nagenoeg) alle betrokkenen er in enigerlei vorm op vooruit gaan. De ontwikkelingen – al dan niet gestuurd of beïnvloed door overheden, bedrijven of andere *change agents* – die nodig of noodzakelijk zijn om zo'n samenleving te krijgen duiden wij aan als Ecolutie.

Kader 1. De betekenis van ecologie

Als wetenschap is de ecologie een onderdeel van de biologie. De ecologie concentreert zich in dat kader op de wisselwerking tussen organismen en op de relaties tussen organismen en de niet-biologische omgeving. Het woord ecologie, dat in 1866 werd geïntroduceerd door de Duitse bioloog Ernst Haeckel, is een samentrekking van de Griekse uitdrukkingen *oikos* (huishouding) en *logos* (studie, wetenschap). In de Angelsaksische vakliteratuur wordt gerept van *ecology*. De betekenis is wat meer dan in Duitsland gericht op het milieu en de mens. Ecologie wordt ook wel gekoppeld aan menselijk gedrag dat goed is voor die mens zelf, alsmede voor het milieu (de omgeving) en de natuur.

Blijven vernieuwen, dat is de essentie van Ecolutie. Door het voortdurend ontregelen van routines, gewoonten en gebruiken[399], voorkomen bestuurders en verantwoordelijke politici dat mensen en organisaties vastlopen in een destructieve omgeving.

Evolutie is een tamelijk statisch proces. Het gaat bij evolutie namelijk niet om de aanpassing van het gedrag binnen een mensenleven, maar om de aanpassing van het menselijk lichaam in de loop van duizenden jaren. Er zijn zelfs biologen die beweren dat het menselijk lichaam op zijn minst 50.000 jaar niet is veranderd. De fysieke evolutie van de mens is volgens deze biologen lang geleden tot stilstand gekomen. Dit is een controversiële stellingname. Aan het andere einde van het spectrum bevinden zich geleerde wetenschappers die menen het bewijs te hebben dat iemands DNA nog tijdens z'n leven kan veranderen. Om op lange termijn in wisselende omstandigheden te overleven, moet de gehele mens, niet alleen fysiek, maar ook sociaal, cultureel, psychisch en spiritueel, voortdurend veranderen. Hij mag geen genoegen nemen met stilstand. De wereld om ons heen verandert namelijk, mede door ons eigen toedoen, voortdurend. Dit zichzelf vernieuwen vindt plaats in drie fasen (destructie, deconstructie, constructie) en op verschillende niveaus (individu, gezin, familie, buurt, wijk, gemeente, regio, provincie, land, werelddeel, wereld).

Hoe dan ook, het is er allemaal niet eenvoudiger op geworden door de introductie, eind vorige eeuw, van de systeembenadering en de netwerkanalyse in de beschouwing. Netwerken met name zijn structureel gekoppeld, gevoelig voor elkaar en reagerend op elkaar. De twee benaderingen, met hun vele dwarsverbanden en terugkoppelingen, zorgen er samen voor dat alles met alles verband houdt. De ecologie vormt hier geen uitzondering op, Ook daar spelen systemen en netwerken een cruciale rol, zo blijkt uit §3.1 en §4.1. Een ecosysteem definiëren wij als 'een gebied waar in de loop der jaren een bepaalde verhouding is ontstaan tussen alle levende organismen (planten, dieren, mensen) en de niet levende omgeving (bodem, lucht, water)'. Of en wanneer zo'n verhouding evenwichtig is, valt moeilijk te zeggen. Een ecosysteem is geen moment hetzelfde. Het wordt beïnvloed door omringende ecosystemen en door factoren die niet constant zijn. De reactie van een ecosysteem op deze veranderingen wordt dynamiek genoemd. Er zijn voorspelbare vormen van dynamiek zoals getijdendynamiek, seizoensdynamiek en min of meer toevallige vormen, zoals het weer. Bovenop deze natuurlijke dynamiek zorgt de mens voor extra turbulentie door op grote schaal fossiele brandstoffen, biomassa, mest en afval te verbranden, een proces waarbij zuurstof wordt verbruikt en onder meer CO_2 vrijkomt. De 7 miljard mensen die de Aarde innemen, zijn hier samen verantwoordelijk voor.

---

399 Onder gebruiken verstaan we ook oude technieken die kritiekloos worden toegepast omdat iedereen het nu eenmaal gewend is. Iets soortgelijks geldt voor besluitvorming met 50% + 1 van de stemmen.

Kader 2: Derde Kracht Stroom

Opkomst van een Nieuwe Generatie Coöperaties

De coöperaties waarmee Nederland groot en welvarend werd, dienden steevast een homogeen belang. Dat wil zeggen: je werd alleen als lid toegelaten als je gespecialiseerd was in een bepaalde activiteit: de productie van melk of suikerbieten, levensverzekeringen, kredietverlening, strokarton. Werknemers mochten sowieso geen lid worden. Voorbeelden van deze klassieke productiecoöperatie, in Nederland: FrieslandCampina (zuivelindustrie), Avebe en AGF (aardappelverwerkende industrie), The Greenery (groente en fruit) en Rabobank (zakelijke diensten).

Sluipenderwijs kwam er sinds pakweg 2005 een nieuwe generatie coöperaties bij van samenwerkende huisartsen, apothekers, tandartsen, fysiotherapeuten, investeringsmaatschappijen, beleggingsfondsen, administratiekantoren, belastingadviseurs, thuiszorgorganisaties, inkoopcombinaties... Kortom: een bonte verzameling van ondernemers en ondernemingen die met anderen op gelijkwaardig niveau willen samenwerken. Alles bij elkaar kwamen er in 2007, 2008 en 2009 in totaal 1.700 coöperaties bij, een groei van 15% per jaar.

Anders dan de oude generatie coöperaties hanteert de nieuwe lichting een multi-stakeholder model en verenigt zij verschillende belangen en achtergronden van zowel personen als bedrijven. Werknemers zijn welkom. Als alle leden maar een gemeenschappelijk doel hebben. Dat doel is de verbindende schakel.

De basisprincipes zijn hetzelfde als die bij de meer conventionele coöperatie-typen:

1. Allemaal Winnen - Iedereen wordt er beter van, niet alleen de leden, maar alle stakeholders en niet-betrokkenen in de wijde omtrek;
2. Samenwerking - Bij competitie heb je winnaars en verliezers. Wellicht schiet de samenleving als geheel er per saldo helemaal niks mee op en is het beter voor alle partijen om samen waarde toe te voegen door samenwerking en innovatie;
3. Wederkerigheid - Voor wat hoort wat: leden dragen bij en krijgen er ook iets voor terug;
4. Toetsing door leden - Voldoet de organisatie (nog) aan de doelstellingen waarvoor hij ooit is opgericht? Bevindt de onderneming zich nog op het goede spoor voor wat betreft de (kern)competenties? Het stellen van dergelijke wezensvragen is de meest cruciale taak die leden dienen uit te voeren.

Niet voor niets riepen de Verenigde Naties 2012 uit tot het 'Jaar van de Coöperatie'. De onweerstaanbare wederopleving van de coöperatie is een internationaal verschijnsel.[401]

---

400 Gert van Dijk en Frank van Empel, Het Bijstere Spoor tussen Staat en Markt, essay, 2012 (moet nog verschijnen)

Als wij met z'n allen de ene – destructieve – kant op gaan, dan moeten we ook samen de andere kant uit kunnen marcheren, zou je zeggen. Destructie is het gevolg van vele individuele beslissingen. Voor de constructie van een schone, zuinige, gezonde en rechtvaardige wereld geldt iets soortgelijks. Als individu kun je jezelf engageren en daarmee tevens een statement afgeven. Levende wezens – met name mensen - worden gekenmerkt door hun *autopoietische* organisatie.[401] Autos betekent 'zelf' en poiein betekent 'maken'. "Het zichzelf makende wezen" zal, voordat het zijn gedrag verandert, eerst in een crisissituatie terecht moeten komen. Niemand verandert immers zomaar zijn gedrag. Daar is eerst een grondige reconstructie voor nodig, die maakt dat systemen en netwerken weer open staan voor verandering.

De grote godsdiensten en veel wetenschappers zijn daar nog niet aan toe. Zij hebben met elkaar gemeen dat ze divergeren. Mensen zijn ergens voor of tegen. Iets loopt goed of fout. De systemen zijn gebaseerd op selectie, zo luidde nog niet zo lang geleden de communis opinio. *The survival of the fittest* van Charles Darwin, was het beeld dat daar aan werd gekoppeld. Darwin ging uit van de strijd tussen soorten die ten koste van elkaar proberen te overleven. Overheersen en strijden waren lange tijd inderdaad de dominante overlevingsstrategieën voor bedreigde soorten, inclusief de mens. Maar anno 2012 gaan er steeds meer stemmen op dat niet selectie, maar co-creatie de dominante wijze van samen leven is. Samen werken aan iets nieuws dat waarde toevoegt aan het reeds bestaande (innovatie), in plaats van het bestaande anders verdelen door een ander door middel van concurrentiestrijd waarde te ontnemen. Tussen Markt en Staat groeit een Derde Kracht als een Delta waar verschillende stromen samen komen en elkaar vinden op ethische en morele gronden. Niet het vrije, meedogenloze spel van vraag en aanbod maakt hier de dienst uit in de Samenleving en evenmin de Heerser, of dat nu de minister-president van het land of de voorzitter van de plaatselijke voetbalvereniging is. De Derde Kracht is een samenloop van stromingen en bewegingen, die wij aanduiden als:
1. Primaat van de Regio;
2. *Commons*[402];
3. Wederopstanding van de Coöperatie;
4. Europees Model;
5. Existentialisme als Motivator.

In zijn boek *Over het Existentialisme* breekt de Franse filosoof Jean-Paul Sartre een lans voor het geëngageerde individu dat zelf een keuze voor een bepaalde handeling maakt en alleen al daardoor anderen uitnodigt om Mooie Woorden om te zetten in Klinkende Resultaten die bijdragen aan de Derde Kracht. Sartre: 'Een mens is verwikkeld in het leven. Hij laat zijn sporen na en daar buiten is niks. Natuurlijk, dit is een wrange gedachte voor iemand wiens leven geen succes is. Maar aan de andere kant dwingt het mensen er toe om in te zien dat

---

401 Marcel van Herpen, Ecologisch Verantwoord Onderwijs, artikel uit een reeks van vier, ter gelegenheid van het jubileumjaar 2005-2006, dertig jaar ErvaringsGericht Onderwijs.

402 *The Tragedy of Commons* kan omslaan in een Comedy, bijvoorbeeld als de *Commons* betrekking heeft op kennis. Daar kan immers nooit te veel gebruik van worden gemaakt. Kennis raakt nooit op.

alleen de werkelijkheid telt, dat dromen, verwachtingen en hoop niet meer garanderen dan een definitie van de mens als een teleurstellende droom, als mislukte hoop die op niets uitliep, als vergeefse verwachtingen. Met andere woorden: ze definiëren hem negatief en niet positief.' Een inspirerende oproep tot een fundamentele sociale ethiek die moreel bindend is en daarom niet afgedwongen hoeft te worden met wet- en regelgeving.

'Als hoofdmotto voor de nieuwe politiek zou je kunnen voorstellen: geen rechten zonder verantwoordelijkheden,' schrijft Anthony Giddens in the Third Way.[403] Giddens vindt dat dit motto als ethisch principe niet alleen mensen met een bijstandsuitkering moet aanspreken, maar iedereen. Het komt nogal paternalistisch over. Morele autoriteit hebben maar heel weinig mensen. Mahatma Gandhi had het, evenals Nelson Mandela, Angela Merkel heeft het en Barack Obama zou het kunnen hebben als hij vaker waarmaakt wat hij aankondigt. Leiders met een natuurlijke morele autoriteit kunnen een volk, of de hele wereld in vrede laten samen werken. Maar zij zijn uitzonderingen. In werkelijkheid nemen veranderingen meestal de tijd. Allemaal Winnen begint steevast bij één individu dat besluit om iets te ondernemen en dat door anderen wordt nagevolgd.

Aangezien ontwikkelingen in de Allemaal Winnen richting vaak het beste gedijen in kleinere verbanden (netwerk of *peer to peer*)[404] hebben lokale en regionale overheden (gemeenten, provincies) er een nieuwe zingeving bij gekregen, namelijk als regisseur, aanjager, stimulator, kennisbank, coach, mediator, midden in de gemeenschap, tussen de mensen. Een makelaar die opwaartse ontwikkelingen begeleidt, corrigeert, bundelt en verbindt met topdown beleid uit Den Haag en Brussel. De regionale overheid kan Ecolutie uitlokken. Zij is in de positie om de transitie van de destructieve mens naar de construerende mens mee vorm te geven en te begeleiden door de wildernis van de deconstructie heen.

Het woord 'wild' is hier tekenend. Ecologen spreken over 'wilde systemen'. Een systeem is wild wanneer het volledig functioneert, wanneer het alle elementen bevat die het kan bevatten, wanneer het compleet is. Zoals Gary Snyder in *The Practice of the Wild* schrijft: 'Spreken over wildernis is spreken over compleetheid'. Snyder werkt het begrip 'wild' op diverse plekken uit en maakt daarbij onder meer gebruik van de Oxford English Dictionary.

---

403 Anthony Giddens, blz. 65.
404 Zie §4.5

Kader 3. 'Wild' volgens de Oxford English Dictionary

> Of *animals – not tame, undomesticated, unruly.*
> Of *plants – not cultivated.*
> Of *land – uninhabited, uncultivated.*
> Of *foodcrops – produced or yielded without cultivation.*
> Of *societies – uncivilized, rude, resisting constituted government.*
> Of *individuals – unrestrained, insubordinate, licentious, dissolute, loose.*
> Of *behavior – violent, destructive, cruel, unruly.*

In een paar woorden is wild te omschrijven als: het ongecultiveerde, het ongeregelde, het vrije, spontane, argeloze in de mens, de economie, de ecologie en de samenleving.

Wanneer wij het over 'wild' hebben, dan doelen we op de overgangsfase van destructie naar constructie en de daarop volgende overgang van constructie naar destructie op een hoger plan. De wilde is in onze optiek de 'deconstructor', de ontregelaar. Harmonie en vrede houden niet eeuwig stand. Duurzame ontwikkeling is niet een statisch eindstation, maar een dynamisch veranderingsproces. De ontregeling van een op het oog evenwichtige, harmonieuze ontwikkeling is een voorwaarde om tot hernieuwde groei op een hoger niveau te komen. Net als Ecolutie heeft verwildering twee kanten (zie kader 4).

Kader 4. De twee kanten van verwildering

> Waarom hebben sommige mensen meer tolerantie en waardering voor verwildering dan andere? Dit kan worden verklaard door het feit dat 'wildernis' een ambivalent begrip is. Aan de ene kant staat wildernis voor vrijheid, kracht, en energie. Aan de andere kant verwijst het begrip wildernis ook naar chaos, zinloosheid, en destructie. Welke betekenis overheerst, is voor een groot deel afhankelijk van weinig veranderlijke factoren zoals iemands persoonlijkheid en leefsituatie. Mensen met een grote behoefte aan structuur kunnen bijvoorbeeld minder waardering opbrengen voor wilde natuur dan mensen met een geringe behoefte aan structuur. Maar de waardering voor wildernis is ook situatie afhankelijk. Voor mensen die in een kwetsbare situatie verkeren, zoals boeren, die voor hun inkomen letterlijk afhankelijk zijn van de natuur, heeft wildernis eerder een negatieve bijklank dan voor mensen in een minder kwetsbare situatie.[406]

Bovenstaande definitie van Ecolutie is een momentopname. Bij Ecolutie is alles continu in beweging – panta rhei – inclusief het begrip zelf en de betekenissen die mensen en organisaties er aan geven. Het hangt van iemands persoonlijkheid en leefsituatie af welke betekenis hij of zij verkiest. Eén van die betekenissen komt dicht bij de Chinese term Dao, de weg van *Great Nature*. Snyder probeert die weg in woorden te vangen: *eluding analysis, beyond*

---

405 Agnes van den Berg, Weelderig of wild? De invloed van beheersmaatregelen op de beleving van bossen, Wageningen Universiteit en Researchcentrum, Vakblad Natuur Bos en Landschap, 10, 2004

categories, self-organizing, self-informing, playful, surprising, impermanent, insubstantial, independent, complete, orderly unmediated, freely manifesting, self-authenticating, self-willed, complex, quite simple. Dao beweegt dezelfde kant op als de Matrix. We begeven ons in het spanningsveld tussen destructie en constructie en noemen het, met een knipoog naar Darwin, Ecolutie.

13.2   Allemaal Winnen

Het ideaal is een wereldwijde gemeenschap van mensen die op voet van gelijkheid en gelijkwaardigheid met elkaar samen werken en samen leven. Inkomensverschillen zijn in deze ideale samenleving afgevlakt en vallen, voor zover aanwezig, makkelijk te rechtvaardigen. In deze ideale samenleving is de armoede verdwenen, staan alle ecosystemen in bloei en heerst vrede, omdat mensen geen enkele reden hebben om elkaar het leven zuur te maken. Integendeel: er is sprake van een cultuur van 'samen zoeken naar wegen om de kwaliteit van leven voor een ieder te vergroten'. Op deze hoogvlakte waar de economie en het sociale leven zich evenwichtig en gestadig ontwikkelen en niet ten koste gaan van andere levende wezens, de Aarde, de Natuur – samen aangemerkt als 'het milieu' – zijn mensen ervan overtuigd dat iedereen er beter van wordt als mensen elkaar helpen om beter, wijzer en gelukkiger te worden. Je geeft en je krijgt. Je doet en je laat. Je gunt en je accepteert. Leven en laten leven. Allemaal Winnen. *Only Winners.*

Het pad naar zo'n paradijselijke samenleving is moeilijk begaanbaar, kronkelig en steil, langs afgronden en spelonken, door kolkende rivieren en hete zandvlaktes waar verstuivingen het zicht belemmeren en de ademhaling bemoeilijken, door dichtbegroeide jungle waar bladeren valkuilen bedekken zodat je erin trapt eer je er erg in hebt. Het is een pad wat mensen voor zichzelf en elkaar moeten banen. Deze expeditie naar de hoogvlakte duiden wij aan als 'Ecolutie', waarbij eco staat voor de economische- en ecologische huishouding, met de mens als middelpunt vliedende genius en regisseur, die alles kan verpesten, maar die de schade ook weer kan herstellen en vervolgens wellicht een lumineus idee krijgt en uitwerkt tot iets nieuws, een innovatie die het leven nóg rijker maakt.

Allemaal Winnen typeert de enige écht duurzame samenleving, omdat deze ontwikkeling geen ontevreden, gepassioneerde minderheden oplevert die dwars gaan liggen, die ontwikkelingen blokkeren, negeren, saboteren, of later, als zij zelf aan de macht zijn, weer corrigeren, zodat er per saldo niets verandert. Er is één probleem: zo'n harmonieuze, vredige samenleving is veel mensen te zoetsappig, te saai. Mensen willen afwisseling. Het bloed kruipt waar het niet gaan kan. Elke samenleving heeft avonturiers in z'n gelederen. Die zoeken grenzen op en passeren ze. Net als in het scheppingsverhaal is de verboden appel ook hier erg verleidelijk. Juist omdat het *not done* is om hem te plukken.

Er is nog een andere destructieve kracht werkzaam. Als een ideaal eenmaal is verwezenlijkt, dan verliest het zijn bindende werking. Er komt speling (slack) in het systeem. En langzaam maar zeker valt de samenleving uit elkaar. Allemaal Winnen verwordt tot Allemaal Willen

Winnen, desnoods ten koste van iets of iemand. De idylle is daarmee verstoord. Mensen vallen massaal van de hoogvlakte terug in het dal. Ze schrikken en verstarren. Oude routines, gewoonten en gebruiken worden weer opgepakt, om de mens toch nog een zeker gevoel te geven. Er komen ook nieuwe tics bij. Dat gaat zo door tot er ook hier weer speling in het systeem komt. Enkele avant gardisten wijken af van de gevestigde patronen en ondernemen activiteiten die niet gewijd zijn aan de reproductie van de bestaande samenleving, maar aan het veranderen daarvan. De speling die er op een bepaald moment komt in vaste patronen, markeert het begin van de ecolutie. De Duitse filosoof Georg Wilhelm Friedrich Hegel had hier een verklaring voor. Volgens hem komt elke verandering, elke dynamiek, voort uit de voortdurende creatie van tegenstellingen, een voortdurende tweestrijd, met jezelf. Hegel: 'Het is alleen maar omdat iets in zichzelf een tegenstelling bevat dat het beweegt en open staat voor impulsen en activiteit van buiten'. [406]

De matrixbenadering die in hoofdstuk 5 omschreven staat en waarbij concepten op de assen: destructief, deconstructief, constructief en gedrag, techniek, besluitvorming een kompas vormen waarmee de status quo uit één oogopslag blijkt en ook richting van een ontwikkeling bepaald kan worden, is getest in de veldoefeningen die beschreven staan in de hoofdstukken 6 t/m 12 (Deel III en IV) Na verfijning van de matrix door de jaren heen, groeiende inzichten en nieuwe concepten, komen we hier op de Allemaal Winnen Matrix die aanvullend is op de werkwijze verderop in dit deel beschreven, de Ecolutie Werkwijze. Hiermee naderen we het antwoord op de centrale vraag: Wat kan een regionale overheid doen om economische, ecologische en sociaal-culturele ontwikkeling te realiseren zonder dat dit ten koste gaat van anderen in tijd en ruimte?

---

406 John Keane, *The Life and Death of Democracy*, 2009, blz. 8.

13.3   Allemaal Winnen Matrix

Destructie fase		**Deconstructie fase**		**Constructie fase**	
Gedrag					
Berusting	→	Reframing[384]	→	Zelforganisatie[385]	§4.1
Meer van hetzelfde	→	Anders	→	Systeemverbetering	§4.2
Veiligheid en zekerheid	→	Risico nemen	→	Innovatie	§4.4
Vorm	→	Structuur	→	Inhoud	§4.6
Goed hebben	→	Goed voelen	→	Goed laten voelen	§4.11
Normen	→	Burgerlijke ongehoorzaamheid	→	Citizenship	§4.14
Ego-centrisme	→	Open communicatie	→	Empathie	§4.13
Biologische en fysiologische behoeften	→	Cognitieve behoeften	→	Transcedente behoeften	§4.16
Conventioneel	→	Post-conventioneel	→	Nonfixe	§5.2
Collectivisme	→	Individualisme	→	Authenticiteit	§5.17
Moeten	→	Weten	→	Durven	§5.15
Vernietigen	→	Hervormen	→	Creëren	§4.3
Gelimiteerde groei	→	Ombouw industriële systeem	→	Absolute ontkoppeling	§4.7
Einde van de pijp	→	Aanpak bij de bron	→	Milieubewust ontwerpen, ontwikkelen en produceren	§4.8
Materiële verrijking	→	Overleven met minder	→	Natuur als inspiratie	§4.9
Verbetering	→	Vernieuwing	→	Ontwikkeling	§5.15
Belangenstrijd	→	Procesbegeleiding	→	Systematisch Samenwerken	§5.11
Niet hernieuwbare materialen	→	Cyclisch denken	→	Hernieuwbare materialen c.q. minder / geen	§4.10
Rekening courant	→	Overheidsgaranties	→	Voorfinanciering	§5.2
Centrale planning (topdown)	→	Vrije markt (bottom up)	→	Netwerk samenleving (peer to peer)	§4.5
Competitie / parasitisme	→	Commensalisme	→	Allemaal winnen	§4.12
Chaos	→	Spontane orde	→	Zelfsturing	§4.15
Ecologisch ongeletterd	→	Ecolutie	→	Duurzame gemeenschap	§5.2
Operational excellence	→	Creatieve destructie	→	Entrepreneurial Spirit	§5.14
Dictatuur	→	Democratie	→	Permissive consent	§5.10
Eén weet alles	→	Advies door experts	→	Samen weten we meer	§5.12
Symptomen bestrijden	→	Twijfel zaaien	→	Betekenis geven	§5.1
Regels	→	Inzichten	→	Principes	§5.15
Profit	→	*Profit + planet*	→	*Profit + Planet + People*	§6.4

Rij-labels in de linkermarge: **Gedrag**, **Technologie**, **Besluitvorming**

Een interessante observatie komt voort uit het cluster Gedrag wanneer we onderstaande concepten nader bekijken en op het gedrag van individuen, organisaties en overheden in Noord-Brabant leggen, zoals dat beschreven staat in de veldoefeningen in Deel IV

Goed hebben ➔ Goed voelen ➔Goed laten voelen § 4.11

Normen ➔ Burgerlijke ongehoorzaamheid ➔ Waarden § 4.14

Biologische behoeften ➔ Cognitieve behoeften ➔ Transcedente behoeften § 4.16

Conventioneel ➔ Postconventioneel ➔ nonfiXe § 5.2

Het gedrag in Noord-Brabant bevindt zich in voornamelijk in de deconstructiefase. In geen enkele veldoefening vinden we voorbeelden van Goed laten voelen, Waarden, Transcedente behoeften, nonfiXe of het nastreven van Welleven. Deze stages die door opvolgers van Maslow op de top van de piramide zijn gezet en boven zelfrealisatie uitstijgen, zijn op zich voldoende om een Allemaal Winnen samenleving te creëren. Gedrag alleen – mits door 80% van de mensen beoefend – kan het verschil maken. Wanneer de overgrote meerderheid anderen zich goed laat voelen, leeft op basis van waarden in plaats van normen, zich wil ontplooien als geheel mens en niet enkel door kennis te vergaren, wanneer de meerderheid der mensen ervoor kiest om te kijken naar een situatie of naar een ander zonder vooroordelen (nonfiXe) en welleven (gezond en in vrijheid) nastreeft, vallen alle andere concepten vanzelf in de gaatjes van de constructiefase. Dan gebruiken mensen uit zich zelf hernieuwbare materialen, willen ze zich niet verrijken ten koste van een ander of de natuur, dan is democratie als levenshouding vanzelfsprekend et cetera. Toch wordt door regionale overheden maar in heel kleine en beperkte mate aandacht aan gedrag besteed. Ook aan het eigen gedrag, van de eigen organisatie, medewerkers en bestuurders.

13.4   (Allemaal Winnen) Diagnose & Management Model

Om de Allemaal Winnen Matrix op overtuigende wijze in praktijk te brengen, hebben we een model nodig dat regionale bestuurders en beleidsmakers helpt om de juiste concepten te vinden. Concepten die het pad omhoog naar het doel effenen. Concepten dus die inhoud én betekenis geven aan de begrippen 'Ecolutie', 'Allemaal Winnen' en 'Deconstructie'. Het Allemaal Winnen Diagnose & Management model helpt beleidsmakers om de theorie in praktijk te brengen. Dat speelt met name een rol bij het ontwikkelen van nieuwe beleidsprogramma's en de uitwerking daarvan in concrete projecten of cases.

We onderscheiden drie fasen in het model:

1. Analysefase. In deze fase wordt een gedegen analyse gemaakt van de factoren die een rol spelen in het beoogde veranderingsproces: gedrag, technologie, besluitvorming en relevante context. In deze fase wordt bovendien de doelstelling bepaald en vastgelegd van het betreffende programma. Welke resultaten worden beoogd? De programma doelstelling moet passen binnen het overkoepelende en omvattende beleid van de betreffende regionale overheid en van de andere 'spelers'.

2. Benoemen van de determinanten die bepalen in welke fase van de ecolutie c.q. duurzame ontwikkeling het proces zich bevindt. Drie soorten factoren spelen hierbij een rol:

   a. Factoren die bepalen hoe vatbaar c.q. gevoelig betrokkenen zijn voor de beoogde verandering(en). Hoe gemotiveerd zijn ze? De motivatie van mensen bepaalt of en hoe sterk/zwak zij zich inzetten voor een bepaald doel. Mensen 'veroorzaken' zelf, bewust of onbewust, hun eigen gedrag. Gedrag is een complex fenomeen. Het vloeit voort uit een combinatie van en/of wisselwerking tussen interne factoren als attitudes, voorkeuren, waarden, gewoonten, gebruiken en persoonlijke normen en voor het individu externe factoren als fiscale stimulansen, regelgeving, institutionele belemmeringen en sociale 'praktijken'.

   b. Factoren die veranderingen mogelijk maken, c.q. faciliteren.

   c. Factoren die een toch al ingezette verandering, versterken, bijvoorbeeld door middel van terugkoppeling (feedback) en beleidsbijstelling.

3. Kiezen/ontwikkelen van concepten die de determinanten van ecologie c.q. duurzame ontwikkeling het meest en het best in de voorgestane richting beïnvloeden.

4. Monitoren (bijhouden) hoe de genoemde determinanten zich ontwikkelen.

5. *Finetuning*: versterken of afzwakken van gebruikte concepten, toevoegen van nieuwe concepten, uitproberen, experimenteren, voortdurend bijstellen van remedies en oplossingen.

6. Terugkoppelen, evalueren, communiceren, netwerken.

13.5 Sleutelbegrippen

We introduceren een aantal nieuwe begrippen en herdefiniëren een aantal oude begrippen:

- Allemaal Winnen (het doel) is de ideale samenleving, de *duurzame samenleving*. Een samenleving waar mensen niet ten koste van een ander, of van natuur, milieu, of economie, vooruit proberen te komen, maar naar vermogen bijdragen aan het geheel en daarvan ook de vruchten plukken. Een wereld die zich evenwichtig ontwikkelt. Een wereld met louter winnaars.

- Ecolutie (de weg naar het doel): een combinatie van onder meer gedrag, technologie en besluitvorming die de transitie naar een hoger niveau van sociale, economische en ecologische ontwikkeling mogelijk maakt.

- Toolbox: concepten die regionale bestuurders en belanghebbenden helpen een visie te ontwikkelen en veranderingen door te voeren die Ecolutie tot gevolg hebben en dus leiden naar het doel, Allemaal Winnen.

- de Matrix (het kompas) geeft in drie fasen (destructie, deconstructie, constructie) en op drie terreinen (gedrag, techniek en besluitvorming) de ontwikkelingsgang van concepten weer, die de beleidsmaker / beslisser ten dienste staan voor het realiseren van Ecolutie. De matrix kan gebruikt worden als dynamische wegwijzer.

- Ecolutieproces: is er een concept bij waarmee de status quo op een bepaald (deel) terrein opengebroken kan worden en verandering in gang gezet kan worden? Belangrijk is, dat eerst het startpunt voor eventuele ingrepen (interventies) wordt bepaald. Eén korte blik op de Matrix is voldoende om vast te stellen hoe ver de Ecolutie is gevorderd. Verkeert het proces over de hele linie nog in de beginfase (destructie), of ligt de nadruk reeds op het ontregelen (deconstructie) van structuren, processen, systemen en culturen, met de bedoeling ruimte vrij te maken voor iets nieuws (constructie)?

- Monitoring: van duurzame ontwikkeling is sprake als alle concepten in een werkset zich in de constructiefase (fase 3) bevinden. Door bij te houden in welke fase van ontwikkeling de diverse aspecten zich bevinden, kan simpel worden geconcludeerd wat er is gedaan om verbetering van het totaalbeeld te krijgen en wat er nog moet of kan gebeuren. Voor dit laatste is terugkoppeling naar de gebruikte concepten en methoden vereist. Zijn ze goed gebruikt? Is een bepaald concept te verbeteren of door te ontwikkelen? Met 'werkset' wordt de verzameling concepten bedoeld die door een bestuurder of beleidsmedewerker wordt gebruikt om een bepaald vraagstuk te tackelen of een probleem op te lossen.

13.6 De essentie van regionale duurzame ontwikkeling

We hebben de hoofdrolspelers nu allemaal gehad: Ecolutie, de matrix, deconstructie en Allemaal Winnen. In het programmaboekje voor het grote verhaal staat de volgende rolverdeling (zie kader 4).

Kader 4. De essentie van duurzaam ontwikkelen

Ecolutie is de weg naar Allemaal Winnen, een weg geplaveid met concepten;
De matrix is een kompas dat dient om de fase te duiden waarin een ontwikkeling zich bevindt en de richting aan te geven naar de volgende fase;
Deconstructie is een proces waarbij bestaande systemen met opzet ontregeld worden om ruimte te maken voor vernieuwing;
Allemaal Winnen is het doel, het paradijs;
De regio is de plaats (locatie) waar wij ons op focussen;
Samen doen en delen is de filosofie/visie

De evolutie van het leven op aarde vindt niet gelijkmatig plaats, maar in sprongen en grijpt aan bij het individu. Het leven op aarde begon met simpele zichzelf kopiërende moleculen en ontwikkelde zich tot een web van coöperatieve interacties tussen genen. De delen van een organisme werken doorgaans zo goed mogelijk samen om het geheel te laten overleven. Dat lijkt logisch, want als het geheel het niet redt, dan gaan de delen er ook aan. Niettemin werden de afgelopen twintig jaar steeds meer voorbeelden van non-coöperatie ontdekt.[407] Coöperatie is niet langer de regel. Conflicten tussen genen leiden tot mutaties, die vaak schadelijk zijn voor het menselijk lichaam. Zelfzuchtig gedrag van genen kan moleculen er toe aanzetten zichzelf zo snel te vermenigvuldigen dat de cel waartoe zij behoren uit elkaar knalt. Ook hierop heeft de evolutietheorie een antwoord gevonden. Soorten die mechanismen ontwikkelen om dit zelfzuchtige gedrag van genen uit te bannen, hebben meer kans om te overleven dan soorten die daar niet in slagen.

Als individu word je met een fysieke drager van genetische informatie – DNA - geboren. Daarmee kun je nog alle kanten op. Het is dus niet zo dat je hele leven wordt gedetermineerd door de DNA-samenstelling die je van je ouders hebt meegekregen. Je lichaam werkt als een computer en het programma (DNA) wordt er als subsysteem bijgeleverd. Hoe je dat programma gebruikt, bepaalt in belangrijke mate de computer output. Elk individu is vrij om tegen eentonigheid en voorspelbaarheid van het leven in het geweer te komen, boven de systemen uit te stijgen, structuren te overschrijden en processen naar z'n hand te zetten. Mensen zijn meestal niet erg geneigd om lijdzaam af te wachten wat hen overkomt. Ze zullen trachten de omstandigheden te manipuleren. Bijvoorbeeld door samen te werken met anderen en informatie, middelen en contacten te delen. Samen weet en kun je meer dan alleen. Door te leren van elkaar en van de natuur, proberen mensen – als ze schrander zijn - de toekomst en dus ook de evolutie naar hun hand te zetten. Tegenover *the survival of the fittest* van Darwin plaatsen wij *the survival of the most constructive*.

De bereidheid om samen te werken en te delen wordt ondergraven door *free riders*, die misbruik maken van andermans goedheid om daar voor zichzelf voordeel uit te halen Met enkel regelgeving krijg je dergelijke a-sociale elementen niet onder controle. Ze zullen zelf overtuigd moeten raken van het (eigen)belang van samenwerking. De Duitse filosoof Immanuel Kant heeft daarvoor de volgende verklaring: 'Het is makkelijk om zelfs duivels te overtuigen van het nut van samenwerking, als ze maar intelligent genoeg zijn'.[408]

Planten, dieren en mensen moeten het samen zien te rooien met de middelen die de Aarde ter beschikking heeft. Er zijn nogal wat signalen waaruit blijkt dat we momenteel met z'n allen roofbouw plegen. We verbruiken te veel grondstoffen (inclusief fossiele brandstoffen)

---

407 John Maynard Smith and Eörs Szathmáry, *The origins of life, Oxford university Press*, 1999, blz 95.
408 Idem, blz 146.

en materialen. Bovendien plegen we een te grote aanslag, c.q. doen we een te groot beroep, op ecologische (systeem)diensten als waterbeheer, biodiversiteit, opslag van CO_2, bestuiving, bodemvorming, luchtzuivering e.d.

De kern van het door ons geïntroduceerde begrip 'Ecolutie' is dat mensen anders omgaan met elkaar en met de omgeving in brede zin: planten, dieren, voorraden fossiele brandstoffen, materialen, lucht, water, bodem, atmosfeer, etc. Deze nieuwe benadering wordt door middel van opvoeding, opleiding en overtuiging doorgegeven aan de volgende generatie, die er binnen de dán bestaande context weer een eigen invulling aan geeft. Die ervaring wordt ook weer doorgegeven, en zo voort.

Het grote verschil met de evolutietheorie van Charles Darwin is, dat het hier geen verandering in het DNA is die de mensenmassa van de ene op de andere generatie flexibeler, wendbaarder en weerbaarder maakt, maar een verandering in ecologisch bewustzijn en handelen. Het gaat ons om meer dan alleen ontwikkeling (evolutie). Het gaat ons om een ecologisch verantwoorde ontwikkeling van de economie, energievoorziening en ethiek, waaraan iedereen bijdraagt door met anderen samen te werken en kennis, contacten en middelen te delen en waarvan iedereen profiteert, zonder dat het ten koste gaat van de medemens, andere organismen, de Aarde, de Atmosfeer, de Natuur en ecologische (systeem)diensten, waardoor een duurzame ontwikkeling wordt mogelijk gemaakt.

Om de ethiek (opvattingen over wat goed is en wat niet) weer in overeenstemming te brengen met de biologische funderingen van het leven, is een ander paradigma vereist, een andere manier van denken en doen. Een nieuwe benadering die ons wordt ingegeven door de moderne fysica (kwantummechanica, chaostheorie), de ecologie en de algemene systeemleer. Deze nogal van elkaar verschillende benaderingen vragen om een integrale aanpak en holistisch denken. Dat is de enige manier om ze verderop in te kunnen passen in een werkwijze voor de Provincie en andere Europese regio's. Een vergelijking met Amerikaanse en Aziatische uitingen van Ecolutie en Allemaal Winnen, is onderwerp voor verdere studie.

Zoals we hiervoor al opmerkten, heeft de mens zich volgens geologen en andere wetenschappers de afgelopen vijftigduizend jaar genetisch en lichamelijk niet meer verder ontwikkeld.[409] Voor wat betreft de mens is de evolutie van Charles Darwin dus al tot stilstand gekomen vér voordat Darwin zijn leer formuleerde. De Ecolutieleer daarentegen heeft net een aanvang genomen. Steeds meer mensen raken er van overtuigd dat ze op moeten houden met het exploiteren van de aarde en de natuur niet langer als een 'ding' moeten behandelen, maar als een bron voor vreugde, geluk en Ecolutie. De mens ontwikkelt zich van een destructief tot een constructief organisme, te beginnen met de *avant garde*, die zich heeft genesteld in de drie toplagen van de piramide van Maslow, die na zijn dood door z'n leerlingen zijn toegevoegd aan zijn vijfdekker:

- esthetische behoeften: schoonheid, evenwicht, vorm;

---

409 Geestelijk heeft de mens zich wél verder ontwikkeld.

- jezelf waarmaken: je persoonlijke potentieel verwerkelijken, persoonlijke groei realiseren, topprestaties leveren;
- jezelf overstijgende (transcendente) behoeften: anderen helpen om zichzelf waar te maken.

De construerende mens kan gemakkelijk voorzien in z'n basisbehoeften, is goed opgeleid (cognitief ontwikkeld) maar hunkert naar andere 'hogere' doeleinden. De construerende mens kijkt, denkt en doet anders dan de mens die wij sinds de Industriële Revolutie kennen. De construerende mens houdt er een hele andere ethiek op na. Hij gooit geen asbakken leeg op straat, isoleert z'n woning, trekt een dikke trui aan in de winter, pompt in de zomer koud water op uit diepere aardlagen, monteert zonnepanelen, rijdt elektrisch, enz. Niet omdat het moet, maar uit innerlijke gedrevenheid. De construerende mens verplaatst zich makkelijk in anderen, gebruikt de natuur als inspiratiebron en niet als exploitatiemiddel, wacht niet op de overheid, maar neemt zelf initiatief en heeft oog voor zowel *people, planet,* als *profit.* Kortom: hij bevindt zich in de constructiefase van de 'Allemaal Winnen Matrix'. Wij duiden deze ontwikkeling van de mens van een destructief tot een constructief wezen aan als 'Ecolutie'.

13.7   De transitie van industriële - naar postindustriële structuren

Ecolutie is per definitie een proces van lange adem. Wat voor mensen er in het jaar 2100 op aarde rondlopen, wat ze kunnen en wat ze nodig hebben aan (natuurlijke) hulpbronnen, dat kunnen we nu onmogelijk voorzien. Te meer daar ontwikkelingen meestal niet-lineair zijn. De meningen over de ernst van milieuproblemen en sociale vraagstukken lopen uiteen, zelfs onder wetenschappers. De empirie biedt onvoldoende houvast. En dus is de individuele mens gedwongen om een ethisch of moreel standpunt in te nemen. Geen standpunt is ook een standpunt. Voor collectieven geldt iets soortgelijks.

De beweging in de richting van een meer duurzame ontwikkeling wordt krachtiger naarmate meer mensen en groepen (individuen en collectieven) het ethische standpunt innemen dat de economie niet langer mag parasiteren op het milieu en de samenleving en dat ook hard maken door zelf concrete bijdragen te leveren (*Be the Change*). Naarmate mensen beter in staat zijn om hun eigen ego minder centraal te stellen en bereid zijn om het eigen belang ondergeschikt te maken aan het algemeen belang, neemt de kans toe dat er besluiten worden genomen waarbij iedereen beter af is.
Wat niet wil zeggen dat iedereen er voor zichzelf het maximale uit weet te halen. 'Allemaal Winnen' – en daarmee ook de weg erheen, Ecolutie - is alleen maar mogelijk als alle betrokkenen bereid zijn zich te verplaatsen in anderen en gemotiveerd zijn om met elkaar oplossingen te bedenken en uit te voeren. Een bepaald individu kan nog zo capabel zijn, de groep waarvan dat individu deel uitmaakt presteert vrijwel altijd nóg beter. Als de afzonderlijke delen van het systeem elkaar maar aanvullen en versterken. De mens is bij uitstek een 'sociaal dier'. Als individu zou de *homo sapiens* niet als winnaar uit de Darwinistische 'survival of the fittest' afvalrace te voorschijn zijn gekomen. Wil de mens ook de komende beproevingen

doorstaan, dan zal er wederom geteamd moeten worden. De kans op samenwerking neemt gigantisch toe als niemand bang hoeft te zijn om het onderspit te delven in het niets en niemand ontziende Darwinistische overlevingsgevecht.

Ecolutie houdt in dat levende wezens samenwerken, middelen (grond- en hulpstoffen, materialen, kennis, gereedschap, instrumenten, ideeën en contacten) delen en energiebronnen aanboren & exploiteren ten einde als soort te overleven en zich – in harmonie met de omgeving (het milieu) – duurzaam te ontwikkelen. *Sharing means instead of sharing genes*, zouden Engelstaligen zeggen.

Het gegeven dat informatie, kennis en kunde zowel direct (door opvoeding) als indirect (via de genen) wordt doorgegeven aan opeenvolgende generaties, opent geheel nieuwe perspectieven voor zowel individuen als organisaties. Het begrip 'lerende organisatie' van Peter Senge kan nu worden uitgebreid met verwante begrippen als: lerend individu, lerende gemeenschap en lerende regio.

We leven momenteel in een systeem van elkaar overlappende, omsluitende en overkoepelende netwerken, met ontelbaar veel dwarsverbanden en verbindingen. Hier past geen commandostructuur, om de simpele reden dat er geen commandant is die het hele veld overziet en alle *ins* en *outs* kent. Het oude systeem, dat sinds de (eerste) Industriële Revolutie in zwang was, kende zo'n *topdown* commandostructuur wel. Die had toen ook een duidelijke functie.

Bij een ander systeem hoort een andere bevelstructuur. Het verschil tussen de twee werelden van de Competitie en de Samenwerking kan worden duidelijk gemaakt aan de hand van een simpel communicatie spel. Tien mensen zitten rond een tafel en houden hun directe buren bij de hand. Iemand geeft als eerste een signaal door in de hand van één van z'n twee buren te knijpen, die het 'telefoontje' in dezelfde richting ook weer doorgeeft. Een tamelijk lineaire gebeurtenis die volstrekt afwijkt van de netwerk variant, waarbij over de tafel heen met meerdere personen tegelijkertijd of opeenvolgend kan worden gecommuniceerd en iedereen al gauw het overzicht kwijt raakt. Een dergelijke niet-lineaire wereld kun je niet controleren. Je kunt patronen zoeken. Je kunt je aanpassen. Je kunt met dergelijke systemen dansen, maar beheersen en sturen kun je ze niet. De beste aansturing is die met behulp van 'zelfordenende logica', waarbij ter plekke door betrokkenen in overleg en met een flinke dosis empathie beslissingen worden genomen en waarbij betrokkenen door middel van experimenten proberen te achterhalen wat werkt en wat niet. Daarvan kunnen dan principes worden afgeleid die kunnen worden doorgegeven aan andere individuen en organisaties die met soortgelijke problemen en vraagstukken kampen. De kennis en ervaring die de provincie Noord-Brabant opdoet in proeftuinen en andere vormen van experimenteren, kunnen worden uitgewisseld met de kennis en ervaring van andere regio's in Europa en daarbuiten. Daaruit kunnen dan algemene principes voortkomen die voor alle regio's opgaan. Dit samen werken aan de oplossing van problemen en vraagstukken en dit delen van inzichten maakt van de betrokken regio's lerende organisaties.

Concluderend kunnen we stellen dat onze '*all guiding vision*' is dat de transitie van industriële-naar postindustriële, ecologische productie & organisatie structuren gepaard gaat met een transitie in de besluitvorming van centraal naar decentraal, van nationaal naar regionaal, van competitie & voor jezelf houden naar samenwerken & delen. De transitie betreft:

- het gedrag van mensen,
- de ontwikkeling van nieuwe technieken, technologieën, tactieken, strategieën, processen en structuren, die onontbeerlijk zijn voor een duurzame regionale ontwikkeling,
- de daarbij passende methoden en manieren van besluitvorming.

13.8   Uitgangspunten voor Ecolutie

Onzekerheid en onvoorspelbaarheid horen bij een leven dat niet is dichtgetimmerd met gebruiken, tradities, vaste procedures en formele regels. Ze horen bij een leven dat ruimte laat voor experimenten, creativiteit en fantasie. Voor machinale denkers is zo'n wereld een crime. Systeemdenkers willen een wereld construeren die vanuit hun persoonlijke perspectief logisch in elkaar zit. De werkelijkheid is steevast grilliger.

Kader 5. Twee manieren van denken, het oude machinale denken en het nieuwe netwerkdenken

I.	Oud. Het machinale denken, dat voortvloeit uit de (Eerste) Industriële Revolutie, met een nadruk op economische activiteiten, veel ijzer, staal, hoogovens, een toenemend verbruik van grondstoffen, aantasting en zelfs verdwijnen van ecologische (systeem) diensten, uitsterven van soorten etc. Beeld: tandwielen die in elkaar grijpen. Met als kenmerkende frasen: sneller, verder, meer. Het doel: meer materiële welvaart. Basisgedachte: materiële rijkdom maakt vrij.
II.	Nieuw. Het netwerkdenken. Relaties in plaats van machines. Diensten in plaats van producten, uitbesteding van niet-kernactiviteiten in plaats van zelf doen. *Peer-to-peer* communicatie in plaats van *top-down* bevelen. Cycli in plaats van lineaire verbanden, naar analogie van natuurlijke systemen. Kwaliteit in plaats van kwantiteit. Beeld: een kruispunt van wegen. Kenmerkende frasen: met mate, slim, mooi. Het doel: geluk, welzijn, gezondheid, leefbaarheid, (bio)diversiteit. Met andere woorden: niet-materiële zaken. Basisgedachte: Allemaal Winnen maakt vrij.

Het machinale denken (industrieel denken) onderscheidt zich niet alleen economisch en sociologisch, maar ook technisch van het systeemdenken. Bij de eerstgenoemde vorm – het machinale denken – wordt een vraagstuk eerst ontleed in verschillende componenten. Deze worden vervolgens geïsoleerd bekeken en verklaard, waarna al die afzonderlijke (deel) verklaringen worden samengevoegd tot één allesomvattende verklaring van het geheel. Systeemdenken gaat op voorhand uit van een geheel waar de te verklaren componenten deel van uitmaken. Eerst moet dat geheel geïdentificeerd worden. Vervolgens worden het gedrag en de eigenschappen van dat geheel benoemd. Pas daarna komt de vraag aan de orde welke rollen en functies de onderscheiden componenten in het geheel spelen. Het komt steeds vaker voor dat schijnbaar goed begrepen systemen onregelmatig gedrag of mutaties vertonen. We spreken in dat geval van chaos. Mensen die diep van binnen overtuigd zijn van de voorspelbaarheid van menselijk gedrag en de reactie daarop van beleidsmakers, instellingen en de natuur, komen bedrogen uit. De meeste systemen zijn niet lineair. Dat wil zeggen dat na a niet automatisch b komt en na b niet per definitie c. De ontwikkeling kan ook gaan van a naar c naar i, of van a naar b naar e. Naarmate niet lineaire processen vaker worden herhaald, neemt de kans op chaos toe.

Het ligt niet voor de hand om onzekerheid te bestrijden met rigide denkwijzen, organisatiestructuren, processen en systemen die zich moeizaam aanpassen aan de veranderende omgeving, terwijl de mens juist zelf hét toonbeeld is van aanpassing.

Het nieuwe denken kunnen we herleiden tot principes die als leidraad dienen bij de vormgeving van veranderingsprocessen. Principes maken het mogelijk dat een proces, project of ontwikkeling op hoofdlijnen aangestuurd wordt, terwijl de invulling en uitvoering met veel vrijheid van handelen decentraal plaatsvindt. Principes houden langer stand dan plannen, projecten en programma's. Die veranderen namelijk voortdurend. Principes niet.

13.9   Allemaal Winnen Revisited

In Deel II, hoofdstuk 4, passeerden meerdere concepten de revue. Stuk voor stuk stonden ze model voor een ontwikkeling in drie fasen. Deze ontwikkelingsgang van een dertigtal concepten is ondergebracht in een matrix, met op de ene as de drie ontwikkelingsfasen destructie, deconstructie en constructie en op de andere as de concepten plus een drietal labels: gedrag, technologie en besluitvorming.

Kader 6. Definitie van 'Allemaal Winnen'

Allemaal Winnen (het doel) is de ideale samenleving, de *duurzame samenleving*. Een samenleving waar mensen niet ten koste van een ander, of van natuur, milieu, of economie, vooruit proberen te komen, maar naar vermogen bijdragen aan het geheel en daarvan ook de vruchten plukken. Een wereld die zich evenwichtig ontwikkelt. Een wereld met louter winnaars.

Allemaal Winnen is door de jaren van onze studie heen de term geworden waarmee we een duurzame samenleving omschrijven. Het is geen vast gegeven, maar een vibrerend doel. De weg naar dit doel, die we aanduiden met de term Ecolutie, is dus evenmin gefixeerd.

Als we situaties creëren waarbij mens, natuur en economie elkaar versterken in plaats van verzwakken, bouwen we aan een samenleving die duurzaam is. Allemaal Winnen is daarmee het doel dat we voor ogen hebben, waar niemand tegen kan zijn en waar we ons (allemaal, wereldwijd) achter kunnen scharen. In de praktijk merken we dat het pad niet over rozen gaat, althans niet over rozen zonder doornen. Allemaal Winnen kan de indruk wekken dat de auteurs geloven in een paradijs op aarde. Niets is minder waar. Dat zou een omgeving zijn (utopie) die volledig in strijd is met de aard van de mens zoals die, niet voor niets, ook tot uiting komt in het Scheppingsverhaal in de Bijbel. Daar gaat het er een stuk wilder aan toe. Zo ook in de natuur. Katten blijven jonge vogeltjes uit het nest plukken, ook in een Allemaal Winnen situatie. Dat moet ook, dat zijn de wetten van onze planeet, waarmee de diversiteit en dus het *life support system* in stand blijft. Allemaal Winnen is dus niet pijnloos en zeker niet saai. Het is een bewegend, dynamisch doel. De natuur is wild. Er is steeds sprake van deconstructie om verstarring (de dood) te voorkomen. Steeds weer golven (bio)systemen van constructie naar destructie naar constructie en zo voort. De Industriële Revolutie is hier een voorbeeld van. Aanvankelijk was het een constructieve happening, die de mens pijlsnel tot grote hoogte deed opstijgen. Langzaam maar zeker, werden de negatieve *side effects* van het machinetijdperk groter, tot we het moment bereikten waar we nu zijn: de vooravond van massale destructie. Tom Poes moet een list bedenken. Die list heet deconstructie, het concept dat uitgebreid besproken is in Deel II van dit proefschrift. Of de list iets uithaalt, kunnen we aflezen aan de Allemaal Winnen Matrix, die fungeert als kompas.

13.10   De matrix als kompas

De Matrix (het kompas) geeft in drie fasen (destructie, deconstructie, constructie) en op drie terreinen (gedrag, techniek en besluitvorming) de ontwikkelingsgang van concepten weer, die de beleidsmaker/decisionmaker ten dienste staan voor het realiseren van Ecolutie. De matrix kan gebruikt worden als dynamische wegwijzer, als een symbool voor verandering.

Het is moeilijk om echte verandering teweeg te brengen. Hoe meer het niveau waarop de verandering plaats vindt de mens overstijgt, hoe verder het weg is van de beleving van het individu, hoe minder er gebeurt en hoe meer er gepraat wordt. Vandaar dat het doel helder dient te zijn. Een doel waar iedereen zich achter kan scharen. Zo'n doel kan zijn: Allemaal Winnen. Hoe je allemaal wint verschilt per moment, per regio en per (deel)probleem. Vandaar dat we een matrix hebben ontwikkeld die als kompas kan dienen. Deze matrix die is ontstaan vanuit de theorie (content, concept en context) krijgt dynamiek in de praktijk. Hoe het kompas te gebruiken, staat in hoofdstuk 5 beschreven. Hier nog even een korte opfrissing.

Of een regio zich duurzaam ontwikkelt, wordt bepaald door het gedrag van de individuele mens, organisaties en overheden, door technologie (nieuwe schone technieken om bijvoorbeeld energie op te wekken of zwart rokende schoorstenen en dampende industrieterreinen) en door de wijze van besluitvorming (zoals dictatuur, democratie of consent). Deze drie pijlers bevinden zich in een bepaalde fase. De betreffende ontwikkelingen zijn namelijk destructief, deconstructief of constructief. In de destructiefase is deconstructie (ontregeling) noodzakelijk om tot constructie te komen. De concepten uit hoofdstuk 4 van Deel II kunnen helpen om de paradigmaverandering vorm te geven, net zolang totdat de mens zich transformeert tot een construerend wezen. Deze weg, van destructieve naar construerende mens, noemen wij Ecolutie.

Alles is in permanente staat van verandering en beweging, schrijven we in hoofdstuk 5 van Deel II, bij de bespreking van de dialectische benadering. De dialectische opvatting dat veranderingen enkel plaatsvinden dankzij tegenstellingen, sluit aan bij onze opvatting over de noodzaak van deconstructie wanneer een samenleving zich in de destructieve fase bevindt. In dit kader halen we nogmaals Derrida aan: 'Deconstructie betekent dat ieder argument zichzelf ondergraaft en daarmee een nieuw argument uitlokt.' Hiervan uitgaande tekenen we op deze plaats een nieuwe, dynamische matrix, geconstrueerd met scherpe tegenstellingen. Dit is geen gewelddadige, agressieve benadering, aangezien we de uitleg van Hegel delen dat echte waarheden niet bestaan, maar dat door tegenstellingen op te roepen het denken (en doen) zich ontwikkelt. Op grond van onze ervaring met veranderprocessen menen we dat deze benadering kan leiden tot diepere en rijpere inzichten. We worden hierin gesteund door de eerder aangehaalde dichter/schrijver Gary Snyder, die oppert: '..*the important insight for everyone is how to interact appropriately and understand the reciprocity of things, which is the actual model of life on earth – a reciprocal, rather than a competitive, network. The ecological and anthropological sciences are in the forefront of making models for our new value systems and philosophies. We are moving away from social Darwinism. As the evolutionary model dominated nineteenth- and twentieth century thinking, henceforth the ecological model will dominate our model of how the world is – reciprocal and interacting rather than competitive.*'[410]

410 The Gary Snyder Reader, *Counterpoint*, Berkeley, paperback editie, 2000, blz 119/120.

Matrix 1. Transitiematrix overeenkomstig de dialectische benadering

Van destructie naar constructie

Gedrag

Zelfverrijking	Zelfontpooiing
Sneller, verder, meer	Met mate, slim en mooi
Oppervlakkig	Diepzinnig
Tell & Sell	Zelf ontwikkelen
Well-Having	Inhoud
Globalisering	*Well-being*
Vorm	Regionalisering

Technologie

Groot en sterk	Eenvoud en transparantie
Nadruk op produceren	Nadruk op diensten
Mechanistisch	Organisch
Lineair	Kringlopen
Onbeperkte mobiliteit	Telewerken
Complex	Simpel
Rigide	Veranderbaar
Zwaar	*Footloose*
Chemische & toxische stoffen in woon- en werkomgeving	Bio-logisch bouwen en wonen
Groei +++ Milieudruk ++	Groei + Milieudruk -
Werkplaats	Ontmoetingsplaats
Prestigieus	Lean & fit
Hoog / Groot	Laag / Klein
Initiële kosten	Levencycluskosten
Normen	Prestatiescenario's
Zakelijk	Huiselijk
Van wieg tot graf	Van wieg tot wieg
De natuur ondergraven	De natuur nabootsen
Aan olie verslaafd	Door de zon (aan-) gedreven

Besluitvorming

De helft + 1 beslist	Consent
Eigenbelang	Samenwerking
Uitsluiten	Insluiten
Focus op eigen wereld	Focus op andere werelden
Afsluiten	Open staan
Onderhandelen	Overleggen
Doelgericht leren	Een leven lang leren
Collectieve besluitvorming	Persoonlijk engagement
Individuele verantwoordelijkheid	Gezamenlijke verantwoordelijkheid

13.11 De Wijde Open Ruimte

'De fundamentele boodschap van *'Kick the Habit'*, een Gids voor Klimaat Neutraliteit van de Verenigde Naties, is dat wij allemaal deel uitmaken van de oplossing,' schrijft de secretaris-generaal van de VN Ban Ki-moon in het voorwoord van de toegankelijke, praktische 'gids'. 'Of je nu een individu bent, een bedrijf, een organisatie, of een overheid, er zijn veel stappen die je kunt nemen om je bijdrage aan het klimaatprobleem (je klimaat voetafdruk) te reduceren[411].' Een variant op Gandhi's *'Be the change you want to see in the world'*, het motto van dit proefschrift.

Als iedereen vanuit stilstand een kant begint uit te lopen, dan krijg je al gauw chaos. Of het nu van onderop of van bovenaf is, enige (bege)leiding is wel nodig om veranderingsprocessen in goede banen te leiden. Tot voor kort werden dergelijke veranderingsprocessen via de bypass van de politiek geleid. Een systeem in zichzelf, dat door buitenstaanders zelden wordt begrepen. Die beleven de politiek doorgaans als gekonkelefoes in achterkamers, waarbij machtswellustelingen elkaar de bal en de baantjes toespelen. Heb je het verkeerde shirt aan, dan doe je niet mee. Er was een tijd – de jaren zestig en zeventig van de vorige eeuw – waarin er tegendruk was vanuit de samenleving. De vakbeweging, de vredesbeweging, milieuorganisaties en andere pressiegroepen probeerden weliswaar ook via de politiek hun gelijk te halen en vastgelegd te krijgen in wet- en regelgeving, maar gaven de politiek ook tegenspel. De leiders van het maatschappelijk middenveld roken aan de macht en gingen er zelf deel van uitmaken. Het aantal grote demonstraties op het Malieveld in Den Haag nam vanaf 1982 (Het Akkoord van Wassenaar, tussen regering, werkgevers en vakbeweging) snel af. Zeker toen de leider van de vakbeweging, Wim Kok, op het pluche kroop en de achterkamertjes nóg intensiever werden gebruikt door een oligarchie die werd aangeduid als het Poldermodel. De activisten in de vakbeweging werden monddood gemaakt. Het establishment liet zich ongemerkt inpakken door technocraten als Jan-Peter Balkenende, Job Cohen, Rutte, Donner, Vermeend....een waslijst met namen van slippendragers die tot hun schrik ineens tot de constatering komen dat zij zelf het jacket aanhebben. Joop den Uyl en Dries van Agt waren de laatste politici pur sang.

Sinds kort doet zich een fenomeen voor dat zowel de politiek als het maatschappelijk middenveld als de gevestigde media overstijgt: de sociale netwerken. Een verzameling informatie- en (tele)communicatienetwerken (Facebook, Twitter, MSN, LinkedIn, SMS) die het mogelijk maakt voor individuen om met anderen een probleem te stellen, de veroorzaker(s) daarvan aan te klagen, een mogelijke oplossing aan te dragen en daarvoor massale steun te verwerven. Het digitale Malieveld. Waar dat toe kan leiden, dat hebben de voormalige machthebbers in Tunesië, Egypte en Libië – Ben Ali, Mubarak en Kadhafi – aan den lijve ondervonden. De sociale media hebben de eerste fase van het politieke proces - de probleemstelling – van de beroepspolitici overgenomen. Een probleem is een toestand in de menselijke samenleving die beschouwd wordt als onwenselijk en als voor verbetering vatbaar

---

411 *Kick the habit*, www.unep.org/publications/ebooks/kick-the-habit, november 2011

door menselijk ingrijpen.[412] Het onderscheidende vermogen van politici was altijd dat ze getraind zijn in het stellen van problemen, het vergaren van steun en het met machtsmiddelen uitvechten van conflicten. De sociale media hebben de politiek overbodig gemaakt. De representatieve democratie wordt langzaam maar zeker vervangen door een directe democratie, waarbij de probleemstelling en het vergaren van steun via het internet plaatsvindt en conflicten lokaal en regionaal worden beslecht door overleg en het streven om er allemaal op vooruit te gaan, zonder dat dit ten koste gaat van het milieu, de gezondheid of de individuele vrijheid om te kiezen. De *civil society* wordt opnieuw ingericht. Wat tot voor kort nog een doorgeefluik was tussen achterkamertjes wordt nu omgevormd tot een Wide Open Space, een open systeem waarin iedereen en alles aan elkaar gekoppeld is en dat voortdurend nieuwe knooppunten en verbindingslijnen oplevert als gevolg van innovatie en nieuwe activiteiten.

13.12   Tussenconclusie

Nieuwe begrippen zijn nodig om uitdrukking te geven aan wat veel mensen nastreven: een betere wereld, waar niet iedereen zichzelf probeert te verbeteren ten koste van anderen, maar waar mensen samen proberen meer uit het leven te halen. In hoofdstuk 13 krijgt Ecolutie een actieve, dynamische, existentiële betekenis. Ecolutie (de weg naar het doel) is een combinatie van onder meer gedrag, technologie en besluitvorming die de transitie naar een hoger niveau van sociale, economische en ecologische ontwikkeling mogelijk maakt. Dat is makkelijk gezegd, maar moeilijk te doen door allerlei drempels en terugkoppelingen in systemen en miscommunicatie in netwerken.

Maar ook al gaan we, zoals de Franse filosoof Michel Foucault, uit van systemen die de individuele mens een bepaalde kant op dwingen, dan nog zullen er altijd avonturiers zijn die als een Odysseus tussen Scilla (in dit geval de Markt) en Charybdis (de Staat) door proberen te laveren, op zoek naar de vrije, open ruimte waar zij naar hartenlust kunnen experimenteren met innovatieve nieuwe benaderingen die, als ze succesvol zijn, zullen worden overgenomen door de *mainstream*. Let wel: het kan hier ook gaan om avonturierende ambtenaren. 'De mens is wat hij van zichzelf maakt,' zeggen de Existentialisten bij monde van Jean-Paul Sartre. En dat geldt ook voor alle ambtenaren bij de Provincie. Sterker: als je als mens – en dus ook als ambtenaar - van alles hoopt, droomt en verwacht, maar feitelijk niets doet, dan tel je volgens Sartre niet mee. Dus kun je maar beter wél vuile handen maken.

De oplossing van ingewikkelde globale vraagstukken als de afnemende biodiversiteit en de klimaatverandering, begint op soortgelijke wijze bij het individu. Er zijn altijd voorlopers die dwars tegen de menigte en de ingesleten gebruiken en vanzelfsprekendheden in, een andere kant uit gaan en iets ontwerpen en ontwikkelen dat er nog niet was. Dergelijke vreemde snuiters (in de ogen van de brave trendvolgers) weten elkaar anno 2012 makkelijker dan in de vorige eeuw te vinden via het internet en vormen netwerken die dwars door gevestigde ordes

---

412 Guido Dierickx, De logica van de politiek, Garant, Antwerpen/Apeldoorn 2005, blz. 21.

heen snijden en die ordes (regimes) ook ontregelen, evenals de systemen waar die regimes deel van uitmaken. Dat neemt niet weg dat elke verandering begint bij het individu dat voor zichzelf en daarmee ook voor anderen de keuze maakt om een andere kant uit te gaan dan de menigte, de *mainstream*, de massa. Sterker: ook wanneer iemand niet kiest, is dat een keuze, namelijk de keuze om nog even mee te rijden in het peloton. Bij politici en beleidsmakers ligt dat fundamenteel anders. Die maken een keuze voor anderen. Die anderen voelen zich niet verantwoordelijk voor de buiten hen om gemaakte keuzen, ook al is dat gebeurd namens hen door gekozen volksvertegenwoordigers en ze vinden dus ook niet dat ze daaraan gebonden zijn. Ze zijn niet gecommitteerd. Dat zijn ze wel als zij zich ethisch betrokken voelen, als zij deel uitmaken van een *joint effort society*, waarin mensen iets gemeenschappelijks nastreven omdat ze vinden dat het moet, ongeacht alle verschillen in opvattingen over andere onderwerpen. Deze morele verbondenheid duiden wij aan als de Derde Kracht. Niet omdat de Markt of de Staat je ergens toe dwingen, maar omdat je – met vele anderen – vindt dat het een bepaalde kant op moet gaan met de economie, de ecologie en de sociaal-culturele verhoudingen. De organisatie die hier het beste bij aansluit is de zelforganisatie (zie §4.1). De weg naar het doel Allemaal Winnen begint bij het individu dat, vaak in overleg met naaste verwanten, kiest voor een bepaalde koers, en stijgt via familie, buurt, wijk, gemeente en provincie door naar nog grotere hoogten.

De Allemaal Winnen samenleving waarnaar de titel van dit proefschrift verwijst, is een onbereikbare utopie, alleen al vanwege het feit dat mocht de mens ooit in een dergelijke toestand geraken, die toestand zichzelf weer zal opheffen. Systemen neigen ertoe, zoals steeds blijkt, om te verstarren, zich in stand te houden om het in stand houden zelf, daardoor aan betekenis te verliezen en van constructief te vervallen in destructie. Dit lot zal ook een Allemaal Winnen samenleving treffen, tenzij er op tijd ontregeld wordt door dissidenten, avonturiers en andere ontdekkingsreizigers. Een systeem waarin Ecolutie plaats vindt, beweegt zich naar een hoger niveau en vernieuwt of vernietigt zichzelf. De vernietiging door Ecolutie wordt hier beschouwd als creatieve destructie en draagt aldus, naast de bijbehorende chaos, op positieve wijze bij aan vernieuwing.

We leven momenteel in een systeem van elkaar overlappende, omsluitende en overkoepelende netwerken, met ontelbaar veel dwarsverbanden en verbindingen. Hier past geen commandostructuur, om de simpele reden dat er geen commandant is die het hele veld overziet en alle *ins* en *outs* kent. Het oude systeem, dat sinds de (eerste) industriële revolutie in zwang was, kende zo'n *topdown* commandostructuur wel. Die had toen ook een duidelijke functie.
Vernieuwing en deconstructie worden uitgelokt door deze wirwar aan systemen die niet in de laatste plaats te danken is aan de revolutionaire innovatie in de communicatie, de sociale media. De technologie van het Internet heeft bij alle gebruikers ervan een grote gedragsverandering te weeg gebracht: kennis en informatie delen en gelijkgezinden zoeken ongeacht geografische afstanden. De besluitvorming in gemeenschappen verandert daardoor

ook. Het meest recente voorbeeld hiervan, tijdens het afronden van dit proefschrift, is de zogeheten Arabische lente, begin 2011. De onvrede in Noord Afrika dateert van lang geleden. Verzet is er altijd in meerdere of mindere mate geweest. Revoluties ook. Maar de vermeerdering van het aantal opstandelingen, nota bene over landsgrenzen heen, heeft zich zo snel voltrokken door mobiele telefoons waarmee behalve gebeld en ge-smst ook gefilmd en gefotografeerd kan worden en wereldwijde verspreiding van berichten via sociale media. In maart 2012 zoekt bijvoorbeeld Tunesië al twee jaar naar een nieuwe bestuursvorm, eentje die het streven naar waardigheid en vrijheid van de bevolking recht doet. Dat kan democratie zijn, of een variant daarop, zoals die besproken zijn in deel II van dit proefschrift.

De kakafonie aan berichten die via de sociale media hun weg vinden naar volgers en vrienden – een zich almaar verbreidend rizoom – krijgt structuur door sneezers. Sneezers zijn opinieleiders, verspreiders van relevante informatie voor degenen die hen volgen. Zij kunnen van de ene op de andere dag machtige beïnvloeders worden van het gedrag en denken van anderen. Die macht kan even zo snel weer verdampen. Hiermee vergeleken is een parlement met eens in de vier jaar gekozen volksvertegenwoordigers een traag, log apparaat. Politici die dat beseffen, verschijnen daarom regelmatig op twitter en facebook en zijn direct bereikbaar voor de kiezer. Zo peilen zij bij hun achterbannen het draagvlak voor bepaalde ideeën of wetsvoorstellen. De wereld is een grote Agora geworden, waar mensen met de knoppen 'toevoegen' en 'ontvrienden' stemmen.

Aangezien ontwikkelingen in de Allemaal Winnen richting vaak het beste gedijen in kleinere verbanden (netwerk of *peer to peer*) hebben lokale en regionale overheden (gemeenten, provincies) er een nieuwe zingeving bij gekregen, namelijk als regisseur, aanjager, stimulator, kennisbank, coach, mediator, midden in de gemeenschap, tussen de mensen. Een makelaar die opwaartse ontwikkelingen begeleidt, corrigeert, bundelt en verbindt met topdown beleid uit Den Haag en Brussel. De regionale overheid kan Ecolutie uitlokken. Zij is in de positie om de transitie van de destructieve mens naar de construerende mens mee vorm te geven en te begeleiden door de wildernis van de deconstructie heen.

14. Werkwijze voor Ecolutie

'I don't believe that the solutions in society will come from the left or the right or the north or the south. They will come from islands within those organizations; islands of people with integrity who want to do something'
'This is what a network should do — identify the people who would like to do something good. And they are everywhere. This is how the change will appear — you won't notice the difference. It won't be anyone winning over anyone. It will just spread. One day you don't need any more signs saying "Don't spit on the floor," or "Don't put substances in the lake which can't be processed." It will be so natural. It will be something that the intelligent people do, and nobody will say that it was due to The Natural Step or your magazine. It will just appear.'

Karl Heinrich Robert[413]

Leeswijzer

De theorie in deel II en de praktijk van deel III en IV vragen om een praktische werkwijze voor regio's als de provincie Noord-Brabant. Welke stappen moeten concreet worden gezet en in welke volgorde? Het antwoord op de vraag hoe een regionale overheid kan bijdragen aan een duurzame ontwikkeling, zochten we dichtbij, in de eigen achtertuin. Dit hoofdstuk bevat een praktische Werkwijze voor Ecolutie, onderverdeeld in drie fasen. De twee laatste fasen van de geschetste benadering - experimenteren en verbreden & opschalen - laten zich vertalen in een aantal C-woorden die staan voor de diverse fasen in de voorgestelde werkwijze, gesymboliseerd door een trap (§14.6).

Inleiding

Waarom zou je het ver gaan zoeken, als het onder je eigen neus gebeurt? Een wereldbeeld bouw je op vanuit jezelf. Al naar gelang dat beeld krachtiger is, ben je in staat méér mensen te overtuigen. En hoe meer mensen overtuigd raken, hoe groter het effect.
Ecolutie is een vergelijkbaar proces. Een *carrousel of change*, waarin de ene verandering over de andere rolt, startend in de hoofden van één of meer opinieleiders en zich als een inktvlek uitbreidend over een menigte van volgers. Ecolutie, zo stelden wij in het vorige hoofdstuk, stelt de ecologie en de economie centraal, waarbij de ecologie in toenemende mate beperkingen oplegt aan de mogelijke welvaartsgroei in een gebied. We definieerden dit ecocentrische proces in het vorige hoofdstuk als 'een combinatie van onder meer gedrag, technologie en besluitvorming die de transitie naar een hoger niveau van sociale, economische en ecologische ontwikkeling mogelijk maakt'.

---

413 Karl Heinrich Robert is de bedenker van het concept *Natural Step*, uitspraak uit 1991 in Context, en.wikipedia. org/wiki/The_Natural_Step, september 2010

Ecolutie is de weg naar Allemaal Winnen, een utopie, die verandert naarmate de wereld verandert en die kan variëren in tijd en per plaats. We passen de werkwijze voor Ecolutie hier toe op de provincie Noord-Brabant in het huidige tijdsbestek, met het huidige politieke, economische, sociale en monetaire stelsel, zodat we later in dit proefschrift projecten en programma's in deze provincie kunnen toetsen en evalueren aan de hand van deze werkwijze.

In dit hoofdstuk wordt het begrip Ecolutie geoperationaliseerd. Hoe kom je terecht op de weg naar Allemaal Winnen? Welke stappen adviseren wij regio's te zetten? Koplopersinitiatieven en experimenten die volgens deze stappen worden ingezet, leiden tot anders denken en anders doen door verrassende coalities, waarna verbreding en verspreiding plaats kan vinden totdat het experiment niet langer een probeersel is, maar de *state of the art*, de maat der dingen. Het systeem zet zich. Het wordt een routine. Na verloop van tijd is daarom wederom deconstructie nodig om de *carrousel of change* draaiend te houden. Net alle andere systemen krijgt ook Ecolutie op den duur last van slack, waardoor het niet langer constructief is, maar tekenen van destructie vertoont. De Ecolutie werkwijze – getiteld: De Weg naar Allemaal Winnen - is ingebed in een driefasen strategie voor een regionale overheid.

Eerst, als schot voor de boeg, enkele opmerkingen over het (provinciale) team dat het plan uitvoert. In het programma 'Vertrouwen in Brabant', dat deel uitmaakt van het provinciaal bestuursakkoord 2007 - 2011, wordt gesteld dat het bestuur initiatieven wil nemen om – samen met anderen - een concreet, integraal, vernieuwend beleid te formuleren en uit te voeren, met zichtbare resultaten. Om dit te kunnen doen moet de Provincie daar ook toe in staat zijn of in staat gesteld worden. Dat houdt onder meer in dat de Provincie over mensen moet beschikken die de juiste competenties hebben.

De vraag is of een politieke organisatie met een hiërarchisch ambtelijk apparaat in staat is om een bottom up proces als Ecolutie te (bege)leiden. Het Rijk heeft die vraag omzeild door innovatie-experimenten, gericht op het streven naar duurzame ontwikkeling bij het ministerie van Landbouw Natuur en Voedselkwaliteit (LNV), buiten de ambtelijke organisatie te plaatsen en wel bij het innovatienetwerk Groene Ruimte en Agrocluster. Dit innovatienetwerk kreeg van het Rijk een eigenstandige vernieuwingsopdracht en een zwaar bestuur met vertegenwoordigers uit diverse geledingen van de maatschappij, veel vrijheid van handelen en middelen om de missie te volbrengen. Het innovatienetwerk bedenkt zelf concepten en probeert die vervolgens, met andere partijen, te realiseren. 'Nieuwe dorpen', 'Tijdelijke natuur' en 'Nieuwe rivieren' zijn geslaagde voorbeelden van deze conceptuele benadering.[414]

---

414 Zie de site www.innovatienetwerk.org. Verdeeld over vier thema's zijn er 125 concepten ontwikkeld en over de honderd concrete projecten afgerond of nog lopend, 4 mei 2010

Kiest een regionaal bestuur (in dit geval Gedeputeerde Staten van Noord-Brabant) er voor om zelf innovatief te zijn, dan is het van belang dat er gewerkt wordt met een projectteam waarvan de leden afkomstig zijn uit de diverse directies van het provinciale, ambtelijke apparaat. Alleen zo kan er integraal worden gewerkt, in de overtuiging dat er voldoende draagvlak is in de diverse sectoren.

De eerder genoemde 'drie fasen' strategie voor een regionale overheid is een praktische benadering om de wijde open ruimte van de Ecolutie in te vullen.
De strategie heeft betrekking op een drietal soorten activiteiten: verkennen (§14.1), experimenteren (§14.2) en opschalen (§14.3). De drie activiteiten worden vervolgens ingedeeld in sub-activiteiten, zodat een stappenplan ontstaat. Dit stappenplan ziet er als volgt uit:

Tabel 1. Stappenplan: een Werkwijze voor Ecolutie - een praktische benadering voor een regionale of grootstedelijke overheid

I. Verkennen • Oriënteren, richting bepalen • In kaart brengen van de context (krachtenveld analyse); • Bedenken van een groot, omvattend en overstijgend verhaal; • Prioriteiten stellen • Consultatie in de vorm van Werkateliers **II. Experimenteren** • Starten van koploper initiatieven • Uitnodigen van alle belanghebbenden • Concept kiezen • Sturing: gedrag, technologie, besluitvorming methode • Aanleg van proeftuinen **III. Opschalen** a. Partnerschappen aangaan b. Principes c. Regionale overheid als facilitator, regisseur d. Verbreding e. Monitoring

De drie 'activiteiten clusters' van de werkwijze kunnen als 'derde dimensie' aan de Allemaal Winnen Matrix worden toegevoegd, zodat die de vorm krijgt van een kubus (zie figuur 1).

De drie dimensies van het Allemaal Winnen Diagnose & Management Model zijn:

a. Oplossingsclusters: gedrag, technologie, besluitvorming;
b. Ontwikkelingsfasen: destructie, deconstructie, constructie;
c. Werkwijze: verkennen, experimenteren, opschalen.

Figuur 1. Allemaal winnen diagnose & ontwikkelingsmodel bestaande uit drie dimensies

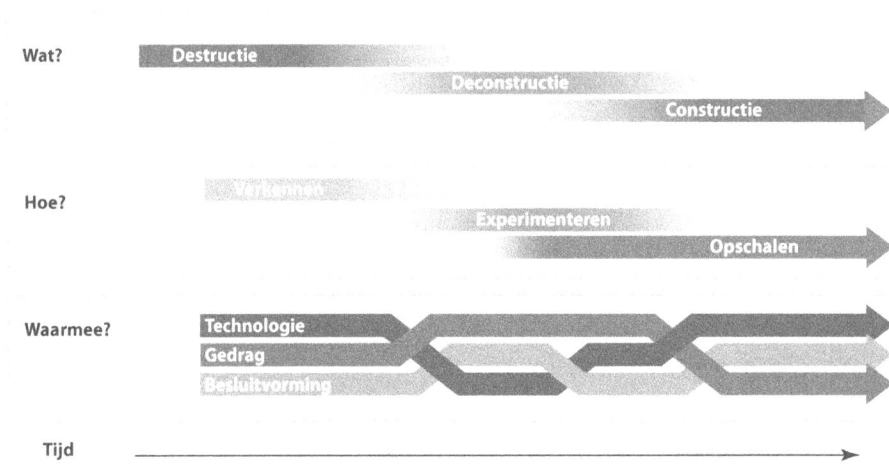

14.1   Werkwijze stap 1: verkennen

1. *Oriënteren en richting bepalen* - De bestemming (het doel), zijnde Allemaal Winnen, is helder. Hoe je daar komt – linksom of rechtsom, rechtstreeks of met een omtrekkende beweging (*obligity*) – dat is een kwestie van strategie. Er moeten wél keuzes gemaakt worden.
2. *In kaart brengen van de context*, aan de hand van een krachtenveld analyse;
3. *Bedenken van 'een groot verhaal' waarin alles een plaats krijgt* - Vanuit het perspectief van de drie P's worden de relevante ontwikkelingen in en buiten de regio in kaart gebracht in de vorm van een groot verhaal, met – zoals dat bij goede verhalen altijd het geval is – de goeden en de slechteriken. Hun sterkten en zwakten worden beschreven in een 'krachtenveldanalyse'. De hoofdrolspelers onderscheiden zich van elkaar in gedrag, systemen (fysieke processen, techniek & technologie) en besluitvorming. De Heilige Graal waarnaar zij allemaal op zoek zijn, is 'Allemaal Winnen'. Je hoeft niet tegen elkaar op te boksen, zo luidt de boodschap. Je kunt elkaar beter helpen, zodat je samen en ieder voor zich meer bereikt dan anders het geval zou zijn geweest.

4. *Thematiseren (bepalen van de thema's voor 'het grote verhaal')* – Eens in de vier jaar, na de Provinciale Staten Verkiezingen[415], vindt een politiek, maatschappelijk debat plaats over de regionale ontwikkelingen op lange termijn ten aanzien van de drie P's.[416] De daaruit voort vloeiende thema's worden beoordeeld door Gedeputeerde Staten (GS)[417]. GS maken vervolgens een keuze en leggen die voor aan Provinciale Staten (PS) die het laatste woord hebben. Eén en ander wordt ingebed in een bestuursakkoord. Hierin wordt het provinciale beleid voor de daarop volgende vier jaren verwoord. Gedeputeerde Staten zijn verantwoordelijk voor de uitvoering en zullen na vier jaar door Provinciale Staten worden afgerekend op de resultaten, of op het uitblijven daarvan. De oppositie wordt nadrukkelijk uitgenodigd om aan het debat en de daarop volgende besluitvorming deel te nemen. Het devies voor het 'nieuwe' denken en doen is: insluiten, niet uitsluiten. Dit proces lijkt op dat van de Strategische Agenda, met dàt verschil, dat niet alleen gevestigde instituties worden uitgenodigd om aan het debat deel te nemen, maar ook ongeorganiseerde groeperingen als 'de jeugd', 'de krakersbeweging', 'globalisten', buurtwerkers, organisatoren van voedselbanken en andere vertegenwoordigers van de *civil society*.

5. *Prioriteiten stellen* -Met betrokkenen praten, kennis, contacten en inspiratie opdoen, belangen inventariseren. Wat houdt het gekozen thema in? Wie heeft er over gepubliceerd of is er anderszins intensief mee bezig?

6. *Consultatie in de vorm van werkateliers* -De thema's worden uitgewerkt in afzonderlijke werkateliers. De voorbereiding van deze ateliers vindt onder auspiciën van GS plaats door een team van beleidsambtenaren. Dit team verkent het thema, selecteert mensen die zich ten aanzien van het thema onderscheiden en nodigt hen uit. De deelnemers aan de werkateliers – vertegenwoordigers van bedrijfsleven, kennisinstellingen, maatschappelijke organisaties, overheden en onderwijs – wisselen vanuit hun eigen belevingswereld met elkaar van gedachten over de gekozen thema's. Als opwarmer krijgen ze van tevoren een essay, een film, dvd of andere informatiedrager toegestuurd, waarin het thema vanuit verschillende invalshoeken wordt belicht en waarin vragen worden gesteld als opwarmer voor het werkatelier. Tijdens het werkatelier wordt het betreffende thema grondig besproken volgens de methode de holistische participatie, de *Mutual Gains Approach* of de Consultatiemethode van John Kolstoe. Door de diversiteit aan invalshoeken, ervaringen, kennis en inzichten, ontstaat steevast in een korte tijd een tamelijk compleet beeld van het betreffende thema. Dit beeld wordt vastgelegd door één of meer 'vliegen aan de wand', schrij-

---

415 Provinciale Staten vormen het algemeen bestuur van de provincie. Provinciale Staten (PS) kiezen uit hun midden Gedeputeerde Staten (GS), het dagelijks bestuur, en stellen bij verkiezing de samenstelling van de statencommissies vast.

416 Naar analogie van debatten over ruimte georganiseerd door de Volkskrant met medewerking van experts, politici, bedrijfsleven en de *civil society*, zie boek '29 plannen voor een mooier Nederland', Meulenhof, J, 2008

417 In Nederland is een `gedeputeerde` een lid van de Gedeputeerde Staten van een provincie. Deze gedeputeerde is de bestuurder van de Provincie voor wat betreft een bepaald vakgebied, of vakgebieden. De gedeputeerden worden gekozen door de Provinciale Staten. In de Belgische provincies is een gedeputeerde een lid van de deputatie van een provincie.

vers die niet alleen noteren wat er gezegd wordt, maar ook wat er niet gezegd wordt en die analyseren wat er feitelijk gebeurde. Welke chemische reacties vonden er plaats, wat was de toegevoegde waarde van de bijeenkomst?[418] Bij sommige thema's wordt in de Verkenningsfase en/of in de Consultatiefase een speciale interview-methode toegepast – de 'In-de-Bus-methode' – om het thema, of bepaalde aspecten daarvan, (verder) uit te werken. [419] Het atelier levert de Provincie een netwerk op, plus een integrale analyse van het probleem en oplossingen vanuit de praktijk. In een atelier wordt 'van buiten naar binnen' gewerkt. Dat wil zeggen dat de analyses niet komen van een adviseur, de Provincie of belangenorganisaties, maar van direct betrokkenen die 'op de werkvloer' met de betreffende thematiek te maken hebben. Niet alle ateliers zijn succesvol. Het werkatelier 'Wonen op water' bijvoorbeeld maakte niet veel los. De deelnemers kwamen wel tot een analyse, maar tijdens de bijeenkomst ontbrak elk gevoel van urgentie. Geen van de aanwezige partijen wilde het voortouw nemen. Wellicht is het thema verkeerd gekozen, of werd het te vroeg gebracht. De Provincie hanteert geen harde criteria voor de onderwerpkeuze. Het betreft vrijwel altijd een maatschappelijk probleem. Soms wordt een vraagstuk aangekaart door een maatschappelijke groepering. Vaak komt het uit de koker van betrokken ambtenaren. Het verslag van elk werkatelier wordt door Gedeputeerde Staten naar Provinciale Staten geleid. PS kunnen vervolgens besluiten om op basis van de analyses een concreet vraagstuk of een concreet probleem aan te pakken.

14.2 Werkwijze stap 2: experimenteren

1. *Starten van koplopersinitiatieven.* Een koplopersinitiatief is een concreet project. Voor de keuze van koplopersinitiatieven heeft de Provincie criteria opgesteld.
2. *Uitnodiging van alle belanghebbenden* (Uitnodigende overheid);
3. *Keuze maken uit concepten*: specifieke benaderingen en uitwerkingen van het thema Ecolutie (duurzame ontwikkeling). De concepten kunnen desgewenst worden aangevuld met andere ideeën. Elke beleidsmaker kan zodoende zijn eigen menu samenstellen. De concepten in hoofdstuk 4 hebben als oogmerk onder meer: inspiratie, richting, focus, draagvlak en vertrouwen;
4. *Focus op drie aangrijpingspunten* (sturingsvariabelen): verandering in het gedrag van mensen, bedrijven en instellingen, ontwikkeling van nieuwe technieken, technolo-

---

418 De vliegen-aan-de-wand methode, ontwikkeld door Frank van Empel en Caro Sicking, is veelvuldig en succesvol toegepast, o.a. bij energiebedrijf Essent.

419 De 'In-de-Bus methode' is door Frank van Empel en Caro Sicking ontwikkeld om met interviews dieper door te dringen in de gedachten en beleving van belangrijke sleutelpersonen in een organisatie. De methode is genoemd naar de manier waarop deze interviewtechniek aanvankelijk is toegepast: te interviewen personen worden met een rode, 30 jaar oude VW-camperbus 's ochtends vroeg thuis opgehaald en naar hun favoriete stek vervoerd. Daar en onderweg wordt een uitgebreid ontbijt genuttigd en het gesprek gevoerd. Een aantal van dergelijke interviews, gehouden in opdracht van Essent, is gebundeld in een boekje met de titel 'In de Bus'. De achterliggende gedachte van de 'In-de-Bus' methode is dat mensen door de andere omgeving (de Bus) zich minder snel formeel opstellen en meer geneigd zijn om te praten over wat hen echt bezighoudt, waardoor de kwaliteit van het interview toeneemt.

gieën & processen, alsmede nieuwe (beslis)methoden om het eens te worden en gezamenlijk op te trekken.

5. *Keuze uit drie methoden om tot overeenstemming te komen: Mutual Gains Approach*, Methode Holistische Participatie en Consultatie;

6. *Aanleg van Proeftuinen*. Proeftuinen worden geacht een bepaald vraagstuk integraal (in zijn geheel) te benaderen en dus niet eerst in stukken te hakken, om vervolgens de delen onder de loep te nemen. Het onderwerp moet concreet en vernieuwend zijn, zich lenen voor samenwerking en resultaat opleveren. Het onderwerp mag niet op sterke weerstand van een of meerdere partijen stuiten. Er is met andere woorden op voorhand al sprake van consent: niemand is er echt tegen. Veel kans op samenwerking is er ook. Dat kan tot een coalitie van partijen – *partnership* - leiden die de zaak daadwerkelijk wil oppakken en oplossen en die, om de samenwerking concreet te maken, ambities formuleren en vastleggen in 'Ambitiekaarten'. Het werkatelier 'Brabantse Frisse Scholen' bijvoorbeeld leidde direct tot een projectvoorstel, dat als vervolgtraject werd opgenomen in het Provinciale programma *Schoon Brabant* van het bestuursakkoord 2007 - 2011. Er is iets meer dan 1 miljoen euro vrijgemaakt om een aantal scholen, samen met belanghebbenden, 'op te frissen'. Aan het project werd een stimuleringsprogramma toegevoegd voor de verdere aanpak van het probleem van een te hoog CO_2 gehalte in de lucht van schoollokalen als gevolg van te weinig ventilatie. Door uit te gaan van een integrale benadering zet dit programma in op bouwen of renoveren van scholen onder de volgende voorwaarden: een duurzaam gebouw (juiste verlichting, gebruik daglicht, juiste akoestiek, gezond binnenklimaat, milieuvriendelijke materialen, zuinig met energie), vitale buitenomgeving - bio divers, natuurlijk spelen - en opname van duurzame ontwikkeling in het onderwijsprogramma).

Onze stelling is dat een regionale overheid een effectief en succesvol duurzaam ontwikkelingsbeleid kan voeren door te experimenteren met samenwerking. Samenwerking met bedrijven, ngo's, kennis- en onderwijsinstellingen, burgers, gemeenten en andere overheden. Urgente maatschappelijke, economische en ecologische problemen staan hierbij centraal. Problemen die het bestuurlijke en financiële vermogen van de Provincie ver te boven gaan, maar aan de oplossing waarvan niettemin een bijdrage kan worden geleverd. De experimenten volgen het spoor van de deconstructie: afwijken van begaanbare paden, andere manieren van denken en doen, etc.

14.3   Werkwijze stap 3: verbreden en opschalen

1. *Partnerschappen aangaan*. In een wereld die steeds complexer wordt, waarin delen van verschillende systemen op een onnavolgbare wijze in elkaar grijpen en waar het overzicht ontbreekt, daar heb je partners nodig die jou aanvullen, zodat je samen iets kunt opbouwen wat je in je eentje niet voor elkaar krijgt. Zolang dat niet

indruist tegen de pogingen van anderen om iets soortgelijks te ondernemen, voegt het iets toe aan de welvaart en het welzijn van de hele samenleving. Daar profiteert iedereen van. Dit is het basisprincipe van Allemaal Winnen.

2. *Het maken van keuzes kan worden vergemakkelijkt door uit te gaan van dergelijke 'Allemaal Winnen principes'* (zie bijlage). Deze zijn niet gefixeerd, maar kunnen per thema of groep actoren verschillend zijn. We noemen er zeven:
    a. Verbeter de wereld, begin met jezelf (de eigen regio);
    b. Denk en handel in levenscycli;
    c. Aarzel niet, want daardoor gaat vaak onnodig veel tijd verloren;
    d. Organiseer het initiatief;
    e. Paar nieuwsgierigheid aan enthousiasme en passie;
    f. Leer structuren te zien in plaats van gebeurtenissen; denk in termen van veranderingsprocessen in plaats van '*snapshots*';
    g. Vul je eigen tekortkomingen aan, door partnerschappen aan te gaan met personen of organisaties die iets te bieden hebben wat jij node mist.
3. *Ben als (regionale) overheid niet te dominant.* Stel je bescheiden en dienstverlenend op en profileer je als regisseur en facilitator. Goed bestuur is niet hetzelfde als top-down dirigeren. Goed bestuur is: kiezen voor de lange termijn oplossingen, de juiste regelgeving en kwalitatief hoogwaardige medewerkers. Goede bestuurders geven hun medewerkers en *stakeholders* ruimte voor eigen invulling (zelforganisatie) voor creativiteit en verbeelding.
4. Streef vanuit een gezamenlijke verantwoordelijkheid naar vernieuwing door middel van deconstructie, te beginnen door de avant garde en gevolgd door de *mainstream*, tot voorbij het punt waarop de ontwikkeling in de gewenste richting kantelt (*tipping point*); Voortdurend investeren in en inzetten op innovatie;
5. Verbreding; leg verbanden tussen de diverse experimenten, projecten en programma's. Communiceer hier duidelijk over naar elkaar en naar de samenleving;
6. Monitoring; stel niet teveel, maar wel duidelijke, begrijpbare indicatoren op (zie hoofdstuk 11). Gebruik de Allemaal Winnen Matrix om te zien of de juiste richting ingeslagen wordt (zie hoofdstuk 5 en 13).

In elke groep en ook in de maatschappij heb je *movers, followers, opposers* en *bystanders*. Willen maatschappelijke veranderingen zich zetten, dan is meer kracht nodig dan alleen van de koplopers – de avant garde, de movers. De 20% koplopers zal een substantieel deel van de resterende 80% moeten overhalen om mee te doen. Dat kan heel subtiel, door tegelijkertijd en op verschillende plaatsen, initiatieven te starten van meerdere koplopers, zodat er een rizoom – een ondergrondse wortelstokken structuur – ontstaat, dat een veelvoud aan mensen (een menigte) in staat stelt om kennis te nemen van de voorgestelde, of reeds ingezette veranderingen. Door instelling van een Ecolutiecentrum, als spin in het netwerk, kan de informatieuitwisseling en het verbindingsproces worden gecoördineerd en geoptimaliseerd. Naast verbreding en verdieping van het netwerk is een opschaling nodig van geslaagde experimenten op kleinere schaal. Die opschaling kan op dezelfde wijze, door voorbeeldwerking, worden gerealiseerd. Maar wil die opschaling werkelijk zoden aan de dijk zetten, dan is een fasciliterende en regisserende overheid nodig, die rekening houdt met alle belangen en die de nodige impulsen geeft, in de vorm van subsidies, maar ook in de vorm van coaching, bescherming, expertise (wijze raad), een krachtenveldanalyse en een stappenplan. Het opschalen van succesvolle projecten blijkt in de praktijk een uiterst complexe opgave. Bij de geanalyseerde praktijkvoorbeelden was opschalen geen expliciet doel. Behalve dan bij het programma 'Naar een Duurzaam Brabant', waarbij ingezet werd op het steunen van initiatieven met 'gevestigde partijen' als Rabobank en het Astmafonds. Het idee daarachter is dat dergelijke organisaties over voldoende eigen 'slagkracht' beschikken om successen van de marge naar de *mainstream* te brengen. Het programma leverde veel projecten inhoudelijke en financiële steun op, maar de opschaling lukte, met uitzondering wellicht van de concepten Innovatief Groen en Frisse Scholen, nergens[420].

Wat gevestigde partijen nalaten, kunnen mensen ook zelf oppakken, bij voorbeeld door het opzetten van productiecoöperaties om de eigen elektriciteit in een wijk op te wekken met behulp van een gemeenschappelijke windmolen. De coöperatie is een veelvuldig beproefde samenwerkingsvorm die haar glans verloren leek te hebben, maar anno 2011 een verrassende *come back* maakt. 'Coöperarieve bedrijven zijn bedrijven die als voornaamste kenmerk hebben dat ze zijn opgericht door een groep mensen die hun economische positie willen versterken op een of meer van de volgende wijzen:

    a.   zichzelf voorzien van goederen of diensten, nodig voor hun persoon of bedrijf;

    b.   hun werkzaamheden en hun financiële middelen bundelen;

    c.   hun producten gezamenlijk verkopen;

    d.   spaarkassen vormen en leningen verstrekken voor hun productiedoeleinden;

    e.   verzekeringen sluiten ter dekking van persoonlijk of zakelijk risico;

    f.   gezamenlijk hun sociale voorzieningen treffen;

    g.   goedkope woningen verschaffen van goede kwaliteit.

De coöperatieve vereniging is een vorm van onderneming, zoals ook de naamloze of besloten vennootschappen ondernemingsvormen zijn. Het lidmaatschap van een coöperatie moet vrijwillig zijn en toegankelijk voor ieder die dit wenst en daartoe in staat is, zonder discriminatie.[421]

Voorbeelden van coöperaties zijn onder meer Rabobank, FrieslandCampina, Cehave Landbouwbelang en diverse woningbouwverenigingen. Gevestigde namen die verworden zijn tot instituten waar leden feitelijk nog maar weinig invloed hebben. Nieuwe coöperaties en plannen daartoe ontstaan anno 2011 onder meer in de energiesector en in het monetaire stelsel waar jonge bankiers, spaarders en leners de handen ineen slaan om het bankwezen

---

420 Er staat het woord 'wellicht' omdat beide initiatieven op dit moment lopen en er nog geen evaluatie mogelijk is.

421 C.L. Provily, Samen Werken, werknemers en ondernemers in de productie coöperatie, Kluwer, Deventer 1974, blz. 11.

om te vormen tot een ethisch verantwoorde bedrijfstak. Dissidente bankiers hebben zich bijvoorbeeld verenigd in FIER, een afkorting van *Financial Institutions Enhancing Responsibility*[422]. In Scandinavië heb je een coöperatieve bank die het door leden ingelegde spaargeld tegen 0% rente uitleent aan leden.

In Boxtel en St.Michielsgestel denken gemeenten, bewoners, de plaatselijke Rabobank en milieugroeperingen na over een productie- en een consumentencoöperatie betreffende energie. Samen hernieuwbare en schone energie opwekken door middel van het verbranden van snoei- en sprokkelhout uit bossen en landgoederen. Voor eigen gebruik en – als de vraag achterblijft bij het aanbod - voor teruglevering aan het net, tegen een marktconforme prijs. Talloze initiatieven halen niet eens de krant. De meeste ontspruiten aan Internet en de sociale media. Een website als Nudge, duurzaam consumenten platform, stelt consumenten in staat om de makers van producten op te porren om meer, betere en gezondere producten te leveren en om zelf ook bij te dragen aan een duurzame ontwikkeling van de samenleving[423].

De talloze initiatieven kunnen zich sneller verspreiden en verbreiden naarmate de (regionale) overheid zich actiever opstelt als een welwillend coach die kennis beschikbaar en toegankelijk maakt, bijvoorbeeld door experts en actieve netwerken aan elkaar te koppelen. Dat kan op meerdere manieren, bijvoorbeeld door private partijen te helpen met het opzetten van een Ecolutiecentrum, dat kennis borgt die is opgedaan in programma's en projecten, dat documentatie en rapporten archiveert en publiceert (op Internet), inspiratiebijeenkomsten organiseert en onderzoek doet en waar coöperaties en andere initiatieven een huiskamer vinden en van elkaars ervaringen kennis nemen.

Voor verbreden, opschalen en monitoren bestaat, voor zover bekend, nog geen handleiding, laat staan een handboek. Vreemd, want het is de Achilleshiel van vrijwel elk project en elk programma. Een activiteit of onderneming heeft een bepaalde schaalgrootte nodig om te gedijen. Duurt het te lang voordat deze minimale schaalgrootte is bereikt, dan verlopen de betreffende initiatieven. De theorievorming hieromtrent staat nog in de kinderschoenen. In de praktijk is er daarentegen, met vallen en opstaan, al flink mee geëxperimenteerd. Bij de Provincie adviseren ze een tamelijk moderne opschalingsmethode: verspreiding van een virus. Over de hele regio verspreid wordt tegelijkertijd met lokale partners een reeks experimenten gestart, bijvoorbeeld waar het gaat om het realiseren van Brabantse Frisse Scholen (gezond binnenklimaat) of van energieneutrale starterwoningen in gemeenten.[424]

---

422 zie bijvoorbeeld www.linkedin.com/groups?home=&gid=2679276, 20 november 2011

423 http://nudge.nl

424 Met het Provinciale initiatief Brabantse Frisse Scholen wordt deze aanpak uitgeprobeerd. De VIBA-Expo als mogelijk innovatiecentrum (worden betaald naarmate meer scholen en gemeenten hen bezoeken en zich laten informeren). In de gemeente Bergen op Zoom, Oosterwijk, Waalwijk, Biezenmortel zijn scholen in samenwerking met de GGD en het Astmafonds als Brabants fris gerenoveerd of nieuw gebouwd.

Figuur 2. Experimenten als virus over de regio verspreid.

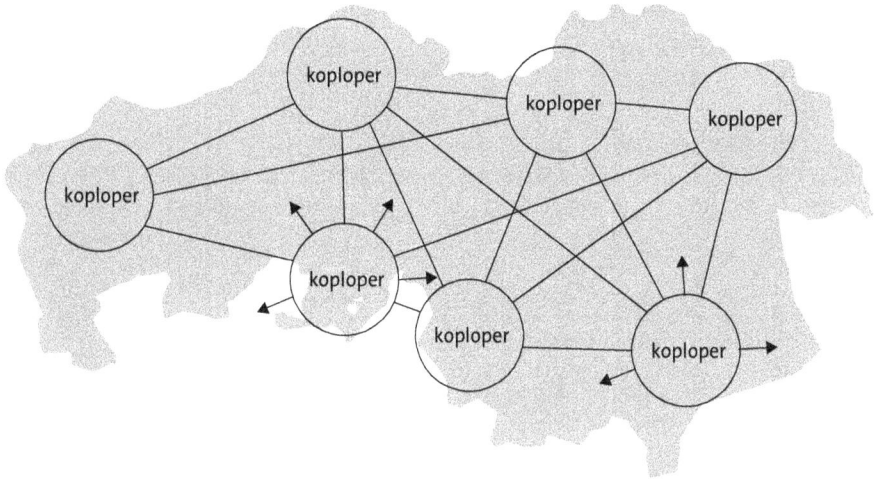

Figuur 3. Elke koploper initieert nieuwe initiatieven

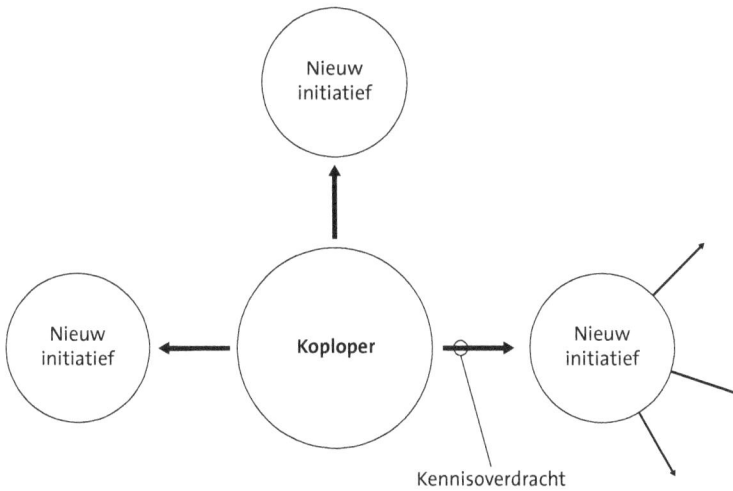

14.4 Regionaal Centrum voor Ecolutie

Alle resultaten (kennis en kunde) van de diverse experimenten, de gebruikte methoden, de uitgevoerde studies, maar ook alle deelnemende bedrijven (met producten en diensten) worden bijeengebracht in een centraal punt. Dit kan een virtueel punt zijn, maar ook een fysieke plek.

Voor diverse onderwerpen en bedrijfstakken die voor een regio van belang zijn, zoals landbouw, mobiliteit, bouw, industrie/industrieterreinen en natuur kan een dergelijk web van experimenten worden opgezet, alsmede een innovatiecentrum, c.q. Ecolutie Centrum opgericht. In de Brabanthallen functioneert al ruim 13 jaar de Stichting VIBA-Expo (SVE) als een centrum voor de professionele bouw. In zo'n centrum vinden bij tijd en wijlen verrassende ontmoetingen plaats tussen kennisinstellingen, burgers, overheden, bedrijfsleven en non gouvernementele organisaties (ngo's) en wordt aan integrale oplossingen gewerkt.

Figuur 4. Midden in het web het Regionaal Centrum voor Ecolutie

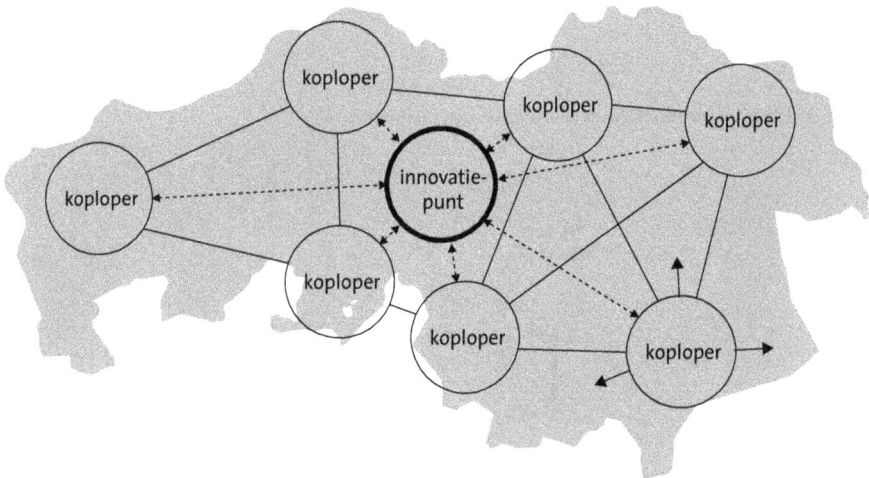

In principe kan er in de regio een steeds dichter web ontstaan naarmate er meer coalities van partijen in acties komen. De centra zijn om meerdere redenen van belang:

- De Provincie is voor alles een politieke organisatie met een beperkte tijdshorizon van vier jaar en is niet in staat om een langere binding aan te gaan. Ecolutie Centra kunnen hier een brugfunctie in tijd en ruimte vervullen.
- Het is een platform voor bedrijven, overheden, ngo's, kennisinstellingen, onderwijs en burgers, een ontmoetingsplek waar integrale oplossingen voor vraagstukken en problemen ontwikkeld worden.

- Het Ecolutie Centrum is een professionele partij die kennis verzamelt, contacten onderhoudt en die zich bezig houdt met het realiseren van praktische, concrete zaken.
- Als Platform verstrekt een Ecolutie Centrum voorlichting, stimuleert het kennisvorming en leerprogramma's. Het is een meltkroes van producten, diensten en mensen.
- Het Centrum kan een belangrijke rol spelen bij de monitoring van alle initiatieven. Nagaan wat er terecht komt van de ambities en plannen. Of er initiatieven zijn die elkaar overlappen, of er hiaten zitten in de werkwijze en of die werkwijze aanvulling behoeft.

Behalve een Regionaal Centrum voor Ecolutie zou er in Nederland en daarbuiten utopisch gezien een netwerk van Regionale Coöperatieve Investeringsbanken moeten komen, dat investeringen in energiebesparing (isolatie), hernieuwbare energiebronnen, warm en koud water opslag en andere investeringen die zichzelf terugverdienen, voorfinanciert. De Regionale Coöperatieve Investeringsbanken vallen in deze utopie onder het toezicht van een Nationale Coöperatieve Investeringsbank en De Nederlandsche Bank, maar hanteren simpele principes voor de toekenning van kredieten. De leden van de diverse coöperatieve verenigingen verschaffen het kapitaal voor de Investeringsbanken. Dat wil zeggen: ze leggen hun spaargeld in voor langere of kortere tijd en krijgen mede daardoor het recht om geld te lenen tegen een lage rente of zonder enige rentevergoeding.

Vooral nu internationaal vraaguitval dreigt als gevolg van bezuinigingen, zijn ter compensatie investeringen nodig. Investeringen hebben een positief effect op de hele economie en verhogen de welvaart.

14.5   Innovatie als startmotor voor Ecolutie

Om een vonk over te laten springen naar de vele individuen en organisaties binnen het bereik van de regionale overheid, moet er wel eerst een vuurtje gestookt worden. Iemand moet daarvoor de brandstof aanvoeren en iemand moet het aansteken. Hoe breng je vuur in een nogal conventionele, hiërarchische organisatie als de provincie Noord-Brabant. Niet door braaf te voldoen aan de wensen en verlangens van het Rijk en de gemeenten, niet door het intrappen van open deuren. Een veranderaar (*change agent*) die de status quo wil doorbreken, die daadwerkelijk de raderen in beweging wil krijgen, die zal moeten provoceren. Die zal de gevestigde orde moeten uitdagen, opporren, aanklagen... Dit systematisch morrelen aan bestaande constructies duiden wij aan als 'deconstructie'. Het is een *life-style*. Jezelf blijven vernieuwen. Niet wegzakken in zelfgenoegzaamheid, maar alles voortdurend ter discussie stellen, omkeren, op z'n kop zetten, ontregelen. Voor veel ambtenaren is dat compleet tegengesteld aan hun eigen drijfveren, hun karakter, hun behoefte aan zekerheid en voorspelbaarheid. Het is moeilijk om dan toch de grandeur te hebben om kritische geesten binnen de muren van het ambtelijke bolwerk (het Provinciehuis) te halen. Een vulkaan moet af en toe vervaarlijk rommelen, anders is hij dood.

Innovatie wordt in dit proefschrift niet als zelfstandige kracht onderscheiden. Toch is het hele proefschrift ervan doordrongen. Het komt overal in terug. Innovatie is een elementair bestanddeel van Ecolutie[425], maar is moeilijk vast te pinnen. Zo divers is deze vernieuwingskracht.

Het aantal boeken en artikelen over innovatie is niet te tellen. De economie, de ecologie, de energievoorziening en zelfs de ethiek zijn ervan doordrongen. 'Innovatie is het synoniem voor vooruitgang,' aldus Lucas Dietrich in de inleiding bij 60 *innovators shaping our creative future*, uitgebracht ter ere van het zestigjarige bestaan van Thames & Hudson. Afgeleid van het Latijnse *novare*, dat staat voor 'nieuw maken'. Zonder innovatie geen vooruitgang, geen vernieuwing, geen groei. Zonder innovatoren geen innovatie. En innovatoren zijn we van tijd tot tijd allemaal. We bedenken eigen oplossingen voor onze problemen, combineren eigen ervaringen met ideeën over hoe het had kunnen zijn. 'Pure uitvinding bestaat niet,' schrijft de Franse graffiti kunstenaar Blek le Rat in hetzelfde kolossale boekwerk, 'in plaats daarvan proberen we te verbeteren of over te doen wat al bestaat, maar op onze eigen wijze, vanuit onze eigen achtergrond en opleiding, door dingen te regelen en begrijpelijk te maken voor de hedendaagse mens.'

Innovatoren zijn niet uit op bevestiging van wat al lang en breed bekend en erkend is en evenmin op het intrappen van open deuren of het vastklampen aan veilige, door iedereen geaccepteerde denkwijzen, modes, gebruiken en rituelen. 'Innovatoren stellen de status quo ter discussie, ridiculiseren hem en verstoren hem,' zegt de Amerikaanse landschapsarchitect en kunstenaar Martha Schwartz. Voor innovatoren staat niets vast. Ze dwalen voortdurend af van de gebaande paden, springen van de ene groeicurve naar de andere, proberen van alles uit, stapelen fout op fout en proberen het nog eens als iets weer niet lukt. Innovatie is al lang niet meer alleen het domein van wetenschappers, kunstenaars en ontwerpers, die vanuit de beslotenheid van hun lab, studeerkamer of studio met iets totaal nieuws komen. Het is een creatieve, collectieve, humanistische onderneming[426].

---

425 Innovatie t.b.v. duurzame ontwikkeling omschrijven wij als een zo concreet mogelijke vernieuwing die tot stand komt door:
- in een zo vroeg mogelijk in een proces met meerdere disciplines samen te werken;
- te werken vanuit een integrale benadering;
- een inzet op zoveel mogelijk combinaties (tenminste drie tot vier punten). Dus een woning die zowel energiezuinig als gezond als milieuvriendelijk is;
- je niet te beperken tot uitsluitend technologie maar ook gericht op andere vormen van gedrag, aansturing, organisatie en financiering.

426 Lucas, Dietrich, *60. Innovators, shaping our creative future*, Thames & Hudson, 2009 blz 15.

14.6   Vitamine C-model

De twee laatste fasen van de geschetste benadering - experimenteren en verbreden &
opschalen - laten zich vertalen in een aantal C-woorden die staan voor de diverse fasen in de
voorgestelde werkwijze, gesymboliseerd door een trap. Gestart wordt met een eerste trede
van één of meerdere concrete koplopersinitiatieven. Een coalitie van organisaties bereikt
consensus of consent over een initiatief op de weg naar Allemaal Winnen. Een belangrijke
fase is die van het consulteren, het raadplegen van experts die met dezelfde bijl hebben
gekapt en het bezoeken van inspirerende locaties zoals Eva Lanxmeer in Culemborg. Als
partijen een comittment geven, dan is het aanbevelenswaardig om de intenties vast te leggen
in een ambitiekaart. De tweede trede gaat over creëren. In een sfeer van creatieve chaos
werken talenten in alle vrijheid concepten als Cradle to Cradle uit. Zowel sociale, milieu als
economische (calculatie) aspecten spelen een rol. De derde trede staat voor coördineren.
Het vastleggen van afspraken, het opstellen van prestatie indicatoren zoals in een GPR
waarbij gebouwen voor toekomstwaarde, energie, materialen, milieu en gezondheid een
cijfer van 6 (Bouwbesluit) tot een 10 kunnen krijgen. Partijen leggen één en ander vast in
contracten. De vierde trede doet samenwerkende partijen de suggestie aan de hand om het
resultaat te certificeren. Alles wordt opgemeten, zodat er controle kan plaatsvinden. Is alles
overeenkomstig de gemaakte afspraken uitgevoerd. De laatste trede betreft het continueren,
het toepassen van het geleerde bij andere initiatieven, het verder brengen. Dit kan bijvoorbeeld
via centra waar ervaringen worden uitgewisseld en nieuwe partnerships worden gesloten.
Alle treden tezamen noemen wij het Vitamine C model. Het geeft partijen de kracht om het
Ecolutiepad tot het einde toe af te lopen.

Figuur 5. Het Vitamine C model met vijf treden van C-woorden die aangeven hoe een regionale overheid experimenten en verbreden en opschalen in de praktijk kan laten werken

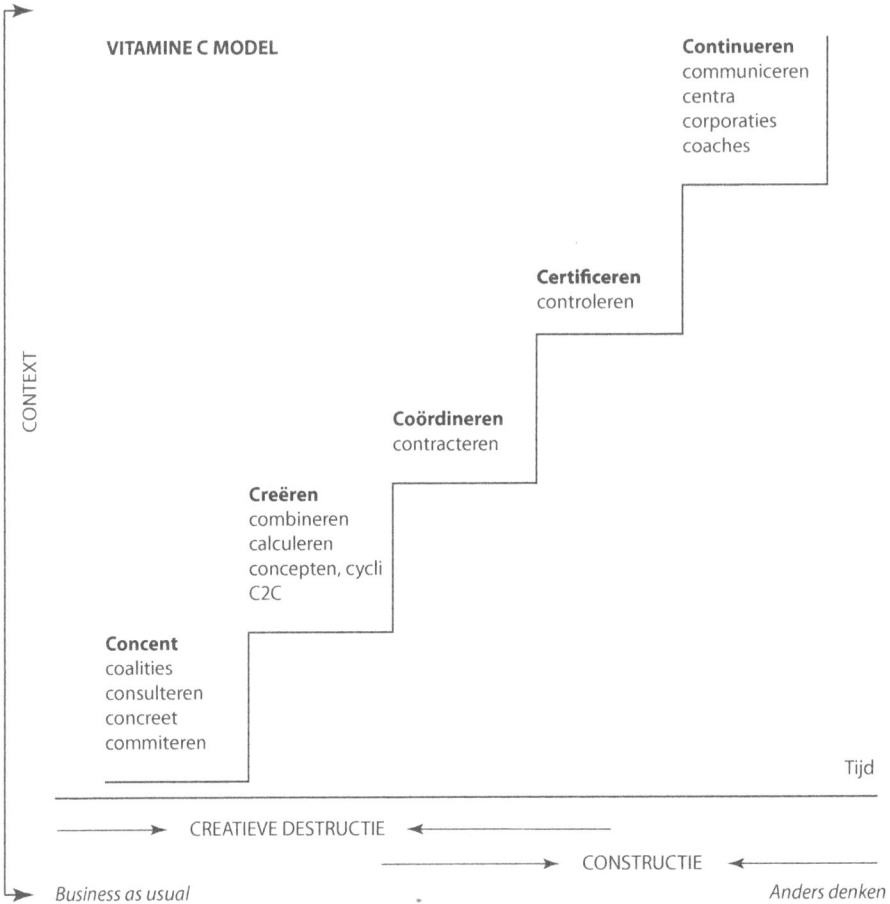

14.7 Tussenconclusie

Toenemende complexiteit van systemen, processen, structuren en netwerken brengt grote organisaties in een nadelige positie. Zij zijn minder flexibel en weerbaar dan clusters en netwerken.

Voor de overheid geldt iets soortgelijks. De regio verdringt het land als het brandpunt voor beleid. Door middel van experimenten, werkateliers, programma's en projecten doet de provincie Noord-Brabant ervaring en voortschrijdende inzichten op met betrekking tot zelfordening, zelforganisatie en zelfsturing. In dit veranderende krachtenveld is voor de regionale overheid een nieuwe rol weggelegd, als coach, inspirator, katalisator, regisseur of producer, afhankelijk van de context van dat moment.

Waar transitie en transformatie een indringende rol spelen, is steevast ook innovatie van de partij. Zo ook in dit proefschrift, zij het meestal impliciet. In dit hoofdstuk wijden we er niettemin een paragraaf aan, als een soort applauswissel. Innovatoren beschermen ons tegen verstarring. Het zijn de helden van de fantasie en de onverwachte wendingen, grondleggers van zowel economische groei als een beter milieu. De ideale (start)motor, c.q. aandrijfriem, voor Ecolutie. Om de Ecolutie nog wat meer vaart te geven, wordt gepleit voor een Regionaal Centrum voor Ecolutie.

Het *pièce de resistance* van dit hoofdstuk is een werkwijze voor Ecolutie, die we ontlenen aan onze eigen praktijk en die we ter compensatie van lange teksten elders, nog eens in vier woorden samenvatten: verkennen, experimenteren en verbreden en opschalen.

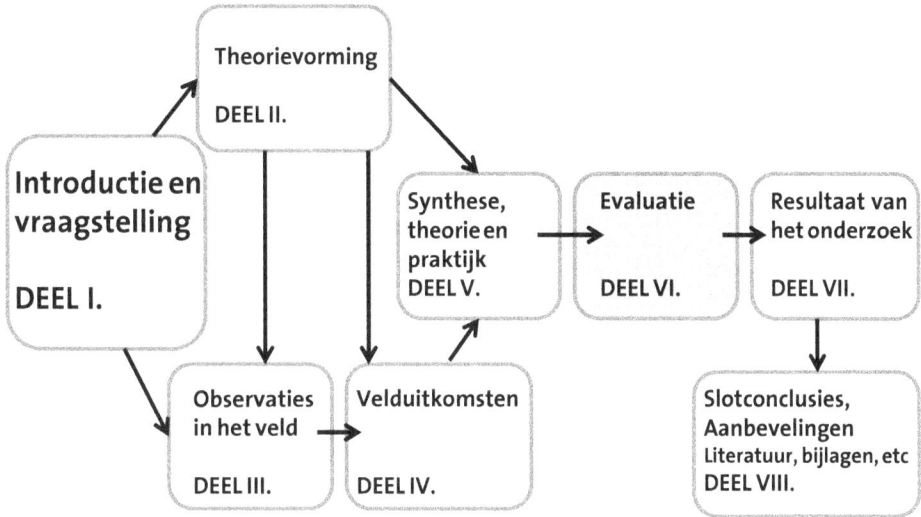

Deel VI. Evaluatie

```
        ┌─────────────────┐
        │ Theorievorming  │
        │                 │
        │ DEEL II.        │
        └─────────────────┘
┌─────────────────┐        ┌──────────────┐  ┌──────────┐  ┌──────────────┐
│ Introductie en  │        │ Synthese,    │  │ Evaluatie│  │ Resultaat van│
│ vraagstelling   │        │ theorie en   │  │          │  │ het onderzoek│
│                 │        │ praktijk     │  │          │  │              │
│ DEEL I.         │        │ DEEL V.      │  │ DEEL VI. │  │ DEEL VII.    │
└─────────────────┘        └──────────────┘  └──────────┘  └──────────────┘
        ┌──────────────┐  ┌──────────────┐              ┌─────────────────────┐
        │ Observaties  │  │ Velduitkomsten│             │ Slotconclusies,     │
        │ in het veld  │  │               │             │ Aanbevelingen       │
        │              │  │               │             │ Literatuur, bijlagen, etc│
        │ DEEL III.    │  │ DEEL IV.      │             │ DEEL VIII.          │
        └──────────────┘  └──────────────┘              └─────────────────────┘
```

15. Casus 1. De Brabant Woning

'The proof of the pudding is in the eating'
(Cervantes' Don Quichot, 1605)[427]

Leeswijzer

Het Allemaal Winnen Model en de Ecolutie Werkwijze zijn in de praktijk getest bij twee projecten, waarbij meerdere partijen betrokken waren. We onderzoeken in feite hoe een regionale overheid, met haar partners, inhoud en betekenis kan geven aan het begrip 'governance' en hoe zij die governance-capaciteiten samen nog wat kunnen verhogen. Dat blijkt wederom niet makkelijk te zijn, omdat in de praktijk het eigen belang bij alle partijen toch altijd weer een paar streepjes voor blijkt te hebben op het gezamenlijk belang. De eerste case betreft het samen zoeken (met experts) naar een programma van eisen voor een betaalbare standaard energieneutrale woning. Achtereenvolgens komen de context, de inzet en de concrete activiteiten aan de orde.

Inleiding

Hoe kan een regionale overheid bijdragen aan duurzame ontwikkeling? Deze onderzoeksvraag is in de voorgaande hoofdstukken beantwoord door een matrix, één nieuw woord – Ecolutie – en een aan dat begrip gerelateerde werkwijze te introduceren. Ecolutie kan in het kort worden omschreven als 'de expeditie naar een hoger niveau van sociale, economische en ecologische ontwikkeling'. Hoe een regionale overheid destructief gedrag, idem besluitvorming en/ of technologie, middels Ecolutie kan ombuigen naar een constructieve, Allemaal Winnen samenleving, dat komt tot uiting in de werkwijze. Deze werkwijze is de apotheose van alle voorgaande hoofdstukken. In feite is het de beantwoording van de onderzoeksvraag.

De casus Brabant Woning die in het komende hoofdstuk geanalyseerd wordt, betreft een samenwerking tussen Provincie, gemeenten, wooncorporaties en experts met als doel om woningen te ontwikkelen die gezond, groen, comfortabel en energieneutraal zijn, die als een levend organisme onderdeel vormen van de omgeving waarin ze staan en daarnaast, en vooral, betaalbaar zijn voor starters of mensen met een kleine portemonnee. De Brabant Woning is uitgewerkt in een Programma van Eisen (PVE). Dit is bovendien uitgevoerd in het ontwerp van een daadwerkelijk te bouwen huis en technisch en financieel doorgerekend. Het PVE moet op papier aantonen dat de ambities voor een duurzaam huis haalbaar zijn en eveneens laat het zien hoe die ambities te verwezenlijken, zodat eenieder die betaalbaar, gezond en energieneutraal wil bouwen dit kan doen. De vorm (ontwerp, materialen en installaties) kan dus per woning, straat of wijk variëren.

---

427 Oud gezegde uit 1300, in 1605 door Miguel de Cervantes gepopulariseerd in diens monumentale Don Quichot.

Daarnaast hebben de partners (Provincie, gemeenten en wooncorporaties) zich gecommitteerd om een aantal Brabant Woningen daadwerkelijk te bouwen, zodat het concept van het papier opstijgt en transformeert in echte huizen waar mensen wonen.

In de hierna volgende paragrafen beschrijven en analyseren wij de voor deze casus, Brabant Woning, relevante gebeurtenissen en evalueren wij de toegepaste, in hoofdstuk 14 uitgewerkte, werkwijze.

15.1 Voorgeschiedenis

Duurzaam bouwen is een nobel streven, wat vaak niet verder komt dan de schetsblokken van gemotiveerde, milieubewuste architecten. De boomlange Henk Seinen, directeur van Seinen Nieuwbouw in Leeuwarden en de Bossche architect Renz Pijnenborgh (Buro Archi Service) zijn hier de uitzonderingen die de regel bevestigen. Zij bewezen allebei dat ze daadwerkelijk in staat zijn om betaalbare, milieuvriendelijke, energiezuinige woningen te realiseren. Renz ontwikkelde in 2003 de op dat moment goedkoopste woning van Nederland, in Culemborg. Henk begon eveneens vlak na de eeuwwisseling met het ontwerp van 24 duurzame starterswoningen in Zwaagwesteinde, die hij in 2005 ook daadwerkelijk bouwde[428]. Beide pioniers manifesteren zich als lichtend voorbeeld voor iedereen die duurzaam bouwen hoog in het vaandel heeft staan. De twee-onder-een-kap woningen die Henk Seinen als projectontwikkelaar in het Friese Zwaagwesteinde realiseerde, zijn goed geïsoleerd en komen door het gebruik van warmtepompen en het opvangen van zonlicht in photo voltaïsche cellen (PV) uit op een EPC van 0,2. Energiezuinig, maar nét niet energieneutraal. Renz Pijnenborgh is voorzitter van de VIBA, de Vereniging Integrale Bio-Logische Architectuur, een organisatie die zich al dertig jaar inzet voor bewustwording ten aanzien van het thema biologisch en ecologisch bouwen. Hij heeft onder meer 'het toppunt van ecologisch bouwen' – het Agrodôme in Wageningen – op zijn naam staan. Deze kwalificatie is afkomstig van het Platform voor vakkennis en inspiratie, de Architect. Het Agrodôme is een bouwproject waarin natuurlijke 'hergroeibare' grondstoffen zijn verwerkt, zoals bomen en grassen. Het omvat vier woningen. 'Ze vallen meteen op,' aldus het platform de Architect, 'dankzij hun dakgoten van uitgeholde boomstammen, rosekleurig schelpenstucwerk als gevelbekleding, houten shingels, en sedumvegetatie op de daken. Niet zichtbaar zijn de wandisolatie van vlas en het organisch geschuimde beton in de fundering. Alle producten zijn op hun milieueffecten getest door onderzoekers van de Wageningen Universiteit.'[429]
De provincie Noord-Brabant nodigde beide pioniers in het najaar van 2008 uit om hun visie op duurzaam bouwen te demonstreren ten overstaan van de wethouders van vier gemeenten en de directeuren van vier woningbouwcorporaties. Op ten minste één punt verschillen de twee pioniers van mening, zo bleek. Seinen houdt van technische systemen en zet die onder meer in om het binnenklimaat van een woning te reguleren. Pijnenborgh heeft meer

428 Rapport Agentschap NL uitgevoerd door Ecofys
429 www.dearchitect.nl/projecten/2011/02/wageningen-archi-service-agrodome/wageningen-archi-service-agrodome.
    html, 8 mei 2011

vertrouwen in het ouderwetse klepraampje, al geeft hij toe dat hier gedragsverandering voor nodig is. Met andere woorden: de raampjes mogen best vaker open. Henk viel af voor de Brabant Woning, omdat de Provincie, de vier gemeenten en woningbouwcorporaties een team van samen-aan-continue-verbetering-werkende-experts prefereerde boven een projectontwikkelaar met een pasklaar concept. Hoewel Seinen verder geen rol speelde bij het opstellen van een Programma van Eisen voor de Brabant Woning, gaan we toch in op zijn Zwaagwesteinde woning, omdat die een inspiratiebron was voor de Brabant Woning, met name op het punt van de financiering. Prijs van een twee-onder-één-kapper in Zwaagwesteinde: € 150.000, niet meegerekend is het energiepakket van € 26.500,- per woning (exclusief btw). Dat wordt namelijk apart gefinancierd met behulp van een extra lening, die alleen gebruikt mag worden voor aanschaf van de nodige energiezuinige installaties. Deze installaties drukken de maandelijkse energielasten. Met het geld dat zodoende wordt uitgespaard kan voldaan worden aan de maandelijkse rente en aflossingsverplichtingen. Daarmee is de cirkel rond. In de matrix staat dit concept beschreven als Rekening Courant ➔ Overheidsgaranties ➔ Voorfinanciering.

Seinen en Pijnenborgh tonen aan dat relatief goedkope woningen bijvoorbeeld voor starters (mensen die voor het eerst een woning huren of kopen) door middel van een integrale benadering zodanig op te leveren zijn, dat ze per saldo weinig energie verbruiken. Seinen en Pijnenborgh werden betrokken bij de proeftuin Geerpark, die iets eerder – namelijk voorjaar 2008 – in overlegvergaderingen en op papier vorm kreeg (zie hoofdstuk 9) en die – net als Zwaagwesteinde – een prelude vormde voor de Brabant Woning. Ook bij Geerpark haakt Seinen, om dezelfde reden als voorheen, uiteindelijk af. De Provincie heeft er echter wel iets van geleerd – dit is de eerste stap in de Ecolutie werkwijze: Oriënteren in de Verkenningsfase - namelijk: niet meteen met de eerste de beste architect of ontwikkelaar afspraken maken, maar jezelf eerst breed oriënteren, door diverse partijen (divers in meerdere opzichten) te benaderen voor het geven van een presentatie, door hen links- of rechtsom met elkaar te verbinden en samen te laten werken aan een integrale benadering van de visie op het betreffende project van opdrachtgever en stedenbouwkundige, plus de daarvan afgeleide ambities.

De ambtenaren van de regionale overheid streven naar gedragsverandering bij de partners, maar ook bij de opdrachtnemers. Op de matrix staat de trojka Egocentrisme ➔ Open Communicatie ➔ Empathie § 4.13 te lezen als concept wat hierop van toepassing is. Daar nauw mee verbonden is het destructieve blijven hangen in zekerheden en veiligheid, waarop deconstructie kan worden gepleegd door risico te nemen om tot innovatie (constructief) te komen. Een regionale overheid kan belanghebbenden stimuleren om risico te nemen door maatregelen die de val breken, mocht het mis gaan. Dergelijke maatregelen kunnen de financiering betreffen, maar dat hoeft niet. Door kennis in te brengen (via experts, verrassende ontmoetingen of de genoemde werkateliers bijvoorbeeld), door hen te helpen hun netwerk uit te breiden of door de koek te vergroten, zoals in Geerpark het

Waterschap Aa en Maas te betrekken bij het ontwerp van de wijk, door convenanten te sluiten die partijen aan elkaar verbindt, kan de kans het risico verdringen en innovatie mogelijk maken.

Aart Jan Gorter, directeur van woningbouwcorporatie Woonveste uit Drunen, zette bij proeftuin Geerpark het spel op de wagen door het woord 'betaalbaar' te onderstrepen. Hij daagde ontwerpers, ontwikkelaars en bouwers uit om hun kennis en kunde te bundelen om een hoge kwaliteit woning te leveren voor een prijs die mensen met een laag inkomen kunnen en willen betalen. Daarmee werd 'haalbaarheid' in termen van Euro's één van de prioriteiten,

De ontwikkeling van Geerpark kende en kent *up's* en *down's*, maar heeft, zoals gezegd, één heel belangrijke *follow up*: de Brabant Woning. Die is gebaseerd op ten minste drie inzichten:
1. Door belanghebbenden achter en naast elkaar te krijgen, in plaats van tegenover elkaar, wordt niet alleen tijd en energie uitgespaard, maar realiseren alle betrokkenen ook hun eigen individuele doeleinden. Allemaal Winnen in optima forma. (Ego-centrisme ➔ Open communicatie ➔ Empathie § 4.13)
2. Een snelle manier om te krijgen wat je jezelf toewenst, is je lijstje met wensen, c.q. je programma van eisen, voor te leggen aan enkele geselecteerde bedrijven, die elkaar aanvullen, en expliciet te vragen om een combinatie (aannemer/bouwer, architect en installateur) waardoor de betreffende partijen worden gestimuleerd om samen in te schrijven en het avontuur van duurzaam ontwikkelen met elkaar aan te gaan in plaats van alleen. (Competitie ➔ Commensalisme ➔ Allemaal Winnen § 4.12).
3. Samenwerking leidt, als partijen dat willen, tot innovatie. De Provincie brengt door een selectieve manier van aanbesteden partijen bij elkaar die normaliter langs elkaar heen of tegen elkaar in zouden werken. De Provincie neutraliseert als het ware de destructieve geldingsdrang die de vrije marktwerking typeert en prikkelt de zintuigen om met nieuwe ideeën te komen, kennis uit te wisselen en elkaar te stimuleren. (Belangenstrijd ➔ Procesbegeleiding ➔ Systematisch samenwerken § 5.11)

De verkennende fase van Brabant Woning verliep organisch, via de vraag naar betaalbare, energieneutrale[430] en duurzame woningen die ondermeer door Geerpark was gerezen, maar nog niet beantwoord. Een aantal mensen uit het Geerparkteam, besloot om te onderzoeken hoe zo'n woning gerealiseerd kon worden. Zij vonden aansluiting bij anderen, experts, gemeentes en woningbouwcorporaties. Zwaagwestereind en Geerpark vormden aldus de opmaat voor de Brabant Woning, hetgeen neerkomt op een Programma van Eisen voor duurzame, betaalbare woningen, ontwikkeld in opdracht van de Provincie door en voor

---

430 Het Programma van Eisen wat uiteindelijk ontwikkeld is voor de Brabant Woning, gebruikt een definitie van Agentschap NL voor het begrip energieneutraal: 'Een project is energieneutraal als er op jaarbasis geen netto import van fossiele of nucleaire brandstof van buiten de systeemgrens nodig is om het gebouw op te richten, te gebruiken en af te breken.' , zie rapport Brabantwoning op www.vibaexpo.nl, 30 juni 2011

vier lokale woningbouwcorporaties (Woonlinie, Wovesto, Castria Wonen, Woonveste) en vier gemeenten (Woudrichem, Sint Oedenrode, Bergen op Zoom, Heusden). De partners – al gauw bekend onder de naam C4G4 (4 corporaties, 4 gemeenten) – legden hun intentie om samen te werken aan verbreding en opschaling van duurzaam bouwen vast in een samenwerkingsovereenkomst, waarin ondermeer de bouw van 80-100 woningen onderschreven staat. Voor degenen die de zonzijde zien, kan Brabant Woning als opschaling en verbreding van Geerpark gelden. Anderen beweren dat het een geheel ander project is, wat los staat van Geerpark. Voor beide meningen is iets te zeggen. Feit is wel dat op meerdere plekken in de regio de ambitie is gaan leven om betaalbaar en groen te bouwen.

In de tijdspanne september 2008 tot en met februari 2011 is gedurende twaalf werkgroepbijeenkomsten aan 'het Programma van Eisen Brabant Woning' gewerkt. Hiermee is de experimenteer fase uit de Ecolutie werkwijze gestart. Het Programma van Eisen is het concept waarvoor de partners kozen middels de MGA. Dat leidde onder meer tot de volgende pretentieuze formulering van het ambitieniveau:

1. Een betaalbare woning voor de onderkant van de markt, waarbij per doelgroep de betaalbaarheid apart beoordeeld wordt[431].
2. Een woning met een integrale ontwerpvisie, vertaald naar een duurzame 'functionaliteit en belevingskwaliteit'.
3. Een woning met de synergie van een gezond binnenmilieu, comfortabel, met milieuvriendelijke materialen gebouwd, energie neutraal en groen.
4. Een woning als levend organisme.

Uit de ambities blijkt dat Brabant zich beweegt van *Profit* naar *Profit & Planet* (het eerste voorbeeld is de Strategische Agenda die wordt besproken in hoofdstuk 6) en nu door lijkt te stoten naar *Profit, Planet & People*. De eis m.b.t. de betaalbaarheid is in dit geval te scharen onder de P van *People*, omdat het sociale woningbouw betreft en het streven is om ook voor mensen met een kleine portemonnee gezond te bouwen.

Zoals gezegd, Martin Bakker en een aantal van zijn collega's bij de Provincie die ook tot het Geerparkteam behoorden, waren nauw bij het project Brabant Woning betrokken[432]. Martin bracht de in hoofdstuk 14 gepresenteerde werkwijze in, die een uitvloeisel is van alle daar aan voorafgaande hoofdstukken. De lessen die gedurende de expeditie in theorie en praktijk geleerd werden, zijn in dit proefschrift vertaald naar een praktische benadering voor regionale overheden, de Ecolutie werkwijze. Tevens komt uit die lessen in combinatie met het theoretische deel, een nieuw begrippenkader en conceptueel raamwerk (de Allemaal Winnen Matrix) voort. Deze uitkomsten zijn vervolgens toegepast bij de projecten Brabant Woning

---

431 Het gaat zowel over huurwoningen als koopwoningen.
432 Ivette van der Linde & Martin Bakker als projectleiders, met als eindverantwoordelijke Martin Eijkelhof (procesmanager en verantwoordelijk voor alle provinciale proeftuinen in de periode 2007 - 2011) waren vanuit de Provincie betrokken bij de proeftuin Geerpark in Heusden.

en Brabantse Frisse Scholen die in dit deel van de thesis geëvalueerd worden. Deze evaluatie is, op advies van methodologische steun en toeverlaat Robert K. Yin, voorgelegd aan enkele experts, tevens informanten.[433]

Bijzonder aan zowel Geerpark als het jongere broertje Brabant Woning is de samenstelling van de teams, waar belanghebbenden uit de Brabantse samenleving en experts samen, op gelijkwaardige basis, zochten naar oplossingen voor het vraagstuk: Hoe kunnen we gezonde, energieneutrale woningen bouwen die voor iedereen betaalbaar zijn? Het betreft de constructie van duurzame gebouwen door een integraal team – waar bijvoorbeeld in het geval van Geerpark ook het Waterschap aan deelneemt - zoals besproken in hoofdstuk 5.2. De Provincie beweegt zich hiermee in het besluitvormingscluster van Vrije Markt naar een Netwerksamenleving (§ 4.5) Dat past in de maatschappelijke trend waar de *civil society* – beslissen van onder op, niet middels een belangenvertegenwoordiger, maar rechtstreeks door de betrokkenen zelf -van steeds groter belang wordt. De Provincie heeft zich in casu Brabant Woning opgesteld als aanjager en initiator en uitnodigingen verstuurd aan diverse partijen om mee te doen en denken. De getekende overeenkomst, waarmee het commitment van de partners bezegeld is, toont dat de les uit de Strategische Agenda – men praat wel mee, maar doet uiteindelijk niets – is geleerd en toegepast. Waar Geerpark de hobbelige weg van droom naar daad nog niet heeft afgelegd, heeft Brabant Woning geleid tot een praktisch toepasbaar Programma van Eisen en worden de woningen ook gebouwd. Ditmaal moet er dus boter bij de vis. De Provincie heeft, om in termen van Kolb (§5.15) te spreken, een dubbele leerlus gemaakt en betreedt het terrein der deconstructie: Vernieuwen. Partners zitten niet langer vrijblijvend aan tafel, maar begeven zich ook op het veld waar de knieën geschaafd kunnen raken en schoenzolen slijten.

Het is belangrijk dat de provincie Noord-Brabant ervaring met dergelijke partnerschappen opdoet. Er is van onderen af (*bottom up*) namelijk een *civil society* aan het ontstaan die niet, zoals in de jaren zeventig en tachtig, draait om logge instituten als vakbeweging, centrale werkgeversorganisaties, SER, Kamers van Koophandel en Fabrieken e.d., maar die bestaat uit individuen die flitsend en in verschillende samenstellingen met elkaar communiceren via *facebook, hyves, twitter, e-mail*, sms, msn en skype. Ze groeperen zich rondom interesses of activiteiten (*issues*), dwars door de samenleving, over landsgrenzen en generaties. In *no time* kan zo een grote menigte op de been gebracht worden om te protesteren of aanhankelijkheid te betuigen. Nog niet zo heel lang geleden had je daar de vakbeweging voor. 'Willen we naar de Dam, dan gaan we naar de Dam!,' horen we Herman Bode na-echoën.[434]

---

433 Robert K. Yin onderscheidt vier testen die volgens hem 'gewoon' zijn bij social studies. Eén van die testen, die Yin aanduidt als het 'construeren van validiteit', heeft als tactiek: laat een aantal belangrijke informanten de voorlopige eindversie van de case studie rapportage beoordelen. Zie: Robert K. Yin, *Case Study Research, Design and Methods*, Fourth Edition, SAGE Publications 2009, blz.41.

434 'Willen we naar de Dam, dan gaan we naar de Dam.' Met die woorden riep vakbondsman Herman Bode op 4 maart 1980 actievoerders in de Rai op tot een demonstratie naar de Dam. Oorspronkelijk zou dáár gedemonstreerd worden tegen de ontkoppeling van uitkeringen en lonen, maar uit angst voor krakersrellen moest men verkassen naar de Rai.

15.2   De context

Brabanders zijn bouwers. De provincie Noord-Brabant herbergt tal van grote bouwbedrijven, woningbouwcorporaties, projectontwikkelaars en kennisinstituten. De ideale regio voor een experiment, zou je zeggen. In totaal telt de regio Brabant bijna één miljoen huizen. Jaarlijks komen er ongeveer 10.000 nieuwe woningen bij, die ten minste vijftig jaar blijven staan. Aan nieuwbouw woningen worden wettelijke eisen gesteld (Bouwbesluit). Vooral op energiegebied valt er voor iedereen veel te winnen. De afgelopen jaren is er op dit punt ook best al wat gebeurd. Zo wordt de 'schil' van zowel bestaande als nieuwe gebouwen in toenemende mate goed geïsoleerd. Bij de verbouwing en nieuwbouw van woningen wordt standaard dubbel glas gemonteerd. Als sluitstuk van duurzaam (ver)bouwen wordt anno 2011 steevast een efficiënte verwarmingsinstallatie gebruikt. De centrale overheid stimuleert dergelijke maatregelen door de 'energieprestatie eis' voortdurend strenger te maken.

Niet hernieuwbare materialen ➜ Cyclisch denken ➜ Hernieuwbare materialen cq minder materialen (zie § 4.10)

Vernietigen ➜ Hervormen ➜ Creëren (zie § 4.3)

Andere aspecten die in dit kader een rol spelen, maar waar nog maar weinig 'generieke' aandacht voor is: het gebruik van milieuvriendelijke materialen, het vasthouden van regenwater in de wijk, het scheiden van grijs water, het verhogen van de biodiversiteit, 'levensloop bestendig bouwen' en betaalbaarheid. Voor al deze aspecten van duurzaam bouwen geldt, dat er veel meer kennis en praktijkervaring voorhanden is dan er gebruikt wordt.[435]

Ecologisch ongeletterd ➜ Ecolutie ➜ Allemaal Winnen (zie § 5.2)

Wat in de bouw vooral ontbreekt, dat is een integrale benadering bij het ontwerpen, ontwikkelen en bouwen van nieuwbouwwoningen. Door een aantal zaken te combineren kunnen bouwers milieuvriendelijke, energiezuinige, gezonde, comfortabele en toch betaalbare woningen realiseren in een groene, waterrijke omgeving.

De bouw is, zoals gezegd, een belangrijke sector in Brabant. Wil de Provincie blijven behoren tot de top vijf meest innovatieve regio's in de Europese Unie, dan moet ook de bouw daar een substantiële bijdrage voor leveren. De bebouwde omgeving is om ten minste nog drie redenen van belang:

1.   Bouwen en wonen leggen een groot beslag op het milieu (grondstoffen, energie, emissies et cetera);

---

435 Zie o.a. SEV, Agentschap NL en de permanente tentoonstelling VIBA-Expo met ruim honderd exposanten in Den Bosch (www.vibaexpo.nl).

2. De bouwsector zorgt voor inkomen en banen in de regio;
3. Om internationaal talent naar Noord Brabant te lokken en er te houden, zijn kwalitatief goede en relatief goedkope woningen in een groene, gezonde, aantrekkelijke omgeving van groot belang. Bedrijven, universiteiten, overheden en instellingen willen aan zich binden in de krapper wordende arbeidsmarkt voor hoog opgeleiden.

Wij schrijven 1 mei 2011. Dag van de Arbeid. Een vrije dag, al is het maar omdat het toevallig een zondag is. We blikken terug en maken een link naar de toekomst. Geerpark zou de meest duurzame wijk van Nederland worden, al was het maar voor één dag. Op papier is het dat misschien even geweest. De ambities waren groot, de daden zijn klein. De vier partners willen nog steeds duurzame woningen bouwen, maar vooral met zo laag mogelijke investering en om de energierekening van de toekomstige bewoners te drukken. Dat is steeds de inzet geweest van woningbouwcorporatie Woonveste, één van de vier partners in Geerpark en niet geheel toevallig ook één van de vier woningbouwverenigingen in C4G4. De gesprekken met Henk Seinen liepen op niets uit. Voor de gesprekken met de drie daarop volgende bouwcombinaties geldt iets soortgelijks. Over de inzet waren alle partijen het eens. Over de prijs niet. De opdrachtgevers Woonveste en Gemeente, hadden wel een maximaal bedrag genoemd waarvoor de drie bouwcombinaties de in totaal 24 duurzame modelwoningen mochten neerzetten, maar vergaten erbij te zeggen dat dit inclusief 19% btw is. Aan de andere kant maken de drie bouwcombinaties de afspraken met betrekking tot het leveren van energieneutrale woningen volgens de opdrachtgevers niet waar. Op 1 mei is nog niet bekend of de drie combinaties de modelwoningen alsnog gaan bouwen. De signalen wijzen een andere kant uit: die van de Brabant Woning. Die voldoet precies aan de wensen van de woningbouwcorporatie, de Provincie, de gemeente en het Waterschap. Simpel en doelgericht: Een Programma van Eisen dat de opdrachtgever overhandigt aan de opdrachtnemer(s) en dat in de loop van het bouwproces en bij oplevering afgevinkt kan worden. De architecten die de Brabant Woning ontwierpen, Renz Pijnenborgh, Chris Posma en Stef Janssen, hebben een goede reputatie. Renz was, behalve bij de eerder genoemde projecten, bijvoorbeeld betrokken bij ecologische projecten als Ecolonia in Alphen aan de Rijn, Eva Lanxmeer in Culemborg en - samen met Chris Posma - bij het initiatief Buitenkans in Almere.

Het concept moet zich in de praktijk nog bewijzen. De vooruitzichten zijn goed. De gemeente Woudrichem gaat de Brabant Woning, zoals het er nu uitziet, als eerste daadwerkelijk bouwen. Het succes is vooral af te meten aan de enorme belangstelling die er voor de Brabant Woning is, bijvoorbeeld tijdens een discussie op 7 april 2011 over de Brabant Woning in het kader van VIBA Café. Ditmaal was de opkomst van VIBA-leden en geïnteresseerden op hun maandelijkse bijeenkomst buitengewoon groot. Ruim honderd architecten en andere in de bouw van duurzame woningen geïnteresseerde (vak)lieden gaven acte de présence. Zij zagen en hoorden Renz Pijnenborgh pleiten voor het gebruik van zoveel mogelijk natuurlijke materialen en voor natuurlijke ventilatie. Hans Crone van Technisch Adviesbureau Crone maakte zich sterk voor beperking van de vraag naar warmte door zeer goed isoleren, kierdichtheid, verstandig ventileren, terugwinnen van douchewarmte e.d. De kunst is om de warmte van de zon binnen te halen door drie lagen glas en binnen te houden met behulp van datzelfde glas, aangepast gedrag (thermostaat omlaag als je weg gaat of gaat slapen, klepraam open zodra het benauwd wordt), een goed geïsoleerde schil, etc. 'Weten jullie eigenlijk wel wat verwarmen is?' wil Crone weten van het publiek in het Peter Schmid Auditorium van VIBA Expo, de aan VIBA Vereniging gelieerde, maar financieel en inhoudelijk onafhankelijke exploitant van een expositie van onder meer natuurlijke materialen. 'Verwarmen is warm houden. Zorgen dat er evenveel warmte een ruimte binnenkomt als er via de vloer, de wanden, de vensters, deuren en het dak uit gaat.' De immer enthousiaste architect Stef Janssen houdt een talkshow over 'het verankeren van de woning aan de tuin', door het creëren van een dak- en gevellandschap. 'Stenen zijn dood kapitaal,' zegt hij, 'ik wil ze daarom levend maken, door ze te bedekken met gras, vetplanten, bomen en ander groen.' Waarmee hij tevens invulling geeft aan een ander prominent thema: bio-diversiteit. Janssen: 'We moeten het kleine leven opnieuw een kans geven. Beestjes hebben een divers graslandschap nodig met heggen, struweel en een gesloten waterkringloop op eigen erf.'

Een woningbouwvereniging die duurzaam wil bouwen heeft met het PvE van de Brabant Woning een flexibel en doeltreffend instrument in handen om in één klap een heleboel ambities te verwezenlijken: betaalbaar wonen voor mensen met lage inkomens (de onderkant van de huur en koop markt), bouwen vanuit een integrale ontwerpvisie, veel aandacht voor de creatie van een gezond binnenmilieu met daarvoor geschikte apparatuur, comfortabel, vervaardigd van milieuvriendelijke materialen, energieneutraal en groen (groene daken, groene gevels, waterpartijen). Woningen die voldoen aan een programma van eisen. Woningen die je bij wijze van spreken als snacks uit de muur trekt. Een generalisatie van alles wat geleerd is met betrekking tot duurzaam bouwen, *the state of the art*. Het algemeen toepasbaar maken van verworven inzichten.

In de komende paragrafen ontrafelen we het proces dat tot de Brabant Woning heeft geleid. Het was een ontwerp-, ontwikkel- en bouwproces. Geen wetenschappelijk experiment in technisch wetenschappelijke zin, waarbij de oorzaak-en-gevolg relaties tussen twee of meer variabelen heel precies (kunnen) worden gemeten. Hier is sprake van een a-causaal proces, waarbij de gebeurtenissen verbonden zijn in tijd of betekenis en geen oorzaak-gevolg relatie hebben. Achteraf kan dan nog eens uitgebreid worden nagegaan of de uitkomsten van het onderzoek sporen met de theorie. In dit geval – de Brabant Woning – is de door ons ontwikkelde werkwijze toegepast in een reële situatie, met uitzondering van de verkenningsfase, die betrekking heeft op de prioriteitenstelling door bestuurders, politici en maatschappelijke organisaties en die zoals eerder in dit hoofdstuk staat, zich min of meer organisch voltrok doordat er vragen rezen: 'Wat is een duurzame, gezonde woning?' 'Waar moet die eigenlijk aan voldoen?' Vragen die volgden op de wens van gemeentes en woningbouwcorporaties om betaalbare duurzame woningen te kunnen bieden.

15.3   De inzet

Terug naar 2008. Alleen is maar alleen. Samen ben je méér mans. Ofwel: Je moet als individu of organisatie niet alles zelf willen doen, maar het vliegwiel van de vermenigvuldiging gebruiken, om massa (*klout,* opschaling) te creëren. Het team van ondernemende ambtenaren[436] dat de Brabant Woning initieerde, benaderde wethouders van gemeenten en directeuren van woningbouwcorporaties en organiseerde het team op 3 september 2008 een bijeenkomst in de gemeente Boxtel, waarbij de wethouders van Boxtel, Werkendam, Deurne en de directeuren van de corporaties Meander, Bergopwaarts en Sint Joseph aanwezig zijn. Het is een bewuste keuze om eerst met de gemeentebestuurders en de directeuren van corporaties te overleggen aangezien zij beschikken over grond en daarmee over potentiële bouwlocaties.

Voor de sessie in Boxtel ontwikkelt consultant Stijn van Liefland een *placemat* met daarop de vragen en de agenda van de bijeenkomst[437] (zie kader 2. *Placemat*).

Figuur 1. Placemat met daarop de agendapunten voor de eerste bijeenkomst van het C4G4 initiatief.

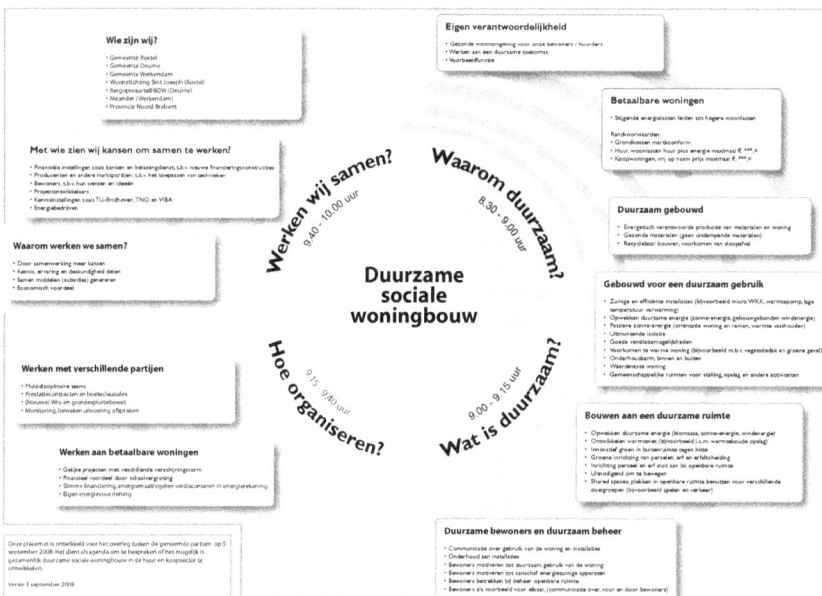

436 Het Geerpark team benadert bestuurders uit het eigen netwerk. Bestuurders, zoals de wethouder van Boxtel Ger van de Oetelaar, die al jaren actief bezig zijn met duurzame ontwikkeling en waarvan men kan verwachten dat zij positief zullen reageren.

437 De *placemat* is ontworpen op basis van de eerdere ervaringen met het toepassen van de ambitiekaart in de proeftuin Geerpark. Een compacte en duidelijke hoeveelheid informatie, op één A4 geprint. Informatie die tegelijkertijd de agenda(structuur) bepaalt.

Meerdere aanwezigen hebben ervaring met duurzame sociale woningbouw, die zij willen inbrengen in een eventueel samenwerkingsverband. De gemeente Boxtel bijvoorbeeld timmerde flink aan de weg met de nieuwe wijk *In Goede Aarde*, die verschillende energieneutrale woningen telt. De corporatie Meander heeft het ontwerp van een passief appartementencomplex klaar liggen. Iedereen aan tafel ervaart de spanning tussen duurzaamheidambities, de bouwpraktijk en de kosten die voortdurend hoger uitvallen dan gepland. Vraagtekens worden gezet bij de betaalbaarheid van de te ontwikkelen woningen. Niettemin willen de aanwezige wethouders en directeuren een poging wagen. De wethouder van Boxtel ziet in de Provincie een mogelijke partner, die bereid is de portemonnee te trekken zodra dat nodig is. Een suikeroom, die op de achtergrond zorgt voor zekerheid. Betwijfeld wordt of de partners op relatief korte termijn (start bouw in 2010 of 2011) kunnen beschikken over voldoende concrete bouwlocaties. Partijen gaan uit elkaar met de opdracht om na te gaan of en onder welke voorwaarden men mee wil doen.

De volgende bestuurlijke bijeenkomst wordt georganiseerd in het gemeentehuis van Werkendam, op 25 februari 2009. Ruim zes maanden zijn voorbij zonder duidelijke vooruitgang. Het team blijkt meer moeite te hebben met het vinden van goede partners dan gedacht. Partners willen concrete toezeggingen over bouwlocaties, aanpassing van bestemmingsplannen, financiële tegemoetkomingen, bereidheid om echt te gaan ontwikkelen, ambtelijke inzet en dergelijke, zo blijkt. Ook deze tweede bijeenkomst levert geen concrete resultaten op. Daarna komt er tekening in het project. De gemeente Deurne haakt af wegens het ontbreken van een geschikte locatie. Dit verlies wordt rap gecompenseerd door de toetreding van de gemeente Bergen op Zoom en corporatie Castria. In de tussenliggende periode tot de vergadering van 2 september 2009 is nagedacht over een meer concrete aanpak in werkgroepen met experts. Voor de vergadering van 2 september zijn als *teaser* Renz Pijnenborgh (gezond bouwen architect) en Henk Seinen (projectontwikkelaar uit Leeuwarden) uitgenodigd om een presentatie te geven.

Foto 1. Drie woningen in de gemeente Wageningen, ontworpen door Renz Pijnenborgh, waarbij uitsluitend hernieuwbare grondstoffen zijn gebruikt.

Besloten wordt een werkgroep te vormen die de problematiek rond een groen Programma van Eisen in kaart brengt en vervolgens rapporteert aan de bestuurders.

Foto 2. Starterwoningen van Henk Seinen in het Friese Zwaagwesteinder, met een EPC van 0.2 en een prijs (vrij op naam, exclusief investeringen in isolatie en apparatuur) van € 150.000,-- (2002)

Tijdens de bijeenkomst maakte de wethouder van Boxtel kritische opmerkingen over de hoeveelheid geld die de Provincie uittrekt voor de Brabant Woning: € 100.000,--[438]. Boxtel vindt dat te karig. Daar komt bij: gebrek aan geschikte locaties. Niet geheel onverwacht trekt Boxtel zich terug. De gemeente Werkendam wil geen ambtenaren vrij maken voor dit programma. Ook de coöperatie Meander ziet bij nader inzien van deelname af. De Provinciale musketiers zetten toch door en op 18 februari 2010 tekenen drie bestuurders en drie directeuren in het gemeentehuis van Heusden een samenwerkingsovereenkomst. Enkele maanden later worden alsnog een vierde gemeente (Woudrichem) en een vierde woningbouw corporatie (Woonlinie) toegevoegd.

---

438 De middelen kwamen uit het interbestuurlijke programma Leren voor duurzame ontwikkeling. Met dit programma wil het Rijk samen met de provincies regionale duurzame ontwikkeling en leren over dit onderwerp stimuleren door concreet te doen. In Brabant heeft de Provincie gekozen om de middelen te verbinden aan de proeftuinen.

15.4   Activiteiten van de werkgroep

Drie dagen eerder (op 15 februari) vindt op het Provinciehuis een laatste bestuurlijke bijeenkomst plaats waarin de werkgroep en de experts de resultaten van een jaar intensief werken presenteren. De werkgroep, waar alle betrokken corporaties, de gemeenten en de Provincie deel van uitmaken, besluit om vier woningvarianten uit te werken:

- een grondgebonden starterwoning met 2 bouwlagen;
- een grondgebonden kleine gezinswoning met 2 bouwlagen
- een grondgebonden gezinswoning, 2 bouwlagen;
- een grondgebonden gezinswoning, 3 bouwlagen.

De varianten worden uitgewerkt tot het niveau van een voorlopig schetsontwerp, met installatiekeuzes, materiaalkeuzes en een gedetailleerde kostenbegroting. Gemeenten, corporaties en hun ontwerpers mogen afwijken, als ze maar binnen de grenzen van het programma van eisen blijven.

Wat vooraf ging

Bij de Provincie is men huiverig voor het té snel overdragen van dit Brabant Woning concept aan een marktpartij die het commercieel gaat uitbaten. Eerst een programma van eisen opstellen, dat fungeert als een normatief kader. Hoe zou een programma van eisen voor een duurzame woning er uit kunnen zien? Om de ideevorming daarover op gang te brengen, wordt een drietal eigenwijze geesten gevraagd om een presentatie te geven over de diverse aspecten van duurzaam bouwen. Het is 11 februari als 'dakinnovator' Stef Janssen (Universiteit Delft en het bedrijf Daklab), technisch adviseur Hans Crone en management consultant Chris Posma zich naar de hoofdstad van Noord-Brabant begeven om ambtenaren en deskundigen een andere kijk te geven op innovatief groen[439], Trias energetica[440] & energie neutrale woningen en – last but not least - kostencalculaties bij duurzaam bouwen441. Drie verhalen die elkaar aanvullen. Net als hun vertellers, die de kunst verstaan om saaie feiten te larderen met kwinkslagen.

Chris Posma manifesteert zich als financieel expert, een discipline die node gemist kan worden in een team dat niet alleen rondjes wil draaien, maar ook aan wil komen. Te meer omdat 'het team' bij de Brabant Woning vanaf het begin de P van *Profit* zwaar mee wil wegen. Niet als randvoorwaarde, maar als integraal onderdeel van alle afwegingen tussen de drie P's.

---

439 De inzet van de natuur in een stedelijke omgeving waarbij er zowel voordeel is voor de natuur (toename biodiversiteit) als de mens,met als bekendste voorbeeld vegetatiedaken en groene gevels.

440 begrip in 1996 door Novem (nu Agentschap-NL) geïntroduceerd, nl.wikipedia.org/wiki/Trias_energetica,15 februari 2011

441 Renz Pijnenborg had zich al eerder in een bestuurlijke bijeenkomst gepresenteerd

Kader 1. Presentatie van Hans Crone, Over energieneutraal, trias energetica en de keuze tussen installaties en isoleren, januari 2010

Hans Crone begint zijn verhaal met een definitie van energieneutraal, één van de meest pregnante aspecten van duurzaam wonen. Hiervan is zijns inziens sprake als de totale hoeveelheid energie die per jaar in een woning wordt verbruikt door installaties en bewoners (o.a. voor verlichting en verwarming) gelijk is aan de hoeveelheid energie die per jaar in en rond de woning wordt opgewekt met behulp van duurzame energiebronnen. Crone introduceert het principe van de 'trias energetica' om energie neutraliteit niet alleen op papier, maar ook daadwerkelijk te realiseren. Zoals het Griekse woord 'trias' al suggereert, gaat het hierbij om een drieledige aanpak:

- minimaliseren van de warmtebehoefte door een zeer goede isolatie;
- minimaliseren van de behoefte aan energie door gebruik te maken van duurzame bronnen in en om de woning;
- installatie van energie-efficiënte apparatuur.

Als een doorsnee gezin al deze maatregelen neemt, dan is er volgens Hans Crone jaarlijks nòg zo'n 4000 – 5000 Kwh aan energie nodig om in de energiebehoefte van dat gezin te voorzien. Dit gat kan gedicht worden met behulp van zonnepanelen, een investering van € 30.000 – 50.000,- per woning die zichzelf terug verdient en die om die reden voorgefinancierd zou moeten worden door de bank, de overheid of de woningbouwcorporatie.
Energie neutraliteit is het gevolg van een schaarbeweging. Een strategie van vraagbeperking wordt gecombineerd met een strategie van duurzame energie productie. Vraagbeperking realiseer je onder meer door een uitstekende isolatie, natuurlijke ventilatie en het gebruik van een warmtepompboiler. Bij laatst genoemde voorziening onttrekt een pomp warmte uit de afgevoerde ventilatielucht en verwarmt daarmee zowel het tapwater als het cv-water. Het tapwater wordt 's nachts opgewarmd met behulp van goedkope 'nachtstroom'. Alleen als het zeer koud is, wordt het tapwater met een ingebouwd elektrisch element bij verwarmd. Een populaire vorm van duurzame energie voorziening – met name bij nieuwbouw - is Warmte en Koude Opslag (WKO) in de bodem. Bij bestaande bouw is meestal reeds apparatuur geïnstalleerd. Vervang je die, dan ben je per saldo waarschijnlijk duurder uit dan met vraagbeperking door middel van isolatie. Te meer daar een goed geïsoleerd casco doorgaans veel langer meegaat dan menige installatie.

De Bossche architect Renz Pijnenborgh had zich al in de *picture* gespeeld. Met Hans Crone, Chris Posma en Stef Janssen erbij is de voorhoede van Brabant Woning compleet. In overleg met de vertegenwoordigers van de gemeenten en corporaties (werkgroep C4G4) geeft de Provincie vervolgens opdracht aan Chris Posma om een programma van eisen op te stellen. Chris Posma is een duizendpoot. Behalve kostencalculator is hij ook constructeur en architect met veel ervaring in uiteenlopende (participatieve) bouwprojecten in ontwikkelingslanden en in Nederland. Bijvoorbeeld het project de Buitenkans, een nieuwbouwwijk met 80 woningen in Almere. De in Posma samengebalde kennis, ervaring en creativiteit vormen de ideale cocktail en de beste garantie dat de Brabant Woning méér wordt dan een ontwerp. In de praktijk trekt Chris veel op met Renz. 'We vinden elkaar blindelings,' typeert Chris hun relatie, 'en leggen niks contractueel vast. Dat gaat altijd goed.'

Pijnenborgh en Posma worden als experts aan werkgroep toegevoegd. Dit idee is ontstaan tijdens de ontwikkeling van Geerpark, waar innovators voor langere tijd aan het project verbonden bleven en dienden als inspirator, rekenmachines en geweten. Op die wijze raken consultants echt betrokken, zo bleek, en krijgt het team toegang tot kennis die anders moeilijker ontsloten zou worden. Hiermee is de Verkenningsfase voor Brabant Woning bijna afgesloten. De richting is bepaald, namelijk betaalbare duurzame woningen bouwen die zich lenen voor vermenigvuldiging (opschaling en verbreding door de regio) volgens een concept dat uitgewerkt wordt in een Programma van Eisen. De context is de noodzaak van nieuwbouw die gemeentes en woningbouwcorporaties voelen, door de lange wachtlijsten met woningzoekenden in combinatie met steeds hoger wordende energieprijzen en een regionale overheid die duurzame ontwikkeling wil stimuleren. Het grote verhaal bevat de lijnen People, Planet en Profit toegepast op huizen, straten en wijken, waarbij de prioriteiten betaalbaar, energieneutraal, comfortabel/leefbaar en biodiversiteit (natuur in de stad) benoemd zijn. De consultatie krijgt vorm door een serie bijeenkomsten en excursies. Eenmaal naar Zeeland, waar de werkgroep de *state of the art* van de prefabricage, houtskeletbouw en isolatie voorgeschoteld krijgt van het bedrijf Meerhuis bv[442] . Een tweede expeditie gaat richting de wijk De Kroeven in Roosendaal, waar de corporatie *Aramis Wonen Allee* 246 woningen renoveert volgens passief bouwen principes[443]. In de namiddag van dezelfde dag bezoeken de partners de wijk Eva Lanxmeer. Er sluiten zich dan ook enkele bestuurders en directeuren bij de groep aan[444]. Milieuvriendelijke producten en diensten op het gebied van bouwen, worden toegelicht tijdens een rondleiding door de VIBA Expo, de Provincie draagt concepten, zoals *Natural Capitalism* (§ 1.1), *Natural Step* (§ 4.7) en *Biomimicry* (§ 4.9) aan. Renz Pijnenborgh geeft een lezing over hoe te monitoren met behulp van GPR, waar toekomstwaarde, gezondheid en milieu onderdeel van de te meten waarden zijn. Er zijn sessies over houten skeletbouw en hoe deze te isoleren en over daklandschappen, die bijdragen aan isolatie van woningen, waterzuivering, biodiversiteit en vergroening. De werkgroep schrijft al lerende een 'spoorboekje' en formuleert de ambities scherper.
Zo blijkt dat men het een nadeel vindt dat GPR geen inzicht in biedt in de kosten en baten, aangezien *Profit,* ofwel betaalbaar, als een belangrijke voorwaarde gezien wordt. Het besluit valt om de Brabant Woning op verschillende manieren uit te werken: traditioneel (met kalkzandsteen) en houten skelet. Maar ook: met natuurlijke ventilatie en met wand- of vloerverwarming.

---

442 www.meerhuis.nl, 15 februari 2011
443 www.meermetminder.nl/nieuws/grootse_passief_bouwen - renovatie_van_rijwoningen_ in_roosendaal, 15 februari 2011
444 een neveneffect van de excursies is dat deelnemers elkaar ook op een wat meer informele manier leren kennen

Chris Posma rekent voor wat de financiële consequenties zijn van vier verschillende typen: Een standaardwoning, een duurzaam gebouwde woning inclusief warmtepompboiler, zonder photovoltaïsche (PV) panelen. Het derde type is duurzaam gebouwd met zonneboiler, zonder PV en tenslotte een duurzaam gebouwde woning met zonneboiler en PV.

In februari 2010 neemt de corporatie Woonlinie uit Woudrichem voor het eerst deel aan de werkgroep. Woonlinie vertegenwoordigt tevens de gemeente die niet over een ambtenaar beschikt om dit werk te doen. Heusden, waar ook Geerpark gebouwd wordt, haakt af. Er wordt geen reden voor gegeven, maar in de wandelgangen klinkt het dat Heusden geen geschikte bouwlocatie in haar gebied heeft.

Figuur 2. Michael McDonough ontwierp dit huis dat functioneert als een boom. Deze woning maakt integraal onderdeel uit van de omgeving (en het ecosysteem) en belast het milieu zo min mogelijk. De werkgroep gebruikte dit concept uiteindelijk om de ambitie 'huis als een levend organisme' te formuleren.

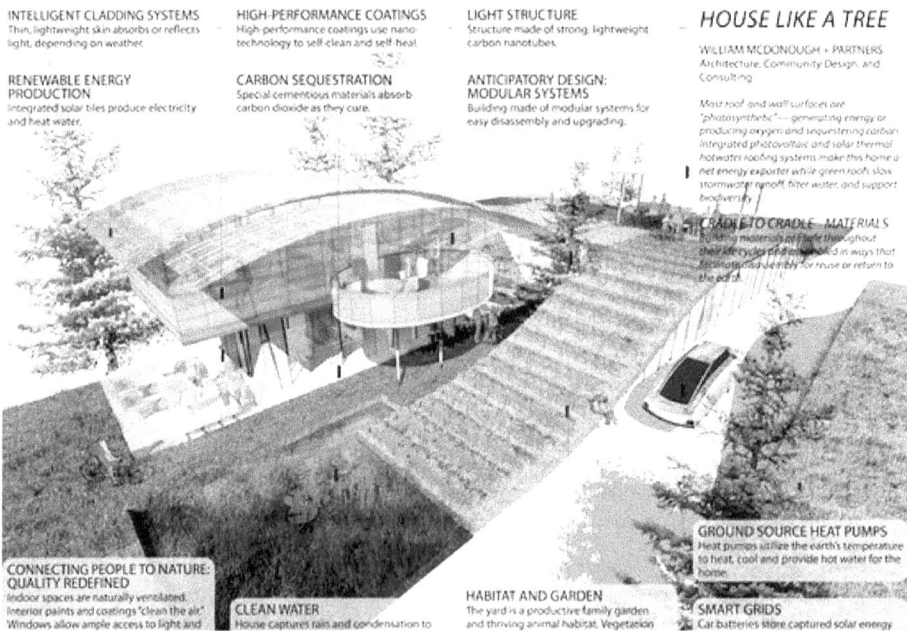

Maar wat is nu de Brabant Woning? Waaraan herken je zo'n huis? Tijdens brainstorm sessies komt men niet veel verder dan 'kleine huisjes met donkerrode baksteen, traditioneel materiaalgebruik, binnen een woonkeuken, bankje aan de voorzijde, boerderijachtige woning met schuine daken en lage kappen.'

De traditionele trend die uit de vorm kenmerken van de Brabant Woning blijkt, trekt door naar de wijze van ontwikkelen. De gesprekken gaan meer en meer over maten, randvoorwaarden en kostenplaatjes, zoals te doen gebruikelijk bij woningbouwcorporaties en projectontwikkelaars. Het project beweegt zich in de richting van de experimenteerfase, het daadwerkelijk bouwen van Brabant Woningen. De partners is op het hart gedrukt om zo snel mogelijk locaties voor de huizen aan te wijzen, en te bepalen welk type van de vier waar gebouwd gaat worden. Er worden keuzes gemaakt over de energievoorziening: hoogwaardige isolatie, effectieve zonwering en een eenvoudig technische installatie. Dit heeft alles te maken met de kosten. Chris Posma toont aan dat een energieneutrale woning voor een 'sociale' prijs (nog) niet haalbaar is. Zie kader 2.

Kader 2. Werkgroeptekst over energieneutraal of bijna energieneutraal.

Uit verslag van de werkgroep van 21 juni 2010: 'Woning van 120 m² BVO, heel goed geïsoleerd en slimme ventilatiemaatregelen brengt het energieverbruik naar 30 KWh/m²/jaar. De hele woning verbruikt dan 3600 KWh/jaar. Om dit te compenseren zou dit verbruik geproduceerd moeten worden, bijvoorbeeld door PV cellen. Hier is een investering van ongeveer € 12.000,- / woning nodig, die gemakkelijk op het dak past maar niet in het budget. Indien dezelfde woning wordt uitgevoerd volgens de standaard van nationaal pakket duurzaam bouwen dan ligt het energieverbruik rond de 8000 KWh/jaar. Om dit te produceren met PV is een investering van € 25000,- nodig die niet op het dak past en ook niet in het budget.

'100% energieneutraliteit bij een woning met een sociale prijs is dan ook nog niet haalbaar (er wordt veel geroepen in de markt, de zogenaamde energie neutraliteit is ofwel niet onderbouwd of komt ergens anders vandaanm bijvoorbeeld van een biogasinstallatie in samenwerking met landbouw). Wel is het haalbaar de woning qua energieverbruik optimaal voor te bereiden op mogelijke energieneutraliteit. Dit kunnen we 'bijna energie neutraal" noemen.'

Geen van de werkgroepleden maakt er bezwaar tegen om de ambitie energieneutraal bij de huurwoningen te laten vallen. Op een bijeenkomst op 22 juli 2010 in Woudrichem wordt specifiek ingezoomd op de locaties, de maatvoeringen en kenmerken van de woning in relatie tot stichtingskosten en het beschikbare budget voor duurzaamheidmaatregelen[445]. Posma geeft, zoals in kader 2 te lezen staat, aan, dat energieneutrale woningen energie zullen moeten opwekken. Ook omdat er altijd sprake is van weglekken van energie van binnen naar buiten (40 – 50 KwH/m²). E.e.a. brengt extra kosten met zich mee die niet uit het budget gefinancierd kunnen worden. Afgesproken wordt in ieder geval de helft van deze energiebehoefte mee te nemen in de bekostiging. Vervolgens wordt er over materiaalkeuze gesproken.

---

445 Geconstateerd wordt dat het puntenwaarderingsysteem een duurzame woning (A+, A++) onder de huurtoeslaggrens niet mogelijk maakt. Extra duurzaamheidmaatregelen vertalen zich in meer punten en een hogere huurprijs. De punten zijn gebaseerd op investeren en niet op woonlasten.

Drie maanden later komt de werkgroep weer bijeen. De Brabant Woning is uitgewerkt in vier variaties. De verschillende types zijn doorgerekend op stichtingskosten, EPC waarde en milieukosten. De eerste berekeningen laten zien dat de stichtingskosten tussen € 151.000,- en € 172.000,- komen te liggen. Dit afhankelijk van het type woning. De EPC komt op 0.33. De GPR toets moet nog plaatsvinden. Architect Renz Pijnenborg heeft schetsen gemaakt van dakopbouw, gevels en het ventilatieprincipe. De leden van de werkgroep vragen om een handzame en begrijpelijke gebruiksaanwijzing. Daarnaast moet er ook aandacht zijn voor de buitenruimte. Innovatief groen expert Stef Janssen stelt voor om het water in wijken te vertragen, introduceert een waterput, belicht de woning als ecologisch casco en pleit voor een groene erf afscheiding die water kan bergen. Hij biedt aan om enkele principes voor ontwerpers op papier te zetten.

Nu zijn er negen bijeenkomsten geweest waarin de werkgroep inspiratie heeft opgedaan, geleerd heeft over andere manieren van bouwen dan men gewend was, elkaar heeft leren kennen en samen nagedacht over hoe de Brabant Woning gerealiseerd kan worden. Het begint te stromen tussen de mensen, er ontstaan relaties en mensen gaan delen, kennis delen, ook over zaken die niet direct met de Brabant Woning van doen hebben. Agentschap NL, bijvoorbeeld, organiseert een meeting rondom het thema 'Hoe verkoop ik duurzame projecten?' tezamen met een van de deelnemers, die prompt de rest van de werkgroep uitnodigt om deel te nemen.

Op 10.11.10 vindt de tiende bijeenkomst plaats. Er ligt nu een concept Programma van Eisen (PvE) dat een kader vormt voor eenieder die een Brabant Woning wil bouwen, waarbij ook aan prototypes is gedacht om te laten zien wat er op papier geschreven staat. Ook de GPR scores zijn bekend (zie afbeelding hieronder) en de tijd wordt rijp geacht om bestuurders bij het project te betrekken, in de hoop hen te enthousiasmeren.

Kader 3. GPR berekening van de Brabant Woning

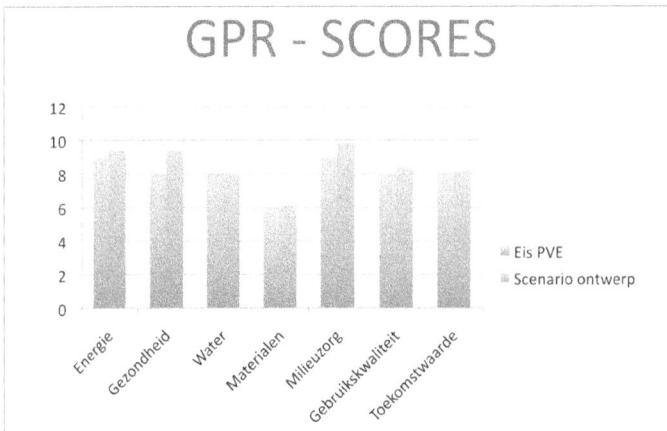

De finish is nu dichtbij. Er ligt een programmatekst waar de deelnemers op reageren. Kan een PvE dwingend zijn voor aanleg en onderhoud van de groene ruimte rondom de woning? luidt de meest pregnante vraag. Vooral wanneer het huurhuizen betreft, ziet men beren op de weg. De oplossing zou kunnen liggen in de vorm van een service overeenkomst.

Wat opvalt aan het proces is dat de bevlogenheid der luchtkastelen verloopt tot een vergadercultuur waarbij voor alle denkbare problemen tevoren een (topdown) oplossing wordt bedacht. Bewoners van de Brabant Woning zijn nog niet in beeld en zij worden dus niet betrokken bij bijvoorbeeld het onderhoud van de groene omgeving. Wellicht is dit vooruitblikken op hoe mensen de Brabant Woning gaan bewonen, voor een deel te danken aan de samenstelling van de werkgroep die toch vnl. uit beleidsambtenaren en medewerkers van woningbouwcorporaties bestaat. Kortom: uit mensen die dagelijks niets anders doen dan regels bedenken en risico's uitsluiten. Het zou een mooi experiment zijn om een dergelijk proces door te gaan met een andere bloedgroep, bijvoorbeeld met autonome kunstenaars of beoefenaars van andere vrije beroepen.

In het gedragscluster van de matrix: veiligheid & zekerheid ➔ risico nemen ➔ innovatie § 4.4. De deelnemers aan de werkgroep zitten in de deconstructiefase van risico nemen. Voor een ander met een andere kijk op het leven en verschillende levensstijl, zitten ze misschien nog in de veiligheidsmodus. Mensen ervaren dingen nu eenmaal anders. Een kind van tien vindt iemand van 25 jaar toch echt al wel oud, terwijl zijn vader van 45 jaar de student jong vindt.

In het besluitvormingscluster staat het begrip 'zelfsturing' beschreven, hetgeen in dit geval inhoudt dat de toekomstige bewoners met elkaar besluiten nemen over de directe omgeving van hun huizen, waarbij de ene wijk zal kiezen voor een service contract en de andere straat liever zelf tuiniert of varianten daarop.

Op 13 december 2010 ligt er een definitieve versie van een Programma van Eisen voor de Brabant Woning. De ambitie staat beschreven in vier punten:
1. een betaalbare woning voor de onderkant van de markt
2. een woning met een integrale ontwerpvisie
3. een woning met een gezond binnenmilieu, comfortabel, van milieuvriendelijke materialen gebouwd, energieneutraal en groen
4. een woning als een levend organisme passend in het ecosysteem van de omgeving.

De werkgroep heeft vier ruimtelijke varianten (4 typen) van grondgebonden woningen gedetailleerd uitgewerkt. Installaties en materialen zijn gekozen, kostenbegrotingen gemaakt. Dit alles is volgens de werkgroep niet de voorgeschreven weg, maar vormt een kader voor zelfbouwers, corporaties, architecten e.a. die een Brabant Woning willen ontwerpen en bouwen. Zie bijlage 5 voor een korte beschrijving van het programma van eisen voor een Brabant Woning voor starters.

De presentatie aan bestuurders vindt plaats op 16 februari 2011, tijdens het eerder genoemde ontbijt in het Provinciehuis.

De reacties zijn:

- positief m.b.t. de kostencalculaties op basis van de totale stichtingskosten en woon-lasten, waaronder de energierekening;
- positief over de ontwerpvrijheden in combinatie met de richtlijnen voor duurzaam en betaalbaar bouwen;
- kritisch t.o.v. de hoogte van de huur in relatie tot de omvang van de woningen;
- negatief over het niet halen van de ambitie om energieneutraal te bouwen binnen het gestelde budget;
- aanbeveling om toekomstige bewoners te betrekken en heldere voorlichting te geven;
- aanbeveling om de Brabant Woning als minimale standaard in te voeren bij ge-meentelijke bouwprojecten in de regio;
- aanbeveling om een dergelijk Programma van Eisen te ontwikkelen voor apparte-mentenbouw.

Het Programma van Eisen is deel I van het project Brabant Woning. Het is geschreven door een werkgroep bestaand uit experts, gemeentes en corporaties, die er drie jaar aan gewijd heeft. De Verkennende en de Experimenteerfase van de Ecolutie Werkwijze zijn doorlopen.

Fase van Opschalen

Voor de opschaling is een partnerschap aangegaan met VIBA Expo die het PvE gaat verspreiden en bouw van Brabant Woningen zal certificeren en zonodig begeleiden door kennis te ontsluiten en bouwers in contact te brengen met experts. (Verbreden)

De Brabant Woning biedt opdrachtgevers; corporaties, gemeenten, zelfbouwers, ontwikkelaars de mogelijkheid om gefundeerde eisen te stellen (Principes) aan opdrachtnemers. De kostenberekeningen tonen dat de eisen haalbaar zijn en voorkomen daarmee discussies over wat wel en niet kan. VIBA Expo begeleidt de bouwers en waakt ervoor dat de financiële gegevens, technische toepassingen, andere innovaties en ervaringen van bouwers en bewoners opgenomen worden in het PvE, zodat dit actueel blijft. (Vernieuwing door deconstructie en innovatie). Over het succes of falen van de fase van opschalen, kan in dit stadium niet gesproken worden, aangezien het hier nog te vroeg voor is. De regionale overheid, i.c. de provincie Noord Brabant trekt zich in ieder geval terug uit de Brabant Woning en laat hiermee haar rol als facilitator en regisseur varen. De directie Ecologie kiest er voor om geen inzet meer te plegen op het terrein van duurzaam bouwen. De bestuurders concentreren zich op een nieuw bestuursprogramma. De Brabant Woning is voor de zomer van 2011 overgedragen aan de VIBA-Expo. Dit centrum zal de Brabant Woning verder "in de markt" proberen te zetten.

15.5   Stenen stapelen, latten timmeren

Deel 2 van het project Brabant Woning begint nu het PvE klaar ligt. Dat is het daadwerkelijk bouwen en bewonen van huizen die volgens het ontwikkelde PvE zijn ontworpen in Brabantse gemeenten. In feite begint de werkwijze weer opnieuw met Verkennen, nu lokaal, per dorp, wijk of stad met overal andere mensen en in andere omstandigheden. Tegelijkertijd vormt het bouwen de proeftuin voor het PvE. *The proof is in the eating*, luidt het motto van dit hoofdstuk. De komende twee jaar zullen de vier betrokken corporaties ongeveer 80 Brabant Woningen ontwikkelen, zo is toegezegd. Op een totaal aan nieuwbouw in Brabant van (voor de crisis) 10.000 huizen per jaar is dit iets minder dan 1%. De woningen staan straks door de regio verspreid en worden door lokale architecten getekend en lokale bouwers gebouwd. (Experimentele fase) Hun ervaring en beleving alsmede die van de toekomstige bewoners bepalen of het PvE voldoet in praktijk en of zij de Brabant Woning of toepassingen van onderdelen daarvan - zoals bouwen op schuimbeton en natuurlijke ventilatie - zullen aanbevelen. Mede daarvan zal afhangen of de Brabant Woning van marge tot mainstream wordt.

Figuur 3. Aardbeimodel (rizoom) van kennisdeling en verspreiding van de Brabant Woning in de regio. Vier locaties waar gebouwd gaat worden. VIBA-Expo certificeert.

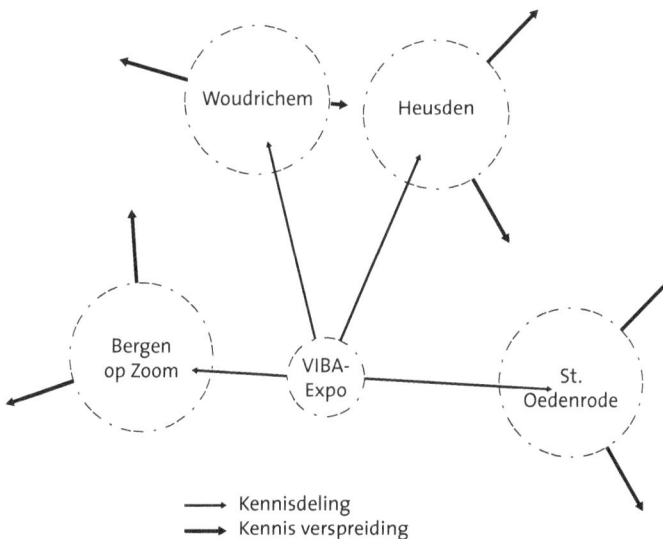

Kader 4. Koplopers bouwen om het Brabant Woningvirus te verspreiden

Corporatie Woonlinie heeft een lokale architect ingeschakeld die op basis van het PvE van de Brabant Woning een eerste ontwerp maakt voor Almkerk West, gemeente Woudrichem: Tien starterswoningen.

De lokale architect beschikt over relatief weinig kennis van duurzaam bouwen en is onbekend met de GPR berekening. De experts uit de werkgroep, Posma, Pijnenborgh en Janssen, begeleiden daarom het ontwerpproces. Na de architect stapt een bouwkundig bureau in het proces om het bestek te tekenen. De aannemer kijkt ernaar, wikt, weegt, meet en rekent. Hij komt op een bouwprijs die 20% hoger ligt dan die van de werkgroep. Woudrichem besteedt opnieuw aan. Kostbare tijd gaat verloren. *In hindsight* concludeert de werkgroep dat a. Het aan te bevelen is om met ervaren partijen in zee te gaan (hiermee gaat de werkgroep voorbij aan het leereffect en de verspreiding van duurzaam bouwen als ook 'gewone' architecten, bouwkundigen en aannemers zich over het PvE buigen) b. Het bouwkundig bureau blijkt wijzigingen in details van het ontwerp te hebben aangebracht waardoor e.e.a. duurder uitviel.

Woonlinie heeft tevens gevraagd om certificering van de Brabant Woning. Daarmee kan de corporatie haar huizen aanbevelen als bijzonder in de markt en de eigen organisatie overtuigen om andere technieken toe te passen dan tot op heden gebruikelijk. Zoals bijvoorbeeld het gebruik van schuimbeton voor de fundering in plaats van heipalen. De Provincie vraagt VIBA Expo om een dergelijk certificaat op te stellen en uit te geven. VIBA-Expo is een onafhankelijk service instituut op het gebied van onder andere duurzaam bouwen. Zij heeft een netwerk van deskundigen en veel kennis en ervaring met duurzame producten en diensten. Certificatie is een stap in de richting van opschalen van de Brabant Woning.

Tekening van de Brabantwoningen die Wovesto in 2012 bouwt in St.Oedenrode, ontwerp Renz Pijnenborgh.

15.6   Ecolutie werkwijze

Tabel 1. Werkwijze en wijzigingen toegepast bij het vormgeven van de Brabant Woning

Werkwijze in drie stappen	Werkwijze bij Brabant Woning	Opmerkingen
1. VERKENNEN • oriënteren, richting bepalen	• Korte oriëntatie met gemeenten en corporaties, met directies en wethouders	• Stijgende vraag naar duurzame (en betaalbare) woningen en 'Hoe doe je dat?'
• In kaart brengen van de context (krachtenveld analyse)	• Wat is er al gedaan m.b.t. duurzaam bouwen door locatiebezoeken aan o.a. Eva Lanxmeer en lezingen	• Verkennen vooral op politiek - bestuurlijk niveau met de beslissers
• Bedenken van een groot, omvattend en overstijgend verhaal	• Provincie werkte als regisseur vanuit het bestuursakkoord Vertrouwen in Brabant; programma Schoon Brabant (het grote verhaal)	• Geen krachtenveld analyses
• Thematiseren: bepalen van thema's voor het grote verhaal	• Schoon Brabant; bestuurders wensen concrete innovaties met een integrale benadering op locatie 'en daarmee laten zien dat vernieuwing kan'	
• Prioriteiten stellen	• Betaalbaar, energieneutraal, comfortabel en gezond	
• Consultatie in de vorm van Werkateliers		• Geen werkatelier

2. EXPERIMENTEREN		
• Starten van koploper initiatieven	• Via netwerken gemeenten en corporaties gezocht naar koplopers. C4G4 gestart in 2008	
• Uitnodigen van alle belanghebbenden	• Ondernemende ambtenaren brachten participanten bij elkaar	• Meerdere experts uit diverse disciplines zijn cruciaal en noodzakelijk voor een integrale benadering en verhogen van de kwaliteit aan kennis en ervaring.
• Concept kiezen	• Concepten waaronder biomimicry, C2C geïntroduceerd.	
• Sturing: gedrag, technologie, besluitvorming methode	• Geen scheiding van de clusters gedrag, technologie en besluitvorming	• Expliciete inbreng in een vroeg stadium van de P van *Profit* vanuit een integrale benadering.
• Besluitvorming methode: MGA, MHP, Consultatie	• Werkwijze consultatie, belanghebbenden en experts. Scheiding: werkgroep met experts, stuurgroep voor bestuurders. Werkgroep 12 keer bijeen. Bestuurders 3 keer	• Eén van de experts was tevens procesbegeleider van de werkgroep
• Aanleg van proeftuinen	• Programma van Eisen voor Brabant Woning ontwikkeld dat wordt toegepast om 80 woningen in vier gemeenten te bouwen in 2012	

3. OPSCHALEN		
• Partnerschappen aangaan • Principes	• Lokale bouwcombinaties (architect, aannemer en installateur), individuele gemeente en wooncorporatie en VIBA Expo als coach • VIBA-Expo "neemt" PvE Brabant Woning over en zorgt voor verdere verspreiding • Provincie trekt zich terug • VIBA-Expo in Den Bosch bundelt de kennis actualiseert het PvE en draagt het gedachtengoed uit	
• Regionale overheid als facilitator, regisseur		• Provincie werkt volgens cycli van vier jaar. De Brabant Woning vergt echter meer tijd.
• Vernieuwing door deconstructie, innovatie & investeringen		
• Verbreding	• Op vier locaties worden 80 woningen gebouwd; regionale spreiding (rizoom).	• De nieuwbouwmarkt zakt in (juni 2011) en het is de vraag of alle 80 woningen gebouwd gaan worden. Het initiatief was namelijk een samenwerking om te komen tot een PVE. De bouw is de eigen verantwoordelijkheid van gemeente en corporatie.
• Monitoring	• Monitoring via GPR-gebouw. GPR gemiddeld 8 of hogerBorging door VIBA Expo via certificering	

15.7   Tussenconclusie

Dit onderzoek eindigt met twee casussen, namelijk Brabantse Frisse Scholen wat in het volgende hoofdstuk besproken wordt, en de Brabant Woning uit de voorgaande paragrafen. Voor beide casussen geldt dat ze nog doorlopen in de praktijk terwijl het schrijven eindigt. Ze zijn onaf, net als het onderwerp van deze thesis, duurzame regionale ontwikkeling, dat is ook nooit af. Promovendi hebben voor Brabant Woning en Brabantse Frisse Scholen gekozen als finish van het proefschrift om de reden dat ze het meest actueel zijn, beiden aantonen dat alle drie de P's belangrijker worden in het regionale beleid, maar tevens, en dat geldt vooral voor de Brabant Woning, dat de P van *Profit* wederom aan importantie wint. Dit niet in de laatste plaats vanwege de financiële crises die de wereld de afgelopen jaren teisterden (context). Echter, dat *Profit* niet wederom het gouden kalf is geworden waar natuur en milieu en de sociaal-culturele component in hun geheel aan geofferd worden, is tevens te danken aan (mondiale) trends. Klimaatverandering, revoluties (in Arabië), een opkomende grenzeloze *civil society* door de sociale media zijn enkele andere contextuele aspecten die het primaat van het geld doorbreken en het besef doen groeien dat dingen anders moeten. De spanningsvelden tussen de belangen van de economie, de ecologie en het humanitaire, zorgen voor beweging en dynamiek in de (al dan niet duurzame) ontwikkeling.

Profit ➔ Profit & Planet ➔ Profit, Planet & People

Het meteen inbrengen van financiële expertise lijkt goed te hebben gewerkt in de casus Brabant Woning. De financiële vergelijkingen tussen standaardwoningen en duurzame alternatieven laten zien dat hoge ambities mogelijk zijn. Ten eerste omdat de werkgroepleden bereid waren om op een andere manier naar financiële berekeningen te kijken. Namelijk niet alleen beslissingen enten op de hoogte van de initiële investeringen, maar op basis van alle investeringen en kosten en opbrengsten over de hele levenscyclus van een woning. Ten tweede vanwege de kennis en ervaring die de experts meebrachten m.b.t. alternatieve technieken en materialen. Zij zijn op de hoogte van reële marktprijzen en kunnen aantonen dat de Brabant Woning niet duurder hoeft te zijn.

Een regio kan niet anders dan meedeinen op de golven, ondertussen de koers goed in de gaten houdend, af en toe bijzetten of afremmen, inspireren, coachen en stimuleren op de clusters gedrag, techniek en besluitvorming en zich dienend opstellen naar degenen die door haar beleid worden geraakt, zij het positief of negatief.

Dit gezegd hebbende, vervolgen we met de kanttekeningen bij hoofdstuk 15, de Brabant Woning.
De Ecolutie werkwijze is niet expliciet aan de partners gepresenteerd en door de werkgroep gebruikt. Het was voor de scherpte van de analyse en voor het trekken van conclusies achteraf beter geweest om dit wel te doen. Bij de opzet van het initiatief was er echter nog geen sprake van een wetenschappelijk onderzoek.

Uit het verhaal blijkt dat de Brabant Woning in 2011 nog voornamelijk een papieren tijger is, namelijk een Programma van Eisen (PvE) voor het ontwerp van betaalbare, gezonde, energiezuinige en duurzaam gebouwde huizen die deel uit maken van het ecosysteem waarin ze zich bevinden. Er wordt zoveel mogelijk gebruik gemaakt van hernieuwbare materialen die niet toxisch zijn, goede isolatie met driedubbele beglazing, natuurlijke ventilatie en groene gevels houden de temperatuur in de woning op aangenaam peil, het binnenklimaat gezond en stellen klein leven in staat om zich te nestelen en te broeden, waarmee de biodiversiteit van de directe omgeving op een hoger peil dient te komen. Ook voor de waterhuishouding in de wijk kunnen groene gevels (en daken) een significant voordeel inhouden. Daarbij valt te denken aan waterzuivering, maar ook aan vertraging van de waterloop, besparing op (openbare) riolering en wat al dies meer. Concepten als Creëren, Biomimicry en het gebruik van hernieuwbare materialen uit het technologische cluster op de Allemaal Winnen Matrix, zijn hiervoor toegepast.

Kader 8. Meten alleen is niet voldoende

Door de gemeente Tilburg en het adviesbureau W/E is een methode ontwikkeld om het niveau van duurzaam bouwen te meten. Op de aspecten gezondheid, toekomstwaarde, milieu, energie wordt gemeten, betaalbaarheid en biodiversiteit ontbreken. Een woning die voldoet aan de eisen die het Bouwbesluit stelt aan bijvoorbeeld gezondheid krijgt een 6 en de hoogste ambitie krijgt dan een 10.

De Brabant Woning eist voor toekomstwaarde, energie en gezondheid tenminste een 8. Voor milieu tenminste een 7.

Een GPR maar ook een EPC zijn papieren eisen. In de praktijk wordt niet gecontroleerd. Als aan eisen, zoals schuimbeton in plaats van heipalen ter fundering of het al dan niet toepassen van vegetatiedaken, moet worden voldaan om over een Brabant Woning te spreken, zal er gecontroleerd en gemeten dienen te worden. Ook om de praktijk naast het PvE te kunnen leggen en eventueel verbeteringen aan te brengen. VIBA-Expo uit 's-Hertogenbosch is daarom gevraagd te certificeren.

Een bijkomend voordeel van certificeren is dat de mensen die aan de werkgroep deelnemen sterker staan bij het overtuigen van de eigen organisatie om aan bepaalde eisen te voldoen. Werkgroepleden hebben weliswaar in twee jaar een verandering doorgemaakt maar hun achterbannen niet.

De Brabant Woning is geschikt voor zonnepanelen, maar dat is niet in het budget inbegrepen. Voor de goedkoopste variant is er wel budget voor een deel van de zonnepanelen. Om het huis echt energieneutraal te maken is een additioneel bedrag van € 4000 – 6000 nodig.

De ambitie om energieneutraal te bouwen voor de onderkant van de markt is (nog) niet haalbaar gebleken. Dit allemaal op papier dus. Lokale architecten en bouwers zullen met het PVE in de hand de praktijk moeten vormgeven. Dit stuk papier, handboek zo men wil, wordt door VIBA Expo bewaard en bewaakt. VIBA Expo, zo luidt de verwachting, zal bouwers en architecten bijstaan met kennis en het PVE actueel houden, zodat nieuwe ontwikkelingen er een plaats in krijgen en eventuele discrepanties tussen het PvE en de praktijk worden opgelost. VIBA Expo stelt het PVE ter beschikking aan eenieder die het wil en draagt zorg voor de verbreiding van het concept Brabant Woning. Tevens certificeert VIBA Expo woningen die volgens de richtlijnen gebouwd zijn, wat opschaling kan versnellen.

Hiermee neemt VIBA Expo de rol van facilitator en regisseur over van de regionale overheid en is het VIBA Expo die vernieuwt, verbreedt en monitort, althans voor zover het op certificeren aankomt.

De papieren tijger is het resultaat van een langdurige samenwerking tussen de Provincie, vier gemeentes en vier wooncorporaties, versterkt door een vast team experts. Wanneer de ontwikkeling van het PVE langs de Ecolutie Werkwijze wordt gelegd, valt te concluderen dat de Verkenningsfase in z'n geheel is doorlopen op consultatie in de vorm van werkateliers na. Tevens kan aan de experimenteerfase worden toegevoegd dat het zinvol is om een vaste groep experts voor langere tijd te verbinden aan een project dat langdurig loopt. Deze toevoeging aan de werkwijze komt in eerste instantie voort uit de proeftuin Geerpark.

Geerpark heeft een bijzondere relatie tot de Brabant Woning, al was het maar omdat hetzelfde ambtelijke team beiden initieerde en uitvoerde. Maar ook bij de andere spelers zijn dubbelingen te vinden: de gemeente Heusden en Woonveste, architect Renz Pijnenborgh en dakinnovator Stef Janssen. Overigens is de wethouder van Heusden onder wiens vleugels Geerpark haar eerste klapwiekende beweging maakte en die zich persoonlijk heeft ingezet om de meest duurzame wijk van Nederland te bouwen ('al is het maar voor 1 minuut'), dezelfde Adriaan van Mierlo die nu directeur van VIBA Expo is. Kortom, het spel Geerpark en het spel Brabant Woning is door een aantal dezelfde mensen opgezet. Dit is niet vreemd, want mede door Geerpark ontstond de vraag 'Wat is nu eigenlijk een duurzame woning en hoe kunnen we die bouwen voor mensen met een kleine portemonnee?'

Het PVE Brabant Woning wordt dus door VIBA Expo verder uitgedragen in de regio. Tevens hebben de betrokken gemeentes en wooncorporaties de toezegging gedaan om 80 Brabant Woningen te bouwen op locaties die zij reeds aangewezen hebben. Daarmee wordt het PVE tot de verkenningsfase voor het daadwerkelijke bouwen en worden de echte huizen tot koplopers die verspreid door de regio komen te liggen. Hier splitst het verhaal zich als een rizoom. In Almkerk West is de situatie anders dan in Heusden et cetera. Iedere gemeente en elke wooncorporatie zal een eigen traject afleggen, met elkaar, de afzonderlijke architecten, bouwers, omwonenden, toekomstige bewoners en zo voort, hetzelfde geldt voor de grond waarop gebouwd moet worden en de biologische systemen, ook die zijn anders op de verschillende locaties.

Hier stopt het dan ook meteen. In mei 2011 worden nog nergens in de regio stenen gestapeld met als doel een huis dat zich Brabant Woning mag noemen, laat staan dat er pannenbier is gedronken of mensen wonen en beleven wat het PVE in romantische bewoordingen omschrijft als woongenot. *Trial, error, error, error...* staat elders in dit proefschrift te lezen. Wel, dat is de fase waarin de Brabant Woning als concreet bouwsel zich op dat in bevindt.

De Provincie zou hier de rol van facilitator en coach kunnen spelen, door alle belanghebbenden bij een bouwlocatie te ondersteunen in het bereiken van een Allemaal Winnen situatie, vooral in de clusters gedrag en besluitvorming, aangezien VIBA Expo het technologische deel voor haar rekening behoort te nemen. Echter verkiezingen hebben voor de zoveelste keer de plannen omgegooid en de Provincie bemoeit zich niet langer met de Brabant Woning. Een gemiste kans tot opschaling (en monitoring: Waar gaat het goed en waar niet? En: Waarom?) en om de nieuwe rol van de regionale overheid zoals in dit proefschrift beschreven verder uit te diepen. Temeer daar de Provincie nogal wat ambtenaren in huis heeft die methoden van constructieve besluitvorming (MGA en MHP) beheersen en kunnen toepassen. Dat een aanjager nodig is om van Brabant Woning meer dan een papieren succes te maken, blijkt uit de geruchtenmachine die gonst over terugtrekkende bewegingen van gecommitteerde organisaties, gemeentes en wooncorporaties. Die geruchten zijn te vers om conclusies uit te trekken en teveel *hear say* om verder op in te gaan in dit kader. Edoch ze zijn niet verrassend. Steeds weer blijkt dat partijen wegduiken als het er echt op aan komt. Maar de ervaring leert ook dat indien de werkwijze gevolgd wordt met de matrix als kompas, waarbij concepten mensen inspireren, het proces weer vlot getrokken kan worden. Daarbij zijn vooral de clusters Gedrag en Besluitvorming relevant. Intrinsiek gedreven authentieke (echte) deelnemers die de zaak persoonlijk weten te maken, anderen aanspreken, de cake vergroten of een innovatie - die zowel technologisch, procesmatig als financieel van aard kan zijn - voorstellen, kunnen een complex vastgelopen proces door de flessenhals duwen.

De kanttekeningen bij dit hoofdstuk zijn dus letterlijk kanttekeningen en hebben betrekking op hetgeen vast staat in mei 2011 en als zodanig beschreven is in de voorgaande paragrafen.

De ambities van het project Brabant Woning zijn:
1. betaalbaar
2. integraal ontwerp
3. gezond binnenmilieu, comfortabel, gebouwd met milieuvriendelijke materialen, energieneutraal en groen (biomimicry § 4.9)
4. de woning als levend organisme (in relatie tot de buitenruimte)

Het PVE claimt deze ambities te kunnen waarmaken, met uitzondering van energieneutrale huurwoningen voor starters.

Onder energieneutraal verstaat de C4G4 dat er in een jaar tijd in en door de woning evenveel energie verbruikt wordt als opgewekt. Dat is niet hetzelfde als energieneutraal over de hele levenscyclus van een woning. Met dat laatste wordt zoveel bedoeld als bouwen, bewonen en slopen zonder energie op te verbruiken. Dat bleek te vechten met de eerste ambitie: betaalbaar. Om dergelijke energieneutrale woningen te bouwen, moeten de woningen gedurende hun levenscyclus zelf ook energie opwekken, bijvoorbeeld met zonnepanelen. Die technologie is vandaag de dag nog te duur om in aanmerking te komen voor sociale woningbouw. E.e.a. heeft ook te maken met de wet op huursubsidie. Hoe wetten en regels duurzame ontwikkeling beïnvloeden is onderwerp voor nader onderzoek.

Het PvE is door belanghebbenden en experts samen op gelijkwaardige basis ontwikkeld. Men heeft inspiratie opgedaan en lessen geleerd van andere initiatieven, zoals bijvoorbeeld de wijk Eva Lanxmeer. De Provincie gedroeg zich als aanjager, facilitator en coach. Ook hebben de Provinciale ambtenaren ervaring opgedaan met ontwikkelen van onderaf in tegenstelling tot topdown beleid uitschrijven.
Meeste stemmen gelden ➔ Overlegmodel ➔ *Mutual Gains Approach* § 5.10.
Daarnaast: Centrale planning (*Topdown*) ➔ Vrije Markt (*bottom up*) ➔ Netwerksamenleving (*peer to peer*) §4.5.
En ook: Eén weet alles ➔ Advies door een expert ➔ Alle belanghebbenden brengen kennis in § 5.12

Er zijn convenanten getekend m.b.t. de daadwerkelijke uitvoering van het Programma van Eisen en locaties aangewezen door de betrokken gemeentes.

Het PvE draagt bij aan de ecologische geletterdheid in de regio. De bedoeling van het Programma van Eisen is dat lokale architecten en bouwers de Brabant Woning in hun gemeente ontwerpen en realiseren. Tijdens een eerste proeve, Almkerk West, bleek de lokale kennis van duurzaam bouwen nog marginaal te zijn. Door de architect en bouwers te laten begeleiden door experts en hen te houden aan de voorwaarden die in het PvE staan, groeit de kennis en ervaring met duurzaam bouwen in de regio. Op de Allemaal Winnen Matrix: Ecologisch ongeletterd ➔ Ecolutie ➔ Allemaal Winnen § 5.2.

De flexibiliteit waarmee het PVE kan worden gebruikt, leidt ertoe dat de Brabant Woning een divers uitziende groep huizen gaat worden. Ieder ontwerp heeft eigen, karakteristieke, vormen die de architect of de opdrachtgever verkiest. Bovendien kan het concept worden toegepast op een veelheid aan woningen.

People komt in deze casus tot z'n recht in de ambitie om comfortabel en gezond te bouwen, in relatie tot de omliggende natuur. Hoe de direct belanghebbenden, bewoners en bouwers, in de praktijk betrokken zullen worden, zal per gemeente en situatie anders zijn, zoals hierboven staat uitgelegd. Wel bespeuren promovendi de neiging bij beleidsmakers en bijvoorbeeld

medewerkers of bestuurders van wooncorporaties om de toekomstige bewoners met regelgeving op het duurzame pad te brengen en houden. Dat heeft alles met de cultuur van de organisaties te maken:
Veiligheid & Zekerheid ➔ risico nemen ➔ Innovatie § 4.4.

Hier zouden de betrokken organisaties kunnen leren van het concept:
Regels ➔ Inzichten ➔ Principes § 5.15
De vragen die wij aan de hand van deze Brabant Woning casus wilden beantwoorden waren:
(1) Voldoet de in dit proefschrift ontwikkelde aanpak (begrippenkader, werkwijze plus matrix) in de regionale praktijk? (2) Wat zijn de concrete resultaten?

De Ecolutie werkwijze is niet vooraf aan partijen voorgelegd, maar wel door de Provincie (Martin Bakker) toegepast. De verkennende fase heeft deels spontaan plaatsgevonden omdat Brabantse gemeenten en wooncorporaties belangstelling kregen voor betaalbare, gezonde, energiezuinige en groene woningen, mede door de ontwikkeling van Geerpark. 'Wat is een duurzame woning? Hoe bouw je zo'n woning voor de onderkant van de markt?'
Door samen prioriteiten te stellen, waarvan betaalbaarheid nummer 1 was, is er structuur in het overleg gekomen. Daarnaast bracht de Provincie concepten uit de Allemaal Winnen Matrix in om de partners te ondersteunen in hun zoektocht naar antwoorden. Ook leverde de Provincie experts (en ambtenaren) op het gebied van duurzaam bouwen, gezond binnenklimaat, ventilatie, het huis als levend organisme en financiering, zodat van meet af aan alle aspecten meegenomen konden worden (integrale aanpak). Daarnaast zijn verrassende ontmoetingen/excursies rondom het thema georganiseerd. (Regionale overheid als coach, inspirator en facilitator)
Alle deelnemers waren gelijkwaardig en besluiten werden volgens de consultatie methode genomen. Hieruit is een Programma van Eisen (PvE) ontsproten dat als basis kan dienen voor eenieder die een gezonde, energiezuinige, betaalbare, groene woning wil bouwen.

Dit PVE is het eerste resultaat van de inspanningen. Er zijn vier prototypen ontwikkeld die voldoen aan het PvE. Vier gemeenten en vier wooncorporaties hebben een convenant getekend en locaties aangewezen om 80 Brabant Woningen door de regio verspreid te bouwen. (verspreiding als een rizoom ofwel virus) Voor de bouw worden lokale architecten en bouwers aangetrokken. Zij krijgen begeleiding door de reeds betrokken experts en van VIBA Expo. De laatste zal tevens de woningen certificeren als Brabant Woning en het PVE actueel houden en verspreiden.

Op verzoek van de wooncorporaties wordt tevens een PVE voor betaalbare, groene, gezonde en energiezuinige appartementcomplexen opgesteld. Dit kan beschouwd worden als opschalen en is daarmee een resultaat van het project Brabant Woning.

De Ecolutie werkwijze kan worden verbeterd door:
- De inbreng van experts die langdurig vanuit een integrale benadering meewerken.
- Certificeren toe te voegen aan de fase Opschalen

De regionale overheid kan, zo blijkt, goed samenwerken met gemeenten, maar ook met organisaties zoals wooncorporaties (en wellicht waterschappen of andere semi-overheden) om initiatieven die Allemaal Winnen in de regio nastreven daadwerkelijk uit te voeren. Wel blijkt steeds dat de politieke cyclus van vier jaar te kort is om langdurige projecten ook echt tot een goed resultaat te brengen; de Provincie is gestopt met Brabant Woning als gevolg van een veranderd politiek landschap. Extra punt van aandacht hierbij is dat de vierjarige cyclus niet alleen het provinciebestuur betreft, maar ook op gemeenteniveau, bij het Waterschap en landelijk speelt. De verandering van politieke kleur in een van de (semi)overheidssegmenten levert regelmatig stokkende en hortende besluitvorming op en is een obstakel voor bijvoorbeeld gebiedsontwikkeling en stedenbouw.

Een oplossing daarvoor is, zoals in deze casus toegepast met het PvE om de nog kwetsbare innovatie onder te brengen bij een onafhankelijk Ecolutie centrum. Hier vervult VIBA-Expo een dergelijke rol.

16.   Brabantse Frisse Scholen

'Er bestaan geen ouders die niet heimelijk in hun kinderen iets bijzonders zien. En ze hebben gelijk, de mogelijkheden zijn onbeperkt.'

Godfried Bomans

Leeswijzer

Andere casus, andere partners, dezelfde opzet: voorgeschiedenis, context, inzet, toetsing Ecolutie werkwijze.[446]

Inleiding

De overgang naar een hoger niveau van sociale, economische en ecologische ontwikkeling, zoals het begrip Ecolutie in dit proefschrift gedefinieerd staat, kan niet mooier vorm krijgen dan in het onderwijs. Jongeren opleiden in een traditie van Allemaal Winnen, is met recht een schoolvoorbeeld te noemen. Hoofdstuk 16 reflecteert op de casus Frisse Scholen, beschrijft het proces van samenwerking tussen verschillende partijen, de rol van de Provincie, de toegepaste Ecolutie werkwijze (hoofdstuk 14) en toetst deze. Tevens worden concepten die bijdroegen aan het project besproken en getoond hoe de Allemaal Winnen matrix als kompas en monitor kan dienen. Daarmee wordt de dynamiek van de matrix zichtbaar: iedere situatie, elk moment in de tijd, ieder samenwerkingsverband behoeft andere concepten om de aangrijpingspunten Gedrag, Technologie en Besluitvorming van destructief naar constructief te bewegen. Dergelijke dynamiek is inherent aan het begrip Duurzame Ontwikkeling: altijd bewegen, steeds veranderen.

Wat volgt is een verkorte omschrijving van de gebeurtenissen van 2007 tot en met 2011, van een provinciaal team dat uitvoering gaf aan het initiatief Brabantse Frisse Scholen. Aan de basis ervan liggen verslagen, notulen en observaties van de promovendi en andere deelnemers. Deze verslagen en notulen zijn geautoriseerd door de participanten. De casus gaat over de positie, rol en taak van de Provincie Noord-Brabant. Een van de scholen, namelijk de Borgvliet (later Palet) uit Bergen op Zoom wordt gebruikt als voorbeeld.

De opzet en uitvoering van het initiatief Brabantse frisse Scholen worden aan de hand van de in dit proefschrift ontwikkelde werkwijze geëvalueerd. De Ecolutie werkwijze start met de fase Verkennen (in dit geval een werkatelier), de tweede fase is gericht op Experimenteren: een koploper initiatief starten en daarbij alle belanghebbenden uitnodigen. In het geval van Frisse

---

446 Voor de eerste toetsing van de Ecolutie werkwijze, zie hoofdstuk 15, Brabant Woning

Scholen werkten GGD. Astmafond en de PNB intensief samen in de uitvoering. Zes scholen (bestuur, docenten en leerlingen), evenzoveel gemeenten voerden verspreid over de regio koplopersprojecten uit.

De derde fase van de Ecolutie werkwijze bestaat eruit de experimenten op te schalen en uit de marge te trekken, richting gemeengoed. De ervaringen die zijn opgedaan met de koploper initiatieven delen met anderen, criteria en handboeken opstellen, meten en aantonen dat het initiatief zinnig is – of juist niet -, blijven monitoren en dit alles goed communiceren zodat anderen op ideeën worden gebracht, van fouten wordt geleerd en goede oplossingen navolging vinden.

De evaluatie gaat aan de hand van de volgende vragen: Leidt het initiatief Brabantse Frisse Scholen tot Verbetering, Vernieuwing of Ontwikkeling op de matrix? Leidt de toepassing van de werkwijze er toe dat anderen de opgedane kennis en ervaringen overnemen? Komen er meer Brabantse frisse Scholen?

De evaluatie in hoofdstuk 16 is dus tweeledig: het project Frisse Scholen en tevens de validiteit van de in dit proefschrift ontwikkelde Ecolutie werkwijze worden beiden onder de loep gelegd. In het laatste geval beantwoorden wij twee vragen: Voldoet de voorgestelde werkwijze in de praktijk? En wat zijn eventuele verbeterpunten?

16.1   Voorgeschiedenis

In het kader van het programma Naar een Duurzaam Brabant, onderdeel van het Provinciale bestuursakkoord 2003 - 2007 organiseerde de Provincie een werkatelier over het thema 'meer gezonde scholen'. Een slecht binnenklimaat in scholen leidt tot gezondheidsklachten van leraren en leerlingen en vermindert de leerprestaties, zo bleek uit diverse onderzoeken van ondermeer TNO[447] en de GGD. Het onderwerp sloeg landelijk aan, ouders werden ongerust en scholen voelden de noodzaak om op z'n minst hun imago te verbeteren. We schrijven 2007. Wanneer het binnenklimaat op basisscholen op dat moment op de Allemaal Winnen Matrix gezet wordt, blijken alle drie de aangrijpingspunten in een destructieve fase te zitten. Om te beginnen het gedrag van mensen in de scholen: leraren (noch leerlingen) zijn geneigd om de ramen open te zetten. Ze vergeten het tijdens pauzes en gedurende de lessen vinden ze het tochten of te koud worden. Bovendien hebben mensen die in een langzaam steeds benauwender wordend lokaal zitten, dat vaak niet eens in de gaten. Op andere scholen kunnen de ramen niet open. Er zijn wel ventilatiesystemen. Het onderhoud daarvan laat te wensen over. Indien de filters bijvoorbeeld niet tijdig vervangen worden, komt er geen frisse lucht meer naar binnen. Met betrekking tot de techniek: de klimaatbeheersingssystemen worden als ingewikkeld ervaren. De constructie van veel gebouwen is dusdanig dat open ramen inderdaad tocht en kou veroorzaken. Materialen in de school veroorzaken een slecht (soms toxisch) binnenklimaat, bijvoorbeeld het stof dat van krijtjes afkomstig is,

---

447 Eén van de vele onderzoeken: TNO rapport 2006-D-1078/B Het effect van ventilatie op de cognitieve prestaties van leerlingen op een basisschool. In de samenvatting staat 'Kortom uit dit onderzoek blijkt dat leerlingen op deze testen daadwerkelijk beter presteren in een goed geventileerd lokaal'

of de muffe kasten met verkleedkleren en poppen, verven op de muren et cetera. Men is
ecologisch ongeletterd, de focus ligt primair op onderwijs en in vergaderingen of wanneer er
bouwplannen besproken worden, komt het binnenklimaat van de school niet of nauwelijks
ter sprake. De enkele roepende in de woestijn wordt niet gehoord. De deconstructie begon
met de bekendmaking van de gevolgen van een ongezond binnenklimaat voor leerprestaties en
ziekteverzuim.
Het werkatelier Frisse Scholen over het binnenklimaat in onze basisscholen werd één van
de eerste werkateliers die de provincie Noord-Brabant organiseerde. In paragraaf 7.6 van dit
proefschrift staan dit werkatelier en de daaraan vooraf gaande acties uitvoerig beschreven.

In 2007 werd tevens een nieuw bestuursakkoord geschreven, getiteld 'Vertrouwen in Brabant'.
Ambtenaren van de Provincie brachten de resultaten van het werkatelier in bij het Provinciale
programmateam Schoon Brabant. Inclusief een voorstel voor uitwerking. Het initiatief was
concreet en integraal uitvoerbaar. Brabantse Frisse Scholen werd als urgent ervaren en er
bestond dankzij het werkatelier een netwerk van belanghebbenden en experts. Het Provinciale
bestuur maakte een budget van € 1 mln. vrij om Frisse Scholen in Brabant te realiseren. Later
wordt dit budget met 20% gekort als gevolg van bezuinigingen en andere politieke prioriteiten.

16.2   De context

In Noord Brabant koos PvdA gedeputeerde Annemarie Moons ervoor om een nota uit te
doen komen met een verse insteek, namelijk door de verbanden tussen milieu, ruimte en
economie duidelijk te maken en naar gezamenlijke oplossingen te zoeken in plaats van de
oude concurrentiestrijd tussen die drie sectoren voort te zetten. Dit resulteerde in 2005 in
de Integrale Strategie Milieu (ISM). Het ISM benoemt maatschappelijke thema's die over
individuele sectoren heen reiken: leefbaarheid, gezondheid, veiligheid en (bio)diversiteit.
In deze context, gecombineerd met de onrust over het binnenklimaat op basisscholen die
ontstond na uitkomst van de onderzoeken van TNO en de GGD[448], moet het vervolg van het
werkatelier Frisse Scholen gezien worden. Gezondheid werd een belangrijk maatschappelijk
thema.

Schoolgebouwen (en daarmee ook de kwaliteit van het binnenklimaat) vallen onder de
bevoegdheid van gemeenten, de schoolbesturen en voor een stukje onder het Rijk. Een
regionale overheid kan verbindingen leggen tussen die bestuurslagen, maar ook tussen
scholen in de provincie. Daarnaast kan ze experts uitnodigen om mee te denken, kennis en
ervaring inbrengen en stimuleren met financiële prikkels. Het bestuursakkoord "Vertrouwen in
Brabant" 2007 – 2011 bood Noord Brabant de ruimte om samenwerking tussen verschillende
scholen te stimuleren, zodat breder bekend zou worden welke maatregelen je kunt nemen
om de kwaliteit van het binnenklimaat te verbeteren. Daarnaast streefde de Provincie naar een

---

448 Het werkatelier "Naar een gezond binnenklimaat op Brabantse scholen" in juni 2007 in Oss, een GGD onderzoek
(in opdracht van de Provincie) in de periode 2007 - 2008 naar het binnenklimaat op 33 basisscholen plus
adviezen over hoe te ventileren waren concrete Provinciale acties.

hogere ambitie dan de partners Astmafonds en GGD voor ogen hadden, namelijk meerdere doelen tegelijk realiseren, waaronder ook energie besparing en groene buitenomgeving (biodiversiteit om de school), zonder dat dit tot grote budgetoverschrijding zou leiden. Het bestuursakkoord "Vertrouwen in Brabant" sprak van concrete initiatieven, samen met partners, vernieuwend en resultaatgericht en uit te voeren vanuit een integrale benadering.

Het werkatelier "Naar een gezond binnenklimaat op Brabantse scholen" uit de bestuursperiode 2003 – 2007 leverde de Provincie een netwerk van ruim 20 experts en belanghebbenden op rondom het thema gezondheid op basisscholen. Al tijdens het werkatelier werden er contacten gelegd tussen de GGD Hart voor Brabant en het Astmafonds en Provincie. De partijen zagen voordeel in samenwerking. De GGD bracht kennis over gezondheid (en daarmee overtuigingskracht naar derden) mee, het Astmafonds beschikte over veel kennis, een groot netwerk en had de mogelijkheid om het bedrijfsleven te benaderen voor sponsoring. En de Provincie beschikte over middelen en bestuurlijke en ambtelijke contacten bij gemeenten. Verder deelden de partijen het gevoel van urgentie over de destructieve fase waarin alledrie de aangrijpingspunten uit de matrix zich bevonden en vonden zij echte verandering belangrijk. Een eerder genoemde GGD onderzoek onder 33 scholen in Brabant liet zien dat 28 scholen boven de toetswaarde van 1400 *parts per million* (ppm) CO_2 bleven terwijl 800 *ppm* CO_2 optimaal is. Slechts een beperkt aantal klaslokalen bleek een gezonde binnenlucht te hebben[449].

De eerste school was basisschool Pieter Wijten uit Waalwijk. Het gebouw was toe aan een ingrijpende renovatie[450]. Aangezien de Pieter Wijten basisschool als tergend probleem uit het onderzoek van de GGD kwam, had het Astmafonds samen met de GGD deze school als voorbeeldschool uitgekozen om te laten zien dat het anders kan. De Provincie kwam er later bij en introduceerde een meer integrale benadering. Het gehele concept – wat is een Brabantse Frisse School? - kwam voort uit het werkatelier in 2007 en de partijen gingen samen aan de slag om dat in praktijk vorm te geven en de situatie om te buigen van destructief naar constructief. Er werden plannen gesmeed en aan de bewustwording van gemeente, directie en schoolpersoneel gewerkt. Ook de leerlingen zijn betrokken. Eén lespakket over duurzame ontwikkeling hoorde bij de doelstellingen. Leerlingen, ouders en omwonenden werden later in het proces pas uitgenodigd.

---

449 Het gaat overigens niet alleen om CO_2 concentraties in een klaslokaal. In Nijkamp, Monique, "Verbetering Ventilatie Basisscholen", onderzoek van GGD, Tilburg 2008, staat op blz 5 "De lucht in scholen is vaak sterk verontreinigd met ziektekiemen, allergenen, geurstoffen en fijn stof die verspreid wordt door kinderen en hun activiteiten. Blootstelling aan deze verontreinigingen kan gezondheidsklachten veroorzaken. Door middel van goede ventilatie wordt de luchtkwaliteit in de lokalen verbeterd en kunnen gezondheidsklachten voorkomen worden".

450 In de planning van de gemeente Waalwijk stond op korte termijn een renovatie van de Pieter Wijtenschool opgenomen.

16.3 De inzet

Op nationaal niveau werd eveneens een programma Frisse scholen ingezet. Voor de jaren 2009 en 2010 stelde het Rijk een budget van € 165 mln. voor energiebesparing en verbetering van de ventilatie op scholen beschikbaar. Van dit bedrag was € 100 miljoen inzetbaar voor basisscholen. Het doel was 'om scholen te stimuleren minder energie te verbruiken en het binnenmilieu te verbeteren'[451]. Den Haag onderscheidt 5 thema's m.b.t. een frisse school en binnen ieder thema zijn drie niveaus. De thema's zijn energiezuinig, luchtkwaliteit, thermisch comfort, visueel comfort en akoestisch comfort. Voor de thema's zijn ambities vastgesteld; van basisniveau klasse C (acceptabel), via klasse B (goed) naar klasse A (zeer goed). Aan de klassen zijn (technische) eisen gekoppeld[452]. De nadruk van het Rijksprogramma lag overigens op het toepassen van (nieuwe) technologie en gebouwaanpassingen. Meer ventilatiecapaciteit en besparen op energie was het credo. Gedragsverandering, bijvoorbeeld, speelde geen rol.

De insteek van de regionale overheid kende andere drukpunten en een vele malen lager budget (€ 1 mln.). Noord Brabant wilde inzetten op intensieve samenwerking tussen de gemeenten, het Astmafonds en de GGD en de betrokken scholen (besluitvorming). Ook de pijler Gedrag, uit de matrix, kreeg veel aandacht. De Provincie hoopte zo tot een meer integrale benadering van het vraagstuk te komen en zette niet in op het verstrekken van geld, bijvoorbeeld in de vorm van subsidies. Men wilde aantonen dat ook een school met een 'normale' financiering een gezond binnenklimaat (en meer) kan realiseren. Provinciale middelen kwamen beschikbaar voor professionele procesbegeleiding en om experts in te huren op deelonderwerpen. Het initiatief van de Provincie heette Brabantse Frisse Scholen en dat van het Rijk Frisse Scholen.

De Provincie richtte zich op de buitenruimte, het gebouw en het onderwijs en streefde naar een schoolgebouw met een hoge energieprestatie, een gezond binnenklimaat, naar het toepassen van milieuvriendelijke bouwmaterialen, zoveel mogelijk daglicht, gebruiksvriendelijk en binnen het beschikbare budget. Voor de buitenruimte was de ambitie: groen, meer natuurvriendelijk en uitnodigend voor leerlingen om 'natuurlijk te spelen en te leren'. Hierbij past onderwijs dat duurzame ontwikkeling integreert in de curricula, zoals tijdens het werkatelier was opgemerkt (zie § 7.6). Het provinciale programma richtte zich niet alleen op het toepassen van andere technologieën, andere vormen van organiseren en van slimme financiering, maar ook op participatie van alle belanghebbenden en het veranderen van gedrag. Er werd bewust gekozen voor basisscholen, vanwege de gedachte dat ouders 'dichter' bij deze scholen staan dan bij middelbare scholen het geval is en bereid zouden zijn zich actief in te

---

451 Senter Novem (na 2010 Agentschap NL), Programma van eisen frisse scholen blz 2, versie 2008

452 Idem Senter Novem, 'In klasse C zijn aanvullende technische eisen geformuleerd voor akoestisch, visueel en thermisch (daarover stelt de huidige wet- en regelgeving nog geen eisen)', Programma van eisen frisse scholen, blz 3, versie 2008

zetten. Het verslag van de eerste bijeenkomst tussen de initiatiefnemers van het programma: de Provincie, het Astmafonds en de GGD meldde dat de projecten die de partners realiseren moeten dienen als *spin-off* voor andere basisscholen in de provincie Noord-Brabant[453].

In figuur 1. staat een ambitiekaart waarin deze drie punten zijn verbeeld. Met behulp van bijvoorbeeld de *mutual gains approach* maken partijen een ambitiekaart voor de eigen school.

Figuur 1. Ambitiekaart voor Brabantse Frisse Scholen

De doelstelling van het project was om vanuit 'een concrete, vernieuwende aanpak de problemen integraal en samen met betrokkenen bij een aantal Brabantse basisscholen op te lossen. Deze scholen zijn dan de "proeftuinen" waar onderwijs, bedrijfsleven, schoolbesturen en gemeenten van kunnen leren'[454] . De partners wilden drie voorbeeldprojecten van duurzame gezonde scholen realiseren en een aanzet bij 20 andere scholen in de regio geven. Het zou dan moeten gaan over 'feitelijk laten zien, verspreiden van resultaten en verkrijgen van opschaling'.

---

453 Verslag overleg Astmafonds, GGD en Provincie, 2 december 2008, interne uitgave Provincie Noord-Brabant
454 Brok, Ton, Project Frisse Scholen, programma Schoon Brabant, interne notitie Provincie Noord-Brabant, 8 december 2008 blz 1.

Een relatief bescheiden ambitie gezien het aantal basisscholen in Brabant. Er was bij het Provinciale team geen ervaring met dergelijke op concreet resultaat gerichte projecten. Het was een sprong in het diepe en *learning by doing*.

Kader 1. Koploperschool Borgvliet deel 1.

De gemeente Bergen op Zoom bracht de Brede school Borgvliet in om deel te nemen aan het Brabantse Frisse Scholen project. Borgvliet is een multifunctionele accommodatie (MFA) bedoeld voor meerdere aan 'opvoeding gerelateerde gebruikers' zoals buitenschoolse opvang, basisschool, GGD.) Borgvliet stond op dat moment al ver in de steigers. De oplevering was gepland in de zomer van 2011 en het voorlopig ontwerp (VO) was al gereed. De uitdaging luidde: een kwaliteitsslag maken, het binnenklimaat verbeteren en het gebouw meer verduurzamen. Na twee gesprekken van de Provincie Noord-Brabant met de gemeente en de architect van het gebouw volgde een presentatie over 'Brabantse Frisse Scholen' aan een stuurgroep waarin alle belanghebbenden bij de school zitting in hadden. O.a. ook twee wethouders van de gemeente en alle vertegenwoordigers van de toekomstige gebruikers; de GGD, de Basisschool De Verrekijker, Peuter- en buitenschoolse opvang. De stuurgroep koos na de presentatie voor deelname aan het initiatief Brabantse Frisse School. Echter het bestemmingsplan was al vrijwel afgerond en een architect, die ervaring had met het ontwerpen van multifunctionele accommodaties, maar niet specifiek met duurzaam bouwen, was al aangesteld.

Om de bouwers en hun ambities op één lijn te krijgen, is een *Mutual Gains Approach* traject ingezet. Ditmaal met een beperkt aantal partijen, namelijk degenen die direct betrokken waren bij de bouw; de architect, de projectleiders van de gemeenten en de adviseurs voor de technische installaties. De Provincie faciliteerde door voor procesbegeleiders te zorgen en experts op het gebied van duurzaam bouwen en binnenklimaat uit te nodigen. In een feitenkaart stonden de feiten zoals de procestrekkers die bij de aftrap van het traject presenteerden.

16.4   De betrokkenen

Brabantse Frisse Scholen was een initiatief van de Provincie, het Astmafonds en de GGD. Er zijn geen officiële samenwerkingsovereenkomsten gesloten, maar de afgelopen vier jaar is intensief op basis van wederzijds vertrouwen samengewerkt[455]. Het Astmafonds en GGD kozen één van de slechter scorende scholen uit het GGD onderzoek naar het binnenklimaat in klaslokalen, de Pieter Wijtenschool, om te laten zien hoe door de juiste renovatie een gezond binnenklimaat te realiseren is. De Provincie sloot zich later aan. Toenmalig gedeputeerde Onno

---

[455] Wel is er een samenwerkingsovereenkomst getekend door de partijen met de Pieter Wijtenschool. Voor alle vijf de scholen zijn met alle betrokken partijen ambitiekaarten gemaakt die door de partners als intentieovereenkomst werden ondertekend.

Hoes werd lid van een adviesraad samen met de directeuren van het Astmafonds, de GGD en vertegenwoordigers van de school en gemeente. De bestuurlijke aandacht kwam daarmee vooral op de Pieter Wijtenschool te liggen.

Een regiegroep die bestond uit mensen van het Astmafonds de Provincie en de GGD stuurde het project aan. De Provincie overtuigde haar partners ervan om langduriger samen te werken en het niet bij één school te laten, maar om meerdere door de regio verspreide basisscholen "fris" te maken, waardoor een serie koplopers regionaal verspreid ontstaat en tot voorbeeld voor anderen kan dienen. De reden hiervan is dat men werkelijk tot opschalen wilde komen en de marge tot *mainstream* maken. Vier provinciale ambtenaren en een medewerker van de GGD vormden een team voor de dagelijkse uitvoering.

In het eerste jaar lag de nadruk van het team op het werven van scholen. Dat gebeurde ad hoc. Informele contacten leidden ambtenaren naar scholen om te praten en presentaties te geven. Soms sprak men een schoolbestuur, soms een adviseur, soms een vertegenwoordiger van een vereniging van meerdere scholen of iemand van een gemeente. Er waren selectiecriteria geformuleerd die door de drie partners (Provincie, GGD, Astmafonds) belangrijk werden gevonden, wilde een school kunnen deelnemen. Deze selectiecriteria zijn:
1. een school moet ambitie hebben en enthousiast zijn;
2. een school kiest voor een integrale benadering (fysieke maatregelen en gedrag);
3. een school heeft een onderzoek volgens de ééndagsmethode van de GGD uitge-voerd;
4. de renovatie of nieuwbouw wordt gerealiseerd tussen 2008 - 2011;
5. verder was een regionale spreiding over Brabant
6. verdeling tussen kleine en grote gemeenten[456].

Deze selectiecriteria werden benoemd in een verslag, maar zijn niet stringent toegepast. In geen enkel ander document zijn de criteria terug te vinden. In de hoofden en harten van het projectteam blijken ze wel als principes voor de selectie van scholen te hebben gefungeerd. Twee Eindhovense scholen, die kampten met een groot tekort op de bouwbegroting en de oplossing zochten in financiering door de Provincie onder de vlag van Brabantse Frisse Scholen, zijn niet toegelaten. De reden: er was geen sprake van een integrale benadering en men was al te ver in de ontwikkeling waardoor bijsturen niet meer mogelijk werd geacht. Het werven van scholen vergde veel tijd en leverde niet altijd iets op, zo is de nieuw te bouwen basisschool Meerendonck die gepland staat naast het Provinciehuis, afgevallen omdat de betrokken wooncorporatie Brabant Wonen en de gemeente 's-Hertogenbosch heil noch meerwaarde zagen in de te hanteren benadering.

---

456 uit verslag eerste overleg Astmafonds, GGD en Provincie over de samenwerking, interne uitgave Provincie Noord-Brabant, 2 december 2008, blz. 3

Uiteindelijk is met de nodige moeite een achttal scholen gevonden die in aanmerking kwamen voor het Frisse Scholen project. Dit zijn: Multifunctionele Accommodatie (MFA) Borgvliet in Bergen op Zoom, basisschool Edith Stijn in Zijtaart (nieuwbouw en restauratie en ombouw van een oud klooster), De brede school 'De Waterhoef" in Oisterwijk (nieuwbouw en een deel restauratie en ombouw van een klooster), de Pieter Wijtenschool (renovatie) en de Juliana Stolbergschool (aanleg van een natuurleertuin) beiden uit Waalwijk, de Sint Fransiscusschool uit Biezenmortel (renovatie)[457], Het MFA Kruispunt uit Tilburg en het Kompas uit Werkendam.

De school uit Tilburg had via het programma Brabantstad van de Provincie al eerder € 200.000,- toegezegd gekregen. De verdere afhandeling van deze toezegging gebeurde door het Provinciale team Brabantse Frisse Scholen. Dit team faciliteerde ook door procesbegeleiders (MGA) en experts m.b.t. duurzaam bouwen, energie, ventilatie en binnenklimaat voor te stellen en in te huren.

Kader 2. Koploperschool Borgvliet deel 2

De wijk Borgvliet is één van de oudere wijken van Bergen op Zoom waar hard gewerkt wordt aan stedelijke vernieuwing. De bestuurders van de gemeente wilden met de bouw van de MFA aan de bewoners laten zien dat er ook echt iets gebeurt in de wijk. Niet alleen eindeloos overleggen maar ook concrete daden, zo luidde het credo van het bestuur. De gemeente wilde het gebouw in anderhalf jaar tijd opleveren. Twee maal sneller dan normaal het geval zou zijn. Het nieuwe MFA complex moest het kloppend hart van de wijk worden - er waren ook gelden vanuit het Investeringsbudget Stedelijke Vernieuwing (ISV) verkregen – Toekomstige gebruikers zijn basisschool De Verrekijker, peuterspeelzaal De Hummelsoos, kinderdagverblijf Frankje, het consultatiebureau van Thuiszorg West-Brabant en het Centrum voor Jeugd en Gezin. In de Provincie Noord-Brabant staan in de komende jaren tientallen van soortgelijke MFA's in de planning.

Drie gemeentelijke projectleiders zijn bij de ontwikkeling en bouw betrokken. De wethouder van Sociale Zaken, WMO en Sport & Cultuur was de eindverantwoordelijke aan wie de 'overall' projectleider verantwoording aflegde. Toen Borgvliet besloot om deel te nemen aan het Brabantse Frisse Scholen initiatief, was het ontwerpproces al dusdanig ver gevorderd, dat er geen substantiële wijzigingen meer konden worden doorgevoerd. Vooral de gemeente was voorstander van deelname aan het Frisse Scholen project. Overigens zonder dat iemand van de andere belanghebbenden tegen was. Voor hen lijkt het een bijkomend voordeel.

---

457 In 2010 gaf de directie van deze basisschool aan dat de kosten voor renovatie om fris te worden te hoog werden. De bijdrage van de Provincie Noord-Brabant vond men te laag en uiteindelijk staakte het schoolbestuur het initiatief.

DE MGA benadering vraagt om betrokkenheid van alle belanghebbenden. Bij Borgvliet was het vooral de gemeente die deelnam. Maar daar was met commitment van alle betrokkenen; bestuurders en projectleiders ook groot. De gemeente beheert het budget, verzorgt de aanbesteding maar begeleidde ook alle betrokken organisaties. De bestuurders van deze organisaties plus de directie van de scholen stonden achter het concept Brabantse Frisse school. Alle betrokkenen zijn tevreden over de resultaten.

16.5   Ecolutie werkwijze en Frisse Scholen

In figuur 2 staat de opzet van het Brabantse Frisse Scholen project zoals bezien vanuit de in dit proefschrift ontwikkelde aanpak weergegeven: (1) In welke fase op de matrix bevindt zich een ontwikkeling voor ieder van de drie aangrijpingspunten: gedrag, technologie, besluitvorming? Oftewel: Verkennen, (2) Hoe kunnen we de ontwikkeling in de gewenste richting krijgen, welke concepten helpen daarbij? Oftewel: Experimenteren en (3) Hoe kunnen we anderen meekrijgen en van elkaar leren? Oftewel: Verbreden en Opschalen.

Het verkennen met behulp van een werkatelier is uitvoerig beschreven bij het programma Naar een Duurzaam Brabant – hoofdstuk 7 – dat plaatsvond van 2003 – 2007. Toen het Provincie bestuur ideeën vroeg voor het programma Schoon Brabant 2007 – 2011, lag er al een behoorlijk compleet verhaal, deconstructie, waardoor de verandering in gang gezet werd; een thema, een urgentie – destructiefase –, een integrale analyse, meerdere oplossingen – concepten om de transitie naar constructie te maken – en gezamenlijke besluitvorming door een netwerk uit bedrijfsleven, consultancy, onderwijs, gemeente en ngo's. Een aangereikte samenvatting op één A4 bleek uiteindelijk voldoende voor toestemming om in de periode 2007 - 2011 te gaan experimenteren. In zekere zin was dit toevallig. Het bestuursakkoord 2007 bepaalde dat de Provincie ondersteuning zou bieden aan concrete initiatieven, waarin ruimte was voor vernieuwing en die op integrale wijze samen met anderen zouden worden uitgevoerd. Het initiatief Brabantse Frisse Scholen paste vrijwel naadloos op dit akkoord.

Figuur 2. Opzet van Brabantse Frisse Scholen volgens de Ecolutie werkwijze

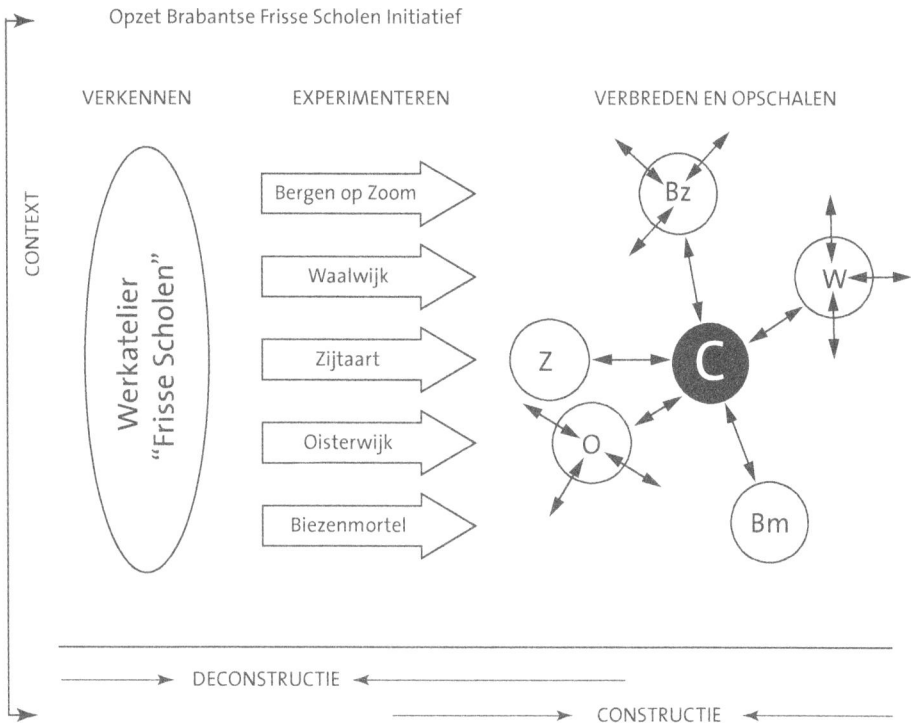

Experimenteren

Hieronder worden de in dit proefschrift ontwikkelde Ecolutie werkwijze en de praktijkcasus Brabantse Frisse Scholen met elkaar in verband gebracht en onderzocht of theorie en de praktijk op elkaar aansloten.

1. De bestemming bepalen, Allemaal Winnen. Met iedere school is een individueel traject gestart om te komen tot een kanteling in denken en doen (deconstructie) met betrekking tot de directe eigen omgeving en het belang hiervan voor de ontwikkeling en gezondheid van leerlingen en het schoolpersoneel. De ambitie was duurzame renovatie of nieuwbouw van de scholen. Hierin zit de impliciete aanname dat onderwijsinstellingen niet of nauwelijks op duurzame wijze gebouwd worden. Een aanname die versterkt is door onderzoeken van TNO en de GGD naar het binnenklimaat van scholen. Het uitgangspunt van het Provinciale team was om alle belanghebbenden rond de tafel te krijgen en met hen samen een ambitiekaart op te stellen, zodat de besluiten gedragen werden en als werkbaar ervaren en om tot een integrale benadering te komen.

Geen van de betrokken gemeenten (als bouwheren) bleek bezig te zijn met het onderwerp duurzame ontwikkeling en het thema duurzaam bouwen. Ook ging de meeste aandacht uit naar het gebouw zelf, waarbij de buitenruimte later aan de orde zou komen. In de dagelijkse lespraktijk waren noch leerkrachten noch leerlingen betrokken bij de nieuwbouw of renovatie[458].

2. In kaart brengen van de context, aan de hand van een krachtenveldanalyse en markering op de Allemaal Winnen matrix. Van te voren was bij alle scholen, met uitzondering van de Pieter Wijtenschool met zoveel mogelijk betrokkenen gesproken en zijn feiten verzameld over de bestaande situatie. Nergens was sprake van een blanco situatie. Alle projecten hadden al meerdere stappen gezet richting uitvoering. Een dergelijke krachtenveldanalyse is van voor de verdere stappen van het verduurzamen (deconstructie die naar constructie leidt aan de hand van concepten zoals ecologische geletterdheid, zelforganisatie en milieubewust ontwerpen en in plaats van Verbeteren tot Ontwikkelen uitgroeit).

Gemeenten en scholen bleken neutraal te staan tegenover het idee van een gezond binnenklimaat en een meer natuurlijke buitenruimte. Het realiseren van een nieuwe school stond voorop. Voor gemeenten (en de ingeschakelde adviseurs) was bijvoorbeeld het beschikbare budget en de planning redelijk 'heilig'. Een inzet op andere aspecten was bespreekbaar mits dit niet ten koste zou gaan van planning en budget. Op zich is dit een begrijpelijk punt omdat budgetten voor scholen volgens vaste normbedragen worden vastgesteld en omdat gemeenteraden van te voren akkoord gegaan zijn met een bepaalde begroting. Politiek is het niet eenvoudig om daar van af te wijken.

Bij de Pieter Wijtenschool is geen analyse gemaakt. Het Astmafonds en de GGD hadden immers al eerder deze school geadopteerd. Er waren afspraken gemaakt met de directeur van de school. Het stichtingsbestuur, waar de school onder valt, en de gemeente waren niet geraadpleegd. De ambitie van de Provincie lag hoger dan die van de aanvankelijke partners. GGD en Astmafonds richtten zich vooral op het binnenklimaat, terwijl de Provincie ook energiebesparing en bijvoorbeeld een groen dak nastreefde.
Later in het proces kwamen de verschillen als muizenvallen en landmijnen, bommen en granaten op het pad van het regieteam. Veel obstakels hadden voorkomen kunnen worden als te voren de belangen, feiten, verwachtingen en mandaten bekend waren geweest. Het is zelfs de vraag of de Provincie met deze school zou zijn begonnen als zij eerder met de gemeente en andere belanghebbenden had gesproken.

---

458 Een uitzondering was misschien de gemeente Oisterwijk die gebuikersbijeenkomsten met alle betrokkenen organiseerde.

3. Uitnodigende overheid. De uitnodiging begon met een werkatelier. Het Astmafonds en de GGD Hart van Brabant vonden elkaar op inhoud en, niet onbelangrijk voor het onderlinge vertrouwen, de vertegenwoordigers van deze twee organisaties bleken bovendien met elkaar overweg te kunnen.

De samenwerking tussen de regionale overheid en NGO Astmafonds en de GGD bleek een vruchtbare. Gedrieën, juist omdat de organisaties zo verschillend zijn en ervaren worden, was de *cloud* oftewel het bereik veel groter dan van ieder afzonderlijk. Scholen, besturen en gemeentes laten zich door een dergelijk divers maar gedreven groepje musketiers gemakkelijker overtuigen van nut en noodzaak van duurzaam bouwen en/of renoveren.

Ook voor het genereren van middelen en sponsoring is de samenwerking een goede keus gebleken. Het Astmafonds bijvoorbeeld, is bedreven in fondsenwerving. De gemeente Waalwijk had een budget van € 550.000,- begroot voor de renovatie van de Pieter Wijtenschool. De Provincie, het schoolbestuur en Astmafonds brachten samen € 385.000,- in. Partnerschappen waarbij op een andere manier middelen gegenereerd worden of waarbij anderen overheidsgelden aanvullen, passen bij een beleid van een provinciale overheid die meer marktwerking wil en die de komende jaren minder middelen ter beschikking heeft. Regisseren, faciliteren, coachen en samenwerken op gelijkwaardig niveau met uit de aard van hun wezen geheel andere organisaties, zoals de GGD en het Astmafonds, was een nieuwe rol voor de Provincie. Het lijkt overigens de moeite waard om een dergelijke samenwerking beter partnerschap meer en systematischer te verkennen.

Kader 3. Koploperschool Borgvliet deel 3

In Bergen op Zoom was men al in een vrij vergevorderd stadium toen de Provincie zich meldde bij de projectleider van de gemeente. De gemeente Bergen op Zoom had 'veel touwtjes" in handen zoals het opstellen van het bestemmingsplan, de grondpositie en het opdrachtgeverschap van het gebouw. Er was al sprake een goed en constructief overleg met alle betrokkenen bij de bouw van deze multifunctionele accommodatie. De totale bouwkosten van de Borgvliet waren begroot op € 4.6 mln. De gemeenteraad van Bergen op Zoom had € 1233,- per m² beschikbaar gesteld voor de bouw vanwege het belang dat zij hechtte aan een kwalitatief goed gebouw voor de wijk. Normaal is het budget van een dergelijk gebouw € 1050,- per m².

Er was, voordat Borgvliet deelnam aan het initiatief van Brabantse Frisse Scholen, nog maar beperkt aandacht voor een gezond binnenklimaat, gebruik van milieuvriendelijke materialen, vergroening van de buitenruimte en dergelijke. Wel ambieerde men een hogere kwaliteit binnenklimaat dan vereist in het Bouwbesluit. De architect was gekozen op ervaring met scholenbouw, maar minder deskundig op het gebied van energiezuinig, milieuvriendelijk en gezond ontwerpen.

Vanwege het vergevorderde stadium van het proces, zijn bijeenkomsten georganiseerd met alleen degenen die direct betrokken waren bij de bouw en niet, zoals te doen gebruikelijk, met alle belanghebbenden. Dit was op verzoek van de gemeente Bergen op Zoom die geen vertraging van de plannen wilde. De Provincie nodigde experts op het gebied van gezond, milieuvriendelijk en energiezuinig bouwen uit om twee sessies te leiden en het bestaande gebouw vanuit die optiek te belichten. De deelnemers kregen advies over materiaalgebruik waaronder gezonde, niet toxische materialen. Tevens kregen de bouwers GPR-gebouw aangereikt als een bruikbaar toetsingsinstrument. Aangegeven werd dat een score van gemiddeld acht nodig was om MFA Borgvliet een Brabantse Frisse School te mogen noemen en hoe die score te bereiken was.

De Provincie experimenteerde in dit geval ook met haar netwerk. Ze nodigde naast de haar bekende deskundigen ook twee innovatieve projectontwikkelaars uit die een plafond ontwikkeld hadden dat geluiddempend is, optimaal verlicht en ventileert. Daarnaast, of beter, daarbij kwam een slim financieringssysteem om de kosten te drukken. Soms echter zijn dingen niet zo mooi als ze lijken, of verdwijnt onderling vertrouwen in een razendsnelle elektrische Lotus, terwijl ze op de rug van de schildpad aan kwam slenteren.

Geld, *Profit*, kwam in deze tussen de partijen. De nieuw verworven externen gaven volgens de betrokkenen; architect, installatie adviseurs, ambtenaren te weinig details van hun innovatie prijs en verwachtten te kunnen factureren op die basis. Er was geen vertrouwen waardoor de samenwerking in de kiem gesmoord is. Elkaar vertrouwen blijkt steeds weer een voorwaarde voor vruchtbare samenwerking. Daarnaast is de balans tussen *People, Planet* en *Profit* essentieel om tot een constructieve ontwikkeling te komen.

Nu nog de gebruikers. Beter laat dan niet. Agenda en planning lieten een zorgvuldig *Mutual Gains* traject niet toe, maar zowel gemeente als Provincie vonden het van belang dat degenen voor wie gebouwd werd, overtuigd raakten van het belang en het schone van de plannen. Gemeente en regionale overheid belegden gezamenlijk een bijeenkomst voor de gebruikers van de multifunctionele accommodatie Borgvliet. Middels presentaties werd de urgentie om 'gezond' te bouwen duidelijk gemaakt. Ook hoe je dat aan moet pakken, welke mogelijkheden er zijn en hoe leerlingen betrokken kunnen worden bij een gezonde Frisse School. De architect van het gebouw liet zien hoe de GPR scores omhoog gingen door enkele aanpassingen aan het oorspronkelijke ontwerp. Ook de buitenruimte kwam ter sprake en werd in het licht gezet van 'natuurlijk' spelen. Geheel volgens de *tell & sell* methode mochten mensen vragen stellen en reageren. De gebruikers van het gebouw lieten zich overtuigen en zagen de voordelen en kwaliteitsverbetering die de Brabantse Frisse Scholen benadering hen bood.

Soms is dat goed genoeg, of misschien zelfs beter. Er zijn momenten waarop de uitleg van een deskundige vooral sneller werkt, dan een meer tijd vragend *MGA* traject en als het leidt tot dezelfde resultaten – duurzame ontwikkeling en gelukkige belanghebbenden – is dat in de optiek van de schrijvers van dit proefschrift, okay. Meerdere wegen leiden naar Rome, luidt het oude gezegde.

De gemeente organiseerde nog een tweede bijeenkomst waarbij de Provincie de de ambities (gezond, energiezuinig, milieuvriendelijk) wederom toelichtte, waarna een ambitiekaart (zie onderstaande figuur) ter tafel kwam en door vertegenwoordigers van alle partijen ondertekend. Zo'n ambitiekaart is een voorbeeld van besluitvorming. Mits deze in volle overtuiging en zonder dwang de handtekeningen krijgt van degenen die betrokken zijn bij een ontwikkeling, geldt deze als een mandaat om in een bepaalde richting te bewegen, *permissive consent*.

Overigens, de omwonenden lijken de grote afwezigen in het traject dat van Borgvliet te zijn. In de bestemmingsplan procedure is echter uitvoerig met omwonenden gesproken en is het plan door de architect op meerdere punten aangepast. De bewoners waren (uiterst) tevreden. Dit blijkt o.a. uit het feit dat er in het vervolgtraject geen enkel bezwaar is aangetekend.

Ambitiekaart Borgvliet.

4. *Keuze van een besluitvormingsmethode die constructief is, erop gericht om te komen tot beslissingen en ambities die door alle betrokkenen worden gedragen en waarmee geen schade wordt berokkend aan enig individu, de groep of het grote geheel (natuur inclus).*

Eén weet alles → advies door expert → alle belanghebbenden brengen hun kennis (en ervaring) in § 5.12

In de regio Noord Brabant is gestaag gewerkt om tot een wijze van besluitvorming te komen die de kans op slagen van duurzame ontwikkelingen moet vergroten. Tijdens het project Brabantse Frisse Scholen is een verrassende coalitie gevormd tussen overheid, NGO en gezondheidsorganisatie. De regionale ambtenaren waren onervaren in de samenwerking met dergelijke civiele en deels uit vrijwilligers bestaande organisaties, maar ze waren wel voorbereid op besluitvorming volgens de principes van consent (niemand is mordicus tegen) In paragraaf 5.10 van dit proefschrift valt te lezen, dat leden van het ambtelijk apparaat trainingen volgden (en later ook gaven) in de Wederzijds Voordeel Methode. Ook de meeste van de deelnemende experts en enkele belanghebbenden hebben de training gevolgd.

Meeste stemmen gelden → Overlegmodel → *Mutual Gains*

Het Astmafonds, de GGD, diverse experts en provinciale ambtenaren hebben deelgenomen aan het werkatelier. In dit atelier zijn de contouren van een andere aanpak en de allianties tussen de partijen ontstaan. Deze partijen waren ook bekend met de Methode Holistische Participatie.
Echter dit gold niet voor de andere partijen in het project. Voor de meeste gemeentes, scholen en hun besturen, bouwers en architecten, teamleden afkomstig van de GGD en het Astmafonds, waren de hierboven genoemde besluitvormingsmethoden geheel nieuw en onbekend.

Onbekend maakt onbemind, luidt een oud gezegde. Dus er moest missiewerk verricht worden om mensen te overtuigen van de meerwaarde van een dergelijke werkwijze. *Go slow to go fast* en 'alleen beweeg je sneller, samen kom je verder' zijn principes waar niet ieder in gelooft. De MGA en MHP worden gemakkelijk verward met het aloude Poldermodel waar in Nederland een bepaald soort allergie voor is ontstaan en wat de associatie oproept met langdurige bureaucratische overleggen om tot een compromis te leiden dat vlees noch vis is. Bovendien waren sommige partijen bang om het initiatief uit handen te geven. Veel schoolbesturen bijvoorbeeld willen graag de controle behouden over 'hun' scholen en over de tijdsplanning en kosten van renovatie of nieuwbouw. De gemeente Den Bosch en wooncorporatie Brabant Wonen bijvoorbeeld wilden 'er niet aan'. Deelname van de school De Meerendonck ketste daarom af. De Provincie probeerde de weerstand tegen MGA, MHP en Consultatie te breken door mensen uit de partnerorganisaties uit te nodigen voor cursussen in deze wijze van besluitvorming. Dat had bijvoorbeeld in het geval van MFA Borgvliet uit Bergen op

Zoom een positieve uitwerking. De gemeenteambtenaar die deelnam aan de MGA training, werd ambassadeur van deze benadering in zijn eigen organisatie. Hetzelfde gebeurde in de gemeentes Oisterwijk en Zijtaart. In alle drie deze Brabantse gemeentes startte het Brabantse Frisse Scholenproject met feitenonderzoek en werden de diverse belangen in kaart gebracht. De regionale overheid faciliteerde dit door onafhankelijke procesbegeleiders en experts in te huren. De laatsten ter inspiratie van de respectievelijke regieteams en om ideeën verder uit te werken.

5. Focus op drie aangrijpingspunten (sturingsvariabelen uit de Allemaal Winnen matrix): verandering in het gedrag van mensen, bedrijven en instellingen, ontwikkeling van nieuwe technieken, technologieën & processen, alsmede nieuwe methoden om het eens te worden en gezamenlijk op te trekken (besluitvorming). Het initiatief Brabantse Frisse Scholen richtte zich niet alleen op het gebouw en de klaslokalen, maar ook op gezamenlijk en op gelijkwaardig niveau beslissen over welke maatregelen het meest gewenst zijn in de context van de school. Derde sturingsvariabele is het gedrag van schoolbesturen en gemeentes, de leerkrachten en leerlingen. De laatste zijn belangrijke actoren, zij moeten het gebouw beleven en bewonen. Hun gedrag bepaalt uiteindelijk of de door de bouwers bedachte technieken gebruikt worden en of het binnenklimaat van de school inderdaad fris is, of er daadwerkelijk 'natuurlijk' gespeeld wordt, of het energieverbruik lager wordt et cetera. Met technologie alleen of enkel consensus tussen gemeente, school, bouwer en regionale overheid, kom je er niet. Uiteindelijk bepaalt de gebruiker, in dit geval de leerkracht en diens leerlingen, wat er in een gebouw en de buitenruimte gebeurt.

Vandaar dat het idee ontstond om duurzame ontwikkeling te integreren in het lesprogramma. Bijkomstig, en niet toevallig, is dat een aantal van de betrokken ambtenaren van de Provincie van oorsprong leraar is en nog steeds het hart sneller voelt kloppen in een leeromgeving. Een nieuw of gerenoveerd schoolgebouw en buitenruimte zijn prachtige kansen om te onderwijzen over duurzame ontwikkeling. Zulke lessen hebben betrekking op directe ervaringen in de omgeving. De school bevindt zich in een deconstructieve, chaotische, alles-wordt-anders fase. Dat brengt dynamiek met zich mee en wekt nieuwsgierigheid. Door op dat moment de gebruikers (in dit geval de docenten en de leerlingen) mee te nemen in het proces, uit te leggen wat er gebeurt en waarom, te vragen of ze zelf ideeën hebben en deze serieus te nemen, pak je hen vol in hun aandacht wat kan leiden tot bredere en diepere interesse en leerproces. Hiermee ontstaat wat David Kolb noemt een leercyclus, zoals beschreven staat in hoofdstuk 5.15 van dit proefschrift. Ter herinnering: 'Door te doen ervaar je zaken. Door je daarop te bezinnen en erover na te denken ben je in staat om te beslissen over te nemen nieuwe stappen, waarna de cyclus zich op een hoger niveau herhaalt'.[459] Door leerkrachten en scholieren expliciet bij het ontwerp, de bouw- of renovatieproces te betrekken en hen te bewegen dit in het lescurriculum op te nemen, beweegt de school als organisatie

---

459 David A. Kolb, *Experimental learning*, 1984.

zich in de richting van drieslag leren (Ontwikkelen op de matrix): de essentiële principes (uitgangspunten) waarop de organisatie is gebaseerd worden opzij geschoven, wat leidt tot echte ontwikkeling.

Verbetering → Vernieuwing → Ontwikkeling § 5.15

In dit kader hebben leerlingen van de Pieter Wijtenschool onder leiding van Peter Schmid met behulp van de Methode Holistische Participatie een maquette van de buitenruimte van de school ontworpen en aan de school gepresenteerd. Docenten ontwierpen met onderwijsbureau Iriz een lesprogramma duurzame ontwikkeling.

De ambitiekaarten (zie figuur 1 voor de algemene ambitiekaart) laten zien dat er ingezet werd op:

1. organisatie van het ontwerp- en bouwproces (integrale werkwijze, aanbesteding met contractueel vastgelegde prestatie indicatoren (bijvoorbeeld de garantie door bouwers van gemiddelde luchtkwaliteit met een CO_2 percentage niet hoger dan 1000 *ppm* per lokaal).
2. bewustwording binnen het onderwijs door middel van een goed onderhouds- en beheersplan en goede voorlichting aan gebruikers.
3. monitoring met een luchtkwaliteit van minder dan 1000 *ppm* CO_2.
4. een geluidsbelasting niet hoger dan 30 dBA en een gemiddelde GPR score van acht of hoger.

De door de Provincie ingehuurde adviseur, architect Renz Pijnenborgh, heeft meerdere technologieën geïntroduceerd die enigszins afwijken van wat normaal gebruikelijk is, zoals natuurlijke ventilatie in plaats van balansventilatie en het standaard toepassen van een centraal stofzuigersysteem.

De kaarten geven de ambitie van de partijen weer, maar de werkelijke kunst is om tijdens de bouw en het beheer die ambities waar te maken. In paragraaf 4.6 staat het concept Structureren:

Vorm → Structuur → Inhoud § 4.6

In subsidiebeschikkingen de voorwaarden opgenomen dat de scholen pas de volledige subsidie krijgen indien zij aantonen de doelstellingen gehaald te hebben, door monitoring

Verder zijn de partners in onderhandeling met de VIBA-Expo om het concept over te dragen en door deze organisatie te laten certificeren. De vraag is of de partners bereid zijn betrokken te blijven en middelen te genereren. Willen scholen in de toekomst in aanmerking komen voor het predicaat Brabantse Frisse School dan zou de VIBA-Expo daarvoor een certificaat kunnen afgeven.

Iedere school is anders, dat klinkt als een dooddoener. Toch is niets minder waar. GGD, Astmafonds, Provincie en experts keken samen met de school naar kenmerken, mogelijkheden en kwaliteiten van het gebouw. Daarmee krijgt het collectieve streven naar een Frisse School steeds een eigen nadruk en uitwerking. Bij de J. van Stolbergschool en de Pieter Wijtenschool in Waalwijk worden natuurleertuinen aangelegd die zijn ontworpen door studenten van de HAS uit Den Bosch. Voor Zijtaart is door dezelfde opleiding een ontwerp gemaakt van de buitenruimte. De scholen in Oisterwijk, Bergen op Zoom en Waalwijk lieten vegetatiedaken plaatsen. Die zijn voor een deel toegankelijk voor leerlingen.

Collectivisme → Individualisme → Authenticiteit § 5.17

Kader 4. Koploperschool Borgvliet deel 4

In de figuur hieronder staan de uitkomsten van de GPR-gebouw berekeningen voor Borgvliet Bergen op Zoom. Gemeentelijke ambtenaren verklaarden mondeling dat vooral de inbreng van de experts bijgedragen heeft aan een forse kwaliteitslag. De gemiddelde GPR-score is een 8.2, terwijl een 8 het minimum voor een Brabantse Frisse School is. Energie en milieu scoorden met een 7.8 en een 7.1 iets lager. In het geval van de energievoorziening bleek het niet mogelijk om het gewenste Koude Warmte systeem te plaatsen aangezien de school in een grondwaterbeschermingsgebied ligt. Er is gekozen voor gas en vloerverwarming. De lagere milieu score is een bewuste keuze om minder materialen uit uitputbare bronnen te hoeven gebruiken. De GPR berekeningen zijn gebaseerd op levenscyclus analyses en goed geïsoleerde gebouwen, zonnecellen om energie op te wekken ranken hoog, maar het materiaalgebruik neemt daardoor wel toe. Deze overweging op de Allemaal Winnen Matrix:

Niet hernieuwbare materialen → Cyclisch denken →
Hernieuwbare materialen c.q. minder materialen § 4.10

Er is gekozen voor een balansventilatiesysteem die luchtkwaliteit klasse B moet gaan opleveren. Het Agentschap NL hanteert drie klassen A, B en C als het gaat over Frisse Scholen. Op de overige aspecten geluid en licht scoorde Borgvliet klasse C. Extra kwaliteiten van het gebouw zijn op papier o.a. sociaal veilig en goede toegankelijkheid. Daarnaast is er de gemeente veel aan gelegen om in anderhalf jaar tijd een gebouw neer te zetten.

De aanbesteding verliep via een elektronische veiling. Vier bouwcombinaties deden biedingen. Vooraf waren bestek en bestektekeningen door de combinaties bestudeerd en (zonder te weten wie het was die bood) kon er worden gekozen. Uiteindelijk won een bod van € 3.1 mln., 1.5 mln. onder de directiebegroting van € 4.6 mln. Eind augustus 2011 betrekken de gebruikers het gebouw.

WEadviseurs   http:..www.gprgebouw.nl/start/tabModulePrinten.aspx?berekei

Printen   Export naar excel

| Project: | Schoolgebouw | Opdrachtgever: | Architectenbureau C. Sturm |
| Datum: | 9/22/2009 2:47:03 PM | Gebouw: | Bredeschool Borgvliet |

	Energie	Milieu	Gezondheid	Gebruikskwaliteit	Toekomstwaarde
ambitie	7,0	7,0	7,0	7,0	7,0
score	7,8	7,1	8,4	9,0	8,6

CO_2-emissie (kg/m2) per jaar	Referentiewaarde	Score	CO_2-emissiereductie (t.o.v. referentiewaarde)	
Door energiegebruik	54,0	31,3		42%
Door materiaalgebruik	9,2	7,0		24%
Totaal	63,2	38,3		39%

Consumentenlabel

Bijzondere kwaliteiten:
sociaal veilig
goede milieuzorg
karakteristieke bouw
comfortabel
goede toegankelijkheid

Project: Schoolgebouw --:-- Opdrachtgever: Architectenbureau C. Sturm --:-- Gebouw: Bredeschool Borgvliet --:-- Berekening: Brede School Borgvliet

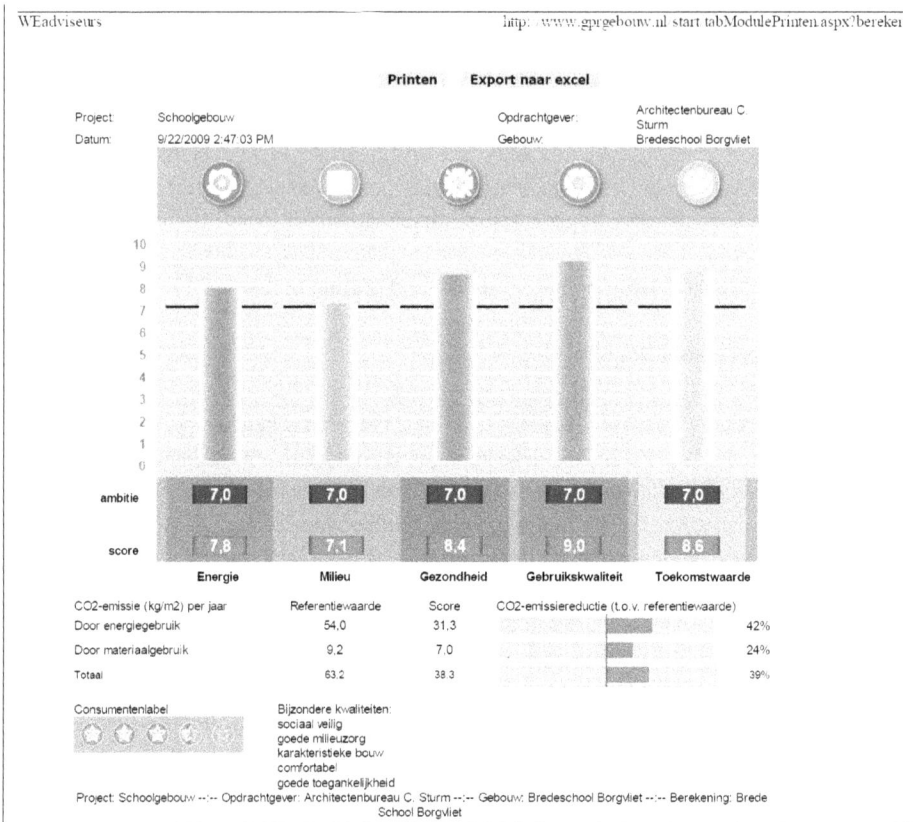

Naast de trajecten met de individuele scholen zijn er ook enkele gemeenschappelijke sessies georganiseerd. Alle betrokkenen en experts werden uitgenodigd. Het ging daarbij over de knelpunten en kansen bij monitoring, GPR in relatie tot Klasse A,B en C.

6. Keuze uit concepten, die staan voor even zoveel benaderingen van het thema duurzame ontwikkeling. De concepten kunnen desgewenst worden aangevuld met andere, zodat de Matrix actueel en op de situatie toegepast gebruikt kan worden. De concepten in hoofdstuk 4 hebben als oogmerk onder meer: inspiratie, richting, focus, draagvlak en vertrouwen. De Brabantse Frisse School is een concept in zichzelf. Als het 'kwartje eenmaal gevallen is' blijkt dit concept aan te slaan en in staat om belanghebbenden te inspireren, richting, draagvlak en vertrouwen te geven. Scholen en gemeentebesturen reageerden vooral positief op het brede karakter dat zich richtte op de buitenruimte, op het binnenklimaat én op het onderwijs. De indruk bestaat bij het Provinciale team dat de meer traditionele deelnemers zoals architecten, bouwers, bouwmanagers, installateurs de meeste moeite met een integrale aanpak hadden. Zij dachten en handelden vooral uit de optiek van het eigen vakgebied waarbij de een esthetiek voorop stelde of de nog binnen te halen euro's, de ander zich vnl. druk maakte over installaties en een derde zich bekommerde om het storten van beton en allen weinig oog hadden voor de 'noden' en behoeften van de anderen. Om dit te doorbreken kunnen vormen van 'anders organiseren' toegepast worden. Voorbeeld hiervan is het werken in integrale bouwteams.

Het concept uit paragraaf 4.9 Natuur als inspiratie is onder de noemer Innovatief Groen expliciet ingebracht in het programma Brabantse Frisse Scholen. Dit concept daagt uit om de kwaliteit van natuur rondom scholen te verhogen (biodiversiteit) en dit te combineren met spelen en lesgeven in een natuurlijke omgeving. E.e.a. resulteerde in het ontwerp van twee natuur leertuinen, natuurlijke inrichting van de directe omgeving van de school in Zijtaart en in vegetatiedaken op de scholen in Bergen op Zoom, Oisterwijk en Waalwijk. Ook werden in Waalwijk en Oisterwijk de plaatselijke natuur en milieuorganisaties bij dit onderdeel betrokken. Het IVN, Natuurmonumenten en het Biodiversiteitsteam.

7. *Het maken van keuzes kan worden vergemakkelijkt door uit te gaan van principes.* In paragraaf 5.8 staat: 'Principes maken het mogelijk dat een proces, project of ontwikkeling op hoofdlijnen aangestuurd wordt, terwijl de invulling en uitwerking met veel vrijheidsgraden decentraal plaatsvindt.' The Natural Step, het concept beschreven in § 4.7 is eveneens één van de voorbeelden van een principebenadering. In het project Brabantse Frisse Scholen zijn evenwel geen expliciete principes geformuleerd. Dat is een gemiste kans: principes volgens welke iedere betrokkene handelt vergemakkelijken de uitvoering en voorkomen dat steeds dezelfde discussie gevoerd wordt. Door ambitiekaarten te ontwerpen, kom je al een eind in de goede richting waar het de doelstellingen van een project betreft. Principes hebben echter betrekking op hoe dat doel te bereiken en dwingen alle betrokkenen om creatief naar oplossingen te zoeken. Principes dragen bij aan zelfsturing door een diverse groep

Chaos → Spontane orde →   Zelfsturing § 4.15

Mensen, individuen, handelen eveneens vaak volgens bepaalde principes – sommigen noemen dat normen en waarden – Gebleken is dat wanneer er één of meerdere *trekkers* aan een project deelnemen, mensen die enthousiast zijn, consistent handelen en initiatief tonen, de kans op slagen groter wordt. Een ambtenaar in Bergen op Zoom, een wethouder in Oisterwijk, een ambtenaar en directeur van de school in Zijtaart, een directeur van een school in Waalwijk waren duidelijk aanwijsbare personen die handelden vanuit herkenbare principes waaraan de andere betrokkenen zich konden spiegelen. Dergelijke sleutelfiguren kunnen andere belanghebbenden inspireren om mee te doen en vergroten de acceptatie van 'nieuwe' dingen, zoals een natuur leertuin of groen dak.

8. *Ben als (regionale) overheid niet te dominant. Stel je bescheiden en dienstverlenend op en profileer je als regisseur en facilitator.* Het project Brabantse Frisse Scholen stond niet toe dat de Provincie zich dominant opstelde. Het opdrachtgeverschap en veruit de grootste investering lagen

bij de gemeente (en de gemeenteraad). De betrokken gemeenteambtenaren ontwikkelden niet hun eerste scholen en brachten veel ervaring mee. Vervolgens waren de toekomstige gebruikers; schoolbesturen en bij MFA's peuterspeelzalen, Natuur Milieu Educatie (NME) centra dominant aanwezig. Apart te vermelden zijn de adviseurs: installatie advies, budget- en tijdsbewaking en de architecten. Zij kunnen, afhankelijk van menstype en leiderschapstijlen, een behoorlijke stempel drukken op ontwerp en uitvoering.

Meer dan genoeg kapiteins op het schip dus. De Provincie bracht de *Mutual Gains Approach* en Methode Holistische Participatie in om consensus te verkrijgen.

Eén van de scholen, BS Anthares in de Kruidenbuurt te Tilburg, had van te voren al een budget toegewezen gekregen en er waren geen afspraken gemaakt over deelname aan het Brabantse Frisse Scholen project. De Provincie en haar adviseurs hebben daar stevig moeten onderhandelen om informatie van de gemeente los te krijgen over ventilatieconcepten, GPR scores en dergelijke. Men voelde zich gecontroleerd en verzette zich daar in eerste instantie tegen. De directeur van de school bood weerstand tegen het inbedden van duurzame ontwikkeling in het onderwijsprogramma. Dit kostte veel tijd en energie. Uiteindelijk is men er in goed overleg uitgekomen waarbij de school duurzame ontwikkeling inpast in het al eerdere ontwikkelde GGD lespakket.

Dit voorbeeld toont het voordeel van een op consensus gerichte aanpak, waarbij partijen de tijd krijgen (en nemen) om aan elkaar te wennen en feiten te delen. Vervolgens komt het vertrouwen en de ruimte om creatief te zijn (experimenteren) bij het ontwikkelen van de school. Als dit niet gebeurt, zoals in de Kruidenbuurt moet er (te) veel tijd en (te) veel energie gestopt worden in het oplossen van problemen die lopende het project opduiken.

9. Streef vanuit een gezamenlijke verantwoordelijkheid naar vernieuwing door middel van deconstructie, te beginnen door de avant garde en gevolgd door de mainstream, tot voorbij het punt waarop de ontwikkeling in de gewenste richting kantelt (tipping point). De scholen – en allen die daarbij betrokken zijn - die deelnamen aan het Frisse Scholen project stonden positief tegenover de benadering. Dat is op zich niet verrassend omdat er tevoren een selectie had plaats gevonden aan de hand van criteria (zie § 16.4) die weliswaar niet terugkomen in de documentatie, maar die door het projectteam geïncorporeerd waren en steeds – al was het maar impliciet – werden toegepast. Soort zoekt soort, luidt het oude gezegde. In dit geval haakten scholen en/of gemeentes, wooncorporaties e.d. af wanneer zij zich niet konden vinden in de benadering. Natuurlijke selectie is een term die hierop van toepassing is en waardoor een avant garde ontstond die door de Provincie tot 'koplopers' bestempeld is en van waaruit – door te laten zien wat er kan – het virus van de Brabantse Frisse School zich dient te verspreiden, een *tipping point* te bereiken en *mainstream* te worden, zodanig – in het gunstigste geval – dat uiteindelijk de Brabantse Frisse School geen predicaat of certificaat meer behoeft maar iedereen in de regio er gevoegelijk van uitgaat dat alle scholen een gezond binnenklimaat hebben, leerlingen en leraren de ramen uit gewoonte open zetten, bij wijze van spreken. Dus tot voorbij het *tipping point*, net zoals gebeurd is met asbakken in auto's die lang geleden op de weg werden geleegd, vervolgens leegden mensen hun asbak in een zakje wat in de vuilnisbak belandde en inmiddels rijden er steeds minder auto's rond waarvan de asbak gebruikt wordt, aangezien roken, en zeker roken in de auto, naar de marge verdwijnt.

Een niet onbelangrijke observatie is dat ook bij de koplopers het budget een cruciale rol speelde bij het nemen van beslissingen, zodat niet altijd gekozen werd voor de *champions league*: klasse A. Geen van scholen koos ervoor om de kwaliteit van de binnenlucht naar Klasse A te verheffen. Op basis van de opgedane ervaringen rijst dan ook de vraag of streven naar klasse A wel realistisch is. Bij de meeste scholen was extra budget nodig om de maatregelen te nemen die naar het niveau van Klasse B leiden. Het toepassen van groen (zoals de insectenwand, natuur leertuinen en vegetatiedaken) werd veelal als luxe en kostbaar ervaren. Voor dergelijke innovaties blijkt het zinnig om experts uit te nodigen en de betrokken partijen te 'letteren'. In dit geval toonde een van de experts Stef Janssen aan dat, mits geïntegreerd in het ontwerp, groene daken en ander innovatief groen niet tot kostenverhogingen leiden. Vooral niet wanneer de inverdieneffecten meegerekend worden. Met beperkte financiële steun werd de laatste weerstand weggenomen. Concepten die hier ondermeer van toepassing zijn, zijn: In het cluster gedrag:

Veiligheid & Zekerheid → Risico nemen → Innovatie (§ 4.4)

Met betrekking tot technologie:

Einde van de pijp > aanpak aan de bron → Milieubewust ontwerpen (§ 4.8)

Met betrekking tot besluitvorming:

Ecologisch ongeletterd →   Ecolutie → Duurzame gemeenschap (§ 5.2)

10. Voortdurend investeren in en inzetten op innovatie.

Het hele Brabantse Frisse Scholen programma is gebaseerd op innovaties die gecombineerd met de 'persoonlijkheden' ofwel cultuur van de scholen tot een gezond binnenklimaat en bewustwording moeten leiden. Deze vernieuwingen op technologisch, besluitvormings- en gedragsterrein klinken door in het gebouw, de buitenruimte, het onderwijs en verandert het gedrag van de gebruikers van de accomodaties. En passant, want noodzakelijk om het geheel tot een goed eindresultaat te brengen, worden andere wijzen van aanbesteding, financiering en participatie toegepast. Maar als de school gerenoveerd is, of gebouwd, wanneer het lescurriculum aangepast is en de gebruikers zich bewust zijn van hun gedrag en gewoontes en deze in lijn brengen met de filosofie van Allemaal Winnen, betekent dat niet dat men 'klaar' is. Duurzame ontwikkeling is een panta rhei. Om Kolb nogmaals aan te halen:

Verbetering → Vernieuwing → Ontwikkeling (§ 5.15)

Men dient steeds alert te zijn om niet terug te vallen in oude gewoontes en op tijd deconstructie te plegen, voordat verkalking het retour naar destructie inzet. Om in de gaten te houden hoe de hazen lopen, welke kanten de kikkers in springen en waarheen men koerst, kan de Allemaal Winnen matrix als kompas dienen. Het is een manier om te monitoren. De Provincie organiseerde een bijeenkomst over het monitoren van Brabantse Frisse Scholen, met andere woorden: Hoe blijf je fris en hoe meet je dat? Deze bijeenkomst werd gehouden op 30 november 2010 rondom thema's. Een van de thema's betrof de vergelijking tussen het Programma van Eisen (PVE) van het ministerie van VROM (met een indeling in klasse A, B en C) en toetsingsinstrument GPR gebouw. Naar voren kwam dat de klasse indeling zich vrij eenzijdig richt op het binnenklimaat en andere aspecten onderbelicht laat[460]. Ook kwamen de leemtes van GPR gebouw aan de orde en werd er gepleit voor uitbreiding met een monitoringsmogelijkheid voor het groen in de buitenruimte (natuurkwaliteit of biodiversiteit)

Verbreden en opschalen
De derde fase van de in dit proefschrift ontwikkelde benadering is verbreden en opschalen. Van belang hiervoor zijn een goede archivering en analyses van de individuele cases in een zodanige vorm dat het overdraagbaar wordt. Een voorbeeld is de manier waarop het Agentschap NL met *factsheets* projecten vastlegt[461].
Met betrekking tot de hier beschreven casus is, tegen de *deadline* van dit proefschrift, nog onduidelijk hoe in de regio Noord-Brabant meer Brabantse Frisse Scholen te krijgen. En wat de Provincie hieraan gaat doen. Of de Provincie hier iets aan gaat doen? Er ligt een nieuw bestuursakkoord waarin geen plaats is voor een vervolg op het Brabantse Frisse Scholen programma. In het laatste jaar 2010 (en een stukje van 2011) werd al door het management van de provincie op diverse posten gekort, o.a. de handleiding voor het onderwijs en voor de bouw zijn geschrapt. Er is een website www.Brabantsefrissescholen.nl gemaakt maar die wordt niet bijgehouden. Ondanks inspanningen van het provinciale projectteam is het duidelijk dat het bestuur en management niet verder wil bijdragen aan verbreden en opschalen. Er zijn gesprekken met de GGD Hart voor Brabant en met de stichting VIBA-expo over afdracht van al het materiaal. Beide organisaties kunnen de opschaling dan in de praktijk vormgeven. De gedachte van vijf koplopers, regionaal gespreid waar men ervaringen op kan doen, gecombineerd met een fysiek of virtueel verzamelpunt waar alle kennis gebundeld aanwezig is, lijkt een aantrekkelijke manier om bij te dragen aan de verbreding van het concept.

---

460 De ervaring van Architect Geert Timmermans is dat bij scholen die klasse B hebben er vaak andere klachten ontstaan door te droge lucht in de lokalen aan ogen. Verslag projectgroep Brabantse Frisse Scholen, interne notitie Provincie Noord-Brabant, 11 maart 2010
461 Zie voor een beschrijving van de basisschool de Waterhoef uit Oisterwijk, www.agentschapnl.nl/sites/default/files/bijlagen/anl0114_11_factsheet_Waterhoef_02.pdf, 29 april 2011

16.6   Tussenconclusie

De Ecolutie werkwijze heeft vijf koploperscholen verspreid over de regio Brabant opgeleverd. Scholen die als voorbeeld voor anderen kunnen dienen die willen bouwen of renoveren.

De Provincie is door alle belanghebbenden als regisseur, verbinder en facilitator erkend. Zij heeft netwerken ontsloten, experts geïntroduceerd en MGA/MHP processen uitgevoerd en mede bijgedragen aan innovatie, aan de acceptatie ervan en aan het verduurzamen van de koploperscholen

Het concept van de Brabantse Frisse Scholen: buitenruimte vergroenen, gebouw verbeteren, duurzame ontwikkeling in lesprogramma is door alle belanghebbenden overgenomen en in een ambitiekaart vastgelegd. De praktijk zal moeten uitwijzen in hoeverre de drie aspecten ook werkelijk 'tot wasdom' zullen komen. Feit blijft dat het gedrag van mensen en organisaties uiteindelijk het slagen van een verandering bepalen. Wanneer een programma zoals het hier beschrevene meerdere actoren op verschillende momenten betreft, blijkt het raadzaam om prioriteiten voor het totaal en per individueel project op te stellen. De inzet van ambitiekaarten of principes maakt het mogelijk om ook in een later stadium – wanneer de school al begonnen is met nieuwbouw of renovatie – de neuzen in dezelfde richting te krijgen en houden.

Er blijkt in de praktijk van het basisscholen bouwen maar beperkte hoeveelheid kennis en ervaring aanwezig te zijn (bij alle betrokkenen; gemeenten, architecten, bouwers etc) over duurzame ontwikkeling. Om de ambitie van een Brabantse Frisse School waar te kunnen maken zijn meerdere partijen nodig die bewezen ervaring hebben op het gebied van integraal denken en doen. De casus Borgvliet laat zien dat verduurzamen niet 'meer geld hoeft te kosten'. Alhoewel deze MFA al in het stadium van 'voorlopig' was en dus pas laat in het programma stapte is het toch nog gelukt het ontwerp aan te passen waarna het aan de GPR eisen voldeed. Uiteindelijk is het gebouw voor een aanzienlijk lager bedrag dan begroot gerealiseerd.

Het onderdeel verkennen van de Ecolutie werkwijze is succesvol toegepast; er bleek urgentie bij de politiek / bestuur, zij kozen voor het thema 'gezondheid op basisscholen', er was een GGD onderzoek gericht op het verzamelen van feiten, een werkatelier zorgde voor een netwerk en bracht mogelijke oplossingen in beeld. Partijen, waaronder de Provincie hebben op basis van wederzijds respect samengewerkt, kennis ingebracht en gedeeld.
Het onderdeel experimenteren van de Ecolutie werkwijze is redelijk succesvol toegepast. Er zijn scholen bereid gevonden als koplopers mee te doen. De Provincie was regisseur, bracht experts in en voerde een geslaagde MGA uit. Lopende het traject is het beschikbare budget verlaagd. Deze besluiten hebben het experiment verzwakt en maakten de Provincie tot een minder betrouwbare partner. Het idee om ambitiekaarten te ontwerpen en ondertekenen werkt uitstekend. Deze stap, ambitiekaarten ontwerpen, kan toegevoegd worden aan de Ecolutie

werkwijze. Uit de praktijk blijkt dat het nuttig is en misverstanden voorkomt als de betrokken partijen gezamenlijk hun doelen en subdoelen definiëren. In de plaats van ambitiekaarten kunnen ook principes vastgesteld worden. Van de aanvankelijke doelstelling om tijdens de experimenteerfase drie voorbeeldscholen en de aanzet tot twintig frisse Brabantse scholen te realiseren, is een mix ontstaan: er zijn nu – voorjaar 2011 – vijf voorbeeldscholen (sommigen nog onderweg) en geen nieuwe aanzetten bekend.

Het onderdeel verbreden en opschalen van de Ecolutiewerkwijze is bij dit programma niet echt uitgevoerd. Het ontwikkelen en bouwen van een basisschool of een MFA is een langdurig proces en loopt meestal niet in de pas met de vierjarige bestuurlijke termijn van de Provincie.

Het samenwerken van de Provincie met een kennisinstelling als de GGD Hart voor Brabant en een ngo als het Astmafonds is uitstekend verlopen. De inbreng en samenwerking werd als 'verfrissend' ervaren. De samenwerking maakte een integrale benadering mogelijk, zorgde voor extra kennis en maakte sponsoring mogelijk. Ook besluiten scholen en gemeenten eerder te participeren als er sprake is van een dergelijke alliantie.

De toegepaste wijze van besluitvorming – MGA/MHP – brengt mensen bij elkaar en blijkt te inspireren en bevordert de integrale benadering omdat deelnemers zich tijdens het proces in elkaar leren te verplaatsen waardoor ruimte ontstaat voor andersoortige oplossingen. Het is essentieel dat alle belangen, ook de P van *Profit* aan tafel verschijnen. Steeds blijkt echter weer dat mensen het moeilijk vinden om integraal naar een situatie te kijken en vaak in hun eigen discipline blijven hangen..

Wat goed is gegaan, is de samenstelling van de teams. Steeds zijn alle belanghebbenden betrokken geweest bij de 'verfrissing' van hun school. En door de (voor)selectie stonden al deze mensen positief tegenover het gedachtengoed van Brabantse Frisse Scholen. Al hoort ook hier de kanttekening dat de vertegenwoordigers (van het Astmafonds, van de school, van de gemeente et cetera) net als de Provinciale ambtenaren niet steeds voldoende mandaat van hun organisatie hadden, hetgeen verwarring over afspraken en niet na (kunnen) komen van beloften tot gevolg had. Het projectteam Brabantse Frisse Scholen bestond uit medewerkers van het Astmafonds, de GGD en de Provincie. Dit had tot voordeel dat zij elkaar en elkanders' organisaties steeds beter leerden kennen en gezamenlijk praktijkervaring opdeden, zodat niet steeds opnieuw het wiel hoefde te worden uitgevonden. Individuele scholen en de gemeentes waar zij zich bevinden, leverden mensen uit hun gremia die situatie specifieke kennis inbrachten.

Deel VII. Resultaat van het onderzoek

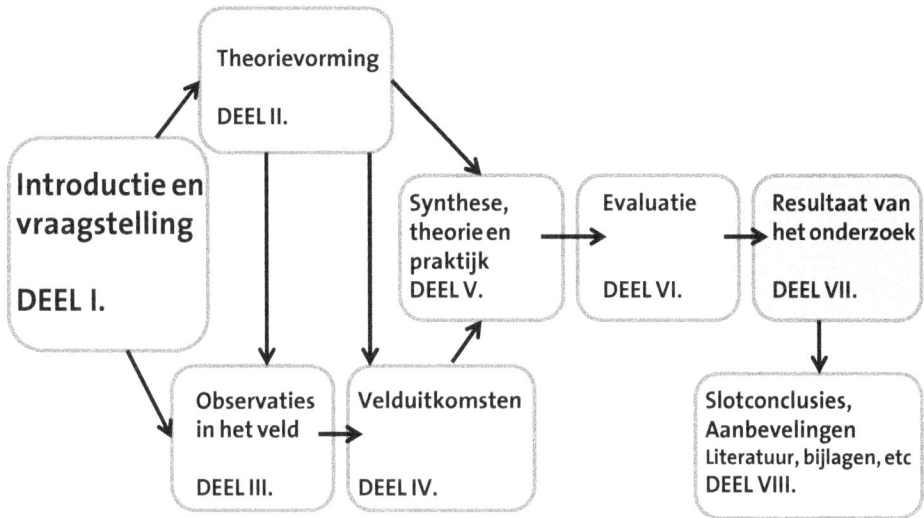

Er zijn ruwweg twee manieren om tot dieper inzicht van complexe samenhangen te komen: systematische versimpeling van ingewikkelde verbanden en het uitlichten en verder uitwerken van bepaalde onderscheidende kenmerken van systemen. Het gebruik van de 3x3 Allemaal Winnen Matrix is een versimpeling die vragen uitlokt en uitnodigt tot vergelijking. In welke ontwikkelingsfase bevindt een bepaalde gemeenschap zich? Welke concepten kunnen ingezet worden om een meer duurzame, regionale ontwikkeling te bevorderen? Hoe krijg je vastgeroeste scharnieren in beweging? Wat kunnen we van anderen leren?
Alle concepten vormen in zichzelf ook weer een matrix. In feite is het hele proefschrift een matrix. Zo komen de thema's democratie, systeem en matrix in diverse hoofdstukken voor. De elementen vormen samen een lopend vehaal dat dwars door de gekozen structuur heen loopt en daardoor alleen al zorgt voor ontregeling en nieuwe dynamiek. Dynamiek die leidt tot verandering.

De twee-dimensionale Allemaal Winnen Matrix (gedrag, besluitvorming, technologie/destructie, deconstructie en constructie) kan met één dynamische dimensie worden uitgebreid: de werkwijze (verkennen, experimenteren en opschalen). Deze vult een hiaat dat, zeker in Noord-Brabant (NL), manifest is. Het bestuur van deze provincie is doorgaans goed in het formuleren van visies en het beschikbaar stellen van geld voor de verwezenlijking daarvan. Tussen die twee beleidspolen raakt de Provincie echter regelmatig de weg kwijt, als die er al is.

Ambtenaren weten de politieke visie niet goed te effectueren. Politici weten vaak niet hoe ze optimaal gebruik kunnen maken van de aanwezige denk- en doe-kracht. Iets soortgelijks geldt voor de overige stakeholders: bedrijven, milieu-organisaties, venture capitalists, etc.

Alle betrokken partijen zoeken naar hun rol in een veranderende omgeving, vol onzekerheid, complexiteit en chaos. Met een directief beleid bereik je in zo'n wereld niets. Met een ontwikkelingsbeleid van onderop maak je meer kans. We hebben het dan over zelf-organiserende systemen, zonder coördinatie, die opereren aan de hand van simpele, elkaar versterkende principes. Improvisatie en experiment voeren hier de boventoon, maar niet nadat de omgeving eerst goed is verkend. De regionale overheid kan optimale condities scheppen en gemeenschappen met elkaar verbinden. Het is echter niet meer het aanspeelpunt voor ieder collectief probleem. Elke community regelt zijn eigen zaken. Niet op basis van evenredige vertegenwoordiging, maar direct van mens tot mens. Hierbij kan gebruik gemaakt worden van bestaande processen als de Methode Holistische Participatie (MHP) of de *Mutual Gains Approach* (MGA). Even overkoepelend en overstijgende methodiek is de door ons ontwikkelde *Joint Effort Society,*

17. Vijf deelvragen beantwoord

'I shall not give you a "systematic" presentation.
A systematic presentation removes ideas from the
ground that made them grow and arranges them
in an artificial pattern' (Paul Feyerabend)

Leeswijzer

In dit hoofdstuk worden de vijf deelvragen van de Vraagstelling beantwoord.

Inleiding

De apotheose van een lang avontuur, dat gelijk opliep met ingrijpende veranderingen in de economie, het milieu en de samenleving. Veranderingen die je kon voelen, maar waar je onmogelijk de hand op kon leggen. Net zomin als op CO_2, PM10 (fijn stof), PM2.5 (een fijnere fractie fijn stof), PM0.1 (ultra fijn stof), ozon, zure regen en zwarte gaten. Achteraf bezien ging het over de vaak verwaarloosde P van *People*. Om precies te zijn over het vermogen tot zelforganisatie en zelfsturing. De oude directieve en paternalistische manieren om mensen aan te sturen, werken niet meer. Zelfs de representatieve democratie staat op losse schroeven. Mensen laten zich niet meer vertegenwoordigen door de eerste de beste voortijdige schoolverlater die een mooie babbel heeft. De vakbeweging heeft zich te lang koest gehouden en is als een tandenloze, oude hond langs de kant van de weg achter gelaten. Om het top-management van grote bedrijven hangt een geur van boekhoudschandalen en vette bonussen. En zo kunnen we nog wel even doorgaan. Mensen willen het liefst alles zelf doen. Of in elk geval het gevoel hebben dat er naar hen geluisterd wordt. Dat bestuurders ook echt besturen en ondernemers ook echt ondernemen, dat werknemers ook echt iets te nemen hebben.
Uit deze mengeling van sentimenten komt een nieuw sturingsmodel te voorschijn, dat is te typeren als een mix van keuzevrijheid en governance. Keuzevrijheid heeft zijn *roots* in 1776 liggen. In dat jaar verscheen *The Wealth of Nations* van Adam Smith. Diens voornaamste inzicht was volgens de monetarist Milton Friedman 'dat de twee partijen die bij een transactie betrokken zijn daar beide profijt van kunnnen hebben. Sterker: 'Zolang de samenwerking maar strikt vrijwillig is, zal er geen deal plaatsvinden tenzij beide partijen erop vooruitgaan. Aldus Friedman in zijn meesterwerk, *Free to Choose* uit 1980.
In 1776 verscheen nog een invloedrijk werk, namelijk *the Declaration of Independence,* de Amerikaanse Onafhankelijkheidsverklaring, van Thomas Jefferson. Hierin werd een nieuwe natie geproclameerd, 'de eerste in de geschiedenis die is gebaseerd op het principe dat elke persoon het recht heeft om zijn eigen waarden na te leven'[462] Een opvatting die een eeuw later in veel extremere bewoordingen werd overgenomen door John Stuart Mill, in 1980 door Friedman en letterlijk op dezelfde wijze in 2008 door Thaler & Sunstein in hun bestseller

---

462 Milton and Rose Friedman, Free to Choose, Penguin Books, 1980, blz. 19 en 20.

Nudge.[463] Laatstgenoemden lengen Friedman aan met een flinke dosis paternalisme. Wij komen in deze studie uit op een mengsel van Mill en *governance*. *Governance* in de betekenis van: het vermogen van stakeholders (direct betrokkenen) om te zoeken naar gezamenlijk geaccepteerde oplossingen voor problemen of vraagstukken en er ook samen voor te zorgen dat die worden uitgevoerd.[464] In dat licht moeten ook de Brabantse experimenten worden bezien.

17.1 Deelvraag 1

Deelvraag 1. Wat heeft de provincie Noord-Brabant in het kader van duurzame ontwikkeling gedaan en nagelaten?

Het onderzoek richtte zich op de regionale overheid, i.c. de provincie Noord-Brabant, en bestreek de periode 1999 - 2011. De in dit onderzoek geanalyseerde Provinciale initiatieven betreffen de thema's duurzame ontwikkeling, innovatie en samenwerking met belanghebbenden uit de regio.

De wapenfeiten:
1. De Provincie sloot in de periode 1999 - 2011 drie bestuursakkoorden waarbij sterke aandacht was voor duurzame ontwikkeling; echter vooral met betrekking tot economische en milieu aspecten (ontkoppeling). De Provincie zocht in deze periode contact met de samenleving. Van 1999 - 2002 met belangenorganisaties: werkgevers, vakbeweging, ZLTO (verenigd in het Sociaal Economisch Overleg Brabant) en de Brabantse Milieufederatie. Veel studies. Gevolgd door een subsidieprogramma, vooral gericht op kleinere projecten. Met de uitwerking van de Integrale Strategie Milieu werkte de Provincie toe naar een meer integraal (omgevings)beleid. En ten slotte (in de periode 2007 - 2011) proeftuinen, vernieuwingen op locaties met betrokkenen en met concrete resultaten.
2. Een groep schrijvers en denkers nam[465] het initiatief tot Brabant 2050. Het provinciale bestuur sloot zich hierbij aan. Een concreet resultaat betrof de oprichting van het Brabants centrum voor duurzaamheidvraagstukken Telos in 1999. Meerdere zogenoemde duurzaamheidbalansen ('hoe duurzaam ontwikkelt de provincie zich') worden door Telos gemaakt.
3. In tussenconclusie van hoofdstuk 6 wordt gerept van de Strategische Agenda (SA) als een eerste proeve in 'andere besluitvorming'. Niet alleen voor de Provincie, ook voor de overige betrokkenen. Daarnaast was het een van de eerste schreden op het pad van een integrale benadering van economie, ecologie en mens. In tussenconclusie van hoofdstuk 8 wordt de Integrale Strategie Milieu bestempeld een stap in de richting van andere besluitvorming en een poging tot veranderend gedrag door

---

463 Thaler & Sunstein, Nudge, Penguin Books, 2008.
464 Zie ook:Hans Jeekel, De Auto-afhankelijke Samenleving, blz. 434, '*Governance capacity is the capacity of stakeholders to search for joint accepted solutions and to really make them happen*'.
465 Ten grondslag aan het Manifest liggen tien degelijke, deels wetenschappelijke essays over de toekomst van Brabant. Daarop hebben de ondertekenaars een toekomstvisie geënt.

de regionale overheid: niet van bovenaf de samenleving met regels en wetten besturen, maar met de samenleving zoeken naar oplossingen voor vraagstukken.

De Provincie kiest ervoor om te sturen op principes en voor subtiel, op indirecte wijze, richting geven aan de ontwikkelingen die zij beoogt. Behartigers van deelbelangen en andere betrokkenen voelen zich serieus genomen en gaan zich daarnaar gedragen.

4. Tussenconclusie van hoofdstuk 12: De praktijkvoorbeelden in deel III van dit proefschrift onderscheiden zich door een behoorlijke participatie van betrokkenen, vooral vanuit het bedrijfsleven, belangenorganisaties en ngo's.

Wat de Provincie nagelaten heeft:

1. Opvallend was ook de aandacht voor economie en milieu in de praktijkvoorbeelden en de zeer bescheiden aandacht aan sociale en sociaal-culturele aspecten. De mogelijke effecten van Brabantse activiteiten op mensen buiten de regio werden volstrekt genegeerd.

2. Eveneens uit de tussenconclusie van hoofdstuk 12: Waar het in de Noord-Brabantse veldoefeningen aan lijkt te schorten is daadkracht om te komen tot implementatie, niet aan een tekort aan techniek of technologie. Veel goede voornemens stranden voortijdig en als er al iets wordt uitgevoerd dan is dat ad hoc en niet als onderdeel van een integraal beleid.

3. Alle drie de bestuursakkoorden leidden tot nieuwe initiatieven. Wel aandacht voor het thema duurzame ontwikkeling, maar te weinig continuïteit in de uitvoering. Te weinig tot nauwelijks aandacht voor leren. De Integrale Strategie Milieu werd in de daarop volgende bestuursperiode meteen afgeschaft. Het programma Schoon Brabant, met de proeftuinen, kreeg maar een beperkt vervolg. Voor een deel is dit 'hap snap beleid' te verklaren door politieke keuzes en de politieke termijn van vier jaar.

4. De provinciale initiatieven kenden een beperkte tijdshorizon van vier jaar. Er was geen inzet om de ervaringen / opgedane kennis te benutten. Er vond nauwelijks tot geen opschaling plaats van behaalde resultaten. De tussenconclusie van hoofdstuk 7 spreekt voor zich: De vooraf uitgewerkte structuur van 'Naar een Duurzaam Brabant' heeft maar beperkt gewerkt. De Duurzaamheidraad en het Programma (inclusief werkateliers) zijn samen opgezet maar hebben los van elkaar geopereerd. De Duurzaamheidraad heeft te kort gefunctioneerd om echte resultaten te kunnen boeken. Na één bestuursperiode is de raad opgeheven. Er heeft geen evaluatie plaatsgevonden. Er vallen geen harde uitspraken te doen over de vraag of de Provincie bijgedragen heeft aan het verschuiven van duurzame ontwikkeling naar de "staande maatschappij". Temeer omdat de regionale overheid zich na afloop van het bestuursakkoord heeft teruggetrokken. Hieruit blijkt dat een horizon van vier jaar (ofwel, de levensduur van een politieke coalitie) te kort is om de Provincie als *change-agent* voor duurzame ontwikkeling aan te wijzen.

5.   Het werken met belanghebbenden (de samenleving) ging teveel op basis van het oude provinciale hiërarchische denken ('vanuit de toren', 'wij bepalen'). Niet gericht op (echt) samenwerken, geen onderkenning van de ander als partner. Terwijl dit wel van belang is omdat de partners – bedrijfsleven, maatschappelijke organisaties - veel kennis en kunde in huis hebben en kunnen zorgen voor een multipliereffect.

6.   Weinig betrokkenheid van maatschappelijke organisaties (m.u.v. Brabantse Milieu Federatie), van universiteiten (m.u.v. Telos) en van kennisinstellingen (wel ingehuurd als consultants).

7.   Succesvolle projecten opschalen en verbreden is tot op heden niet gelukt. Die successen staan bovendien niet onbetwist vast. Er is geen goede methode ontwikkeld om te monitoren.

17.2   Deelvraag 2

Deelvraag 2. Waarom is de visie van een duurzame, regionale ontwikkeling in Noord-Brabant nooit gerealiseerd?

1.   De Provincie richt zich met haar beleid op de gehele provincie. Dat geldt ook voor het beleid t.a.v. van duurzame ontwikkeling. In de periode 1998 - 2011 is een duurzame regio steeds het oogmerk van beleid geweest. Geconcludeerd moet worden dat dit doel bij lange na niet is gehaald. Sterker: er is niet eens een begin mee gemaakt.

2.   De Provincie start legio projecten en neemt aan de lopende band initiatieven, maar die lopen steevast na een beperkte periode al weer af. De financiering is hier op afgestemd. Die is dus eveneens beperkt en eindig, wat een echte take-off bemoeilijkt.

3.   Met het convenant Strategische Agenda (1998-2002), het programma Naar een Duurzaam Brabant (NDB, 2002 - 2006) en de Integrale Strategie Milieu (2003 - 2007) wilde de Provincie bijdragen aan het verduurzamen van de regio. Uiteindelijk werden slechts de betrokken belangenorganisaties (bij de Agenda) of diegenen die subsidies kregen (in het geval van NDB) bereikt.

4.   Het programma Schoon Brabant (proeftuinen, 2007 - 2011) van de Provincie richtte zich op het tot stand brengen van concrete innovaties op één locatie (een weg, een nieuwbouwwijk, een herstructureringswijk). Er zijn middelen ingezet om over de behaalde resultaten te communiceren. Er is echter niets gedaan om anderen aan te zetten om ook te innoveren.

5.   Er is door de Provincie geen poging ondernomen om na afloop van de initiatieven in te zetten op het verspreiden van kennis en ervaringen naar anderen in de regio. Evaluaties zijn slechts in beperkte mate uitgevoerd. Indien toch geëvalueerd werd, dan was dit uitsluitend bedoeld voor de direct betrokkenen.

6.   De direct betrokkenen bij de onderzochte provinciale projecten wilden vrijwel altijd verder gaan met het initiatief. De Provincie echter niet.

7. De conclusie lijkt gerechtvaardigd dat de Provincie geen verbreding of opschaling wilde. De aandacht ligt vrijwel uitsluitend op het 'scoren' in de eigen periode. Wel was er in de onderzochte periode een sterke aandacht voor duurzame ontwikkeling. Noord-Brabant kende als provincie een vrij stabiel bestuur. In de periode van 1998 tot en met 2011 was er dezelfde coalitie die het bestuur vormde. Ieder nieuw bestuur koos voor een nieuw initiatief. Duurzame ontwikkeling betekent vooral een inzet plegen met een langere tijdshorizon. Hiervan zou de Provincie zich meer bewust moeten zijn.

8. Bij de conclusies wordt stevige kritiek geuit op 'de Provincie'. Niemand wordt persoonlijk aangesproken. Niemand voelt zich aangesproken. Ook de hoogste ambtenaren niet, die niets blijken te leren van de vierjaarlijkse verspilling die het gevolg is van het abrupt stoppen van beleid dat nog geen vier jaar daarvoor werd aangekondigd en dat steevast net begint te lopen als de volgende Gedeputeerde zich klaarmaakt om het stuur over te nemen.

9. De verkoop van het Provinciale energiebedrijf Essent werd meteen in euro's vertaald. Dit staat in schril contrast tot het prijsloze falen van alle provinciebesturen van Noord-Brabant sinds 1998. Prijsloos is hier niet hetzelfde als kostenloos. Kosten zijn er wel, alleen zijn die verborgen.

17.3   Deelvraag 3

Deelvraag 3. Wat kunnen bestuur en stakeholders van de provincie Noord-Brabant doen om een evenwichtige economische, ecologische en sociaal-culturele ontwikkeling te realiseren, zonder dat dit ten koste gaat van anderen in ruimte en tijd?

Uit de beschrijving van de context en de geraadpleegde literatuur groeit het inzicht dat een regionale overheid reeds in gang gezette ontwikkelingen slechts in beperkte mate kan (bij)sturen, hetgeen echter niet inhoudt dat deze overheid niets kan of hoeft te doen. Aan de andere kant heeft de Provincie in het Europa van de regio's veel meer ruimte voor beleidsontwikkeling, beleidsuitvoering en politiek-maatschappelijke profilering dan de bestuurders beseffen. Dit proefschrift reikt vooruit naar wat nog komt: het primaat van de regio bij de ontwikkeling en uitvoering van gemeenschapsbeleid, c.q. *governance capacity*.

De provincie als bestuurslaag staat dicht bij de burger én bij Den Haag (het Rijk) en Brussel (Europa). Deze positie maakt van de democratisch gekozen (regionale) overheid een geschikte partij om samen met de spelers in het veld een overkoepelende visie te ontwikkelen: Waar willen we heen? Hoe ziet de wereld eruit waarin wij willen leven? Als je A zegt, moet je ook B zeggen. Als je samen iets bedenkt en je hebt de capaciteit om het ook uit te voeren, dan moet je dat doen.

Verandering begint met een verhaal. Een mythe, een filosofisch kader waarbinnen de mens zich een voorstelling kan maken van het pad, de kronkels en zijwegen, maar vooral van de richting. De verandering die wij voorstaan heet 'duurzame ontwikkeling'. Of duurzame ontwikkeling plaatsvindt, heeft sterk te maken met drie pijlers: het gedrag van de individuele mens, organisaties en overheden, technologie en de wijze van besluitvorming. Waar op de duurzame weg een gemeenschap zich bevindt, beschrijven we in fasen: destructie, deconstructie en constructie.

Bij een evenwichtige ontwikkeling van de 3 P's (*people, planet en profit*), zonder af te wentelen op volgende generaties, heeft ieder mens baat. Daarom opperen we voor het grote verhaal de titel 'Allemaal Winnen'.

Allemaal Winnen (Mutualisme) is het gemeenschappelijke doel in de 21ste eeuw. Het komt in de plaats van Allemaal Verliezen (competitie, concurrentie, vrije werking van de markt) die de 20ste eeuw beheersten, alsmede van Parasitisme (de één zuigt de ander leeg en maakt hem net niet kapot, want hij wil er zo lang mogelijk van profiteren) en Commensualisme (de één wint, de ander verliest niks), die van alle tijden zijn.

Uiteindelijk gaat het erom dat we naar betekenis zoeken. Een groot verhaal dat iedereen begrijpt geeft richting aan een complexe samenleving. Door opdrachten te verstrekken aan onafhankelijke denkers om een essay te schrijven, film of presentatie te maken die de geesten losklopt, alvorens partijen samen aan het werk gaan, stimuleert een regio het denken en de geletterdheid van de deelnemers. Partijen samen formuleren het grote verhaal waarbinnen de ontwikkeling zal passen. Een verhaal dat hen inspireert en enthousiast maakt, waardoor de kans van slagen toeneemt. De rol van regisseur of scenarioschrijver is hier van toepassing op de regionale overheid, evenals die van coach. Het werken met verhalen wordt aangeduid als de discours analytische benadering.

De taak van (regionale) overheden, zo toont deze studie aan, is te omschrijven als het verbinden, stimuleren en coachen van burgers, bedrijven en instellingen. Kennis ontsluiten, vaardigheden verspreiden die mensen helpen zich aan te passen in veranderende omstandigheden en hen weerbaar maken, vallen onder een dergelijke taakomschrijving. Innovatie aanjagen, ruimte geven voor experimenten, maar ook dissidenten en verzet openlijk toelaten, zodat deconstructie verkalking voorkomt en risico's omgebogen worden tot kansen. Innovatie gedijt het best in een diverse samenleving, een wereld van verschil. Voor verschil is vrijheid nodig.

Het begrip innovatie moet hier ruim worden opgevat. Nieuwe, baanbrekende initiatieven vallen er onder, maar ook slimme manieren van organiseren, financieren en samenwerken.

De Provincie zou zich kunnen specialiseren in het creëren, onderhouden, voeden, opporren en mixen van netwerken. Nieuwe partnerschappen creëren om gezamenlijk urgente maatschappelijke vraagstukken integraal op te lossen. Er is ervaring met en kennis van zowel de *Mutual Gains Approach* als de Methode Holistische Participatie in het Brabantse provinciehuis aanwezig. Daarnaast kent de regionale overheid haar 'pappenheimers'. Ze weet welke experts uitgenodigd kunnen worden om mee te denken, wie er betrokken zijn en mogelijk bezwaren opperen tegen de ontwikkeling of er juist baat bij hebben. Partnerschappen staan voor langdurige commitments. Op partners moet je kunnen bouwen, die moet je blind vertrouwen. Bij privaat-publieke samenwerking is het bijvoorbeeld usance dat de overheid belemmeringen wegneemt. Enkele belemmeringen zijn: extensieve regelgeving, ecologische ongeletterdheid, de kwetsbaarheid van innovatieve nichespelers. Ook de huidige wijze van financiering, van woningen of decentrale energieproductie werkt vaak belemmerend. Soms kan een extra zetje in de vorm van subsidie of voorfinanciering een maatregel mogelijk maken die anders achterwege zou blijven. De Provincie als aanjager. In alle bovenstaande gevallen dient echter rekening te worden gehouden met de vierjaarlijkse stoelendans der politieke partijen, waardoor programma's onderbroken worden en projecten geen vervolg krijgen. Evaluaties worden niet meer gedaan en rapporten met waardevolle inzichten verdwijnen in dossierkasten. De tijdshorizon van de politiek is simpelweg te kort om langdurige ontwikkelingen consistent te blijven volhouden. In dit proefschrift wordt daarom gepleit voor de 'uitplaatsing' van proeven, experimenten en innovaties die betrekking hebben op duurzame ontwikkeling naar een Ecolutie Centrum, dat los van de waan van de dag ontkiemende ontwikkelingen kan blijven ondersteunen en werken aan de verbreding en opschaling van geslaagde experimenten, deze evalueren en monitoren, totdat de marge *mainstream* wordt.

Voor de uitvoering van de eensgezind genomen besluiten kunnen de betreffende partijen ook een gezamenlijke onderneming oprichten. Dat mag ook een netwerkbedrijf of een productiecoöperatie zijn. De tussenconclusie van hoofdstuk 3 bevat niet voor niets de wijze raad dat gezamenlijk genomen beslissingen en gedragen veranderingen meer kans krijgen om op te bloeien dan compromissen van strijdende partijen.

Het voordeel van een Ecolutie Centrum is dat het in deze studie ontwikkelde ideeëngoed beter tot z'n recht komt en verder door ontwikkeld kan worden. Duurzame ontwikkeling is een nogal complex fenomeen. Voor het ondernemen van concrete acties kan de door ons ontwikkelde Allemaal Winnen Matrix z'n nut bewijzen. Met op de ene as de fasen destructie, deconstructie en constructie en op de andere as gedrag, besluitvorming en technologie. De Matrix is behalve compas ook een soort jukebox vol concepten voor praktische mensen die makkelijk verbanden zien en zich bewust zijn van de Kracht van de Matrix als analyse-instrument. Met één oogopslag zie je de witte plekken in een veranderingsaanpak. Welke ideeën, concepten of theorieën komen in aanmerking om de betreffende gaten te vullen? De Matrix kan ook bijzonder gemakkelijk worden ingepast in een discours analytische benadering.

Conclusies:

1. Als je per se ergens naar toe wilt en de weg links om is versperd, dan ga je, als je slim bent, rechtsom of rechtdoor. Als je als (regionale) overheid invloed op het gedrag van mensen wil uitoefenen, doe je iets soortgelijks. Je beweegt mee, je delibereert en biedt en passant je diensten aan als facilitator, regisseur, verbinder (overigens wel een onderscheid maken tussen deze rollen). Tussenconclusie van hoofdstuk 2, citaat: 'Een paradigmashift kan niet van boven worden opgelegd in een maatschappij van mondige individuen die bovendien allemaal met elkaar in verbinding staan. Om duurzame ontwikkeling te stimuleren, dien je mensen mee te krijgen, middels een discours coalitie die richting biedt'.

2. Gericht op consent (MGA), niet op het 'oude' vanuit de 'toren' sturen of polderen. Een pro-actieve ambtelijke organisatie. Wij stellen voor dat de Provincie gebruik maakt van een aantal benaderingen: principebenadering, matrixbenadering, Hollywood, etc (Tussenconclusie van hoofdstuk 5: Er zijn meerdere manieren voor een overheid om met belanghebbenden samen te werken. Een drietal lijkt het meest kansrijk: de principebenadering, de matrixbenadering en de Hollywoodbenadering. Partners kunnen kiezen voor het werken met principes en met de Allemaal Winnen Matrix waarin alle concepten samengebracht zijn. Vanuit de Hollywoodbenadering worden twee methoden besproken om zoveel mogelijk partijen bij elkaar te brengen teneinde met elkaar oplossingen te bedenken en uit te voeren: de *Mutual Gains Approach* en de Methode Holistische Participatie. Ze hebben met elkaar gemeen dat er niet over maar door mensen beslist wordt over vraagstukken waarbij zij nauw betrokken zijn).

3. De (regionale) overheid kan zich concentreren op innovatie, door:
   a. Organisaties - ngo's, bedrijfsleven, burgers, kennisinstellingen - bijeen te brengen en op een andere manier samen te werken; d.m.v. partnerschappen, meerjarige commitments, geen projecten.
   b. Gezamenlijk middelen genereren; ieder investeert. Bewust zijn van het feit dat partners vaak een veelvoud investeren en hogere risico's nemen.
   c. Als provinciale overheid belemmeringen (trachten) weg te nemen (overleg aangaan met waterschappen, Rijk, Rijkswaterstaat e.d.).
   d. Vernieuwingen ook concreet maken door ze te implementeren of door te voeren.

4. Het Provinciale beleid zou als vertrekpunt moeten hebben dat de Provincie een bescheiden rol speelt in het maatschappelijke krachtenveld in de tussenconclusie van hoofdstuk 4 wordt zelfs gesproken over 'niet meedoen': 'Kortom, politici, bestuurders en managers doen er wijs aan om goed op de hoogte te zijn van wat zich afspeelt en als burgers, wijken, gemeentes, bedrijven of teamleden zelf en samen in staat blijken om problemen op te lossen, bemoei je er dan niet mee', maar zet in op multiplier effecten als het gaat om resultaten. Zoek kansen én mogelijkheden.

5. De Provincie deelt ervaringen, kennis & contacten en zorgt ervoor dat goede economische, ecologische, maatschappelijke, bestuurlijke en culturele initiatieven kunnen worden verbreed en opgeschaald.

6. De Provincie lstelt leren centraal; de MGA cursussen, en de 'masterclass innovatief groen' bewijzen het nut van kennis delen. De Provincie beperkt zich bij het uitnodigen niet alleen tot de eigen mensen, maar nodigt ook partners uit deel te nemen. Uit de tussenconclusie van hoofdstuk 5: 'Duurzame ontwikkeling vraagt echter niet om het verbeteren van het bestaande maar om vernieuwing en ontwikkeling. Voor het oplossen van hardnekkige problemen moet je anders kunnen en durven denken. Swieringa en Wierdsma introduceren hiervoor de termen dubbelslag en drieslag leren. Dergelijke vormen van leren komen in meer traditionele organisaties niet vaak voor. Ze zijn voorbehouden aan lerende organisaties zoals omschreven door Peter Senge. Innovaties vinden namelijk steevast plaats in een omgeving waar mensen ontvankelijk zijn voor ideeën, verandering toejuichen en altijd iets nieuws willen uitproberen.

17.4   Deelvraag 4

Deelvraag 4. Welke ideeën reikt de literatuur aan? Welke concepten adviseren de auteurs van dit proefschrift de Provincie verder uit te werken, door te voeren en op te schalen?

Een evenwichtige ontwikkeling van de drie P's – *People, Planet, Profit* – is een illusie. 'Als een systeem in evenwicht is,' beweert de Britse wetenschapauteur Philip Ball, 'dan kun je er op drukken, er aan trekken, er in prikken, wat je wil, en het zal simpelweg terugkeren naar hoe het was voor je daar mee begon.' Philip Ball studeerde chemie aan Oxford en promoveerde in de Natuurkunde aan de Universiteit van Bristol. Ruim tien jaar was hij redacteur van Nature. Complexe systemen als de economie, de ecologie en de sociaal-culturele verhoudingen, zo blijkt uit dit onderzoek, zijn allerminst evenwichtig. Zelfs al zouden twee van de drie P's evenwichtig zijn, wat niet het geval is, dan nog zou de wisselwerking met de onevenwichtige P voor een verstoring van die evenwichten leiden, met als gevolg: chaos. Eén van de promovendi heeft dat al in 1980 aangetoond door een simpel evenwichtig economisch model onevenwichtig te maken.[466] Op de arbeidsmarkt werd met behulp van de tangens hyperbolicus een spanning ingebouwd, waardoor de prijs van arbeid (loon) bij een verstoring van het evenwicht niet meteen voor herstel van de balans zorgt, doch met enige vertraging. Op andere markten (voor goederen, diensten, geld, kapitaal, kennis) treden soortgelijke onevenwichtigheden op. Er is op al die markten wel een tendens naar evenwicht. Als de vraag groter is dan het aanbod, stijgt de prijs tot het evenwicht is hersteld. Echter, zo blijkt uit de doorrekening van het model (in het pre-computer tijdperk nog ouderwets met de hand), nog vóór het evenwicht op een deelmarkt is hersteld wordt die markt al weer

---

466 Frank van Empel, Onevenwichtigheidsanalyse versus klassiek evenwichtigheidsmodel, Universiteit van Tilburg, februari 1980.

uit de evenwichtstendens gestoten door de onevenwichtigheid van een andere deelmarkt. Chaostheorie avant la lettre. 'Hoogst ingewikkeld,' peinsde hoogleraar Dick Schouten. 'Onze modellen worden hierdoor niet meer lineair, waardoor de graad van gecompliceerdheid onvoorstelbaar groot wordt. De grenzen van een exacte economiebeoefening worden hiermee bereikt.'[467] Het afstudeerwerkstuk leidde wel tot een summa cum laude. Voor natuurkundigen is dit kennelijk synoniem voor 'een open deur intrappen'.

Om Philip Ball's *Critical mass* nog maar eens te citeren: 'Het idee van een evenwichtige markt is absurd. Geen proces of systeem dat op zo'n ongedisciplineerde wijze fluctueert komt in de buurt van wat we zouden kunnen aanduiden als evenwichtig.'[468] Dat is niet erg, ware het niet dat veel mensen zich volgens Ball te ongemakkelijk voelen bij het idee van een inherent instabiele markt om zich er zelfs maar even in te willen verdiepen.

Het antwoord op vraag 4 luidt dan ook dat een evenwichtige economische, ecologische en sociaal-culturele ontwikkeling onmogelijk en dus ook niet te realiseren is. De Provincie zal dus moeten leren omgaan met onzekerheid, complexiteit en chaos. Deze studie voorziet daarin door een eigen vinding te introduceren: Ecolutie. In §13.8 staat: Onzekerheid en onvoorspelbaarheid horen bij een leven dat niet is dichtgetimmerd met gebruiken, tradities, vaste procedures en formele regels. Ze horen bij een leven dat ruimte laat voor experimenten, creativiteit en fantasie. Voor machinale denkers is zo'n wereld een crime. Systeemdenkers willen een wereld construeren die vanuit hun persoonlijke perspectief logisch in elkaar zit. De werkelijkheid is steevast grilliger.
Wat is in zo'n grillige, chaotische werkelijkheid nu de beste manier van sturen? Of kunnen we het idee dat we ontwikkelingen in een meer duurzame richting kunnen sturen maar het beste meteen als een illusie terzijde schuiven?
In bijlage 4 komen vier sturingsmodellen aan de orde. Het hangt van het mensbeeld af welk model in een bepaalde context het beste voldoet. In wezen zijn er drie mogelijkheden. Ofwel de mens is in wezen goed (these), ofwel de mens is in wezen slecht (anti these). Denk je dat de mens in wezen goed is, dan is het makkelijker om hem te vertrouwen, ruimte te geven, fouten te laten maken. Als regionale overheid nodig je mensen en organisaties uit om initiatieven te nemen, je schuift zelf aan tafel, praat mee en je coördineert al die lopende, spontane initiatieven en de initiatieven die je zelf entameert. In dat coördineren kun je richting wijzend of richting gevend zijn. De gebruikte modellen zijn ontwikkelingsmodellen, *bottom up*, democratisch, idealistisch, holistisch (in de zin van het geheel omvattend en overstijgend). Denk je dat de mens in wezen slecht is, jaloers, destructief, gewelddadig, uit op macht en rijkdom, wantrouwend, laatdunkend over anderen, met name vreemdelingen, dan ga je er bewust of onbewust vanuit dat de mens vangrails nodig heeft in de vorm van wetten, regels en normen, een sterke, directieve overheid die ontwikkelingen niet coördineert maar plant. Een subtiel, maar wezenlijk onderscheid. Planning is *top-down*. Coördineren is *bottom up*.

---

467 D.B.J. Schouten, Macht en Wanorde, Stenfert Kroese, 1980, blz. 228.
468 Philip Ball, Critical mass, Arrow books, 2005, blz. 277.

Er is nog een derde mogelijkheid: de mens is van nature goed èn slecht. Hoe hij zich manifesteert, dat hangt er van af welke kant hij ontwikkelt, uit zichzelf of beïnvloed door derden, waaronder de (regionale) overheid.

'Allemaal Winnen' gaat er vanuit dat de mens goed is, of dat hij die kant heeft ontwikkeld, dat hij veel kan, mede omdat hij veel kán en wíl leren, omdat hij met anderen kan en wil samenwerken, omdat hij diep van binnen weet dat je samen meer kunt dan alleen, dat dát het wezen is van duurzaamheid. *Sustainability is a way of life*, een levensstijl. *Sustainable* is: producten, materialen, energie, water, grond, lucht en andere 'levensbronnen' respecteren en waarderen op zo'n manier, dat je er van nature zuinig op bent, er van nature niet meer van neemt dan je nodig hebt om te leven, dat je van nature geen schade toebrengt aan het milieu (de omgeving), andere mensen en de economie, op korte en lange termijn.

Wanneer je langs deze *guidelines* denkt, dan dienen de oplossingen voor allerlei problemen en vraagstukken zich vanzelf aan. Neem het probleem van de files, de wegverstoppingen. Eén optie is: meer en bredere wegen aanleggen. Maar die trekken alleen maar nóg meer voertuigen aan. Je kunt daar van leren en stellen wat iedereen al weet, dat de ideale oplossing is om het openbaar vervoer te verbeteren, uit te breiden, aantrekkelijker te maken, goedkoper en tegelijkertijd fietsen en lopen als gezonde alternatieven aan te prijzen, aansluitend bij en aanvullend op het openbaar vervoer. Een goed en goedkoop openbaar vervoer, met zijn twee hulpjes, de fiets en de 'benenwagen' zal de fervente autorijder moeten verleiden om uit zijn blikken cocon te komen en de verbrandingsmotor in te wisselen voor een treinabonnement en de OV-fiets.

De Provincie zal zelf een weg moeten zoeken in, door en uit de chaos. Daarvoor stelt deze studie drie richtingwijzers ter beschikking. Ze hebben betrekking op de context, de concepten en de content van uit de hoofdstukken 3, 4 en 5.

1. Context: een pleidooi om vooral een context analyse te maken. Geen beleid los van (wat er gebeurt in) de eigen omgeving. En een integrale analyse, waarbij niet alleen met betrekking tot economische factoren, maar ook natuur, milieu, sociaal etc (Integrale benadering) meewegen

2. Concepten: het belang van concepten; sturing, richting, inspiratie, draagvlak. Concepten veranderen. Er komen er bij en er vallen er af. In het proefschrift wordt een aantal opgesomd en besproken dat zich in de huidige praktijk heef bewezen. Wij hebben zes criteria benoemd waaraan je kunt toetsen of een concept 'deugt' of niet. De criteria zijn:

    a. Een concept mag niet leiden tot een groter verbruik van niet hernieuwbare energiebronnen of van zware metalen, dan wel andere schaarse hulpstoffen die aan de aarde worden onttrokken en dus de aarde uitputten: Natuurlijke hulpmiddelen als schoon water, zuivere lucht en vruchtbare aarde mogen alleen maar worden gebruikt voor zo ver de natuur in staat is ze te reproduceren;

    b.   Concepten mogen niet leiden tot een hogere productie en/of verbruik van onnatuurlijke materialen;

    c.   Een concept leidt tot een integrale verbetering van de economische, ecologische, energetische en sociaal-culturele positie waarin een regio verkeert en mag niet ten koste gaan van een of meer van deze factoren;

    d.   Concepten zoals hier bedoeld, inspireren mensen, bedrijven, instellingen en overheden tot gedragsverandering die bijdraagt aan een meer duurzame ontwikkeling;

    e.   Er zijn wetenschappelijke bewijzen of resultaten van experimenten die de promotie en toepassing van een bepaald concept rechtvaardigen;

    d.   De concepten bevorderen dat mensen open en eerlijk met elkaar omgaan, kennis en kunde met elkaar delen en samenwerken.

3.   Content; Het gaat bij content om het geven van betekenis. Een regionale overheid moet betekenis geven aan de theorie. Procesmethoden zijn daarbij van belang; wij introduceren meerdere manieren: principebenadering, matrixmethode en hollywoodbenadering (met daarbinnen MGA/MHP). Leren is van het grootste belang voor continuiteit, ontwikkeling en kwaliteits(verhoging).

17.5   Deelvraag 5

Deelvraag 5. Hoe kan meer lijn worden gebracht in de diverse deelaspecten van duurzame ontwikkeling? Valt er voor een regionale overheid een richtinggevend, conceptueel beleidskader te ontwikkelen, c.q. een integrale aanpak te ontwerpen, waarin alle denkbare maatregelen een plaats hebben, tot hun recht komen en resultaat opleveren?

Voor de beantwoording van deze vraag bladeren we terug naar de tussenconclusie van hoofdstuk 13.

We leven momenteel in een systeem van elkaar overlappende, omsluitende en overkoepelende netwerken, met ontelbaar veel dwarsverbanden en verbindingen. Hier past geen commandostructuur, om de simpele reden dat er geen commandant is die het hele veld overziet en alle *ins* en *outs* kent. Het oude systeem, dat sinds de (eerste) Industriële Revolutie in zwang was, kende zo'n *topdown* commandostructuur wel. Die had toen ook een duidelijke functie.

Vernieuwing en deconstructie worden niet in de laatste plaats aangezwengeld door de revolutionaire innovatie in de communicatie, de sociale media. De technologie van het Internet heeft bij alle gebruikers ervan een grote gedragsverandering te weeg gebracht: kennis en informatie delen en gelijkgezinden zoeken ongeacht geografische afstanden. De besluitvorming in gemeenschappen verandert daardoor ook. Het meest recente voorbeeld hiervan, tijdens het afronden van dit proefschrift, is de zogeheten Arabische lente, begin 2011. De onvrede in Noord Afrika dateert van lang geleden. Verzet is er altijd in meerdere of mindere mate geweest. Revoluties ook. Maar de vermeerdering van het aantal opstandelingen, nota bene over landsgrenzen heen, heeft zich zo snel voltrokken door mobiele telefoons waarmee behalve gebeld en gesmst ook gefilmd en fotografeerd kan worden en wereldwijde verspreiding van berichten via sociale media. In april 2011 zoekt bijvoorbeeld Tunesië hard naar een nieuwe bestuursvorm, eentje die het streven naar waardigheid en vrijheid van de bevolking recht doet. Dat kan democratie zijn, of een variant daarop, zoals die besproken zijn in deel II van dit proefschrift.

17.6   Tussenconclusie

Toenemende complexiteit van systemen, processen, structuren en netwerken brengt grote organisaties in een nadelige positie. Zij zijn minder flexibel en weerbaar dan clusters en netwerken.

Voor de overheid geldt iets soortgelijks. De regio verdringt het land als het brandpunt voor beleid. Door middel van experimenten, werkateliers, programma's en projecten doet de provincie Noord-Brabant ervaring en voortschrijdende inzichten op met betrekking tot zelfordening, zelforganisatie en zelfsturing.

Waar verandering en transformatie een indringende rol spelen, is steevast ook innovatie van de partij. Innovatoren beschermen ons tegen verstarring. Het zijn de helden van de fantasie en de onverwachte wendingen, grondleggers van zowel economische groei als een beter milieu. De ideale (start)motor, c.q. aandrijfriem, voor Ecolutie.

Dat er in Noord-Brabant wel veel gebeurde en nóg gebeurt op het vlak van duurzame regionale ontwikkeling, maar dat de *change-agents* er almaar NIET in slagen om voldoende kritieke massa achter het initiatief te krijgen, dat heeft een aantal redenen dat uit de beantwoording van alle deelvragen komt rollen, niet alleen uit deelvraag 2.

Even recapituleren. Het begon er mee dat 'intellectuelen' het initiatief namen, wat nogal elitair overkomt. De Volkskrant strafte dit destijds meedogenloos af. Zie kader.

Kader 1. Reactie van de Volkskrant op het Initiatief manifest 2050[469]

Brabant, daar zijn ze opgegroeid of groot geworden. Daar hebben ze geleefd en vaak een stukje van hun hart verloren. Van dat Brabant vrezen ze nu dat het zelf een stukje van zijn warm kloppend hart gaat verliezen omdat het 'aan zijn eigen succes ten onder dreigt te gaan'. Zo staat het in ieder geval te lezen in het Manifest 2050, dat deze 'beroemde Brabanders' gisteren het licht deden zien in het Noordbrabants Museum in Den Bosch.

Er is veel voor vergaderd, op ouderwets Brabants-bourgondische wijze gedineerd, gedelibereerd en gebrainstormd. Er is in glazen bollen gekeken en ouderwets degelijk gerekend en getekend. En het resultaat, dat stijlvol gepresenteerd werd, staat vol met de bezorgde geluiden die je in de meeste toekomstvisies tegenkomt: er dreigt een tweedeling in de maatschappij van 'haves and have-nots'. De wegen raken verstopt, de industrie en de intensieve landbouw stoten te veel rotzooi uit. En als de natuur daaraan al niet ten ondergaat, dan is het wel aan de fantasieloze stads- en dorpsuitbreidingen. Weinig 'nieuws' dus. Maar toch reden genoeg om er aandacht voor te vragen en te zoeken naar oplossingen, vinden de ondertekenaars van het manifest, die werden geleid door oud-NRC-hoofdredacteur en tegenwoordig Philips-man Ben Knapen. Want al deze in principe zelfs mondiale ontwikkelingen zullen misschien wel sneller dan elders en in versterkte vorm in Brabant gaan plaatsvinden. Omdat het economisch zwaartepunt van Nederland steeds meer die kant opschuift.'

Duurzame ontwikkeling is in Brabant altijd in deze elitaire sfeer blijven hangen. Het werd niet iets van de massa. Het concept is niet opgeschaald. Het is gebruikt door gedeputeerden om zichzelf te profileren, door ambtenaren om EU-subsidies binnen te harken. Ze hadden en hebben er niets mee, enkele uitzonderingen daargelaten. De meesten waren en zijn om 17.00 uur naar huis en zijn ook in het weekend bij Moeder de vrouw. Elke vier jaar werden de bordjes van de gedeputeerden verhangen en richtten de neuzen en monden van de ambtenaren zich naar de nieuwe Meester. De toneelspelers van het Middenveld, de vertegenwoordigers van werkgevers, werknemers, middenstanders en milieufanaten waren geen haar beter. Ze voerden met elkaar een spel op waarin geen echte keuzen werden gemaakt en zeker geen keuzen die pijn doen of die hen zelf geld kosten.

Het thema kreeg onvoldoende feitelijk gewicht om bij de mensen door te komen. Het wortelde niet als een wortelstok onder de grond door. Het werd niet écht beleefd en geleefd. Wat ontbrak was een groot verhaal, zoals Our Choice van Al Gore, Zorgen voor Morgen.... of we hebben het Manifest 2050 verkeerd begrepen. Ten slotte zat Wouter van Dieren van de Club van Rome ook bij de zendelingen, en Rudi Fuchs, en Ben Knapen... Maar dan nog schortte het aan *governance capacity*, de kunst om het ook werkelijk bij een grote groep mensen tussen de oren te krijgen, zodat het iets van hén wordt en niet blijft steken bij een stel verlichte geesten. Dat kun je simpel doen door de mensen zelf met oplossingen te laten komen en die

---

faciliteren, door ze zelf met de materie te laten stoeien, door kunstenaars opdrachten te geven om een bepaald thema te verbeelden. Dat is beter dan het te besteden aan nota's die niemand leest en aan protocollen die niemand beleefd. Je hoeft als politicus niet alles te weten, of de schijn op te houden. Vertrouw op het 'niet weten' en probeer de betekenis van problemen in een gezamenlijk zoekproces te laten ontdekken. Vertrouw op het proces waarin mensen zich bepaalde ideeën en concepten eigen maken, zonder dat het hen wordt opgelegd. Mensen kunnen wel veranderen, maar ze doen dat niet écht als ze ervaren dat een ander het hen wil opleggen. Probeer een bepaalde problematiek ook eens te verbeelden, want dat spreekt veel mensen meer aan dan alleen maar veel woorden. 'Het is de natuurlijke eigenschap van woorden dat ze de neiging hebben om ervaringen te transformeren in een nogal bloedeloze code, die onze hersenen doet hunkeren naar de rijke beelden die woordloze verbeelding kan oproepen,' schrijft de Ierse psycholoog Ian Robertson. Hij geeft meteen toe dat het nogal kunstmatig is om woorden en beelden op deze manier te scheiden, want bepaalde gedichten weten de verbeelding volgens de Ier zeker zo goed te triggeren[470]. Terug naar het nu en de toekomst.

Van groot belang is dat een regionale overheid experimenteert met het nemen van beslissingen van onderaf. De praktijkvoorbeelden uit dit proefschrift leren dat regionale overheden hun verantwoordelijkheid dienen te nemen, op een nieuwe manier, integraal, creërend van onder op, alle belangen betrekkend. De regionale overheid als regisseur, verbinder, kennismakelaar en partner. Om op een golf van constructie te komen, is een regionale overheid nodig die bindt en inspireert. Essentieel is te constateren dat de Provincie het niet alleen kan, noch dat zij het primaat van de juiste oplossing heeft.

Wij introduceren een nieuw model de *Joint Effort Society*. De samenleving waar niet voor elk maatschappelijk vraagstuk de overheden wordt aangesproken, maar waar iedereen die een misstand signaleert ook zelf actie onderneemt, steun zoekt bij anderen en met zoveel mogelijk (liefst alle) belang hebbenden naar oplossingen zoekt en die ook zelf, met die anderen, uitvoert. De representatieve democratie wordt vervangen door de participerende ofwel directe democratie. Gesloten systemen worden opengebroken. Het primaat van de Staat wordt vervangen door het primaat van het individu (en dat van de gemeenschap). Het primaat van het land verschuift naar de regio en het stedelijk gebied. Een gemeenschap die systematisch en consistent uitgaat van het principe dat alle collectieve vraagstukken gezamenlijk dienen te worden aangepakt door alle stakeholders, die duiden wij aan als een Joint Effort Society, afgekort JES.
De drie dimensionale Allemaal Winnen Matrix, inclusief de werkwijze, vormt met JES het al omvattend en overstijgend diagnose & management instrumentarium dat de beide promovendi zich bij de Vraagstelling ten doel hadden gesteld

---

470 *Ian Robertson, the mind's eye,* Bantam Books, 2002, blz. 12, 13.

In dit proefschrift heeft de confrontatie van theorie en praktijk geleid tot dit model dat nog allerminst volmaakt is, maar wel een beweging in de goede richting. Concurrentie heeft zowel constructie als destructie tot gevolg. De winst van de één is het verlies van de ander. Per saldo is dit een *zero sum game*. We willen daarentegen naar een situatie waarin we Allemaal Winnen, waarin we niet tegen elkaar vechten maar samen werken aan een betere Wereld, een soepel draaiende economie, een gezonde leefomgeving, keuze vrijheid, welvaart en welzijn voor iedereen, een rechtvaardige verdeling van lusten en lasten, een einde aan alle terreur en misbruik, kortom: een Wereld waarin wij willen leven, die nooit verveelt, die mensen gelukkig maakt, een Wereld die niet alleen op korte termijn, maar ook over generaties heen houdbaar is.

De ontwikkelde Allemaal Winnen matrix kan aangewend worden voor het stellen van een diagnose. Bevindt een bepaalde regio zich nog overwegend in de destructiefase waar economische groei gepaard gaat met vervelende neveneffecten, of scoren enkele concepten al wat hoger? 'Hoger' houdt hier in dat bestaande systemen zijn ontregeld (deconstructie), of dat er reeds sprake is van vernieuwing en innovatie (constructie).
De concepten waarmee de matrix geladen is, hebben betrekking op gedrag, technologie, of besluitvorming. Aan de hand van de 'geladen' matrix kunnen analyses worden gemaakt. Voegen we de eveneens zelf ontwikkelde werkwijze (verkennen, experimenteren, opschalen) toe, dan krijgen we zelfs een driedimensionale matrix. Te complex voor snel, flexibel gebruik. Daarom wordt de 3x3x3 vakkige kubus nog even gestald.

Wij introduceren in dit proefschrift naast de matrix een drie trappen strategie/werkwijze: verkennen, experimenteren en opschalen. Trap 1. Verkennen bestaat uit het in de politieke arena (GS en PS) bepalen welke de (regionale) urgente maatschappelijke problemen zijn en die prioriteit geven. In overleg worden thema's bepaald die verder zullen worden uitgewerkt. De thema's worden vervolgens ingebracht in werkateliers. Dit zijn bijeenkomsten waarbij 20 tot 30 direct belanghebbenden (geen vertegenwoordigers) uit de werelden van de drie P's (*people*, *profit* en *planet*) en experts met behulp van de Matrix of de Methode Holistische Participatie de dialoog aan gaan over een thema. Het thema wordt vanuit een integraal perspectief geanalyseerd en geïllustreerd aan de hand van de Allemaal Winnen Matrix. Vervolgens wordt gezocht naar ideeën en concepten om het op te lossen. Ook daarbij kan de Matrix een zeer nuttige functie vervullen. De essentie zit in het proces, in het feit dat betrokkenen met elkaar nieuwe inzichten krijgen en nieuwe mogelijkheden zien om samen iets te ondernemen.
Trap 2. Experimenteren; in (nieuwe vaak verrassende) partnerschappen, met een regionale overheid als regisseur, aanjager etc. gericht op innoveren en concrete resultaten. Bij voorkeur partnerschappen van meerdere regionaal verspreide koplopers, omdat dit het karakter van een rizoom kan krijgen.[471] Trap 3. Verbreden en opschalen; een regionale overheid initieert de oprichting van regionale Ecolutie centra (fysiek of virtueel), die de weg vormen naar Allemaal Winnen, waar het er niet om gaat anderen kapot te concurreren, maar om samen iets nieuws

---

471 De wortelstok of rizoom (rhizome) is een ondergrondse, meestal horizontaal lopende, al of niet opgezwollen Stengel. Het eind van de wortelstok buigt vaak weer omhoog en vormt zo een nieuwe plant.

op te zetten, toegevoegde waarde te creëren, op eigen kracht of in regionaal verspreide koploperinitiatieven. De centra zijn behulpzaam bij het verwerven en verspreiden van kennis en contacten via allerlei (sociale en zakelijke) netwerken.

Deze strategie, c.q. werkwijze, is in de praktijk in de periode 1998 - 2011 ontwikkeld en op onderdelen tamelijk gebrekkig door de Provincie Noord-Brabant uitgevoerd. De in de praktijk ontwikkelde en toegepaste methode is in dit proefschrift verrijkt met een analyse instrument (de Matrix), een 'gereedschapskist' met denkbeelden en concepten, een ecolutietheorie en input voor een eigen werkwijze, die ook ingepast kan worden in, of gesynchroniseerd kan worden met een andere werkwijze, zoals de Methode Holistische Participatie of de *Mutual Gains Approach*. Deze synchronisatie is in theorie al aardig gevorderd, in de praktijk moet het nieuwe model met z'n eigen jargon nog indalen. Uiteindelijk is de strategie, c.q. werkwijze, zoals hij op dit moment (medio augustus 2011) is, in twee casussen 'Brabantse Frisse Scholen' en de 'Brabant Woning' getoetst en gevalideerd. De laatste stap - verbreden en opschalen - is in gang gezet bij de twee cases, maar het is nog te vroeg om daarover te oordelen. Door het stopzetten van de Provinciale bijdrage aan deze casussen lijkt voortgang in de kiem gesmoord. Einde oefening. Nieuwe bazen, nieuw beleid.

In onderstaande figuur is een poging gedaan om de strategie/werkwijze te visualiseren. De nadruk ligt daarbij op de fase van experimenteren. Met deze fase is in de Brabantse provinciale praktijk de meeste ervaring opgedaan.

Figuur 1. Drie fase ecolutiestrategie van vernieuwen, verkennen, experimenteren en opschalen. De nadruk ligt hier op de fase van experimenteren en de antwoorden op de w'tjes: wat, waar, wanneer, waar, hoe en wie.

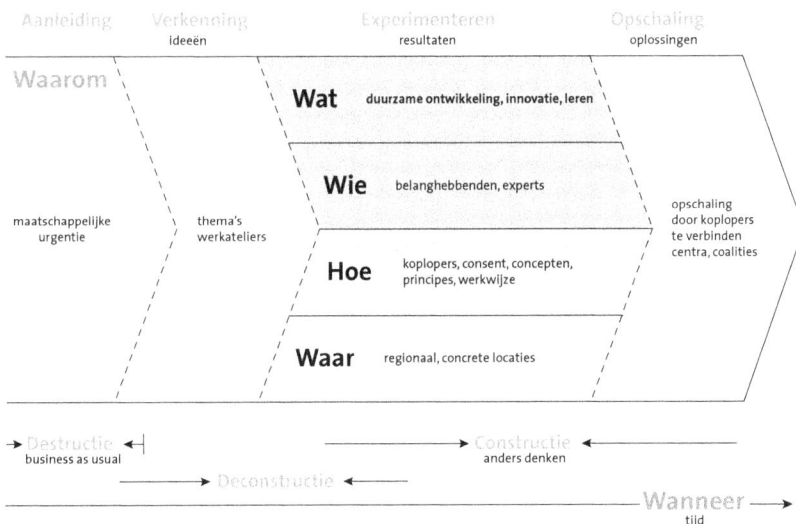

Deel VIII. Slotconclusies en aanbevelingen

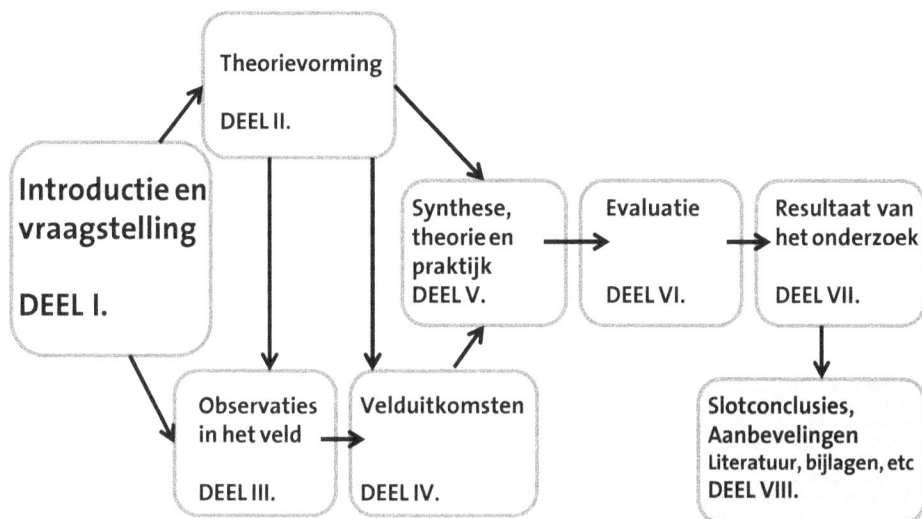

Theorievorming

DEEL II.

Introductie en vraagstelling

DEEL I.

Synthese, theorie en praktijk
DEEL V.

Evaluatie

DEEL VI.

Resultaat van het onderzoek

DEEL VII.

Observaties in het veld

DEEL III.

Velduitkomsten

DEEL IV.

Slotconclusies, Aanbevelingen
Literatuur, bijlagen, etc
DEEL VIII.

18. Slotconclusies

Ecolutie[472]

achter de voorruit van de vooruitgang de eenzaat
op zijn dwaaltocht door de nacht de maan
zweet muggen en uit de poriën van de simulator
de dunwandige zenuwpees regent bloed van onan
op de eunuch aan de grenspost van de dageraad
staat de toverdrank klaar een hassebassie
een pikketanis waarmee men de plooien van het knooppunt
opent blootlegt voor de nieuwe dorst naar bronst
naar nog meer toverkunst nog meer
onbezonnenheid onder de zon van de nieuwe tijd

Lucebert

Leeswijzer

In dit hoofdstuk worden enkele eindconclusies getrokken die de status van het onderzoek op 26 april 2012 weergeven. Het onderzoek gaat intussen gewoon door, want elke dag weer valt er veel te leren.

18.1   Individu centraal

In de provincie Noord-Brabant zijn de afgelopen tien jaar veel plannen gemaakt voor een duurzame, regionale ontwikkeling, maar die zijn niet goed van de grond gekomen, mede door de eigenaardigheden van de politiek. Politici gaan over *what should be*.[473] De feiten en de empirie laten ze over aan de Wetenschap. En de feiten zijn dat *what should be, never happens*, om allerlei redenen. Hoofdstuk 12 schotelt de lezer een aantal feiten voor, die samen een scherp beeld geven van het onvermogen van de samenleving zoals wij die ingericht hebben. Degenen die het volk vertegenwoordigen in de diverse politieke arena's, hebben niet het morele gezag om namens de kiezer, c.q. de individuele burger besluiten te kunnen nemen. Burgers willen zich in toenemende mate direct zélf bemoeien met de vraagstukken die hen aangaan. Dat is ook de beste manier om besluiten te nemen. Het individu kan en moet in laatste instantie doen, wat niemand anders voor hem of haar kan of mag doen: verantwoordelijkheid dragen voor de keuzen die hij of zij uit eigen vrije wil maakt.

---

472 Lucebert, verzamelde gedichten, de bezige bij, Amsterdam 2002, blz. 768. En wij maar denken dat wij het wiel hadden uitgevonden!
473 Paul Feyerabend, The Tyranny of Science, Polity Press, Cambridge, 2011, blz. 92.

Deze benadering is geënt op de ideeën van de Franse filosoof Jean-Paul Sartre en de Spaanse filosoof Fernando Savater. Savater: 'Niemand kan vrij zijn in mijn plaats, dat wil zeggen: niemand kan mij ontheffen van de taak om zelf te kiezen en zelf te zoeken.'[474]

Alle individuen samen geven de samenleving richting. Of dat een duurzame ontwikkeling is, dat is meer een kwestie van moraal en ethiek dan van politiek. Moraal is het geheel aan gedragingen en normen die jij, ik en degenen om ons heen, juist en fatsoenlijk achten. Ethiek is de bespiegeling over de vraag waarom we die gedragingen en normen juist en fatsoenlijk achten, ook in vergelijking met de 'moralen' die andere mensen erop na houden.[475] De benaderingen en methoden in deze thesis kunnen mensen helpen en inspireren om zichzelf te verwezenlijken en samen het bijstere spoor van de Ecolutie te zoeken, te vinden en te volgen.

18.2   Drie krachten

Drie Krachten werken in op de familiaire economie, waarin het individu zich thuis voelt:

1. de Markt; de meedogenloze confrontatie van vraag en aanbod op diverse deelmarkten en de daaruit voort vloeiende prijzen, die zorgen voor golfbewegingen in de economische bedrijvigheid, de werkgelegenheid, de inkomens en de sociale cohesie.
2. De Staat, die ongewenste marktwerking corrigeert en op allerlei terreinen wet- en regelgeving gebruikt om eigen doelen te realiseren van een politieke elite die officieel het volk vertegenwoordigt, maar in werkelijkheid ook allerlei andere ideologische en materiële belangen dient.
3. Morele Autoriteit; appèl voor een fundamentele sociale ethiek die moreel bindend is voor het leeuwendeel van de gemeenschap.

De Kloof tussen de familiaire wereld van het gezin, de familie, de buurt, de wijk, het dorp en de stad waarin het individu zich thuis voelt en de grote, boze wereld daar buiten, wordt in dit proefschrift gedicht. En wel op twee manieren.

Door de regio, in casu de provincie, een actieve, dynamische betekenis te geven en te positioneren als verbindingsschakel tussen de familiaire belevingswereld van het individu en de ogenschijnlijk onveranderlijke buitenwereld.

Door een economische, ecologische en sociaal-culturele orde op te bouwen vanuit het enige creatieve, levende wezen dat in staat is om bewust eigen keuzes te maken en daar ook verantwoordelijkheid voor te dragen: de individuele mens. We sluiten hiermee aan bij het Existentialisme, dat in 1965 (1967 in Nederlandse vertaling) bij monde van Jean-Paul Sartre stelde: 'De eerste stap die het existentialisme doet, is dat het ieder mens in het bezit stelt van hetgeen hij is en hem de totale verantwoordelijkheid voor zijn bestaan in handen geeft. En wanneer wij zeggen dat de mens voor zichzelf verantwoordelijk is, bedoelen we niet dat de mens verantwoordelijk is alleen voor zijn eigen individualiteit, maar dat hij verantwoordelijk is voor alle mensen.'[476] En dus ook voor overleving van de mens, c.q. voor een duurzame,

---

474 Fernando Savater, Het goede leven, Ethiek voor mensen van morgen, Bijleveld, Utrecht, 1996, blz. 49.

475 Idem, blz. 50.

476 Jean-Paul Sartre, Over het existentialisme, A.W. Bruna & Zoon, Utrecht/Aartselaar, blz. 14.

regionale ontwikkeling. Het daadwerkelijk tot stand brengen van zo'n ontwikkeling moet een gezamenlijke inspanning zijn. Niemand immers krijgt het in zijn uppie voor elkaar. Essentieel is, dat noodzakelijke gedragsverandering, innovatie en besluitvorming geworteld zijn in het individu.

18.3   Joint Effort Society

Wij duiden dit nieuwe model aan als de *Joint Effort Society*. De samenleving waar niet voor elk maatschappelijk vraagstuk de landelijke overheid wordt aangesproken, maar waar iedereen die een misstand signaleert ook zelf actie onderneemt, steun zoekt bij anderen en met zoveel mogelijk (liefst alle) belanghebbenden naar oplossingen zoekt en die ook zelf, met die anderen, uitvoert. De representatieve democratie wordt vervangen door de participerende ofwel directe democratie. Gesloten systemen worden opengebroken. Het primaat van de Staat wordt vervangen door het primaat van het individu (en dat van de gemeenschap), zoals de econoom John Stuart Mill eeuwen geleden al voorzag in zijn essay *On Liberty*. Het zwaartepunt in het overheidsbeleid verschuift van Den Haag naar de regio en het stedelijk gebied.

In dit proefschrift is het concept van de *Joint Effort Society* geconcretiseerd. De confrontatie van theorie en praktijk heeft geleid tot een Diagnose & Management Model dat nog allerminst volmaakt is, maar wel een beweging in de goede richting is. Concurrentie heeft zowel constructie als destructie tot gevolg. De winst van de één is het verlies van de ander. Per saldo is dit een *zero sum game*. We willen daarentegen naar een situatie waarin we Allemaal Winnen, waarin we niet tegen elkaar vechten maar samen werken aan een betere Wereld, een soepel draaiende economie, een gezonde leefomgeving, keuzevrijheid, welvaart en welzijn voor iedereen, een rechtvaardige verdeling van lusten en lasten, een einde aan alle terreur en misbruik, kortom: een Wereld waarin wij willen leven, die nooit verveelt, die mensen gelukkig maakt, een Wereld die niet alleen op korte termijn, maar ook over generaties heen houdbaar is.

Zoals de roots van de Europese Unie hebben de *roots* van de *Joint Effort Society* zich gevormd vlak na de Tweede Wereldoorlog. De Fransman Jean-Paul Sartre hield toen voordrachten met scherpzinnige, profilerende uitspraken, die tien jaar later gebundeld zijn in een 86 pagina's tellend boekje, getiteld *Over het Existentialisme*. Daarin stelt Sartre onder meer de volgende retorische vraag: '...Betekent dit dat ik dan maar moet berusten? Nee. Ten eerste moet ik mij engageren, vervolgens moet ik handelen naar het oude gezegde "wie niet waagt, die niet wint". '(...) Ik kan mij bijvoorbeeld afvragen: "Zal er ooit sprake zijn van socialisatie?" Ik heb er geen idee van, maar ik zal alles wat ook maar enigszins in mijn vermogen ligt in het werk stellen om het zo ver te krijgen. Buiten dat kan ik nergens op rekenen. Berusting is de houding van mensen die zich ervan af maken met de woorden: "laat anderen maar datgene doen waartoe ik niet in staat ben".

'De doctrine die ik uitdraag is het absolute tegendeel van berusting. Er is geen andere realiteit dan actie. De mens is niets anders dan zijn eigen ontwerp. Hij bestaat slechts voor zover hij zichzelf verwezenlijkt. Hij is dus niets anders dan de som van zijn daden, niets anders dan zijn eigen leven.'[477]

Of er ooit sprake zal zijn van een duurzame, regionale ontwikkeling?
Wij zouden het niet weten. Maar we zullen er wel veel aan doen. *To be the change we want to see in the world.*

---

477 Idem, blz 33/34.

19.   Aanbevelingen Verder Onderzoek

'l'homme est bon, c'est la société qui le corrompt'
'Man is naturally good, and it is only institutions that make him bad'
Jean Jacques Rousseau, 1754

Leeswijzer

Als een proefschrift wordt afgesloten, dan betekent dat niet dat er niets meer te vragen of te bestuderen valt. Gelukkig niet. In dit hoofdstuk worden enkele suggesties voor verder onderzoek gedaan, alsmede aanbevelingen voor een bepaalde attitudevorming bij de Provincie.

19.1   Verder onderzoek

- Het praktijk gedeelte van dit onderzoek was nogal eenzijdig op Noord-Brabant gericht. Dit roept automatisch de vraag op hoe andere (stads)regio's in de EU met dezelfde vraagstelling omgaan. Wat kunnen de diverse regio's van elkaar leren.
- Werk het *Governance* Sturingsmodel uit. Governance in de betekenis van: het vermogen van stakeholders (direct betrokkenen) om te zoeken naar gezamenlijk geaccepteerde oplossingen voor problemen of vraagstukken en er ook samen voor te zorgen dat die worden uitgevoerd. Kan zo'n coöperatief sturingsmodel op diverse niveau's van overheden, bedrijven, instellingen en communities de huidige representatieve democratie en hiërarchie vervangen?
- Onderzoek naar verbreding en opschaling. Hoe doe je dat, opschalen? Zijn daar methoden en werkwijzen voor? Zoniet, kunnen die dan ontwikkeld worden?
- Verder door ontwikkelen van de 'Ecolutieleer' en de Allemaal Winnen Matrix.
- Inpassen van de Europese Gedachte en van de nieuwe generatie coöperaties (cooperatieve verenigingen waarbij de leden een gemeenschappelijk doel najagen) in de 'Derde Kracht', het ethisch-sociale alternatief voor zowel de Vrije Markt als de Dwangmatige Staat.
- Voortdurend actualiseren van gehanteerde concepten.

19.2   Aanbeveling voor de provincie Noord-Brabant

Uit dit onderzoek komt naar voren dat een regionale overheid zich zal dienen te ontwikkelen tot een lerende organisatie die met durf opereert; meer werken vanuit eigen kracht en minder vanuit opgelegde routines, overtuigingen, regels en normatieve rolpatronen (regimes), waardoor de Provincie een zelfstandige schakelpositie in gaat nemen tussen het 'ons kent ons' micro niveau en het 'dat zullen we wel eens even oplossen' macro niveau, waardoor de overheid als geheel – met de provincie als vooruitgeschoven spits – beter aansluit bij de toenemende structurering van activiteiten in lokale praktijken.

19.3   Tot slot nog even dit....

In hoofdstuk 12 staat geschreven dat Noord-Brabant er (nog) niet in is geslaagd om een eigen invulling te geven aan duurzame ontwikkeling, laat staan dat er sprake is van een consistent beleid en klinkende resultaten. We kunnen de praktijkvoorbeelden omschrijven als een sympathiek rondtasten in een afgebakende ruimte, ver weg van de wilde, harde wereld, waar armoede, honger, ziekten en dorst een hoge tol eisen in de vorm van mensenlevens', of – minder confronterend – als études, als oefeningen in duurzaamheid.

De Provincie hoeft zich niet te schamen. Regionaal beleid van onder op verkeert overal ter wereld nog in de pioniersfase. Door de landelijke overheden is het regionale beleid binnenskamers altijd als 'niet erg sexy' gekwalificeerd en daarom bewust of onbewust verwaarloosd. Onbegrijpelijk, want uiteindelijk zijn het niet de landen die met elkaar concurreren, maar de bedrijven, de medewerkers en de kennisinstellingen - al dan niet in clusterverband - in specifieke regio's. Ten behoeve van een meer duurzame ontwikkeling zou aan de twee universiteiten en de vele onderwijsinstellingen die Noord-Brabant rijk is, gevraagd moeten worden om meer bruikbare kennis en expertise op te bouwen inzake regionaal beleid van onderop. Door experts die een integrale benadering hanteren van begin tot eind bij een (koploper) experiment te betrekken en met hen en de andere partijen principes en/ of ambitiekaarten te ontwikkelen, vergroot de kans van slagen van het experiment. Dit komt bovendien de verbreding en opschaling ten goede.
Om van marge naar mainstream te geraken, wordt aanbevolen om criteria voor certificering te ontwikkelen. De certificaten (en advies hoe aan gestelde voorwaarden te voldoen) zijn verkrijgbaar bij een onafhankelijk Ecolutiecentrum.

Aangezien ontwikkelingen in de Allemaal Winnen richting vaak het beste gedijen in kleinere verbanden (netwerk of *peer to peer*) hebben lokale en regionale overheden (gemeenten, provincies) er een nieuwe zingeving bij gekregen, namelijk als regisseur, aanjager, stimulator, kennisbank, coach, mediator, midden in de gemeenschap, tussen de mensen. Een makelaar die opwaartse ontwikkelingen begeleidt, corrigeert, bundelt en verbindt met topdown beleid uit Den Haag en Brussel. De regionale overheid kan Ecolutie uitlokken. Zij is in de positie om de transitie van de destructieve mens naar de construerende mens mee vorm te geven en te begeleiden door de wildernis van de deconstructie heen. Maar dan dient er meer te gebeuren. Te veel beleid bloedt dood in onvermogen om op het juiste moment de juiste beslissingen te nemen en meer tijd, geld en management kwaliteiten te investeren in de daadwerkelijke uitvoering, over de vierjarige bestuurscyclus heen.

De praktijkvoorbeelden leren dat regionale overheden hun verantwoordelijkheid dienen te nemen, op een nieuwe manier, creërend van onder op, alle belangen betrekkend. Om op een golf van constructie te komen, is een regionale overheid nodig die bindt en inspireert.

Essentieel is te constateren dat de Provincie het niet alleen kan, noch dat zij het primaat van de juiste oplossing heeft. Wil innovatie slagen dan moeten er ruimte, tijd en middelen zijn om ideeën te uiten en te verkennen. Een soort vrijplaatsen van denken en handelen.

In geen van de praktijkvoorbeelden is expliciet aandacht besteed aan cultuur, in relatie tot gedrag en gedragsverandering. Terwijl dit wel een cruciale factor blijkt te zijn om te kunnen komen tot systeemveranderingen.

Het onderzoek voor dit proefschrift leidt ondermeer tot een aantal aanbevelingen met betrekking tot de ethiek (het gedrag) van een regionale overheid die naar een Allemaal Winnen situatie streeft. In staccato:

- Verbeter de wereld, begin bij jezelf.
- Denk en handel in levenscycli.
- Aarzel niet, dóe iets, maak je handen vuil.
- Organiseer het initiatief.
- Paar nieuwsgierigheid aan enthousiasme en passie
- Leer structuren te zien in plaats van gebeurtenissen.
- Stel je op als regisseur en facilitator.
- Blijf investeren in innovatie, onderzoek en experimenten samen met burgers, bedrijfsleven, ngo's, gemeentes, corporaties en waterschappen en koester dissidente geluiden.
- Communiceer open en transparant.
- Ontwikkel de coachende rol van binnenuit, zodat deze echt en oprecht is.
- Leg intern de nadruk op integrale benadering: haal de muren tussen de directies weg, train ambtenaren om anders te denken en doen, maak hen weerbaar.
- Creëer een kweekvijver voor verandering in de vorm van een Ecolutiecentrum, met een digitale databank, een source voor alle ge ïnteresseerden, die gedeeld wordt met andere kenniscentra.
- Ben niet bang, maar deel. Wie geeft, zal terug krijgen.

Samenvatting

De lucht die we inademen, de atmosfeer, de vogels in het zwerk, de oceanen, het koraalrif dat als decor dient voor kleurige, veelvormige vissen, regenwater, (oer)wouden, lokale open ruimtes, het strand, de golven van de zee, in het wild levende planten en dieren. Ze zijn van niemand en van iedereen. Het behoort allemaal tot het menselijk erfgoed. De Aarde levert alles in overvloed en voor niets, zo lijkt het. Tot voor kort – begin jaren zeventig, de Club van Rome – was dat ook nog het geval met de vele aardschatten: olie, gas, (edel) metalen, mineralen. Dergelijke natuurlijke hulpbronnen en -middelen (resources), waar alle Aardbewoners een moreel, zo niet juridisch, belang bij en recht op hebben en die ten faveure van ons allemaal beheerd zouden moeten worden, heten in de sociale wetenschappen en in de ecologie 'commons'. In een wereld die gekenmerkt wordt door individuele eigendomsrechten, zijn de commons vogelvrij. Er wordt op grote schaal gebruik en misbruik van gemaakt. Met als gevolg: een aanzienlijke schade aan, respectievelijk verlies van veel natuurlijk kapitaal. Gemeenschappelijk gebruikte visgebieden worden leeggevist, onder het mom van: 'Als ik het niet doe, doet een ander het wél'. Meren vervuilen en regenwouden verdwijnen, de olie raakt op, in grote delen van de wereld heerst een tekort aan zuiver drinkwater, de inkomens zijn ongelijk verdeeld, het aantal diersoorten neemt drastisch af en ernstige klimaatverandering dreigt. Kortom: we leven met z'n allen in een destructieve wereld. En dan gaat het ook nog om problemen op wereldschaal, die ver uittorenen boven de bescheiden vermogens van het individu. Dat zou je denken. In werkelijkheid is het precies andersom. In 's-Hertogenbosch, 's-Gravenhage en Kyoto wordt vooral voor de Bühne gespeeld. Vlijmscherpe analyses, ambitieuze plannen en heilige voornemens doen het goed bij de pers, vooral als er de geur van NIEUW omheen hangt. Of er ooit iets van terecht komt, dat is van latere zorg.
Aan de hand van vijf praktijkvoorbeelden, spelend in Nederlands op één na grootste provincie, wordt onderzocht waarom veel plannen voor een duurzame, regionale ontwikkeling niet van de grond komen. De probleemstelling van dit proefschrift.

Kruispunt

Tien jaar lang hebben wij ons als respectievelijk beleidsmedewerker en geëngageerd schrijver – in en voor de provincie Noord-Brabant, maar bijvoorbeeld ook met en voor gemeenten en bedrijven – in theorie en praktijk ingezet voor een 'duurzame, regionale ontwikkeling'. We hebben beiden de stellige overtuiging dat er in de provincie Noord-Brabant veel initiatieven, programma's en projecten lopen, maar dat er niettemin weinig voortgang wordt geboekt. Op het regionale niveau ontbreekt een integraal, conceptueel beleidskader voor de overgang van een destructieve naar een constructieve, economische, ecologische en sociaal-culturele ontwikkeling. Het Provinciebestuur straalt onvoldoende kracht en vertrouwen in eigen kunnen uit. Elke vier jaar worden, na de verkiezingen voor de Provinciale Staten, bakens verzet. Er wordt een dikke streep gezet door het beleid van de voorgangers. Dit alles ten faveure van het eigen politiek profiel. Het wordt tijd dat het regiobestuur inziet dat het zich op een kruispunt van wegen (in ruimte en tijd) bevindt. De regionale overheid speelt als 'middenbestuur' tussen Europese Unie en Gemeente een cruciale rol bij het verwezenlijken van duurzame ontwikkeling.

Gedurende dit onderzoek ontstond een nieuw begrippenkader rondom het doel 'Allemaal Winnen': een samenleving zonder verliezers, waarin economische, ecologische en sociaal-culturele aspecten even zwaar wegen. Door het ontregelen van bestaande systemen, het omverwerpen van verkalkte regimes en het maken van nieuwe combinaties komt er weer beweging in oude, verroeste scharnieren en gaan deuren open die lang gesloten waren.

De nieuwe concepten en instrumenten die worden geïntroduceerd zijn:

1. **Allemaal Winnen** (het doel) is de ideale samenleving, de *duurzame samenleving*. Een samenleving waar mensen niet ten koste van een ander, of van natuur, milieu, of economie, vooruit proberen te komen, maar naar vermogen bijdragen aan het geheel en daarvan ook de vruchten plukken. Een wereld die zich evenwichtig ont-wikkelt. Een wereld met louter winnaars.

2. **De Matrix** (het kompas) geeft in drie fasen (destructie, deconstructie, constructie) en voor drie oplossingsrichtingen (gedragsverandering, technologiekeuze en wijze van besluitvorming) de ontwikkelingsgang van concepten weer. De matrix kan gebruikt worden als dynamische wegwijzer. Voor een duurzame ontwikkeling is het noodzakelijk dat individuen directer bij de besluitvorming worden betrokken over problemen en vraagstukken die hen persoonlijk aangaan. De matrix maakt het abstracte concreet. De onderscheiden concepten doorlopen elk de drie fasen, zodat in totaal 3 x 3 = 9 combinaties ontstaan.

3. **Ecolutie**: Het bijstere spoor[478] (*the lost track*) naar Allemaal Winnen, het doel: de ideale samenleving. Om daar te komen, is een transitie naar een hoger niveau van economische, ecologische en sociaal-culturele ontwikkeling vereist. Hoe hoog? Dat is niet duidelijk. Er lijkt niets anders op te zitten dan 'het bijstere spoor' te vinden en te volgen. De Matrix bevat de nodige *clues* (vingerwijzingen). Ecolutie, zou je ook kunnen zeggen, is een expeditie naar de toekomst, op zoek naar gedrag, tech-nologie en bestuur/beheer (*governance*) die de planeet Aarde leefbaar houden.

4. **Wild**: het pure, ongecultiveerde, ongetemde, ongeregelde, vrije, spontane, argeloze in mens en dier. Een duurzame ontwikkeling laat zich niet construeren. Daarvoor zijn de systemen, structuren, processen en culturen te ingewikkeld. Grijp je op één plek in, dan overzie je niet wat je elders teweeg brengt. Er zit niets anders op, dan te leren omgaan met onzekerheid, complexiteit en chaos. Een aanpassingspro-ces dat is te vergelijken met ecologisch tuinieren, waarbij opzettelijk veel ruimte gegeven wordt aan het 'wilde' in de natuur. Een natuurlijk aanpassingsproces, van

---

478 De uitdrukking 'het bijstere spoor' is ontleend aan 'Fanfare van het bijstere spoor' een nummer van de Brabantse band 'Straf', te vinden op hun eerste cd 'Pompen of Verzuipen' uit 2008.

onderen af, een spel van krachten en tegenkrachten, organisch, buigend en krullend. Alles behalve mechanisch en rechtlijnig. Rechte lijnen komen in de natuur namelijk niet voor.

5. **Toolbox**: concepten die regionale bestuurders en belanghebbenden helpen 'het bijstere spoor' te traceren. De concepten in de *toolbox* voldoen aan 7 criteria.

6. **Ecolutieproces**: Is er een concept bij waarmee de status quo op een bepaald (deel) terrein opengebroken kan worden en waarmee verandering in gang gezet kan worden? Belangrijk is, dat eerst het startpunt voor eventuele ingrepen (interventies) wordt bepaald. Eén korte blik op de Matrix is voldoende om vast te stellen hoe ver de Ecolutie is gevorderd. Verkeert het proces over de hele linie nog in de destructie fase of ligt de nadruk reeds op het ontregelen (deconstructie) van structuren, processen, systemen en culturen, met de bedoeling ruimte vrij te maken voor iets nieuws (constructie)?

7. **Deconstructie** is een proces waarbij bestaande systemen met opzet ontregeld worden, om ruimte te maken voor vernieuwing op menselijke maat.

8. **De regio** is een geschikt beleidskader voor Ecolutie.

Al doende ontwikkelden wij een model en een daarop gebaseerde werkwijze, die we vervolgens in de praktijk hebben geëvalueerd op basis van de *multiple embedded case study* van Robert K. Yin bij twee cases: de Brabant Woning en Brabantse Frisse Scholen (hoofdstuk 15 en 16).

Kern van het model is de in het begrippenkader genoemde matrix met op de ene as drie fasen in de ontwikkeling van economie, ecologie en samenleving en op de andere as drie clusters van concepten rondom: gedragsverandering, toegepaste techniek & technologie en wijze van besluitvorming.

Context, Concept, Content

De architectuur helpt om een bepaalde orde in de literatuur aan te brengen met de begrippen context, content en concept. Context, Concept en Content (inhoud) vormen een systeem. Afhankelijk van de context (hoofdstuk 3) waarin de ontwikkeling zich op dát moment bevindt, kunnen meer adequate concepten (ideeën voor een bepaalde aanpak of benadering) worden toegevoegd en verouderde concepten worden geactualiseerd.

Uit onderzoek naar en beschrijving van de context blijkt dat de samenleving op veel punten in een destructieve fase zit. De ruim 7 miljard mensen die de Aarde bevolken, zitten vast in een aantal socio-technische regimes[479], die moeilijk te veranderen zijn. De econoom Joseph Schumpeter merkte in 1934 al op dat de meeste innovaties op hindernissen stuiten die een snelle verspreiding tegenhouden.

---

479 Een regime definiëren wij als een geheel van gedeelde cognitieve routines, overtuigingen, regels en normatieve rolpatronen die een individu inkapselen in een groter sociaal-cultureel geheel en die dientengevolge diens vrijheid van handelen beperken.

Schumpeter: '*In the breast of one who wishes to do something new, the forces of habit rise up…The reaction of the social environment against one who wishes to do something new, may manifest itself first of all in the existence of legal or political impediments…Any deviating conduct by a member of a social group is condemned…Even a mere astonishment at the deviation…exercises a pressure on the individual.*'[480]

Het concept is het alles omvattende en overstijgende idee dat coherentie en identiteit geeft en de content is de invulling, de bestemming, datgene wat binnen de betreffende ruimte gebeurt. Zo is de *Mutual Gains Approach* (MGA, hoofdstuk 5) een invulling van het overstijgende idee 'samenleving met louter winnaars' en is *Systems Management* de invulling van de systeembenadering. De ontwikkelingsgang in de richting van een samenleving zonder verliezers noemen we Ecolutie.

Een regionale overheid kan, als regisseur, verbinder of facilitator samen met partners uit bedrijfsleven, maatschappelijke organisaties, kennisinstellingen en overheden vernieuwingen (proeftuinen) in gang zetten. Zij beschikt over het netwerk en de middelen om bij concrete locaties belanghebbenden en organisaties aan tafel te krijgen.
De Provincie kan het beginpunt of een tussenschakel zijn in 'anders denken en doen'.
Open innovatie, waarbij verschillende partners samen aan iets nieuws werken dat waarde toevoegt, in plaats van elkaar kapot te concurreren en waarde te vernietigen, is een belangrijk hulpmiddel bij het realiseren van het Allemaal Winnen ideaal. Niet alleen innovaties gericht op technologie maar ook op participatie, financiering en organisatie. Koplopers ontstaan vanzelf, verspreid over de regio. Door deze natuurlijke ontwikkeling goed te begeleiden en (financieel) te faciliteren en successen uit te dragen, worden initiatieven robuuster en kunnen innovaties worden blootgesteld aan de vrije marktwerking, zodat zij zich kunnen bewijzen. Centra voor kennisuitwisseling en samenwerking kunnen hierbij een intermediaire rol spelen. Dergelijke instituties zullen in toenemende mate *footloose* zijn. Op het internet zullen digitale, *open source* databanken de traditionele bibliotheken geleidelijk verdringen. Opdrachtgevers (corporaties, gemeenten) en opdrachtnemers (bedrijfsleven) kunnen helpen het nieuwe denken (met elkaar in plaats van tegen elkaar) verder vorm te geven.
De snelle en wijdverbreide nieuwe communicatievormen (facebook, twitter, msn, skype, Voxer, YouTube, LinkedIn en andere sociale media) maken ontwikkeling van onderaf vanzelfsprekend. De rizoom van met elkaar twitterende en facebookende burgers, dwingt een meer directe, decentrale besluitvorming af, waaraan belanghebbenden zelf deelnemen. Deze vanaf het micro-niveau opborrelende besluitvorming zorgt voor nieuwe regimes. De nieuwe regimes verdringen de oude.

---

480 J.A. Schumpeter, *The theory of economic development*, Harvard University Press, 1934.

Strategie en activiteiten

Om toe te werken naar een integraal beleidskader voor duurzame, regionale ontwikkeling is op grond van literatuurstudie en praktijkervaring een strategie ontwikkeld en een werkwijze opgesteld die de provincie Noord-Brabant en andere regio's in Nederland en daar buiten kunnen volgen.

De strategie heeft betrekking op een drietal soorten activiteiten: verkennen (§14.1), experimenteren (§14.2) en opschalen (§14.3). Deze activiteitenclusters zijn verder onderverdeeld in deelactiviteiten, zodat een werkwijze met 18 acties (stappen) resulteert.

De vijf praktijkvoorbeelden die in Deel III van deze studie opgevoerd en uitgewerkt worden als grondstof voor een model, tonen aan dat het thema 'duurzame ontwikkeling' hoog op de agenda van Brabantse bestuurders (bedrijven, instellingen en overheden) en burgers prijkt. Er zijn in wisselende samenwerkingsverbanden en met wisselend succes verkenningstochten (expedities) gemaakt. In 'veld-laboratoria' (proeftuinen) is geëxperimenteerd met concepten, er zijn sociale netwerken ontstaan en er zijn pogingen ondernomen om de verschillende aspecten van duurzame ontwikkeling te integreren.

In het kader van de 'veldoefening' *Naar een Duurzaam Brabant* is het 'werkatelier' ontwikkeld, een goed voorbereide 'verrassende ontmoeting' van belanghebbenden, waarbij onder leiding van een onafhankelijke procesbegeleider een bepaalde thematiek wordt verkend en mensen leren om ergens vanuit verschillende invalshoeken naar te kijken, waardoor ze meer begrip krijgen voor elkaar (empathie). Voor de Provincie is het in de fase van verkennen een middel om een nieuw netwerk te genereren en zicht te krijgen op mogelijke oplossingen. Bij de *Integrale Strategie Milieu* speelde de *Mutual Gains Approach* (MGA) een belangrijke rol. Deze benadering stuitte de eerste jaren op veel weerstand, maar lijkt nu door de Provincie omarmd te worden[481]. Deze benadering past bij een regionale overheid als regisseur of facilitator in de experimenteerfase. De Provincie neemt initiatief, brengt partijen samen en draagt bij aan een gezamenlijke hoge ambitie. De Provincie stimuleert creativiteit en zorgt voor een beter, duurzamer resultaat. Let wel: in het ideale geval. In werkelijkheid slaagt de provincie Noord-Brabant er niet in dit ideaal vorm en inhoud te geven.

Enkele kritische kanttekeningen (hoofdstuk 11 en 12):

- Er is een gebrek aan kwantitatieve gegevens, waardoor mooie woorden hol klinken.
- De diverse aspecten van een duurzame, regionale ontwikkeling worden niet integraal benaderd.
- Kennisinstellingen ontbreken bij alle veldoefeningen. Maatschappelijke organisaties namen in beperkte mate deel.

---

481 Nu is het in de Provinciale organisatie volledig geaccepteerd. Dit blijkt uit het volgende citaat van toenmalig gedeputeerde Annemarie Moons in het boek van Frans Evers over de MGA: 'Het kan wel!: bestuurlijk onderhandelen voor een duurzaam resultaat'. Moons: 'Ik verwacht dat dit boek velen ertoe zal brengen de MGA-benadering toe te passen vooral om langlopende conflicten over de uitvoering van besluiten te voorkomen. Ik ben vooral getroffen door het voorbeeld van de casus Aviolanda Woensdrecht. Een proces van inspanning van alle partijen heeft daar tot een verbluffend resultaat geleid. Inmiddels heeft de provincie besloten om ook in andere gevallen de *mutual gains* aanpak toe te passen.' (blz 8).

- Alle praktijkvoorbeelden bleven hangen in het harde politieke regime van om de vier jaar verkiezingen.
- Te weinig evaluaties waardoor het 'leren van' er bij inschoot.
- Veel aandacht voor economie en milieu in de praktijkvoorbeelden en weinig oog voor de mens (sociale en sociaal-culturele aspecten).
- Mogelijke effecten van Brabantse activiteiten op mensen buiten de regio werden volstrekt genegeerd.

Model

Het in dit proefschrift ontwikkelde diagnose & management instrument (model) geeft een regionale overheid (beleidsmakers, bestuurders, politici), partners en experts inzicht in systemen, structuren, processen en filosofieën met betrekking tot duurzame ontwikkeling en helpt hen de voor hun specifieke situatie meest adequate, duurzame keuzen te maken.

De evaluatie van de casussen Brabantwoning en Brabantse Frisse Scholen laat zien dat de in dit proefschrift ontwikkelde alternatieve, regionale aanpak (model plus werkwijze) in de praktijk voldoet en bijdraagt aan het streven naar een duurzame regionale ontwikkeling.

Aanbevelingen voor de provincie Noord-Brabant: (1) het toepassen van het ontwikkelde 'Allemaal Winnen' diagnose & management instrumentarium en investeren in het verder ontwikkelen ervan. En (2) meer werken vanuit eigen kracht en minder vanuit opgelegde routines, overtuigingen, regels en normatieve rolpatronen (regimes), waardoor de Provincie een zelfstandige schakelpositie in gaat nemen tussen het micro en macro niveau, waardoor de overheid als geheel – met de provincie als vooruitgeschoven spits – beter aansluit bij de toenemende structurering van activiteiten in lokale praktijken.

De voorgestelde aanpak neemt echter niet de scepsis weg ten aanzien van de veranderingsgezindheid bij de overheid. Uiteindelijk begint elke verandering bij een individu dat besluit om uit de gevestigde orde weg te breken en iets nieuws te ondernemen, dat navolging krijgt. De ontwikkelingen gaan in de richting van een Derde Kracht tussen Markt en Staat; een Morele Autoriteit en Macht die in zichzelf *governance capacity* heeft en die geschraagd wordt door een gemeenschap die aangetrokken wordt door een fundamentele sociale ethiek die moreel bindend is. Om Mahatma Ghandi en met hem het motto van dit proefschrift aan te halen: '*Be the Change you want to see in the world*'.

Korte Samenvatting

Dit proefschrift komt voort uit onvermogen. Het onvermogen in de samenleving en daarbij specifiek de machteloosheid van een regionale overheid, hier vertegenwoordigd door de provincie Noord-Brabant, om verandering in gang te zetten en duurzame ontwikkeling te stimuleren, aan te jagen, tot iets van allen samen te maken en daadwerkelijke resultaten te behalen. Onvermogen om het gedrag van mensen, systemen, ingesleten gebruiken, verkalkte structuren, routineuze besluitvormingsprocessen, verouderde technologieën en gesloten sub-culturen te ontregelen en vervolgens te *resetten*, zodat er ruimte ontstaat voor vernieuwing. Tien jaren van intensieve bemoeienis met regionaal duurzaam ontwikkelingsbeleid in Noord-Brabant hebben niet veel meer opgeleverd dan notulen, verslagen, rapporten en goede voornemens.

Hoe kunnen we hier verbetering in brengen? Dat was de vraag.
Uitbundige raadpleging van literatuur en experimenten in het veld – theorie en praktijk - leidden tot een nieuw begrippenkader en een serie concepten:

1. **Allemaal Winnen** (het doel) is de ideale samenleving, de *duurzame samenleving*. Een samenleving waar mensen niet ten koste van een ander, of van natuur, milieu, of economie, vooruit proberen te komen, maar naar vermogen bijdragen aan het geheel en daarvan ook de vruchten plukken. Een wereld die zich evenwichtig ont-wikkelt. Een wereld met louter winnaars.

2. **De Matrix** (het kompas) geeft in drie fasen (destructie, deconstructie, constructie) en voor drie oplossingsrichtingen (gedragsverandering, technologiekeuze en wijze van besluitvorming) de ontwikkelingsgang van 29 concepten weer. De matrix kan gebruikt worden als dynamische wegwijzer. Voor een duurzame ontwikkeling is het noodzakelijk dat individuen directer bij de besluitvorming worden betrokken over problemen en vraagstukken die hen persoonlijk aangaan. De matrix maakt het abstracte concreet. De onderscheiden concepten doorlopen elk de drie fasen, zodat in totaal 3 x 3 = 9 combinaties ontstaan.

3. **Ecolutie**: Het bijstere spoor[482] (*the lost track*) naar Allemaal Winnen, het doel: de ideale samenleving. Om daar te komen, is een transitie naar een hoger niveau van economische, ecologische en sociaal-culturele ontwikkeling vereist. Hoe hoog? Dat is niet duidelijk. Er lijkt niets anders op te zitten dan 'het bijstere spoor' te vinden en te volgen. De Matrix bevat de nodige *clues* (vingerwijzingen). Ecolutie, zou je ook kunnen zeggen, is een expeditie naar de toekomst, op zoek naar gedrag, tech-nologie en bestuur/beheer (*governance*) die de planeet Aarde leefbaar houden.

---

482 De uitdrukking 'het bijstere spoor' is ontleend aan 'Fanfare van het bijstere spoor' een nummer van de Brabantse band 'Straf', te vinden op hun eerste cd 'Pompen of Verzuipen' uit 2008.

4. **Wild**: het pure, ongecultiveerde, ongetemde, ongeregelde, vrije, spontane, argeloze in mens en dier. Een duurzame ontwikkeling laat zich niet construeren. Daarvoor zijn de systemen, structuren, processen en culturen te ingewikkeld. Grijp je op één plek in, dan overzie je niet wat je elders teweeg brengt. Er zit niets anders op, dan te leren omgaan met onzekerheid, complexiteit en chaos. Een aanpassingsproces dat is te vergelijken met ecologisch tuinieren, waarbij opzettelijk veel ruimte gegeven wordt aan het 'wilde' in de natuur. Een natuurlijk aanpassingsproces, van onderen af, een spel van krachten en tegenkrachten, organisch, buigend en krullend. Alles behalve mechanisch en rechtlijnig. Rechte lijnen komen in de natuur namelijk niet voor.

5. *Toolbox*: concepten die regionale bestuurders en belanghebbenden helpen 'het bijstere spoor' te traceren. De concepten in de *toolbox* voldoen aan 7 criteria.

6. **Ecolutieproces**: Is er een concept bij waarmee de status quo op een bepaald (deel) terrein open gebroken kan worden en verandering in gang kan worden gezet? Belangrijk is, dat eerst het startpunt voor eventuele ingrepen (interventies) wordt bepaald. Eén korte blik op de Matrix is voldoende om vast te stellen hoe ver de Ecolutie is gevorderd. Verkeert het proces over de hele linie nog in de destructie fase of ligt de nadruk reeds op het ontregelen (deconstructie) van structuren, processen, systemen en culturen, met de bedoeling ruimte vrij te maken voor iets nieuws (constructie)?

7. **Deconstructie** is een proces waarbij bestaande systemen met opzet ontregeld worden, om ruimte te maken voor vernieuwing op menselijke maat.

8. **De regio** is een geschikt beleidskader voor Ecolutie.

In de praktijk komt duurzame ontwikkeling nogal eens neer op lippenservice door politici in exotische plaatsen zoals Rio de Janeiro en Sevilla, maar resultaten op wereldschaal ontbreken. Politieke leiders vertegenwoordigen weliswaar de burger, maar kunnen diens verantwoordelijkheid niet overnemen. Uiteindelijk is enkel en alleen het individu aanspreekbaar voor zijn of haar eigen daden. Het probleem is: Hoe krijg je een substantieel aantal mensen achter duurzame oplossingen op zo'n wijze dat ze zich er ook naar gedragen? Of en hoe individuen een beweging tot verandering vormen, is wellicht meer een kwestie van ethiek en moraal dan van politiek.

Verkennen, experimenteren en opschalen zijn de kernwoorden voor regionale overheden om gewenste verandering te stimuleren.
We duiden het vermogen om samen naar oplossingen te zoeken aan als *Governance Capacity*. Een regio of gemeente die dit vermogen heeft en voortdurend aanspreekt, wordt aangemerkt als een *Joint Effort Society* (JES). Binnen dit kader kan ook plaats worden ingeruimd voor de *Method Holistic Participation en de Mutual Gains Approach*.

Uiteindelijk is de werkwijze, zoals hij op dit moment (medio augustus 2011) is, in twee casussen 'Brabantse Frisse Scholen' en de 'Brabant Woning' getoetst en gevalideerd.

Het motto voor de voorgestelde weg vooruit is:

'Be the Change you want to see in the world'. Mahatma Ghandi

Summary

The inability in society, and more specific the powerlessness of a regional government, here represented by the Province of Noord-Brabant, to create change and stimulate its' community to join forces and aim at a collective goal for the better of all, sustainable development, led the two authors to write this thesis. After working for ten years with and for the province of Noord Brabant to help to stimulate regional sustainable development, very little has changed. The regional system seems to be unwilling or unable to be effective in changing peoples' behaviour and attitudes. It continues to rely upon worn-out systems, structures and policies. Decision-making continues to follow the old routines.

Regional experimental projects were basically ineffective in opening the minds and operations of the inner, closed sub-cultures, or to adequately create the mental space for innovation. The activities mainly resulted in the production of minutes of meetings, project reports, notes of things to do and good intentions.

What can a regional government, such as the province of Noord-Brabant, do to improve on this business as usual pattern, especially within the context of growing problems such as climate change, increasing income disparity and rising unemployment? This is the central question of this thesis.

Based upon extensive literature research and field experiments, the thesis authors developed ways for integrating theory and practice. This led to the development of a working method, a toolbox and a new conceptual framework that may help the Province of Noord-Brabant and other, similar governmental entities to make more efficient and effective progress in anticipating, preventing and/or in solving the challenges to make the transition to more sustainable societal patterns. These new approaches are presented as follows:

1. **Only Winners** (the goal), is the flawless society, the sustainable society. A community in which people do not try to get ahead at the cost of somebody else, nature, environment or economy, but in which each individual contributes to the extent of his or her ability to the whole and reaps from the whole. It is a world that develops in balance. It is a world comprised only of winners.
2. **The Matrix** (the compass), mirrors the current as well as the desired development of 29 concepts in three phases (*destruction, deconstruction and construction*) and in three problem-solving directions (*behaviour change, technology and decision-making*). The matrix can be understood to be a dynamic route planner. In order to achieve sustainable development, it is necessary for individuals to be more directly involved in the decision-making processes concerning their environment and livelihood and in the issues that touch their personal lives in other ways. The matrix concretises the abstract. Each of the concepts can be applied within the three phases.
3. **Ecolution** is the lost track to '**Only Winners**', the highest goal: a flawless society.

To reach such a world, a transition towards a higher level of economic, ecological and social-cultural integration is required. How high? That is unsure. It seems that members of all societies must look for the lost track and seek to follow it. The matrix contains the clues. One could envision that Ecolution is an expedition into the future, in search of behaviours, technologies and governance approaches that will help to ensure that we have a liveable planet for thousands and thousands of years.

4. **Wild** implies the pure, uncultivated, untamed, disordered, free, spontaneous, unaffected, in humans and animals. Sustainable development is not to be constructed, due to the complexity of systems, structures, processes and cultures. One can't possibly oversee the consequences of all intentional or un-intentional interventions in nature or in society. However the only way forward is to learn how to deal with uncertainties, insecurities, complexity and chaos while learning to adapt to changing challenges such as nursing an ecological garden, where space is preserved for the 'wild' in nature. This is a natural process of adapting, bottom up, to a game of power and counter power, which is organic, flexible, dynamic, cyclical and evolving. Everything but mechanical and linear. Straight lines do not exist in nature.

5. **The Toolbox** contains concepts for regional political leaders and their stakeholders that are designed to help them to travel jointly on the Ecolution journey. The concepts in the toolbox are built upon seven criteria to ensure they support Ecolution. The concepts can be changed for new, other concepts provided these meet the seven requirements.

6. **The Ecolution process**: Can one or more of the concepts and tools help societal leaders break through existing situations and help them and their stakeholder to initiate the healing changes that are needed? In this integrated approach, it is important to decide the starting point for interventions. Working with the matrix as a guide can help the societal members to determine their current location on the journey of Ecolution. The searcher thereby obtains feedback, which clarifies, provides the answer to the question in what phase is it now? Is it, for example, as evidenced by the fact that disorder and disorganization of structures, processes, systems and cultures are already occurring? Or is it poised and ready to create space for something new and better in the construction phase?

7. **Deconstruction** is evident when existing systems are being purposefully disordered, in order to create space for innovation on a human scale.

8. **The region** is the appropriate scale for an Ecolution policy.

In practice there is a lot of talking about sustainable development in beautiful places like Rio de Janeiro and Seville, but what is lacking are results on global scale. Politicians may represent citizens in the political arenas, but cannot take over their personal, very own responsibility. In the end only the individual can be held accountable for his or her own acts. The problem is how to get a substantial group of people behind solutions and make them act on it. If and how individuals form a movement to make a change may be more a question of ethics and morality than of politics.

Exploring, experimenting and up-scaling are the keywords for regional governments to stimulate and underpin the desired changes in their area.
The vision of a community that is capable of creating solutions together is referred to as '*Governance Capacity.*' When a region or municipality has such a capacity and continuously uses and applies it, it is called a '*Joint Effort Society*' (JES). Within such a framework ample space can be created for the Method Holistic Participation and the Mutual Gains Approach as decision-making instruments.

To conclude the research, the complete method is tested and validated in two cases: a. the Brabant Fresh Schools and b. The Brabant House during August 2011.

Overall motto for the proposed way forward:

"Be the Change You Want to See in the World." Mahatma Ghandi

Zusammenfassung

Die Unfähigkeit, das menschliche Verhalten, die Systeme, die tief eingeschliffenen Gebräuche, die verkalkten Strukturen, die Routine Entscheidungsprozesse, die veralteten Technologien und die geschlossenen Subkulturen (zu verändern) zu erneuern, sodass Raum für Innovation entsteht ist der Ausgangspunkt dieser Arbeit. Zehn Jahre intensiver Beschäftigung mit der regionalen nachhaltigen Entwicklung durch die regionalen Behörden in Noord-Brabant haben nicht viel mehr als Protokolle, Berichte, Untersuchungen und gute Absichten ergeben.
Wie können regionale Behörden dies verbessern? Das war die zentrale Frage.
Literaturstudien, praktische Experimente - Theorie und Praxis - führten zu einem neuen konzeptionellen Rahmen und einer Reihe von Konzepten und Instrumenten:

1. **Alle gewinnen** ist das Ziel einer idealen nachhaltigen Gesellschaft. Eine Gesellschaft in der Menschen sich nicht auf Kosten der Anderen, der Natur, der Umwelt oder der Wirtschaft verbessern, sondern Beiträge an das Ganze liefern und gleichzeitig selbst Vorteile genießen. Eine Welt, die sich ausgewogen entwickelt. Eine Welt ausschließlich Gewinner.

2. **Die Matrix**, ein Kompass gibt in den drei Phasen: Zerstörung, Dekonstruktion und Konstruktion für drei Lösungen: Verhaltensänderung, Technologie-Auswahl und die Weise wie man Entscheidungen trifft die Entwicklungsrichtung von 24 Konzepte wieder. Die Matrix kann als dynamischer Leitfaden eingesetzt werden. Für eine nachhaltige Entwicklung ist es notwendig, dass Menschen, die bei Entscheidungen über Probleme, die sie persönlich betreffen beteiligt sind. Die Matrix macht das Abstrakte konkret. Die verschiedenen Konzepte durchlaufen jeweils die drei Phasen, so daß insgesamt 3 x 3 = 9 Kombinationen entstehen.

3. **Ecolution**: um zu einer idealen Gesellschaft zu gelangen ist ein Übergang zu einer höheren Ebene der ökonomischen, ökologischen und sozio-kulturellen Entwicklung erforderlich. Wie hoch? Es ist nicht klar. Man kann dazu eine Spur versuchen zu finden und zu folgen. Die Matrix enthält die erforderlichen Hinweise dazu. Ecolution ist eine Expedition in die Zukunft, auf der Suche nach Verhalten, Technik und Verwaltung (*Governance*), die den Planeten Erde lebenswert erhält

4. **Wild** ist das Reine, Unbebaute, Ungezähmte, Ungeregelte, Freie, Spontane, Unschuldige in Mensch und Tier. Nachhaltige Entwicklung lässt sich nicht konstruieren. Dafür sind die bestehenden Systeme, Strukturen, Prozesse und Kulturen zu kompliziert. Wenn man an einer Stelle eingreift, dann übersieht man nicht was irgendwo anders passiert. Wir müssen lernen mit Unsicherheit, Komplexität und Chaos umzugehen. Ein notwendiger Anpassungsprozess ist vergleichbar mit ökologischem Gartenbau, wobei absichtlich viel Raum, an "wilde Natur" gegeben wird. Ein natürliches Anpassungsprozess erfolgt von unten, und ist als ein Spiel der Kräfte und Gegenkräfte, organisch und biegsam. Alles andere als mechanisch und geradlinig.

5. *Toolbox*: Anregungen die Interessengruppen helfen die Spur zu finden um zu Verbesserungen zu gelangen. Die Anleitungen in der Toolbox erfüllen 7 Nachhaltigkeit Kriterien.

6. **Ecolutionsprozess**: Welche Konzept helfen den Entscheidungsträgern am meisten? Gibt es ein Konzept, womit er / sie den Status quo eines bestimmten (Teil-) Bereiches durchbrechen kann und können damit Änderungen initiiert werden? Wichtig ist, dass erst die Ausgangspunkte für einen jeglichen Eingriff (Intervention) bestimmt werden. Ein kurzer Blick auf die Matrix ist ausreichend, um festzustellen, wie weit die Ecolution fortgeschritten ist. Ist der Prozess noch in die Destruktions-Phase oder liegt der Nachdruck bereits auf einer Dekonstruktion von Strukturen, Prozessen, Systemen und Kulturen, mit der Absicht, um Platz für etwas Neues zu machen (Konstruktion)?

7. **Dekonstruktion** ist ein Prozess, beiden bestehende erstarrte Systeme bewusst eingeschränkt oder vermieden werden, um Platz für Innovation im menschlichen Maßstab zu machen.

8. **Die Region** ist ein geeigneter politischer Rahmen für Ecolution.

Wir verweisen auch nach der einer entwickelten Methode Forschen - Experimentieren - In größerem Maßstab Anwenden. Der Prozess und die Instrumente gehören zu einer " Aktive Demokratie", in der Bürger, Unternehmen und andere Akteure sich nicht für alles, zur (zentralen) Regierung wenden, sondern selbst nach gemeinsame akzeptierten Lösungen der Probleme suchen und auch zusammen Sorge tragen für die Ausführung. Wir nennen diese Fähigkeit gemeinsam Lösungen zu suchen *Governance* Kapazität. Eine Region oder Gemeinde, die diese Fähigkeit hat und diese auch einsetzt, heißt eine *Joint Effort Society* (JES). Innerhalb dieses Rahmens passt die Methode Holistische Partizipation und die *Mutual Gains Method*. Dieser Prozess, wird derzeit (Ende August 2011), in zwei Fällen 'Brabant Frische Schulen "und" Brabant Haus "getestet und validiert.

Der vorgeschlagene Ansatz nimmt jedoch nicht die Skepsis weg gegenüber der Bereitschaft der Behörden zu ändern. Die Entwicklungen gehen in die Richtung einer Dritten Kraft zwischen Markt und Staat, eine moralische Autorität und Macht die in sich selbst *Governance* Kapazität hat und die gestützt wird durch eine Gemeinschaft, die zu einer grundlegenden sozialen Ethik angezogen wird und die moralisch bindend ist.

Una reseña
'Todos Ganados'

Esta tesis es el resultado de observar la incapacidad de interrumpir y restablecer el comportamiento de los humanos, de los sistemas, costumbres arraigadas, estructuras esclerosadas, procesos rutinarios de toma de decisiones, tecnologías anticuadas y subculturas cerradas para crear un espacio para la innovación.

Diez años de intensa participación en el desarrollo sostenible regional de la provincia Noord-Brabant perteneciente a los Países Bajos han resultado en nada más que actas, informes, declaraciones y propósitos.

¿Como podrían estos resultados ser mejorados?

Esta fue la pregunta que llevo a una consulta exuberante de literatura y experimentos en el campo (teoría y práctica) que dio lugar a un nuevo marco semántico y una nueva serie de conceptos, los cuales se analizan acontinuación:

1. **Todos Ganamos** (el objetivo) es la sociedad ideal, es decir, *la sociedad sostenible*. Es una sociedad donde las personas no intentan progresar a costa de los otros humanos, de la naturaleza, del medio ambiente o de la economía, síno que por sus capacidades contribuyan a la totalidad y como consecuente estarían cosechando sus propios beneficios. Es decir, un mundo que se desarrolla equitativamente, dando lugar a un mundo con sólo ganadores.

2. **La matriz** (la brújula) muestra con tres fases (destrucción, deconstrucción, construcción) y con tres direcciones de soluciones (el cambio del comportamiento, la elección de la tecnología y el método de tomar decisiones) la evolución de 29 conceptos, por lo cual es posible utilizar la matriz como una guía dinámica. Para el desarrollo sostenible es necesario que los individuos estén involucrados más directamente en la toma de decisiones sobre problemas y asuntos que les afectan personalmente. La matriz hace de algo abstracto, algo concreto. Cada uno de los diversos conceptos siguen tres fases, para formar 3x3=9 combinaciones en total.

3. **Ecolución** es la pista perdida (*the lost track*) para lograr el ''Todos Ganamos'', el objetivo es: La sociedad ideal. Para llegar a esta sociedad ideal, se exige una transición a un nivel más alto de desarrollo económico, ecológico y sociocultural. ¿Pero cuánto más? Eso no está claro, puesto que parece que no hay otra opción que encontrar y seguir ´la pista perdida´. La matriz incluye las pistas necesarias. Ecolución, en otras palabras, es una expedición hacia el futuro, buscando el comportamiento, la tecnología y la gobernancia que permita al planeta tierra ser habitable.

4. **Salvajes**: los humanos y animales puros, no educados, salvajes, desordenados, libres, espontáneos, y crédulos. El desarrollo sostenible no se deja construir, es

por eso que los sistemas, las estructuras, los procesos y las culturas son demasiado complicados. Cuando se interviene en un lugar, no es posible a simple vista vislumbrar lo que se ha provocado en otros lugares, por lo tanto no hay otra opción que aprender a lidiar con la incertidumbre, la complejidad y el caos. Un proceso de ajuste se puede comparar con la jardinería ecológica, en cual se da intencionadamente mucho espacio a lo "salvaje" en la naturaleza. Un proceso de ajuste natural, desde el fondo, un juego de fuerzas y contrafuerzas, orgánico, flexionado y rizado. Todo excepto mecánico y rectilíneo puesto que las líneas rectas no existen en la naturaleza.

5. **Caja de herramientas (toolbox)**: Corresponde a los conceptos que ayudan a los funcionarios regionales y beneficiarios a localizar ´la pista perdida´. Los conceptos en la caja de herramientas cumplen con 7 criterios.

6. **El proceso** de ecolución: ¿Existe un concepto en cual él o ella puede abrir su status quo en un área en específico y empezar un cambio? Es importante que primeramente se determine el punto de partida para intervenciones eventuales. Una breve mirada a la matriz es suficiente para determinar hasta que punto la ecolución ha progresado. ¿Se encuentra el proceso (en todos los ámbitos) todavía en la fase de destrucción? ó ¿El énfasis está en interrumpir estructuras, procesos, sistemas, y culturas (deconstrucción), con la intención de crear espacio para algo nuevo (construcción)?

   Deconstrucción es un proceso donde los sistemas existentes están interrumpidos a propósito, para crear un espacio para la innovación a escala humana.

7. **La región** es una política adecuada para la ecolución.

Cuando se agrega el procedimiento desarrollado (explorar, experimentar y ampliar), se obtiene una matriz tridimensional demasiado compleja para el uso rápido y flexible, por lo tanto, detenemos momentaneamente el cubo 3x3x3.

El procedimiento y los instrumentos se encuentran en su mejor estado en una "democracia activa" en cual ciudadanos, empresarios y otros interesados no tienen que consultar al gobierno para todo, debido a que buscan por si mismos soluciones que sean aceptadas conjuntamente para resolver los problemas o asuntos, asi también trabajan en conjunto para asegurarse que serán plena y satisfactoriamente realizad. osEsta capacidad de buscar en conjunto para vislumbrar soluciones se le conoce con el término de "*governance capacity*". Una región o municipio que tiene esta capacidad y se está expresando constantemente, se presenta como un "*Joint Effort Society* (JES)". Dentro de este marco también el "*Method Holistic Participation*" y "*Mutual Gains Approach*" puede tener un lugar.

Finalmente la manera de trabajar como se encuentra en este momento (agosto 2011) está probado y validado en dos casos; en el caso 'Brabantse Frisse Scholen' y en el caso 'Brabant Woning'.

Se podría finalmente relacionar este trabajo de tesis citando una de las tan conocidas frases de Mahatma Gandhi que dice; ''*Sea usted el cambio que quiere ver en el mundo*''

Bibliografie

A

Anderson, Ray, CEO Interface, the way of the plunderer, www.youtube.nl, mei 2008

Andriesse, C.D., De constructie van duurzaamheid, Hoofdstuk 'Beschouwing' in het Energie Verslag Nederland 1994, Energieonderzoek Centrum Nederland (ECN), 1994

Anodea Judith, Chakra werkboek, Altamira-Becht, Heemstede, 2007

Ast, J. , Hafkamp Wim, Ontkoppeling milieu en economie door de provincie Zeeland, Erasmus Centre for Sustainability & Management (ESM, Erasmus Universiteit Rotterdam, 2004

Arends, J.W., Inhoud en Vorm, afscheidscollege als hoogleraar Pathologie van de faculteit der Geneeskunde Universiteit Maastricht, Maastricht, 5 april 2001.

Aristotelis, www.theosofie.net/onlineliteratuur/geheimeleer /deel/24kruistien.html, mei 2008

B

Ball, Philip, Critical mass; how one thing leads to another, Farrar, Straus and Giroux, New York, 2004

Beck, Ulrich, Risk Society: Towards a New Modernity, Sage, London, 1992

Beinhocker, Eric D., The origin of wealth, Random House Business Books, 2007

Benthum, Jeremy, CEO Shell International in: Financieel Dagblad, 12 februari 2008

Benyus, Janine M., Biomimicry: Innovation Inspired by Nature, William Morrow, New York, 1997

Berg, van den, Agnes, Weelderig of wild? De invloed van beheersmaatregelen op de beleving van bossen, Wageningen Universiteit en Researchcentrum, Vakblad Natuur Bos en Landschap, 10, 2004

Berg, B.,L. Qualitative Research Methods for the Social Sciences, Seventh Edition, Pearson Education, Boston, 1989

Bergh, van den, Hans, Vinken, Pierre, Het Scherp van de Snedes (red.), De Nederlandse literatuur in 100 en enige polemieken, Prometheus, Amsterdam 2010,

Berry, W., Standing by Words, Essays, Counterpoint, Berkeley, 1983

Beveridge, W., Power and Influence, Hodder and Stoughton, Londen 1953.

Blonk, Hans, conceptrapportage Unidek, Economy Light, Stichting Natuur en milieu, Utrecht / Gemert, 2002

Bohemen, Hein, Ecological Engineering: bridging between ecology and civil engineering, Aenas Technical Publishers, Boxtel, 2005

Boulding, Kenneth, The economics of the coming spaceship Earth in: Jarrett, K (ed.), Environmental Quality in a Growing Economy, Hopkins Press, Baltimore, 1966

Boonen, Roger, Irina, Jos, Ali en Mies, Interculturaliteit in maatschappij en school, Garant, Antwerpen-Apeldoorn, 2003

Botton, de, Alain, Statusangst, Atlas, Amsterdam, 2004

Bornstein, David, How to Change the World, Oxford University Press, 2007.

Braungart, Michael, McDonnough, William, The next Industrial Revolution, Green Leaf Publishing, 2001, www.sustreport.org/downloads/ecoefficiency.pdf, september 2008

Braungart, Michael, McDonnough, William, Cradle to Cradle - afval is voedsel, Scriptum, Heeswijk, 2007

Bradley, Keith, The happiness in-between, uit Building Happiness, architecture to make you smile, black dog publishing, 2008

Bringezu, Stefan, Schütz, Helmut, Total Material Requirement of the European Union,European Environmental Agency, Technical report no. 55, European Union, 2001, http://reports.eea.europa.eu/Technical_report_No_56/en, augustus 2008

David Brooks, David, The Limits of Policy, New York Times, 4 mei, 2010.

Brown, Lester, Plan B 3.0, Norton & Company, New York, 2007

Bryan, Bill, Goodman, Michael, Schaveling, Jaap, Systeemdenken, Academic Service, 2006
Byttebier, Igor, Creativiteit, Hoe? Zo!, Scriptum, Schiedam, 2003

C

Cameron, Geoffrey, Goldin, Ian, Balarajan, Meera, Exceptional People: How Migration Shaped Our World and Will Define Our Future, Princeton University Press, 2011

Camp, Peter, Erens, Funs, De praktijk van de matrix, Business Contact, 1998

Capra, Fritjof, The Hidden Connections: A Science for Sustainable Living, Random House, New York, 2002

Castells, Manuel, The Rise of the Network Society, Blackwell Publishers, Oxford UK, 1996

Centrum voor Schone Technologie en Milieubeleid, universiteit Twente, Economische groei en de gevolgen voor het milieu in Overijssel, managementsamenvatting, 1999

Chertow, Marian R., Esty, Daniel C (red), Thinking Ecologically: the next generation of environmental policy, Yale University Press, New Heaven, 1996

Colborn, Theo, e.a., Our stolen future, Plume, New York, 1997

Collier, Paul, The bottom billion, Oxford University Press, Oxford UK, 2007

Coupe, Laurence (ed.), The Green Studies Reader, From Romanticism to Ecocriticism, Routledge, London/New York, 2000, blz 120.

Czabanowski, Juri, Humaan georienteerde woningbouw, proefschrift, Faculteit Bouwkunde, Technische Universiteit Eindhoven, 2006

D

Daft R.L.,Wiginton J. , Language and Organization, Academy of Management Review, 1979

Daly Herman, Towards Some Operational Principles of Sustainable Development, Ecological Economics, 2 (1), p.1-6, Elsevier, April 1990

Darwin, Charles, Origin of species, 6th edition, 1872, www.literature.org/authors/darwin-charles/the-origin-of-species/, mei 2008

Deleuze, Giles, Foucoult, Continuum, 2006

Deleuze, Giles, The Fold, University of Minnosata Press, Minneapolis, 1993

Derrida, Jacques, Marges van de filosofie, Gooi & Sticht, Kampen, 1989.

Dierickx, Guido, De Logica van de Politiek, uitgeverij Garant, Antwerpen/Apeldoorn, 2005

Lucas, Dietrich, 60. Innovators, shaping our creative future, Thames & Hudson, 2009

Dietz, Frank (red.), Duurzaam Milieugebruik: een inspiratiebron, van Arkel, Utrecht, 2003

Dinten, Wim, Met gevoel voor realiteit, Eburon, Delft, 2006

Dobson, Andrew (ed), The Green Reader, Mercury House, San Francisco, 1991

Dols, Rozemarijn, Gouwens, Josine, 50 werkvormen voor creatieve sessies, Van Duuren Management, Culemborg, 2009

Dominquez, Joe, Robin, Vicki, Your money or your life, Penquin USA, 1999

Drucker, Peter, Innovation and entrepreneurship, Practice and Principles, Fitzhenry & Whiteside Limited, Toronto, 1985

Dubiel, Helmut, Het gebeurt allemaal in mijn hoofd, Cossee, Amsterdam, 2008

Dijksterhuis, Ap, Het slimme onbewuste, Denken met gevoel, Bert Bakker, 2007

E

Edelenbos, J., Teisman, G.R.,Reuding,M., EUR, Interactieve beleidsvorming als sturingsopgave, InnovatieNetwerk Groene Ruimte en Agrocluster, Den Haag, september 2001.

Elkington, John, Cannibals With Forks: The Triple Bottom Line of 21st Century Business, Capstone, Oxford, 1997

Emmitt, Stephen, Olie, John, Schmid, Peter, Principles of Architectural Detailing, Blackwell Publishing, Oxfordshire, 2004

Empel, Frank, Reitsma, Elsbeth, Wegen naar verandering, Academic Service, Schoonhoven, 2004

Empel, Frank (eindredactie), Absolute Ontkoppeling: gewoon doen!, Den Bosch, 2003, www.nido.nu/publicatie/bestand/1067935704.pdf, augustus 2008

Empel, Frank, Allemaal winnen, interne uitgave provincie Noord-Brabant, Den Bosch, 2007

Empel, Frank, Schmid, Peter, Amfibisch wonen, interne uitgave provincie Noord-Brabant, Den Bosch, 2006

F

Fennema Meindert, H.S. Ronden, De moderne democratie, Maklu, Apeldoorn, 2002

Fisher, D.R., Freudenburg, W.R, Ecological modernization and its critics, Society and Natural Resources, 14:701 - 709, www.es.ucsb.edu/faculty/freudenburg_pdf's/FisherFreudSNR01.pdf, 2001

Fisher Roger, e.a., Excellent onderhandelen, Business Contact, Amsterdam 2005, geheel herziene uitgave 2006

Fischer, F., Forester, J. (ed.), Rein and Schon, Reframing policy discourse, London UCL Press, 1993

Florida, Richard, The rise of the creative class, Perseus Book Group, 2004

Foucoult, Michel, De woorden en de dingen, Ambo, Baarn, 1973

Foucault , Michel, Surveiller et punir, 1975.

Funken, Katja, The Pros and Cons of Getting to Yes, Shortcomings and Limitations of Principled Bargaining in Negotiation and Mediation, master-thesis,University of Queensland, Brisbane, //papers.ssrn.com/sol3/papers.cfm?abstract_id=293381, 2001

Friend, Gil, The Truth About Green Business, FT Press, Upper Riddle Saddle, New Jersey, 2009

Frissen, Paul, De Staat, de Balie, Amsterdam, 2002

Frissen, Paul, De Staat van Verschil, Van Gennep, Amsterdam, 2007

Franklin, Jane,(ed.) The Politics of Risk Society, Polity, London, 1998

G

Geiser K.,Materials matter, MIT Press, Boston, 2001

Graaf van de, H, Hoppe R., Beleid en Politiek, Coutinho, derde druk 2007

Greenfield, O, e.a., One Planet business: creating value within planetary limits, WWF, SustainAbility, Londen, 2007

Giddens, Athony, The Third Way, Polity Press, Cambridge UK, 1998

Giddens, Anthony, The politics of climate change, National responses to the challenge of global warming, policy network paper, September 2008

Gore, A., Our choice, ipad applicatie, 2011

Graaf, de Hans J., Een win-winaanpak (MGA) voor het oplossen van maatschappelijke vraagstukken Deel I en Deel II, KDO Advies, CML universiteit Leiden, interne uitgave PNB, mei 2007

Gravetter, Frederick, J.,Forzano, Lori-ann, B., Research methods for the behavioral sciences, Second Edition, Thomson Wadsworth, 2006

Gunsteren, van, Herman, Vertrouwen in democratie, Over de principes van zelforganisatie, vangennep Amsterdam, 2006.

H

Hajer, Maarten, A., The Politics of Evironmental Discourse, Oxford University Press, 2000

Harich, Jack, Change resistance as the crux of the environmental sustainability problem, Summary and Implications, www.thwink.org/sustain/general/ChangeResistance.htm, 20 oktober 2009

Hart, Maureen, Sustainable Indicators Hand book, www.sustainable.com/Indicators/ , november 2009

Hawken,Paul, Ecology of Commerce, HarperCollins Publishers, New York, 1994

Hawken, Paul., Lovins, Amory.B, Hunter Lovins, L. Natural Capitalism, Rocky Mountains Institute, www.natcap.org/sitepages/pid5.php, augustus 2008

Hawken, Paul, Ode Magazine, nummer 13 maart/april 1997.

Hawking, Stephen, S., Mlodinow, L., The Grand Design, New aswers to the ultimate questions of life, Bantam Press, 2010

Hensen, Chris, "Hoge olieprijs maakt zelfs BH duurder, In NRC-next, 4 januari 2008

Heilbronner, Robert, De filosofen van het dagelijks brood, Simon & Schuster, 1986

Heijden. Jurgen, van der, e.a., Combineer wat je hebt, Eburon Delft, 2010

Huisingh, Donald, Bailey, Vicki, Making Pollution Prevention Pay: Ecology with Economy as Policy, Publisher Pergamon Press,

I

Interdepartementaal Onderzoeksprogramma Duurzame Technologische Ontwikkeling (DTO), DTO sleutel chemie; zon en biomassa; bronnen van de toekomst, Den Haag, 1997

Intergovernmental Panel on Climate Change (IPCC), Climate Change 2007: synthesis report: summary for policymakers, www.ipcc.ch/pdf/assessment-report/ar4/syr/ar4_syr_spm.pdf, Valencia, 2007, mei 2008

J

Jong, de W.M., Mulder, G.V.A., Rolverdeling bij interactieve beleidsvorming, Bestuurskunde, januari 2000.

Judge, Anthony, Laetus in praesens, 1997

Jutten, Jan, Consent Onderwijsbegeleiding en Innovatie: De school als lerende organisatie, www.isisq5.nl/downloadfile.asp?ID=154, 2008

K

Kabinet, Nationaal MilieubeleidsPlan (NMP) 4: Een wereld en een weg: werken aan duurzaamheid, Minsterie van Vrom, SDU, 2001

Kalecki, Michal, Cambridge University Press, 1971.

Kasteren, J. van, Transities in de praktijk; ervaringen met duurzame technologische ontwikkeling, kennisoverdracht en –verankering, DTO-KOV, www.dto-kov.nl

Kapitza, Serguei, Holstlezing 1996, Technische Universiteit Eindhoven, artikel: Wereldbevolking bereikt piek in 2007, in: Cursor Technische Universiteit, www.tue.nl/cursor/html/cursor3909/pag3a.htm, mei 2008

Keane, John, The Life and Death of Democracy, Simon & Schuster Ltd UK, 2009

Klein, Stefan, Tijd, Ambo, Baarn, 2007

Klopstra, Arjan, Grensverleggend vernieuwen: weerbarstige praktijken, Transitienetwerk, Utrecht, 2008

Knol, Jan, En je zult spinazie eten, Aan tafel bij Spinoza, filosoof van de blijdschap, Wereldbibliotheek, Amsterdam, 2006

Richard Koch, Het tachtig / twintig principe, het geheim van meer bereiken met minder moeite, Academic Service, 1998

Kogon, Eugen, Der SS-Staat, Das System der deutschen Konzentrationslager, Wilhelm Heyne Verlag, München, 1974.

Kolb, David, A., Experimental learning, 1984.

Koninklijk Nederlands Meteorologisch Instituut (KNMI), Veranderingen in het klimaat, uitgave ter gelegenheid van het 150-jarig bestaan, de Bilt, ??

Kramer, Koen, Goed beheer kan aanpassingsvermogen van bossen beïnvloeden, Vakblad Natuur Bos Landschap, december 2004.

L

Locke, J., Second Treatise on Government, Cambridge University Press, Cambridge, 1974

Lockwood, Charles, Building the Green Way, Harvard Business Review on Green Strategy, 2007

Loesje, www.loesje.nl, mei 2008

Lovins, Amory B. e.a., A Road Map for Natural Capitalism, Harvard Business Review, Harvard, reprint 99309, mei-juni 1999

Lutz, Rudiger, Capra, Fritjof, Callenbach, Ernest en Marbug Sandra, Innovationsoekologie, Munchen, 1992

M

Mackenzie K.D., House R., Paradigm Development in the Social Sciences: A Proposed Research Strategy, Academy of Management Review, 1978

Maddison, Angus historicus frank naar titel vragen

Malthus, Thomas, An Essay on the Principles of Population, www.ac.wwu.edu/stephan/malthus/malthus.0.html, 1798, maart 2008

Mandela, Nelson, Amandla!, Nelson Mandela in zijn eigen woorden, Pandora pockets, 2003.

Marrewijk van, Charles, oratie Economische groei en Agglomeratie, Erasmus Universiteit Rotterdam, 31 oktober 2003

Martens, Pim en Amelung, Bas , Hoogleraar en docent aan het instituut ICIS van Universiteit Maastricht, in Trouw, de verdieping, 7 januari 2007

Marx, Karl, Voorwoord voor de bijdrage tot de politieke economie, januari 1859 in: Te Elfder Ure, marxisme, het marxistisch wetenschapsbegrip, 1974, 21ste jaargang

Maynard Smith, John, Szathmáry, Eörs, The origins of life, Oxford university Press, 1999

Milieu Natuur Planbureau (MNP), Nederland en een duurzame wereld, RIVM, Bilthoven, 2007.

Milieu en Natuur Planbureau (MNP), Milieu en duurzaamheid in regeerakkoord 2007, RIVM, Bilthoven, 2007

Milieu- en Natuurplanbureau, (MNP), Milieubalans 2003, RIVM, Bilthoven, 2003

Milieu- en Natuurplanbureau, (MNP), Milieubalans 2004, RIVM, Bilthoven, 2004

Millenium Ecosystem Assessment 2001 - 2005, Millenium Ecosystem Assessment reports, www.millenium.org/en/index.aspx, maart 2008

Ministerie van VROM, Nationaal Milieubeleidsplan 4: een wereld en een wil, werken aan duurzaamheid, SDU, Den Haag, 2001

Mol Arthur PJ, Sonnenfeld, David A., Environmental Politics 9(1):3-16, Spring 2000 Ecological Modernization Around the World: An introduction, www.tricity.wsu.edu/sonn/ecomod_intro.htm

Morgan, Gareth Zohar, Asaf, Key Principles for Managing Change, www.imaginiz.com/provocative/change/keys.html

Morgan, Gareth, Imaginization: The Art of Creative Management, Sage publications, Thousand Oaks, 1997

Mörner, Axel, Claim that sea level is rising is a total fraud, interview met Axel Mörner in Executive Intelligence Review (EIR), 22 juni 2007, www.larouchepub.com/eiw/public/2007/2007_20-29/2007_20-29/2007-25/pdf/eirv34n25.pdf, 2010

Murphy, Denis, Vision for a future European Union, National Forum on Europe, Limerick, Ierland.

N

Nattrass, Brian, Altomare Mary, De Natuurlijke Stap in zaken, Academic Service, 2002

Nijkamp, Monique, "Verbetering Ventilatie Basisscholen", onderzoek van GGD, Tilburg, 2008

O

Oger, Erik, Derrida, Een inleiding, Pelckmans/ Klement, Kapellen/ Kampen, 2005

P

Parlementaire onderzoekscommissie (o.l.v. Dijsselbloem, Jeroen), Parlementair Onderzoek Onderwijsvernieuwingen, Tweede Kamer der Staten-Generaal, verslagjaar 2007-2008, Den Haag, 2008

Pieterson, M. (red.), Het technisch labyrint, Boom, Amsterdam, 1981

Pierson, Christopher, Conversation with Anthony Giddens: making sense of modernity, Stanford, California, 1998

Plimer, Ian, Heaven and Earth, global warming, the missing science, Taylor Trade Publishing, 2009

Plumwood, Val, Feminism and the Mastery of Nature, Routledge, London/New York, 1993

Polak, Fred, Morgen is anders, Bosch en Keuning, 1985

Popper, K., Science as Falsification, Conjectures and Refutations, 1963

Provily, C.L., Samen Werken, werknemers en ondernemers in de productie coöperatie, Kluwer, Deventer, 1974

Provincie Limburg, Liefde voor Limburg, Provincie Omgevingsplan Limburg, juni 2001

Provincie Noord-Brabant, Convenant Strategische Agenda Milieu, Economie en Ruimte, verkorte en vereenvoudigde versie, interne uitgave Provincie Noord-Brabant, Den Bosch, 1999

Provincie Noord-Brabant, Verslag 1999 – 2001, Strategische Agenda, interne uitgave Provincie Noord-Brabant, Den Bosch, 2001

Provincie Noord-Brabant, Bestuursakkoord 2007 - 2011 'Vertrouwen in Brabant', Interne uitgave Provincie NB, www.brabant.nl/politiek-en-bestuur/bestuursakkoord/ bestuursakkoord-2007_2011.aspx, 2008

Provincie Noord-Brabant, Ontwerp Provinciaal Milieuplan 2011 – 2014, ter inzage tot en met augustus 2010, uitgave Provincie Noord-Brabant, Den Bosch, www.brabant.nl, 2010

Provincie Noord-Brabant, Agenda van Brabant, Provincie Noord-Brabant, Den Bosch, www. brabant.nl, april 2010

Provincie Noord-Brabant, Investeringsstrategie Brabant investeert in de toekomst, Provincie Noord-Brabant, Den Bosch, www.brabant.nl, april 2010

Q

Quinn, Robert E., Persoonlijk meesterschap in management, Academic Service, 1998

R

Rachman, Gideon, The battle for food, oil and water, Financial Times 29 januari 2008

Rees, William, E., Wackernagel, Mathis, Our Ecological Footprint, New Society Publishers, 1996

Riele, te Harry, Vries de, Jan, Consumption Sustained or Playing with Hyena's, Stichting Natuur en Milieu, Utrecht, maart 2005

Rifkin, Jeremy, De waterstofeconomie, schone en duurzame energie voor iedereen, Lemniscaat, Rotterdam, 2004.

Rifkin, Jeremy, Leading the way to the third industrial revolution: a new energy agenda for the European Union in the 21st century, ECTP Conference 2007, Amsterdam, 19 & 20 November 2007 www.ectp.org/documentation/Conference2007/JeremyRifkin-EnergyVisionPla nandThirdIndustrialRevolutionforEU-English.pdf, augustus 2008

Robertson, Ian, the mind's eyes, Bantam Books, 2002

Rutten, Paul, Intreerede over Strategisch Bouwen, Technische Universiteit Eindhoven, Eindhoven, 31 mei 1996.

S

Sachs,Wolfgang e.a., Greening the North: A post-industrial blueprint for ecology and equity, Zed Books, London, 2000

Savater, Fernando, Het goede leven; Ethiek voor mensen van morgen, Bijleveld, Utrecht, vijfde druk, 1999

Schaefer, Wim, F., Beheersen & verbeelden, intreerede, Universiteit Eindhoven, Eindhoven, 11 juni 2004

Schmid, Peter, Bio-logische Baukonstruktionen, Wege zu einer integralen Bau- und Ausbau-Technik, Mensch- und umweltorientierte Hochbaukunde, Rolf Müller Verlag, Köln, 1986

Schmid, Peter, Amfibisch Wonen, rapportage, interne uitgave PNB, ECOHB Nederland, april 2007

Schmid, Peter, Meer Groen in de stad, rapportage, interne uitgave PNB, ECOHB Nederland, mei 2007

Schumpeter, J.A., The theory of economic development, Harvard University Press, 1934.

Senge, Peter, De vijfde discipline, Scriptum publishers, Schiedam, 1992

Senge e.a., The Necessary Revolution, Nicolas Brealey Publishing, London / Boston, 2008

Seinen, Henk, Powerpoint voordracht over energieneutrale, betaalbare starterswoningen voor het ambtelijke cluster duurzaam bouwen van de Provincie Noord-Brabant, deMar, Grou, juli 2008

SenterNovem, Afvalcijfers, www.senternovem.nl/uitvoeringafvalbeheer/cijfers, februari 2007

Snyder, Gary, The Practice of the Wild, Uitgeverij Counterpoint, Berkeley, 1990

Stel, Frans, Improving the performance of co-innovation alliances, proefschrift Tilburg Universiteit, juli 2011.

Stern Review: The Economics of Climate Change, Summary of Conclusions, www.hm-treasury.gov.uk/media/9/9/closed short_executive_summary.pdf,

Susskind, Larry, Mckarearnan S., Thomas-Larmer, J. (red.), Consensus Building Handbook: a comprehensive guide to reach agreement, Sage publications, London, Thousand Oaks, 1999

Susskind, Lawrence, E., en Jeffrey L. Cruikshank, Jeffrey L., Breaking Robert's Rules, Oxford University Press, Oxford (US), London, 2006

SustainAbility, World Wild Life Fund, Global Footprint Network, Living Planet report 2006, www.panda.org/news_facts/publications/living_planet_report/lp_2006, maart 2008

Swieringa, Joop, Wierdsma,Andre, Op weg naar een lerende organisatie, Noordhoff, Groningen, 2007

T

Telos, Brabants Centrum voor Duurzaamheidsvraagstukken, De Duurzaamheidsbalans 2001 en 2002, Tilburg, 2001 en 2002

Tibbs, Hardin, Industrial Ecology, www.altruists.org/static/files/IndustrialEcologyHardinTibbs.pdf, mei 2008

Tinbergen, Jan, Een Leefbare Aarde, Agon/Elsevier, 1970

Tschumi, Bernard, Event Cities 3, Concept vs. Context, MIT press, Cambridge, 2004

V

Vandamme, Rudy, Handboek ontwikkelingsgericht coachen, een hefboom voor zelfsturing, Nelissen, Soest, 2003.

Veen, Herman, Opzij, Opzij. Opzij, De Wonderlijke Avonturen van Herman van Veen, Harlekijn

Verlind, Geert, Duurzaam beheer van de bestaande woningvoorraad in de provincie Noord-Brabant, interne uitgave Provincie Noord-Brabant, 2005

Verlind, Geert, ISM vraagstuk duurzaam bouwen met Spilter, intern uitgave Provincie Noord-Brabant, 2005

Vlies van der, Jaap, Emissie profielen van economische activiteiten in de provincie Noord-Brabant, TNO STB, 2000, in verslag 1999 – 2001, interne publicatie Provincie Noord-Brabant

Vintges, Karen, De terugkeer van het engagement, Boom, Amsterdam, 2003

Vollenbergh cs, Milieubeleid en technologische ontwikkeling, SDU, Den Haag, 2004

VROM-raad, Milieu en Economie: Ontkoppeling door innovatie, Den Haag, 2002

W

Wagner James Au, The Making of Second Life, Notes from the New World, HarperCollins, New York, 2008

Wann, David, Deep design, Island press, Washington, 1996

Watson, Lyall, Lifetide, Hodder and Stoughton Limited, London, 1979

Wayne Dyer, Change Your Thoughts – Change Your Life, Hay House, 2007

Wel van de, Nico, Werken met duurzaamheidateliers doorgelicht, interne uitgave Provincie Noord-Brabant, Den Bosch, 2002

Weggeman, Matthieu, Leidinggeven aan professionals? Niet doen!, Scriptum Management, Schiedam, 2007

Weizsäcker von, Ernst, Lovins Amory, e.a., Factor four, report of the Club of Rome, Earthscan, London, 1995

Werkgroep Portfolio-analyse, Eindrapport Portfolio Analyse Strategische Agenda Milieu, Economie en Ruimte, in: verslag 1999 – 2001 Strategische Agenda, interne uitgave Provincie Noord-Brabant, Den Bosch, 2001

Wilber, Ken, Een Beknopte Geschiedenis van Alles, Lemniscaat, Rotterdam, 2004.

Wolf, Martin, Why the climate change wolf is so hard to kill off, Financial Times, blz 13, 5 december 2007

Wolf, Naomi, The End of America, Letter of warning to a young patriot, A citizen's call to action, Chelsea Green Publishing Company, 2007.

World Business Council on Sustainable Development, www.wbcsd.ch, augustus 2008

World Commission on Environment and Development (WCED). Our common future, Oxford University Press, Oxford, 1987

World Energy Outlook 2008 edition, International Energy Acency, Paris, 2008

Wright, Robert, The Logic of Human Destiny, 2000.

www.ourstolenfuture.org, april 2008

www.earthcharter.nl, maart 2011

X

Xerox, Global Citizenship Report, www.xerox.com/downloads/usa/en/x/Xerox_Global_Citizenship_Report_2007.pdf, augustus 2008.

Y

Yin, R.K., Case Study Research, Design and Methods, Fourth Edition, Sage Publications, 2009

Lijst met afkortingen

AEX	Amsterdam Exchange Index
AIVD	Algemene Inlichtingen- en Veiligheidsdienst
ALARA	*As Low As Reasonable Achievable*
BBP	Bruto Binnenlands Product
BMF	Brabantse Milieufederatie
BOM	Brabantse Ontwikkelings Maatschappij
BSE	Boviene spongiforme encefalopathieof gekke koeienziekte
BZW	Brabantse Zeeuwse Werkgevers
C2C	Cradle-to-Cradle
3C's	Coalities, Concreet, Consent
DNA	Desoxyribonucleïnezuur
DOL	Duurzame Ontwikkelingslaboratoriums
DTO	Duurzame Technologische Ontwikkeling
EE	Ecological Engineering
EHS	Ecologische Hoofdstructuur
EMAS	Eco-Management and Audit Scheme
4E's	Energievoorziening, Economie, Ecologie en Ethiek
G20	20 rijkste landen in de wereld
GPR	Gemeentelijke Praktijk Richtlijn (duurzaam bouwen)
GS	Gedeputeerde Staten
IAE	International Energy Agency
IBM	International Business Machines Corporation
ICLEI	Local governments for sustainability
ICSE	International Center for Sustainable Excellence
IMSA	Instituut voor Milieu en Systeem Analyse
IPCC	Intergovernmental Panel on Climate Change
IPMS	International Program on the management of Sustainability
IPO	Interprovinciaal Overleg
ISM	Integrale Strategie Milieu
ISO	Internationale Organisatie voor Standaardisatie
LvDO	Leren voor duurzame ontwikkeling
LOG	Landbouw Ontwikkelingsgebied
MA	Millenium Ecosystem Assessment
MER	Milieu Effect Rapportage
MGA	Mutual Gains Approach
MHP	Methode Holistische Participatie
MKB	Midden Klein Bedrijf
MNP	Milieu Natuur Plan bureau
NGO	Niet Gouvernementele Organisatie

NMP	Nationaal Milieubeleidsplan
OPEC	Organization of the Petroleum Exporting Countries
PMP	Provinciaal Milieubeleidsplan
ppm	parts per million
PNB	Provincie Noord-Brabant
PRISMA	Project Industriele Successen met Afvalpreventie
PS	Provinciale Staten
4P's	*People, Profit, Planet, Passion*
RIVM	Rijksinstituut voor Volksgezondheid en Milieu
RMI	Rocky Mountain Institute
SA	Strategische Agenda Milieu, Economie en Ruimte
SEEDA	South East England Development Agency
SEOB	Sociaal Economisch Overleg Brabant
SER	Sociaal Economische Raad
SER Brabant	Sociaal Economische Raad provincie Noord-Brabant
SVE	Stichting VIBA EXPO
TED	Technology, Entertainment en Design
TNS	The Natural Step
TURI	Toxic Use Reduction Institute
Vamill	Vervroegde afschrijvingen milieu-investeringen
VROM	Volkshuisvesting Ruimtelijke Ordening en Milieu
WBCSD	World Business Council on Sustainable Development
WKO	Warmte Koude Opslag
WNF	Wereld Natuur Fonds
WVO	Wet Verontreiniging Oppervlaktewater
ZLTO	Zuidelijke Land en Tuinbouw Organisatie

Lijst met definities

Allemaal Winnen
De ideale samenleving, de duurzame samenleving (het doel). Een samenleving waar mensen niet ten koste van een ander, of van natuur, milieu, of economie, vooruit proberen te komen, maar naar vermogen bijdragen aan het geheel en daarvan ook de vruchten plukken. Een wereld die zich evenwichtig ontwikkelt. Een wereld met louter winnaars.

Biomimicry
Nieuwe wetenschap die de modellen van de natuur bestudeert en dan deze ontwerpen en processen imiteert of er inspiratie uitput om menselijke problemen op te lossen. Janine Benyus suggereert om naar de natuur te kijken als een "model, maatstaf, en mentor en benadrukt duurzame ontwikkeling als een doel van *Biomimicry*

Biodiversiteit
is de variatie in organismen uit de gehele wereld, waaronder terrestrische, mariene en ander aquatische ecosystemen en de ecologische verbanden waar ze deel van uitmaken; de diversiteit betreft de variatie binnen soorten, tussen soorten en tussen ecosystemen". Met het laatste wordt aangegeven dat biodiversiteit wordt onderscheiden op het genetisch, soorten en ecosysteem niveau.

Bottom-up
Richting van bijvoorbeeld de stroom van informatie of beslissingen van de lagere niveaus van een organisatie naar de hogere.

Centrum voor Ecolutie
Alle resultaten (kennis en kunde) van de diverse experimenten, de gebruikte methoden, de uitgevoerde studies, maar ook alle deelnemende bedrijven (met producten en diensten) worden bijeengebracht in een centraal punt. Dit kan een virtueel punt zijn, maar ook een fysieke plek. Een centrum dat vervolgens initieert, inspireert en bijdraagt aan opschaling.

Commensalisme
Een vorm van symbiose (interactie tussen twee organismen), waarbij het ene organisme voordeel heeft en het andere niet beïnvloed is. Andere vormen van symbiose zijn parasitisme en mutualisme.

Consent
Van consent wordt gesproken als toegewerkt wordt naar een oplossing voor een probleem of vraagstuk waar geen van de betrokken partijen tegen is.

Countdown 2010

Verdrag tussen Europese landen afgesloten in 2001 gericht op het stoppen van het verlies aan biodiversiteit in 2010. Om mee te helpen deze doelstelling te behalen, is in 2004 de Europese Countdown 2010 campagne gestart. De Provincie Noord-Brabant heeft dit verdrag ondertekend.

Cradle-to-Cradle (C2C)

De kern van Cradle to Cradle principe ligt in het concept; afval is voedsel. Alle gebruikte materialen zouden na hun leven in het ene product, nuttig kunnen worden ingezet in een ander product. Hierbij zou geen kwaliteitsverlies mogen zijn en alle restproducten moeten hergebruikt kunnen worden of milieuneutraal zijn. Deze kringloop is dan compleet en afval is voedsel.

Creatieve vernietiging

van 'creatieve vernietiging' . Door afscheid te nemen van het groeidenken, wordt ruimte gemaakt voor een kwalitatieve sprong naar nieuwe kennis en inzichten. Een totaal andere manier van waarnemen, die niet zonder ondergang van het oude denken kan floreren.

Dematerialisatie

Dit brengt hem tot de formulering van twee strategieën om de materialenstromen meer in evenwicht te brengen met de natuur: dematerialisatie en detoxificatie. Dematerialisatie beperkt het volume van materialen, bijvoorbeeld door ze te vervangen door diensten, zoals: huren in plaats van kopen, door sneller te recyclen en door materiaalgebruik te intensiveren.

Dematerialisatie staat onder meer voor minder materiaalgebruik, levensduurverlenging van producten ('slimmer ontwerpen') en het sluiten van kringlopen. Een onderneming kan op materialen besparen door (een deel een deel van) de productie uit te besteden, bijvoorbeeld aan toeleveranciers in het Verre Oosten of Oost-Europa. In wezen wordt het probleem daarmee verschoven. Een andere optie, die wel past binnen het raamwerk van de Creërende Economie, is om materialen te vervangen door diensten.

Detoxificatie

Van detoxificatie is sprake als overheden, bedrijven of wetenschappers materialen ontwikkelen (of manieren om grondstoffen te winnen en te verwerken) die niet toxisch zijn en zich evenmin verspreiden in ons leefmilieu. Detoxificatie van materialen maakt continue recycling mogelijk, zonder dat we ons zorgen hoeven te maken over onze gezondheid. Het brengt grote hoeveelheden materialen terug in kringloop.

Deconstructie

Volgens Derrida is 'deconstructie' géén negatieve beweging. Dat wil zeggen: deconstructie is een negatieve (destructie) én een positieve (constructie) beweging in één. Deconstructie betekent dat ieder argument zichzelf ondergraaft en daarmee een nieuw argument uitlokt.

Discursieve politiek

Politicologen noemen politieke processen 'discursief' als de besluitvormers zelf bepalen volgens welke spelregels en procedures ze tot een besluit zullen komen

Dubbel lus leren

Duurzame ontwikkeling vereist vernieuwing en dus op z'n minst 'dubbele lus leren'. Allerlei aannamen, gebruiken en routines worden op de helling gezet. Zelf nadenken, is het devies.

Duurzame ontwikkeling

'Sustainable development,' stelt de IUCN in 1991, *'is a commitment to improving the quality of human life while living within the carrying capacity of supporting ecosystems.'* Simpel gezegd: duurzame ontwikkeling staat voor een manier van leven, werken en ontspannen die lang volgehouden kan worden en waar iedereen bij wint.

Eco-efficiency

is achieved through the delivery of "competitively priced goods and services that satisfy human needs and bring quality of life while progressively reducing environmental impacts of goods and resource intensity throughout the entire life-cycle to a level at least in line with the Earth's estimated carrying capacity.
According to the World Business Council on Sustainable Development, critical aspects of eco-efficiency are:A reduction in the material intensity of goods or services;A reduction in the energy intensity of goods or services;Reduced dispersion of toxic materials;Improved recyclability;Maximum use of renewable resources;Greater durability of products;Increased service intensity of goods and services.
Ecological Engineering (**Innovatief Groen**)
Een uitgebalanceerde combinatie van ecologische en technische maatregelen, gericht op het behoud en ontwikkeling van natuurlijke systemen en op het schadeloze gebruik daarvan door mensen . Het gaat hier in hoofdzaak om maatregelen in het stedelijk gebied en bij weg- en waterbouw die zowel de natuur als de mens voordeel opleveren.

Ecolutie

Het bijstere spoor (*the lost track*) naar Allemaal Winnen, het doel: de ideale samenleving. Om daar te komen, is een transitie naar een hoger niveau van economische, ecologische en sociaal-culturele ontwikkeling vereist. Hoe hoog? Dat is niet duidelijk. Er lijkt niets anders op te zitten dan 'het bijstere spoor' te vinden en te volgen. De Matrix bevat de nodige clues (vingerwijzingen). Ecolutie, zou je ook kunnen zeggen, is een expeditie naar de toekomst, op zoek naar gedrag, technologie en bestuur/beheer (governance) die de planeet Aarde leefbaar houden.

Economische groei

De toename van het bruto binnenlands product (wat wij Nederlanders verdienen) in een jaar. Deze groei is overigens geen linieare toename maar een exponentiële toename (groei op groei).

Ecosysteemdiensten

De mens profiteert van een veelvoud aan bronnen en processen geleverd door natuurlijke ecosystemen. Bij elkaar staan deze voordelen bekend onder de naam ecosysteemdiensten waarbij het gaat om producten als schoon drinkwater en processen zoals het composteren van afval. Deze diensten werden vooral bekend en gedefinieerd door de VN 2004 millenium assessment (MA), een vier jaar durende studie waarbij wereldwijd 1300 wetenschappers waren betrokken. Zij deelden ecosysteemdiensten in vier categorieën: *provisioning*, zoals de productie van voedsel en water; regulering, zoals de controle van klimaat en ziekten; *supporting* zoals nutrienten kringlopen en *crop pollination*; en cultureel, zoals spirituele en recreatieve voordelen.

Ecologie

'the scientific study of relationships, energy transfers, mutualities, connections, and cause-and-effect networks within natural systems'.

Factor 4-10-20

Met de inzet van reeds bekende technologie is het nu al mogelijk om de milieudruk met een factor 4 te beperken. Om duurzame ontwikkeling na te streven is een factor 10 noodzakelijk. Dit vraagt om transities. Het programma Duurzame Technologische Ontwikkeling (DTO) concludeerde dat, gegeven de huidige trends in de groei van de bevolking en de consumptie, Nederland de milieudruk in 2040 met ten minste 90% moet verminderen. DTO toonde aan dat door technologische innovaties het mogelijk om de milieudruk met een factor 10-20 te beperken.

Governance

Samenwerking tussen overheden, burgers, bedrijven en belangenorganisaties bij het oplossen van problemen binnen het publieke domein.

Industriële ecologie

De wetenschap die afval probeert uit te bannen uit de samenleving door bedrijven als organismen in symbiose te laten samenwerken. Wat afval is voor de één, is input (grondstof, voedingsstof) voor de ander. Zo'n ecologische estafette kan alleen slagen als producten zo worden ontworpen, dat ze aan het einde van hun levenscyclus opnieuw kunnen worden gebruikt. Reststromen van de ene fabriek vormen dan de grondstof voor andere bedrijven.

De oude ketenbenadering in een nieuw jasje. In Denemarken al jaren te bewonderen op het bedrijventerrein Kalundburg. In Nederland is het INES project in de Botlek op dit vlak het grote voorbeeld.

Innovatie
afgeleid van het Latijnse novare, nieuw maken. In de 16e en 17e eeuw kwam het woord onze taal binnen. Vanaf het begin betekende innovatie niet zozeer het creëren van nieuwe dingen alswel het vernieuwen van manieren van tradities van binnenuit. Aanvankelijk gebruikte men het woord vooral voor politieke en religieuze zaken. Het woord had een opvallend negatieve, zelfs ketterse lading. Met de verlichting kwam hier verandering in. In die periode werden fundamentele concepten van de relatie tussen de mens en de wereld opnieuw tegen het licht te houden; zowel binnen de wetenschap, de politiek als de religie. Het woord innovatie kreeg meer en meer de positieve betekenis die we er ook nu aan toekennen.

Innovatie t.b.v. duurzame ontwikkeling
Innovatie t.b.v. duurzame ontwikkeling omschrijven wij als een zo concreet mogelijke vernieuwing die tot stand komt door: (1) in een zo vroeg mogelijk in een proces met meerdere disciplines samen te werken, (2) te werken vanuit een integrale benadering
een inzet op zoveel mogelijk combinaties (tenminste drie tot vier punten). Bijvoorbeeld een woning die zowel energienul als gezond als milieuvriendelijk is, (3)
je niet te beperken tot uitsluitend technologie maar je ook te richten op andere vormen van gedrag, aansturing, organisatie en financiering.

Lerende organisatie
Organizations where people continually expand their capacity to create the results they truly desire, where new and expansive patterns of thinking are nurtured, where collective aspiration is set free, and where people are continually learning to learn together.

is een organisatie die het leren van de medewerkers faciliteert en zichzelf continu transformeert. Lerende organisaties ontwikkelen zich als gevolg van de druk waarmee moderne organisaties geconfronteerd worden en het stelt hen in staat om concurrerend te blijven in een zakelijke omgeving. Een lerende organisatie heeft vijf belangrijke kenmerken: systeemdenken, persoonlijk meesterschap, mentale modellen, gedeelde visie en teamleren.

Lerende gemeenschap
is een groep mensen of organisaties die gemeenschappelijke normen, waarden of belangen delen en actief gericht zijn om samen en vanelkaar te leren.

Lerende regio
is een groep mensen of organisaties in een regio die gemeenschappelijke normen, waarden of belangen delen en actief gericht zijn om samen en vanelkaar te leren.

Marge naar *Mainstream* (hoofdstroom)

De resultaten van experimenten of koplopers gaat vanuit de zijkant (de marge) naar de hoofdstroom van de samenleving. Resultaten van projecten worden opgeschaald en verbreed.

Methode Holistische Participatie

De basisprincipes van deze methode werden in de jaren veertig van de afgelopen eeuw geformuleerd en met succes toegepast door de architecten Walter Gropius en Konrad Wachsmann

De realisatie van bouwopgaven - van begin tot einde - berust op samenwerking. De aard van de samenwerking is mede bepalend voor de uiteindelijke kwaliteit van de gebouwen en voor de gebruiker. Ontwerpers, planners, financiers, beheerders, managers, producenten, uitvoerders, leveranciers, bedrijfsleven en overheid, iedereen participeert min of meer in het plannings-, ontwerp- en uitvoeringsproces. Hierbij ontstaan problemen met de afstemming, coördinatie, en vaak ook belangenstrijd. De werkmethode holistische participatie, die uitgaat van systematisch 'teamwork', kan samenwerking plezierig en efficiënt maken. Mensen worden voorbereid op het nemen van besluiten op basis van consensus.

Mutual Gains Approach

Het onderhandelen over "wederzijds voordeel" (*mutual gains*, in het Engels, ofwel *win-win*) veronderstelt dat mensen zich daarop instellen. Het blijkt vrijwel altijd mogelijk om een *package deal* te maken waarbij iedereen beter af is.'

Natural Capitalism

Een stroming die de wereld economie ziet als een onderdeel van de grotere economie van natuurlijke bronnen en ecosystemendiensten die ons onderhouden. Duurzame ontwikkeling kan bereikt worden door te kiezen voor vier strategieen: (1) behoud van hulpbronnen door efficiency verbeteringen in productieprocessen, (2) hergebruik van natuurlijke materialen, (3) een attitude verandering van kwantiteit naar kwaliteit en (4) investeren in natuurlijk kapitaal of het behouden van natuurlijke bronnen.

(The) Natural Step framework (TNS)

Volgens TNS moet een zich duurzaam ontwikkelende onderneming of samenleving:

- Stoppen met de systematische opbouw in de biosfeer van concentraties stoffen die uit de aardkorst worden gehaald (bijvoorbeeld zware metalen en fossiele brandstoffen);
- Stoppen met de systematische opbouw in de biosfeer van chemicaliën, chemische verbindingen en andere concentraties van stoffen die door de samenleving geproduceerd worden (bijvoorbeeld dioxines);

- Stoppen met de progressieve fysieke achteruitgang en vernietiging van de natuur en van natuurlijke processen (bijvoorbeeld uitputting van agrarische grond door te veel willen oogsten, het kappen van te veel bossen en uitroeiing van diersoorten door oprukkend beton en plaveisel);
- Stoppen met praktijken die het vermogen ondermijnen van mensen om zelf in hun basisbehoeften te voorzien (bijvoorbeeld onveilige arbeidsomstandigheden en te lage lonen om van te kunnen leven).

3 P's; people, profit en planet

John Elkington introduceerde drie P als een manier om inhoud te geven aan het streven naar duurzame ontwikkeling. De drie P's vind door de eenvoud veel weerklank.

4de en 5de P; passion en partnership

Introductie van twee extra P's aan het model van de 3P's. De P van passie nodig om bij nieuwe initiatieven veranderingen er door te krijgen en de P van partnerschapen. Duurzame ontwikkeling vraagt om een integrale benadering en kennis en kunde vanuit meerdere disciplines en organisaties. Samenwerking tussen bedrijfsleven, overheden, ngo's en kennisinstellingen

Paradigma

Politici, ambtenaren, bestuurders van bedrijven en instellingen, stuk voor stuk zullen zij hun oude denkraam moeten inwisselen voor een nieuw denkraam, ofwel paradigma.

Permissive consent

De eerste generatie van naoorlogse Europese leiders die de integratie boodschap uitdroegen, hadden de 'permissive consent' (stilzwijgende toestemming, ofwel: het ongevraagde mandaat) van hun bevolking. Mensen hoefden geen experts te zijn op het vlak van integratie. Zij hadden het vreselijke alternatief meegemaakt, de Tweede (en velen ook de Eerste) Wereldoorlog. Er was dus sprake van een 'permissive consent' waarop de elite kon vertrouwen, in welke context die elite zich ook bewoog: politiek, technocratisch, of diplomatiek. Eén van de lessen van het 'nee' tegen de Europese Grondwet in Denemarken, Frankrijk, Nederland, Ierland en Zweden is dat de huidige (politieke) elite die 'permissive consent' opnieuw moet zien te verwerven. Permissive consent is een variant op de door Galbraith beschreven permissive society, de tolerante samenleving.

Preventie

het voorkomen van vervuiling of schade aan het milieu door aan de bron met hulp van techniekverandering, verandering van organisatie (good-house keeping), interne recycling, herontwerp of toepassing van andere grond- en hulpstoffen. Blijkt zowel voordeel voor de organisatie (betere en gezondere werkomgeving, kostenbesparing, imago, concurrentie voordeel) als het milieu te hebben.

Reframing

een nieuw framework maken, waarbinnen de omslag van statisch denken en jezelf overleveren aan systemen (berusting) naar dynamisch denken en zelforganisatie kan plaatsvinden. De omslag wordt als het ware uitgelokt door de nieuwe constellatie waarbinnen belanghebbenden geacht worden te opereren. Reframing is het aanmoedigen en stimuleren van veranderlijkheid, experimenten en diversiteit. Het is: Anders denken, de overgang naar een ander paradigma. Het kan de vorm aannemen van deconstructie, maar het is méér.

Technologie

het geheel van processen ten behoeve van het voortbrengen van producten en diensten dat de maatschappij ter beschikking staat

Top-down

Richting van bijvoorbeeld de stroom van informatie of beslissingen van de hogere niveaus van een organisatie naar de lagere.

Transitie

is een structurele maatschappelijke verandering als gevolg van op elkaar inwerkende en elkaar versterkende ontwikkelingen op het gebied van economie, cultuur, technologie, instituties en natuur & milieu. Het duurt één of meer generaties voordat een omslag in denken en doen heeft plaats gevonden,

Uitputting

Het in een te hoog tempo ge- en verbruiken van natuurlijke hulpbronnen. Voorbeeld is zink dat binnen een decennium niet meer te leveren is.

Voorzorgprincipe (Precautionary principle)

states that if an action or policy has a suspected risk of causing harm to the public or to the environment, in the absence of scientific consensus that the action or policy is harmful, the burden of proof that it is not harmful falls on those taking the action.
In order to protect the environment, the precautionary approach shall be widely applied by States according to their capabilities. Where there are threats of serious or irreversible damage, lack of full scientific certainty shall not be used as a reason for postponing cost-effective measures to prevent environmental degradation.

Vrijwillige eenvoud

Het kiezen voor een eenvoudige op consuminderen gerichte levenstijl.

Waterslinger

een ordenend principe in het polderlandschap, dat water bergt, water zuivert, energie wint, planten en dieren huisvest, recreatie en spelen mogelijk maakt, de zelfontplooiingsmogelijkheden voor wijkbewoners versterkt en esthetisch is. Waterslingers zijn duurzaam exploitabel te maken als waterhouderij (= koppeling tussen waterberging, recreatie, landbouw, natuurontwikkeling, industrieel proceswater, stedelijk water, waterzuivering en algenteelt).

Waterstofeconomie

Het leveren van energie door middel van waterstof. Waterstof veroorzaakt bij verbruik geen voor het milieu schadelijke emittanten.. Wil er echter sprake zijn van duurzame ontwikkeling dat moet de waterstof geproduceerd worden met duurzame bronnen zoals waterkracht, zon of wind.

Web

Web als metafoor voor de wijze waarop je vanuit een innovatief initiatief probeert de kennis en kunde te verspreiden. Om zo tot een verbreding of een opschaling te kunnen komen. Als een spin in het web is er een centrum dat kennis en ervaringen vergaart.

Werkateliers

Een bijeenkomst georganiseerd rondom een thema waarbij de genodigden afkomstig zijn uit de werelden van de drie P's. Het thema wordt beschreven in een essay dat als vertrekpunt van het atelier dient. Het leidt tot een eerste netwerk, een analyse en mogelijke integrale oplossingen.

Zelforganisatie

Het begrip komt voort uit complexiteitstheorieën. Het staat voor 'spontane orde'. Van zelforganisatie is bijvoorbeeld sprake als medewerkers of teams spontaan gaan samenwerken. Deze samenwerking wordt niet opgelegd. Betrokkenen handelen op basis van eigen motieven. Als iets al vanzelf gaat, waarom zou je het dan gaan organiseren?

Lijst met afbeeldingen

Allemaal winnen; introductie en vraagstelling
Figuur 1. Matrix met drie fasen: constructie, deconstructie en destructie en drie clusters van concepten gedrag , technologie en besluitvorming als richtinggevend kader

Hoofdstuk 2. Historische en nieuwe paradigma's

Figuur 1. De metafoor van een ijsberg. Tussen mythen (onder water) en logica (voor een deel boven water) ligt in plaats van het 'oude' paradigma 'groei is goed'mogelijk een nieuw paradigma het 'vrijwillige eenvoud verrijkt je'

Hoofdstuk 3. Context van regionale duurzame ontwikkeling
Figuur 1. Er is nog voldoende olie, maar wel in meerdere soorten, met verschillende productiekosten

Figuur 2. Twee beelden. Het eerste beeld toont een oneindige economische groei. Het tweede beeld laat zien dat groei kan, mits deze dienstbaar is aan de samenleving en passend bij de beschikbare voorraden, de snelheid van de kringlopen en de eindige draagcapaciteit van de aarde.

Hoofdstuk 4. Concepten
Figuur 1. Deze matrix laat horizontaal drie fasen zien waarin onze samenleving zich kan bevinden en verticaal drie oplossingsclusters die van belang zijn om te komen tot oplossingen.

Figuur 2. 16 concepten die bijdragen aan duurzame ontwikkeling met paragraaf nummering waar bespreking plaatsvindt.

Figuur 3. De ijsberg als metafoor om de niveaus, deels te weinig zichtbaar, van interventie aan te geven

Figuur 4. Open systemen zijn dynamisch en passen zich voortdurend aan

Figuur 5. The Natural Step funnel visualiseert de toenemende economische, sociale en milieudruk op de samenleving als natuurlijke hulpbronnen (olie, gas, mineralen) en ecosysteem diensten (CO_2 opname bossen) afnemen, terwijl de bevolking en het aantal consumenten hand over hand toenemen

Figuur 6. Een kringloopeconomie of levenscycluseconomie een manier van handelen en een manier van levenscyclusdenken volgens Ken Geiser, Materials Matter .

Figuur 4. De deelthema's worden met elkaar verbonden om de samenhang te bewaren en in de "normale" procedures opgenomen.

Hoofdstuk 11. Monitoren van regionale duurzame ontwikkeling

Figuur 1. Gemeenschappen zijn een web van interacties tussen milieu, economie en samenleving, Hart, Maureen, Sustainable Indicators Hand book, www.sustainable.com/ Indicators/WhatIs.html, 23 november 2009

Figuur 2. Een input-output balans met het productieproces als black-box van fysieke stromen in een regionale economie of bij individuele bedrijven

Figuur 3. De ecologisch efficiente ontwikkeling van Noord-Brabant in de periode 1990 – 2010. De economie groeit (BRP-index) en de emissies (m.u.v. CO2) nemen af.

Hoofdstuk 14. Werkwijze voor Ecolutie

Figuur 1. Allemaal winnen diagnose & ontwikkelingsmodel bestaande uit drie dimensies

Figuur 2. Experimenten als virus over de regio verspreid

Figuur 3. Elke koploper initieert nieuwe initiatieven

Figuur 4. Midden in het web het Regionaal Centrum voor Ecolutie

Figuur 5. Het Vitamine C model met vijf treden van C-woorden die aangeven hoe een regionale overheid experimenten en verbreden en opschalen in de praktijk kan laten werken

Hoofdstuk 15. Casus 1. Brabant Woning

Figuur 1. Placemat met daarop de agendapunten voor de eerste bijeenkomst van het C4G4 initiatief, Stijn van Liefland

Foto 1. Drie woningen in de gemeente Wageningen, ontworpen door Renz Pijnenborgh, waarbij uitsluitend hernieuwbare grondstoffen zijn gebruikt.

Foto 2. Starterwoningen van Henk Seinen in het Friese Zwaagwesteinder, met een EPC van 0.2 en een prijs (vrij op naam, exclusief investeringen in isolatie en apparatuur) van   150.000,-- (2002), foto Noud te Riele

Figuur 2. Michael McDonough ontwierp dit huis dat functioneert als een boom. Deze woning maakt integraal onderdeel uit van de omgeving (en het ecosysteem) en belast het milieu zo min mogelijk. De werkgroep gebruikte dit concept uiteindelijk om de ambitie 'huis als een levend organisme' te formuleren.

Figuur 3. Aardbeimodel (rizoom) van kennisdeling en verspreiding van de Brabant Woning in de regio. Vier locaties waar gebouwd gaat worden. SVE certificeert.

Kader 5. Koplopers bouwen om het Brabant Woningvirus te verspreiden: tekening van Brabant Woning in Almkerk West.

Hoofdstuk 16. Casus 2. Brabantse Frisse Scholen
Figuur 1. Ambitiekaart voor Brabantse Frisse Scholen, Stijn van Liefland

Figuur 2. Opzet van Brabantse Frisse scholen volgens de Ecolutie werkwijze

Kader 4. Koploperschool Borgvliet deel 3: afbeelding ambitiekaart MFA Borgvliet, Stijn van Liefland

Hoofdstuk 17. Slotconclusies en aanbevelingen
Figuur 1. Drie fase strategie van vernieuwen, verkennen, experimenteren en opschalen. De nadruk ligt hier op de fase van experimenteren en de antwoorden op de journalistieke w'tjes: wat, waar, wanneer, waar, hoe en wie.

Curriculum vitae auteurs

C.V. Martin Bakker

Martin Johan Bakker (1957) werkt sinds 1999 als senior beleidsmedewerker bij de Provincie Noord-Brabant. Eerst als secretaris van het convenant de Strategische Agenda Milieu, Economie en Ruimte, later als medewerker bij het programma Naar een Duurzaam Brabant en als projectleider van de Integrale Strategie Milieu. En sinds 2007 als projectleider Proeftuinen en als adviseur bij frisse scholen en innovatief groen. Voorafgaand aan de provincie was hij 13 jaar docent. Eerst drie jaar in het middelbaar onderwijs en vanaf 1988 als docent agrarische economie aan de Agrarische Hogeschool in Dordrecht en als docent en directeur aan de Milieukunde opleiding in Delft. In deze periode was hij ook drie jaar parttime werkzaam bij het adviesbureau Tebodin (als milieueconoom en preventiedeskundige) en een jaar verbonden aan het *Toxics Use Reduction Institute* van de universiteit van Massachussetts in de VS bij Prof. Ken Geiser. In 1988 behaalde hij een doctoraal in de agrarische en milieueconomie aan de Universiteit van Wageningen. Hij woont met zijn partner Margot Verwei en hun kinderen Hannah en Redmer aan boord van een tjalk in Woudrichem. In zijn vrije tijd restaureert hij deze Friese Tjalk uit 1905, geeft zeilles aan kinderen op de Afgedamde Maas en gaat hij met veel plezier met zijn beide kinderen mee naar allerlei activiteiten van hondentraining, ballet tot voetbal en tennis.

C.V. Frank Van Empel

Frank van Empel (1954) studeerde in 1980 in Tilburg cum laude af in de algemene leer en geschiedenis der economie door spanning te brengen in een klassiek, lineair evenwichtsmodel, waardoor het niet-lineair en onevenwichtig wordt. Hij werkte toen al ruim een jaar als redacteur bij het opinieweekblad Haagse Post, het neusje van de zalm in de Nederlandse journalistiek. Prof. D.B.J. Schouten vond dit 'verraad'. Hij voorzag een proefschrift en een glansrijke wetenschappelijke carrière. Zijn leerling bleef dwars liggen. Na HP volgden Intermediair, Intermagazine, Elsevier en NRC Handelsblad. Mei 1997 begon Frank zijn eigen bedrijfje, Woordwerk. Hij was hoofdredacteur van bedrijfsbladen, schreef boeken, brochures, jaarverslagen....Met Martin Bakker werkte hij tien jaar aan de fundering van het milieubeleid van de provincie Noord-Brabant. Het proefschrift is een reflectie van deze reële ervaring. De kroon op het werk.

Selectie van gezamenlijke publicaties auteurs

- Empel, Frank, Bakker Martin, Waar een wil is, is een weg, Strategische Agenda Milieu, Economie en Ruimte, interne uitgave PNB, sept. 2002.
- Werkgroep ontkoppeling, Absolute ontkoppeling, Gewoon dóen!, Strategische Agenda Milieu, Economie en Ruimte, interne uitgave PNB, januari 2003.
- Empel, Frank, Bakker, Martin, Verheijen, Lambert, Convenant Strategische Agenda in: Duurzaam milieugebruik, Frank J. Dietz, Frank (red), Jan van Arkel, mei 2003.

- Empel, Frank, Bakker, Martin, Riele te, Harry, Je leven geldt, manieren om economie en milieu op provinciaal niveau te verzoenen, interne uitgave IPO, februari 2005.
- Empel, Frank, Bakker, Martin, Sustainability: from margin to mainstream – Towards sustainable Brabant,, interne uitgave PNB, mei 2005.
- Projectteam ISM PNB, 'Milieu is niet erg; aanzet tot een strategisch milieubeleid', Provincie Noord-Brabant, interne uitgave PNB, juni 2005.
- Projectteam ISM PNB, 'Uitnodiging voor de Dialoog' en het Integraal Strategisch Milieubeleid van de provincie Noord-Brabant, interne uitgave, september 2005).

Bijlagen

Bijlage 1. Paspoort Noord-Brabant

Nederland kent twaalf provincies die het 'middenbestuur' tussen de Europese Unie & het Rijk aan de ene kant en gemeenten & waterschappen aan de andere kant vormen. In dit proefschrift staat de regio – in het bijzonder de provincie Noord-Brabant - centraal. Noord-Brabant is na Gelderland de op een na grootste provincie van Nederland. Ook in inwoneraantal – circa 2.5 miljoen mensen - komt deze regio na Zuid-Holland op de tweede plaats. Er zijn meerdere grote steden (de B5 in ambtelijke termen) - Eindhoven, Breda, Tilburg, Den Bosch en Helmond - plus in totaal zestig gemeenten en drie waterschappen. Eens in de vier jaar zijn er verkiezingen waarbij statenleden (Provinciale Staten) gekozen worden en een college (Gedeputeerde Staten) wordt samengesteld. De opkomst bij de verkiezingen is al jaren laag, zo rond de 25%, wat twijfels oproept met betrekking tot de politieke legitimatie. In het proefschrift worden casussen besproken uit de bestuursperioden 1998 – 2002 en 2003 – 2007. In die jaren werd het college gevormd door christen-democraten (CDA), sociaal-democraten (PVDA) en liberalen (VVD), waarvan het CDA de meeste stemmen behaalde. Naast het politieke bestuur zijn er zo'n 1200 ambtenaren werkzaam bij de Provincie. Ze zijn verdeeld over vier directies: middelen, sociaal cultureel, ecologie & ruimtelijke ordening en milieu. De Provincie is door het Rijk opgezadeld met een aantal wettelijke taken zoals handhaving van wetten, vergunningverlening aan groter complexe bedrijven, belangenbehartiging in het kader van de nieuwe wet Ruimtelijke Ordening, samenwerking met gemeenten en waterschappen, muskusrattenbestrijding, aanleg en beheer van een groot aantal wegen. De Provincie voert ook eigen beleid uit, in samenspraak met belanghebbenden. Noord-Brabant zette al in 1996 duurzame ontwikkeling op de politieke en maatschappelijke agenda, in de vorm van een dialoog over Brabant in 2050. Opinieleiders als oud-premier Ruud Lubbers en ijveraar voor een beter milieu Wouter van Dieren namen het initiatief om na te denken en te dromen over de verre toekomst. De Provincie sloot zich hierbij aan. Als *spin-off* ontstond het Brabants Centrum voor Duurzaamheidvraagstukken Telos, dat als opdracht meekreeg: het stimuleren van de discussie over duurzame ontwikkeling en het opstellen van een duurzaamheidbalans voor de regio. In 2009 werkt Telos aan de derde balans en is een groot aantal studies en projecten uitgevoerd en begeleid. In de slipstream van Brabant 2050 werden andere experimenten gelanceerd, zoals het programma Brabant Elan en het convenant Strategische Agenda Milieu, Economie en Ruimte. Met name dat laatste was tamelijk uniek, omdat het een samenwerkingsverband betrof tussen ogenschijnlijk natuurlijke opposanten: de milieubeweging, werkgevers, werknemers en Provincie. Ook vermeldenswaard is het programma Naar een Duurzaam Brabant op grond waarvan tientallen concrete projecten werden gesubsidieerd. Laatstgenoemde twee initiatieven worden in deel II nader uitgewerkt als case. Ze hebben eraan bijgedragen dat de provincie Noord-Brabant behoort tot de koplopers voor wat betreft het streven naar een meer duurzame ontwikkeling van natuurlijk, menselijk en economisch kapitaal, ofwel *Planet, People & Profit* . De drie P's.

Gedeputeerde en Provinciale Staten van Noord-Brabant zijn ervan overtuigd dat de overheid alléén niet in staat is om een meer duurzame ontwikkeling te construeren. Daarvoor is de steun en de daadwerkelijke inzet van alle stakeholders nodig. 'De provincie wil een betrokken bestuurslaag zijn,' zo valt te lezen in het Bestuursakkoord 2007-2011, Vertrouwen in Brabant, 'maar wel een, die ziet dat het vaak vooral gemeenten, bedrijven en maatschappelijke organisaties zijn, die op de werkvloer van de samenleving het beslissende verschil moeten maken.'[483]

---

483 Bestuursakkoord 2007-2011, Vertrouwen in Brabant, Provincie Noord-Brabant, 2007, blz. 4/4.

Bijlage 2. Wat één persoon kan doen

In zijn jongste boek *The Necessary Revolution* werkt Peter Senge een aantal voorbeelden uit van bedrijven die heel bewust het pad opgaan naar een meer duurzame ontwikkeling. Indrukwekkend is het verhaal van Per Carstedt die in Noord-Zweden begon met auto's op ethanol te laten rijden. Wat één persoon kan doen. Sinds z'n bezoek in 1992 aan de eerste wereld milieuconferentie in Rio de Janeiro is hij gegrepen door wat hij *big-picture questions* noemt. Zijn grote drijfveer is klimaatverandering. Een milieuprobleem dat voor ongeveer 25% door de uitlaatgassen van op benzine en dieselolie rijdende auto's en trucks wordt veroorzaakt. Het alternatief zag hij in Brazilië: auto's die op ethanol rijden. Dus haalde hij drie ethanol auto's naar Zweden. Andere autodealers verklaarden hem voor gek, want je kon toen – eind jaren negentig – nog nergens in Zweden ethanol tanken. Carstedt kwam er al gauw achter dat hij critische massa nodig had om de zaak van de grond te tillen en richtte een consortium op van lokale bedrijven en individuen, die zich bereid verklaarden om samen 3000 auto's aan te schaffen. Op grond van die belofte haalde hij één benzinestation in de omgeving en één in Stockholm over om ethanolpompen te installeren. Een paar jaar later, in 2002, was dat aantal in heel Zweden opgelopen tot 40. Augustus 2007 werd de magische grens van 1.000 overschreden. Het doel van Carstedt - de meest milieuvriendelijke autodealer in de wereld zijn - verdraagt zich niet met ethanol uit landbouwgewassen. Die zijn hard genoeg nodig om de honger in de wereld te stillen, vindt Carstedt. En dus zorgde hij er via z'n snel groeiende netwerk voor dat de ethanol in Zweden gemaakt wordt van afvalhout uit de bossen. Daar bleef het niet bij. Carsted zoomde nog wat verder uit en kwam op het idee om met McDonald's en andere bedrijven in zijn buurt een Groene Zone te vormen. Een initiatief dat zoveel succes heeft dat cameraploegen uit de hele wereld het komen filmen. Het energieverbruik is met meer dan 80% gereduceerd, onder meer door de hitte uit de McDonald's keuken door te pompen naar andere bedrijven. De Groene Zone werd opgeschaald tot een BioFuel Regio. Het voorlopige happy end: een BioFuel land. Soms kunnen kleine veranderingen een groot verschil teweeg brengen. Zweden hangt anno 2008 nog maar voor 30% van z'n energiebehoefte af van olie. In 1970 was dat nog 77%. Ter vergelijking: de VS zijn momenteel voor 85% van hun energiebehoefte afhankelijk van fossiele brandstoffen.

De wereld kan zonder olie. Daarmee vertellen we niks nieuws. Voordat het olietijd perk aanbrak, was de mens voor z'n overleving ook afhankelijk van land, water en bossen. De vraag is nu hoe we moderne technologie kunnen inzetten voor hetzelfde. Hoe zetten we biotechnologie in om niet alleen de gezondheid en het welzijn van mensen te bevorderen, maar ook voldoende hernieuwbare biogrondstoffen beschikbaar te krijgen. Ruim een eeuw lang hebben we uit olie brandstoffen voor onze vervoersmiddelen en machines, geneesmiddelen, plastics en kunststoffen afgeleid. Nu keren we de zaak om. Uit biomassa destilleren we onder meer nieuwe agrarische producten, nieuwe voedingsmiddelen, biologisch afbreekbaar plastic en duurzame, milieuvriendelijke bio-brandstoffen.

In de bio-economie wordt naar schatting jaarlijks zo'n 1,5 triljoen euro omgezet.[484] Ook landbouw, bosbouw en visserij worden daarbij meegerekend. Biotechnologie en technologieën die biomassa in energie omzetten, zullen de sector op z'n kop zetten.

Naar analogie van de olieraffinage worden bij de bioraffinage uit biomassa (onder meer: koolzaad, huisvuil, houtafval, dierlijke producten) diverse grondstoffen en producten gehaald. Elke grondstof en elk product heeft een concrete toepassing. Afval 'bestaat niet'. Biopolymeren lenen zich bijvoorbeeld voor allerlei toepassingen als biomaterialen en (na bewerking) als grondstof voor tal van producten. Lignine is een speciale biopolymeer, geschikt als grondstof voor allerlei aromatische verbindingen. Uit de fracties oliën/vetten en biopolymeren (of daaruit geproduceerde suikers) komen zowel platform chemicals als bio-energie producten zoals bio-ethanol en synthesegas.

Voordelen van bioraffinage boven olieraffinage zijn:
1. Het kan in een Europese regio als Noord-Brabant worden toegepast, wat Brabant (en Europa) minder afhankelijk maakt van fossiele brandstoffen uit politiek insta-biele gebieden.
2. Biobrandstoffen komen uit andere gebieden dan olie en werken zodoende diversifi-catie van het aanbod in de hand.
3. Biobrandstoffen zijn CO2-vriendelijk. Weliswaar komt er bij verbranding CO2 vrij, maar dit kan worden gecompenseerd door het planten van nieuwe bomen en/of landbouwgewassen.

Europa is reeds wereldmarktleider voor wat betreft de productie van biodiesel. Ook de productie van bio-ethanol neemt rap toe. Bioraffinage levert bijproducten op als glycerine, dat onder meer wordt gebruikt voor de vervaardiging van cosmetica.

Biomassa maakt van boeren groene ondernemers. Deze ontwikkeling wordt in de hand gewerkt door de uitputting van voorraden fossiele brandstoffen en de daarmee gepaard gaande hoge prijzen voor olie en aardgas. Deze ontwikkeling, die in het Engels wordt aangeduid als market-based transformation, zou de duurzame ontwikkeling van economie, milieu en samenleving wel eens een flinke duw in de goede richting kunnen geven. Het vrijwillige engagement vanuit de marktsector is volgens betrokkenen krachtiger dan juridische actie, regulering en overheidsbemoeienis.[485]

---

484 EU-commissaris Janez Potocnik in een speech tijdens de Europese Conferentie over bioraffinage research, Helsinki, Finland, 20 October 2006.
485 Peter Senge, e.a., *The Necessary Revolution*, blz. 57 t/m 71.

Bijlage 3. Overzicht van de Brabantse praktijk-casussen

In tabel 1. staan de casussen uit deel II. aan de hand van een aantal kernpunten bondig samengevat.

Tabel 1. Een overzicht van de Brabantse casussen weergegeven in enkele kernpunten.

	Strategische Agenda	Naar Duur-zaam Bra-bant (werk-ateliers)	Integrale Strategie Milieu	Proeftuin Geerpark	Europese Unie Grow programma
Context	(Gevoelde) urgentie om tot verande-ring te moe-ten komen	Minder aandacht voor duurzame ontwikkeling, teruglopend economisch klimaat	verminderde aandacht voor milieu, econo-mie onder druk	Gevolgen van urgente maatschappe-lijk e proble-men worden steeds meer zichtbaar en gevoeld, vooral ook in het economi-sche domein.	Versterken van de con-currentiekra cht in de betrokken regio's van de Lissabon en Gothenburg akkoorden
Focus	Relatie milieu en economie (komen tot ontkoppeling) en aantal ha. t.b.v. bedrij-venterreinen	Duurzame ontwikkeling motto "van marge naar *mainstream*"	Duurzame ontwikkeling, met specifieke aandacht voor de P van *Planet*	Vernieuwend vanuit een integrale benadering, samen met belangheb-bend en, concrete en zichtbare resultaten	Economische ontwikkeling

	Strategische Agenda	Naar Duur-zaam Bra-bant (werk-ateliers)	Integrale Strategie Milieu	Proeftuin Geerpark	Europese Unie Grow programma
Vorm van sa-menwerken	Convenant met toe-komstbeeld in 2020, agenda met onderwerpen en financiële middelen	Duurzaam-heidsr aad met onafhan-kelijke leden, subsidiepro-gram ma, werkateliers om thema's te agenderen	Verplicht be-leidsplan voor provincie	Een inten-tieovereen komst	EU program-ma met bud-get verstrekt subsidies aan project ideeen vanuit de regio's
Duur	4 jaar / 1998 - 2002	4 jaar / 2002 - 2006	2006 – 2011, beleidsplan voor vier jaar	Tot enkele jaren na ople-vering van de wijk. Het kan zijn dat de Provincie na 2012 stopt	2004 - 2008
Aantal be-trokkenen	Negen partijen: Vak-bewegingen, KVK, Werkge-versorganisati e, Brabantse Milieufede-ratie, Provin-cie, enkele honderden mensen	Verschillend per gesubsidi-eerd project, per debat of per werkate-lier, enkele honderden mensen	Alle Brabantse betrokkenen: overheden, bedrijfsleven en in iets mindere mate burgers	Direct be-trokkenen: corporatie Woonveste, gemeente Heusden, wa-terschap Aa en Maas. Bij thema's ngo's en burgers	Vijf EU regio's en 78 project-partners
Aard betrok-kenen	Overheden en vnl. belangen-organisaties	Op persoon-lijke titel, afkomstig uit de werelden van de drie P's: bedrijfs-leven, ngo's, overheden, kennisinstel-lingen	Provincie met betrok-kenheid van bedrijfsleven, milieubewe-ging, provin-ciale advies-organen, gemeenten	Overheden, corporatie, ngo's en (innovatieve) bedrijfsleven	Regionale overheden en in projecten combinaties van bedrijven, kennisin-stellingen, overheden en ngo's.

	Strategische Agenda	Naar Duurzaam Brabant (werkateliers)	Integrale Strategie Milieu	Proeftuin Geerpark	Europese Unie Grow programma
"Uitkomst"	(Gedeelde) studies en onderzoeksresultaten	Acht werkateliers, reeks gesubsidieerde projecten	Strategiedocument: jaarlijks dilemma's oplossen, andere manier van programmering, EU en eigen uitgangspunten	De meest duurzame woonwijk van Nederland (al is het gedurende 1 seconde)	Verschilt per project maar merendeel rapporten incluis aanbevelingen
Effecten	Vertrouwen, draagvlak, netwerk, kennisontwikkeling	Netwerken, kennisdeling en kennisontwikkeli ng	Meer sturen op hoofdlijnen, concrete resultaten bereiken met belanghebbenden, werken vanuit belangen, milieu als onderdeel van integrale besluitvorming,	Concreet laten zien betekent dat iedereen het kan zien, aanraken. Het kan daarmee inspireren. Bewoners krijgen een leefbare, veilige, gezonde en diverse wijk met voordelen voor de eigen portemonnee	Netwerken tussen de direct betrokkenen, kennisdeling en kennisontwikkeling binnen projecten. Buiten netwerk beperkt effect
Bij-verschijnselen	Irritatie over ontbreken concrete resultaten, vermenging van belangen			Concrete resultaten laten zich makkelijker 'verkopen' en leiden tot opschaling	

	Strategische Agenda	Naar Duurzaam Brabant (werkateliers)	Integrale Strategie Milieu	Proeftuin Geerpark	Europese Unie Grow programma
Obstakels	Eigenbelang gaat voor, te bureaucratische organisatie, te weinig innovatief vermogen bij belangenorganisaties	Context met weinig aandacht voor duurzame ontwikkeling, sectorale benadering heeft voorkeur	Botsing met het oude denken "overheid als toetser achteraf" tegenover overheid als regisseur, facilitator en belanghebbende	Ontwikkeling van een woonwijk is voor alle betrokkenen een ingeslepen en vaste patronen, vaste relaties en vertrouwde structuren die niet snel geneigd zijn het anders te doen.	Grow kende drie gescheiden trajecten waardoor integraliteit minder kans heeft, bureaucratie in enkele regio's
Welke gemiste kansen?	Teveel focus op het (veranderen) van provinciaal beleid, innovatievermogen benutten vanuit het bedrijfsleven	Te weinig *commitment* om 'bindend' samen te werken, te weinig concrete en blijvende veranderingen. Te weinig betrokkenheid grotere organisaties		Looptijd van een bouw is snel 10 jaar. Nog niet vast te stellen.	Samenwerking tussen meerdere beleidsterreinen, teveel vanuit een sectorale benadering.

	Strategische Agenda	Naar Duurzaam Brabant (werkateliers)	Integrale Strategie Milieu	Proeftuin Geerpark	Europese Unie Grow programma
Wat kon beter?	Afspraken over concrete resultaten, iedere belanghebbenden neemt verantwoordelijk voor veranderingen		Betrekken van Statenleden bij het bepalen van concrete dilemma's, durven kiezen voor "politiek op afstand". Echte participatie van betrokkenen rondom gekozen dilemma's	Een positieve exploitatie is voor alle partijen cruciaal. Bij de financiële berekeningen is te weinig de innovatie gezocht.	Duurzame ontwikkeling bij de start definieren. Integraal werken in plaats van sectoraal
Exacte ervaringen	Vertrouwen, draagvlak en kennisontwikkeling bij de direct betrokkenen			Een hoge ambitie stimuleert alle betrokkenen, goede werkvormen zorgen voor prettige samenwerking en voorkomen spanningen	Netwerken tussen regio's, leerervaring hoe het anders kan gevolg nieuw programma Power
Wel of geen experiment?	Experiment	Experiment	Experiment, Verplicht planfiguur afgeschaft, vorm van deregulering	Experiment	Experiment
Gedrag	Geen aandacht voor	Geen aandacht voor	Geen aandacht voor	Nog een aandacht voor	Beperkte aandacht

	Strategische Agenda	Naar Duurzaam Brabant (werkateliers)	Integrale Strategie Milieu	Proeftuin Geerpark	Europese Unie Grow programma
Technologie	Studie absolute ontkoppeling, (duurzame) technologie als oplossing en niet als probleem	Geen expliciete aandacht	Eco-efficiency, voorzorgprincipe als uitgangspunten van strategisch beleid	Nieuwe en bestaande technologie bij ontwikkeling energienota-neutrale woningen	In enkele projecten
Besluitvorming	Studie Botsende corridors: schakelen en makelen tussen bestuurslagen	Methode Holistische Participatie in werkateliers	Methode van wederzijds voordeel (MGA)	Holistische Participatie voor ambitie, beperkte participatie van (toekomstige) bewoners	Traditionele besluitvorming, eerste aanzet tot introducte Telosdenken in besluitvorming

Bijlage 4. Een voorbeeld van een web in een wijk

Een web kan ook op een kleinere schaal ingezet worden. Bijvoorbeeld bij de ontwikkeling van een woonwijk. Eén van de proeftuinen van het provinciale programma Schoon Brabant is de nieuwbouwwijk Stadsoevers in de gemeente Roosendaal. Deze wijk komt in het centrum van Roosendaal op een voormalige industrie locatie die tegen het spoor aanligt. Een reeks van partijen werken samen om deze wijk te realiseren. Wooncorporatie Aramis Allee, Kellebeek college, DaVinci college, gemeente Roosendaal, twee projectontwikkelaars Proper Stok en Rabo Vastgoed en de provincie. Er is een intentieverklaring gemaakt en door de partijen ondertekent om een duurzame en gezonde wijk te ontwikkelen (met lef en durf). Er komen zo'n 1000 woningen, winkels, bedrijfsruimten. De gemeente bouwt in de wijk een stadskantoor in combinatie met een vmbo school. Het gemeentebestuur en het schoolbestuur hebben hoge ambities vastgelegd voor dit gebouw. De bouw van een energie neutraal, milieuvriendelijk kantoor annex school kan als voorbeeld / bron van inspiratie dienen voor de rest van de wijk. In de figuur 1 staan 13 potentiële projecten die in 2009 in gang gezet zijn door betrokken partijen. Deze dertien liggen als een web over de wijk verspreid en kunnen anderen verleiden / aanzetten om zelf aan de slag te gaan. Als de voedingsbodem er is kan er verdichting van initiatieven plaatsvinden en uiteindelijk een bijzondere wijk ontstaan in het hart van Roosendaal.

Figuur 1. Schets van 13 voorbeeld projecten (business ideas) uit 2009 in Stadsoevers in Roosendaal, een proeftuin waar gewerkt wordt aan een gezonde en duurzame wijk[486].

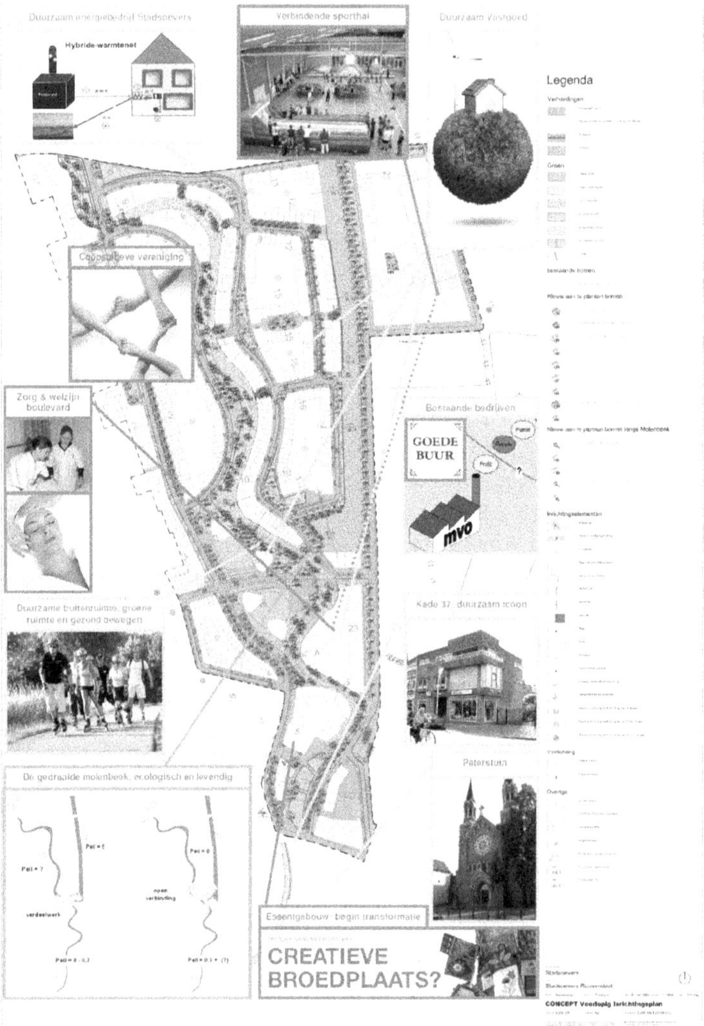

---

486 Kaart is gemaakt door AT Osborne als resultaat van een reeks van sessie met alle belanghebbenden in de proeftuin Stadsoevers Roosendaal, Heijden, Jurgen (red.) Duurzaamheidsimpuls, datum, 2010

Bijlage 5. Steering in a world of uncertainty, complexity and chaos: 4 models

By Frank van Empel & Caro Sicking, Essay concerning the EU programme POWER for the Province of Noord-Brabant

Change is a process that goes on and on. It never stops. The drivers for change are countless and so are the people engaged and the interactions among these people. It's not easy to manage processes like that. The old directive way of control doesn't work anymore. New, fresh steering philosophies and actions are badly needed for further sustainable growth. In fact they are already there as butterflies-to-be, still in their cocoons. Four steering 'models' see light here: the European Model (§9), Network Steering (§7), Transition Management (§6) and our innovation, the Only Winners Diagnosis & Management Model (§5).

Profound societal changes that will stimulate new ways of thinking, decision-making and doing are taking place. These will have severe consequences for the solution of complex problems like climate change and to find the answers to questions like: Do we have to hold our horses and kill economic growth, or do we change our behavior and lean a bit more on God and the engineers to take care of innovation, technological progress and enlightenment? Summing up of a few new insights or concepts that will change currently predominant ways of thinking, decision-making and actions.

1. Personification
The role an individual plays in society is getting more important every day. People are more conscious about their knowledge and personal capabilities than say twenty years ago and they don't accept directives from so-called authorities anymore when these are based on mere hierarchy. Hierarchies are losing ground to individual persons, cities are loosing power to neighborhoods and regions are giving in to cities. We are talking here about one specific hierarchy, that of environmental planning. It looks like this:

Figure 1: system of nested systems[487]

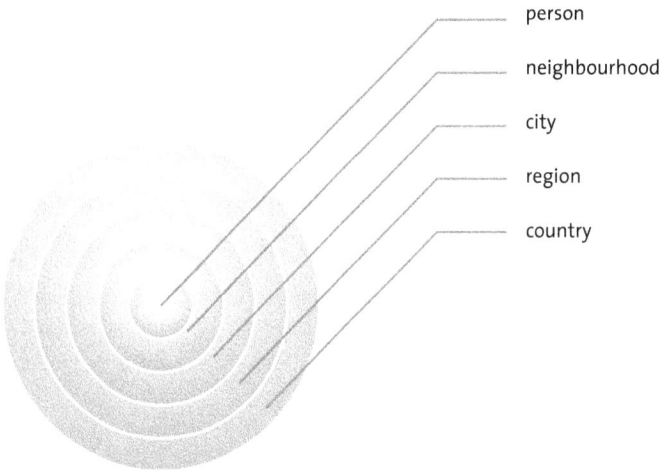

person

neighbourhood

city

region

country

In this 'system of nested systems' the person is the smallest unit. 'So long as the smaller systems are enclosed within the larger, and so long as all are connected by complex patterns of interdependence,' the American writer Wendell Berry writes in Standing by Words, 'as we know they are, then whatever affects one system will affect the others.

'It seems that this system of systems is safe so long as each system is controlled by the next larger one. If at any point the hierarchy is reversed, and the smaller begins to control the larger, then the destruction of the entire system of systems begins.'[488] If a system of system collapses the result is chaos. Something like this is happening in today's world.

Uncertainty, complexity and chaos characterize the new age that started with the rise of the social networks: facebook, twitter, MSN, Skype, LinkedIn, BranchOut, YouTube, texting… They transfer more power to the individual. One person armed with a laptop and connected with unlimited knowledge and contacts via the Internet can start a revolution. Or as the authors of Small Acts of Resistance conclude: 'A defiant spirit can make the invincible crack, the unchangeable change'. And Václav Havel (preface, same book): 'Today, millions around the world live in circumstances where it might seem that nothing will ever change. But they must remember that the rebellions that took place all across eastern Europe in 1989 were the result of a series of individual actions by ordinary people which together made change inevitable.'[489] A same kind of movement took North African dictators by surprise on the edge of 2010/2011. No position is set in stone.

---

487 Wendell Berry, Standing by Words, p46.
488 Wendell Berry, Standing by Words, Counterpoint, Berkeley 1983, p 46. Berry actually used the following hierarchy, from the person out: person, family, community, agriculture, nature.
489 Steve Crawshaw & John Jackson, Small Acts of Resistance, How Courage, Tenacity, and Ingenuity Can Change the World, Union Square Press, 2010.

The message is clear: every one of us has the potential and the power to overthrow governments. We just have to act at the right time and attract the attention of the traditional media (tv, radio, newspapers) and social networks (twitter, facebook).

Dominant worldviews are challenged by this shift in power. One of them is the more than two hundred years old Newtonian linear worldview on the relation between cause and effect. Other ones concern Western concepts about representative democracy and Adam Smith's 'invisible hand'. These three worldviews form the roadmaps for politicians, managers, policymakers and other decision-makers to navigate through the minefields of People, Planet and Profit. If the new approach is non-linear and characterized by uncertainty, complexity and chaos, what is left to steer for all those managers and policymakers sitting behind desks in tall skyscrapers from where they think they can oversee and control the world?

The answer is to be found in different ways of steering and governing. Modern thinkers like Peter Senge, Hans Jeekel and Frank Geels wrote down new roadmaps for governance. We turn some stones as well.

2. Letting go, letting come.

The answer is to be found in different ways of steering and governing. Modern thinkers like Peter Senge, Hans Jeekel and Frank Geels wrote down new roadmaps for governance. Peter Senge and three other scientists with totally different backgrounds have made a journey from the present to an unknown future. They present a whole new holistic way of thinking, decision-making and doing, which is characterized by Senge c.s. and goes like this: 'In a sense, there is no decision-making. What to do just becomes obvious. You can't rush it. Much of it depends on where you're coming from and who you are as a person. All you can do is position yourself according to your unfolding vision of what is coming. A totally different set of rules applies. You need to "feel out" what to do. You hang back, you observe. You're more like a surfer or a really good racecar driver. You don't act out of deduction, you act out of an inner feel, making sense as you go. You're not even thinking. You're at one with the situation.'[490]

The process entails three major stages:

Sensing à Presencing à Realizing[491], which can be visualized as follows, see figure 2.

---

490 Peter Senge c.s., Presence, Exploring profound change in people, organizations and society, Nicholas Brealy Publishing, London, 2005, pp. 84/85.
491 Presence, p 88.

Figure 2: Sensing[492]

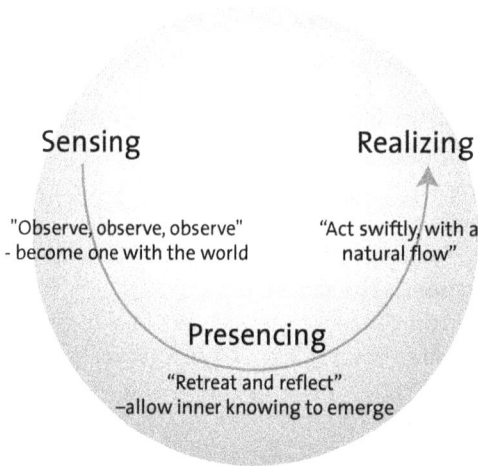

Sensing

"Observe, observe, observe"
- become one with the world

Realizing

"Act swiftly, with a
natural flow"

Presencing

"Retreat and reflect"
–allow inner knowing to emerge

The simple U-graphic becomes a lot more complex later on – see figure 3 - but in fact that one is simple too. It contains two elementary notions: Letting come and letting go.

Figure 3: Letting Go[493]

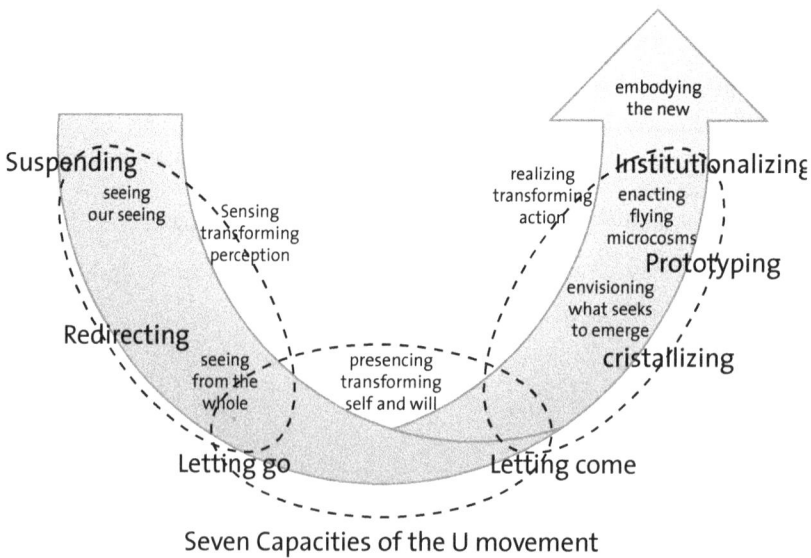

embodying
the new

Suspending
seeing
our seeing

Sensing
transforming
perception

realizing
transforming
action

Institutionalizing
enacting
flying
microcosms

Redirecting
seeing
from the
whole

presencing
transforming
self and will

Prototyping
envisioning
what seeks
to emerge

cristallizing

Letting go

Letting come

Seven Capacities of the U movement

492 Presence, p 88.
493 Presence p 219.

3. The Matrix

With above in mind, we add our contribution to the new approach: the Matrix. It can be perceived as a tool as well as a compass to make change happen. The Matrix helps to pinpoint where one stands, which direction is desirable and how to get there. Changing is never easy. Most people, organizations, governments and societies stick to their habits and are only up to something new if someone or something else first disorganizes the old.

The Matrix for sustainable development is loaded with concepts like the sensing one above, that can be used by citizens, business men and governments alike, in order to stimulate or force a transition from one level in the development of People, Planet and Profit to another. It can be used in so called network steering as well.

Each concept is characterized by three developmental stages that symbolize three major stages in development in general: destruction, deconstruction and construction. These notions are rooted in philosophy. The second dimension of the Matrix has to do with three types of instruments and attitudes that help people, companies, governments and other organizations to make developments sustain beyond the now living generations:

1. Provoking Behavior Change
2. Technological Progress
3. Bottom Up Goal Setting & Decision Making

At the moment of writing, early July 2011, the economy still isn't out of the doldrums. Most concepts are stuck in the destruction mode. Just to let you taste the dimensions of Development (the less known twin sister of Sustainable) we will show you around the lab. Try to feel the tension between the different stages:

Figure 4. The Matrix

Instr.\phase	Destruction	Deconstruction	Construction
Behavior	Resignation	Reframing	Self-organization
Decision-making	Operational Excellence	Creative Destruction	Entrepreneurial Spirit
Behavior	Improvement	Modernization	Development
Decision Making	50% + 1 (Majority)	Dutch Model (Consultation)	Mutual Gains (Only Winners)
Technology	Oil Based Economy	Regional Cooperation	Bio Based Economy
Behavior	Suspending	Letting go	Letting come
TIMBER (Bio-mass)	Large scale Production	Close to the Consumer	Large, medium & small combi

4. Paradise Reconstructed

'Science informs and performs,' philosopher of science Paul Feyerabend wrote in one of his last books, *The Tyranny of Science*. 'It not only does not deal with meanings, it intentionally removes everything that is only vaguely related to them. The result is that the more we know, the more pointless it seems.' The meaning is added by religion, discourses, ethics. Meaning is supplied by writers or thinkers, by artists of all kind, by independent spirits, [after science....] writers or thinkers, after science has done its work as a 'cold, unmoved and "objective" collector of facts' (quote Feyerabend). Feyerabend then reveals the ideal of a 'religion that appeals to all people and all professions and that appeals to their love, not to their self-righteousness and their murderous instincts'.

A world with only winners and no losers is such an ideal world, some kind of Paradise on Earth. How do we human beings construct something like that? Technology will not give an answer to that question, neither will the collectors of facts – the scientists -do. A United Sustainable Development Movement around the Globe stands a chance. This essay, rooted in a thesis about (regional) sustainable development by Martin Bakker and writer this, is a try to unfold a roadmap that shows us the way to this earthly, manmade Paradise. A Paradise with Only Winners. The path to this plateau we call 'Ecolution'. It's a new name with a new meaning that in our approach takes the place of the hackneyed concept 'sustainable development'.

In order to find the path we use the Matrix as a navigation tool. An application that tracks our present position and shows us the way ahead. To bridge the gap between theory and practice, we'll have to construct a model. The Only Winners Diagnosis & Management Model is proposed to help regional policymakers in the public domain to find the right concepts by using the Matrix along the ecolution path uphill, beyond the dark woods, where Uncertainty, Complexity and Chaos rule a World on the edge of Destruction, in the direction of a light that shines for everyone who wants to see it, even the blind.

5. The ONLY WINNERS Diagnosis & Management Model

The concepts in the Only Winners Matrix give content and meaning to rather new notions like 'Ecolution', 'Deconstruction' and 'Only Winners'. As has been noticed, the Only Winners Model can be used to put theory into practice. It has to be tested in the development of new programs and in case analysis. The model consists of three phases:

Analysis of the context in which the change has to happen and of the instruments that can be used to give change agents a helping hand: behavior change, new technologies and innovative ways of making and taking decisions. Besides, during this phase program goals are established in line with policy objectives of the regional government.

Checking the corresponding factors that determine our present and future position in the Matrix. These are **predisposing factors**, like motivation, **enabling factors** that facilitate change and **reinforcing factors**, like providing feedback and reviewing policy.

Selection of the concept(s) that influence the relevant determinants of ecolution most.

To a large extent the motivation of people predetermines if a certain policy makes sense or not. Motivated, progressive people usually try harder and perform better than those who act in conformity. For sustainable big changes (transitions) however the backing of the crowd is a must. So, the *avant garde* (the intelligentsia) has to convince the mainstream on what is right and what is wrong. When we are talking about technological solutions and the efficiency of processes the mainstream is easy to get on the side of change. A change in behavior however is much harder to realize.

Human behavior, psychology teaches us, is a complex phenomenon, a black box. Emotions, observations, facts and all kinds of other inputs flow into the box and mix with perceptions, prejudices, illusions and the more. What comes out is personal behavior. Group (social network) behavior is even more complex because of the interactions. In this way people cause their own personal and group (social network) behavior, although nobody really knows how it works. It is a product of factors both internal (attitudes, preferences, values, habits and personal norms) and external to the individual (fiscal and regulatory incentives, institutional constraints and social practices). We're waiting for science here. Until now almost nothing is known about the interdependencies between internal and external factors. But practice cannot wait. The show goes on, even if the public is still hanging at the bar!

The behavior of the mainstream and the motivation to make a change, determine the possibility of steering. If there is consensus about which way to go, management by directives and tell & sell will work out nicely. If there's no consensus however and if the context is complex, the mainstream of citizens is uncertain and afraid and the whole process is chaos, taking another steering perspective - one that focuses on what's attainable – is wise.

6. Transition Management

We distinguish two different ways of steering in the direction of a goal like in this case, or moving target. Transition management is a steering approach focusing on a huge system change. 'On paper this approach looks impressive,' Hans Jeekel, who works for the Dutch central government in The Hague, writes in his thesis about the *Car-dependent Society*, 'there are however not so many clear results and the starting points have been criticized.' 'Transition management,' Jeekel continues, 'is rooted in the tradition of system thinking. It assumes that concerned intervention, focused on specific sustainability targets, is possible and can be effective.' At first sight transition management is more goal-orientated than for instance network steering, but 'where are the organizations and institutions that prove to be capable to turn over the actual regime?' For understanding the basics of transition management, three notions are crucial: regime, landscape and niche.

Figure 5: the basics of Transition Management[494]

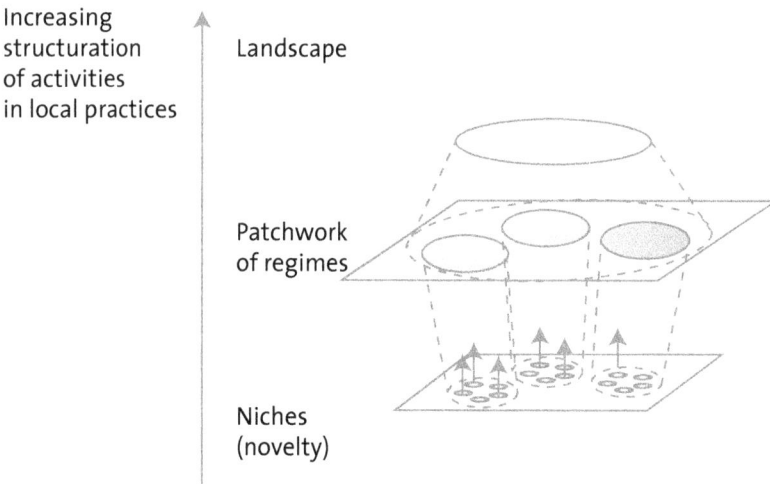

Increasing
structuration
of activities
in local practices

Landscape

Patchwork
of regimes

Niches
(novelty)

A regime is the overriding system of rules, agreements and institutions.

---

494 Frank W. Geels c.s. p 26

Landscape can be defined as the aspects of the context – the environment outside us – that has more influence on the whole system than the regime-actors. Changes in the landscape work out as a pressure on the actual regime.

Niches are protected spaces that allow nurturing and experimentation.

Radical change may occur as a result of distinct selection criteria operating in a niche. Developments may start with one or a few projects, carried by local networks of actors, who are interested in innovations for idiosyncratic or local reasons. Local projects form test beds for diffuse ideas and spaces. Niches shape the micro-level from where radical novelties emerge. The socio-technical regime builds the meso-level, which accounts for the stability of existing large-scale systems (in transport, energy, etc). The macro-level is shaped by the socio-actors (e.g. macro-economics, deep cultural patterns, macro-political developments). Changes on landscape level usually take place slowly, in the order of decades.[495]

7. Network Steering

Network steering is like turning the wheel in the sand during Paris-Dakar. This metaphor indicates a non-linear world, in which it is not easy to navigate. Network steering is: following your senses. It is the art of taking time before choosing a direction, in order to feed the dialogue between countervailing insights, which has to lead to passable roads (practicable ways). Network steering is about walking or driving down unfamiliar roads without prejudice.[496]

Acknowledging that a more structural management of wicked problems is not possible, smart interventions are the highest possible result. Every opportunity, every chance, has to be taken to dance with the systems, supposing that the dancers have enough guts and energy for some twist and shout. Typical for this line of thinking, deciding and acting is the experimentation in several development rounds. After each round the results are monitored, evaluated and reviewed, in order to get at least learning results.

In this steering model nobody tries to mature people quickly into more or less defined change outlines. A big difference with the other steering perspectives is that the goal is not fixed in advance. It emerges during the process. In this perspective no one believes in top-down steering.

Living in a society that can be characterized more and more as a global network commonalty with different layers, loyalties and endless streams of information sharing between numerous people, the network steering model seems to be the most adequate way for decision-makers, politicians and managers to cope with reality ánd try to initiate change. Captains of industry and other top-dogs who keep on doing what they always did, will fade away if they don't come up with an answer to the next question: how relevant is a neat hierarchy to a world characterized by complexity and chaos? Self-organization in business relies on intelligence

---

495 This paragraph leans on The Dynamics of Sustainable Innovation Journeys, edited by Frank W. Geels, Marko P. Hekkert and Staffan Jacobsson, Routledge, 2011, pp 17-35.

496 For the Networksteering perspective we leaned on and have lended from Hans Jeekel, De Auto-Afhankelijke Samenleving, Eburon, 2011, pp 256-265.

that exists in every part of a complex adaptive system (i.e. in the mind of every employee) and makes it possible to tap this resource and release its formidable potential. That capacity, in turn, allows companies to seize opportunities and solve problems when they arise. Self-organization and emergence are the twin engines of adaptive work.

Another question that badly needs an answer: to what extent can change be managed? The dominant Newtonian worldview underlies much of the thinking in this field: a common feature is an implied predictability – if management does this, then that will follow.

Complexity theory offers a different insight: we can never direct a living system. We can only disturb it.

To a generation of managers brought up on 'making it happen', 'letting it happen' may prove to be an unsettling alternative.[497]

8. The crucial role of the Change Agent

One person is missing, the one that binds all the parts together, makes them whole and operates as a catalyst, an accelerator, that makes things already in the making, happen faster. A change agent is someone who alters human capability or organizational systems to achieve higher degrees of output or self-actualization. The role of the change-agent is to make changes that stick. He or she enables people to do more or to find a new and better perspective of life. Anyway, anyhow the change agent completes the jigsaw puzzle.

'How does it feel to be a change agent?' Someone on the Internet wants to know. Four characterizations follow:

1. A change agent lives in the future, not the present.
2. A change agent is fuelled by passion and inspires passion in others.
3. A change agent has a strong ability to self-motivate.
4. A change agent must understand people.

To support the change agent as well as decision-makers, managers, but also individuals who try to shape their environments into a sustainable developing world, the Matrix can be of assistance.

Take a profound look at the situation you are in or the issue that needs to be resolved. Feel it, try to make sense of it and sense it, like Peter Senge proposes. Color a spot on the Matrix as to in what phase the development is in each cluster: behavior, technology/process, decision making. Maybe the behavior is in the destructive phase, whereas the technology is in a constructive stage. Then think of the concepts at your disposal, or find new, inspiring ones. Make a choice. Start planning and take good care that every thing and every one is ready for implementation. Don't forget monitoring and evaluation. They give you the necessary input for your learning process. Learn to dance with systems like this. It is a holistic and dynamic approach. But it works.

---

497 Business Leadership Review, Vol 4 issue 3, July 2007.1

9. The European Model

This method using the Matrix and different concepts is chosen because it fits the way the European Union operates. The EU is more than a federation of nation states or a steering system of regions, it is a grass root movement where development from the bottom up is stimulated. Regions where the grass doesn't grow fast, get help. The European Union is one big money transfer body. A Giving Machine. Regions that get money from the EU (read: Germany, the Netherlands and other sponsors) spend it for two-third inside the EU[498], for a considerable part as investment for sake of a better future. Subsidies of the EU have bolstered the economies of Ireland, Portugal, Spain, Italy and Greece in the sixties and seventies of the 20th century. It was not wasted money. Quite the contrary. It was a gigantic impulse for the receivers of the money as well as for the suppliers, because a big part of the money came back in the form of business orders. That Keynesian multiplier effect was one of the greatest economic successes ever. Over the period 1960 to 2000 intra EU-trade has grown by an impressive 1.200 % in real terms (6,7% a year, corrected for inflation). The same trick will pull Eastern Europe out of the economic swamp and will help Greece, Italy, Spain and Portugal to pay off recent debts.

The EU behaves like the parent of many children, trying to educate all of them as individuals and at the same time stimulate them with money and words on acting together. People from different regions and cities who work together, know each other and feel interdependent and emphatic towards one another form an alliance. Friends don't fight. They help each other to do better.

Europe wants/needs to be a team of co-operating (regional) governments and individuals in order to move into the sustainable development direction and to maintain peace on the continent. From the website: 'The EU actively promotes human rights and democracy and has the most ambitious emission reduction targets for fighting climate change in the world. Thanks to the abolition of border controls between EU countries, it is now possible for people goods and capital to travel freely within most of the EU. It has also become much easier to live and work in another EU country.'

In the end all changes can be traced back to persons. 'Reacting to the world,' philosopher of science Paul Feyerabend wrote in one of his last books, *The Tyranny of Science*, 'is a personal (family, group) matter that cannot be replaced by even the most enchanting worldview.'[499] Reality is not systematically organized according to a worldview from someone up on the hill. A systematic worldview removes ideas from the ground that made them grow and arranges them in an artificial pattern. That's not authentic, neither true.

With that conclusion we are back at the beginning. The circle is round. To quote Presence: 'As complexity increases, the need for wisdom grows, even if our wisdom atrophies.' According to Peter Senge c.s. we have two basic options. One is to somehow stop or limit the expansion

---

498 The internal market for goods is 66% of the total market, i.e. of every euro that European citizens spend for goods two-third goes to European deliverers. The service-sector is less integrated with a 57% share in total exports of services. (Data Sources: EU)

499 Paul Feyerabend, The tyranny of science, Polity Press, Cambridge, England, 2011, p 12.

of technology and its application through global economic growth. The other is to strengthen our fundamental response – to find ways that lead to increasing reliance on enhancing human development and wisdom.[500] The first option conflicts with human nature. People want to grow. And to grow they need more of this and more of that. If you put all the wishes and needs and expectations together, the conclusion is that option 1 is an illusion. Rests option number 2, to develop our selves and operate wisely.

---

500 Presence p 209.

Bijlage 6. de Brabant Woning voor starters, een korte beschrijving van het PvE

De betaalbaarheid van de woning bleek een absolute voorwaarde. Ambitie 1 verwijst hiernaar: voor € 131.250,- incl. BTW een starters woning ontwikkelen. Grondoppervlakte: 78m2. Beukmaat: 4.8m. Buitenberging. Rijtje van acht woningen.

Ambitie 2: Integrale ontwerpvisie. In het PvE staat 'De Brabant Woning is een expressie van integraal duurzaam bouwen en wonen. De Brabant Woning kan gerealiseerd worden op iedere schaalgrootte, variërend van groepjes van 4 woningen tot iedere gewenste grootschaliger opzet'.

In de beschrijving staat verder: 'energiezuinig en geluidarm, gezonde lucht en is qua functioneren goed te begrijpen'. Er worden de volgende eisen gesteld: natuurlijke toevoer van ventilatielucht, een flauw hellend dakgedeelte met een oppervlak van tenminste 35 m2 (zodat het ook later nog mogelijk is om zonnepanelen op een optimale manier te plaatsen). Ook stelt het Programma van Eisen voorwaarden om ervoor te zorgen dat de woning toekomstwaarde heeft (een GPR score van tenminste 8). Tot deze voorwaarden behoren ondermeer: "dat verouderde onderdelen vervangen moeten kunnen worden en de indeling aanpasbaar moet zijn aan mogelijk nieuwe gebruiksbehoeften. De ontwikkelaars moeten aandacht besteden aan de inpassing van de woning in de buurt (woongenot en buurtgenot)'.

Ambitie 3 betreft integrale kwaliteit: 'energieneutraal, gezond, comfortabel, milieuvriendelijk en groen.

Het PvE gebruikt een definitie van Agentschap NL voor het begrip energieneutraal: 'Een project is energieneutraal als er op jaarbasis geen netto import van fossiele of nucleaire brandstof van buiten de systeemgrens nodig is om het gebouw op te richten, te gebruiken en af te breken.'

Voor de Brabant Woning houdt dat in dat er evenveel duurzame energie in/door de woning moet worden opgewekt als er gebruikt wordt om de woning te bouwen en te slopen, om er te wonen (verwarming, koeling, warm water) en te leven (huishoudelijk gebruik en activiteiten). Wanneer we bedenken dat voor de bouw van een energiezuinige woning er tussen 10x en 20x het jaarlijks energieverbruik nodig is, dan blijkt een 'energieneutrale' woning volgens boven geformuleerde definitie en binnen het gestelde budget een utopie . Wel lukt het om de woning energiezuinig op te leveren o.a. door isolatie. Het dagelijkse gebruik van energie voor huishoudelijke apparatuur, verlichting, computers en dergelijke, ongeveer 3450 KWh per gezin, wordt bijvoorbeeld ingedamd door hotfill voor vaatwasser en wasmachine. De woning wordt zodanig gebouwd dat energie opgewekt kan worden middels zonnecellen, maar de bewoners zelf zullen die moeten (laten) plaatsen. De installaties zijn eenvoudig gehouden; een luchtwarmtepomp die de warmte uit de binnenlucht haalt en afgeeft. Een laagtemperatuur verwarmingssysteem en een CO2 & regengestuurd dakraam dat opent bij te hoog CO2 gehalte of zorg voor nachtkoeling in de zomer. De woning is dus niet energieneutraal bij oplevering. Dat moeten bewoners zelf doen, als ze willen. Deze concessie op energie is gedaan om de Brabant Woning binnen de grenzen van de sociale woningbouw te houden. Investeringen in installaties om energie op te wekken worden bij de bouwkosten gerekend en maken het huis volgens de wet te duur om het te kunnen verhuren aan mensen die huursubsidie genieten.

Het PvE stelt hoge eisen aan de milieuvriendelijkheid van de materialen. De GPR score wordt ingezet om afwegingen te maken. Er komt spanning op de GPR score te staan wanneer PV of een begroeid dak de woning bedekken. Deze maatregelen leveren een hogere milieubelasting op en tegelijkertijd bieden ze voordelen op het gebied van energie, gezondheid en, naar alle waarschijnlijkheid, de toekomstige waarde van de woning. Dit laatste in verband met, naar verwachting, stijgende energieprijzen.

De laatste ambitie, nummer vier, betreft de woning als levend organisme. Een huis is dan 'niet als een op zichzelf staand stuk materie, maar een organisch geheel met tuinen en directe leefomgeving'. De Brabant Woning is onderdeel van de omgeving en tevens van diverse kringlopen, zoals de waterkringloop indien er gekozen wordt voor vegetatiedaken (waterberging, zuivering, vertraagd afvoeren naar het eerste maaiveld). Of, in het geval van groene gevels: nestgelegenheid voor vogels, geringe overige isolatie en beperking van de geluidsbelasting. Het PvE stelt eisen aan de ontwikkeling van de buitenruimte: de te gebruiken materialen, samenwerking tussen de landschapsarchitect en architect tijdens het ontwerpen en bedoelt tevens de kwaliteit van de biodiversiteit te verhogen, bijvoorbeeld met insectenhotels, extensieve (en mensvriendelijke) hommelculturen, of auto's parkeren onder pergola's.

Het PvE is erop gericht om woningen, straten en/of wijken te ontwerpen die de zintuigen der bewoners prikkelen zowel in als om het huis. Het PvE schrijft in romantische termen 'De regen klettert niet luidruchtig op harde vlakken, komt naar beneden als in bos of weide. Laat zien dat water voedt, deel van de levenscyclus is'. Of 'De geur van de kamperfoelie en andere planten en bloemen vertellen over het weer, het seizoen, geven het hier en nu een plek in de jaarcyclus'. 'Het gezoem van insecten en de onderlinge communicatie van vogels laten harde onnatuurlijke geluiden naar de achtergrond verdwijnen en verbinden ons met een wereld buiten ons zelf'. 'In en rond de Brabant woning voelen we een betere verbinding met de aarde waarop wij geëvolueerd zijn tot de moderne mensen die wij nu zijn, maar steeds nog met behoefte aan een gezonde verbinding met onze natuur.............'

'Toen was geluk nog heel gewoon', kun je Gerard Cox nazeggen. Door de romantische beschrijving dringt het woord NEP zich op bij de lezer van het PvE. In § 5.17 van dit proefschrift over authenticiteit staat hoe Gilmore en Joseph Pine vier combinaties onderscheiden m.b.t. echt en nep en hoe dat doorwerkt in de geloofwaardigheid van een organisatie en daaraan verbonden het vertrouwen dat mensen vervolgens in die organisatie hebben. Vooral de combinaties van nep met echt (organisatie is trouw aan zichzelf, maar is niet wat zij naar anderen communiceert, ofwel de organisatie is niet trouw aan zichzelf, maar wel wat zij zegt te zijn) tasten de geloofwaardigheid aan. De clichés waarmee het Programma van Eisen van de Brabant Woning gelardeerd zijn, nog voordat er zelfs ook maar één Brabant Woning gerealiseerd is, lijken op mooie praatjes. En 'die vullen geen gaatjes', aldus de volksmond.

Bijlage 7. Magnitude and Murder

'Great cities are not like towns, only larger. They are not like suburbs, only denser. They differ from towns and suburbs in basic ways, and one of these is that cities are, by definition, full of strangers.'
Jane Jacobs, The death and life of great American cities

By Frank van Empel & Caro Sicking, Essay concerning the EU programme POWER for the Province of Noord-Brabant

I wired for change

Destructive phase	Deconstruction phase	Constructive phase
Monofunctional buildings & areas	Retrofitting the neighbourhood	Wired for change

1. Flamenco and economics

In the SILCS project one of the three partners is Seville, city of extremes. It incorporates e.g. a historical centre visited by tourists, universities and students, a district called Poligono Sur where social exclusion is the name of the game, drugs and violence reign and 43% of the inhabitants is jobless and a prestigious business park Campus Palmas Altas that won the Greenbuilding platinum LEED Award. Seville has it all; the grandeur, the extreme heat, the poverty, the history, the culture and the music. It is known for fabulous Flamenco.
The leadpartner is a knowledge centre, CURe University of Portsmouth, UK. The two other partners, Kent County and the province of Noord Brabant have less magnitude and less murder than the Spanish city; they search particularly for economically viable ways of sustainable building (and standards). Before viewing on lessons learned, points scored and missed goals, before diving into the relations, differences and comparisons between the partners, let's take a walk down urban planning with Seville in mind. Just to get a larger picture of what Strategies for Low Carbon Settlements (SILCS) can be about.

2. Garden in disguise

Sustainable building is more than housing. It is placing a house in a context in such a manner that the inhabitants will be able to lead the life they prefer by natural course. Sustainable building also is changing the context in which people live. Again to enable them to lead a happy, healthy and productive life. Whether it is retrofitting, refurbishing or building anew, there is always a context and always an impact on people's lives. That, plus the effect settlements have on the environment and whether future generations profit from it are a few basics. Building for the future, according to Lord Norman Foster, Pritzker Architecture Price winner of 1999, is creating a building that is wired for change. The architect and urban designer needs to anticipate change. In this perspective Foster mentions the Willis Faber & Dumas Headquarters in Ipswich, UK, built 1971-1975. From the website of Foster &

Partners: 'The country headquarters for insurance company Willis Faber & Dumas was a pioneering example of energy-conscious design that challenged accepted thinking about the office building. Offering a new social dimension with its swimming pool, roof-top garden and restaurant, it was conceived in the spirit of democratising the workplace and engendering a sense of community.' The building e.g. is covered by a garden in disguise – green roof -, a large green public space that connects it to nature.

Foster starts his speech 'Building on the green agenda' on TED emphasizing the nature of sustainability is not fashion, but is about survival. According to Foster building and associated transport – to and fro houses, work, shops et cetera – acquires 70% of the total energy consumption of a city.

3. Sustainable cities

A few years ago Norman Foster picked up a green fingered gauntlet: designing a blueprint for a sustainable city. The proof is in the eating and the first settlement, called Masdar City (Source City) is being built in Abu Dhabi as we speak. Another inspiring masterplan of great allure is the plan for Incheon, South Korea: 'Taking agriculture as a central theme, the design utilises existing elements such as irrigation channels, green spaces and roads, while the arrangement of buildings within the masterplan follows the natural topology of the site, incorporating green roofs to further harmonise with the landscape. Like the veins of a leaf, the smaller roads and pedestrian avenues extend from the central transportation spine. The existing island is predominately agricultural so terraced farming, utilising the roofs of the industrial buildings, will replace any agriculture displaced by the development. There will be no structure above 50 metres, so the scheme will not extend into the foothills or mountain, thus preserving the rural landscape.'

4. A family affair

'Cities are the physical framework of our society, the generator of civil values, the engine of our economy and the heart of our culture,' states Sir Richard Rogers, Florence born British architect and urban planner, former head of the UK Urban Task Force, multiple price winner on sustainable building and co-creator of the most visited building of Europe, Centre Pompidou in Paris. He is known for his intuitive understanding of urban areas, using this to ameliorate the space where people live and work. He is e.g. responsible for the tent-like construction of the Ashford designer retail outlets in Kent, one of the SILCS partners. Rogers and Foster, two of the UK major architects that already acknowledged the importance of eco-innovation in building early seventies, while designing breathtaking architecture, started their careers together. Both graduated from the university of Yale with a master degree in Architecture in 1962. On their way back to the UK the partnership Foster/Rogers took off. It was a family affair; the wives Wendy Cheeseman and Su Brumwell participated. In 1967 Rogers and Foster split up, but evaluating their respective careers and views on urban planning, the kinship is still alive.

5. Far from SILCS?

What we can learn from these behemoths of modern architecture is that the amenity of an urban dwelling, the sheer pleasure it gives to people, combining green and renewable energy sources with meeting places, connecting people, using sun and shade, adds to the level in which a building is wired for change.

Yet, it doesn't feel right, does it? Foster and Rogers design for the rich and lucky, for professionals that work in high tech and successful sectors, for the fortunate that can afford to own a state of the art apartment in Masdar City. For travellers that use large airports as hubs to other continents, prestigious designs like the Kai Tak Cruise terminal in Hong Kong and Madrid Barajas Airport. Architects like Rogers and Foster build the cathedrals of our age.

This seems a long way from SILCS, where Kent County, the province of Noord-Brabant and the Public Housing Enterprise of Seville partner to create sustainable and affordable housing in their respective regions. This appears far away from the vision of Jane Jacobs, publicist and urban planning activist, who's quote heads this essay.

6. Use the street and watch it!?

Jane Jacobs voiced her thoughts on urban planning in The death and life of great American cities in 1961. In the novelistic written book she describes how building and infrastructure influence the social coherence, the behaviour of people and thus the liveability of a neighbourhood. 'You can't force people to use a street, or to watch over it.' Jacobs advocates the enabling of dwelling and wandering, crisscrossing and encountering each other in public space. She talks about the foremost important condition in urban environments: safety. Sidewalks provide safety for pedestrians, cycle paths for bikers. Then there is social safety as well; can a girl walk the streets by herself at nightfall? A lot of the social safety has to do with the coherence and watchfulness of the people living, working and roaming a place. Diversity of functions, having shops, playgrounds, schools, homes and working places can do a great deal of the trick according to Jacobs, and make people behave social responsible.

And though behaviour is the theme of yet another POWER project, TrIsCo, we cannot ignore it when discussing SILCS, or ITACA – on sustainable transportation - for that matter. When a society chooses to take the road to sustainability, all aspects have to be taken into account.

7. Coffee table at the busstop

People entering a beautiful carefully designed and maintained building, act accordingly and will not throw garbage on the floor. Especially not if there are bins in sight where one can leave the rubbish. The environment influences their behaviour and enables them – by putting bins in sight – to conduct according to how they feel. Influencing and enabling is what city-planners do on large scale, especially in this age of accelerated urbanization[501].

---

501 Living in an urban world, Global megatrend 2, European Environment Agency, 2010

June 2011, designer Julie Kim wanted to battle the image she thinks the rest of the world holds on Los Angeles: nobody walks or uses public transport. She put her Hammock coffee table with a vase filled with fresh flowers at a bus stop in Korea town, then filmed with a spy-cam. The footage shows a guy rearranging the flowers in the vase, two girls acting as if in their family livingroom, attracting a boy's attention, then an older lady sits down next to the girls and starts to talk to them. It looks like all these people actually know each other. But like Jane Jacobs states: a city is by definition filled with strangers.

La Cuidad Viva - website, facebook page and twitter account - is an open forum for participation, created by SILCS partner Empresa Publica de Suelo de Andalucia (EPSA), 45000 people visit the site on monthly base, they originate from 85 countries. EPSA put up the website as a Think Tank, hoping to learn from others how they feel and think on sustainable urban development. Here too are photo's to be found of mere plastic chairs and a table, put somewhere in public space and being used, changing a sidewalk into a meeting place.

8. Cathedrals and football champions

Entering the POWER project SILCS we need to hold both views into account. A society needs dreams and ambitions, it yearns for cathedrals and championing football clubs. At the same time there is the need for a different scale, human sized measures where we can live, shop, walk the dog and play. These two aren't necessary biting one another, on the contrary, they are complementary. Just look at the Centre Pompidou, situated in a lively Paris quarter, where its magnitude inspires people to play on the square in front of it, small shops attract the dweller from one site of the street to the other and kids linger around the fountain with colourful sculptures by Niki de Saint Phalle and Jean Tinguely. Urban planning can be big and small at the same time, as long as the design is cut out to unify and communicate.

9. Matrix for practical people[502]

Sustainable development is a rather complex phenomenon. To organize actions, the Matrix for practical people can be used. A matrix is a flat, two-dimensional table, with columns and rows. The rows of this one accommodate three clusters of concepts:

- Concepts that have to do with behavior change, culture and lifestyle;
- Concepts about technology, systems, structures, processes;
- Concepts concerning decision-making.

The Matrix can accommodate an unlimited quantity of rows and therefore the quantity of concepts is infinite as well. Concepts are the building blocks of theories. We define a concept as 'the mental impression of an abstract, general idea, or a cluster of related ideas'.

---

502 In Noord-Brabant, the Netherlands, Martin Bakker – connected to the Power Programme through the project SILCS – and Frank van Empel – thinker and writer at WoordWerk, which is responsible for this essay – are working together on a thesis on regional sustainable development at the Erasmus University of Rotterdam. Though the study is under scientific embargo until the official promotion later this year, one of the tools Bakker and Van Empel developed, will be used for POWER. This tool is called the Only Winners Matrix. Regions, municipalities, organizations, and individuals as well, can use it as a compass and monitoring tool for sustainable development.

Figure 1. The Matrix

ONLY WINNERS MATRIX	Destruction	Deconstruction	Construction
Behavior change	Suspending	Letting go	Letting come
Technology	Oil based economy	Regional based cooperation	Bio based society
Decisionmaking	Representive Democracy	Consultation Mutual gains, Only Winners	

The unlimited size of the Matrix makes it possible to use always the newest insights. In order to get qualified a concept has to meet seven conditions.[503] Essential is that the Matrix isn't closed, but breaths; that it's not a static model but dynamic. Three phases are distinguished to place the development of concepts:

- Destruction;
- Deconstruction;
- Construction.

Modern Society still is very destructive. We use too much oil and natural gas. Coal is having a come back in China and other developing countries, because it is cheap. The climate is warming up; bio-diversity is decreasing. Africa and other parts of the world lack sufficient healthy food and drinking water. Poverty is around us, driving people to where life seems so much better.

The World is in need for a transition in the direction of a global community, which masters these severe problems; A society with only winners i.e. a sustainable society. Before we can enter Paradise we need to break away from bad habits as well as the perceived security of comfort zones – 9 to 5 jobs, dinner ready when you come home, sex once a week, two kids and a dog in the back, no guts no glory – to Terra Incognita. Man has to learn to trust his intuition to survive the unknown tomorrow. Not surviving by him/herself, but through cooperation and working together with others and nature.

The Matrix is designed for practical people who like to think of and reflect on all aspects of a certain issue. The kind that is aware of crossovers, parallels, (inter)connections, contextual relations and the complexity of systems. It is a tool for people who want to have a systematic, yet integral, overview and a strong grip on complicated issues in order to find solutions. People and organizations can use the Matrix to list what has been done and to research which words still have to be transformed into deeds. One blink will do to see the blank spots in a

---

503 Seven conditions for concepts to qualify:

change process. The Matrix shows the coherence between concepts. It shows the way out of destruction, towards a more constructive scenery. The Matrix can be used for making diagnoses and visualizing developments.

Each frame accommodates a concept. Moving from column one to column two is moving from destructive order to disorder, from organized carbon economies to disorganized In-between Societies, from dislocated to located, from Hell to Purgatory. The concepts leading from column two to three, take the development from Purgatory to Paradise. The Matrix is a visualized network, with knots and lines, a system, a structure, and a symbol of CHANGE.

Figure 2. The matrix applied to SILCS

Destructive phase	Deconstruction phase	Constructive phase
Monofunctional buildings & areas	Retrofitting the neighbourhood	Wired for change
Healthy & green houses for the happy few that can afford them	Different organisational, participative, technological and financing methods to (re) construct neighbourhoods	Citizens watching over their street and environment, keeping it friendly, green & healthy
Marge	Certification	Mainstreet
Social exclusion	Empowerment	Productive and active participation
Unsafe environment	Infrastructural improvements	Connected citizens
Excluded citizens	Connected citizens	Networked citizens

II SILCS FINDINGS

10. Social cohesion

Destructive phase	Deconstruction phase	Constructive phase
Healthy & green houses for the happy few that can afford them	Different organisational and financing methods to (re) construct neighbourhoods together with the inhabitants	Citizens watching over their street and environment, keeping it green & healthy

Strategies for Low Carbon Settlements come as big and small as the settlements. SILCS aims to prove and illustrate the effectiveness of low carbon building initiatives within the framework of a sustainable development. The project will address the following four questions:

Participation: how to involve stakeholders within experiments and what types of community participation activities are possible and viable depending upon the low carbon solution and design outcome required?

Financing: what kind of approaches enable change successfully and have maximum impact on the way financial analyses are made and decisions taken, resulting in decisions not based on initial investments but on total live-cycle costs?

Organisation: how can the building process (planning, designing etc) deliver sustainable results?

Technologies: which (systems) technologies are most effective and successfully achieve innovative Low Carbon solutions.

The above is stated on the SILCS page of the POWER website. The partners exchange knowledge and experience during two to three day workshops and visit each other's best practice examples. 'These projects are not just innovative construction solutions, but illustrate the potential for social cohesion integrated with innovative low carbon technologies, which can become best practice examples for future directions.'

11. Different faces

Destructive phase	Deconstruction phase	Constructive phase
Marge	Certification	Mainstreet

Social cohesion integrated with innovative low carbon technologies, has a different face in each region. In the Netherlands, Noord Brabant struggles to create jobs and attract high educated talent in order for the region to be fit for the future as well as economical competitive with neighbouring provinces, being the Randstad, Ruhrgebied in Germany and Belgium. Cutting on fossil fuel dependency and emissions whilst enhancing biodiversity and the quality of rural as well as urban landscapes are an important part of the strategy. The ambition of the province connected to SILCS is to prove sustainable, holistic designed, energy or climate neutral and healthy housing can be affordable, comfortable and future proof for everybody, even in de social housing sector. It started with the ambitious project Geerpark, a new to construct neighbourhood in the town of Vlijmen. Social housing corporation Woonveste owns a large part of the area: 28 ha of a total of 46 ha. Woonveste builds and rents houses to people with a small wallet. In order for Woonveste to agree to co-create the most sustainable quarter of the Netherlands, which was the ambition of the alderman of the town, the housing corporation needed to be convinced of the affordability of the buildings. The province moved into the negotiations, taking knowledge of the Mutual Gains Approach[504] and experts on sustainable building along. The issue, building ecological and social responsible for the lowest incomes in economically viable ways, stirred the imagination of a multitude of municipalities and housing corporations. On request the regional government organised meetings and charettes between them and four experts on finance, sustainable building, participation and organisation to design a programme of demands according to which the ambition can be met. The result of this is called Brabant Woning. Houses that are build according to the list of demands will be

---

504 The Mutual Gains Approach is a method for participative decisionmaking by Lawrence Susskind, teacher, trainer, mediator and urban planner. The method is published in various books e.g. Breaking Robert's rules

certified with the title by service institute VIBA Expo. Part of the prescriptions are based on the use of daylight and solar power, re-using heat from air and water and natural ventilation through a rooftop window, applied in such a manner that the rain will stay out. The hood of the prototype is a mansard roof. The garret is build in sections that graduate different to optimize the inclination for solar panels or green roofs, suitably for natural ventilation, windows and roof tiles. The Brabant Woning is very well insulated, using natural materials. The house is designed to be comfortable with a healthy inner climate as well as affordable. Outerspace is considered equally important to the inside, allowing the inhabitants to be in contact with nature and trying to get them into participating in neighbourhood 'greencare', thus enhancing social cohesion at the same time. Brabant Woning raises the low carbon ambition one step further: a house like a living organism. This implies breathing (natural ventilation) as well as green walls and/or roofs, rooming up for biodiversity in build areas, energy generation and water as lifestream. There is one default, as remarked in one of the SILCS documents: 'Noticeable about Brabant Woning is that there is nothing noticeable about it'. This shortcoming in design is something Brabant can learn from the Spanish as well as the British partners. In Kent design quality is considered one of the conditions for sustainable building.

12. Investing money

The excellence of Brabant Woning, according to the English partners is in the money basket. Kent County, south of London, too aspires to design a standards framework for the local builders. The way Noord Brabant thought out financing healthy, low-energy, low-emission and comfortable housing for the social market by pulling investments in front and dividing the yields between investor and renter may be a method for realising eco houses. It clarifies that though certain innovations cost extra to implement, the investment cuts budgets during the building's lifecycle. A Nota Zero building, meaning there is no energy bill due to generation of electricity and heat by the building itself, may be more expensive to build, yet can be cheaper when taking the whole life-cycle in account.

Until today the Brabant Woning has not actually been realised. It is a list of demands that must lead to an affordable, healthy, green house as a living organism and which can be used by every architect and any building constructor. The municipalities and housing corporations involved in the process of conceptualizing of Brabant Woning plan to construct 80 to 100 of these houses, but they move slow due to conservatism in their backyards and reluctant equally conservative investors.

As to Geerpark, the project that started it all of, the realisation got in a deadlock. At the kick off there was an ambitious holistic approach, combining a green environment, water management and pleasure, biodiversity in the neighbourhood with bats and butterflies, energy or climate neutral buildings, green roofs and walls, all of it guarded by an independent group of engaged experts called The Conscience. Now, three years after signing a letter of intentions by involved parties, it still is difficult to actually realise a workingman's paradise. Not in the least because the province, due to changed political government, withdrew, because the alderman who started the project also belonged to one of the losing political parties and had to leave the scene, because of conventionalism in the building and housing sector and financial crises still roaming around, making people careful before trying something new.

13. Reducing on carbon

The ambitions of the North Western partners seem aligned. Kent County too, like Brabant, uses sustainable building to revitalize the area, create jobs, reduce fossil fuel dependence and the emissions that come along with it, while trying to create an interesting stimulating environment for the inhabitants and visitors. The national government strives towards lowering carbon emission in housing construction with 80% and decrease home energy use with 100%. The individual British inhabitant will have to reduce carbon emissions from 11,87 tonnes to 2,37 tonnes.

According to Ed Metcalfe, director of Research and Business Development Institute for Sustainability, UK buildings emit 43% of the total emissions. 90% of the British challenge is in the existing stock of buildings, he argues. The task leads up to retrofitting or refurbishing 600.000 houses a year the coming four decennia.

Regions and municipalities have to create the right conditions for their citizens to be able to keep up with these ambitions. In Ashford, Kent County, there is a need for 31000 new homes to be build between 2001 and 2031. The church has to be renovated to provide enhanced performance space, cutting down on the use of resources, running costs and maintenance requirements. The local library is up for redevelopment to provide integrated services for the growing community by lowering the carbon footprint, increasing energy efficiency and creating facilities for a multiple agencies.

Mike Bodkin, head of Urban Generation Kent County emphases on building homes and communities and not estates. Localism, aspiration and choice are the key words to Kent's sustainable ambitions, whilst aiming to raise design quality.

From the presentation by Mr Ed Metcalfe, 01.26.2011

UK environmental market: £ 106 billion
880.000 employees
4% growth per annum
400.000 extra jobs the coming 8 years
UK retrofit ambition: £ 400 billion

14. Las Tres Mil Viviendas

Destructive phase	Deconstruction phase	Constructive phase
Social exclusion	Empowerment	Productive and active participation

One could say Seville has the advantage of the dialectics of progress. The need for urgent action is felt at the headquarters of the Empresa Publica de Suelo de Andalucía (Public Enterprise for Social Housing) that cooperates with the Junta de Andalucía and Seville's University and other educational and knowledge institutes on making change happen in Las Tres Mil, the common name for Poligono Sur. The district is home to 55000 people of whom 43% is jobless. Impervious roads, railroads and building blocks isolate Las Tres Mil Viviendas from the rest of the city. The streets are dangerous, drugs and crime rule. Empty buildings, illegal housing, aids and kids staying home from school. Las Tres Mil is synonymous for social exclusion and party spoiler for the beautiful historic centre of the town.
Still, there is hope. The city has been working since 2003 according to the Plan Integral de Poligono Sur. The goals are: retrofitting and refurbishing the houses/apartments, work and development for the inhabitants, education, equality and social welfare, and improving the health of the people living in the area. SILCS is part of this bigger picture.

The same year, 2003, Dominique Abel, dancer and film director, was subsidized by the Administración de la Junta de Andalucía to make a documentary on the lost district. She set out in search of the roots of Flamenco, the proud Spanish traditional dance. What she found and recorded was a vivid culture amidst a depressing décor. The sensitivity in the filming and the focus on the talents of the people filmed was one way to empower. But, of course making a film is not enough to solve stringent social and economical conditions. Seville has joined the POWER programme on more projects in order to accomplish the Hercules job of turning the coin for the whole district.

15. Safety first
The situation in Poligono Sur gives an insight on the (pre) conditions of sustainable building. The first and foremost is safety. There is no sustainability in unsafe streets, or in places where people feel unsafe. Safety comes with social coherence, people watching over each other. This has to do with local culture, behaviour (see the essay on TrIsCo), with economics (ability to work, go to school, entertain) as well as with what has been written in stone. Mono functional areas appear to be unsustainable, whether it concerns shopping malls, industrial areas or living space. The walkability of a town – schools, jobs, shops, entertainment, parks, sports and playgrounds on short distance – determines for a large part the sustainability. About walkability you can read more in the essay 'Beyond a mere mobility thing' discussing the POWER projects ITACA and E-mob.

Diversity is another principle that leads to developing a place where we like to live. Richard Florida, following Jane Jacobs' footsteps, argues that economic and social thriving cities are the places where minorities populate the streets. Mothers with children, gay people, artists, managers and construction workers, black, white, Asian and South American, all walking the same pavements blow good vibrations and dynamics through a city.

16. Do it together

Another trick from the book is applied in Seville; the locals help to renovate their own homes and neighbourhood, thus acquiring skills, getting to know one another and regaining contact with the own environment. Pride is another human characteristic that gets polished this way. Once proud of your neighbourhood, you take care of it in every sense of the word. So does participation. Apart from trying to get inhabitants to participate in the rehabilitation of their surroundings, new organisation structures concerning e.g. health have been implemented. Another unifying project is the construction of Plaza Sur, the planners call it 'reto para el futuro' in a pdf for their SILCS partners. The words mean 'challenge for the future'. According to the blog Urbanity 2, it will be designed by Pedro Garcia del Barrio. Urbanity 2: [Plaza Sur] will be placed in a non built plot of 46000 m2 for commercial, sport use. Business, social and educational projects will be also developed there. The exterior covering will be a garden zone, and the building will combine glass and stone.

Other project will be the new Park of The Guadaíra, that will be defined along the "Su Eminencia" road, and it will be finished at the end of this year, with an investment of 16,8 M€, paid from the European Help for Development (FEDER), Guadalquivir River Management Department and the municipality of Seville. This new green park will join "Poligono Sur" with "The Beremejales" district, with a new free space of 63,5 hectares,' according to Urbanity 2.

17. High trees

Grand design fits the region of magnitude and murder. In the same city, the aforementioned British architect Richard Rogers designed, together with Luis Vidal and Asociados Arquitectos the business park Campus Palmas Altas where the headquarters of Abengoa group is located. The aim was to maximize communication and encourage crossfertilization between various divisions of the international technology company that thrives for sustainable development in the areas infrastructure, environment and energy. The business park is designed in a compact urban character and suited to withstand the extreme summer conditions of Spain. The central space consists of different patios and the colours used are derived from the traditional Andalucían tile shades.

From the website of Arup, company of designers, planners, engineers, consultants and technical specialists that was involved in the construction of Palmas Altas:
Concept design studies indicating carbon footprint reduction and economic payback have been carried out for all the proposed passive and active sustainability solutions. Passive low energy consumption solutions include orientation, compactness, green roofs, and facades.
- Active solutions to optimise energy efficiency include:
- Trigeneration, which creates electricity, heating and cooling from a single energy source.
- The installation of photovoltaic panels on the roofs.
- Lighting dimming systems sensitive to levels of daylight.
Active solutions to reduce water consumption include:
- Absorption chillers on the roofs which will provide cold water.
- Dry toilets.
- Storage facilities for rainwater so that it can be recycled and used for irrigation.
The result is expected to bring exceptional green credentials to Palmas Altas. On completion, the carbon footprint of the development will be about 30% lower than typical Spanish offices.
The development is also expected to receive platinum accreditation from the Leadership in Energy and Environmental Design (LEED®) Green Building rating system, which is the highest accreditation available.
The development promises to be economically viable as well as sustainable – it is expected to keep to a tight budget of € 850 per m².

The platinum LEED accreditation was indeed awarded to Campus Palmas Altas, as well as other prices.[505]

From the website of Rogers, Stirk, Harbour & Partners:

Campus Palmas Altas, the new headquarters for Abengoa in Seville, has been awarded first prize in the 2010 Prime Property Awards as the best sustainable real estate project in Europe.

Competing against 142 entries from 19 European countries, the judges commented that the scheme is "a prime example of sustainable architecture and technology."

The business park was completed in late 2009 and has been certified LEED Platinum – the first project in Europe to receive the highest LEED rating. Jury member Garrie Renucci, partner at Gardiner & Theobald, said: "Deploying renewable energy sources and innovative technologies in Seville has led to an unusual yet exemplary building concept in terms of energy efficiency that sets benchmarks and has already inspired others."

505 LEED, Leadership in Energy and Environmental Design. US Greenbuilding Council

18. Are you connected?

Destructive phase	Deconstruction phase	Constructive phase
Unsafe environment	Infrastructural improvements	Connected citizens

The allure of a business dwelling like Campus Palmas Altas is in sharp contrast with the unnoticeable characteristics of the Brabant Woning, thus mentioned in one of the SILCS documents. The holistic lifting of a disintegrated neighbourhood sounds more heroic then retrofitting a church, a single house or library.

But, whether one builds one house or a whole district, whether refurbishing or retrofitting, the same principles go when it comes to the major themes of SILCS: participation, financing, organization and technologies. Besides that; in architecture context and design are of major importance.

SILCS partners learned from each other through workshops sometimes by presentations that spoke of the situation in a country, the European continent or global, before zooming into the regional matters. Students were involved in the SILCS project in Noord Brabant as well as in Portsmouth. Lead partner CURe University made a cross-over with the POWER project TraCit and sent its students to Tallinn with the commission to participate in a design charette concerning local transport and urban development together with the Estonian.

Neither of the projects spoken of has come to an end yet, which is quite understandable considering the time urban development costs and the still unconventional goal to build according to ecological principles with regard to and in contact with the social impact a building or neighbourhood has on its inhabitants and arbitrary dwellers or purposeful tourists; Do they feel safe? Sound? Healthy? Is their environment stimulating and inspiring them to lead a happy and productive life connected to other people and to nature? In other words, the question is: Are you connected?

III wired for the future

20. Cooperation in competition

Seville is not the only Spanish city facing poor (in every sense of the word) dwellings at a magnificent town's corner. Malaga, Cadiz and Almeria suffer the same disease. Universities and technical schools in the region Andalucía teamed up as Solar Kit Andalucía team. Students work together to design and build a self-sufficient house, powered only by solar and with technologies implemented that will result in efficient use of resources. The house will join the competition Solar Decathlon to be held in Madrid next year. It will have to battle the ReVolt house of Delft University from the Netherlands among others. After the exhibition the Delft ReVolt house will be located in Rotterdam, city of trade and water.

21. Are you networked?

Destructive phase	Deconstruction phase	Constructive phase
Excluded citizens	Connected citizens	Networked citizens

We are at the point where the virtual world finally connects with the analogue world on multiple levels and creats opportunities that go way beyond imitation of reality. Already architects use ICT programmes that show a building's behaviour before the first stone marks the building lot. Already social media connect individuals that are geographically miles apart. But new applications are on the way; the Future Internet or the Internet of Things.
May 2011, The UK based Future Internet Strategy Group, issued a report on the impact Internet is going to have on our lives and environments and the business opportunities is sees for the UK. 'The report identifies between £ 50 billion and £ 100 billion annual benefit to the UK,' it states on Page iv. The Future Internet is defined as 'An evolving convergent Internet of things and services that is available anywhere, anytime as part of an all-pervasive omnipresent socio-economic fabric, made up of converged services, shared data and an advanced wireless and fixed infrastructure linking people and machines to provide advanced services to business and citizens.'. This Future Internet will change human behaviour, as in transport, service and decisionmaking. It will change the city and any built environment, due to different needs and habits of the people living there. It will grow efficiency. Increased contact between citizens, business and government is predicted. Public (mass) services will become available on personal (individual) demand. Imagine; data surfing the ether generated by machines as well as by persons. The fridge of the woman next door is talking to my washing machine and together they decide the most convenient (energy efficient, cheap) time for doing the laundry… The report writes about 'access anywhere, anytime, creating an omnipresent fabric linking people and machine-to-machine communications'. It states: 'Many of these opportunities are embodied in the Smart City with its infrastructure of sensors and smart buildings that offer 24/7 access to services supported by shared data clouds, interacting with citizens and businesses in a concentrated environment. Barcelona, New Songdo City, Incheon and San Francisco lead the way in demonstrating how the Future Internet can be implemented today, providing the value case has been made and there is executive leadership to drive the new thinking and implementation.' Smart, sustainable cities enabling networked citizens to live, work, travel, shop, sport and play, connected to each other and their environment. Changed behaviour caused by changed opportunities due to new technologies and smart applications that combine the needs and interests of many.
The challenge will be: access for Everybody to prevent social exclusion of the not networked and create new Poligono Surs on the way.

July 2011
© WoordWerk, Vught, NL

Allemaal Winnen , Duurzame regionale ontwikkeling (Ecolutie) is een productie van Studio nonfiXe. www.nonfiXe.nl

Meer over de Ecolutie theorie is te vinden op www.ecolutie.nl

nonfiXe
the power to differ

www.ingramcontent.com/pod-product-compliance
Lightning Source LLC
Chambersburg PA
CBHW080809280326
41926CB00091B/4118